中国年鉴资源全文数据库核心年鉴

2012

XISHAN YEARBOOK

锡山年鉴

无锡市锡山区人民政府 主办

无锡市锡山区档案局 主编

方志出版社

图书在版编目（CIP）数据

锡山年鉴．2012 / 无锡市锡山区档案局编．— 北京：方志出版社，2012.7
ISBN 978-7-5144-0507-1

Ⅰ．①锡… Ⅱ．①无… Ⅲ．①区（城市）—无锡市—2012—年鉴 Ⅳ．①Z525.33

中国版本图书馆CIP数据核字（2012）第141033号

锡山年鉴（2012）

编　　者：无锡市锡山区档案局
责任编辑：陆　洋

出 版 社：方 志 出 版 社
（北京市东城区夕照寺14号院富瑞苑公寓6层）
邮编 100061
发　　行：方志出版社发行部
（010）67120966-6008
经　　销：新华书店总店北京发行所
法律顾问：北京市大禹律师事务所
印　　刷：无锡证券印刷有限公司

开　　本：889×1194　　1/16
印　　张：31.25
字　　数：882千
版　　次：2012年7月第1版　　2012年7月第1次印刷
印　　数：0001～1000册

ISBN 978-7-5144-0507-1/K·412　　定价：180.00元

编辑说明

《锡山年鉴》指导思想：以马克思列宁主义、毛泽东思想、邓小平理论和“三个代表”重要思想为行动指南，全面贯彻落实科学发展观，坚持辩证唯物主义和历史唯物主义的立场、观点和方法。

《锡山年鉴》是由中共锡山区委领导、锡山区人民政府主办，各有关部门共同参与编撰的综合性地方资料工具书。其前身为《锡山区概览》，自2002年起，每年编印一册，2007年更名为《锡山年鉴》。其宗旨是全面、系统、翔实地载录锡山区经济社会的基本面貌和发展情况，为社会各界和海外人士了解和研究锡山提供基本资料。

《锡山年鉴》采用类目、分目和条目三个层次的结构形式，在少数分目中增加子分目的层次。其中条目是本书反映情况的主要形式，其标题统一在前面加方头括号（【】）表示。全书前有目录，后有索引，具有比较完善的检索系统。

《锡山年鉴》以出版年号为刊次名称，《锡山年鉴（2012）》主要载录锡山区2011年经济社会发展的基本资料，设有特载、大事记（2011年）、锡山区概况、中共锡山区委员会、锡山区人大常委会、锡山区人民政府、政协锡山区委员会、中共锡山区纪律检查委员会、民主党派·工商联·无党派联委会、人民团体、武装·政法、农业·水利、工业、开放·开发、服务业·商贸·旅游、经济管理、财政·税务·金融、城镇建设和管理·环境保护、交通·电力·邮政、信息化·电信、教育·科技、文化·体育·卫生、社会生活、各镇（街道）、人物·荣誉栏、经济和社会发展统计资料、文件汇编、索引28个类目。

本卷年鉴的条目由各撰稿单位确定专人撰写，并经单位主要领导审定。撰稿人姓名署于条目之后，若同一人撰写数个条目又连在一起的，则在最后一个条目后署名。

本卷年鉴所用统计数据，因统计来源、口径、方式、方法和时间的不同而有一定的差异，使用时请以锡山区统计局提供的数据为准。

本卷年鉴在编辑过程中得到各撰稿单位和社会各界的大力支持，在此深表谢意。如有疏漏和错误之处，恳请读者批评指正。

中共锡山区委书记　朱爱勋

今后五年的主要目标是:“十二五”期间，进一步加快锡山经济社会发展，加快建立较高层次的现代产业体系、较高水平的社会事业体系、洁净优美的生态环境体系，不断增强自主创新能力、区域竞争能力和可持续发展能力，着力提升人民群众生活水平和生活质量。

——区委书记朱爱勋在中国共产党无锡市锡山区第三次代表大会上讲话

锡山区人民政府区长　陆志坚

深入贯彻落实科学发展观，紧紧围绕赶超发展和率先基本实现现代化奋斗目标，继续大力实施“创新驱动”、“城市化和城乡一体”、“普惠民生”主战略，加快推进产业升级、城市化与城乡一体发展、社会建设、文化发展、生态文明五个行动计划，着力提升经济发展水平、区域功能地位和人民幸福感受，在新的起点上不断开创科学发展、赶超发展新局面。

——区长陆志坚在无锡市锡山区
第三届人民代表大会第一次会议上讲话

《锡山年鉴》编纂委员会

主　任：陆志坚

副主任：张映雪　宋永敏

成　员：徐　悦　王立新　周忠林　冯锡生　孟静卫
陈新宇　孙军伟　朱洪元　浦向民　朱　华
倪　勇　范嘉明　王　琪　鲍雪峰　钱　斌
陆晓波　陶　波　冯冬雁　唐中明　王利江

《锡山年鉴》编辑部

主　编：宋永敏

副主编：周红亚　倪　勇　周　枫

编　辑：钱惠芳　张　彤　吴　霞　孙剑光　吴　双

编　务：陈　洲　马　蓉　吴晓平

审稿人员名单

（按姓氏笔画为序）

丁益民　王双庆　王立新（区法院）　王立新（区政府办）

王利江　王祖庚　王　彪　王黎华　王　耀　方　力

方云生　方宏伟　邓加红　邓重高　石国洪　包　鸣

冯锡生　过文洁　朱一丹　朱洪元　朱晓军　华　炜

华荣清　华　星　华炳泉　孙军伟　严卫中　李佩东

杨自安　吴建元　沈家琪　宋永敏　张立新　张　杰

张荣兴　张晓庆　张　瑜　张锦标　陆兴荣　陈亚萍

陈旭东　陈建清　陈荣伟　陈秋峰　陈新宇　郁　枫

欧文钱　周文栋　周忠林　周建伟　周　挥　周　勇

孟静卫　胡小坚　徐卫兵　徐幼中　徐志军　徐　悦

徐　颖　殷旭东　席子南　唐中明　唐进华　唐珏如

黄懿斌　曹敏伟　章红新　蒋文伟　蒋　群　鲁晓东

童建伟　谢旭东　窦　虹　蔡　伟　蔡　昌　魏　良

《锡山年鉴》部分机构（单位）简称全称对照表

简称	全称	简称	全称
区委	中国共产党锡山区委员会	区编办	锡山区机构编制委员会办公室
区委办	中国共产党锡山区委员会办公室	区重点办	锡山区重点工程建设管理办公室
区人大常委会	锡山区人民代表大会常务委员会	区供销社	锡山区供销合作总社
区政府	锡山区人民政府	区人防办	锡山区人民防空办公室
区政府办	锡山区人民政府办公室	团区委	中国共产主义青年团锡山区委员会
区政协	中国人民政治协商会议锡山区委员会	区妇联	锡山区妇女联合会
区纪委	中国共产党锡山区纪律检查委员会	区科协	锡山区科学技术协会
区法院	锡山区人民法院	区残联	锡山区残疾人联合会
区检察院	锡山区人民检察院	区工商联	锡山区工商业联合会
开发区	锡山经济技术开发区	民革锡山支部	中国国民党革命委员会锡山区支部委员会
商务区	无锡高铁站商务区	民盟锡山总支	中国民主同盟锡山区总支部委员会
区委统战部	中共锡山区委统一战线工作部	民建锡山总支	中国民主建国会锡山区总支部委员会
区民宗局	锡山区民族宗教局	民进锡山总支	中国民主促进会锡山区总支部委员会
区侨办	锡山区人民政府侨务办公室	区无党派联委会	锡山区无党派代表人士联络委员会
区委政法委	中共锡山区委政法委员会	区人武部	锡山区人民武装部
区委农办	中共锡山区委农村工作办公室	锡山公安分局	无锡市公安局锡山分局
区委台办	中共锡山区委台湾工作办公室	锡山国土分局	无锡市国土资源局锡山分局
区级机关党工委	中共锡山区委区级机关工作委员会	锡山工商局	无锡市锡山工商行政管理局
区法制办	锡山区人民政府法制办公室	区国税局	无锡市锡山区国家税务局
区发改局	锡山区发展和改革局	锡山地税局	无锡市锡山地方税务局
区经信局	锡山区经济和信息化局	锡山质监局	无锡市锡山质量技术监督局
区科技局	锡山区科学技术局	锡山规划分局	无锡市规划局锡山分局
区人保局	锡山区人力资源和社会保障局	锡山食药监局	无锡市锡山食品药品监督管理局
区住保房管局	区住房保障和房产管理局	海关驻锡山办事处	无锡海关驻锡山办事处
区人口计生局	锡山区人口和计划生育局	红豆集团	红豆集团有限公司
区环保局	锡山区环境保护局	西港特区	柬埔寨西哈努克港经济特区
区安监局	锡山区安全生产监督管理局	锡山台创园	锡山台湾农民创业园
区城管局	锡山区城市管理局	锡山科创园	锡山经济技术开发区科技创业园

无锡市锡山区区域示意图

△8月28日，海关总署署长于广洲（中）调研健鼎（无锡）电子有限公司　　（过亚叶　摄）

△ 4月15日，全国妇联党组副书记、副主席、书记处书记陈秀榕（前排右一）一行在锡山区调研流动儿童教育工作 （《新锡山》 供）

△ 10月24日，中华全国供销合作总社监事会主任蒋省三（右）在锡山区鹅湖镇调研供销社工作 （华佳 摄）

△7月17日，省委常委、纪委书记弘强（前排左一）考察锡东新城 （华佳 摄）

△5月24日，环保部副部长周建（左二）一行督查锡山区农村环境连片整治情况 （《新锡山》 供）

△ 12月25日，省委常委、副省长、市委书记黄莉新（中）在锡山区调研经济运行情况和发展态势 （《新锡山》 供）

△ 7月12日，市委副书记、代市长朱克江（左三）在锡山区调研校舍安全工程推进情况 （过亚叶 摄）

△6月29日，京沪高铁无锡东站建成启用，标志着锡东新城建设进入了新的发展阶段，图为高铁无锡东站鸟瞰图

（区委宣传部 供）

无锡东站

△ 3月9日，纽约证券交易所500强之一的美国派克汉尼汾公司锡山产业园在锡山经济开发区奠基
（过亚叶　摄）

▽ 4月20日，鹰普集团中国区总部和制造基地落户锡山经济开发区
（过亚叶　摄）

△ 5月13日，区委书记朱爱勋率队赴华中科技大学考察商洽校地合作事宜
（《新锡山》　供）

△ 5月18日，以锡山区无锡百和织造股份有限公司为主要控股公司的百和兴业股份有限公司（8404.TW）在台湾证券交易所挂牌上市　（《新锡山》　供）

△ 6月29日，经国务院批准，锡山经济开发区正式升格为国家级经济技术开发区，图为国家级锡山经济技术开发区建设动员大会现场 （过亚叶 摄）

△ 7月13日，沈阳建筑大学、江苏申锡建筑机械有限公司、北京建筑机械化研究院产学研合作签约仪式

（《新锡山》　供）

△ 5月20日，无锡宏源机电科技有限公司成立，图为公司新厂区　（陈国兴　摄）

△9月22日，锡山区在俄罗斯设立海外引才工作站 （《新锡山》 供）

△ 9月29日，北京科技大学与锡山新型金属材料产业园开展政产学研合作 （华 珏 摄）

△ 12月29日，中国台湾环宇集团、新加坡维信集团与锡山经济技术开发区签约，在锡山经济技术开发区东区开发建设无锡环宇国际科技园项目　　（沈忱　摄）

△ 10月20日，2011无锡锡山·央企（科研院所）高端合作发展恳谈会在北京文津国际酒店举行（沈忱　摄）

△ 长流河延伸段绿化修复工程被评为“2011年度无锡市园林绿化优良工程”

（《新锡山》 供）

△ 农村环境整治加快实施，全年完成农村村庄综合整治292个，图为锡北镇新农村建设示范点——陆家水渠 （《新锡山》 供）

△ 大力实施主城改造，城市品位有效提升，图为学前东路延伸段一景 （《新锡山》 供）

△ 水岸佳苑安置小区 （区委宣传部 供）

△ 锡张高速公路使锡山交通更便利 （厚桥街道 供）

△ 羊尖镇丽安村、厚桥街道谢埭荡村创建为锡山区首批“国家级生态村”，图为厚桥街道谢埭荡村一角

（孙剑光 摄）

△ 九里河湿地公园　　（孙剑光　摄）

△ 扎实推进“绿色锡山”建设，图为京沪高铁（锡山段）两侧绿化工程　　（华佳　摄）

△ 11月底，总投资1.47亿元的先锋路交付使用。先锋路全长5.29公里，是商务区连接无锡市区、锡山经济技术开发区的东西向城市主干路　　（孙剑光　摄）

△ 宛山荡湿地公园 （厚桥街道　供）

△ 锡东科技展示馆 （区委宣传部　供）

△ 1月20日，总投资5亿余元的晶石国际中心启用　　（孙剑光　摄）

△ “春风行动”专场招聘会解决招工就业难题 （《新锡山》 供）

△ 东港镇山联村高收益的菊花种植让花农们喜笑颜开 （沈忱 摄）

△ 3月15日，锡山区与荷兰博克斯梅尔市签署建立友好关系意向书　　（过亚叶　摄）

△ 3月15日，由无锡现代农业博览园主办的第一届郁金香展开幕，展出近百个品种、30万株郁金香种球，图为祖国“花朵”徜徉在花的海洋里　（韩德喜　摄）

△ 4月15日晚，2011中国（无锡）吴文化节彩船巡游活动在无锡市环城古运河举行，图为以“情蕴水乡人文锡山”为主题的“锡山”号彩船精彩亮相　（区文体局　供）

△ 5月4日，区委书记朱爱勋（左）走进“无锡新传媒”直播间，与广大网友在线交流　　（过亚叶　摄）

△ 5月27日，锡山区“红色电影送村企，人口文化进家庭”活动在羊尖镇严家桥村启动　　（《新锡山》　供）

△ 5月28日，首届“红豆树下的婚礼”在红豆集团的红豆树林里举行 （沈忱 摄）

△ 6月29日，区长陆志坚（右）走访慰问老党员　　（孙剑光　摄）

△ 7月5日，区人力资源和社会保障局与区总工会联合举办锡山区2011年车工·数控车工职业技能大赛　　（《新锡山》　供）

△ 11月10日，2011年江苏省名校课堂巡礼活动在锡山区举行 （《新锡山》 供）

△11月15日，锡山区与韩国光州广域市北区签署缔结友好关系协议书 （过亚叶 摄）

△ 九里河改道工程全面完工 （区水利局 供）

△ “华方建设杯”中国（锡山）首届国际象棋女子名人赛期间，国内10位顶尖女棋手与东北塘实验小学100名小棋手进行“车轮大战” （沈忱 摄）

△ 老人喜看锡东新城新变化 （《新锡山》 供）

△ 馨和园广场成为市民消暑的好去处（过亚叶 摄）

建区10周年 风采人物
JIANQU SHIZHOUNIAN FENGCAI RENWU

△ 承铁冶

江苏新广联科技股份有限公司副总工程师

作为公司项目主要负责人，承铁冶承担了国家级和省、市级科技创新项目的研究工作，承担并完成国家科技型中小企业技术创新基金项目——高密度DVD金属数码母盘等多个项目。这些科技项目的执行，总计新增销售收入1.41亿元，实现利税总额达到4978万元。在努力做强做精光盘产业的同时，根据公司的统筹安排，承铁冶自2009年年初开始承担OTP-SD只读半导体及其数码终端开发的任务，与以色列IM公司进行国际合作，于2010年年底完成了OTP-SD卡的复制及其终端学习设备的样机研发，得到了省教育厅相关职能部门的高度评价。到2010年年底，公司生产规模比1999年建厂初期整整翻了6翻，各项经济技术指标连续5年名列国内光盘行业之首。

（过亚叶　摄）

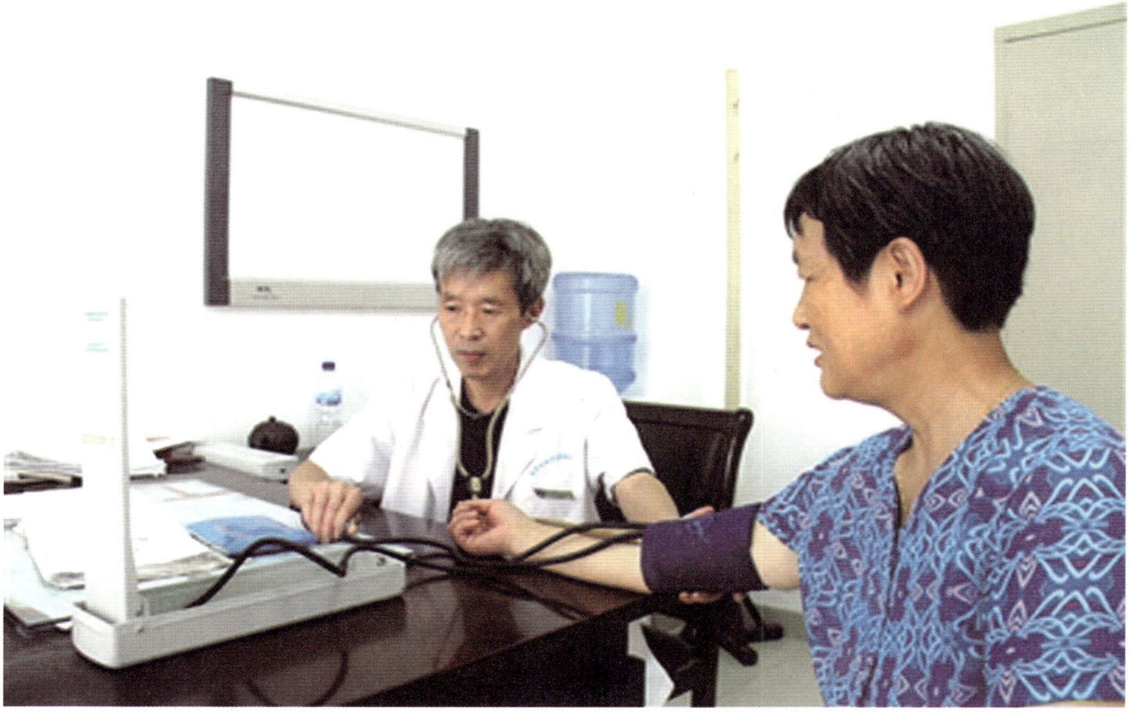

△ 冯秋生

云林街道社区卫生服务中心乡村医生

1980年，冯秋生从部队复员回家。由于在部队当过卫生员，因此组织上安排他担任“乡村医生”。从那时起，冯秋生就背着药箱走街串巷，热心为乡亲们服务。在治疗中，他尤其关心患有慢性病的老人。30年来，他先后与166位老人结对。冯秋生将这些老人的血压、血糖指数、用药等情况，详细地记录下来，至今已装订成10多本厚厚的病历档案。

在云林街道，只要提起冯秋生医生，大家无不交口称赞。长大厦社区的周老伯说：“冯医生是我的救命恩人啊，我能活到现在全亏了冯医生!”原来，2010年春节前的一天深夜，天寒地冻，周老伯突然感到小腿麻木，他立即打电话给冯秋生。冯秋生当场判断是中风前兆，立即陪同送往医院救治。后来，医院医生说，如果再晚来一会，周老伯就会中风并半边瘫痪。据云林街道社区卫生服务中心统计，仅2009年，冯秋生夜半出诊就超过60次。如今，冯秋生已经59岁，年届退休的他表示：“老百姓这样相信我、需要我，我只有更好地为他们服务。” （《新锡山》 供）

建区10周年 风采人物
JIANQU SHIZHOUNIAN FENGCAI RENWU

△ 华湘艺

无锡市公安局锡山分局治安大队四中队中队长

自参加公安工作以来，华湘艺始终牢记“忠于党的事业，甘当无名英雄”的信念，把在部队养成的优良作风带到警营，因工作出色，先后被评为“无锡市公安局卡口先进个人”、“锡山区政府防非典先进个人”、“江苏省公安厅治安查缉能手”、“无锡市十大杰出民警”。在港下治安卡口工作八年如一日的他，辛勤耕耘、默默奉献、无怨无悔，牢固树立“队伍建设事关卡口命运、治安管理事关卡口成败、交通管理事关卡口持续发展”的意识。在工作中，他既当指挥员，认真履行职责，脚踏实地地带好队伍；又当战斗员，保持一颗平常心，全力做好卡口的查控工作。他以强烈的责任心和进取心，带领卡口全体人员深入践行“守土有责、保民平安”的理念，以值守卡口为基点，充分利用周边资源，延伸巡防扩大战果，较好地完成各项工作任务，得到了大家的充分肯定和一致好评。

（过亚叶　摄）

△ 金水明

区农业技术推广站站长、高级农艺师

作为一名“老农技”，金水明从参加工作那一天起，就刻苦钻研，先后撰写发表科技论文50余篇，参加和实施科技项目30余项。他特别注重病虫测报工作，深入研究病虫发生规律，科学预测预报，病虫测报准确率达95%以上，处于业内领先水平。他特别注重农业科技创新，近年来引进推广“武运粳23号”、“扬麦16号”等稻麦新品种8个和秸秆全量还田、测土配方施肥等新技术20余项，并加强品种技术集成配套和示范引导，创建了4个市水稻高产增效百亩方。围绕新的形势和要求，金水明积极参与太湖水稻示范园等重点园区建设，协助园区定规划、指导园区搞开发、帮助园区抓管理。作为“农技110”专家，金水明经常深入田间地头，千方百计为农户解决难题。他每年都要组织技术培训班或现场会议10余期（次），培训农民1000余人次，有力地促进了农民素质提升和增收致富。

（《新锡山》 供）

建区10周年 风采人物
JIANQU SHIZHOUNIAN FENGCAI RENWU

△ 潘洪峰

区人民法院安镇人民法庭庭长

2011年是潘洪峰在基层法庭第十一个年头。他十年如一日，扎根基层，辛勤工作，默默奉献，始终把百姓利益放在首位。他长期从事民商事审判工作，每年办案数量均列法院前三名，至今共审结各类案件3000余件，年平均结案超300件，无一错案，在平凡的工作岗位上作出了不凡的业绩。

他首创江苏省首个“假日法庭”，被省法院列为人民法庭司法为民十项措施中的首要举措。多年来，他一直坚守在“假日法庭”第一线，放弃了600多个休息日，利用假日法庭开庭370余次，调解280余次，接待群众1650余人次，及时化解了一大批矛盾，受到群众的一致好评。针对有特殊要求的当事人，他又将“巡回法庭”开进社区，进行就地开庭、就地调解，至今利用巡回法庭开庭、调解共130余次。针对当事人自身法律知识缺乏，又无经济能力委托诉讼代理人的现状，在他的倡导和努力下，全省首个“法律援助民生服务点”于2009年4月在东北塘法庭成立，“中国新闻网”等均对此进行了深入报道。2009年，他办理的析产继承纠纷案入选无锡市法院系统化解疑难复杂和重大矛盾案件。

（孙剑光　摄）

△ 任启寿

无锡锡山建筑实业有限公司项目经理

任启寿来自安徽当涂，1992年成为无锡锡山建筑实业有限公司农民工。他扎根施工一线，其施工团队出色的业绩成为无锡建筑行业内知名的“铁军”。他始终坚持以一流工作、一流业绩为根本任务，以为人民建造满意工程、精品工程作为工作的奋斗目标，在项目部内积极开展岗位练兵、技术比武活动，带领的项目部先后被授予“江苏省住房和城乡建设系统工人先锋号”、“锡山区工人先锋号”等荣誉称号。

多年来，他把一批文化程度普遍偏低的农民工打造成了一个具有坚强的领导核心和模范表率作用的优秀施工队伍。他负责施工的工程在业内有着“免检产品”的美誉，无论是市、区质量监督部门和安监部门还是业主、监理单位都对他的工程质量、文明创建、安全生产有着高度评价。他所承建的项目有40余项先后获江苏省“扬子杯”和无锡市“太湖杯”工程质量奖及省、市文明工地。其中，2008年施工的无锡市国检大楼工程获得了国家“鲁班奖”，为锡山区捧回第一个国家“鲁班奖”，成为锡山大地上一道亮丽的风景线。 （过亚叶　摄）

建区10周年 风采人物
JIANQU SHIZHOUNIAN FENGCAI RENWU

△ 沈茂德

江苏省天一中学校长

教育是他生命的全部，学校是他生命意义的源泉。

28年教育生涯，15年的校长工作，连续12届高三毕业班教学工作；每天14个小时以上的工作时间，每年50场以上讲座报告，每学期进入课堂听课80节，写下200万字以上的读书笔记，发表130余篇论文，出版3本共计140万字的专著。

沈茂德热爱学生，“让校园成为孩子们可以放声歌唱的乐园”；他关心教师，以人格魅力引领教师的成长；他钟情教育事业，在他的带领下，江苏省天一中学从一所农村重点中学发展成为在省内外有较高知名度的国家级示范性高中，成为北京大学、清华大学等20余所国内一流高校的优质生源基地，加拿大多伦多大学在华第7所“绿色通道”项目学校。

他是省特级教师、首批教授级中学高级教师、享受国务院特殊津贴；被评为“全国劳动模范”，当选首届“感动江苏教育十大人物”。 （《新锡山》 供）

△ 盛玉红

区青少年业余体育学校教练

她是锡山区体校一名普通的女子排球教练，她所带运动队在历年的省比赛中均取得优异成绩。特别是在省第15届运动会中，她训练的沙滩排球队为无锡市夺得了一金一银一铜三块奖牌。她本人也曾多次荣获嘉奖。2002年，无锡市组建残疾人坐式排球队（省队市办），盛玉红勇挑重担，执掌总教练的帅印。“要搞就要搞出点名堂来”、“要搞事业就会有牺牲”，这就是盛玉红对事业、对工作的思想境界。经过近一年的不懈努力，江苏省残疾人坐式排球队在全国第六届残运会上获得了女子第一名、男子第二名的骄人成绩。为迎战雅典残奥会，盛玉红又入选国家坐式排球队，既当教练员，又当运动员。身为中国女子坐式排球队主攻手的她，靠自己的技术和经验成了全队的核心、取胜的砝码，也成为“雅典残奥会十大传奇英雄”之一。她带领的女子坐式排球队以一场不败的战绩，战胜了称霸坐排场上的欧美强队，登上了第12届世界残奥会冠军的宝座。（《新锡山》 供）

建区10周年 风采人物
JIANQU SHIZHOUNIAN FENGCAI RENWU

△ 许若宗

厚桥街道嵩山村关工委负责人

许若宗曾经担任过近二十年的村书记，从岗位上退下来后，他总想着要发挥余热，为百姓做点事情。于是，退休后许老自愿干起了关工委的工作，他把帮困助学、结对帮教、引导青年致富作为重要工作内容，切切实实地关心着青少年健康成长。十多年来，在许老的努力下，村里建成了一支坚强有力的关工委工作小组，形成了一张快速反应的“信息网”。他曾为一名贫困学生筹集学杂费3.5万元，使他顺利完成了学业；组织老同志对4名因盗窃而失足的青年进行帮教，使他们悔过自新；帮助劳改归来的青年找到生活的信心，开始了全新的生活。2004年，许老又发动老同志们，利用废弃的食堂，创办了以“不忘苦难的昨天，珍惜幸福的今天，展望美好的明天”为主题的嵩山村村史展览室。每年他都会组织青少年到村史馆参观，教导他们铭记革命精神。十多年来，许老把心思全部扑在了村里的孩子们身上，在他的努力下，嵩山村保持了十年零犯罪的记录。

（《新锡山》 供）

△ 周海江

红豆集团党委书记、总裁

20多年来，周海江以勇于创新、勤奋工作、善于管理、科学发展的实际行动，把红豆集团打造成年销售近300亿元的大型民营企业，成为广大员工公选公信的集团总裁。作为中国民营企业家的杰出代表，他身上充分体现了新一代劳动者的特色风采。在他的推动下，红豆集团率先推行了“母子公司制”和“内部市场制”，把大企业规模优势与小企业的灵活机制结合起来，使企业做到了“大而活”。与此同时，集团实行了“内部股份制”、“效益承包制”，形成了红豆集团独特的“四制联动”管理机制。此外，他还在企业内部推行竞争上岗机制，使红豆集团向现代企业迈出了关键性一步。他在企业坚持把党的政治优势转化为企业的竞争优势和发展胜势，创造了现代企业制度＋党建＋社会责任的“红豆模式”，提出了塑造以党建为核心的“红色品格”、以社会责任为核心的“绿色品格”的“双品格理念”。坚持打造民族品牌，是周海江的持续目标。他还把关心员工、关注社会、关爱环境作为自己应负的社会责任。对待高层人才采取给股份、给产权的办法；对待优秀人才，企业公开竞争上岗；对待广大员工，不断提高待遇。

（《新锡山》 供）

就业创业工程

2011年实现城乡劳动力就业7922人，本地农村劳动力充分就业率达94.3%，继续保持“零就业家庭”动态归零。开展创业培训1165人，重点扶持980人自主创业，带动就业6838人。建成创业孵化基地和创业实训基地各5个。开展妇女创业小额贷款试点工作，发放妇女创业贷款492万元。 （《新锡山》 供）

社会保障工程

2011年新增社保净缴费人数2.3万人，居民养老和医疗保险两项制度参保率分别保持96%和99%。 （《新锡山》 供）

社会救助工程

2011年为292户深度贫困家庭发放走访慰问金292.6万元；为136名深度贫困家庭学生及孤儿发放学业补贴63.1万元；对全区21名18岁以下的孤儿及18岁以上孤儿大学生发放每月600元的孤儿供养福利保障金；对237户贫困白血病、尿毒症患者实施约200万元专项医疗救助。

（《新锡山》 供）

养老设施建设工程

全年新增养老床位250张，新建成25个居家养老服务站。　（《新锡山》　供）

残疾人保障工程

基本实现各镇（街道）残疾人综合服务中心全覆盖，年内鹅湖镇、锡北镇、羊尖镇、东港镇残疾人服务中心建成并投入使用。　（《新锡山》　供）

水生态综合整治工程

完成锡北运河等9条河道清淤，基本完成双泾河拓浚工程，创建排水达标区94个，农村环境连片整治工程竣工并通过省级验收。（《新锡山》 供）

环境景观建设工程

启动实施九里河中央公园、九里河景观绿化工程，建成锡山湿地公园。（孙剑光 摄）

绿色锡山建设工程

2011年新增造林绿化面积473.33公顷，新增绿地175.7万平方米，分别完成年度目标任务的142%和146%。（《新锡山》 供）

交通路网工程

锡虞路（原名北中路）、东盛一路建成通车，完成商务区核心区地下车行系统土建工程，全年全区道路施工里程达192公里以上。（《新锡山》 供）

公共交通工程

全年新开通公交线路6条，优化调整15条，建成20个公交候车亭；农村危桥改造全面完成。

（孙剑光　摄）

安居保障工程

全年全区安置房施工面积达545.98万平方米，其中新开工190.99万平方米，竣工212.3万平方米。完成碧园小区等老新村综合整治工程，完成东亭中心菜场、柏庄菜场整治工程和东亭老街公房、李巷小区两个特修项目。　　（《新锡山》　供）

文化体育事业发展工程

建成锡北、厚桥文体中心，举办庆祝锡山区建区十周年书法大赛、软式棒球国际交流赛、纪念建党90周年主题活动等各类文体活动77场（次）。新增健身路径100套。（《新锡山》 供）

优质教育覆盖面工程

锡东高级中学土建工程基本完成，天一实验学校完成主体工程，水岸佳苑幼儿园基本竣工。图为无锡市东亭实验小学新貌 （区重点办 供）

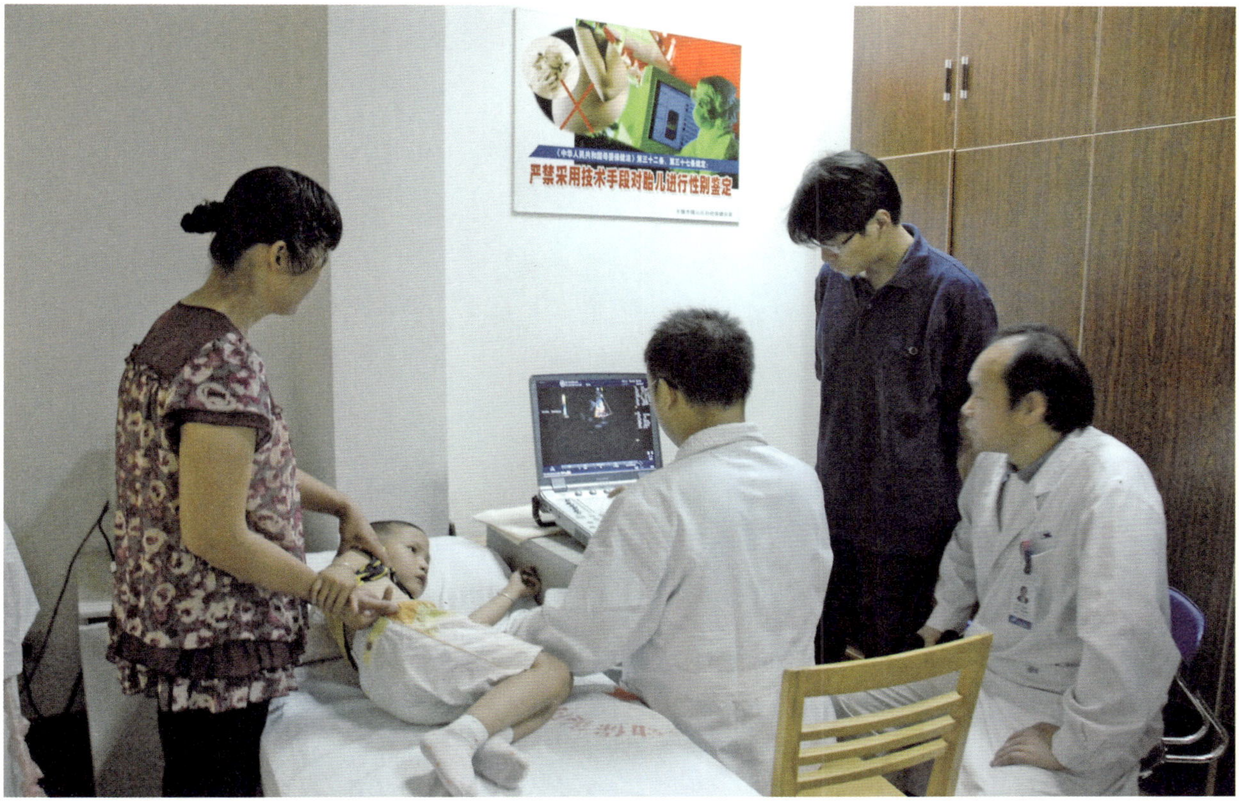

医疗卫生服务工程

全面实施基本药物零差率销售，全年全区采购基本药物4358.52万元，与国家零售指导价格相比，国家基本药物价格下降36.51%，省增补药品价格下降32.48%。全面开展家庭健康医生责任制工作。实施“爱心”工程，开展孕妇、儿童先天性心脏病筛查共2.17万人，转诊或手术治疗149人。继续实施“老年居民幸福工程”，免诊疗费和挂号费33.32万人次，免费开展体检4.07万人次；“医疗惠民工程”中“五免五减半”325人次，共减免金额856.32万元，社区卫生服务机构门急诊均次费用由75.65元降至54.55元，同比下降 27.89%；住院均次费用由2278.97元下降至1987.61元，同比下降 12.78 %。完成安镇社区卫生服务中心改扩建工程。

（《新锡山》　供）

总 目

目 录

特 载
Special Edition

大事记（2011年）
Chronicle of Events (2011)

锡山区概况
Survey of Xishan District

中共锡山区委员会
CPC Xishan District Committee

重要会议
Important Conferences

组织工作
Organizational Work

宣传思想工作
Publicity and Ideological Work

统战工作
Multi-Party Cooperation

对台工作
Taiwan Affairs

农村农经工作
Agricultural and Rural Economy

机要保密工作
Secret Safty

老干部工作
Senior Cadres ' Consultation

中共锡山区纪律检查委员会
Xishan District Discipline Inspection Committee of the CPC

民主党派·工商联·无党派联委会
Democratic Party,Industry,Commerce Union,Nonpartisan Commission

人民团体
People 's Organization

武装·政法
Armed Force, Politics & Law

人防工作
People 's Air Defence

综合治理
Comprehensive Governance

公安工作
Public Security Mission

检察工作
Procuratorial Mission

审判工作
Trial Mission

司法行政
Justice Administration

农业·水利
Agriculture, Water Conservancy

农业
Agriculture

开放·开发
Opening-up,Development

综述
Briefs

对外及港澳台贸易
Trade with Foreign Countries,and Hongkong, Macau and Taiwan Regions

利用外资及港澳台资
Foreign and Hongkong,Macau and Taiwan Regions Investment Cooperation

对外及对港澳台经济合作
Foreign and Hongkong,Macau and Taiwan Regions Investment Economic Cooperation

锡山经济技术开发区
Xishan Economic Cooperation Zone

高铁站商务区
High-Speed Railway Station Business District

服务业·商贸·旅游
Service Industry, Commercial Trade,Tourism

服务业
Service Industry

国税
State Taxation

地税
Local Taxation

金融
Finance

城镇建设和管理·环境保护
Urban Construction and Management,Environmental Protection

城乡规划
Urban and Rural Planning

城市建设
Urban Construction

村镇建设
Village and Town Construction

建筑业
Architecture Industry

房地产业
Real Estate Industry

电信
Telecommunication

教育·科技
Education,Scientific Technology

教育
Education

综述
Briefs

基础教育
Basic Education

职社教育
Vocational and Community Education

教师队伍
Teachers' Team

教育督导
Education Supervision

教育研究
Education Study

招生考试
Enrollment Examination

文化·体育·卫生
Culture,Sports,Health

人物·荣誉栏

Figures, Honor List

经济和社会发展统计资料

Statistics of Economic and Social Development

文件汇编
Document Collection

索引
Index

图片专辑
Picture Edition

无锡市锡山区国民经济和社会发展第十二个五年规划纲要（摘要）

（2011年1月）

一、回顾“十一五”成就，规划“十二五”发展

（一）发展基础和发展阶段

1. 发展基础

“十一五”期间，面对国际国内发展环境的重大变化，在区委、区政府的正确领导下，全区上下牢固树立和落实科学发展观，紧紧围绕“两个率先”新锡山目标，较好地完成了“十一五”规划提出的经济社会发展目标和任务，为“十二五”期间全区经济社会又好又快发展打下了坚实的基础，主要表现在：

综合实力跃上新台阶。到“十一五”期末，全区地区生产总值达到391.2亿元，年均增长16.3%，人均地区生产总值（按常住人口计算）突破10000美元；财政总收入达到108.3亿元，年均增长29.0%，其中一般预算收入达到36.1亿元，年均增长22.3%。

转型发展实现新突破。“十一五”期间，全区产业结构进一步优化，三次产业结构比例由3.4∶64.5∶32.1优化调整为3.6∶58.4∶38；高新技术产业增加值占规模以上工业增加值的比重达到45%；全区高效农业面积达到9400公顷。

创新能力得到新提升。大力引进人才，不断加大科技投入，自主创新能力明显增强。“十一五”期末，预计全区R&D（研发）支出占GDP比重达到2.5%，比“十五”期末提高0.9个百分点；人才总量达到10.25万人，累计注册落户“530”项目124个。

改革开放创出新局面。“十一五”期间，全区改革创新工作整体推进，深化乡镇综合改革、行政管理体制改革、建设开发体制改革、社会事业改革等，为推动经济社会又好又快发展提供了有力的体制保障。经济国际化水平明显提升，“十一五”期间，全区实际利用外资累计达到16.4亿美元，累计完成出口88.3亿美元。境外投资稳步增长，累计对外投资额超过1.7亿美元，境外投资涉及国别增加到29个。

城乡建设取得新进展。城市化水平进一步提高，预计“十一五”期末城市化率达到56%。加快融入无锡主城，现代化新城的框架初具雏形。城乡基础设施建设不断推进，道路交通网络进一步完善，公共交通服务水平全面提升。生态环境质量全面改善，工业废水和生活污水集中处理能力和标准得到有效提高，“绿色锡山”建设取得新进展。突出“三高联动”，锡东新城建设工作全面推进。扎实开展农村环境整治，农村生产生活条件进一步改善。

社会民生谱写新篇章。政府财政性社会事业投入持续增长，城乡公共服务支出占财政支出比重达到60%以上。强力推进区域教育现代化建设，教育发展总体水平跃上新的高度。全面强化公共卫生服务功能，卫生服务体系健全率达到100%，社区卫生服务机构实现全覆盖。文体建设成果显著，中国乡镇企业博物馆建成开放，全民健身服务体系基本建立，竞技体育水平有新的提高，建成江苏省体育强区。人口计生事业创新发展，人口素质不断提高，优质服务体系基本全覆盖，流动人口服务管理长效机制逐步形成。“平安锡山”建设深入推进，“五五”普法全面完成，公共安全管理水平明显提升。城乡居民收入保持较快增长，“十一五”期末，预计城镇居民年人均可支配收入达到28224元、农民年人均纯收入达到13801元，“十一五”期间年均增速分别达到12.0%和11.5%。积极扩大社会就业，群众自主创业环境进一步改善。注重城乡兼顾，建立和完善以养老、医疗、失业、工伤、生育保险为重点的社会保障制度，“十一五”期末全区城乡基本社会保险覆盖率达到98%以上。基本建立社会救助和社会福利网络，建立城乡最低生活保障增长机制，社会综合保障能力进一步增强。

总之，“十一五”期间我区经济社会发展取得的成就为“十二五”时期发展创造了更加有利、更加良好的条件。当然，我们也要清醒地认识到，未来发展仍面临不少困难和问题，主要表现为：产业结构有待优化、节能减排和生态建设有待提升、统筹城乡发展的政策制度有待完善、社会管理体制机制的改革创新有待深化，还不能完全适应科学发展、率先发展、赶超发展的要求。上述问题都需在“十二五”期间逐步加以解决。

2．发展阶段

“十二五”时期，从国内外发展环境来看，国际金融危机影响深远，世界多极化、经济全球化趋势更加明显，国际经济政治格局出现新变化，科技创新和新一轮产业革命孕育新突破，绿色发展、低碳发展成为世界发展新潮流；我国进入全面建设小康社会的关键时期和深化改革开放、加快转变经济发展方式的攻坚时期，工业化、信息化、城镇化、市场化、国际化纵深推进，经济社会发展仍处于周期上升、大有作为的重要战略机遇期，加快转变经济发展方式成为未来中国经济社会发展的主线。从区域发展环境来看，“后世博”时代的到来，长三角地区区域规划和江苏沿海地区发展规划的实施，京沪高速铁路和沪宁、宁杭城际高速铁路的建成，使长三角区域一体化进程加速，区域产业布局、社会结构、城市功能、居民生活方式将出现深刻变化。综合国际、国内以及区域形势分析，立足自身发展条件，“十二五”期间，锡山经济社会发展将进入更加协调、更加均衡的发展轨道，总体处于“五个时期”：

一是率先实现基本现代化的关键时期。“十二五”时期，我区将在提升基本现代化进程中，进一步顺应城市化和工业化的发展趋势，突出发展核心优势，在更高层次上强化人才、科技等高端要素的集聚，全面提高发展水平，积极参与国际竞争和国际交流合作，实现发展方式转变、消费结构升级、体制机制转型和社会协调发展，率先实现基本现代化。

二是推进转型发展的关键时期。“十二五”时期，我区将加快转变发展方式、推进转型升级，加快推动经济发展由依赖物质资源消耗向创新驱动转变、粗放式增长向集约型发展转变、城乡二元结构向城乡一体化发展转变，实现经济转型、城乡转轨，全面提升综合竞争力。

三是提升城市化水平的关键时期。“十二五”时期，我区城市化进程将加速提升、不断深化，随着锡山主城“两东”地区城市现代化改造以及锡东新城大规模城市建设全面铺开，以现代服务业为核心的城市经济对全区发展的支撑作用更加明显，推动我区城市化和城市现代化水平在“十二五”期间实现进一步提升。

四是建设生态文明的关键时期。“十二五”时期，我区将生态文明理念贯穿于经济社会发展的全过程，大力发展低碳经济、循环经济、绿色经济，加快生态产业发展、生态环境优化、生态设施建设、生态意识传播、生态制度完善，逐步从工业文明为主导的发展阶段跃入生态文明为主导的高级阶段。

五是加速社会发展的关键时期。“十二五”时期，我区将依托锡东新城建设，全面整合社会事业总体规划布局，文化、体育、教育、卫生等基础设施全面成形。在重点提升镇（街道）层面社会事业建设水平基础上，形成区、镇（街道）、村（社区）较为完善的公共服务体系，确保“十二五”期间全区社会事业发展水平与经济发展水平相协调。加快“幸福锡山”建设，争取用五年时间，实现社会保障水平、公共服务水平与无锡市无缝对接，实现好、维护好、发展好人民群众的根本利益，不断提升全区人民群众的满意度和幸福感。

（二）指导思想和发展定位

综合分析我区经济社会发展的现实基础和发展阶段，“十二五”时期，全区国民经济和社会发展的指导思想如下：以邓小平理论和“三个代表”重要思想为指导，深入贯彻落实科学发展观，以加快转型、实现赶超为主题，大力实施“创新驱动”、“城市化和城乡一体”、“普惠民生”三大战略，突出“三高联动”，合力奋战五年，率先实现基本现代化。

贯彻落实“十二五”时期全区国民经济和社会发展的指导思想，确立“十二五”期间的总体发展定位是：依托区位优势、交通优势以及后发优势，紧抓长三角区域一体化加速发展和锡东新城建设的契机，加快战略性新兴产业发展，加速提升区域城市化水平，将锡山建成无锡经济新的增长极、无锡城市重要副中心、无锡交通重要枢纽。

（三）战略目标和重点任务

按照“十二五”期间总体发展速度明显高于无锡市平均水平的要求，确定经济发展、创新驱动、城市功能、社会民生、生态文明五大方面36项指标（见下表）。争取到“十二五”期末，全区经济社会发展水平基本达到无锡市平均发展水平，建立较高层次的现代产业体系、较高水平的社会事业体系、优良的生态环境体系，人民生活水平、自主创新能力、区域竞争能力和可持续发展能力不断提升。

经济发展：经济发展总体水平大幅提升，“十二五”期末，人均地区生产总值（按常住人口计算）达到12.3万元；财政总收入达到200亿元，其中一般预算收入达到80亿元。三次产业结构明显优化，服务业带动性明显增强。三次产业从业人员比重优化为5：72：23，第三产业增加值占GDP比重达到45%。

创新驱动：自主创新环境不断优化，“人才特区”建设取得重要进展，科技创新能力明显提升。“十二五”期末，R&D支出占GDP比重达到3%以上，人力资本投资占GDP比重达到16%，人才总量达到13万人，专利申请数和专利授权数分别达到6000件和4000件，高新技术产业增加值占规模以上工业增加值比重达到50%，新兴产业营销收入力争达到1500亿元。

城市功能：城市规模和城乡发展水平提升。“十二五”期末，城市化率达到70%，常住人口规模达到65万人。城市功能明显提升。城镇人均拥有道路面积大于28平方米，人均拥有公共文化体育设施面积达到2.5平方米。

社会民生：城乡居民生活水平进一步提高，“十二五”期间城镇居民人均可支配收入和农民人均纯收入年均增速分别达到14.9%、15.0%，“十二五”期末分别达到56500元、27800元。社会事业加快发展，基本公共服务水平明显提高，社会保险、社会救助、社会福利、慈善事业相统一的社会保障体系逐步完善，城乡基本社会保险覆盖率达到99%以上，卫生服务体系健全率100%。社会管理水平提升，每万人刑事案件发案率低于万分之七十。

生态文明：资源利用效率持续提高，节能减排效果明显，“十二五”期末，万元GDP能耗累计下降20%，主要污染物排放累计削减20%，单位GDP二氧化碳排放累计削减20%。生态环境明显改善。“十二五”期末，主城区城镇生活污水集中处理率达到95%，农村达到90%；林木覆盖率达到25%，建成区绿化覆盖率达到45%以上；环境质量综合指数达到92。

围绕上述战略目标，“十二五”期间要加快推进六大重点任务：以培育发展新兴产业为重点，促进产业转型升级；以加快“人才特区”建设为重点，强化科技创新驱动；以加速城市化进程为重点，推进城乡一体化发展；以构建区域生态文明为重点，实现集约化发展；以深化社会事业建设为重点，打造“幸福锡山”；以加快改革创新步伐为重点，增强区域发展活力。

无锡市锡山区“十二五”经济社会发展主要指标

表1

类别	序号	指标名称	单位	2010年预计	2015年目标	指标属性
经济发展	1	人均地区生产总值	元	70000	123077	预期性
	2	地区生产总值	亿元	391.2	800	预期性
	3	财政总收入	亿元	108.3	200	预期性

续表1

类别	序号	指标名称	单位	2010年预计	2015年目标	指标属性
经济发展	4	其中：一般预算收入	亿元	36.1	80	预期性
	5	国税开票销售收入	亿元	1590	3500	预期性
	6	其中：工业开票销售收入	亿元	986	2500	预期性
	7	三次产业从业人员比重	%	9：70：21	5：72：23	预期性
	8	第三产业增加值占GDP比重	%	38	45	预期性
	9	文化产业增加值占GDP比重	%	8.5	9	预期性
创新驱动	10	R&D支出占GDP比重	%	2.5	＞3	预期性
	11	人才总量	万人	10.25	13	预期性
	12	人力资本投资占GDP比重	%	—	16	预期性
	13	专利申请数	件	4500	6000	预期性
	14	专利授权数	件	4600	4000	预期性
	15	重点骨干企业工程技术研究中心覆盖面	%	—	50	预期性
	16	高新技术产业增加值占规模以上工业增加值比重	%	45	50	预期性
	17	新兴产业营销收入	亿元	420	1500	预期性
城市功能	18	城市化率	%	56	70	预期性
	19	常住人口规模	万人	56	65	预期性
	20	城镇人均拥有道路面积	平方米	27.5	＞28	预期性
	21	人均拥有公共文化体育设施面积	平方米	2	2.5	预期性
社会民生	22	城镇居民人均可支配收入	元	28224	56500	预期性
	23	农民人均纯收入	元	13801	27800	预期性
	24	高等教育毛入学率	%	60	62	预期性
	25	卫生服务体系健全率	%	100	100	预期性
	26	城乡基本社会保险覆盖率	%	98.65	99以上	约束性
	27	每万人刑事案件发案率	万分之	＜63	＜70	约束性
	28	人均预期寿命	岁	77.55	78	预期性
生态文明	29	万元GDP能耗下降率	%	5年累计降20%	5年累计降20%	约束性
	30	主要污染物排放削减率	%	32	20	约束性
	31	单位GDP二氧化碳排放削减率	%	—	20	预期性
	32	单位GDP建设用地占用下降率	%	8	年均下降9%	预期性
	33	城镇生活污水集中处理率	%	城镇90，农村80	城镇95，农村90	预期性
	34	林木覆盖率	%	19.97	25	约束性
	35	建成区绿化覆盖率	%	45	＞45	约束性
	36	环境质量综合指数	分	90.5	92	预期性

注：主要污染物主要包括化学需氧量、二氧化硫、氨氮、总磷和氮氧化物。

（四）发展战略

“十二五”时期，面对发展机遇，应对发展挑战，要精心组织、加快实施赶超发展战略，全力以赴加快科学发展、率先发展、赶超发展，积极追求“全面、协调、可持续”的发展新方式。重点实施“三大战略”：

1．“创新驱动”战略，转变经济发展方式。着力贯彻创新驱动理念，推动区域经济发展由投资驱动逐步转变为创新驱动。围绕创新驱动的要求，要引导企业更自觉地走创新驱动型发展道路，加强创新合作、加快创新步伐，加快关键技术和共性技术的研发创新，以规模型、创新型企业的快速成长，支撑新兴产业的快速集群。加大招才与引智（技）的力度，提升人力资本投资，紧紧抓住人才尤其是科技创新创业人才这一战略性资源，创新人才政策、人才制度，优化用才环境，加速引进并集聚一批能够突破关键技术、发展高新产业、区域发展急需和紧缺的科技领军型创业人才和创新人才。加强创新支撑体系，不断完善以技术创新为重点、知识创新为基础、制度创新为保障的区域创新体系，真正把专业园区建成集聚资金、技术、人才等资源要素的产业创新、产业发展主阵地，真正把“三创”载体建成转化高科技成果、集聚高科技人才和加速战略性新兴产业培育的创新创业载体。

2．实施“城市化和城乡一体”战略，转变社会运转方式。抓住无锡城市拓展的战略机遇，依托高铁和轨道交通大发展，放大锡山区域优势，加快锡山主城“两东”地区和锡东新城建设，全面加强东港（锡北）和鹅湖两大卫星城规划建设力度，加快城乡一体化发展步伐，有效推动城乡协调发展，建立起与无锡城市重要副中心定位相匹配的城市空间布局和城乡发展体系，充分发挥城市化和城乡一体化对经济发展的带动作用，为工业化提升和服务业集聚提供强大支撑。

3．实施“普惠民生”战略，提高群众生活水平。坚持“普惠于民、均衡共享”，把“幸福锡山”建设作为全区经济社会发展的出发点与落脚点。不断提升居民收入水平，积极推进富民工程，增强居民消费能力，促进消费结构升级，形成富民强区、协调发展的新格局；着力加强环境保护和生态文明建设，切实提高群众生产生活环境质量；着力加大服务与保障的力度，积极推动公共服务水平与无锡市全面对接，建立与经济社会发展相适应的公共服务体系。

（五）关键措施

“十二五”期间，完成全区国民经济和社会发展规划的目标和任务，要全面落实、加快实施“三高联动”关键措施，奋力推进全区经济社会转型升级，实现科学发展、率先发展、赶超发展。

1．确立高点定位。定位决定地位，要结合创新型经济城区建设，大力实施“创新驱动”战略，加快提升全区产业的创新能力、竞争实力和可持续发展能力，加快推动产业转型。具体是：围绕培育发展新兴产业、提升优势传统产业、加快推进企业上市等重点工作，坚持“双核双星”驱动，加快核心城区和卫星城建设，推进城乡一体化进程，把我区建成无锡经济新的增长极、无锡城市重要副中心、无锡交通重要枢纽。

2．寻求高端合作。确立开放的理念、创新的思维、包容的胸襟，广泛寻求高端合作伙伴，广泛集聚资金、项目、技术、人才等要素资源，以高端嫁接、高端合作加快推动转型升级步伐。具体是：强化项目引育、科技嫁接、人才集聚等重点工作，以“人才特区”建设为目标，推动企业真正成为创新主体，加快创新驱动步伐，以人才优势和创新体系来支撑和引领全区经济社会发展。

3．打造高品质环境。坚持把打造高品质环境作为集聚生产要素、提升产业素质、增强竞争能力的关键，立足于优化产业布局、增强服务功能、提高服务水平，加快推进各项综合环境建设。具体是：强化各类载体建设，加快完善区域功能，优化人居生态环境，以生态环境建设倒逼经济转型、城乡转型，全面加快“幸福锡山”建设步伐。

二、培育发展新兴产业，促进产业转型升级

“十二五”期间，我区要建成无锡经济新的增长极，依托创新驱动，以产业转型升级助推实现区域赶超发展，努力建设无锡先进制造业基地和区域性商务商贸中心。推动战略性新兴产业跨越式发展，加快传统优势产业改造提升，打造先进制造业基地，整合优化全区产业布局，提升开发区的影响力和贡献度，提升专业园区发展水平，加速功能性载体建设，初步形成布局优化、结构合理的产业空间格局，增强经济发展的全面性、协调性和可持续性。

到“十二五”期末，全区基本建立相对完善的现代产业体系，基本形成高层次、高度化产业结构，现代产业发展成为全区经济发展的主要支撑。其中，三次产业从业人员比重进一步优化为5：72：23，先进制造业、现代服务业和高效农业成为三次产业的主体，服务业增加值占GDP比重达到45%，高新技术产业增加值占规模以上工业增加值比重达到50%。

三、加快“人才特区”建设，强化科技创新驱动

科学技术是第一生产力，人力资源是第一资源，以科技创新引领推动赶超发展，决定因素是高层次人才。“十二五”期间，围绕建设创新型经济城区的目标，要大力实施“创新驱动”战略，坚持人才引领，通过不断完善以技术创新为重点、知识创新为基础、制度创新为保障的区域创新体系，加强创新载体和平台建设，确保“十二五”期间我区科技创新能力不断增强，区域竞争能力进一步提升。到“十二五”期

末，全区人才总量达到13万人；专利申请数达到6000件，专利授权数达到4000件；重点骨干企业工程技术研究中心覆盖面达到50%；R&D支出占GDP比重达到3%以上；人力资本投资占GDP比重达到16%。

四、加速城市化进程，推进城乡一体化发展

“十二五”期间，大力实施“城市化和城乡一体”发展战略，坚持“双核”驱动，全面完成锡山主城“两东”地区城市现代化改造，加快推动锡东新城尤其是高铁商务核心区建设；推动东港（锡北）和鹅湖“双卫星城”建设，为核心城区做好延伸配套；努力提高城乡规划建设水平，进一步整合提升城市功能，全面推进区域城市化和城市现代化进程。到“十二五”期末，力争全区城市化率达到70%。

五、构建区域生态文明，实现集约化发展

“十二五”时期是我区建设“资源节约型、环境友好型”社会的关键时期。面对资源和环境形势的不断变化，我区要以经济社会发展整体战略定位为基础，按照构筑现代产业体系与建设现代化城区的要求，加快发展循环经济，大力发展低碳经济，深入推进节能降耗和治污减排工作，加强节能管理，加强资源集约利用，倡导绿色生活方式与消费方式。全力推动锡山发展成为创新型经济领先、生态文明发展、可持续发展先导的宜居城区，最终形成集约发展模式。力争到“十二五”期末：万元能耗GDP累计下降20%，主要污染物排放削减20%，单位GDP二氧化碳削减20%，主城区城镇生活污水集中处理率达到95%，农村达到90%；建成区绿化覆盖率超45%，林木覆盖率达到25%，环境质量综合指数达到92。

六、深化社会事业建设，打造“幸福锡山”

“幸福锡山”建设事关全区人民群众福祉，是全区经济社会发展的出发点与落脚点。加强城市建设、发展全区经济的最终目的都是为了建设一个人民生活幸福美满的新锡山。“十二五”期间，突出以人为本的核心，实施市民收入倍增计划，全面推进“幸福锡山”建设，让全区群众过上“劳有应得、学有优教、病有良医、困有所济、残有所助、住有宜居、老有善养”的幸福生活。

七、加快改革创新步伐，增强区域发展活力

“十二五”期间，以完善社会主义市场经济体制为导向，以促进经济发展方式转变为主线，落实无锡市改革总体规划，明确改革重点，加大攻坚力度，健全推进机制，进一步深化行政管理体制、经济领域体制、社会事业体制改革，努力在部分重点领域和关键环节上创新突破，加快政府转型，为科学发展、率先发展、赶超发展提供有力保障。

八、规划实施

“十二五”规划是我区未来五年国民经济和社会发展的宏伟蓝图、行动纲领，要建立规划实施的保障机制，确保规划顺利实施。

（一）加强规划管理

加强规划体系衔接。我区国民经济和社会发展总体规划是我区效力最高的发展规划，是各板块总体规划、各类园区规划、部门规划、专项规划等各类规划编制的基本依据；我区国民经济和社会发展总体规划要与无锡市国民经济和社会发展总体规划以及各类专项规划加强衔接，使我区总体规划在发展目标、空间布局、政策取向、重大项目等方面既体现锡山特色，又与无锡市保持协调一致。

加强规划法制落实。贯彻落实《江苏省发展规划条例》要求，确立层次分明、功能清晰的规划体系，进一步明确科学、民主、规范的规划编制程序，建立责任明确的规划实施机制，确保规划的有效实施。

（二）做好规划宣传

利用各种媒体，采取多种形式，积极宣传，提升区、镇（街道）、村（社区）各层面知晓率，使“十二五”规划纲要给社会以信心、给人民以承诺，引导社会各界关心和积极参与“十二五”规划的实施和锡山的现代化建设，真正做到广泛宣传、全民参与。

（三）强化规划实施

政府引导，确保落实。年度经济社会发展计划、年度财政预算的编制要体现“十二五”规划纲要的指导和要求。要围绕“十二五”规划纲要中提出的关键举措和重大项目，制定相关政策措施，重点组织调配资金和资源，集中力量抓好各项措施的落实到位。

跟踪分析，监督检查。健全规划实施机制，加强对规划实施的组织领导，明确各项任务实施主体，落实工作责任，建立规划实施的检查督办制度，对规划期内重大事项进行监督检查。“十二五”规划目标要分解落实到各相关部门、板块。加强对“十二五”规划纲要实施的监督、检查和跟踪分析，及时提出预测、预警意见和保障实施的建议。完善发展规划指标的评价和统计制度，加强发展规划实施的社会监督，营造全社会共同参与和支持规划实施的良好氛围。

全力打好赶超发展攻坚仗
奋力开创现代化建设新局面

——在区委三届三次全会上的讲话

中共锡山区委书记 朱爱勋

（2011年12月23日）

同志们：

今天，区委召开三届三次全会，主要任务是深入学习贯彻党的十七届六中全会和省市党代会精神，回顾总结今年发展成果和基本经验，研究部署明年的工作目标和主要任务，动员全区各级党组织和广大干部群众，进一步认清形势，激扬斗志，凝心聚力，开拓进取，加快转型升级，推进赶超发展，全力开创率先基本实现现代化的新局面。下面，我根据区委常委会讨论的意见，重点讲四个方面：

一、致力转型，奋力争先，“十二五”发展实现良好开局

今年以来，面对国内外宏观环境的复杂变化，全区上下坚持以科学发展为主题，以加快转变经济发展方式为主线，一心一意谋发展，持之以恒抓创新，攻坚克难求突破，大力实施“创新驱动”、“城市化和城乡一体”、“普惠民生”三大战略，经济社会呈现出赶超提速、转型提升的发展势头，实现了“十二五”发展的良好开局。预计全年实现地区生产总值475亿元，增长12%；完成一般预算收入45.1亿元，增长25%；固定资产投资390亿元，增长25%；工业总产值1237.2亿元，增长20%，其中规模工业产值突破1000亿元关口，达到1037亿元，增长19%；城镇居民年人均可支配收入31744元、农民年人均纯收入16258元，分别增长14%和16.5%。实现了重点发展指标增幅高于全市平均、高于周边地区的目标，赶超趋势初步显现。

1．坚持赶超发展，经济社会转入转型发展新轨道。今年以来，全区各级各部门紧紧围绕赶超发展的奋斗主题，全方位集聚优质要素，深层次推进转型升级，多渠道拓展增长空间，迅速掀起了转型赶超的蓬勃热潮。一是园区能级快速提升。开发区以建设全国一流开发区为目标，以创新创业创优为主线，以提高发展质量和效益为重点，大力发展高端产业，着力打造高水平园区，成功晋升为国家级经济技术开发区，具备了向更高平台、更高层次、更高能级跃升的基础和条件。各专业园区与22家科研机构建立了全面合作关系，江南大学机械工程学院—机械（高铁）装备产业园“科技创新服务中心”顺利揭牌，北京科技大学与鹅湖镇新型金属材料产业园政产学研合作正式展开，高端产业承载能力有效增强。二是项目质量有效提高。各级各部门积极实践高端合作理念，努力拓展与重点行业协会和专业招商机构的合作关系，全区落户建设工业类新兴产业项目58个，总投资120亿元，平均单体项目规模达到2.1亿元；超亿元服务业项目达到55个，其中超5亿元项目31个，超10亿元项目13个；新批和增资重大外资项目3个，新批外资独立研发中心2个、地区总部1个，世界500强企业泰连电子项目、意大利博索尼奥拉茂叉车项目、英特宜家无锡购物中心、派克汉尼汾工业园等一批优质项目落户锡山，为加快转型注入了新的动力。三是创新活力日趋增强。全区上下大力实施“创新驱动”战略，全力集聚高端人才，第五次蝉联“全国科技进步先进区”荣誉称号。深入实施“锡山百人计划”，新增中央“千人计划”人才1人、省级计划人才9人、无锡“千人计划”人才33人。鼓励企业加大研发投入，全面加快“三站两中心”建设步伐，新建成市级院士工作站2家、市级工程技术研究中心15家、省级企业技术中心4家、市级企业技术中心13家，我区被认定为“中国产学研合作创新示范基地试点单位”。“530”企业产业化加速，无锡亮源激光技术有限公司、无锡维视科技有限公司、无锡杰尔压缩机有限公司等11家企业年销售超1000万元。

2．加速产业升级，结构调整跨入提质增效新阶段。坚持把产业优化升级作为转变发展方式的重要抓手，以培育新兴产业、提升主导产业、调整传统产业为主轴，加快推动全区经济结构调整和产业结构转变，三次产业结构持续优化。一是主导产业提档升级。深入推进“双百技术改造工程”和“双百新增长工程”，积极实施规模骨干企业科技创新三年行动计

划，鼓励企业实施技术改造，引进高端设备，全区规模骨干企业“四个一”覆盖面达到60%以上，新增省高新技术企业16家，高新技术产业增加值占规模以上工业增加值比重达到45.5%。鼓励骨干企业加快挺进资本市场，以锡山区无锡百和织造股份有限公司为主要控股公司的百和兴业股份有限公司在台湾上市。二是新兴产业规模扩张。大力实施新兴产业双倍增工程，聚焦政策、聚集资源、聚合力量，推动新兴产业快速扩张，美新微纳传感系统有限公司、无锡和荣科技有限公司、江苏大为科技股份有限公司、无锡森宝传感科技有限公司等重点企业表现出良好的成长性和爆发力，预计新材料、新能源和新能源汽车、智能传感、生物产业、信息服务、文化创意六大新兴产业实现营销收入670亿元，同比增长21.7%。三是现代服务业量质齐升。大力实施服务业发展超越工程，积极推动现代物流、休闲旅游、文化创意、信息服务等现代服务业快速发展，V-park信息服务外包产业园集智广场、东亭科创中心、汇坚科创大楼、华夏·文华国际等高端服务业载体成功封顶，预计服务业开票销售收入突破1000亿元，服务业增加值占GDP比重提升到39.5%，呈现出强劲的发展态势。四是现代农业发展提速。大力推进区、镇、村三级农业园区建设，全年新建村级园区37个，“一村一园”建设三年任务两年完成，以国家级台湾农民创业园、江苏省现代农业产业园、市级生物农业产业园和“一村一园”为核心的现代农业三级联动发展模式基本成形。现代农业走向高端，日本三阳MKV梦想植物工厂、中国台湾第一种苗等高端项目竣工投产，无锡浙大生物农业研究中心、江苏物联网研发中心农业分中心全面进入项目化、实质化、常态化运营状态，农业发展活力激增。

3．推进功能提升，城乡一体融入“双核双星”新布局。以构建“双核双星”格局为目标，拓展城市发展框架，完善基础设施建设，提升综合服务功能，城市现代化和城乡一体化进程全面加快。一是加速推进新城开发，新城框架宏图初展。按照“三年成形”的目标，全面拉开建设框架，全力完善基础设施，全心营造发展环境，京沪高铁无锡东站、南北广场及立体停车楼、交通综合体、公交站场等配套设施建成投用；翠山路、丹山路、春风路等重点道路建成通车，新城外环及主次干道路网基本成形；九里河湿地公园一期项目基本建成，锡东高级中学、天一实验学校等公建项目加快推进，锡东新城轮廓加速展现。二是大力实施主城改造，城市品位有效提升。坚持城市经营的深度化和策略化，大力推进形态开发和功能建设，绿地、龙湖、宜家等城市综合体全面启动建设，大明金属等总部大楼建设加快实施，栖霞、融科等地产项目加快建设和销售，长流生态公园建设顺利竣工，李巷小区、碧园小区等5个老新村整治工程全面完成，柏木巷、竹园西区等4个安置小区改造全面推进，“两东”地区城市发展层次和品位不断提升。三是有序开展新镇建设，风格特色逐步彰显。以打造功能完善、自我运行的卫星城为目标，加大基础设施投入，提升公共服务水平，塑造核心区域形态，羊尖五洲国际城市综合体建成招商，鹅湖商贸核心区生活广场、东港新城核心区睦邻中心、世代服务中心即将正式投用，东港·红豆商业广场、锡北国际广场、锡北星天地滨水步行街等一批商业载体加快启动，功能完善、各具特色的新型城镇逐步成形。在城市建设发展过程中，各级各部门特别是国土部门着力加大要素保障力度，对上争取用地指标146.33公顷，盘活存量土地393.03公顷，有效保障了全区经济社会发展大局。

4．强化公共服务，民生事业进入统筹共建新阶段。以“幸福锡山”建设六项工程为载体，着力提升城乡统筹水平，大力发展社会公共事业，全力优化生态环境，让人民群众更多更好地分享改革发展成果。一是就业保障稳步推进。启动实施居民收入倍增计划，全力推进就业富民，着力做好重点人群的就业帮扶工作，累计实现城乡劳动力就业7441人，本地农村劳动力充分就业率达到94.3%，“零就业家庭”实现100%就业。加快推进保障富民，积极完善城乡保障体制和救助体系，城乡居民养老保险和居民医疗保险参保覆盖率分别达到96%和99%。二是生态环境日趋改善。以“水生态综合整治六大工程”和“蓝天工程”为抓手，持续加大生态建设、节能减排、环境整治攻坚力度，环境质量综合指数达到92.7。纵深推进控源截污，完成企事业单位截污接管1362家，铺设污水主管网31公里，东亭污水处理厂四期扩容工程主体完工，东亭污水处理厂中水回用工程和东港污水处理厂二期扩容工程建成投运。河道综合整治深入实施，双泾河拓浚工程和走马塘拓浚延伸工程主体完工，锡北运河、八士港、大塘河等75条（个）河道（塘）清淤工作全面完成。农村环境整治加快实施，完成农村村庄综合整治292个，农村环境连片整治通过省级验收，羊尖丽安村、厚桥谢埭荡村创建为全区首批“国家级生态村”。“蓝天工程”深入实施，218家工业企业废气达标排放专项整治启动实施，油气回收治理全面完成，预计全年空气质量良好以上天数比例达到92.4%。三是公共服务全面优化。教育事业优先发展，东亭实验小学建成启用，幼儿教育在全市率先实现优质资源全覆盖，“义务教育高位均衡发展示范区”创建取得阶段性成果。医疗卫生事业健康发展，基本公共卫生服务项目扩展至十类41项，全年社区卫生服务机构门急诊和住院均次费用同比分别下降27.9%和12.8%。人口计生工作扎实推进，成功创建为省人口协调发展先进区。文体事业繁荣发展，新增公共体育设施面积14.7万平方米，文化遗产保护工作稳步推进，荡口古镇建设有序开展，文化资源挖掘、重点工程建设、商业定位策划等一系列重点工作全面推开，古镇形态初步展现。四是维稳机制有效健全。着眼形成长效化工作机制，制定出台《锡山区突发性群体性事件（故）应急处置工作规范》和《锡山区企业经营突发事件处置预案》等规范性文件，创新实施领导包案制度，大力推进社会治安综合治理，有效锻炼了干部队伍解决复杂社会矛盾的实战能力，提升了维护社会和谐稳定的工作水平。此外，人武、拥军、统战、对台、民族、宗教、档案、史志、人防等各项工作也得到全面加强，工会、共青团、科协、工商联等群团组织建设全面加强，妇女儿童、老龄和残疾人事业健康发展。

5．全面创先争优，党的建设开创整体提升新局面。深入开展创先争优活动，以改革创新精神全面推进思想政治建设、干部队伍建设、基层组织建设和反腐倡廉建设，党的建设在创先争优中全面加强。一是理论武装深入拓展。以纪念建党90周年、建区十周年和省、市、区党代会召开为契机，创新开展以“六个一”为主要内容的“结对共建、互学共促”活动，组织开展“奋力攻坚克难，推动赶超发展”主题教育活动，有效激发了干部群众干事创业激情、凝聚了赶超发展力量。启动实施干部“双优化一提升”教育培训三年计划，全区党员干部推动转型赶超的能力素质有效增强。二是干部队伍不断加强。以区镇两级党委集中换届为契机，不断优化班子结构，提升整体水平，加快完善干部考核评价体系和工作机制，鹅湖镇成为全市6个公推直选镇党委领导班子成员试点单位之一。推行竞争性选任和公开选拔，5个单位的14个中层职位实施了竞争上岗，推出开发区、镇（街道）的2个副科职岗位实施公开选拔，公开选拔、公推公选、竞争上岗等选人用人方式逐步推开。三是基层党建创新发展。切实加强基层党建工作创新，红豆集团在全国民营企业中第一个通过ISO 9001党建工作质量管理体系贯标认证，鹅湖镇“千名党员进万家”活动、锡北镇“百企联百村、共建新农村”村企党组织联合共建等创新举措，为优化新农村建设和企业发展作出了积极贡献。四是作风效能持续改善。大力开展领导干部下基层驻点调研、“三解三促”活动，党群干群关系更加密切。开展“科学发展争一流，赶超发展争贡献”，区级机关作风效能、基层站所和行政执法职能部门民主评议，窗口单位和服务行业为民服务创先争优及党组织公开承诺践诺等活动，党员干部服务发展的意识更加自觉，比学赶超的氛围更加浓厚。

在充分肯定成绩的同时，我们也必须清醒地认识到，锡山的发展仍然存在一些不容忽视的问题和不足：一是产业布局散乱、结构层次不高、主导产业不清的问题依然存在，新兴产业的体量和能级还不足以支撑高强度的赶超发展；二是城市形态不优、城市功能不强，与锡山的城市地位还有较大差距；三是干部的思想观念、能力水平、工作作风还不适应发展要求，思维层次、统筹水平、执行能力还需进一步提升。这些问题，需要我们采取有效措施，切实加以解决。

二、认清形势，直面挑战，始终坚定化危为机的信心决心

2012年是我们加快转变发展方式的攻坚阶段，也是加快迈向基本现代化的关键时期，更是锡山厚积薄发、实现赶超的重要关口。在这重要的时间节点，我们必须紧扣住时代脉搏、把握好宏观大局、研判准发展趋势，努力在认清形势中坚定信心，在应对困难中加压奋进，在迎接挑战中勇敢前行。

一要把握“后危机”趋势，抢抓机遇、克难攻坚求发展。当前和今后一段时期，宏观经济仍将处于“后危机时期”。世界经济复苏进程曲折多变，欧元区主权债务危机正由外围国家向核心成员国扩散，世界经济再陷衰退泥潭。国内经济低位徘徊，刺激性政策逐步退出，房地产调控政策影响日益显现，经济增速将进一步放缓；大宗商品价格高位运行，原材料价格、劳动力成本大幅上涨，企业生产成本高涨，盈利空间受到严重挤压。面上来看，宏观形势日趋严峻，但我们更要清醒地认识到宏观形势的影响是共性的，无论何处何地都同等地走在这个“弯道”之上，这既是一个互相竞争拉开差距的时期，也是一个培育构建

竞争优势的过程。在金融危机的洗礼中，很多地方上演了“借鸡生蛋”、“借梯登高”、“借脑生财”的好戏；不少企业创造了化危为机、克难求进、逆势而上的奇迹。事实证明，谁有化“危”为“机”的智慧和手段，谁就能在这个“弯道”上超越过去而一马当先，谁就能抢占发展先机，赢得发展优势，走在发展前列。只要我们炼出一双洞悉大势的“火眼金睛”，练就一身化危为机的高超本领，按照选准的路子坚定不移地走下去，朝着认准的目标坚持不懈地干下去，对着看准的事情持之以恒地做下去，就一定能够在困境中实现突破，在“弯道”处实现超越。

二要破解“紧运行”格局，锐意进取、务实创新争主动。在当前“紧运行”的宏观经济环境下，资金、土地等资源制约越来越明显，这既是锡山面临的问题，也是其他地区所面临的共性问题。面对这些困难，谁破解的力度大，谁的发展速度就快；谁破解的时间早，谁的发展成效就大。与其他地区相比，我们还拥有相对广阔的战略发展纵深和相对充沛的土地后备资源，还具有承接大规模产业集群和大体量企业集团的优势条件，在各地土地要素全面趋紧的背景之下，相对的空间优势将成为锡山赢得赶超发展的重要砝码。我们只要紧紧抓住“紧运行”下的新机遇，通盘考虑、超前谋划，敢想敢干、敢为人先，充分发扬“不用扬鞭自奋蹄”的进取精神，顶风前行，不甘人后，腾江跃海，勇闯新路，就一定能把纵深广阔的空间优势转化为赶超胜势，使锡山经济社会发展动力澎湃，破浪前行。

三要瞄准“现代化”目标，开拓创新、凝心聚力谋突破。区委三届二次全会上，我们提出到2015年率先基本实现现代化的奋斗目标，充分体现出锡山人争先发展的志气、务实苦干的作风和再创辉煌的雄心。能否早日实现各项指标，加快现代化进程，关系到锡山的经济社会发展能否顺利跨上新台阶，在区域竞争中能否抢占新优势，在践行科学发展上能否成功走出新路子。率先基本实现现代化，既是锡山应有的姿态，更是必保的目标。对照无锡市基本实现现代化指标体系，虽然我区部分指标已走在全市前列，但城市化水平、产业结构和生态环境质量等方面的指标仍然存在较大差距。锡山要实现的现代化，是在全面小康基础上的现代化，是经济、政治、文化、社会、生态和人的发展全面协调推进的现代化，是具备了现代城市功能、产业体系、生态环境的现代化，是能够发挥独特竞争优势和提供持续赶超能力的现代化。各级各部门要紧跟发展形势，瞄准关键环节，积极用现代化的理念来谋划发展，用现代化的眼光来审视工作，用现代化的标准来检验成效，进一步树立起时不我待的使命感、重于泰山的责任感、只争朝夕的紧迫感，着力破解发展中的难题，拉长发展中的“短板”，全面推动锡山经济社会发展朝着率先基本实现现代化的目标奋勇迈进。

三、咬定目标，扭住重点，开创经济社会赶超发展新局面

面对赶超发展的新形势、率先基本实现现代化的新任务，明年及今后一个时期锡山经济社会发展的总体思路是：**以科学发展观为指导，按照省、市、区党代会作出的战略部署，牢牢把握赶超发展核心目标，坚持“高点定位、高端合作、高品质环境打造”联动，着力推动经济、社会、政府同步转型，产业、人才、环境同步提升，新城、主城、新镇同步发展，奋力跻身全市率先基本实现现代化的“第一方阵”。**

根据上述要求，明年全区经济社会发展的主要预期目标是：地区生产总值增长12%以上；财政一般预算收入增长18%；社会消费品零售总额增长17%；全社会固定资产投资增长18%；城镇居民年人均可支配收入、农民年人均纯收入均分别增长13%；万元GDP能耗，主要污染物COD、SO_2分别下降4%。

围绕上述目标，明年要突出抓好以下五方面工作：

1．坚持以转型升级为核心，持续提升产业发展层次。坚持以创新破解制约、以调整寻求出路、以转型培植优势，加快实施产业升级行动计划，全面打造现代产业体系，不断提高经济发展质量和效益。一要推动新兴产业集聚崛起。以加快推动新兴产业集聚集群为重点，坚持将高端装备制造和新材料产业作为主要突破口，进一步做优做强专业园区，集中集聚高端项目，落户落地龙头企业，力争明年新兴产业销售收入增长25%以上。要依托高端项目引领新兴产业，加快高端项目引进步伐，重点紧盯日本武藏汽车零部件、博泽汽车零部件、德国E+H仪表及传感器、上海透景生命科技等规模型、科技型、环保型、效益型龙头项目，确保在锡山落地生根，迅速推动新兴产业规模扩张。要依托高端载体集聚新兴产业，推动园区与国内外一流科研院所、专业机构建立全面合作关系，加快推进国家级物联网传感产品检测重点实验室等专业化公共服务平台建设，全面提升园区集聚新兴产业

的能力和水平。二要推动优势产业转型换代。加快信息化和工业化“两化融合”、企业和人才“嫁接融合”，引导企业技术革新、装备更新和管理创新，推动传统优势产业转型换代、优化升级。要突出科技创新，继续推进规模骨干企业“四个一”工程建设，围绕产业发展需求，引进一批高级管理人才，集聚一批高素质研发创新团队，推进一批“三站两中心”等科技创新平台建设，力争规模以上骨干企业“四个一”工程覆盖面达到70%。要突出资本运作，鼓励企业通过上市等途径，实现总量超越、内涵提升，加快催生规模化的企业集团、集群化的企业梯队、专业化的行业冠军，力争明年新增上市企业1～2家。三要推动服务经济超越发展。按照与现代制造业相融合、与城市化进程相衔接、与城乡居民需求相适应的要求，全面实施服务业超越工程，全力促进服务业层次提升、比重提高，力争2012年服务业增加值占GDP比重上升1.5个百分点。要提升服务业载体功能，加快推进V-park信息服务和创意产业园、商务区文化创意产业园、无锡数字动漫创业服务中心等服务业重点产业园建设，提高服务业载体专业化、特色化水平。要提升生产服务业能级，围绕研发、销售、采购、物流、商务等领域，深入推进企业主辅分离，努力形成服务业与制造业互联互动的发展格局。要提升传统服务业质态，加快推进城市综合体和商业特色街区建设，逐步形成多功能、多业态的商贸集聚区；依托荡口古镇、斗山生态园、无锡现代农业博览园等旅游资源，大力发展古镇文化游、乡村生态游、欢乐休闲游，力争培育市星级乡村旅游示范点2个以上。四要推动现代农业提质增效。坚持把农业园区作为促进全区农业转型升级的有效抓手和实践载体，按照“招商建园、产业兴园、功能强园”的要求，加快推进农业园区建设，不断提升农业发展效益和水平。要提升农业园区设施装备水平，加快实施农田标准化改造工程，重点在太湖水稻示范园打造高标准的农田水利建设示范区，改善园区农业基础设施和农业装备。要提升园区农业科技水平，依托无锡浙大生物农业研究中心、江苏物联网研发中心农业分中心建设，不断强化农业人才、科技支撑。要提升农业园区运营水平，不断完善“合作组织＋园区（基地）＋农户”的产业化经营模式，加快提升农业组织化、企业化水平。

2．坚持以新城建设为龙头，加速促进城乡一体融合。按照现代化城市的标准和要求，大力实施“城市化和城乡一体”战略，加快推进基础配套设施和各类功能项目建设，全面促进“双核双星”规模扩张、功能完善、内涵提升，形成城乡互动发展的新格局。一要以新城为引擎，加速打造活力充沛的现代城市。锡东新城要坚定不移地加快城市化步伐，努力在生态环境打造、城市功能完善、产业培育导入等方面取得新突破。要优化生态环境，大力推进控源、截污、清淤工程，加快映月湖中央公园和九里河风光带建设，基本形成层次清晰、“点、线、面”相互结合的生态景观体系。要完善城市功能，继续推进以道路为重点的基础设施建设，尽快启动市民中心、文化中心、医疗中心等载体建设，逐步形成功能完备、舒适便利的人居环境。要强化产业导入，全面启动红豆大厦、物联网大厦、中体大厦等商务楼宇建设和科技创意产业园一期项目的基础设施建设，加快地铁安镇西站城市综合体项目落地，力争明年在建商务楼宇11幢，落地总部经济项目4个以上。二要以主城为核心，加速再造品位高端的现代城区。“两东”主城区要按照“功能做优、环境做美、商气做足、人气做旺”的要求，大力实施城市化改造，全力打造城市气息浓厚、城市经济发达、城市环境优美的现代化城区。要进一步优化人居环境，高强度推进学前东路东延、锡沪路改造、东亭医院、隆亭公园等重点项目建设，高效率实施春合苑北区、东华公寓、竹苑等安置小区改造，高标准推进金锡苑南区、华亭苑、景苑一期、锦旺苑等安置小区建设，实现城区环境提档升级。要提升城市功能形态，加快推进盛高、龙湖、绿地、汇坚商业广场、大明商业中心等城市综合体项目建设，提升城市商业品质，优化商务商贸环境，焕发主城生机活力。三要以新镇为纽带，加速构建互促互进的城镇体系。按照“人口集中、产业集聚、功能集成、要素集约”的要求，以城市的档次和标准，加快推进东港（锡北）、鹅湖“双星”建设发展。各板块要立足扩大规模、美化环境、提升品位，全面加大新市镇建设力度，加快推进东港新市民中心、东港·红豆广场、鹅湖商贸核心区、锡北星天地滨水步行街等功能载体建设，把新市镇打造成功能完善、特色鲜明、自我运行的新型集镇，使新市镇建设在促进经济发展、环境优化和民生改善中发挥更加重要的作用。尤其要注意的是，各板块明年都要把突破要素瓶颈制约作为推进城市建设的重要突破口。要加大拆迁力度，按照“全力清点、整体拆平”的工作思路，加大拆迁工作项目化管理力度，确保重点项目重大工程地块一次拆平、清点到位。要积极对上争取、全力对下挖潜，进一步加强项目投资强度和用地指标管理，健全完善建设项目后评估体系，努力以最少的资源投入发挥最大的经济效益。

3．坚持以环境改善为重点，全面扩大生态整治成效。紧紧围绕建设生态文明示范区的目标，突出重点，狠抓关键，巩固生态整治成果，完善长效管理制度，着力构筑可持续发展优势，为推动转型发展、赶超发展提供坚实的环境支撑。一要持续推进生态建设。继续深化水生态综合整治，大力实施水系综合整治工程，加快推进商务区水系调整，组织实施锡北泾北联河水系调整、东港五星联河整治沟通、羊尖东陈浜拓浚整治及东北塘坾里河新开等工程，确保完成100条以上河道的综合整治任务；纵深推进截污接管和排水达标区扩面工作，全面完成50个排水达标区扩面任务，率先建成“排水用户全接管、污水管网全覆盖、污水处理厂全提标”的国内一流污水治理体系；加快推进新一轮农村村庄环境整治，确保到2013年年底实现村庄环境整治全覆盖。大力推进“蓝天工程”，突出抓好以燃煤锅炉整治、建设工地与道路扬尘控制、工业废气排放达标、秸秆禁烧等为重点的大气污染防治工程，确保城市空气质量好于或等于二级标准的天数达到330天以上。二要全面落实减排举措。积极应对污染总量减排指标和范围新变化，进一步加强结构减排、工程减排、管理减排“三大体系”建设。加快淘汰落后产能和工艺设备，深入开展化工、燃煤锅炉、水泥行业和“三高两低”企业整治，确保明年整治小化工企业15家、“三高两低”企业24家，淘汰燃煤锅炉40台。加快推进循环经济建设和企业清洁生产，实施重点节能与循环经济项目10项以上，新增循环经济试点企业（园区）2家以上。三要着力健全长效管理。围绕“巩固成效、防止回潮”的目标，积极研究水生态综合整治长效管理机制，在深化完善控源截污、河道整治等长效管理机制的基础上，抓紧研究出台村庄整治、农业面源污染整治等长效管理机制，努力形成一整套科学合理、可操作性强的水生态长效管理制度，为生态环境的持续改善保驾护航。要加强环境监管，坚持严把关口，提高建设项目的环保准入门槛，有效控制新污染源的产生；坚持严密监察，打造全方位的监测监察网络；坚持严格执法，对超标排污、违法偷排企业，从严执法，绝不手软，全面形成铁腕治污的高压态势。

4．坚持以富民惠民为根本，倾力增进群众幸福感受。民生幸福是经济发展的最终目的，是社会进步的根本动力。要继续加大公共财政对民生的投入，把群众最急需、最迫切、最欢迎的民生实事办好，不断提高群众的幸福感和满意度。一要全面提高居民收入。全力实施居民收入倍增计划，重点突出农民、企业一线职工、中低收入者和困难家庭“四个群体”增收，拓宽就业、创业、投资等增收渠道，千方百计提高城乡居民的收入水平。要积极实施就业扶持政策，优化公共就业服务平台，多渠道开发就业岗位，着力扩大就业规模，以稳定和扩大就业增加居民工资性收入。要加大创业扶持力度，完善创业服务体系，提高创业成功率和稳定率，以创业带动就业，增加居民经营性收入。要围绕“幸福镇村”创建目标，积极构建促进农民增收长效机制，不断缩小城乡居民收入差距。要加快壮大村级经济，积极推动农村集体经济股份合作社转型，通过采取投资联合、委托管理等多种模式，做大集体经济盘子，提高收益分配比例，以村级集体经济的发展壮大增加居民财产性收入。二要全面提升保障水平。继续实施好居民养老、居民医疗保险制度，进一步扩大社保覆盖面，重点抓好断保被征地农民续保工作和服务行业企业、农民工等群体的参保工作，全面提升社会保障水平。大力发展慈善事业，积极完善社会福利制度，扎实开展社会救助工作，全面提高社会救助水平。加快推进安置房建设，确保明年施工面积达到430万平方米以上，基本实现“零过渡”目标。大力推进保障性住房建设，积极培育和发展住房租赁市场，切实解决中等偏下、低收入家庭及新就业人员、外来务工人员住房问题。三要全面优化社会事业。优化教育资源布局，加快启动协和国际双语学校、锡山实验小学建设，加快推进锡东高级中学、荡口实验小学、东北塘实验小学等易地新建工程建设，确保明年天一实验学校建成投用；加强教师队伍建设，提升教育内涵质量，进一步提升教育满意度。深化医药卫生体制改革，不断完善公共卫生服务体系、医疗卫生服务体系和城乡医疗救助制度，着力提升医疗卫生服务质量和服务水平，实现人人享有基本医疗卫生服务的目标。全面落实“文化惠民”工程，不断完善区、镇（街道）、村（社区）三级公共文化服务体系，加快推进镇级综合文体中心建设，加快“百村康乐工程”延伸深化，建成“十分钟文化圈”，努力满足人民群众多样化的文化需求。

5．坚持以管理创新为抓手，着力提高社会和谐程度。和谐稳定是人民安居乐业的基础，也是锡山赶超发展的保障，只有加强和创新社会管理，突出抓好社会管理的薄弱环节，才能有效化解社会矛盾，切实解决社会问题，积极促进社会公平，巩固发展和谐稳定的社会局面。一要突出源头治理。大力实施“源头预防工程”，健全完善社会稳定风险评估机制、社会矛盾排查预警机制和社会稳定形势分析研判机制，及时发现和掌握各种矛盾纠纷和隐患，不断增强预警研判能力，做到预防在先、发现在早、处置在小，实现从源头上、根本上、基础上解决问题，减少矛盾。二要下沉服务体系。加快构建党委领导、政府推动、群团参与、居民自治、社会互动的社区管理服务体系。深入实施村级“四有一责”建设行动计划，全面推进农村社区综合服务中心建设，通过提高设施标准，完善相关功能，促进社区管理服务工作规范、高效、有序运作。要积极推行扁平化管理，实现社区扁平化管理全覆盖目标，为城乡居民提供便捷高效、周到全面的服务，切实提升居民的满意度。三要强化机制创新。针对城市化进程中社区管理产生的新情况、新问题，加强社区管理创新，围绕“覆盖全面、管理有序、服务优质、居民满意”的社区建设目标，厘清社区的管理关系，建立合理的管理架构，抓住管理的关键内容，整合管理的核心要素，提高管理效率和各方参与度。重点要加快推进新型安置社区的建居工作，加快理顺村居转型中的各类社会关系，建立“户籍随房走、股权跟人走、福利在住地、管理归属地”的社区管理模式，确保安置社区居民在户籍管理、经济待遇、民主权利等各方面实现城乡转接。

四、强基固本，创先争优，全面提升党建工作科学化水平

率先基本实现现代化是一项光荣的事业，赶超发展是一段艰辛的历程，需要我们满怀豪情奋斗、持之以恒拼搏、全力以赴落实。全区各级党组织和广大党员干部要以开展争创党建工作最佳实践区活动为抓手，以执政能力建设和先进性建设为主线，全面加强党的思想、组织、作风和制度建设，激发“创先”斗志，凝聚“争优”动力，不断提高各级党组织的凝聚力、战斗力和创造力，努力开创我区党建工作新局面。

1．深入推进思想解放，以科学的理念引领赶超发展。发展，从解放思想起步；希望，从更新观念开始。在区域竞争日趋激烈、赶超发展渐入佳境的关键时刻，我们更要以思想的大解放、观念的大更新，推动发展的大提速、实力的大提升。要增强能谋善干的学习力。学能益智、学能明理、学能壮胆。要针对领导干部中存在的“知识恐慌”和“能力危机”，深入推进学习型组织体系建设，充分利用各类宣传教育培训平台，持续开展大规模的干部教育培训，努力把全区各级党组织打造成为具有世界眼光、善于把握规律、富有创新精神的学习型团队。要增强紧张快干的执行力。各级领导干部要把实干作为立身之本和从政之要，大力弘扬雷厉风行、立说立行之风，力戒等待观望、疲沓应付之气；大力弘扬敢作敢当、敢闯敢试之风，力戒胆小怕事、畏首畏尾之气；大力弘扬一马当先、亲力亲为之风，力戒推诿扯皮、旁观论道之气，谋在高处，干在实处，只为成功想办法、不为失败找理由，确保各项工作出精品、上台阶、创一流。要增强变通巧干的创新力。各级领导干部要在充分研判发展形势、充分吃透政策精神、充分掌握本地实情的基础上，进一步跳出视野局限、区域局限、思维局限和经验局限，善于用新观念研究新情况，用新思路迎接新挑战，用新方法抢抓新机遇，勇于打破常规、突破常态、不走常路，以不断超越的大智慧、敢冒风险的大魄力、推陈出新的大手笔，赢得发展先机、创造更多奇迹。

2．加强干部队伍建设，以一流的团队支撑赶超发展。为政之道，要在得人。培养和造就一支能够担当重任、经得起风浪考验的高素质干部队伍，是我们实现赶超发展的决定性因素。要树立鲜明的用人导向。要以区镇人大、政府和区政协换届为契机，进一步优化领导班子结构，规范领导班子配备，提升班子整体功能。要把基层一线作为选拔锻炼干部的重要平台，努力建立基层一线党政领导干部培养选拔链，坚持和完善从基层一线选任优秀村（社区）书记进入镇（街道）领导班子的途径，拓宽对基层一线优秀年轻干部的选拔渠道，推动广大干部在艰苦条件、复杂环境下，磨炼意志、增长才干。要健全科学的选人机制。进一步深化干部人事制度改革，加大公推公选、公推直选、竞争上岗等竞争性选拔干部力度，坚持区管正职领导干部全程差额选任，逐年提高区管副职领导干部竞争性选拔比例，在区级机关中层职位选拔中全面实施竞争性选拔，真正把“想干事、能干事、干成事”的干部选出来。要创新丰富的育人载体。继续实施干部“双优化一提升”培训计划，加快推进区外干部培训基地和区内教学基地等载体建设，探索运用

干部教育培训3J（积分+绩效+激活）考核模式，不断提升领导干部以实际行动推动赶超发展的能力和水平。深入推进新一轮年轻干部培养“363工程”，做好培养对象和其他后备干部的推荐、考察、确定工作，注重提高质量，强化培养锻炼，努力建设一支素质更加优良、数量更加充足、结构更加合理的后备干部队伍。

3．强化基层组织建设，以坚实的基础保障赶超发展。要适应经济社会发展的新变化，不断扩大党的工作覆盖面，充分发挥基层党组织推动发展、服务群众、凝聚人心、促进和谐的作用，进一步提升基层党组织的凝聚力、战斗力。要深入推进创先争优活动。把深化创先争优活动与推动赶超发展、创新社会管理、做好群众工作有机结合起来，深入开展“科学发展争一流，赶超发展争贡献”、“三解三促”和“社会管理创新先锋行动”等主题活动，强力激发党员干部投身赶超发展的激情和动力，着力推动全区上下形成比学赶超、创先争优的浓厚氛围。要积极推动基层党建创新。加快在新型社区和“两新”组织中建立党组织的步伐，不断扩大党的工作覆盖面和影响力。进一步加大基层党组织书记选拔力度，通过公开选拔、组织实施大学生村官“330培养计划”、探索“职业化”管理等方式，培养造就一支高素质的基层党组织带头人队伍。在全区“两新”组织中全面推广红豆党建工作经验，推进民营企业党建标准化建设。积极开展“一党（工）委一特色”党建项目创建活动，推出一批具有时代特色、实绩明显、群众公认的组织工作创新创优成果。要加快凝聚基层工作合力。要进一步整合党建资源，凝聚各方力量，深化统筹共建活动，促进各类党组织资源共享、人才互动、活动互助、优势互补。要建立健全党建工作例会制度和党建带群建工作机制，定期研究基层党建工作中出现的新情况新问题，充分发挥工青妇等群团组织的作用，努力形成党内外齐争共创的良好局面。

4．弘扬勤政廉政作风，以良好的形象投身赶超发展。勤是成事之基、取胜之道，廉是立身之本、从政之要。全区党员干部要坚持优作风提效能，廉洁奉公、勤政为民，着力营造清明、清正、清廉的发展氛围。要强化警示教育。把反腐倡廉教育始终贯穿于干部培养、使用、管理的各个环节，坚持经常性教育和专题性教育、正面典型教育和反面警示教育相结合，进一步推进廉政文化建设和教育阵地建设，精心组织开展“主题教育月”、“5·10”思廉日等专题警示教育活动，教育引导广大党员干部以感恩之心对党、平和之心对名、淡泊之心对位、敬畏之心对权，始终做到思想纯正、品行端正、处事公正、为官清正。要深化机制建设。坚持用制度管权、按制度办事、靠制度管人，稳步推进反腐倡廉教育、权力运行监控、源头防治腐败、纠风工作、惩治腐败和作风效能督查六大机制建设，着力构建内容科学、程序严密、配套完备、有效管用的惩治和预防腐败体系。要严格执纪执法。要严肃查办严重违反党纪政纪尤其是滥用职权、贪污贿赂、腐化堕落、失职渎职案件，以及严重侵害群众利益案件、群体性事件和重大责任事故背后的腐败案件，重点查处项目招投标、征地拆迁补偿款发放、物资及服务采购等环节中出现的违纪行为，切实防止权力失控、决策失误、行为失范。要加强效能监管。继续深化机关作风效能民主评议和行政执法部门政风行风评议活动，充分发挥效能投诉中心、特邀监察员、特邀党风联络员及纠风监督员的作用，着力完善权力网上公开运行和电子监察系统，积极构建权力运行综合监控网络平台，促进机关作风与效能持续改善。

同志们，新形势孕育新希望，新挑战激发新动力。面对明年赶超发展的艰巨任务，我们要以更加昂扬的斗志、更加振奋的精神、更加务实的作风，团结带领全区广大干部群众，奋发进取，奋力攻坚，努力开创现代化建设新局面！

相关链接：

锡山百人计划：从2009年开始，用5年时间，在全区各类创新创业创意园区、各类企业和研发机构，引进并重点支持100名以上海外高层次人才到锡山创新创业。

中央“千人计划”：从2008年开始，用5～10年时间，在国家重点创新项目、重点学科和重点实验室、中央企业和国有商业金融机构、以高新技术产业开发区为主的各类园区等，引进并有重点地支持2000名左右海外高层次人才回国（来华）创新创业。

无锡“千人计划”：从2009年开始，用5年时间，在各类创业创新创意园区、各类企业和各类研发机构，引进并重点支持1000名以上海外高层次人才到无锡创新创业，集聚一批海外高层次创新创业人才和团队，到2014年，科技领军型创业人才创办企业的销售总收入达800亿元。

三站两中心：院士工作站、博士后工作站、研究生工作站，工程技术研究中心、企业技术中心。

双百技术改造工程：重点支持骨干企业推进实施100个左右总投资100亿元的技术改造项目。

双百新增长工程：扶持壮大一批具有较强科技创新能力和核心竞争力的优势企业，建成投产一批对产业提升具有较强支撑作用的优质项目，实现100个总产出超100亿元的工业经济新增长点。

规模骨干企业“四个一”工程：规模骨干企业至少与一所大学或研究所开展合作，至少有一项科技成果在企业转化，至少拥有一项关键专利技术，至少拥有一名行业知名专家或关键技术专家。

新兴产业双倍增工程：大力发展新材料、新能源和新能源汽车、智能传感、生物产业、高端装备制造、信息服务、文化创意等战略性新兴产业，到2015年，新兴产业营销收入在2009年基础上翻两番。

双核双星：以锡东新城核心区建设、东亭和东北塘“两东”地区现代化改造为“双核”，以东港（锡北）和鹅湖为“双星”。

“幸福锡山”建设六项工程：转型促进工程、民生改善工程、社会建设工程、城乡一体工程、环境修复工程、法治平安工程。

水生态综合整治六大工程：河道综合整治、村庄综合整治、污水管网建设、控源截污、农业面源污染整治和生活垃圾集中处理六大工程。

“六个一”为主要内容的“结对共建、互学互促”活动：下派一名指导联络员、建立一套学习制度、完善一个学习阵地、赠送一批学习书籍、举办一次学习交流、开展一项调研活动。

干部“双优化一提升”：优化知识结构、优化能力结构，全面提升干部队伍素质能力。

V-park：锡山科创园与“搜客天地”服务外包基地。

三解三促：了解民情民意，破解发展难题，化解社会矛盾；促进干群关系融洽，促进基层发展稳定，促进机关作风转变。

“三高两低”企业：高消耗、高污染、高危险和低产出、低效益企业。

村级“四有一责”建设：有持续稳定的集体收入，有功能齐全的活动阵地，有先进适用的信息网络，有群众拥护的“双强”（思想政治素质强、科学发展能力强）带头人；强化村党组织领导责任。

年轻干部培养“363工程”：从2009年起，通过3年努力，在全区培养60名以上第一学历本科以上、30岁以下的中层正职年轻干部。

“两新”组织：新经济组织和新社会组织。

大学生村官“330培养计划”：到2013年村（社区）“两委”换届结束，力争在大学生村官中选拔培养村（社区）党组织书记、副书记或村（居）委会主任、副主任30名，并培养形成一批副职后备人才。

政府工作报告

——在无锡市锡山区第三届人民代表大会第一次会议上

锡山区人民政府区长　陆志坚

（2012年3月27日）

各位代表：

现在，我代表锡山区人民政府向大会报告工作，请予审议，并请各位政协委员和列席会议的同志提出意见。

2011年工作回顾

2011年，在市委、市政府和区委的正确领导下，区政府团结依靠全区人民，深入贯彻落实科学发展观，以区第三次党代会精神为强大动力，以“创新驱动”、“城市化和城乡一体”、“普惠民生”战略为主要抓手，积极应对宏观环境变化，统筹推进经济社会发展，较好完成了各项目标任务，取得了“十二五”赶超发展和率先基本实现现代化的良好开局。全年实现地区生产总值481.85亿元，可比价增长12.3%；完成财政总收入128.92亿元，其中一般预算收入45.77亿元，增长26.9%。

一年来，我们致力转型赶超，加大产业结构调整力度，经济发展水平稳步提升。

产业体系更趋优化。启动实施“产业升级行动计划”。制造业增长稳健，全年完成工业总产值1239.2亿元，其中规模以上工业产值首次突破1000亿元，增长20.5%；骨干企业支撑有力，产值超亿元企业达到155家，实现产值占全区比重达到70%；新兴产业加速成长，新材料、新能源和新能源汽车等六大新兴产业营销收入增长20.5%；工业化和信息化加快融合，新认定省级以上“两化融合”示范、试点企业9家。服务业规模扩大，全年服务业国地税开票销售收入突破1000亿元，增加值占GDP比重提高到39.5%；消费和旅游市场繁荣活跃，全年社会消费品零售总额增长17.3%，旅游接待人数达到138.9万人次，创建省四星级乡村旅游点4个。现代农业效益提升，精品蔬菜产业园全面启动，生物农业产业园初步建成，日本三阳MKV梦想植物工厂、中国台湾第一种苗等项目竣工投产，全年新增高效农业416.67公顷，农业龙头企业实现产值7.45亿元，红豆杉生物科技被认定为国家级农业产业化重点龙头企业。

创新驱动成效显现。高新技术产业发展壮大，增加值占规模以上工业增加值比重达到45.5%，新增省高新技术企业16家。企业创新能力增强，全年获批国家和省市各类指令性科技计划项目立项160余项，其中国家科技支撑计划重点项目2项、国家重大科技成果转化项目1项，获省重大成果转化项目支持企业5家、技术创新方法试点企业3家，新增市级以上企业技术中心18家、工程技术研究中心17家、院士工作站2家。质量和知识产权战略深入实施，红豆集团获“市长质量奖”，无锡锡州机械有限公司获省“质量奖”，新增省著名商标7件、省名牌产品3个，百亿元GDP专利授权数列全市第一。人才高地建设步伐加快，全年引进各类人才7306人，其中中央“千人计划”人才1人、省级计划人才15人、无锡“千人计划”人才33人。“530”企业加速产业化，无锡杰尔压缩机有限公司、无锡亮源激光技术有限公司等11家企业年销售超1000万元。第五次蝉联“全国科技进步先进区”，被评为“中国产学研合作创新示范基地试点单位”。

载体平台加快构建。开放载体提档升级，开发区晋升为国家级经济技术开发区。外经外贸加快转型，全年完成进出口总额40.94亿美元，其中出口28.37亿美元，增长17.6%，新增海关AA类管理资质企业1家，摩托车及电动车出口基地连续第四年获评省级优秀；新增境外投资项目13个，全年完成中方投资9246.5万美元。园区再造加快实施，专业园区建设发展格局基本成形，各专业园区与22家科研机构建立全面合作关系，机械（高铁）装备产业园、新型金属材料产业园的科技创新服务平台启动建设，园区产出占工业经济总量比重提高4.5个百分点。现代服务业集聚区加快建设，V-park集智广场基本建成，中国邮政速递长三角集散中心落户，全年新增市“123”计划企业2家，服务外包接包合同协议金额和执行金额分别增长18.4%和30.5%。创新载体加快打造，成立南邮自动化学院无锡产学研基地，聚智创富中心启动建设，无锡浙大生物农业研究中心、江苏物联网农业分中心、南理工无锡研究院等创新载体全面投运。

发展后劲有效增强。项目招引质量提升，成功举办金秋国际经贸月等高端合作活动，世界500强企业泰连电子项目、博索尼奥拉茂叉车项目、派克汉尼汾工业园等高端项目成功落户，全年到位注册外资3.51亿美元，其中服务业到位外资占比达到44%，新批外资独立研发中心、地区总部及世界500强企业投资项目4个。项目建设稳步推进，全年在建超亿元重大产业项目103个，英特宜家购物中心等16个市级重大产业项目完成投资57亿元，通用科技、动力工程等19个项目顺利竣工。投资结构持续优化，全年完成固定资产投资392亿元，增长25.7%，其中服务业投资、民营投资分别增长37.9%和33.9%，工业企业技改投资占全部工业投资比重达到75%。企业上市进程加快，百和兴业股份有限公司在台湾上市，新增报省证监局辅导备案企业5家，完成股改企业4家。

一年来，我们突出新城引领，加大城乡统筹发展力度，“双核双星”格局加快确立。

新城建设基本成形。锡东新城核心区路网体系和交通枢纽功能基本构建形成，京沪高铁无锡东站、南北广场及立体停车楼、交通综合体建成投用，竣工润锡路、先锋路、环湖西路、安盛路等重点道路。配套功能日趋完善，引进协和国际双语学校，建成水岸佳苑幼儿园和大诚幼儿园，完成锡东高级中学主体工程和天一实验学校土建工程，竣工交付孟家苑一期、水岸佳苑AB和山韵佳苑ABC地块安置房，文化艺术中心完成方案论证。环境景观不断优化，九里河景观和中央公园启动建设，九里河湿地公园一期、宛山荡湿地公园一期建成；开建九里河调水枢纽，新开挖（整治）半夜浜等河道9.5公里，基本完成商务区主要河道沟通和框架水系建设。城市经济加快培育，先锋国际汽车广场一期全面启动，锡东新城科创中心、红豆大厦等6栋商务楼宇奠基开工。

功能形态不断提升。大力实施城市化和城乡一体发展行动计划，深化“双核双星”区域空间结构研究，编制完成城乡统筹规划、鹅真荡周边地区城市设计等专项规划，完成一批管理单元控规动态更新，城乡规划体系进一步稳固。主城区功能不断完善，新市镇建设扎实推进，宜家、绿地、龙湖等城市综合体开发全面启动，新建改建锡虞路、东园路、锡州中路等一批道路，新辟调整公交线路 21条，全面完成农村危桥改造工程，建成天一体育馆、粮食储备库东港中心库，荡口古镇保护修复进展有序。依法规范开展拆迁安置，加快推进安置房建设，全年完成拆迁201万平方米，安置房施工面积546万平方米、竣工212万平方米。

农村发展步伐加快。全面开展“幸福农村”建设，安镇谈村社区、鹅湖青荡村等15个村（社区）创建为市级“幸福农村”。新建村级农业园区37个，“一村一园”提前实现全覆盖。万顷良田工程深入实施，完成土地整理404.13公顷。农村改革深化推进，启动实施村级“四有一责”建设行动计划，开展社区股份合作社抱团联合和独立市场化运作试点，新组建土地股份合作社12家、富民合作社4家、农民专业合作经济组织6家，全年村均可支配收入达到406.4万元，各类富民合作组织开展收益分配7120.85万元。农村金融保障服务功能增强，筹备组建锡山建信村镇银行，新增农村小额贷款公司2家，农业保险实现应保尽保。

一年来，我们围绕环保优先，加大资源集约利用力度，“两型社会”建设扎实推进。

治污减排深入实施。持续开展环保专项整治行动，强化“五小”、“三高两低”企业和印染等四大行业整治，全年关停（变更）化工企业30家，整治“三高两低”企业24家，关闭涉铅企业2家，淘汰落后印染产能300万米、燃煤锅炉50台。启动实施新一轮控源截污扩面工程，创建排水达标区94个，新增接管单位1446家，东亭地区、各集镇建成区生活污水集中处理率分别达到95%和85%。污水处理设施加快建设，国联污泥干化项目建成投运，基本完成东亭污水处理厂四期扩容工程和中水回用工程，东港污水处理厂二期扩容项目试运行，全年铺设污水主管网31公里。推进实施“蓝天工程”，空气质量良好以上天数比例达到92.6%。主要污染物排放量削减完成市下达目标。

集约发展有效落实。节能降耗扎实推进，开展重点用能企业节能专项监察20家，2家重点用能企业参与“感知能耗”试点，全年万元规模以上工业产值能耗下降12.37%。循环经济加快发展，完成清洁生产审核企业35家，新增市级循环经济试点企业4家，无锡晶海氨基酸有限公司入围省循环经济标准化试点。节约用地全面落实，实施新一轮土地利用总体规划，强化违法用地整治，切实保护耕地，全年挂钩复垦项目新增耕地77.73公顷；优先保障重大项目用地需求，加大存量挖潜力度，全年盘活存量土地465.43公顷。水资源合理利用，启动中央财政小型农田水利重点县建设，新增节水灌溉面积766.67公顷，完成10个节水型社会建设项目。创建市“两型社会”建设示范村5个。

环境治理切实加强。深入实施河道水系建设、水生态综合整治和“河长制”管理，走马塘拓浚延伸工程实现通水，双泾河拓浚工程全面完成，运东大包围围外配套二期工程有序推进，疏浚锡北运河、潘墅河等河道75条，整治“河长制”管理河道121条。农村环境整治加快实施，完成292个农村村庄综合整治和326个村庄生活污水处理，农村环境连片整治通过省级验收。生态建设成效显著，羊尖丽安村、厚桥谢埭荡村创建为全区首批“国家级生态村”，锡北斗山村等3个村创建为省级生态村，九里河（锡山段）被评为“全市首批生态文明示范基地”；“绿色锡山”扎实推进，完成京沪高铁两侧、春雷桥头公园、长流生态公园等绿化工程，全年造林绿化473.33公顷，新增绿地175.7万平方米，环境质量综合指数达到92.3。

一年来，我们坚持民生为本，加大社会建设管理力度，人民群众生活持续改善。

就业保障力度加大。启动实施收入倍增计划，城镇居民年人均可支配收入和农民年人均纯收入分别达到31745元和16399元，增长14%和17.4%。就业创业成效显著，发放“两项补贴”1279万元，全年实现城乡劳动力就业7922人，其中就业困难人员3426人，本地农村劳动力充分就业率达到94.3%；扶持自主创业980人，创业带动就业6838人。劳动争议调处机制不断完善，劳资关系和谐稳定。社保加快扩面提标，“双置换”纳入社保体系2.19万人，断保被征地农民接续缴费净增6840人，落实自由职业、重残、特困等人员社保缴费政府补贴231万元，全年新增社保净缴费人数2.3万人。提高居民医疗保险、养老保险待遇水平和筹资标准，全年居民医疗保险参保24.6万人，居民养老保险参保12.4万人，两项保险参保覆盖率分别达到99%和96%，发放居民养老金3.58亿元。社会救助力度加大，实施困难家庭幼儿免费教育，低保标准提高至月人均460元，全年发放低保金1824.7万元、深度贫困家庭救助金449.7万元，基本建立了以基本生活救助为基础、子女教育救助和就业创业扶持为重点、突发意外救助等为辅助的深度贫困家庭救助体系。全面落实保障性住房建设任务，完成老新村整治5.2万平方米。

各项事业协调发展。教育事业均衡提升，在全市率先实现学前教育优质资源全覆盖；学校新建工程加快推进，东亭实验小学正式启用，全年完成学校建设投资3.17亿元，投入3300万元改善薄弱学校办学条件。强化校园安全，按国家最高标准更新学生接送车，加固改造校舍7.6万平方米。医药卫生体制改革深入推进，基本药物制度不断完善，基本公共卫生服务项目扩展至十类41项，全年社区卫生服务机构门急诊和住院均次费用同比分别下降27.9%和12.8%。文体事业繁荣发展，成功举办首届中国（锡山）国际象棋女子名人赛、“走进新锡山”广场文艺等系列文体活动，加强非物质文化遗产传承保护，镇（街道）文化共享工程基层服务点实现全覆盖，新增公共体育设施面积14.7万平方米。高标准开展“国家免费孕前优生健康检查项目”试点工作，创建市“人口综合服务工作示范社区”48个，全年发放计划生育惠民资金502万元。残疾人事业持续发展，镇（街道）残疾人综合服务中心基本实现全覆盖，新建村（社区）残疾人康复室6家。老龄事业切实加强，尊老金发放范围扩大至80周岁以上老年人，新建居家养老服务站25家。

社会管理切实加强。完善城乡社会管理体制，完成街道机构改革，强化村务公开和民主管理，农村政务、村务、财务公开率均达到100%。创新新型社区管理机制，推进社区综合服务中心平台建设，扁平化管理实现全覆盖；加快安置小区建居步伐，开展安置小区物业管理试点。规范社会事务管理，加强社会组织培育监管，成立社会组织孵化中心和乐助社工事务所。切实加强城市管理，生活垃圾“四集中”收运体系基本建成，建成区生活垃圾机械化收集率达到100%；深化“路长制”管理，开展高铁沿线环境、高速公路沿线广告、主干道路路容路貌等专项整治，完成2条道路包装出新和20条背街小巷环境治理改造，拆除违法建设11万平方米，文明城市创建成果得到有效巩固。深化行政审批制度改革和事业单位改革，3个镇（街道）行政服务中心创建为市级示范点，全面完成事业单位岗位设置管理。“法治锡山”、“平安锡山”建设深入推进，启动实施“六五”普法，有效化解社会矛盾纠纷，全年社会矛盾纠纷调处成功率达到98.3%；严格落实安全生产和食品药品监管措施，全年食品安全检测合格率达到97.03%，未发生重特大安全生产事故。此外，人武、双拥、人防、统计、民族、宗教、对台、侨务、外事、接待、供销、档案、史志等工作均取得新进展。

在抓好经济社会发展的同时，我们切实加强政府自身建设，坚持依法行政，修订完善政府工作规则，推进行政权力网上公开透明运行，实施政府资金绩效审计，强化对决策和执行等环节的监督检查；大力推进民生实事工程，实施了促进就业创业、安置房建设、生态环境修复、公共交通发展等为民办实事项目；自觉接受人大、政协和社会各界的监督，51件人大代表建议和94件政协委员提案在规定时限内全部办结，行政执行能力和工作实效得到进一步提升。

各位代表，2011年各项任务的顺利完成，为本届政府工作画上了圆满句号。本届政府这几年，面对复杂变化的宏观环境特别是国际金融危机的冲击和影响，我们深入贯彻科学发展观，全面落实中央和省市的决策部署，抓住新机遇，应对新挑战，争创新优势，全区经济社会发展取得了丰硕成果，在科学发展、赶超发展道路上迈出了新的步伐。经济在应对挑战中实现新提升。地区生产总值年均增长16.9%（现价），财政一般预算收入年均增长21.1%，规模以上工业产值和服务业国地税开票销售收入跃上1000亿元层级，高新技术产业增加值占规模以上工业增加值比重提高2个百分点，服务业增加值占GDP比重提高5.8个百分点，累计到位注册外资12.38亿美元。城乡在加快建设中实现新发展。锡东新城开发建设三年成形，主城区集聚辐射能力提升，新市镇和新农村建设特色彰显，城乡一体化进程加快，区域形态和功能持续优化，“双核双星”协调发展格局初步确立，城市化率达到66.25%。生态在强力整治中实现新优化。大力实施“水生态综合整治六大工程”和大气污染防治“蓝天工程”，节能减排任务全面完成，省级以上生态村比例超过63%，林木覆盖率提高4.7个百分点，成功创建为国家级生态区。民生在共建幸福中实现新改善。加大民生领域投入力度，扎实推进“幸福锡山”建设，各项民生政策及待遇与全市并轨、实现同步提高，城乡一体的社会综合保障体系基本构建，社会救助整体功能全面增强，城镇居民人均可支配收入、农民人均纯收入年均分别增长11%和13%。社会在改革创新中实现新进步。创新社会管理体制机制，行政管理体制改革、农村综合改革和社会事业重点领域改革深化推进，法治型、服务型政府建设切实加强，教育、卫生、文体、计生等各项事业全面发展，公共服务和社会管理水平稳步提升，社会和谐安定，人民安居乐业。

各位代表，过去一年及本届政府任期取得的发展成绩，是市委、市政府和区委正确领导的结果，是全区人民团结奋斗的结果。在此，我谨代表区人民政府，向全区广大干部群众，向各位人大代表、政协委员，向各民主党派、工商联、各人民团体和社会各界人士，表示衷心的感谢并致以崇高的敬意！

在看到成绩的同时，我们也清醒地认识到，全区经济社会发展中还存在不少矛盾和问题：宏观形势变化带来的发展难度加大，资源环境等要素制约更加凸显；经济结构性矛盾仍较突出，企业自主创新能力和产业整体竞争力还不够强；城乡一体化水平有待进一步提升，缩小城乡发展差距的任务还很艰巨；社会管理和公共服务还存在薄弱环节，行政服务效能有待进一步提高等。对此，我们将在今后的工作中，采取更加有力的措施予以解决。

2012年工作安排

2012年是新一届政府工作的开局之年，也是加快推进“十二五”赶超发展和率先基本实现现代化的重要一年。综观国际国内形势，尽管宏观环境复杂多变，各种不可预见因素较多，面临的区域竞争更加激烈，但总体上我们依然具备推动经济社会赶超发展的有利条件。我们要科学判断和准确把握发展形势，清醒认识面临的挑战和困难，进一步增强机遇意识、忧患意识和责任意识，充分利用各种有利条件，努力克服不利因素影响，更加奋发有为地推进改革开放和现代化建设，切实把经济社会发展各项工作做得更好。

今年政府工作的指导思想是：**深入贯彻落实科学发展观，紧紧围绕赶超发展和率先基本实现现代化奋斗目标，继续大力实施“创新驱动”、“城市化和城乡一体”、“普惠民生”主战略，加快推进产业升级、城市化与城乡一体发展、社会建设、文化发展、生态文明五个行动计划，着力提升经济发展水平、区域功能地位和人民幸福感受，在新的起点上不断开创科学发展、赶超发展新局面。**综合考虑各方面因素，今年全区经济社会发展主要预期目标是：地区生产总值增长11%以上，财政一般预算收入增长12%；固定资产投资增长16%，社会消费品零售总额增长17%；万元GDP能耗下降3.8%，主要污染物排放量在2010年基础上累计削减8%；城镇居民年人均可支配收入增长12%以上，农民年人均纯收入增长13%以上。重点做好以下七个方面工作：

一、强化主导产业支撑，推动经济转型升级

提升制造业发展水平。推进实施新兴产业双倍增工程，大力培育发展战略性新兴产业，力争全年新兴产业营销收入增长25%。加快重点产业增效提升，强化重大产业项目引建和重大技改项目实施，着力扩大工业有效投入，推动工业化与信息化“两化融合”，全年规模以上工业产值增长13%，高新技术产业产值占规模以上工业产值比重达到33%。积极推动骨干企业发展壮大，力争全年新增上市企业1家。着力提升专业园区发展能级，加快完善园区基础设施和功能配套，增强产业集聚水平和综合承载能力，力争每个园区新增重大优质项目1～2个。

推动服务业提速壮大。大力实施服务业发展超越工程，年内服务业增加值占GDP比重提高1个百分点。加快发展信息服务、文化创意等现代服务业，重点抓好开发区V-park信息服务和创意产业园、商务区科技创意产业园等现代服务业集聚区建设，全年完成服务外包接包合同金额6.2亿美元、离岸接包执行金额5.3亿美元。加快推进无锡数字动漫创意服务中心二期、英特宜家购物中心等重点服务业项目建设，力争服务业投资增长16%。加快城市综合体开发和商业特色街区建设，力争年内创建市级以上商业示范社区1个。积极推进旅游市场发展，重点开发山前嘉园、斗山生态园等乡村旅游资源。

加快开放型经济转型。放大开发区升级和锡东新城开发效应，依托工业专业园区和现代服务业集聚区等载体，积极谋求高端合作，创新利用外资方式，加强招商队伍建设，全年到位注册外资3.5亿美元，引进重大外资项目3个。认真落实出口退税等政策，积极扶持外贸企业发展，促进加工贸易转型升级，强化出口企业诚信培育，提高出口产品技术含量，推动外贸出口持续稳定增长。加强企业境外投资的政策指导，引导有条件的企业“走出去”发展，力争全年完成中方境外协议投资额1亿美元。

二、放大创新驱动效应，加快科技创新创业

增强企业创新能力。建立新兴产业创新支撑体系，引导新兴产业领域重点企业突破一批关键技术，

掌握更多的知识产权和核心技术。着力提升主导产业创新能力，实施规模重点企业科技创新三年行动计划，力争年内规模骨干企业“四个一”覆盖面达到40%。支持和引导企业加快研发机构建设，力争全年新增企业工程技术研究中心10家、企业技术中心13家、工业设计中心10家。壮大科技型企业规模，启动实施科技领军型企业培育计划，力争新认定高新技术企业20家，销售收入超1000万元的“530”企业累计达到12家。大力培育自主知识产权和自主品牌，力争每万人发明专利拥有数达到7.2件，争创省名牌产品、著名商标各5个。

加快人才高地建设。坚持产业发展与人才引育有机结合，大力实施产业人才集聚工程，着力引进一批能够突破关键技术、带动新兴产业发展、契合传统产业改造的重点人才、紧缺人才；深入推进锡山“百人计划”，依托海外引才工作站等载体和人才嫁接等途径，进一步加大海外高层次创新创业人才及其团队招引力度，全年引进各类人才6500名。强化企业引才用才主体地位，鼓励企业引进高层次科技人才、高素质管理人才、高技能实用人才和紧缺急需人才，进一步提升企业自主创新能力和水平。

完善创新创业服务。推进产学研用深度合作，进一步发挥高校院所、大企业集团的科学技术综合优势，加快构建从研发、技术集成、成果转化到高科技企业孵化的创新链，力争全年达成产学研合作项目50项，转化重大科技成果15项。推进创新国际化战略，与麻省理工学院建立稳定的产学研合作关系，对接科技成果合作项目10项以上。强化重大创新平台建设，加快打造聚智创富中心等“三创”载体，推动南理工无锡传感网应用开发中心、无锡浙大生物农业研究中心等在各自领域的技术突破和产业发展，建成并有效运作专业园区科技服务平台。促进科技与金融融合，完善风投创投、技术转移等科技金融服务体系。

三、统筹城乡建设管理，优化区域形态功能

强化新城功能开发。继续完善新城路网框架，加快商务区核心区和锡东高新技术产业园区内外交通体系建设，重点推进荟峰路、商盛路等道路工程。优化新城环境景观，基本建成映月湖中央公园，完成九里河风光带、芙蓉塘景观带、胶山南新河绿化等景观工程，基本完成商务区水系调整。完善新城公共配套和生活服务功能，启动文化艺术中心、医疗中心、协和国际双语学校、锡山实验小学和颐康苑老年公寓建设，完成锡东高级中学土建工程，建成投用天一实验学校。加快新城产业培育，启动中奥广场、物联网大厦、红豆大厦等商务楼宇建设，力争全年引进总部经济项目5个、城市综合体项目1个，在建商务楼宇11栋。

加大城乡建管力度。围绕锡澄一体化发展、锡东新城开发建设、“两东”主城区形态和功能完善、卫星城及新市镇优化发展等加强规划研究，进一步完善公共服务设施、市政基础设施、生态环境、古镇古村等规划，及时做好控规动态更新。加快羊尖五洲国际、鹅湖商贸核心区、锡北星天地滨水步行街等功能载体建设。推进实施东亭北路等道路工程，建设锡北西河头等一批防洪水利工程。新辟和优化调整公交线路6条，启用京沪高铁无锡东站客运综合楼。突出城市管理精细化、长效化，强化市政公用设施养护管理，继续推进主要道路包装出新和背街小巷治理，深入开展城管创优活动和市容环境、违法建设、非法营运等专项整治，巩固提高生活垃圾“四集中”收运成效，开展餐厨废弃物管理试点。依法规范推进拆迁安置，实施拆迁项目81个，安置房施工面积400万平方米，力争竣工80万平方米以上。

提升农村发展水平。全面落实强农惠农政策，推进实施村级“四有一责”建设行动计划，健全完善“幸福农村”发展长效机制。加快推进农业科技创新，大力发展现代高效农业，着力提升各类农业园区建设内涵，基本建成生物农业产业园和精品蔬菜产业园，新增高效农业面积300公顷。完善粮食保供和鲜活农产品流通体系，实施农贸市场改造提升，积极扶持农业企业和农民合作组织发展。加快中央财政小型农田水利重点县建设，提高农田水利设施标准化水平。深化农村综合改革，加快城区街道集体经济股份合作联社组建步伐，巩固完善薄弱村自我造血机制，促进“双置换”农民向市民转化，进一步优化农村金融服务。

四、落实综合治理措施，加强生态文明建设

促进资源集约利用。加快发展循环经济和清洁生产，大力推广技术节能，实施重点节能与循环经济项目12个，新增循环经济试点企业（园区）2家，开展企业清洁生产审核22家，力争全年万元规模以上工业产值能耗下降7.5%。坚持土地资源集约利用标准，从紧控制新增用地规模，提高项目准入基本条件和土地利用效益，严格查处违法用地行为；加大对上争取和对下挖潜力度，优先保障民生工程和重大项目用地需

求。推进节水型社会建设，完成节水型项目8个。

强化污染综合治理。扎实推进污染物总量减排，严格控制污染增量和排污许可证管理，强化工程减排“四个延伸”，继续开展化工、水泥等行业及“五小”、“三高两低”企业整治。大力推进截污接管和排水达标区扩面，强化污染治理设施运行监管，全年完成排水达标区扩面50个，确保污染治理设施稳定运行、主要水功能区断面水质稳定达标。深入实施“蓝天工程”，继续推进燃煤锅炉整治、建设工地与道路扬尘控制、工业废气排放达标等工作，努力减少空气污染。切实加强环境执法监管，深入开展环保专项整治行动，严厉打击各类环境违法行为。

提升生态建设水平。深入实施生态文明行动计划，持续开展水生态整治修复，严格落实“河长制”管理责任，实施商务区调水引流配套、锡北泾北联河水系调整等工程，完成100条河道综合整治。开展村庄环境整治行动，年内实施70%以上未整治村庄的环境整治。加快推进“绿色锡山”建设，强化生态湿地修复保护，启动实施胶山生态修复和宛山荡湿地东岸建设，推进锡虞路景观绿化、长流河延伸段绿化等工程，全年造林绿化333.33公顷，建成区新增绿地141万平方米，环境质量综合指数稳定达到90以上。

五、突出保障改善民生，促进群众生活幸福

促进居民收入提高。深入实施居民收入倍增计划，推动居民工资性、经营性、财产性和转移性收入加快增长。坚持把扩大就业作为促进居民收入提高的基础性工作，进一步完善就业服务平台，积极开发公益性岗位，强化对被征地农民、高校毕业生等重点人群的就业帮扶，全年实现城乡劳动力就业5000人，本地农村劳动力充分就业率保持在94%以上。落实创业带动就业扶持政策，完善创业服务体系，全年开展创业培训1100人，扶持自主创业850人，力争实现创业型镇（街道）创建全覆盖。加强劳动保障诚信制度建设，引导企业完善工资分配制度，推进工资集体协商，促进劳资关系和谐稳定。

完善社会保障体系。强化社保扩面联动机制，依法推进新办企业、新录用职工参加社会保险，积极拓展非公经济组织从业人员、灵活就业人员的参保覆盖面。落实各项参保补贴政策，促进断保被征地农民续保。深化落实居民养老和医疗保险政策，确保适龄居民养老和医疗保险参保覆盖率分别达到96%和99%。强化低保制度与医疗、教育、住房等专项救助制度衔接，加大深度贫困家庭救助帮扶力度，落实困难家庭物价上涨动态补贴机制，切实保障困难群众基本生活。加强住房保障体系建设，完善公共租赁房、廉租住房管理体系，落实保障性住房建设任务，改造老新村3万平方米。

加快社会事业发展。坚持教育优先发展，开展省市义务教育高位均衡发展示范区创建；加大教育投入力度，继续推进学校建设工程和薄弱学校改造，启动实施东北塘实验小学建设。深化医药卫生体制改革，继续完善基本药物制度，健全家庭健康医生责任制，启动东亭医院建设。大力发展文化体育事业，加快镇（街道）综合文体中心建设，举办好第四届阿炳文化艺术节等文体活动，推进荡口古镇保护性修复等重点文化工程。持续稳定低生育水平，提高出生人口素质，加强人口综合服务。切实抓好为老服务，深化敬老院规范化达标建设，力争实现城镇居家养老服务站全覆盖。实施“残疾人托（安）养工程”和“重残家庭宜居工程”，提升镇（街道）残疾人综合服务中心运营水平。

六、注重社会管理创新，维护社会和谐安定

加强社区建设管理。优化社区公共资源配置，加快城镇社区事务工作站和农村社区综合服务中心建设，深化社区扁平化管理，提升规范化运作水平。积极推进安置小区社区建设，加快安置小区建居步伐，提高安置小区物业管理水平。健全基层群众自治机制，完善村（居）务公开等制度，推动政府行政管理与基层群众自治有效衔接和良性互动。充分发挥区社会组织孵化中心作用，大力培育社会组织，引导和支持社会组织参与社区管理，开展各类为民服务活动。加强社工队伍建设，积极吸纳社会工作专业人才从事社区工作，不断提高社区工作者职业化比例和专业化水平。

深化“法治锡山”建设。大力开展“六五”普法宣传教育，深化推进“法律六进”和法治文化“六个一”工程，进一步增强公民法律素养。加强区、镇、村三级法律援助服务体系建设，扩大公益性法律服务。加快推进区社区矫正管理教育服务中心建设，着力打造融管理、教育、服务于一体的社区矫正综合平台。深入开展社会矛盾纠纷排查化解，不断完善多元化的矛盾纠纷排查、预警和调处工作机制，推动行政调解、人民调解和司法调解的衔接联动，基本形成“三位一体”的大调解格局。

落实安全发展责任。严格落实安全生产企业主体责任和政府部门监管责任，加强安全生产源头管理，扎实开展隐患治理、“打非治违”等专项整治行动，实行最严格的安全生产督查问责制度，坚决防止重特大安全事故发生，力保一般事故起数和伤亡人数继续下降。强化交通安全和消防安全，完善道路交通安全设施，建成新材料产业园消防站。加大社会治安综合治理力度，推进实施“技防惠民工程”，严密防范、依法打击各类违法犯罪活动。切实加强校园安全管理，全面完成校舍改造加固，保障学生接送车运行安全。高度重视食品药品安全，加强食品小作坊等重点领域监管，严厉打击制售假劣药违法行为。健全应急管理机制，不断提高应急处置能力。此外，继续抓好人武、双拥、人防、统计、民族、宗教、对台、侨务、外事、接待、供销、档案、史志等工作。

七、加强政府自身建设，树立人民满意形象

提高依法行政水平。规范行政权力运行，坚持依法、科学、民主决策，健全重大行政决策听证制度，探索建立行政决策风险评估机制，推进行政决策过程和结果公开。严格责任追究制度，完善重大决策跟踪反馈和后评估机制，坚决制止和纠正决策程序不合法、政策措施不合理导致群众利益受损的行为。规范行政执法行为，强化行政执法个案监督，做到有法必依、违法必究，公正执法、文明执法。强化对行政权力的监督，自觉接受人大、政协和社会各界监督。

增强行政服务效能。加强行政程序制度建设，认真落实服务承诺制、首问负责制、限时办结制等制度，推动政府工作更加规范协调、便民高效。扩大政务公开范围，推进行政权力网上公开透明运行全覆盖，探索做好重大建设项目批准和实施、社会公益事业建设等政府信息公开工作。深化行政审批制度改革，着力提升镇（街道）服务平台功能，力争年内镇（街道）行政服务中心全面建成市级示范点。落实重点企业重点项目挂钩联系服务制度，积极为企业排忧解难。强化行政效能监察，狠抓执行力建设，全力办好民生实事项目。

深化反腐倡廉建设。坚持厉行节约，从严控制一般性开支，切实提高财政资金使用效益。注重从源头上预防和治理腐败，切实加强廉政文化建设，着力打造一支团结向上、风清气正的政府工作队伍。强化职务犯罪危险源点查控，加大权力运行监控力度，全面落实“一岗双责”，进一步完善工程建设项目招投标、土地使用权出让、产权交易、政府采购等制度；加强重大工程项目的审计监督，打造政府项目“阳光工程”。坚决惩治腐败，严肃查办违纪违法案件，切实把廉政建设的要求落实到政府工作的各个环节，保持为民务实清廉的良好形象。

各位代表，新一年目标催人奋进，新一届政府责任重大。让我们在市委、市政府和区委的正确领导下，深入贯彻落实科学发展观，紧紧依靠和团结带领全区人民，同心协力，开拓创新，扎实工作，为加快赶超发展和率先基本实现现代化而努力奋斗！

相关链接：

市“123”计划：无锡市加快发展服务外包计划。根据该计划，到2010年，全市集聚国际服务外包和软件出口企业达到100家，每家企业从业人员超过2000人，年出口超过3000万美元，初步形成服务外包的产业集聚效应。

两型社会：环境友好型、资源节约型社会。

“五小”企业：小钢铁、小电镀、小水泥、小印染、小化工企业。

两项补贴：社保补贴、岗位补贴。

双置换：农村宅基地换城市产权房、土地承包权换社保。

生活垃圾“四集中”收运体系：对生活垃圾实施“村集中收集、镇集中清运、区集中转运、市集中处理”的收运模式。

“530”计划：无锡市引进高层次人才计划。根据该计划，“十一五”期间全市将引进30名领军型海外留学归国创业人才。

三创：创新、创业、创意。

工程减排“四个延伸”：推动污水处理设施向村庄延伸，重点源治理向深度处理延伸，脱硫设施向非电行业延伸，污染防治向养殖污染和机动车排气污染延伸。

法律六进：法律进机关、进乡村、进社区、进学校、进企业、进单位。

法治文化“六个一”工程：开展以“印刷一套法制宣传挂图、编撰一本法制故事精选、出版一册法治文艺优秀剧本汇编、开发一组法制宣传动漫作品、开辟一栏法制宣传专版、完善一个法律图书角”为主要内容的法治文化活动。

编辑：吴　霞

1月

1日 1日起，全区农村“五保”集中供养标准从原来的5500元提高至7000元，分散供养标准从4500元提高至6000元。

6日 在北京举行的“首届中国小额信贷机构联席会高峰论坛”上，锡山区阿福农村小额贷款有限公司被授予“2010中国小额贷款公司竞争力100强”称号，成为全市唯一一家获该荣誉的小额贷款公司。

9日 在联合国开发计划署的指导与支持下，由新华社《经济参考报》社和商务部中国国际经济技术交流中心共同主办的“2010中国经济发展论坛”在北京人民大会堂举行。红豆集团党委书记、总裁周海江等十位企业家获“2010中国经济最具影响力十大年度人物”称号。

9～12日 政协锡山区第二届委员会第四次会议在锡州花园酒店召开。会议听取和讨论区委书记朱爱勋所作的重要讲话；听取和讨论区政协常务委员会工作报告、提案工作情况报告、政府对政协建议案的办理情况通报；听取8位委员的大会发言。会议选举华炳泉为政协无锡市锡山区第二届委员会主席，选举金玮琳为副主席，选举宋吉雯为秘书长，选举周叙珍为常务委员。会议期间，委员们列席区二届人大四次会议；听取并讨论政府工作报告以及其他各类报告；通过区政协二届四次会议决议；共收到委员提案122件。

11日 区委书记朱爱勋在锡州花园酒店会见IBM网络系统部全球副总裁英德尔一行，双方就下一步合作事宜进行交流。

11～13日 锡山区第二届人民代表大会第四次会议在锡州花园酒店召开。会议听取并通过议案审查委员会主任委员陈琦伟所作的议案审查报告（草案）；通过预算审查委员会提交的预算审查书面报告；通过关于政府工作报告的决议；通过关于无锡市锡山区国民经济和社会发展第十二个五年规划纲要的决议；通过关于无锡市锡山区2010年国民经济及社会发展计划执行情况和2011年国民经济及社会发展计划的决议；通过关于无锡市锡山区2010年财政预算执行情况和2011年财政预算的决议；通过关于无锡市锡山区人民代表大会常务委员会工作报告的决议；通过关于无锡市锡山区人民法院工作报告的决议；通过关于无锡市锡山区人民检察院工作报告的决议。

14日 2011年度锡山区“两岸情深、冬令送暖”台商献爱心捐赠仪式举行，会长杨隆福代表锡山台商联谊会向全区100户贫困家庭捐赠8万元。

17日 由省非公有制经济组织创先争优活动指导小组举办的全省非公经济创先争优活动经验交流会在红豆集团召开，红豆集团党委书记、总裁周海江作经验交流。

20日 位于东亭街道府北路的晶石国际中心启用，该中心主楼24层、结构总高99.9米，建筑面积10万平方米，总投资5亿余元。泓历皇朝酒店东亭店、鼎尚皇冠酒店、创想娱乐、锡山区恒昌农村小额贷款有限公司入驻，并与“晶石国际中心”同步开业。

20日 中国书法家协会顾问、江苏省书法家协会主席、云林实验小学名誉校长尉天池参观云林少儿书画院，云林实验小学成为省首所现代刻字艺术实验学校。

22日　全区经济工作会议在区会议中心召开。会议学习贯彻中央和全省经济工作会议以及市委、区委全会精神，回顾总结2010年工作，部署落实2011年各项经济工作。

30日　无锡高铁站商务区城市管理办公室挂牌成立。副区长、商务区管委会主任周文栋参加挂牌仪式。

2月

17日　全区机关作风与效能建设大会在区会议中心召开。区委书记朱爱勋作重要讲话。区委副书记、区长陆志坚主持会议。区委常委、纪委书记张黎平通报2010年度机关作风与效能建设考评工作情况。

24日　全区公安工作会议召开。会议回顾总结2010年工作情况，表彰一批先进集体和先进个人，并对2011年全区公安工作进行动员部署。区委书记朱爱勋到会并讲话。

3月

4日　中共锡山区委二届九次全体会议召开。会议讨论通过《中国共产党无锡市锡山区第二届委员会第九次全体会议关于召开中国共产党无锡市锡山区第三次代表大会的决议》。区委书记朱爱勋对有关情况作了说明。

7日　区委书记朱爱勋率队专题调研全区教育工作，区四套班子领导高燕、胡晓鹏、张映雪、黄宪辉参加调研。

8日　全区人口计生工作会议召开。会议部署2011年人口计生四大重点工作，表彰2010年全区人口计生工作先进集体和先进个人，下发“锡山区2011年度人口和计划生育工作任务书”。

9日　纽约证券交易所500强之一的美国派克汉尼汾公司锡山产业园在开发区奠基。市、区领导徐劼、倪斌、朱爱勋、蒋群会见派克汉尼汾全球副总裁Thomas Willams一行，并出席奠基仪式。该产业园一期投资2000万美元。

15日　由无锡现代农业博览园主办的第一届郁金香展开幕，为期一个月，展出近百个品种、30万株郁金香种球，为无锡郁金香开花时间最早、规模最大、品种最优的花展。

15日　荷兰博克斯梅尔市代表团考察访问锡山区。区委常委、常务副区长蒋群会见代表团一行，并代表锡山区与博克斯梅尔市签署两地建立友好关系意向书。

19日　无锡市将军书画艺术馆年会暨市太湖文化研究会年会在东港镇举办，总参谋部少将史祥林一行从北京赶至东港镇参加年会。

22日　科技部科技进步考核工作调研组到锡山区调研科技进步考核工作情况，并就新的科技进步考核指标体系征求意见。

23日　全区“高举队旗跟党走，锡山发展我成长”主题教育活动启动仪式暨团队工作会议在隆亭实验小学举行。

30日　中国化纤总公司无锡明特化纤项目复产开工仪式在锡州花园酒店举行，区委书记朱爱勋和中国恒天集团有限公司副总经理李晓红共同启动开工水晶球。

4月

1日　锡山区召开京沪高铁（锡山段）沿线市容环境秩序整治现场推进会，要求各相关板块和部门加快推进整治工作，迎接京沪高铁通车。

2日　无锡泰宝不锈钢市场开工奠基仪式在东北塘街道通江物流园区举行。该项目总投资8亿元，占地面积12公顷，建筑面积21万平方米，一期工程10万平方米。

2日　区四套班子领导、离退休老干部和区委办、区人大办、区政府办、区政协办全体人员，到锡北革命烈士陵园瞻仰和凭吊革命先烈。

8日　区委、区政府召开全区教育工作会议，深入学习贯彻国家和省市教育工作会议精神，部署全区“十二五”教育改革和发展任务，推动锡山教育事业率先发展、优先发展和科学发展，加速全面实现教育现代化。

8日　2011年苏南片护照签证业务培训班在锡州花园酒店举办。苏南片各市、区以及部分高校的外事部门相关负责人、护照签证专办员等近百人参加培训。

14日　中国万网无锡授权服务中心落户开发区V-park服务外包园“搜客天地”。

4月15日～5月5日　在广州举行的第109届中国进出口商品交易会（简称“广交会”）上，锡山区74家企业争取展位172个，展位数占全市近三分之一，蝉联全市第一，客商与订单额比上届增长5%左右。

15～25日　由国家体育总局棋牌运动管理中心、中国国际象棋协会、锡山区人民政府共同主办的“华方建设杯”首届中国（锡山）国际象棋女子名人赛成功举办，侯逸凡夺冠，沈阳与居文君分别获第二名、第三名。

16日　锡山区体育服务志愿团授旗仪式在馨和园广场举行，副区长张映雪为锡山区体育服务志愿团授旗。

17日 中组部组织二局副巡视员、中央创先争优活动领导小组办公室指导组副组长韩旭一行，调研红豆集团创先争优活动情况。

20日 为波音、GE、普惠航空发动机等世界著名客户提供高精密度零部件的鹰普集团中国区总部和制造基地落户锡山区。基地总建筑面积约18.9万平方米，总投资约15亿元。

25～27日 由无锡市教育局、锡山区人民政府和新加坡教育部学校司共同主办的“无锡—新加坡中小学校长论坛”在锡山区举行。十位新加坡中小学校长与百余位无锡市中小学校长，深入研讨“学校文化建设与学生个性发展”主题。

28日 江苏省劳动模范和先进工作者表彰大会在南京举行，东亭街道春星社区党委书记过伟其、江苏晶石科技集团有限公司总裁冯建昌、无锡杰夫电声有限公司总经理（党支部书记）蒋正祥、无锡锡山建筑实业有限公司项目经理王英明、无锡市万胜彩印厂设计员周敏娟获“江苏省劳动模范”称号，区信访局局长席子南、锡山人民医院内科主任李旭东获“江苏省先进工作者”称号。

29日 以“传递邻里亲情，共建和谐社区”为主题的厚桥街道首届“邻里文化节”暨创建文明街道启动仪式在厚桥街道大诚苑小区举行。

4月 锡东汽车综合性能检测站新站开业。新站位于开发区凤威路98号，是一家集二级维护、技术评定、质量检测为一体的大型汽车综合性能检测服务中心。

5月

6日 全区环境保护工作会议召开，会议回顾总结2010年全区环境保护、生态建设工作情况，研究部署2011年目标任务。区委书记朱爱勋讲话。区委副书记、区长陆志坚作全区环境保护工作报告。

8日 天一中学“康明斯天一工程实验室”、“南大天一计算思维实验室”、“南航天一飞机创新设计实验室”、“西安交大天一工程坊”、“中国药大药用植物园天一教学基地”、“杜江峰天一普物实验室”六大创新实验室组建启动。

8日 东港·红豆广场开工典礼暨红豆·幸福蓝海影城签约仪式在东港镇举行。无锡市委副书记姚建华与红豆集团董事局主席周耀庭共同为项目开工揭幕。东港·红豆广场项目位于东港镇核心区域毗邻红豆集团总部，总占地面积约11.5公顷，总建筑面积近24万平方米，定位为集商业、办公、酒店公寓、住宅为一体的无锡市镇城市综合体。

9日 《人民日报》、新华社、中国新闻社等中央媒体采访锡山区人口计生工作，锡山区世代服务中心开展的国家免费孕前优生健康检查项目和人口服务管理监督受理中心的服务平台得到媒体关注。

10日 开发区V-park信息服务和创意产业园集智广场封顶。该项目总建筑面积10.6万平方米，着力发展软件信息服务和创意产业。

10日 由区委宣传部、区文体局主办的“锡通物流杯”庆祝建区十周年书法展览在安镇街道文体服务中心开幕，拉开了庆祝建区十周年系列宣传活动的序幕。该活动收到书法作品100余件，展出作品84件，经区书法家协会筹备领导小组初评，市书法家协会专家领导终评，评出获奖作品11件。

10日 锡山区2011年文化、科技、卫生“三下乡”集中活动启动。全区近30家单位和部门聚集云林街道，为群众提供服务。

11日 世界500强公司——德国波鸿交通技术集团董事长兼总经理Nobert Klein一行到锡山区，实地考察无锡轨道交通装备产业园。该产业园于2009年12月落户锡北镇，规划面积5.59平方公里，是全市唯一一个轨道交通装备产业方面的专业园区。

14日 无锡市委副书记、代市长朱克江到锡山区视察无锡现代农业博览园发展情况。市、区领导吴建选、吴峰枫、朱爱勋、陆志坚、言国强陪同视察。

17日 2011年鹅湖民俗文化节广场文艺演出在甘露市民广场举行。

18日 锡山区纪念建区十周年座谈会在区会议中心举行。区委书记朱爱勋发表重要讲话，区领导陆志坚、吴富生、高燕、陈琦伟、黄宪辉出席座谈会。会议由区委常委、宣传部部长高燕主持。锡山区于2001年5月18日举行揭牌仪式。

18日 以锡山区无锡百和织造股份有限公司为主要控股公司的百和兴业股份有限公司在台湾证券交易所挂牌上市，成为继江苏红豆实业股份有限公司、希姆斯电梯（中国）有限公司、大明国际控股有限公司后锡山区第四家上市公司。

19日 全区创建全国文明城市工作动员大会在区会议中心举行。会议贯彻全市创建全国文明城市工作动员大会精神，安排部署新一轮创建工作。

19日 锡山首家“诚信计量加油站”在中石油锡州加油站授牌。

20日 锡山区红领巾基金总会在港下实验小学揭牌，该基金总会由锡山工商局、区私个协会、区教育局联合成立。区私个协会7个分会向港下实验小学等8所学校的红领巾基金分会捐赠63.9万元，专用于奖励优秀学生、资助特困学生完成学业等。

21日　由锡山区人民政府、美国宾夕法尼亚州立大学、无锡英特派聚合材料有限公司主办的智能新能源与新材料研讨会在锡州花园酒店举行。美国宾夕法尼亚州立大学和北京大学的专家学者，与企业界的精英集聚一堂，共同展望智能新能源与新材料产业的发展趋势和方向，探讨产业发展的定位和战略。区委书记朱爱勋致辞。副区长章红新主持研讨会。

23日　全国科技活动周暨锡山区第十一届科普宣传周在厚桥街道举行，百姓与科普知识“零距离”接触。

23日　团中央城市青年工作部部长徐晓一行实地考察红豆集团，并听取红豆集团团建工作专题汇报。

24日　无锡市委副书记、代市长朱克江到锡山区调研，深入企业、产业园区、安置房社区，详细了解锡山经济社会发展情况。市、区领导吴峰枫、朱爱勋、陆志坚、蒋群、周文栋、章红新、言国强陪同调研。

24日　环保部副部长周建一行到锡山区，实地视察农村环境连片整治工作。江苏省环保厅厅长陈蒙蒙，无锡市委常委、常务副市长徐劼，锡山区委常委、常务副区长蒋群陪同视察。

24日　锡山区美术家协会、书法家协会、摄影家协会、音乐舞蹈家协会、作家协会成立大会召开。区委常委、宣传部部长高燕，区人大常委会副主任周建清，副区长张映雪等参加。

25日　锡山区残疾人综合服务中心建设推进会召开。会议内容是全面启动镇（街道）残疾人综合服务中心建设，确保年内基本实现全覆盖。

26日　全区妇女儿童工作会议召开。会议要求，切实履行组织、协调、指导和督促的职责，积极保障妇女儿童权益，大力发展妇女儿童事业，全面开创妇女儿童工作新局面。会上表彰了妇女儿童工作先进集体和个人、区首届“美德少年”，并向区家庭教育讲师团成员发放聘书。区领导张映雪、石国洪参加会议。

26日　江苏省首所书画特色学校——云林少儿书画院落户云林实验小学。该校也是省首所现代刻字艺术实验学校。

27日　无锡日月合金材料有限公司新厂房落成启用暨公司成立五周年庆典仪式举行。该公司2011年被列为无锡市科技领军型企业。新厂房拥有办公、生产场地2.5万平方米。

27日　区委副书记、区长陆志坚一行视察走马塘、双泾河及防汛工作。副区长言国强陪同视察。

27日　全区重点企业重点项目发展建设联席会议召开。会议深入分析2011年重点项目进展情况，研究确定下一阶段重点项目建设任务。

27日　锡山区“红色电影送村企，人口文化进家庭”建设家庭人口文化暨人口文化电影下乡活动，在江苏省历史文化名村羊尖镇严家桥村启动。副区长张映雪出席活动并致辞。

28日　锡山区棋类协会成立，并举办“东舟·天宇杯”十市（县、区）象棋邀请赛，江苏省、浙江省10个市（县、区）的11支象棋代表队参加。副区长张映雪出席成立大会并宣布大赛开赛。

28～31日　以“新思维、新模式、新服务、新营销”为主题的第六届中国南方（无锡）电动车及零部件展览交易会，在锡山区南方国际电动车城举行。以江苏新日电动车股份有限公司为代表的300余家整车企业和供应厂商齐聚一堂，共商行业发展大计。

31日　锡山区被中国科协授予“2011～2015年度全国科普示范区”称号。

6月

3日　经科技部、农业部和中国科协等部门联合评定，锡山区东港镇山联村科普示范基地被命名为“全国科普惠农兴村计划农村科普示范基地”。

7日　锡山区与韩国光州广域市北区政府在锡州花园酒店签约缔结友好关系。区委常委、常务副区长蒋群与光州广域市北区政府副区厅长李洪仪在协议书上签字。

8日　江苏省政府基层卫生机构医改督察组一行到东北塘街道社区卫生服务中心，督查基层卫生机构的相关医改工作。

13～14日　由江苏省教育学会主办、区教育局和区教育学会承办的江苏省2011“科学认读实验”研讨会在锡山区举行。全省“科学认读实验”学校300余名师生参加，中国教育学会常务副会长、国家副总督学郭振有，省教育学会会长周德藩，副区长张映雪，区政协副主席黄宪辉等专家、领导出席研讨会。

15日　在红豆党建标准通过认证新闻发布会上，红豆集团党委被授予ISO 9001：2008质量管理体系认证证书，成为全国首家党建标准通过认证的民营企业。

15日 锡山区被省政府授予“江苏省人口协调发展先进区”称号。

17日 区委书记朱爱勋率相关部门负责人视察全区水利和防汛工作。朱爱勋要求持之以恒完善水系建设，全力以赴抓好防汛工作，确保安全度汛。

21日 无锡市委副书记、代市长朱克江率相关部门负责人现场察看锡山区防汛形势，并部署防汛工作。

21日 鹅湖镇纪委被省委、省政府授予“全省纪检监察先进集体”称号，成为无锡市唯一一个乡镇级省纪检监察先进集体。

26日 中国共产党无锡市锡山区第三次代表大会在锡州花园酒店开幕。出席大会的正式代表256名，符合法定人数。大会由区委副书记、区长陆志坚主持。区委书记朱爱勋代表中共锡山区第二届委员会向大会作了题为《坚持科学发展，力促转型提升，为实现经济社会全面赶超而努力奋斗》的报告。区纪委书记方力代表中共锡山区纪律检查委员会作工作报告。

28日 中共无锡市锡山区第三次代表大会闭幕。会议通过中国共产党无锡市锡山区第三次代表大会关于中共无锡市锡山区第二届委员会报告的决议，通过中国共产党无锡市锡山区第三次代表大会关于中共锡山区纪律检查委员会工作报告的决议。会议选举产生中共无锡市锡山区第三届委员会委员、候补委员和区纪委委员，选举产生出席无锡市第十二次党代会代表。

29日 京沪高铁无锡东站建成启用，与之相配套的地下车行系统、新锡路、新华路、翠山路、丹山路等重点道路同步竣工投用。

29日 经国务院批准，锡山经济开发区升格为国家级经济技术开发区，成为无锡地区唯一一个国家级经济技术开发区。

7月

1日 红豆集团党委获“全国先进基层党组织”称号。

1日 1日起，锡山区城乡居民最低生活保障金标准调整为月人均460元。

10日 由无锡市文联、锡山区委宣传部主办，市戏剧家协会、市演艺集团锡剧院承办，五洲国际集团协办的“五洲之夜”送戏下乡巡演活动在锡山区羊尖镇启动。区委常委、宣传部部长窦虹出席启动仪式并讲话。

上旬 由区委宣传部、区文体局、安镇街道党工委主办，区文化馆、安镇街道文体站承办的锡山区庆祝中国共产党90周年诞辰“繁花似锦”美术书法摄影大展在安镇街道展出，共收到作品150余件。

12日 无锡市委副书记、代市长朱克江率领相关部门负责人，到东亭中心幼儿园现场调研校舍安全工程推进情况。市、区领导华博雅、章一中、朱爱勋、陆志坚、张映雪等陪同调研。

13日 江苏申锡建筑机械有限公司与沈阳建筑大学、北京建筑机械化研究院在沈阳举行签约仪式，三方合作在锡山区启动建设首家高空悬挂作业机械企业研究院。

15日 在全国首届生态文明建设试点经验交流暨生态文明建设成果展开展仪式上，锡山区被环保部命名为“国家生态区”。区委常委、副区长李江代表锡山区领取证书。

17日 江苏省委常委、纪委书记弘强率队到锡山区，考察京沪高铁无锡东站和锡东新城开发建设情况。

20日 江苏省台办主任王荣平一行到锡山区，实地参观考察健鼎（无锡）电子有限公司。

21日 港下实验小学小红豆艺术团10名团员从无锡启程，随中国文化交流代表团参加“第六届文化中国·维也纳金色大厅青少年文艺晚会”。

22日 中共锡山区委工作会议在区会议中心召开。会议主要任务是，全面贯彻落实胡锦涛总书记“七一”讲话和无锡市委十一届十次全会精神，回顾总结2011年经济社会发展情况，谋划部署下半年及今后一段时期的工作。区委书记朱爱勋作了题为《乘势而上，提速赶超，奋力实现“十二五”精彩开局》的讲话。

26日 由中国关工委、司法部和中央综治办联合开展的“关爱明天，普法先行”青少年普法教育活动表彰大会在北京举行，锡山区司法局获“全国青少年普法教育先进单位”称号。

8月

3日 由中央文明办调研组指导，江苏省文明办、江苏省广电总台联合主办，锡山区红豆集团承办的“我们的节日·七夕——红豆寄相思”主题晚会在南京举行。江苏省委常委、宣传部部长杨新力，江苏省人大常委会副主任赵龙，锡山区委书记朱爱勋，锡山区人大常委会主任吴富生等出席晚会现场，与1000余名观众观看晚会。

5日 全区防汛防台紧急工作会议召开，贯彻落实国家防汛抗旱总指挥部和江苏省防汛抗旱指挥部防御第9号超强台风“梅花”视频会议精神，应对超强台风可能造成的灾难性天气。7日气象信息显示，第9号超强台风“梅花”减弱为台风，不会在华东登陆，对无锡的影响小于预期。

9～13日 由国家体育总局手曲棒垒球运动管理中心、中国垒球协会主办，锡山区人民政府承办，东北塘中学（锡山区体校）、锡山区弘毅青少年体育俱乐部协办的2011年全国少年、儿童垒球锦标赛在锡山区体校举行，锡山区体校队获少年体校组第一名，东北塘实验小学队获儿童组乙组第二名。在8月13日举行的颁奖仪式上，国际垒球联合会主席唐·波特为获奖代表队颁奖。

10日 全区领导干部预防职务犯罪警示教育大会暨职务犯罪危险源点查控推进会在区会议中心召开。区委书记朱爱勋作重要讲话。

12日 锡东新城先锋国际汽车广场一期项目在商务区开工建设，首批引进的英菲尼迪、凯迪拉克、广汽本田、东风日产、上海大众等9个项目举行奠基仪式。该项目是锡东新城重点打造的现代服务业项目，规划面积35公顷，总投资20亿元，分三期开发建设。

15日 中国台湾台东县体育发展基金会参访团到锡山区开展友好交流活动，台东县新生国民小学与厚桥实验小学举行建立合作交流关系签约仪式。

17日 美新微纳传感系统有限公司一期工程落成典礼举行。项目占地面积12公顷，一期建设办公和研发厂房10000平方米，总投资2亿元。

19日 2011年市台商协会锡山联谊会“爱心助学”捐赠暨“联茂立青”奖学基金发放仪式在锡山区教育局举行，区教育局接受市台商协会锡山联谊会10万元助学捐赠，联茂（无锡）电子科技有限公司向锡山区75名在读优秀贫困大学生现场发放26万元奖学金。

8月22日～9月2日 锡山区在中国浦东干部学院分两期举办2011年度区管正职领导干部培训班，中国浦东干部学院副院长王金定、成丹红分别出席开班仪式并讲话，锡山区领导朱爱勋、陆志坚、邓加红、言国强带队参加。

24日 锡山区建区十周年十大“风采人物”先进典型揭晓，分别是江苏新广联科技股份有限公司副总工程师承铁冶，云林街道社区卫生服务中心乡村医生冯秋生，锡山公安分局治安大队四中队中队长华湘艺，区农业技术推广站站长、高级农艺师金水明，区法院安镇人民法庭庭长潘洪峰，无锡锡山建筑实业有限公司项目经理任启寿，天一中学校长沈茂德，区体校教练盛玉红，厚桥街道嵩山村关工委主任许若宗，红豆集团党委书记、总裁周海江。

25日 全国工商联在北京召开2011中国民营企业500强发布会，锡山区有三家企业入围：红豆集团、江苏大明金属制品有限公司、无锡兴达泡塑新材料有限公司分别位列41、296和358位。

27日 中国全球基金项目中央执行机构督导组到无锡督导检查工作，锡山区疾病预防控制中心代表无锡市接受督导检查，得到督导组的充分肯定。

28日 海关总署署长于广洲到锡山区实地调研健鼎（无锡）电子有限公司。

30日 全区水生态综合整治和大气污染防治工作推进会在区会议中心召开。区委书记朱爱勋在讲话中强调，要常抓不懈实施水生态综合整治，保质保量推进大气污染防治，努力实现锡山天蓝水清的和谐美景。

8月 锡山区兴鑫农村小额贷款有限公司、锡山区新丰农村小额贷款有限公司获准开业。两家公司注册资本均为2亿元，锡山区累计有农村小额贷款公司7家，累计注册资本16亿元。

9月

6日 英特宜家无锡购物中心在开发区奠基。该项目是英特宜家集团在中国投资建设的第一家购物中心，总投资3亿美元。

7日 锡山区社会组织孵化中心、乐助社工事务所暨徐州师范大学社会管理创新实验基地揭牌仪式在区民政局举行。全市首家正式注册的专业社会工作服务机构——锡山区社会组织孵化中心、乐助社工事务所成立。

8日 中共锡山区委三届二次全体会议召开。全会深入学习贯彻市委十一届十次全会精神，听取和讨论区委书记朱爱勋代表区委常委会所作的题为《再谋新共识，再聚新合力，为锡山率先基本实现现代化而努力奋斗》的报告，审议《锡山区率先基本实现现代化行动纲要》和产业升级、城市化与城乡一体发展、社会建设、文化发展、生态文明五个行动计划及《关于开展争创党建工作最佳实践区活动的意见》。

9日 全区第27个教师节庆祝大会在锡山教师进修学校召开。副区长张映雪出席会议并讲话。会议表彰一批先进集体和先进个人，并举行区首届村小优秀教工文艺节目汇报演出。

9日 2011无锡锡山金秋国际经贸月新闻发布会在锡州花园酒店召开。新华社、《经济日报》、《香港大公报》、江苏电视台等60余家境内外媒体的记者参加发布会。

上旬 团中央城工部社区处处长郭鹏一行在团省委组织部部长薛锋的陪同下，实地考察红豆集团。红豆集团党委书记、总裁周海江，团区委书记张晓庆等陪同考察。

13日 为期三天的全区村（社区）党组织书记培训班在区委党校开班。培训内容紧贴锡山发展形势，包括区“十二五”规划的解读，城乡一体化发展中的社会管理创新，村书记能力素质与基层党组织战斗力、凝聚力和号召力的提升，管理中的沟通与协调，公共危机管理与突发事件应对五大内容。

13日 美国职业棒球大联盟常务副总裁Paul Archey（保罗·阿切）、亚太区总裁Jim Small（吉·斯莫）、科罗拉多州落基山队经理查理等一行在其中国区总裁谢龙的陪同下考察东北塘中学（锡山区体校）。

16日 2011无锡锡山金秋国际经贸月重大项目开工奠基（竣工投产）仪式举行，无锡驰源新材料科技有限公司的锂电池项目、锡东新城科创中心项目、锡北星天地滨水步行街项目、红豆·博士后工作站项目等18个总投资100亿元的重大项目集中开工奠基（竣工投产）。

17日 2011年中国中小城市科学发展百强名单揭晓，锡山区名列第15位。

19日 国家级锡山经济技术开发区建设动员大会举行，江苏省副省长张卫国为锡山经济技术开发区揭牌。

19日 2011无锡锡山房地产项目（杭州）投资推介会举行，锡山区推出经营性地块36幅，重点推出商务区地块7幅。

19日 为期三天的锡山区村（居）委会主任培训班在区委党校开班。培训内容包括区“十二五”规划的解读、基层民主与村（社区）建设、管理中的沟通与协调、公共危机管理与突发事件应对、城乡一体化发展中的社会管理创新五大内容。

22日 江南大学机械工程学院—锡山区机械（高铁）装备产业园政产学研合作签约暨科技创新服务中心揭牌仪式在羊尖镇举行。区委常委、常务副区长章红新，江南大学副校长纪志成共同为江南大学机械工程学院—锡山区机械（高铁）装备产业园“科技创新服务中心”揭牌。同时，江南大学机械工程学院分别与无锡盾建重工制造有限公司、江苏工力重机有限公司、无锡爱玛车业有限公司、无锡市安迈工程机械有限公司、无锡永能车业有限公司5家骨干企业签署5项合作协议及3项技术开发合同，共同搭建产学研合作平台。

9月25日～10月20日 由无锡现代农业博览园主办的第二届百合花展举行。该百合花展在无锡地区是首次举办，展出百合花近20万株。

27日 纪念锡山区关工委成立十周年暨先进表彰大会举行，会议全面回顾全区关心下一代工作的发展历程，总结经验，表彰先进，部署工作。

27日 2011中国·锡山（上海）生物医药产业恳谈会在上海紫金山大酒店举行。上海医疗器械行业协会、通用（上海）医疗器材有限公司、英国BOOTS公司等近70家知名企业参加恳谈会。

30日 纪念包厚昌同志100周年诞辰座谈会在云林街道举行。

10月

10日 无锡市委副书记、代市长朱克江率有关部门负责人调研锡山区工业企业。市、区领导谈学明、朱爱勋、陆志坚、章红新、陈建清等参加调研。

10日 民盟锡山总支召开换届改选大会，选举产生新一届委员会，毛晨当选为主委。

11日 瑞典南泰利耶市市长卡琳·奥斯特伦一行参观京沪高铁无锡东站。

11日 天一中学入围北京大学2012年度“中学校长实名推荐制”资质名单，成为全国30余所连续三年入围的学校之一。

12日 首届“江苏慈善奖”揭晓，红豆集团被授予“最具爱心慈善捐赠企业”称号，无锡兴达泡塑新材料股份有限公司董事长华若中被授予“最具爱心慈善捐赠楷模”称号。

12日 由苏州市委常委、常务副市长曹福龙率领的苏州市政府代表团一行到锡山区，考察锡东新城规划设计、开发建设、运作管理等情况。

12日 江苏省教育科学研究院副院长、省中小学教研室主任杨九俊与锡山区教育局局长孟静卫共同签署“基于测试分析提升区域义务教育质量合作协议书”，副区长张映雪见证签约。

13日 锡山区运动员姚娟在第八届全国残疾人运动会田径F44女子铅球比赛中夺冠，并打破世界纪录；在F44女子标枪比赛中，再夺金牌。

13日 羊尖镇丽安村、厚桥街道谢埭荡村被环保部授予“国家级生态村”称号，成为锡山区首批“国家级生态村”。

13日 由锡山区人民政府主办，锡山经济技术开发区、日本横滨企业经营支援财团承办的2011无锡锡山（横滨）汽车及EV产业投资说明会在日本横滨举行。会上，东京、横滨的30余家汽车及新能源汽车相关企业高层参加会议，并表示投资意向。

14日 2011无锡东亭地产项目投资推介会在重庆举行，推出17幅地块，龙湖地产有限公司、金科地产集团股份有限公司、重庆市餐饮行业协会等知名商业、地产开发企业负责人在内的近百人参加会议。副区长章建新出席活动。

10月15日～11月4日 在第110届中国进出口商品交易会（简称“广交会”）上，“锡山军团”有71家企业的176个展位参展，展位总数占无锡市交易团的30%以上。

15日 东湖塘中心小学举行百年校庆。该小学前身是作新小学，创立于1911年，后更名为无锡县怀四中心小学、无锡县东湖塘中心小学、锡山市东湖塘镇中心小学、无锡市东湖塘中心小学，走出中国导弹和航天材料与工艺技术专家、“两弹一星功勋”奖章获得者姚桐斌等一批杰出的校友。

15日 江苏赛福天钢索股份有限公司揭牌成立。该公司创建于2005年，主要生产经营电梯起重机用钢丝绳，是全球领先的综合吊装解决方案提供商和国内最大的从事生产和经营电梯起重机用钢丝绳生产商。

15日 江苏省委驻丰县扶贫工作队一行13人，在江苏省发改委高新技术处处长，省委驻丰县扶贫工作队常务副队长，丰县县委常委、副县长张建华的带领下考察锡山区。副区长言国强参加座谈会。

18日 锡山区2011年城市化与城乡一体发展专题培训班在东南大学开班。区各有关部门、各镇（街道）分管负责人共计33人参加。培训内容涵盖中国经济转型期的机遇与挑战、金融创新与风险控制、产学研结合与人才开发等热点、焦点课题，并实地考察国家级自主创新示范区——武汉东湖高新技术开发区。

19日 由商务部、国家工商总局、国家质检总局、中国消费者协会指导支持，CNTV中国网络电视台联合中央电视台财经频道主办的“2011CCTV中国年度品牌”揭晓仪式暨发布盛典在北京大学举行。红豆集团获“2011CCTV中国年度品牌”。

19～20日 为期两天的以“学习‘七一’讲话精神，推广红豆党建经验”为主题的无锡市非公企业党务工作者培训班在锡山区委党校开班。该培训班由市委组织部与锡山区联合举办，以锡山区非公企业党务工作者为主体，共110人参加。市委组织部副部长、市委“两新”工委书记周建军出席开班仪式，区委常委、组织部部长邓加红致辞。

20日 2011无锡锡山·央企（科研院所）高端合作恳谈会在北京举行。会上，锡山区与清华大学汽车工程系、北京理工大学、北京科技大学冶金工程研究院、中国化纤总公司、北京化工大学高新技术研究院5家央企（科研院所），集中签约汽车物联网、微型纯电动汽车研发及产业化、锦纶切片技改扩能3个合作项目和共建新型金属材料产学研合作平台、新材料公共技术服务平台。

20日 2011锡山经济技术开发区（上海）投资推介会举行，全球知名工业、制造业、物流业厂商和研发总部等百余位企业负责人参加。

22日 厚桥街道“梨文化节”开幕式暨中东村人口文化园开园仪式在中东村晏家湾举行。副区长张映雪为开幕式剪彩并致辞。

24日 中华全国供销合作总社监事会主任蒋省三一行视察锡山区供销社工作。无锡市副市长陈金虎、锡山区副区长言国强陪同视察。

25日 区委书记朱爱勋率区相关部门负责人调研锡山区农业工作。副区长言国强参加调研。

25日 巴西圣保罗州塔图市代表团考察访问锡山区。区委副书记、区长陆志坚会见代表团一行，并代表锡山区与塔图市签署两地建立友好城市关系意向书。区委常委、副区长李江陪同会见。

26日 在全市质量强市活动动员暨第四届市长质量奖颁奖会议上，红豆集团获“市长质量奖”，获奖金100万元。

27日 巴西圣保罗州塔图市市长Luiz Gonzaga Camargo、切萨里奥兰格市市长Ramirode Campos访问天一中学。

28日 无锡宝来光学科技有限公司二期工程竣工。该公司成立于2003年，是日本化药株式会社继无锡先进化药化工有限公司、化药化工（无锡）有限公司后在锡北镇投资建办的第三家企业。

28日 由科技部牵头的国家可持续发展实验区验收考察专家组到锡山区，实地考察东港镇山联村新农村建设。专家组对山联村社区服务中心、富民合作社、生态园林建设等工作及成效给予高度评价。

29日 华东地区经济信息报刊联谊会组织“华东经济报刊老总看锡山”活动，《江苏经济报》、《海峡导报》、《信息日报》等近20家报社的30余位老总参加该活动。区委常委、宣传部部长窦虹等陪同视察。

10月 区人保局联合区司法局成立锡山区“530”企业法律服务团，主要为区内的“530”企业提供公益服务。

11月

3日 全区“五五”普法总结表彰暨“六五”普法动员大会召开。会议旨在认真学习贯彻全国、省、市法制宣传教育工作会议精神，全面回顾锡山区“五五”普法工作情况，并对“六五”普法工作进行全面动员部署。

4日 区委书记朱爱勋主持召开区委中心组学习会，集中学习中共十七届六中全会和省委十一届十二次全会精神。

4日 “2011中国安永企业家奖”揭晓，红豆集团党委书记、总裁周海江以其远见卓识、领导才能和卓越成就获得该荣誉。

4～6日 中国茶叶学会团体会员会议暨科技创新与茶产业转型升级学术研讨会在山东省日照市会展中心举行。在大会颁奖仪式上，无锡太湖翠竹茶业有限责任公司生产的“二泉映月”牌太湖翠竹茶叶获第九届“中茶杯”全国名优茶评比金奖，该奖项是全国名优茶评比的最高奖。

10日 美国职业棒球大联盟公众外交大使、休斯敦太空人队队员马克·梅兰森访问锡山区，普及和推广青少年棒球运动文化。

14日 锡山区镇两级人大换届选举工作会议召开，标志着两级人民代表大会换届选举工作启动。

15日 江苏省第二家、无锡市首家示范性企业大学——红豆大学成立。江苏省副省长史和平和无锡市代市长朱克江为红豆大学揭牌，副市长谈学明、区委书记朱爱勋等领导参加揭牌仪式并致辞。

15日 区领导朱爱勋、陆志坚、李江在锡州花园酒店会见韩国光州广域市北区代表团一行，区委副书记、区长陆志坚代表锡山区与韩国光州广域市北区签署缔结友好关系协议书。

15日 南通市海安县委副书记、代县长陆卫东带领党政代表团一行27人，考察锡山区经济转型升级、项目建设、招商引资和城乡建设等工作。区委副书记、区长陆志坚，区委常委、常务副区长章红新陪同考察。

17日 无锡三阳—MKV梦想植物工厂竣工典礼举行。该项目位于锡山现代农业产业园内，由无锡市三阳生态农业发展有限公司与日本三菱MKV梦想株式会社合作建设，是国内首座太阳光利用型大型植物工厂试验基地，计划总投资6000万元，总占地面积约10公顷，其中一期试验场3000平方米。

18日 2011无锡市与中央企业战略合作恳谈会召开，锡山区签约2个央企合作项目，投资额21亿元。

20日 由江苏省棋类运动协会主办的“好一家”杯江苏省首届国际跳棋特色学校比赛在东湖塘中心小学开赛。开幕式上，江苏省国际跳棋培训基地在东湖塘中心小学揭牌。

21日 锡山区安全生产监察大队鹅湖中队成立。

21日 锡山区被科技部评为“2009～2010年全国科技进步考核先进区”。

22日 锡山区绿羊花卉苗木园区详细规划论证会在无锡现代农业博览园召开。苏州科技学院、苏州市规划局、无锡市规划局的专家以及无锡市、锡山区相关部门及单位负责人共同探讨论证绿羊花卉苗木园区的规划建设问题。

22日 国务院参事刘坚、徐嵩龄等一行调研锡山区农业，市、区领导周铁根、陆志坚、言国强等陪同视察。

25日 锡山区第四届青年联合会第一次全体会议在锡州花园酒店召开，全区各行各业的108名青年代表参加。团区委书记张晓庆作工作报告。大会选举产生新一届青联领导班子，通过青联报告的决议（草案）。

28日 位居S-park核心区域的锡东科技展示馆开馆暨海邻画展活动开幕。锡东科技展示馆以独特的宛山荡生态湿地公园为背景临水而建，主要展示开发区经济发展和科技创新的成果，全面反映开发区近20年的发展历程。馆内陈展70余幅水墨精品画作。

28～29日 新加坡西山小学交流考察团访问柏庄实验小学，柏庄实验小学的30名学生与新加坡西山小学的30名学生举行结对仪式，并赠送具有无锡特色的礼物。

29日 《朱海容文集》首发式举行。《朱海容文集》汇集了锡山区著名民间文学家朱海容60多年发表的作品，分为吴文化论、散文随笔、民间故事、民间歌谣、长篇吴歌、中国英雄史诗——华抱山卷和专家评论七卷，共计200余万字。

11月底 总投资1.47亿元的先锋路交付使用。先锋路是商务区连接无锡市区、开发区的东西向城市主干路，起点位于坊善路，终点位于锡沪路，道路全长5.29公里。

11月底 总投资约2000万元的区地方粮食储备库东港中心库二期工程竣工并投入使用。该工程于2010年8月开工建设，总用地面积2.52公顷，总建筑面积6763平方米，可储存2.8万吨粮食。

12月

1日 锡山区工商业联合会第三次会员代表大会在锡州花园酒店召开。会议听取和审议区工商联第二届执委会工作报告，选举产生新一届工商联领导班子，通过区工商联第三次会员代表大会决议（草案）。

1日 由“凤凰网”、《21世纪经济报道》、中央人民广播电台联合主办的2011年度华人经济领袖盛典在北京举行，红豆集团党委书记、总裁周海江入选“2011年度华人经济领袖”名单。

2日 “助残在社区，幸福进万家”援助仪式暨鹅湖镇残疾人综合服务中心揭牌仪式在鹅湖镇举行。

4日 锡北镇新市镇规划建设与发展论坛暨锡北星天地品牌商家签约仪式在锡州花园酒店举行。50余个品牌商家达成入驻意向，华润万家、肯德基、豪客来、格林豪泰、金玉满堂大酒店、香格里拉会所等18个品牌商家现场签约。

5日 区委书记朱爱勋，区委副书记、区长陆志坚率锡山党政代表团到常州国家高新区和武进区考察学习，常州市委常委、常州国家高新区党工委书记戴源，武进区委书记周斌等领导分别陪同考察，并与锡山党政代表团进行座谈。

6日 由中国化学会主办的第25届全国高中学生化学竞赛在吉林大学落幕，全国31个省、市、自治区的263名选手参加该比赛，历时6天。天一中学高三学生周家华获金牌，被北京大学现场录取，成为2011年无锡地区首个被北京大学录取的学生。

8日 区委书记、区选举委员会主任朱爱勋主持召开区选举委员会第二次会议，讨论并通过锡山区人大换届选举选区划分及各选区代表名额分配方案。

8日 江苏省新闻出版局副局长、省“扫黄打非”工作领导小组办公室主任傅杰三一行专题调研锡山区“扫黄打非”工作。区委常委、宣传部部长窦虹，副区长张映雪陪同调研。

8日 羊尖镇严家桥村著名的徐氏医学世家第八代传人徐汇仁、徐汇义兄弟将收藏的无锡地区名人书画作品无偿捐赠给严家桥村书画陈列馆。该次捐赠的书画作品共计46件，包括杨德贤、张崇珍、刘达江、刘铁平、王季鹤等近当代书画大家的作品。

17日 在上海举行的中国产学研合作创新大会暨2011中国产学研合作促进会年会上，锡山区被评为“2011年中国产学研合作创新示范基地试点单位”，区科技局首次获“2011年中国产学研合作促进奖”。

20日 锡山区体育彩票管理中心成立，区委副书记蒋群和无锡市体育彩票管理中心副主任梁肃源共同为锡山区体育彩票管理中心揭牌。

23日 中共锡山区委三届三次全体会议在区会议中心召开。会议的主要任务是深入学习贯彻党的十七届六中全会和省市党代会精神，回顾总结2011年发展成果和基本经验，研究部署2012年工作目标和主要任务。

24日 无锡市委副书记、代市长朱克江率市有关部门负责人调研锡山区工业企业生产运行情况。

25日 江苏省委常委、江苏省副省长、无锡市委书记黄莉新深入企业基层，了解锡山区经济运行情况和发展态势。

26日 在锡山区青年企业家成长交流座谈会上，锡山区青商会“创业成长”基金成立；同时举行锡山区青商会第二届“星”基金慈善晚宴，募集善款6.4万元。

30日 在无锡市书法家协会六届六次理事会议上，锡山书法院成立，区书法家协会王剑、陶涧生分别增补为无锡市书法家协会理事与副秘书长。

31日 锡山区科协第三次代表大会召开。会议选举产生区科协第三届委员会，张荣兴当选为区科协主席。

（区档案局）

编辑：吴 霞

锡山区概况

地情概要

【位置面积】锡山区位于长江三角洲腹地，江苏省东南部，无锡市东北部。南临太湖，北通长江，东邻苏州、常熟，东至上海128公里，西至南京177公里，为苏锡常中心地区，水陆空交通十分便捷。沪宁、锡澄（京沪）、锡张高速公路在区内交汇，G312国道穿境而过，设立在锡山区安镇街道的京沪高铁无锡东站于2011年6月竣工并投入使用，京杭大运河贴界而过，距无锡机场仅15公里。全区土地面积399.1平方公里，耕地面积14760公顷。境内土地肥沃，物产丰富，经济繁荣，是近代民族工业和现代乡镇工业的发祥地。（区档案局）

【气候】2011年锡山区气候特点：气温偏高且起伏大，降水时空分布极其不均，日照基本正常。

年平均气温16.5℃，年极端最高气温37.8℃，年极端最低气温-6.6℃。1月异常偏低，11月异常偏高。日最高气温≥35℃的高温日数15天，日最低气温<0℃的低温日数52天。

年降水量1080毫米。1～5月降水量极少，出现连续干旱天气；6～8月降雨集中，暴雨日数多；9～12月降水异常偏少。

年日照时数1821.1小时。春季的3～5月日照充足，夏秋季节的6～11月日照均少于常年同期，6～8月尤为偏少。（市史志办）

【水文】2011年，锡山区三个站点的平均雨量1080毫米，比常年降雨量多32毫米，6月10日入梅，较常年早4天。7月20日出梅，较常年晚9天。梅雨期41天，比常年平均梅雨天数多13天。梅雨期间，降雨呈现集中性、区域性及雨势强的特点，梅雨量异常偏多，为典型的梅雨丰沛年份，锡山区三个站点的平均雨量468.7毫米，比上年多291%。强降雨过程主要出现在6月10日、6月17～18日、6月24日、6月28日、7月11～13日和7月17～18日。强降雨导致河湖水位迅速上涨，无锡大运河仙蠡桥水位最高达到4.88米，平1991年历史最高纪录；太湖平均水位最高3.86米，超过警戒水位0.36米。

2011年锡山区水文站水位统计表

表2

河名	站名	年最高水位		年最低水位		年平均水位（米）
		高度（米）	日期（日/月）	高度（米）	日期（日/月）	
望虞河	甘露	4.06	19/6	3.03	1/4	3.38
陈　墅	陈墅	4.73	18/6	3.18	31/3	3.53

2011年锡山区水文站雨量统计表

表3

站名	年降水量（毫米）	降水天数	年最高日雨量		梅雨期雨量（毫米）
			日降水（毫米）	出现日期　（日/月）	
甘露	1028.6	119	73.0	10/6	419.6
张泾	1002.3	108	110.4	17/6	479.0
陈墅	1209.0	118	131.6	25/8	507.6

（孙奎兵）

【人口】2011年末，全区户籍总户数12.47万户，总人口418125人，其中男性人口204977人、女性人口213148人。全年出生人口3293人，其中男婴1678人、女婴1615人；死亡人口2890 人。全年人口自然增长403人，人口自然增长率0.97‰。

（刘异伟）

【区划建置】商末（约公元前12世纪），古公亶父（周太王）之长子泰伯，为让位于三弟季历，偕二弟仲雍南奔南蛮，定居梅里（今新区梅村街道），自号“勾吴”。汉高祖五年（公元前202年），始设无锡县，属会稽郡。清雍正二年（1724年），分无锡县为无锡、金匮两县。民国元年（1912年），又合二为一，复称无锡县，初属江苏苏常道，1927年直属江苏省。1949年4月23日，无锡解放，析城区及近郊，置无锡市，市、县分置。1983年3月，江苏省实行市管县新体制，无锡县属于无锡市。1995年6月8日，经国务院批准，撤销无锡县，设立锡山市。2000年12月21日，经国务院批准，撤销锡山市，分设锡山区和惠山区，隶属无锡市，沿太湖7个镇分别归无锡市滨湖区和新区。

【行政区划】6月29日，经国务院批准，锡山经济开发区升格为国家级经济技术开发区。2011年年底，锡山区辖5个街道、4个镇，76个行政村、40个社区和1个国家级开发区、1个商务区。

2011年末锡山区村（居）委会一览表

表4

单位	村（居）委会名称	个数
东亭街道	东街社区　柏庄一村社区　桑达园社区　春江花园社区　门楼社区　柏庄社区　长流社区　春星社区　春合社区　庄桥社区　北街社区　东亭社区　新屯社区	13
安镇街道	鑫安社区　吼山社区　谈村社区　白丹山村　大厍头村　先锋村　查桥村　山河村　春光村　安南村　胶西村　安西村　胶山村　胶南村　安镇村　团结村	16
羊尖镇	羊尖镇社区　羊尖村　南村村　宛山村　廊下村　南丰村　严家桥村　丽安村　龙凤巷村	9
鹅湖镇	人民路社区　青虹路社区　甘露社区　鹅湖村　青荡村　三新村　圆通村　新桥村　圩厍村　群联村　松芝村　燕水庄村　彩桥村	13
东北塘街道	严埭社区　锡通社区　东北塘社区　梓旺新村社区　裕巷村　垅坝村　大马巷村　正阳村　锦阳村　梓旺村	10
锡北镇	八士社区　张泾社区　斗山花苑社区　新坝村　八士村　联新村　劲丰村　斗山村　春风村　东房桥村　光明村　寨门村　泾西村　泾新村　新明村　周家阁村	16
东港镇	东湖塘社区　港下社区　湖塘桥社区　蠡涸西社区　东湖村　朝阳村　东升村　黄土塘村　亚光村　东青河村　东南村　华东村　新巷村　张缪舍村　港东村　山联村　勤新村　港南村　陈墅村	19
云林街道	仓下社区　钱家庄社区　长大厦社区　春象社区　杨亭社区　春雷社区　竹园社区　新农丰社区　蓉阳村　芙蓉村　双桥村	11
厚桥街道	厚桥社区　南桥头村　年余村　太芙村　新联村　新厚桥村　嵩山村　中东村　谢埭荡村	9

（区档案局）

经济和社会发展

【经济发展】2011年，面对严峻复杂的经济形势，全区上下围绕赶超发展和率先基本实现现代化的总目标，以科学发展为主题，以转型发展为主线，克难奋进，扎实工作，实现了“十二五”经济社会发展强势开局，全面完成了区二届人大四次会议确定的目标任务。

综合实力增强。全年完成地区生产总值481.85亿元，可比价增长12.3%；完成财政总收入128.92亿元，比上年增长21.1%，其中一般预算收入完成45.77亿元，比上年增长26.9%。

产业发展优化。全区服务业增加值占GDP比重39.5%；社会消费品零售总额完成137.5亿元，比上年增长17.3%。国税开票销售收入完成2056.7亿元，比上年增长22.3%，其中工业开票销售收入完成1178.8亿元，比上年增长15.1%。规模以上工业总产值首次突破1000亿元，年内实现产值1050.2亿元，比上年增长20.5%。

创新驱动强化。全区高新技术产业增加值占规模以上工业增加值比重45.5%；R&D经费支出占GDP比重2.6%。全年引进各类人才7306人，全区人才总量累计10.98万人。锡山区第五次蝉联“全国科技进步先进区”荣誉称号。

开放型经济平稳。全年完成到位注册外资3.51亿美元；进出口总额40.94亿美元，比上年增长14.6%，其中出口额28.37亿美元，比上年增长17.6%。锡山经济开发区晋升为国家级经济技术开发区。

有效投入加大。全年完成固定资产投资392亿元，比上年增长25.7%，其中工业投资、服务业投资分别完成182.3亿元、209.7亿元。全区103个在建超亿元重大产业项目完成投资203.3亿元，通用科技、动力工程、和荣科技等19个重大产业项目建设竣工。

【生态建设】 2011年，全区万元GDP能耗同比下降3.8%以上，化学需氧量、二氧化硫、氨氮、氮氧化物等主要污染物排放量削减4%。全年新增绿地面积175.7万平方米；林木覆盖率提高0.6个百分点。环境质量综合指数92.3。

【社会事业】 全区城镇居民年人均可支配收入31745元，比上年增长14%；农民年人均纯收入16399元，比上年增长17.4%。全区适龄居民养老保险参保覆盖率96%，居民医疗保险参保覆盖率99%。

（孟振华 田以畅）

精神文明建设

【概况】 2011年，全区精神文明建设工作在区委、区政府的正确领导下，以提升城区公共文明水平、深化市民文明素质教育、提升未成年人思想道德工作水平为重点，抓紧抓实精神文明建设工作，积极推动全区赶超发展、率先基本实现现代化建设进程。

【精神文明典型推荐评选活动】 先后向上推荐“身边好人”典型事例10个，孙锡芬因六年照顾瘫痪婆婆入选“中国文明网”“中国好人榜”4月候选人。6月上旬，红豆集团党委书记、总裁周海江被推荐为第三届全省道德模范候选人，在全区范围开展“我为道德模范投一票”活动，通过宣传道德模范候选人的先进事迹，动员市民参与投票活动，营造褒扬诚实守信、敬业奉献等道德先锋的舆论氛围，引领社会文明风尚。9月23日，周海江入选第三届全省道德模范（诚实守信模范），并参加第三届全国、全省道德模范评选表彰活动。11月，组织开展2010～2011年度锡山区精神文明“十佳”新人新事评选活动，经过群众推荐、社会评议等环节，评选出“十佳”新人新事，并推荐参与2011年度市精神文明“十佳”新人新事评选活动，“四川籍务工人员孙明志寒冬勇救落水女童”的事迹入选市“十佳”新人新事。

【开展志愿服务活动】 以倡导志愿者精神，推动建设普惠共享的“幸福锡山”为目标，制定《2011年志愿服务活动意见》，指导全区各志愿者团队开展各项活动。3月5日，组织近500名志愿者在9个镇（街道）的1个示范服务点、14个服务点开展现场服务，汇成全市志愿者“千点万人行动”，拉开第九届志愿者活动月的帷幕。6月下旬，结合文明城市迎检工作，联合区级机关党工委、锡山交巡警大队，设立15个志愿者团队专属服务示范点，协助交巡警部门在重点时段疏导交通，引导市民在交通行为等方面遵循文明规范，争做文明市民。

【开展季度公共文明指数测评】 呼应全市城区公共文明指数测评工作，将公共文明指数测评纳入各镇（街道）科学发展年度考核，委托第三方定期开展镇（街道）公共文明指数季度测评，并在《锡山区创建全国文明城市工作简报》上公布。全年组织开展四次测评，增强考核导向作用和责任主体意识，较好地提升了公共场所管理水平，锡山区连续三个季度取得城区公共文明指数测评排名第一的成绩。针对安置小区管理存在的问题，联合区住保房管局开展安置小区（金锡苑北区、鑫安苑五期）星级管理试点工作，促进物业管理方对照标准，切实制定和落实解决措施，提升小区管理水平，改善居民居住环境，提升社区管理水平和居民生活满意度。

【文明城市争创】 5月16日，全市召开创建全国文明城市千人动员大会。5月19日，全区召开创建全国文明城市工作动员大会。区委书记朱爱勋向33个责任单位下发创建目标任务书。区创建全国文明城市迎检指挥部组建，由区委、区政府主要领导担任总指挥，区委常委、宣传部部长担任常务副总指挥，区委、区政府分管领导担任副总指挥，下设综合协调、城市管理、平安市场、教育文化卫生、创建督查五个工作小组，由区有关领导牵头负责，创建主要职能部门领导担任组长，有关部门分管领导和职能科室负责人为主要成员。在创建迎检期间，区委、区政府主要领导出席市文明创建会议5次、召集召开区文明创建专题会议5次、督查迎检准备工作1次、对文明创建工作多次作出批示和指示；区委、区政府分管领导根据分工，多次单独召开专项工作会议。各级各部门充分运用工地围挡、公交站台、宣传栏、电子显示屏等载体，广泛宣传公民道德基本规范和市民文明公约、行为准则，大力加强社会公德、职业道德、家庭美德和个人品德教育，在全社会营造讲诚信、讲文明、讲公德、讲责任的浓厚氛围；加印3500套文明创建招贴画、2万份“告市民书”，进样本点、进社区、进家庭宣传，加大农村社区、拆迁安置小区、老小区的宣传力度，增强市民“主角”意识，发挥市民“主力军”作用；配合文明交通专项整治行动，组织开展文明交通志愿服务示范活动，设立15个志愿者团队专属服务示范点，协助交巡警部门在重点时段疏导交通，引导市民践行文明规范，告别不文明行为，争做文明市民。6月2日，副市长华博雅带队对全区文明城市迎检工作进行督查，实地查看锡山商贸城、区行政服务中心、天一中学等单位的迎检准备情况。6月22日，市委、市政府主要领导带队检查柏庄实验小学周边情况。根据督查反馈情况，针对检查中出现的问题，迅速组织力量，开展集中性整治。区创建督查组开展督查5次，跟踪整改落实情况，对部分整改不力或者不及时的责任单位，进行谈话督促。6月24～28日，省文明城市测评组到无锡市考评检查。东亭街道春星社区、柏庄社区、桑达园社区先后接受文明城市问卷调查（120份），锡北镇、鹅湖镇、柏庄社区、锡州花园酒店、乐购超市、东亭实验小学敏求少年宫、星海欢乐天地游戏室7个地点（单位）先后接受实地考察，并得到充分肯定。

【区级精神文明建设先进单位评选】 根据《无锡市基础创建管理办法（2009年版）》，结合区工作实际，将原有的《锡山区文明村镇创建管理办法》，拆分为《锡山区文明镇（街道）创建管理办法》和《锡山区文明村（社区）创建管理办法》，并修改创建管理办法的具体内容，评选年度由两年一次改为三年一次，以适应群众性精神文明建设新形势、新任务的需要。根据评选活动方案，11月8日部署开展“2009～2011年度区级精神文明建设先进单位”评选活动，经过自查申报、初审推荐、社会公示、检查考核、综合评定等环节，评出文明镇（街道）7个、文明村35个、文明社区24个、文明行业6个、文明单位161个。区文明办将评选情况向区委常委会议进行专题汇报，区委、区政府命名表彰“2009～2011年度锡山区精神文明建设先进单位”。

【未成年人思想道德建设】 加强统筹协调，征集并确定2011年未成年人思想道德建设目标工作项目，协调教育、文体、司法、妇联、团委、关工委等部门齐抓共管未成年人工作。抓好活动载体，围绕理想信念、习惯养成、身心健康、综合素质，按照年度项目安排，开展各类文体活动。开展首届锡山区“美德少年”评选活动，评选出“美德少年”100名、“美德少年”标兵10名，并在会上进行表彰。联合教育、团委、妇联、关工委等部门下发《2011年锡山区青少年暑期教育工作意见》，组织青少年开展主题鲜明、愉悦身心的暑期校外活动。建好活动阵地，联合区教育局，开展11个乡村少年宫建设，指导学校按照测评要求规范课程设置和活动时间。继续开展村（社区）未成年人活动中心建设，增设锡北镇寨门村、东亭街道春星社区、鹅湖镇甘露社区3个市级村（社区）未成年人活动中心。推荐无锡现代农业博览园为市级未成年人校外实践基地。

（陆平良）

组织机构和领导人员名单

（2011.1～2011.12）

中共锡山区委

书　记　朱爱勋
副书记　陆志坚
　　　　华炳泉（至6月）
　　　　蒋　群（6月任）
常　委　蒋　群（至6月）
　　　　张黎平（至6月）
　　　　郑永君（至6月）
　　　　高　燕（至6月）
　　　　赵巧新（至6月）
　　　　章红新（6月任）
　　　　李　江（6月任）
　　　　窦　虹（6月任）
　　　　方宏伟
　　　　陈建清（6月任）
　　　　吴建元（6月任）
　　　　邓加红（6月任）
　　　　方　力（6月任）

区委办公室

主　任　陈秋峰（至7月）
　　　　徐　悦（7月任）
副主任　张锡伟
　　　　蒋新岐（至7月）
　　　　唐　皓

区委研究室

副主任　唐　皓

区委机要保密局

局　长　陈秋峰（至7月）
　　　　徐　悦（7月任）
副局长　张锡伟（1月任）

区委组织部

部　长　郑永君（至6月）
　　　　邓加红（6月任）
副部长　孙军伟
　　　　蔡　伟（至9月）
　　　　殷旭东（9月任）
　　　　浦向民　徐建东

区新经济社会组织党工委

书　记　浦向民
副书记　华锡炎

区委宣传部

部　长　高　燕（至6月）
　　　　窦　虹（6月任）
副部长　朱　华
　　　　殷旭东（3月至9月）
　　　　张　晔

区精神文明建设指导委员会办公室

主　任　朱　华

区委统战部

部　长　华炳泉（至6月）
　　　　蒋　群（6月任）
副部长　金云元　丁益民
　　　　王祖庚　汪海峰

区政府侨务办公室

主　任　丁益民

区民族宗教事务局

局　长　王祖庚
副局长　汪海峰

区委政法委

书　记　赵巧新（至6月）
　　　　吴建元（6月任）
副书记　张骁杰
　　　　陆建荣

区社会治安综合治理委员会办公室

主　任　张骁杰
副主任　沈　锋

区委农村工作办公室

主　任　华　星
副主任　费晨波

区委台湾工作办公室

主　任　乔金龙（至7月）
　　　　谢旭东（7月任）
副主任　马界明　陆志斌

区政府台湾事务办公室

主　任　乔金龙（至8月）
　　　　谢旭东（8月任）
副主任　马界明　陆志斌

区委党校

校　长　朱爱勋
副校长　周国平（至7月）
　　　　周　勇（7月任）
　　　　江兴荣　王丽霞
　　　　刘　源（挂职，6月任）

区行政学校

校　长　朱爱勋
副校长　周国平（至8月）
　　　　周　勇（8月任）
　　　　江兴荣　王丽霞

区委区级机关工委

书　记　虞伟军
副书记　许虎良

区机构编制委员会办公室

主　任　孙军伟
副主任　王华珍

区事业单位登记管理局

局　长　王华珍

区委老干部局

局　长　蔡　伟（至7月）
　　　　殷旭东（9月任）
副局长　邓建华

区档案局、区档案馆

局　长（馆长）　宋永敏

副局长（副馆长）

蔡宏楠（至1月）

周红亚　倪　勇

锡山区人大常委会

党组书记　吴富生

党组副书记　陈琦伟

主　任　吴富生

副主任　陈琦伟

张黎平（1月任）

郑永君（1月任）

周　挥　周建清

胡晓鹏　姚永新

协理员　杜锡明

区人大常委会办公室

主　任　吕　斌

副主任　徐石平

钱智卿（5月任）

区人大常委会研究室

主　任　吕　斌

区人大常委会人事代表联络工作委员会

主　任　邓建华

区人大常委会内务司法工作委员会

主　任　王国宁

区人大常委会财政经济工作委员会

主　任　江荣平

副主任　胡建明

区人大常委会教科文卫工作委员会

主　任　许　晔

区人大常委会环境资源城乡建设工作委员会

主　任　张建华

副主任　顾国清

锡山区人民政府

党组书记　陆志坚

区　长　陆志坚

副区长　蒋　群（至6月）

章红新

李　江（6月任）

周文栋　章建新

张映雪　言国强

冯斯祥（挂职，6月任）

区长助理　胡克勇（至4月）

冯斯祥（挂职，3月至4月）

协理员　曹义君（至5月）

孙建南

陆南恺

区政府办公室

主　任　王立新

副主任　钱雨晨

席子南（至12月）

张　栋

张立新（12月任）

黄新丰（至8月）

徐勇惠　张京东

王美娟　叶上山

徐涵明

党委书记　王立新

党委副书记、纪委书记

张　栋（至1月）

盛汉平（1月任）

区政府法制办公室

主　任　盛汉平

区信访局

局　长　席子南（至12月）

张立新（12月任）

副局长　王安华

许孝强

区外事和接待办公室

主　任　王立新

副主任　洪　叶

区区级机关事务管理局

局　长　张　栋

区采购中心

主　任　张　栋（1月任）

区发展和改革局

局　长　周忠林

副局长　陈亚萍　吴健芳

虞科峰

党组书记　周忠林

区物价局

局　长　陈亚萍

区经济和信息化局

局　长　冯锡生

副局长　沈家琪　周建新

陆兴荣（至1月）

胡亚青

钱福明（至1月）

陆　军（1月任）

戴德峰　路永明

陈涵杰（至1月）

党委书记　冯锡生

党委副书记、纪委书记

钱福明（至1月）

周建新（1月任）

区中小企业局

局　长　周建新

副局长　路永明

区乡镇企业局

局　长　周建新

区教育局

局　长　孟静卫

副局长　周　勇（至8月）

孟晓东　朱卓君

吴洪明

党委书记　孟静卫

党委副书记、纪委书记
姚华芳

区政府教育督导室

主　任　周　勇（至8月）
孟晓东（8月任）
副主任　倪世清（至8月）
华　敏（7月任）

区科学技术局

局　长　陈新宇
副局长　程宇峰
汤　沸（至1月）
赵又力
华红丹（1月任）
党组书记　陈新宇

区知识产权局

局　长　陈新宇

区生产力促进中心

主　任　程宇峰（1月任）

区人力资源和社会保障局

局　长　孙军伟
副局长　侯虹霓　钱　伟
俞建国　戴　洁
管自力　边荣伟
党组书记　孙军伟

区财政局

局　长　朱洪元
副局长　匡凤娟　吕政威
吴建一
党组书记　朱洪元

区财政结算中心

主　任　吴建一（至10月）
周肖平（10月任）

区财政投资评审中心

主　任　周　耀

区监察局

局　长　黄维民（至6月）
曹敏伟（6月任）
副局长　毛　晨　华维晔
何建忠

区民政局

局　长　严健媛（至12月）
席子南（12月任）
副局长　陈国忠　李惠珍
陆　军　李伟忠
党组书记　严健媛（至11月）
席子南（11月任）

区司法局

局　长　童建伟
副局长　唐绍友　谢　敏
徐　军
钱亚锋（1月任）
党组书记　童建伟

区建设局

局　长　邓重高
副局长　华　兴　惠　宇
张健明　倪宏伟
马　赢（至1月）
王　鸣　朱雅明
党委书记　邓重高
党委副书记、纪委书记
朱建英

区人民防空办公室

主　任　华　兴
副主任　王　鸣　朱雅明

区房屋拆迁管理办公室

主　任　惠　宇

区住房保障和房产管理局

局　长　徐　悦（至7月）
蔡　伟（7月任）
副局长　谢旭东（至8月）
黄新丰（8月任）
曹振新（至4月）
王赛亮
党组书记　徐　悦（至7月）
蔡　伟（7月任）

区交通运输局

局　长　包　鸣
副局长　朱　惕　胡小坚
倪大尧（1月任）
党委书记　包　鸣
党委副书记、纪委书记　华　萍

区重点工程建设管理办公室

主　任　包　鸣
副主任　朱　惕
马　赢（至1月）
吴健刚

区水利局

局　长　魏　良
副局长　陆汝明　许正东
党委书记　魏　良
党委副书记、纪委书记
许正东

区农林局

局　长　吴建伟
副局长　徐仁元　张锦标
胡建伟　吴燕南
蒋红梅　华　翊
党委书记　吴建伟
党委副书记、纪委书记　徐仁元

无锡市现代农业开发试验区管委会

主　任　吴建伟
副主任　徐仁元　张锦标

无锡锡山台湾农民创业园管委会

主　任　言国强
副主任　吴建伟　徐仁元
张锦标

区农业资源开发局
局　长　张锦标

区商务局
局　长　陈荣伟
副局长　谢仁荣（至1月）
华红丹（至1月）
丁　磊
汤　沸（1月任）
王　琪（1月任）
党组书记　陈荣伟

区旅游局
局　长　陈荣伟

区投资促进中心
主　任　陈荣伟（1月任）

区卫生局
局　长　黄永炎（至7月）
石国洪（7月任）
副局长　石国洪（至7月）
孙根福　赵　征
党委书记　黄永炎（至7月）
党委副书记、纪委书记
耿　华

区红十字会
会　长　张映雪
副会长　张满江

区人口和计划生育局
局　长　过文洁
副局长　朱莉敏　戴伟东
郑洁华
党组书记　过文洁

区审计局
局　长　方云生
副局长　华义良　刘水长
钱国红
党组书记　方云生

区环境保护局
局　长　王　彪
副局长　党　政　浦惠民
殷晓伟
党组书记　王　彪

区环境监察大队
大队长　李　宾（7月任）
教导员　华　军（7月任）

区安全生产监督管理局
局　长　唐珏如
副局长　缪可为　林伟庆
顾君伟（1月任）
党组书记　唐珏如

区城市管理局
局　长　朱晓军
副局长　张文龙　马新华
张建国（8月任）
党组书记　朱晓军

区文体局
局　长　周皖红（至7月）
郁　枫（7月任）
副局长　曹俊伦
宋铁军
程铭心
邹忆军（7月任）
党组书记　周皖红（至7月）
郁　枫（7月任）

无锡中国乡镇企业博物馆
馆　长　周皖红（至8月）
郁　枫（8月任）
副馆长　程铭心

区统计局
局　长　陈旭东
副局长　华晓东
韩　薇
党组书记　周忠林

区粮食局
局　长　邹纬青
副局长　周国英　陈云山
张立新（至12月）
党组书记　邹纬青

区行政服务中心
主　任　蒋　群（至10月）
章红新（10月任）
副主任　钱雨晨　钱　敏
徐沫泉

区供销社
主　任　沈家琪
副主任　朱　坚
党委书记　冯锡生
党委副书记、纪委书记　朱　坚

区土地收购储备中心
主　任　沈　强

天一中学
校　长　沈茂德
党委书记　冯　朴
副校长　朱卓君　许　芹
陈梦俭　陈志刚

教师进修学校
校　长　方　琦
党支部书记　方　琦
副校长　陈小玮　王　讯

区医院
院长、党委书记　许长征

区卫生局卫生监督所
所　长　冯建良
党支部书记　张坚强

区疾病预防控制中心
主　任　冯建良
党支部书记　张坚强

锡州花园酒店

总经理、党支部书记　凌志刚

政协锡山区委员会

党组书记　　周积生（至1月）
　　　　　　华炳泉（1月任）

党组副书记　黄宪辉

主　席　周积生（至1月）
　　　　华炳泉（1月任）

副主席　黄宪辉　毛　晨
　　　　石国洪　朱大凤
　　　　张鹤高　朱卓君
　　　　金玮琳（1月任）

协理员　周积生（至2月）
　　　　陆　初　王　剑

区政协办公室

秘书长、主任　宋吉雯

副秘书长、副主任
　　　　戴锡军　莫祚文
　　　　吴健龙（7月任）

区政协学习文史和社会法制委员会

主　任　周国平（7月任）

区政协提案委员会

主　任　周叙珍

副主任　宋吉雯（至7月）
　　　　王美娟（7月任）

区政协经济科技委员会

主　任　陈荣伟（至3月）
　　　　陆兴荣（3月任）

副主任　汤　沸

区政协文教卫体委员会

副主任　查耀金

区政协人口资源环境和城乡建设委员会

主　任　黄永炎（7月任）

副主任　过文洁

中共锡山区纪律检查委员会

书　记　张黎平（至6月）
　　　　方　力（6月任）

副书记　黄维民（至6月）
　　　　曹敏伟（6月任）
　　　　周嘉模

常　委　马明初
　　　　张小伍

办公室主任　周品飞

信访室主任　马明初（至9月）
　　　　　　陈　冠（9月任）

案件审理室主任　蒋德莉

执法监察室主任　马韶军

纪检监察室主任　余宏伟

党风廉政建设室主任　钟　昇

纪检监察一室主任　张小伍

纪检监察二室主任　马明初

纪检监察三室主任
　　　　华维晔（1月任）

区检察院

检察长　　黄懿斌

副检察长　龚　磊　黄煜明
　　　　　周燕华　金士健
　　　　　周合星（挂职，至12月）

检察长助理
　　　　　明广超（挂职，6月任）

党组书记　黄懿斌

党组副书记　周燕华（9月任）

纪检组长　岳有仁

区法院

院　长　金玮琳（至1月）
　　　　王立新（1月任）

副院长　李　敏
　　　　洪　凌（至3月）
　　　　王　春
　　　　曹　彪
　　　　虞静珠（9月任）

党组书记　金玮琳（至1月）
　　　　　王立新（1月任）

纪检组长　王　春

人民团体

区总工会

党组书记、主席　马其兴

副主席　姚国新　李　娅
　　　　张丽芳

团区委

书　记　张晓庆

副书记　董　斌　余佳欢
　　　　郑传东（挂职，3月至12月）

区妇联

主　席　冯冬雁

副主席　周　奕　华颖珍

区科协

主　席　张荣兴

副主席　于振洲　李伏魁
　　　　谢仁荣（2月至12月）
　　　　李明杰（12月任）

区残联

理事长　徐卫兵

副理事长　胡永刚
　　　　　李　辉（2月任）

区工商联

主　席　周　挥

副主席　金云元　梅锦明
　　　　戈兴栋
　　　　周海江（至12月）
　　　　杨仲华（至12月）
　　　　华若中
　　　　张文宝（至12月）
　　　　吴　坚
　　　　钱汉青（12月任）
　　　　许运枫（12月任）
　　　　王　茂（12月任）
　　　　杨建林（12月任）
　　　　钱云皋（12月任）

党组书记　金云元

锡山经济开发区

（10月更名为锡山经济技术开发区）

党工委书记　朱爱勋
党工委副书记　陆志坚　陈建清
党工委委员　裴春传　华龙兴
陈应武　张学军
夏养波（6月任）
黄维民
纪工委书记　黄维民
纪工委副书记　唐维佳（至7月）
管委会主任　陆志坚
管委会副主任　陈建清　裴春传
华龙兴　陈应武
张学军
夏养波（6月任）
管委会主任助理　包金明

内设机构

党政办公室主任　尤东升
党政办公室副主任　吕颖芳
党群工作部部长　于建江
党群工作部副部长　徐秋林
经济发展局局长　史锡联
经济发展局副局长
朱　萍（至5月）
万颖岚
财政局局长　沈炳伟
财政局副局长　周敏伟
华晓东（8月任）
招商局局长　朱含辉
招商局副局长　朱　艳　章建芬
王　强
建设局局长　韩邦民
建设局副局长　华小兴（至5月）
胡建国
拆迁安置管理办公室主任
高兴宝
拆迁安置管理办公室副主任
张建春
安全环保局局长　蔡晓江
安全环保局副局长
滕文杰（至5月）
张少华（7月任）
服务外包产业园管理局局长
朱　锋
服务外包产业园管理局副局长
顾　艳
科学技术局局长
陆　军（至1月）
陈涵杰（1月任）
科学技术局副局长　邓卓君
监察室主任（审计局局长）
唐维佳（至7月）
黄维民（7月任）
监察室副主任（审计局副局长）
薛　静
科技创业服务中心主任
陆　军（至1月）
陈涵杰（1月任）
科技创业服务中心副主任
邓卓军
程　涛

无锡高铁站商务区

党工委书记　陆志坚
党工委委员　吴建元（至6月）
周维科
管委会主任　周文栋
管委会副主任　吴建元（至6月）
周维科

内设机构

党政办公室主任　滕　卫
党政办公室副主任
贾建元（至7月）
黄　庆（1月任）
经济发展和招商服务局局长
钱红星
经济发展和招商服务局副局长
王季燕　辛　毅
财政审计局局长　章金伟
财政审计局副局长
邹春舫
薛　武
建设局局长　陈　伟
建设局副局长　王　健
倪宏伟（至1月）
马　赢（1月任）
金　一（7月任）
高晓伟
社会事务局局长　张　瑜
城市管理局局长
贾建元（7月任）
城市管理局副局长
陆　敏（7月任）

条线驻区单位

锡山区人武部

部　长　方宏伟
政　委　杨万兵
副部长　孙战地

无锡市公安局锡山分局

局　长　胡克勇（至5月）
蒋文伟（5月任）
政　委　王少华
副局长　周　奇　杨建平
胡　玮（6月任）
尤克林（至1月）
朱林弟
吴永君（5月任）

无锡交巡警支队锡山大队

大队长　周立平（1月任）
教导员　王学林
副大队长　周志荣（至5月）
马　俊
俞长荣
徐耀清（5月任）

无锡市锡山工商行政管理局

局　长　王双庆
副局长　杨　丹（1月任）
张　强（至5月）
高建春（1月任）

顾一军（5月任）
纪检组长　顾静燕

无锡市锡山区国税局
党组书记、局长
曹国平（至12月）
欧文钺（12月任）
副局长　华士良（至12月）
陈云仙（12月任）
王茹辛
纪检组长　戴秋良

无锡市锡山地方税务局
党组书记、局长
王晓东（至3月）
严卫中（4月任）
副局长　严卫中（至3月）
吴晓红（4月任）
陶　江　顾建碧
纪检组长　唐春晖（至3月）
陶　江（4月任）

无锡海关驻锡山办事处
主　任　王黎华
副主任　王志洪

无锡市锡山质量技术监督局
党组书记、局长　华荣清
副局长　周　毅
谢旭东（7月任）
纪检组长　过勤丰（12月任）

无锡市国土资源局锡山分局
党委书记、局长
虞国平（至2月）
鲁晓东（2月任）
副局长　张建中
张锦锋
曹小龙
纪委书记　刘锁根
党委副书记　张建中
刘伟源（12月任）

无锡市规划局锡山分局
局　长　杨自安
副局长　王春浩

锡山区公安消防大队
大队长　沈建荣（至11月）
赵良华（12月任）
教导员　查贵豹
副大队长　陆育平

锡山食品药品监督管理局
党组书记、局长　王　耀
副局长　金海荣　丁军武
纪检组长　金海荣

锡山区邮政分局
局　长　徐　颖

无锡电信分公司锡山分局
局　长　唐进华
副局长　张　延（至2月）
唐　佳（2月任）

各镇（街道）

东亭街道
党工委书记　周建伟
副书记　范嘉明
谢明兴（至7月）
朱锦伟（7月任）
纪工委书记　谢明兴（至7月）
朱锦伟（7月任）
区人大东亭街道工委主任
袁士明
办事处主任　范嘉明
副主任　王小莺
蒋勤生（至8月）
朱锦伟（至8月）
包国平
过敬伟（8月任）
王　群（8月任）
虞　军（8月任）

安镇街道
党工委书记　吴建元（至7月）
陈秋峰（7月任）
副书记　张　瑜　张建华
吴伟鸿
纪工委书记　吴伟鸿
区人大安镇街道工委主任
张建华
副主任　黄锡英（至3月）
陈惠明（至3月）
办事处主任　张　瑜
副主任　李浩军　高晓伟
陆　敏　刘人大

羊尖镇
党委书记　李佩东
副书记　鲍雪峰　李杏根
纪委书记　李杏根
人大主席　周寿良
镇　长　鲍雪峰
副镇长　周祖义　周凤南
张建国（至7月）
顾敏霞　顾正强
滕国良（7月任）

鹅湖镇
党委书记　任　栋
副书记　郁　枫（至7月）
钱　斌　蒋新岐（7月任）
纪委书记　钱　斌（至7月）
蒋新岐（7月任）
人大主席　任　栋
副主席　华海珠
镇　长　郁　枫（至7月）
钱　斌（7月任）
副镇长　李　立　余剑铭
司建新（至7月）
徐　洁　蒋红江
朱继峰（7月任）

东北塘街道
党工委书记　华　炜

副书记　曹敏伟（至7月）
陆晓波（7月任）
陈　钢
纪工委书记　陈　钢
区人大东北塘街道工委主任
丁伦元
副主任　朱　星（至3月）
办事处主任　曹敏伟（至8月）
陆晓波（8月任）
副主任　钱献忠　许雷亮
陈　云　何鸣宇
周可军（8月任）

锡北镇

党委书记　蔡　昌
副书记　陶　波　张　盛
殷旭东（至3月）
纪委书记　张　盛
人大主席　王红一
镇　长　陶　波
副镇长　殷旭东（至7月）
王培军　朱一丹
王　杰　李　松
马天元（7月任）

东港镇

党委书记　张　杰
副书记　徐志军　李金亭
陆晓波（至7月）
司建新（7月任）
纪委书记　李金亭
人大主席　陈祖林
镇　长　徐志军
副镇长　陆晓波（至7月）
司建新（7月任）
张　岩　马益明
钱岷丹　沈　勇
陈　忠

云林街道

党工委书记　陈建清
副书记　唐中明　浦征宇
纪工委书记　浦征宇
区人大云林街道工委副主任
浦征宇
办事处主任　唐中明
副主任　袁振宇
万　新
陶继东
徐志高（3月任）

厚桥街道

党工委书记　陈建清
副书记　王利江　王　澄
纪工委书记　王　澄
区人大厚桥街道工委副主任
王　澄
办事处主任　王利江
副主任　李杏兴　钱晓东
保海燕
顾黎明（3月任）

（区委组织部　区档案局）

编辑：吴　霞

【锡山区文化名胜掠影】

华学士坊

华学士坊位于东亭街道东街，为明翰林院学士华察华太师故居，建于明中叶，大部分建筑荡然无存，仅余铁墙门一处。民国17年（1928年），创办东亭小学时，校门即利用华察故居遗存的牌楼做成，并将砖刻的“明华学士坊”五个隶字镶嵌在牌楼上方，以示纪念。20世纪80年代末，牌楼按原样重建，牌楼底座用青石作主脚（须弥座），为无锡地区所罕见，为市级文物保护单位。

综　述

2011年，中共锡山区委团结和带领广大干部群众，全面贯彻党的十七届五中、六中全会和省、市、区党代会精神，坚持以科学发展为主题，以加快转变经济发展方式为主线，大力实施“创新驱动”、“城市化和城乡一体”、“普惠民生”三大战略，全区经济社会实现又好又快发展，取得了“十二五”发展的良好开局。全年实现地区生产总值481.85亿元，可比价增长12.3%；完成一般预算收入45.77亿元，比上年增长26.9%；固定资产投资392亿元，比上年增长25.7%；工业总产值1239.2亿元，比上年增长21.9%，其中规模工业产值突破1000亿元，达到1050.2亿元，比上年增长20.5%；城镇居民年人均可支配收入31745元、农民年人均纯收入16399元，分别比上年增长14%和17.4%。

经济社会转入转型发展新轨道。按照省委“转型升级工程”的要求，全方位集聚优质要素，深层次推进转型升级，多渠道拓展增长空间，掀起转型发展的蓬勃热潮。园区能级快速提升。开发区以建设全国一流开发区为目标，大力发展高端产业，着力打造高水平园区，成功晋升为国家级经济技术开发区，具备了向更高平台、更高层次、更高能级跃升的基础和条件。各镇（街道）专业园区与22家科研机构建立全面合作关系，江南大学机械工程学院—机械（高铁）装备产业园“科技创新服务中心”揭牌，北京科技大学与鹅湖镇新型金属材料产业园政产学研合作展开，高端产业承载能力有效增强。项目质量有效提高。积极实践高端合作理念，努力拓展与重点行业协会和专业招商机构的合作关系，全区落户建设工业类新兴产业项目62个，总投资111.1亿元，平均单体项目规模1.8亿元；超亿元服务业项目55个，其中超5亿元项目31个、超10亿元项目13个，世界500强企业泰连电子项目、意大利博索尼奥拉茂叉车项目、派克汉尼汾工业园等一批优质项目落户锡山，为加快转型注入新的动力。创新活力日趋增强。大力实施“创新驱动”战略，全力集聚高端人才，第五次蝉联“全国科技进步先进区”荣誉称号。深入实施“锡山百人计划”，新增中央“千人计划”人才1人、省级计划人才15人、“无锡千人计划”人才33人。鼓励企业加快“三站两中心”建设步伐，新建成市级院士工作站2家、市级工程技术研究中心15家、省级企业技术中心5家、市级企业技术中心13家，锡山区被认定为“中国产学研合作创新示范基地试点单位”。“530”企业产业化加速，无锡亮源激光技术有限公司、无锡维视科技有限公司、无锡杰尔压缩机有限公司等企业年销售额快速增长。

结构调整跨入提质增效新阶段。以培育新兴产业、提升主导产业、调整传统产业为主轴，强力推动全区经济结构调整和产业结构转变，三次产业结构持续优化。主导产业提档升级。深入推进“双百技术改造工程”和“双百新增长工程”，积极实施规模骨干企业科技创新三年行动计划，鼓励企业实施技术改造，引进高端设备，新增省高新技术企业16家，高新技术产业增加值占规模以上工业增加值比重45.5%。鼓励骨干企业加快挺进资本市场，以锡山区无锡百和织造股份有限公司为主要控股公司的百和兴业股份有限公司在台湾上市。新兴产业规模扩张。大力实施新兴产业双倍增工程，聚焦政策、聚集资源、聚合力量，推动新兴产业快速扩张，美新微纳传感系统有限公司、无锡和荣科技有限公司、江苏大为科技股份有限公司、无锡森宝传感科技有限公司等重点企业表现出良好的成长性和爆发力，新材料、新能源和新能源汽车、智能传感、生物产业、信息服务、文化创意六大新兴产业实现营销收入670亿元，比上年增长21.7%。现代服务业量质齐升。大力实施服务业发展超越工程，积极推动现代物流、休闲旅游、文化创意、信息服务等现代服务业快速发展，V-park信息服务外包产业园集智广场、东亭科创中心、汇坚科创大楼、华夏·文华国际等高端服务业载体封顶，服务业开票销售收入突破1000亿元，服务业增加值占GDP比重提升至39.5%。现代农业发展提速。以农业现代化建设为抓手，加快推进现代农业产业体系、科技创新体系、基础设施体系、社会化服务体系和支持保护体系建设。大力推进区、镇、村三级农业园区建设，全年新建村级园区37个，以国家级台湾农民创业园、江苏省现代农业产业园、市级生物农业产业园和“一村一园”为核心的现代农业三级联动发展模式基本成形。积极推动现代农业走向高端，日本三阳MKV梦想植物工厂、中国台湾第一种苗等高端项目竣工投产。大力推进农业科技创新，无锡浙大生物农业研究中心、江苏物联网研发中心农业分中心全面进入项目化、实质化、常态化运营状态，农业发展活力激增。

城乡一体融入“双核双星”新布局。以构建“双核双星”格局为目标，拓展城市发展框架，完善基础设施建设，提升综合服务功能，城市现代化和城乡一体化进程全面加快。新城框架宏图初展。锡东新城按照“三年成形”的目标，全面拉开建设框架，全力完善基础设施，全心营造发展环境，京沪高铁无锡东站、南北广场及立体停车楼、交通综合体、公交站场等配套设施建成投用；新城外环及主次干道路网基本成形；九里河湿地公园一期项目基本建成，锡东高级中学、天一实验学校等公建项目加快推进，锡东新城轮廓加速展现。城市品位有效提升。大力推进东亭、东北塘街道“两东”主城区城市形态开发和功能建设，中国房地产龙头企业绿地、龙湖等城市综合体和英特宜家集团在中国投资建设的第一家综合购物中心——英特宜家购物中心全面启动建设，上市企业江苏大明金属制品有限公司等总部大楼建设加快实施，长流生态公园建设顺利竣工，“两东”地区城市发展层次和品位不断提升。新镇特色逐步彰显。以打造功能完善、自我运行的卫星城为目标，加大基础设施投入，提升公共服务水平，塑造核心区域形态，羊尖镇五洲国际城市综合体建成招商，鹅湖镇商贸核心区生活广场、东港镇睦邻中心即将投用，东港·红豆商业广场、锡北国际广场、锡北星天地滨水步行街等一批高档次商业载体加快启动，功能完善、各具特色的新型城镇逐步成形。

社会事业进入统筹共建新阶段。以“幸福锡山”建设六项工程为载体，着力提升城乡统筹水平，大力发展社会公共事业，全力优化生态环境，让人民群众更多更好地分享改革发展成果。就业保障稳步推进。启动实施居民收入倍增计划，全力推进就业富民，着力做好重点人群的就业帮扶工作，累计实现城乡劳动力就业7922人，本地农村劳动力充分就业率94.3%，“零就业家庭”实现100%就业。加快推进保障富民，积极完善城乡保障体制和救助体系，城乡居民养老保险和居民医疗保险参保覆盖率分别为96%和99%。生态环境日趋改善。以水生态综合整治六大工程和“蓝天工程”为抓手，持续加大生态建设、节能减排、环境整治攻坚力度，环境质量综合指数92.3。纵深推进控源截污，完成企事业单位截污接管1362家，铺设污水主管网31公里，东亭污水处理厂四期扩容工程主体完工，东亭污水处理厂中水回用工程和东港污水处理厂二期扩容工程建成投运。河道综合整治深入实施，双泾河拓浚工程和走马塘拓浚延伸工程主体完工，锡北运河、八士港、大塘河等75条（个）河道（塘）清淤工作全面完成。农村环境整治加快实施，完成农村村庄综合整治292个，农村环境连片整治通过省级验收，羊尖镇丽安村、厚桥街道谢埭荡村创建为全区首批“国家级生态村”。“蓝天工程”深入实施，218家工业企业废气达标排放专项整治启动实施，油气回收治理全面完成，全年空气质量良好以上天数比例92.6%。公共服务全面优化。教育事业优先发展，幼儿教育在全市率先实现优质资源全覆盖，“义务教育高位均衡发展示范区”创建取得阶段性成果。医疗卫生事业健康发展，全年社区卫生服务机构门急诊和住院均次费用比上年分别下降27.9%和12.8%。人口计生工作扎实推进，成功创建为省人口协调发展先进区。文体事业繁荣发展，荡口古镇建设有序开展，文化资源挖掘、重点工程建设、商业定位策划等一系列重点工作全面推开。维稳机制有效健全。着眼形成长效化工作机制，制定出台《锡山区突发性群体性事件（故）应急处置工作规范》和《锡山区企业经营突发事件处置预案》等规范性文件，创新实施领导包案制度，大力推进社会治安综合治理，有效锻炼了干部队伍解决复杂社会矛盾的实战能力，提升了维护社会和谐稳定的工作水平。

党的建设开创整体提升新局面。深入开展创先争优活动，以改革创新精神全面推进思想政治建设、干部队伍建设、基层组织建设和反腐倡廉建设，党的建设在创先争优中全面加强。理论武装深入拓展。创新开展“结对共建、互学共促”活动，组织开展“奋力攻坚克难，推动赶超发展”主题教育活动，有效激发干部群众干事创业激情。启动实施干部“双优化一提升”教育培训三年计划，全区党员干部推动转型发展的能力素质有效增强。干部队伍不断加强。以区镇两级党委集中换届为契机，不断优化班子结构，提升整体水平，加快完善干部考核评价体系和工作机制，鹅湖镇成为全市6个公推直选镇党委领导班子成员试点单位之一。推行竞争性选任和公开选拔，推出开发区、镇（街道）的2个副科职岗位实施公开选拔，公开选拔、公推公选、竞争上岗等选人用人方式逐步推开。基层党建创新发展。切实加强基层党建工作创新，红豆集团在全国民营企业中第一个通过ISO 9001党建工作质量管理体系贯标认证，鹅湖镇“千名党员进万家”活动、锡北镇“百企联百村、共建新农村”村企党组织联合共建等创新举措，为优化新农村建设和企业发展作出积极贡献。作风效能持续改善。大力开展领导干部下基层驻点调研、“三解三促”活动，党群干群关系更加密切。开展“科学发展争一流，赶超发展争贡献”、区级机关作风效能、基层站所和行政执法职能部门民主评议，窗口单位和服务行业为民服务创先争优及党组织公开承诺践诺等活动，党员干部服务发展的意识更加自觉，比学赶超的氛围更加浓厚。

（陶　全）

重要会议

【全区经济工作会议】 1月22日在区会议中心召开。会议认真学习贯彻十七届五中全会和中央经济工作会议精神，总结2010年的经济工作，全面部署2011年的目标任务。会议强调，全区上下要坚持以科学发展观为指导，认真学习贯彻十七届五中全会和中央经济工作会议精神，紧紧围绕赶超发展主题，大力实施“创新驱动”战略，全面推动传统制造业高新化、新兴产业规模化、现代服务业高端化，全力打造载体建设新特色、拓展高端合作新内涵、增创产业转型新优势，努力把锡山建设成产业支撑强劲、创新优势彰显的现代化新城区。会议提出，2011年经济工作要以项目建设为根本，不断积蓄长效持久的赶超后劲；以科技人才为抓手，加速开辟创新驱动的增长路径；以高端合作为依托，努力打造特色鲜明的专业园区；以规模企业为重点，着力做强地方经济的龙头支撑；以作风效能为保障，努力形成上下一心的工作合力。

【全区农村工作会议】 2月25日在区会议中心召开。会议深入贯彻党的十七届五中全会以及中央和省市农村工作会议指示精神，总结“十一五”时期全区农村工作的主要成绩和成功经验，研究确定今后一个时期全区农村工作的目标思路和发展举措，动员全区上下以更大力度、更实举措，推动“三农”（农业、农村、农民）工作在新的起点上实现全面提升。会议强调，未来五年是锡山全面进入赶超发展新阶段、率先实现基本现代化新目标的关键时期，全区上下必须正视困难、直面挑战，创新开拓、积极应对，牢牢把握农村改革发展主动权。会议要求，全区各级要以加快“幸福农村”建设为契机，深入推进“幸福农村”建设，深入推进城市化和城乡一体化发展，全面提升社会管理服务水平，不断加强党对农村工作的领导，推动“三农”工作在新的起点上实现全面提升，在更宽领域、更深层次提升农民的生活质量和幸福指数。

【中国共产党无锡市锡山区第三次代表大会】 6月26日在锡州花园酒店召开。会议回顾总结区第二次党代会以来的主要工作，研究确定今后五年锡山经济、政治、社会、文化以及生态文明和党的建设的奋斗目标和主要任务，选举产生中共无锡市锡山区第三届委员会和纪律检查委员会。会议高度肯定区第二次党代会以来的五年，全区经济社会发展取得了丰硕成果。会议提出，锡山今后五年工作的指导思想：高举邓小平理论和“三个代表”重要思想伟大旗帜，深入贯彻落实科学发展观，以赶超发展为主题，以加快转变经济发展方式为主线，坚持“高点定位、高端合作、高品质环境打造”联动，大力实施“创新驱动”、“城市化和城乡一体”、“普惠民生”主战略，全面提升经济发展水平、区域功能地位和百姓幸福感受，率先基本实现现代化。会议要求，今后五年全区要紧紧围绕目标任务，加快实施三大战略，抢抓机遇、拓展思路，把握关键、务实推进，确保率先基本实现现代化，重点要抓好以下几个方面：一是突出创新驱动，加速重构产业体系；二是突出城乡一体，着力提升城市能级；三是突出文化引领，推动文化发展繁荣；四是突出绿色发展，深化建设生态文明；五是突出普惠民生，全力打造“幸福锡山”。

【区委工作会议】 7月22日在区会议中心召开。会议全面贯彻落实胡锦涛总书记“七一”讲话和无锡市委十一届十次全会精神，回顾总结上半年经济社会发展情况，正确分析当前形势，谋划部署下半年及今后一段时期的工作。会议认为，2011年是“十二五”发展的开局之年，是贯彻落实区第三次党代会精神的起步之年，发展的总体环境趋好，但不稳定不确定因素仍然较多，需要进一步准确把握宏观经济走势，清醒认识区域竞争态势，牢牢把握自身发展优势。会议提出，做好下半年工作，重点要抓好五个方面：一是扩总量、提质态，全力培植新经济增长点；二是上争取、下挖潜，全力破解要素瓶颈制约；三是优功能、扩内涵，全力塑造现代城市形态；四是解民忧、惠民生，全力改善群众生活水平；五是重预防、强管理，全力维护社会安全稳定。会议号召广大干部群众以更加务实的作风、更加饱满的精神、更加昂扬的斗志，解放思想，开拓创新，真抓实干，顽强拼搏，为顺利完成全年目标任务、推动锡山经济社会赶超发展而聚力奋进，为实现“十二五”精彩开局而努力奋斗。

【区委三届二次全体会议】 9月8日在区会议中心召开。会议全面贯彻落实市委十一届十次全会精神，号召全区各级党组织和广大干部群众，继续以“两个率先”（率先全面建成小康社会、率先基本实现现代化）总揽全局，以科学发展观为指导，以创先争优为动力，进一步坚定信心、团结拼搏、奋勇争先，全力以赴率先基本实现现代化。会议提出，全区率先基本实现现代化的主要任务：以科学发展观为指导，以赶超发展为主题，以加快转变经济发展方式为主线，坚持“高点定位、高端合作、高品质环境打造”联动，加快推进经济、城市、社会、生态和人民生活五个现代化建设，使锡山经济更加发达、城市更加繁荣、社会更加和谐、环境更加优美、人民更加幸福，确保到2015年率先基本实现现代化。会议强调，锡山要率先基本实现现代化，重点是加快实现“五个现代化”：一是以创新驱动为核心，着力构筑现代产业体系，加快实现经济现代化；二是以统筹发展为目标，着力提升城市综合功能，加快实现城市现代化；三是以环保优先为导向，着力改善区域环境质量，加快实现生态现代化；四是以和谐稳定为根本，着力创新社会管理机制，加快实现社会现代化；五是以普惠民生为追求，着力共创幸福美好生活，加快实现人民生活现代化。会议要求，全区各级党员领导干部要以胡锦涛同志“七一”讲话精神和省市委十一届十次全会以及区第三次党代会精神为指引，以开展争创党建工作最佳实践区活动为抓手，以执政能力建设和先进性建设为主线，不断推进党建工作创新，为率先基本实现现代化凝聚强大合力、提供坚强保证。

【区委工作务虚会】 12月5日在区会议中心召开。会上，各板块重点汇报2012年推动赶超发展的主要思路和举措，区委各常委、区政府各副区长集中交流前一阶段的调研成果。会议要求，全区上下要结合锡山发展实际，把握关键环节，突出战略重点，以思路的谋在早、竞争的抢在前、工作的干在先，奋力化解资源瓶颈制约，全力做大做强产业，大力推动新城新镇建设，着力提升生态文明建设水平，竭力推进社会管理创新，努力开创现代化建设的崭新局面。会议强调，和谐稳定的社会环境是赶超发展的基础和保障，各级各部门要按照最大限度激发社会活力、最大限度增加和谐因素的要求，大力推进理念思路、体制机制和方法手段创新，不断提升应对复杂局面的能力，不断提高社会管理的科学化水平，为赶超发展营造一个安全、安宁、安心的环境。

【区委三届三次全体会议】 12月23日在区会议中心召开。会议深入学习贯彻党的十七届六中全会和省市党代会精神，回顾总结2011年发展成果和基本经验，研究部署2012年工作目标和主要任务，动员全区各级党组织和广大干部群众，进一步认清形势，激扬斗志，凝心聚力，开拓进取，全力开创率先基本实现现代化的新局面。会议认为，面对2011年国内外宏观环境的复杂变化，全区上下坚持以科学发展为主题，以加快转变经济发展方式为主线，大力实施“创新驱动”、“城市化和城乡一体”、“普惠民生”三大战略，经济社会呈现出赶超提速、转型提升的发展势头，实现了“十二五”发展的良好开局。会议提出，2012年要突出抓好以下五方面工作：一是坚持以转型升级为核心，持续提升产业发展层次；二是坚持以新城建设为龙头，加速促进城乡一体融合；三是坚持以环境改善为重点，全面扩大生态整治成效；四是坚持以富民惠民为根本，倾力增进群众幸福感受；五是坚持以管理创新为抓手，着力提高社会和谐程度。会议强调，全区各级党组织和广大党员干部要以开展争创党建工作最佳实践区活动为抓手，以执政能力建设和先进性建设为主线，全面加强党的思想、组织、作风和制度建设，激发“创先”斗志，凝聚“争优”动力，不断提高各级党组织的凝聚力、战斗力和创造力，努力开创全区党建工作新局面。（陶　全）

组织工作

【概况】 2011年是区镇两级党委集中换届之年。全区各级党委组织部门和广大组工干部紧紧围绕“加快赶超发展，建设幸福锡山”主题，坚持改革创新，狠抓工作落实，全区组织工作在服务科学发展、赶超发展中取得新成绩。

【区镇两级党委集中换届完成】 按照中央和省、市、区委换届工作总体部署，坚持高标准部署、高要求推进、高质量完成，统筹谋划各级领导班子建设，协调推进区镇两级党委换届工作。通过换届，镇党委领导班子平均年龄由上届的39.1岁降至38.7岁，班子成员大学以上学历的比例由上届的88.6% 提高至94.7%；镇党委书记平均年龄42.5岁，文化程度100%大学以上。鹅湖镇作为全市6个公推直选镇党委领导班子成员试点单位之一，在圆满完成试点任务的同时，为面上推广公推直选工作，积累了工作经验，形成了工作机制。在换届工作中，坚持教育在先、警示在先、预防在先，大力宣传、严格执行换届纪律要求，把严肃纪律贯穿于换届全过程，并建立严肃换届纪律区委常委联系点制度，聘请13名换届工作监督员，将换届全过程置于组织、干部和群众的有效监督之下，在全区上下营造风清气正的换届环境。区镇两级换届风气测评好评率均为100%。

【干部人事制度改革不断深化】 全面完成市委组织部下达的干部“德的考核”单项改革试点任务，为面上干部考核工作积累经验和提供决策依据。创新领导班子成员选任方式，加大竞争性选拔干部力度，在新一届镇党委、政府领导班子成员候选人推荐提名过程中，实施全额定向民主推荐和差额考察；采取全程差额的办法产生区信访局局长人选；结合市“305”工程实施，面向全市选拔2名区管副职领导干部；大力推行机关中层职位竞争性上岗，全面推行公开选拔、公推公选、竞争上岗等竞争性方式。大力推进年轻干部“363工程”，6名优秀年轻干部走上区管领导岗位；实施村（社区）大学生村官“330培养工程”，确保基层干部队伍可持续发展。坚持从基层一线选拔干部的导向，2011年6名村（社区）党组织书记充实到镇（街道）领导班子。认真实施区管党政正职领导干部“三责联审”、“一报告两评议”和“满意度调查”等制度，干部监督管理工作取得新进展。

相关链接：

市“305”工程：用5年时间在全市范围内，重点在选调生和优秀年轻干部中每年择优选派30名30岁左右的年轻干部到镇（街道）担任主要领导或副职领导，采取培训提能、上岗压担、轮岗交流等多种方式，通过五年的跟踪管理、针对性培养，切实提高年轻干部思想政治素质和理论修养，提升领导科学发展、做群众工作、处理实际问题的能力，使之逐步成长为县处级党政领导干部后备人选，为领导班子年轻化、换届35岁左右干部的配备提供充裕的干部资源。

三责联审：在党委、政府统一领导下，按照干部管理权限和部门职能分工，由组织部门会同编制、审计等部门，同步联动实施党政领导干部选人用人责任审查、机构编制责任审核和任期经济责任审计。

一报告两评议：地方党委常委会每年向全委会报告工作时，要专题报告年度干部选拔任用工作情况，并在一定范围内接受对本级党委干部选拔任用工作和新选拔任用领导干部的民主评议。

【领导干部队伍素质有效提升】 围绕提高推动赶超发展的素质能力，干部教育培训针对性、有效性进一步增强。紧扣区委转型发展要求，开展“民生建设与社会管理创新”、“创新驱动与新兴产业培育发展”等专题培训，提高各级领导干部创新发展的能力。举办区管正职领导干部培训班2期，引入模拟教学、互动教学、现场教学等方式，提高领导干部的实战能力。组织村（社区）党组织书记和主任换届轮训，组织50家骨干非公企业党组织书记开展专题培训，提高基层党建工作水平和群众工作能力。针对不同层次、不同岗位的特点和需求，在中国浦东干部学院和北京大学等高校举办各类培训班11期，培训1000余人次。“双优化一提升”年度工作顺利完成，相关做法得到市委组织部的充分肯定并在全市推广。

【人才工作持续推进】 深入实施“锡山百人计划”，引进中央“千人计划”1人、省级计划人才15人、无锡“千人计划”人才33人。全区引进各类人才7299人，其中“双高”（高层次、高技能）人才133人、海归人才62人，全区11人入选省“333高层次人才培养工程”。累计建立省级工程技术研究中心35家、省级企业技术中心13家、省级以上博士后科研工作站10家，12家院士工作站聚集博士40余人。“530”项目产业化取得初步成效，全区“530”企业实现开票销售收入2.1亿元，年销售超1000万元项目10个，其中无锡市大德科技有限公司、江苏商达水务有限公司年销售突破3000万元。人才服务环境更趋优化，政治上关心，创业上扶持，生活上照顾。在区科协领导班子中配备1名海归人才兼任副主席；帮助“530”企业争取各类科技专项贷款2400万元；完善高层次人才优待证制度等；评选表彰优秀人才贡献奖3人、引进人才工作奖2人、留学回国人员创业奖1人。

相关链接：

省“333高层次人才培养工程”：在“十二五”期间，全省计划培养30名左右研究成果具有国际先进、国内领先水平的国家级科学家、工程技术专家和理论家；培养300名左右具有省内领先水平的省级优秀人才；培养3000名左右成绩显著的市级优秀人才。

【基层党建工作加强】 深入开展创先争优活动，紧扣“加快赶超发展，建设幸福锡山”主题，将开展创先争优活动与推动中心工作有机结合起来，深入开展“科学发展争一流，赶超发展争贡献”、领导干部下基层“三解三促”、窗口单位和服务行业为民服务创先争优以及党组织党员公开承诺践诺等活动，在全区形成比学赶超、争作贡献、争当先进的良好氛围。以改革创新精神加强和改进基层党建工作。红豆集团在全国民营企业中第一个通过ISO 9001党建工作质量管理体系贯标认证，创出全国民营企业党建工作样板。“创建民企党建红豆标准，提升党建工作科学化水平”成果获“全省组织工作创新创优成果奖”。锡北镇开展的“百企联百村、共建新农村”村企党组织结对共建活动经验在全市统筹共建会议上作大会交流。全区各部门深入推进“三方结对共建、携手创先争优”活动，组织开展共建活动180余次，落实共建举措104项。区经信局开展的政银企合作、红豆集团与103家外协单位结对共建、鹅湖镇“千名党员进万家”等活动，为推进新农村建设、推动企业发展作出积极贡献。

【全区党组织和党员情况】 至2011年末，全区有基层党组织1623个，其中直属党委13个（镇党委4个，机关办局党委9个）、二级党委15个、党总支158个、党支部1437个（包括分支部）。全区有党工委9个（开发区党工委、商务区党工委、区级机关党工委、区新经济社会组织党工委和5个街道党工委）。全区“两新”组织中，新经济组织建非公企业党委8个、党总支11个、党支部670个（包括联合党支部）；新社会组织建党支部16个。年内，全区发展党员528名，其中女性党员224名，占发展党员总数的42.4%；35岁以下的党员365名，占发展党员总数的69.1%；大学专科以上文化的党员327名，占发展党员总数的61.9%，其中大学本科以上文化的党员159名，占发展党员总数的30.1%。至2011年末，全区有党员28252名，其中女性党员6903名，占党员总数的24.4%；35岁以下的党员6701名，占党员总数的23.7%；高中、中技文化的党员5199名，占党员总数的18.4%；中专文化的党员2338名，占党员总数的8.3%；大专文化的党员4907名，占党员总数的17.4%；本科文化的党员5160名，占党员总数的18.3%，研究生学历的党员349名，占党员总数的1.2%。分布在镇、村的党员15551名，占全区党员总数的55.0%；分布在街道、社区的党员5813名，占全区党员总数的20.6%。分布在公有经济单位的党员5817名、非公有经济单位的党员7367名，分别占全区党员总数的20.6% 和26.1%。

（周志刚）

宣传思想工作

【概况】2011年，锡山区宣传思想工作在区委、区政府的坚强领导下，按照“高举旗帜、围绕大局、服务人民、改革创新”的总要求，坚持在深入人心上下工夫，在开拓创新上下工夫，在力求实效上下工夫，努力提高全区宣传思想工作科学化水平，为全面推进锡山赶超发展提供强大精神动力和良好思想舆论氛围。

【理论学习】狠抓学习型党组织建设。制定下发《关于推进学习型党组织、学习型领导班子建设的实施意见》，成立区建设学习型党组织、学习型领导班子工作协调小组，编发工作简报20期。开展以“六个一”为主要内容的“结对共建、互学共促”活动，即下派一名指导联络员、建立一套学习制度、完善一个学习阵地、赠送一批学习书籍、举办一次学习交流、开展一项调研活动，推动全区学习型党组织建设活动向纵深发展。区级机关下派指导联络员100余人次，开展帮学共建活动200余次，赠送书籍3万余册，给基层党组织上党课100余场（次），帮助建立健全一批学习制度，为基层单位解决实际问题近100个。拓展理论学习渠道。在坚持和完善传统学习方式的基础上，积极构建信息化网络学习平台，在“中国·锡山”政务e点通协同办公平台“理论与学习”专栏不定期更新理论文章，全年发布理论文章100余篇，党员干部理论学习更方便、更快捷。同时，定期向领导干部推荐学习书目，使其了解当前最新理论成果和理论动向。区委中心组组织学习13次，举办“党的十七届五中全会精神报告会”、“居民收入倍增计划专题讲座”、“纪念建党90周年专题讲座”、“国家安全形势报告会”、“省第十二次党代会精神报告会”及5期“锡山论坛”。区委中心组被市委宣传部、市委组织部联合评为“2009～2010年度全市县以上党委（党组）中心组理论学习先进集体”。编辑出版《锡山区领导干部理论学习成果汇编（2010年度）》（网络版）。推进理论学习普及化。在全区遴选50名理论宣讲志愿者，组建全区理论宣讲志愿者队伍，深入机关、企业、园区、村（社区）等，适时对广大干部群众开展重大理论和形势政策宣讲。大胆创新党员教育形式，在基层开通“党课学习”、“先锋短信”、“红色短信”、“服务百姓”等短信平台，及时将党的路线方针政策、法律法规等内容传达给党员干部，让所有党员干部“学习在手边”。全年举办党员冬训培训班100余期，参加人数2万余人次，参训率95%。

【舆论宣传】内外宣传有声有色。结合京沪高铁开通、开发区升级挂牌、金秋经贸月和纪念建区十周年等重大活动，先后组织金秋经贸月新闻发布会、“中央（国家）媒体看锡山”、“华东地区经济报老总走进锡山”等活动，通过集中国家、省、市各类媒体采访、实地考察、情况介绍等方式，全面展示锡山区经济社会发展中的亮点和广大干部群众投身赶超发展的精神风貌。全年在市级以上各类媒体发表稿件1200余篇。其中，央视一套《朝闻天下》、二套《第一时间》栏目报道了商务区的规划建设、未来发展；《人民日报》、《农民日报》、《光明日报》、《经济日报》、《香港大公报》、《香港文汇报》、《香港商报》、《香港经济导报》等重量级媒体多次报道锡山区赶超发展取得的成就。改版《新锡山》，开展多层次专题新闻宣传，办报质量不断提升。编辑出版介绍锡东人文的《吴韵悠悠》和反映建区十周年辉煌成就的《阅读锡山》，策划制作《魅力锡山》形象宣传片。组织“二泉网”网友走进无锡现代农业博览园，用镜头和文字记录锡山高效农业和休闲旅游的美景。舆情处置及时有效。针对2011年突发事件比较多的情况，及时组织网络信息员，加强网上舆情引导，第一时间将真实信息传递给网民，平稳处置重大舆情突发事件。举办公共危机管理知识培训班，提高各级干部在新形势下应对媒体与突发事件的能力。引入邦富互联网舆情采集分析系统，加强与新浪等全国重点网站的联系，提高舆情监控和研判能力，编辑《舆情快报》，对有苗头性的网络舆情及时提出处理意见，为全区赶超发展提供良好的舆论氛围。

【主题教育】营造主题教育浓厚氛围。按照市“推动科学发展率先发展，建设创新无锡幸福无锡”主题活动，制定下发《关于在全区开展奋力攻坚克难，推动赶超发展主题教育活动的意见》和具体活动方案，适时召开推进会，积极利用各种宣传方式，对全区主题教育活动进行全方位的报道和宣传，为赶超发展营造浓厚的舆论氛围。开展形势政策宣讲活动。调整优化区宣讲团成员，下发全年宣讲计划，确定建党90周年、政治理论、区情研究、文明礼仪、公共行政与法治建设五个专题46个宣讲课题，组织宣讲团成员深入机关、村（社区）、企业、学校等地，广泛宣传党的理论、革命传统、“十二五”发展规划和省、市、区党代会精神，阐明锡山区当前面临的形势和任务，分析经济社会发展遇到的困难和机遇，帮助干部群众认清形势、提振精神、坚定信心、增强动力。全年区宣讲团宣讲100余场，受听人数1万余人次。开展纪念建党90周年活动。举办“党在我心中”歌咏大会、“红色经典革命歌曲大家唱”专场演出、“党在我心中”大学生村官征文和演讲比赛等活动，表达对党的热爱。组织开展建区十周年座谈会、建区十周年成就图片展、建区十周年十大“风采人物”评选等一系列纪念锡山建区十周年系列活动，激发干部群众的激情，凝聚赶超力量。开展“三服务下乡”活动。突出服务发展、服务基层、服务群众，开展以“服务赶超发展、建设幸福镇村”为主题的“三下乡”服务活动。配合市委宣传部在锡北镇举办2011年无锡市科技、文化、卫生“三下乡”启动仪式，开展“三服务下乡”集中活动3次，发放宣传资料（图片）2万余份，服务群众800余人次，取得较好的社会效果。

【文明创建】 全力做好文明城市创建。先后召开创建全国文明城市工作动员大会、工作推进会和迎检会议5次，组建区创建迎检指挥部，针对测评重点，明确目标任务，开展集中办公和督查，着重抓好整改达标提升工作，确保省测评迎检不失分。同时，将公共文明指数测评纳入各镇（街道）科学发展年度考核，委托第三方开展镇（街道）公共文明指数季度测评，在创建工作简报上公布测评结果，增强考核导向作用和责任主体意识。不断提升公共文明水平。继续开展“身边好人”和道德典型推荐活动。向上级推荐“身边好人”典型事例10个，孙锡芬因六年照顾瘫痪婆婆被选入“中国文明网”“中国好人榜” 4月候选人。红豆集团党委书记、总裁周海江入选第三届全省道德模范（诚实守信模范），并参加第三届全国、全省道德模范表彰活动。组织开展2010～2011年度锡山区精神文明“十佳”新人新事评选活动，经过群众推荐、社会评议等环节，评选出“十佳”新人新事，并推荐参与2011年度市精神文明“十佳”新人新事评选活动。以倡导志愿者精神，推动建设普惠共享的“幸福锡山”为目标，制定《2011年志愿服务活动意见》，指导全区各志愿者团队开展普及文明风尚志愿行动、引导交通文明志愿行动、创建示范诚信窗口志愿行动、美化公共环境志愿行动、建设幸福村（社区）志愿行动、净化社会文化环境志愿行动、关爱未成年人成长志愿行动、温暖社会特殊群体志愿行动八大重点活动。深入开展基础文明创建活动。修订新的基础创建管理办法，开展2009～2011年度锡山区区级精神文明创建工作先进评选活动。经过自查申报、初审推荐、社会公示、检查考核、综合评定等环节，评出文明镇（街道）7个、文明村35个、文明社区24个、文明行业6个、文明单位161个，由区委、区政府对“2009～2011年度精神文明创建工作先进单位”进行命名表彰。开展首届锡山区“美德少年”评选活动，评选出100名“美德少年”、10名“美德少年”标兵。针对安置小区管理存在的问题，联合区住保房管局开展安置小区星级管理试点工作，提升小区管理水平。

【文化建设】 公共文化服务体系日趋完善。坚持以政府为主导、动员社会参与、群众共建共享，加大城乡公共文化服务体系建设力度，部分镇（街道）综合文体活动中心启动建设，不断加强新建居民（安置房）社区配套公益性文体活动设施建设。群众性文化活动丰富多彩。成立锡山区美术家、书法家、摄影家、音乐舞蹈家、作家等文化艺术协会，进一步促进全区民间文化的发展。开展“走进新锡山”大型广场文艺、鹅湖民俗文化节和“锡东新城杯”全健排舞大赛等群众性文化活动。举办“华方建设杯”首届中国（锡山）国际象棋女子名人赛。重点文化项目有序推进。无锡数字动漫创业服务中心项目一期于5月投入使用，成为无锡国家动画产业基地的重要载体，被认定为国家级动漫产业技术公共服务平台，在全国13家动漫核心企业评估中位列第二位。无锡数字动漫创业服务中心项目二期工程启动建设。荡口古镇保护性修复工程建设

有序推进。（蒋　盛）

统战工作

【概况】 2011年，锡山区统战工作在市委统战部的指导和区委的领导下，认真贯彻落实中央、省、市统战工作会议精神，根据市委统战部《关于2011年重点目标任务的考核意见》，紧紧把握全区赶超发展大局，围绕“同心同行”品牌建设和党派、民族宗教、侨务、新的社会阶层人士等工作，以主题教育凝聚共识，以创新思维破解难题，以队伍建设夯实基础，以优势资源打造亮点，不断提高统战工作的科学化水平，为推动全区实现赶超发展、建设“幸福锡山”作出应有的贡献。

【“同心同行”主题教育活动】 以学习贯彻胡锦涛提出的“思想上同心同德、目标上同心同向、行动上同心同行”的“同心”思想为重点，开展“同心同行”主题教育活动。寻访革命旧迹。3月，组织区各民主党派、工商联、无党派联委会班子成员，赴江西井冈山进行“与党和人民同心同行”多党合作理论培训考察，进一步了解统一战线和多党合作的光辉历史，进一步确立接受中国共产党领导、走中国特色社会主义道路的自觉性和坚定性。开展庆祝建党90周年系列活动。下发《关于开展庆祝建党90周年系列活动的通知》，通过理论学习、献计献策、征文颂歌、座谈交流等活动，全面展示锡山统一战线成员与中国共产党同舟共济的光辉业绩。举办全区统一战线纪念中国共产党成立90周年座谈会，全区各界代表人士60余人参加，回顾中国共产党成立90周年的光辉历程，交流统战工作的心得体会，激励广大统战成员为锡山经济社会赶超发展服务。着力打造“同心同行”品牌。农工党锡山区基层委员会结合党派成员以医药卫生界为主的特色和优势，专门制定和实施社会服务“健康同行”活动，帮助基层社区卫生机构提升业务能力和管理水平，为广大群众免费提供健康服务。民进锡山总支协助民进江苏省委举办江苏民进第十三期彩虹行动（无锡锡山）培训，对贵州省金沙县沙土镇的十余位小学老师进行为期一周的计算机培训，以实际行动落实民进中央委员会“彩虹行动”工作部署，为促进东西部地区教育均衡发展架起“彩虹”之桥。

【做好党派换届工作】 按照上级统一部署，2011年是全区各民主党派、工商联、无党派联委会和各民族宗教团体集中换届的一年。区委统战部高度重视，精心组织，周密部署，加强上下沟通，及时解决换届工作中出现的新情况、新问题，指导帮助民盟锡山总支、区工商联、区无党派联委会、区佛教协会、区基督教三自爱国会完成换届工作，做好九三学社锡山区基层委员会届中调整工作。不断完善党外干部培养选拔机制，提高发展新成员工作的制度化、规范化水平，切实加强党外人士管理和队伍建设，提高班子组织建设和能力水平，协助民主党派考察并发展成员19人。认真做好区政协委员调整工作，二届政协委员增补与调整3次，调整13人、撤销1人、增补10人，另外有2名政协委员自然减员，二届委员有192人，其中中共委员72人。根据中央和省市委统一部署，区委统战部与区委组织部共同研究，经政协党组同意，制定《关于政协锡山区第三届委员会换届人事安排的意见》，并经区委常委会讨论通过。区政协换届工作领导小组成立。区三届政协换届工作有序开展。同时，各级统战部门还积极协调参与做好人大的换届选举工作。

【提高党派参政议政水平】 在区第三次党代会召开前，区委先后召集区各民主党派、工商联、无党派联委会负责人士，召开党代会报告征求意见座谈会、区委换届情况通报会，就党代会报告、人士安排等内容与党外代表人士进行民主协商，为区第三次党代会的顺利召开奠定基础。9月，以“给力‘三大战略、助推赶超发展’”为主题，召开锡山区民主协商会，各民主党派、工商联、无党派联委会结合全区发展实际，加大调查研究力度，分别从未成年人安全教育、失地农民市民化进程、被拆迁中小企业的生存与发展、农村环境综合整治现状与对策、劳动者合法权益的维护、加快推动企业上市、新生代企业家队伍建设、全民健身等方面有针对性地发表意见和建议。会后，区委统战部将意见建议汇编成《民主协商纪要》提供给区委、区政府领导参阅。区委办、区政府办将主要意见和建议批转给各相关部门办理，并对办理落实情况进行督查，相关办理情况全部落实到位。如区教育局认真学习研究民革锡山支部《关于加强区未成年人安全教育的建议》，建立相关制度，扎实开展安全专题教育；整合资源，深入推进“平安校园”建设；多方联动，全面构建安全教育网络，成效良好。

【提高党派民主监督能力】加强理论培训。9月，与区委组织部在江苏省社会主义学院举办全区统战和党外干部专题培训班，进一步落实中共中央关于加强党外干部选拔培养及干部培训的具体要求，全面提高全区党外干部和统战干部的理论水平、业务素质、领导能力和对政策的理解把握能力。积极搭建工作平台。探索研究党派组织与政府部门的对口联系制度，到崇安区等区进行专题学习调研，受到很好的启发。积极支持党派间的交流互动活动，接待上海、常州、苏州等地有关党派组织的学习交流。开展“我为锡山发展献计献策”活动。动员统一战线广大成员和各级统战干部深入基层了解实际，提出合理化建议，为区“十二五”经济社会发展献计献策，全区统战系统撰写调研文章22篇。充分发挥民主监督作用。担任人大代表、政协委员的民主党派、工商联、无党派联委会人士认真参加人大、政协组织的相关活动，通过视察、评议、对口交流等方式履行党派的民主监督职能。全年各民主党派和无党派代表人士提交社情民意37条，其中19条得到区委主要领导的批示。

【提升党派社会形象】一如既往地协助支持各民主党派根据党派特色做好各类社会服务。民建锡山总支开展关爱儿童结对活动，结对抚养孤儿，帮助孤儿健康快乐成长；民盟锡山总支会员黄会伟提供资金支持“文明交通从我做起”百场电影巡映活动，为广大群众送上一份文化大餐；九三学社锡山区基层委员会建立“九三学社专家工作站”，为种养殖户提供技术指导，改善品种、提高产效、提升产品档次；东亭街道门楼社区积极发挥其社区民主党派成员多、知识水平层次高的优势，成立社区民主党派联络小组，并举办送健康进社区活动，为社区群众提供健康咨询服务。全区统战各界人士积极参与各类社会慈善活动，全年筹集各类慈善捐款1033.96万元。另外，各民主党派成员捐资37.6万元，华人华侨捐资645万元。

【加大民族宗教工作力度】深入开展“民族团结进步”活动。全区上下积极参与市民宗局举办的“民族团结进步宣传月”活动，锡北镇和厚桥街道新厚桥村开展民族团结示范镇（村）创建工作。继续加强对少数民族弱势群众的扶贫结对，全年走访慰问85户少数民族贫困家庭，发放慰问金、慰问品15.93万元。办理少数民族子女更改民族7人，办理中、高考证明手续2人，为流动少数民族经商务工人员的3名子女解决入学问题。大力开展“平安宗教场所、模范宗教场所、和谐寺观教堂”三项创建工作。积极部署创建“和谐寺观教堂”等工作，促进宗教活动场所的内部规范管理和场所内部的团结和谐，推动各宗教活动场所的规范化、制度化建设。1处宗教活动场所被市民宗局评为“模范宗教活动场所”，19处宗教活动场所被市民宗局评为“平安宗教活动场所”。着力做好维护稳定工作。重点对全区乱建寺庙和露天宗教造像、宗教活动场所土地权属状况、少数民族“零就业家庭”情况及少数民族纳入低保、全区佛教教职人员备案登记等情况开展调查摸底工作，为下一步有针对性地做好工作打下基础。继续抓好宗教“三项治理”（治理基督教私设聚会点、乱建寺庙、假僧假道乱做佛事道场）工作的“回头看”工作，对已取缔的非法宗教活动场所进行抽查，坚决制止死灰复燃现象，坚决取缔乱建的庙宇。积极稳妥协调处理外来伊斯兰教信徒的各类矛盾纠纷，会同鹅湖镇、东北塘街道、云林街道及有关部门协调处理三起因涉及清真拉面店租赁、拉面店与食客不和及交通事故引起的矛盾纠纷。加强民族宗教团体建设。组织各民族宗教团体成员赴其他地区进行考察学习活动，就教职人员的自身修养、道风建设及宗教活动场所内部管理等问题进行交流和探讨，提升宗教活动场所对外形象和服务信众的能力。6月，区佛教协会在区民宗局的指导下首次组织全区各佛教场所正副组长进行体检活动，为他们送上关怀。

【提升为侨服务能力】加强联谊交流，积极参与国家和省市侨务平台组织的以地缘、血缘和业缘为纽带的侨界活动。加强调查摸底，继续开展侨情和侨港资企业调查工作，全区有归侨3人、海外华侨华人149人、侨眷195人、留学生88人，侨港资企业70家。开展扶贫帮困，积极推进“万侨助万村”活动，鼓励华人港澳同胞和侨港资企业为锡山建设献爱心、作贡献，全年15个捐赠项目捐赠金额1743.2万元。加大宣传推介，在各种报纸杂志和网站上录用涉侨报道61篇。解决侨企困难，帮助无锡卡秀堡辉涂料有限公司的华侨解决子女入学问题，帮助侨港资企业无锡国泰精密有限公司解决进出口报关相关问题。主动服务“530”企业，召开“530”企业发展情况及招商引资引智座谈会，积极协助有关部门为“530”企业解决融资难、员工出行难、产品供产销难、与地方企业结对难等问题；参与“530”企业的引进工作。深入推进“归侨侨眷关爱工程”，广泛开展《中华人民共和国归侨侨眷权益保护法》宣传工作，在侨务资源丰富的社区创新推进“侨之家”建设。加强侨务信访工作，确保归侨侨眷、华侨华人来信来电来访回复率、结办率100%。上半年，在新西兰和日本发生强力地震后，第一时间联系在新西兰和日本的锡山籍华侨华人，并及时通报转达有关情况。2011年，锡山区在“侨心向党，服务发展”纪念建党90周年系列活动中获“无锡市侨联优秀组织奖”，区侨联分会被市侨联评为“无锡市信息通讯工作先进单位”，区政府和厚桥街道办事处被推荐为“江苏省侨务工作先进单位”；区委统战部副部长、侨办主任丁益民被省侨办评为“侨务工作先进个人”，江苏迈迪基因生物科技有限公司董事长邵棠被省科技厅、省侨联授予“江苏侨届贡献奖”。

【关注新的社会阶层人士及其企业发展】全面深入企业调研，支持企业不断开拓创新，再创效益。成立东港商会科技创业园分会和东港商会湖塘桥分会，进一步促进企业友好合作和健康发展；红豆集团党委书记、总裁周海江，无锡兴达泡塑新材料股份有限公司董事长华若中，无锡万迪动力集团有限公司党委书记、董事长、总裁钱汉青获得无锡市“优秀中国特色社会主义事业建设”评选提名；组织新的社会阶层人士500余人次参加“宝界工商论坛”等各级各类培训活动，有效提升企业家的思想政治素质和管理能力；与区工商联共同举办新生代企业家专题座谈会，进一步提高新生代民营企业家的综合素质。红豆集团在企业党建工作中创造性地导入ISO 9001质量管理体系，成为全国首家通过党建质量管理体系贯标认证的民营企业。加大对新的社会阶层优秀人士的宣传推介力度，推荐7名新的社会阶层人士入选无锡市委统战部组织编写的《在路上——无锡市百名新的社会阶层人士风采录》。继续深化“百企联百村、共建新农村”活动，锡北商会部分会员企业继续投入资金，提升新农村建设水平。在区工商联换届工作中，按照中央统战部和换届要求，与区人保局、区国税局、锡山地税局等11个部门建立协作机制，确保全区非公经济代表人士综合评价工作的顺利进行。

【夯实统战工作基础】加强队伍建设，提升工作能力。加强对国家、省、市及区各级会议精神的学习和贯彻，进一步提高统战干部的思想政治素质，增强贯彻党的路线、方针、政策的信心和决心。同时，以培训学习的方式，组织推荐党外干部参加省市相关培训班学习，进一步提高党外干部的政治素质、业务能力和工作水平。加强制度建设，完善工作机制。坚持每月科长例会制度、统战委员季度例会制度和季度党派互动制度，不断完善党对统战工作的领导机制，坚持党对统一战线的绝对领导地位，实行主要领导亲自抓、分管领导具体抓、业务骨干一线抓的责任制，形成一级抓一级、层层抓落实的管理责任体系。加强载体建设，提升服务品质。切实做好统战成员信息平台建设。2011年，市委统战部在全市范围内推广开展锡山区统战成员数据库建设工作，各镇（街道）在原有的基础上继续完善充实数据库内容。部署开展统战特色亮点工程创建活动。开展“一镇一特色”等村（社区）统战特色创建活动，东亭街道门楼社区民主党派联络小组，安镇街道安南村民族团结进步示范村，羊尖镇严家桥村“侨之家”，鹅湖镇人民路社区古镇创建服务小组，东北塘街道梓旺社区“敞开一扇门，服务统战人”建设，锡北镇寨门村退休教师协会，东港镇朝阳村“侨之家”，云林街道长大厦社区统战工作服务安置小区，厚桥街道新联村“侨之家”、中东村“工商人士之家”等统战特色村（社区）基本成型。拓展活动载体建设。结合中央和省市委统战部关于统一战线加强和创新社会管理的有关要求，利用锡山统战QQ群、农工党等党派QQ群、锡山统战网站和撰写学习心得体会等载体和形式，广泛进行讨论交流，有效提升统战干部参与加强和创新社会管理的学习效果。切实加强信息宣传工作。各民主党派、工商联、无党派联委会、各镇（街道）及部门各科室全年报送各类统战信息234条，向上级相关部门报送191条，其中在市级及以上国家刊物、网站上发布宣传信息69条。（陈永光）

对台工作

【概况】2011年，锡山对台工作以“服务两岸关系和平发展大局，服务经济社会科学发展大局”为方针，注重产业转型升级，深化锡台新兴产业合作；注重赴台考察实效，提升经贸交流交往层次；注重服务台企转型，依法保障台商合法权益；注重扩大对台宣传，发挥两大联谊会平台功效；注重加强作风建设，营造创先争优良好氛围，在新起点上不断推进锡台经贸交流，各项涉台工作稳步推进。全年台资总投资2.13亿美元，合同台资9020.76万美元，到位台资7751.72万美元。到位台资占全区到位外资比重29.7%，合同台资占全区合同外资比重31.3%。新批台资项目2个、台资增资项目9个，台资增资项目个数、增资额和到位台资额均位列全市前列。至2011年末，全区累计批准台资项目470个，总投资53.36亿美元，合同台资29.1亿美元，到位台资15.5亿美元。

【百和兴业股份有限公司上市】认真贯彻落实省政府《关于支持台资企业健康平稳发展和加快转型升级的若干政策意见》，全力协助转型台资企业申请国家、省、市、区设立的相关产业和贸易发展扶持资金，同时鼓励支持台资企业在资本市场直接融资，重点扶持和指导经营业绩良好、有上市意愿的台资企业，推动台资企业健康平稳发展。5月18日，以无锡百和织造股份有限公司为主要控股公司的百和兴业股份有限公司在台湾证券交易所挂牌上市，成为继江苏红豆实业股份有限公司、希姆斯电梯（中国）有限公司、大明国际控股有限公司后全区第四家上市公司。

【赴台经贸考察】锡山台湾农民创业园、商务区和区委台办分别赴中国台湾地区开展以现代农业、现代服务业和精密机械产业为重点的经贸考察活动。考察台南兰花生技园、大湖草莓文化馆等特色农业园区，重点考察台湾农业企业集聚、延伸农业产业链、农业文化创意等内容。参访“台湾省农会”、台中市农会、台湾蔬果花卉产业科技协会等农业组织，就农业组织架构、经营模式、社会支持等方面内容进行沟通交流。以商务区建设为契机，重点考察台湾生产性服务业企业和品牌服务业企业，重点拜访台湾十大企业之一的台湾润泰集团，与其旗下上市公司——润泰创新国际股份有限公司达成初步合作意向，加盟锡东新城规划建设。借助台湾机械公会交流平台，为锡山精密机械产业进一步发展提供可借鉴的经验。重点推介锡山区招商载体，挖掘部分新项目信息，推进一批在谈项目的合作和深化。

【服务台资企业】加大贯彻落实《中华人民共和国台湾同胞投资保护法》及《中华人民共和国台湾同胞投资保护法实施细则》的力度，主动了解台商意愿和诉求，坚持以人为本，切实解决台商在生产经营和生活方面遇到的困难和问题。积极服务企业转型升级，维护锡山投资环境。始终坚持“既要使企业发展符合转型发展的新要求，也要保证台商利益不受损害”的宗旨，多次深入台资企业走访调研，平等沟通、正确引导、热情服务，妥善处理涉台纠纷，维护台商合法权益。在处理相关涉台纠纷问题过程中，时刻保持政治敏锐性，当好政府与台资企业的桥梁，做好沟通、协调和服务工作，做到反应迅速、汇报及时、措施有效，切实保护相关台资企业职工、债权人及投资方的合法权益，维护社会稳定。协助处理无锡长椿金属制品有限公司和仲贸（无锡）针纺织有限公司两家台资企业的相关问题。

【锡台交流交往活跃】8月15日，台东县体育发展基金会参访团到锡山区开展友好交流活动，台东县新生国民小学与厚桥实验小学举行建立合作交流关系签约仪式，就学校管理、教学研究、棒球运动的普及推广、绘画艺术等方面开展进一步交流合作，共享教育资源，共架两岸友好交流桥梁。全年组织开发区、商务区等11批团组97人次相继赴台开展经贸、文化、学术等方面的交流考察，进一步促进锡台两地企业在经营管理、科技创新、商务合作等方面的交流与合作，促成锡山区和台湾文化教育的双向交流，实现“以交流促交往、以交往促经济、以经济促发展”的目的。

【对台宣传重点突出】紧扣对台宣传纲目，分层次、分领域、广角度、全方位开展对台宣传工作。编印《锡山台讯》，宣传对台工作，向上级业务部门和辖区各有关单位和分管领导全面反映对台工作；充分利用“中国台湾网”、“无锡台商网”等网络优势，及时宣传报道锡山涉台活动。积极推进入岛宣传工作，联系并协助台湾媒体《旺报》、《中国电视》、《中时电子报》、《中国时报》等多家媒体深入锡山采访报道，文章在岛内主要媒体发表，既让台湾的民众对锡山新农村建设、民营企业发展状况等方面有了新的认知，又对展示锡山经济社会发展状况和良好形象起到宣传作用。

【组织台商开展慈善捐赠活动】2011年，在经历金融危机、欧债危机的巨大困难下，锡山台商仍然奉献爱心、回馈社会。1月21日，在“两岸情深、冬令送暖”锡山台商献爱心活动中，锡山台商联谊会向全区100户贫困家庭捐赠8万元。6月1日，锡山台商联谊会走进锡山特殊教育学校，向残疾儿童表达节日祝福并捐款2.5万元。8月19日，锡山台商协会向区教育局捐赠10万元助学金，台资企业联茂（无锡）电子科技有限公司向锡山区75名在读优秀贫困大学生发放26万元奖学金。（翟景璐）

农村农经工作

【概况】 2011年，区委农办在上级主管部门和区委、区政府的正确领导下，紧紧围绕市、区“三农”工作的各项年度目标任务，以科学发展为主题，以“幸福农村”建设为重点，充分发挥部门职责作用，组织协调各方力量深入推进农村改革和新农村建设，为城乡发展一体化作出积极贡献。积极探索农村发展方式变革，拓宽集体经济增收渠道，推动农村集体经济克难求进，全年村均可支配收入实现442万元，比上年增长11.7%；农村股份合作社转型在方向确立、政策制定和具体举措方面取得实质性进展；农民收入倍增计划稳步推进，全区农民年人均纯收入16399元，比上年增长17.4%；全区累计成立各类农村富民合作经济组织348家，入社农户累计9.64万户，直接带动农民增收7120万元；农村“双置换”有序展开，全区完成转换承包地面积1448.47公顷，置换社保人数21954人，腾让农村宅基地206.67公顷，超额完成市定目标。

【村级集体经济克难求进】 鼓励村级抢抓发展机遇，探索抱团经营、联合发展新模式，进一步整合资金、资源、信息、技术和人才等发展要素，集中优势有序进入适合城乡一体发展的城市物业、现代农业等产业领域，推进村级经济从单一租赁型向投资型、服务型、管理型等多元化经营转变，2011年全区村均可支配收入实现442万元，比上年增长11.7%。加快村级拆迁货币化资产向物业实体资产的转化，加快盘活闲置存量资产，规范合同管理，促进农村集体资产保值增值，其中锡北镇通过两次存量资产梳理和租金提标，增收800万元以上。强化以发展物业项目为主要内容的薄弱村增收长效机制，年内15个薄弱村新增物业2万余平方米。出台《锡山区农村集体“三资”清产核资工作方案》，进一步规范村级财务管理，合理确定村级财力支出范围，规范支出程序，加强制度监管，切实减轻村级负担，提高村级财力使用效率；全年申报“一事一议”财政奖补项目26个，全部实行专账核算，为农村公益事业投入提供一定的财力支撑。

【社区股份合作社转型发展】 在引导城市街道建立集体经济股份合作联社的基础上，设计投资联合模式、委托经营模式和独立市场运行模式三种模式。综合考量各板块和各村（社区）的发展形态、资产存量、群众接受程度等基本情况，由镇（街道）和村（社区）因地制宜选择转型路线。健全完善合作社“三会”（股东代表大会、董事会、理事会）组织体系和运作机制，探索股权流转、浮动分红、民主决策、内部薪酬等各项机制，进一步强化对资产、财务、经费的审计监督。探索建立“户籍随房转、股权跟人走、福利在住地、管理在属地”的管理运行体制，处理好福利和分红的关系，促进农村居民向城镇居民身份的全面转化。2011年，全区集体经济股份合作社体制创新工作在完成政策拟订、动员推进等工作的基础上，步入宣传发动和启动实施的重要阶段。其中，东亭街道在联合全街道9个社区资金的基础上，对街道范围内12个节点地块进行综合规划，以商业中心、甲级写字楼等高端服务业载体为开发方向，累计完成投资1.5亿元，走出村级集体经济联合发展的第一步。

【农民收入倍增初显成效】 全区农民年人均纯收入16399元，比上年增长17.4%。继续推进合作组织覆盖工程，积极引导农民以土地、资本、劳动力等生产要素，参与和投入经营性物业、高效种养殖业、旅游休闲农业等项目，加快富民合作组织建设从“组建扩面”向“提质增效”转变，发展模式从单一发展向融合发展转变，一批综合实力优、带动能力强、发展前景好的富民合作组织脱颖而出，全年全区新组建土地股份合作社12家、农民专业合作社11家、富民合作社4家，新入社农户6557户，各类合作组织直接带动农民增收7120万元。实施就业扶持政策，拓展就业渠道，加强职业教育和技能培训，全区本地农村劳动力充分就业率在94%以上；进一步放宽农民创业市场准入条件，落实小额贷款和财政贴息、公益性岗位补贴、创业培训补贴等政策，建立适合农村特点的中小企业创业基地，以创业带动就业；引导鼓励广大农村居民发展“农家旅舍”、“房东经济”，探索建立安置房流转平台，搞好信息发布等中介服务，促进安置房有序流转，帮助农民增加物权收益。大力推进农村“三集中”（农业向适度规模经营和现代农业都市规划区集中，工业向园区集中，农民居住向城镇和农村新型社区集中）、“双置换”等工作，重点推进商务区、各板块产业园区和城市功能建设拓展区的置换工作。2011年完成承包地置换面积1448.47公顷，实施土地换社保 21954人，腾让农村宅基地206.67公顷，为农村城市化、农民市民化创造了条件。

【城乡转型探索持续深入】 结合《江苏省政府关于调整征地补偿标准的通知》，研究分析新老征地政策衔接问题，提出贯彻落实省文件精神的具体措施，深度研究合作社转型以及村级福利工作，并提出处置方案。启动锡山农村改革试验区相关课题、方案的研究工作，初步确立改革主攻方向和主要任务。加大政策支持力度，全年出台“幸福农村”、“四有一责”等各类强农惠农政策10余个；落实专题推进、工作例会、集体会商等各项工作制度，齐抓共管、真抓实干的合力推进机制成效明显，全区新建村级农业园区37个，农村规划保留村庄整治率74%，公共服务均等化进一步提升，社区行政服务扁平化管理率95%，首批15个市级“幸福村”创建全面达标，农村基层政权、民主法治和治安综治、精神文明等各项工作全面加强，农民群众的归属感、幸福感全面提升。（王莉群）

机要保密工作

【概况】 认真抓好密码人员忠诚教育，积极开展密码保密专项检查，加强密码业务管理，确保密码通信畅通，热情为基层服务，保障全区公文流转正常。全年译传办理各级各类电报356份，流转区各类公文175820件，监控区委、区政府会议通知280个，为板块和机关部门排除网络或电脑故障45次，较好发挥了机要通信服务保障作用。在全市年度机要工作考核中，成绩名列前茅，区委机要保密局被中共江苏省委办公厅机要局评为“全省机要系统先进单位”。

进一步加强保密工作业务指导，增强机关单位保密意识，修订完善保密制度，加强保密工作管理，抓好保密专项检查，以检查促进工作落实，全年下发保密工作指导性文件5个，组织保密业务培训和观摩活动3次，开展保密检查6次，有效防止失泄密事件发生，为全区经济发展和社会稳定提供良好的安全保密环境。（胡永忠）

老干部工作

【概况】 2011年，全区老干部工作在区委、区政府的正确领导和市委老干部局的正确指导下，认真学习贯彻党的十七届五中全会精神和科学发展观，紧紧围绕区委经济社会全面赶超工作大局，主动适应改革发展的新形势和老干部工作新情况，切实加强老干部思想政治建设和党支部建设两项建设，充分发挥离退休干部党支部的战斗堡垒作用和共产党员的先锋模范作用。加大党支部书记培训力度，提高党支部书记队伍业务能力。邀请市委老干部局各处室负责人深入各镇（街道）党支部，现场指导基层党支部工作。坚持工作例会制度。召开季度党支部书记例会、分片碰头会，统一思想，交流经验，推进工作，提升党支部书记队伍整体水平。认真落实老干部政治、生活待遇，着力深化老干部“五位一体”（家庭服务全面发动、单位服务全面落实、医疗服务全面结对、社区服务全面推进、老干部工作部门全面协调）服务新机制，不断提高活动阵地建设水平和老干部工作部门自身建设水平，开创全区老干部工作科学发展新局面。继续做好信息宣传工作，省委老干部局录用14篇，市委老干部局录用55篇，《中国老年报》录用1篇，《老年生活周刊》录用11篇，《新锡山》录用18篇。2011年，全区有离休干部142人，享受地市级政治生活待遇4人，享受地市级医疗乘车待遇8人，享受县处级待遇43人，一般干部87人，平均年龄83.5岁，最高年龄95岁。

【加强离退休干部思想政治建设】 举办“我为党旗添光彩”主题教育活动，提高老干部围绕中心、服务大局的自觉性。羊尖党支部秉承锡剧之乡的传统，在镇党委的支持下，组织编演新锡剧《永远跟党走，建设新羊尖》，深受老干部欢迎，社会反响良好。从老干部“双高期”（高龄和高发病）的特点和实际出发，为老干部分散学习、居家学习提供材料，下发《学习读本》、学习光盘和《夕阳红》读本等学习资料，为老干部进行灵活多样的学习提供保障。抓好部门网页建设，做好维护工作，部门网站成为老干部学习的新平台。

【加强离退休干部党支部建设】着力推进党支部建设创先争优，积极争创省市先进党支部和先进离退休干部党员。围绕创先争优，组织各支部重点开展五项活动。开展全省“四好”（学习活动好、教育后代好、发挥作用好、保持本色好）离退休干部党员网上签名活动，768位离退休干部党员参加。安镇党支部召开专题支部会，每一位老干部认真签名，承诺争当“四好”党员。开展“两代人携手共进”活动。根据省市委老干部局的部署，结合锡山实际，组织“老干部与大学生村官牵手活动”。组织农村工作经验丰富的离退休干部与大学生村官结对，充分发挥老干部优势，引领大学生村官自觉为建设“创新锡山”、“幸福锡山”努力工作，全区结对60对。锡北镇确立“五心”（热心、用心、潜心、慧心、留心），明确结对任务；立足“三化”（组织有形化、形式多样化、内容有序化），构建结对机制；坚持创新，培育结对特色。查桥党支部活动开展早，活动形式多，老干部与村官相互学习、相互促进、相互提高。厚桥党支部把牵手老干部的7位大学生村官吸收进老干部宣讲团，增强了宣讲团的活力和工作力量。开展学习杨善洲事迹活动。在部门网页登载事迹材料，给每一位离休干部、市管退休干部、各党支部下发书面事迹材料，组织老干部学习杨善洲事迹。同时，各党支部开展多种形式的学党史活动，纪念建党90周年。“七一”前夕，厚桥党支部、区法院党支部顾永祥分别被省委组织部、省委老干部局授予“全省先进离退休干部党支部”、“全省先进离退休干部”称号；安镇、张泾、东亭和区教育局党支部被评为“无锡市先进党支部”，港下党支部李兆平被评为“无锡市优秀党支部书记”，东北塘党支部俞坚平、羊尖党支部许央初、区委办党支部唐树镛、区法院党支部顾永祥、区粮食局党支部朱亲才、区农林局党支部浦士昌被评为“无锡市‘五好’离退休干部党员”，受到大会表彰。

【认真落实老干部政治、生活待遇】坚持以人为本核心，以提高服务管理水平为保障，一丝不苟落实好老干部两个待遇。坚持落实老干部政治待遇制度。区委主要领导亲自向老干部通报有关工作情况，多次征求老干部对区重点工作和人事安排的意见和建议；区委分管领导亲自参加走访慰问老干部活动。为纪念建党90周年，区委老干部局改变以往只走访90周岁以上离休干部的惯例，开展大走访慰问活动，在“七一”前夕上门走访全体离休干部，包括条线、异地安置和委托管理的离休干部，并送上专门制作的建党90周年水晶纪念盘和慰问品。各镇（街道）、机关各部门党组织坚持向老干部通报情况，邀请老干部参加重要会议、重大活动等制度。各镇（街道）和相关部门党政主要领导亲自参加春节、夏季等走访慰问，把单位对老干部的尊重关怀送到老干部家中；各单位都安排老干部就近就地进行学习参观考察、给老干部订阅报刊、定期组织老干部体检、探望住院老干部等活动。坚持落实老干部生活待遇制度，确保“三个机制”（离休费保障机制、医疗费保障机制和财政支持机制）有效运行。区委办和区财政局、区人保局出台《关于离休干部增发补贴和扩大发放范围的通知》、《关于调整离退休干部自雇费、护理费标准的通知》等四个文件，确保涉老新政策及时到位，区委老干部局逐一联系各单位，确保及时准确落实到人。区“两会”和区党代会期间，安排专人、专车，在做好老干部会务工作的同时，制定工作预案，坚持巡房和值班制度，确保会议安全、顺利召开。

【示范性老干部活动室创建】区老干部活动中心以纪念建党90周年为契机，开展丰富多彩的活动，提高阵地建设水平。新设老干部京剧票友活动室，老干部票友每周活动一次。南京、苏州等地票友受邀进行汇演，加深了各地老干部的了解和友谊。开展各类文体活动，丰富老干部精神生活。组织开展纪念建党90周年系列活动，举办图片展、象围棋比赛、书画作品展、门球赛、健康知识讲座、红色电影展播六项活动，受到老干部的欢迎。开展“党的光辉照我心”征文活动。全区离退休老干部踊跃参加，收到征文68篇，选送30篇作品参加市级比赛，其中区教育局党支部孙丽萍等4人作品获奖，被收入市委老干部局编印的《“党的光辉照我心”获奖征文作品集》。区教育局党支部通过区退休教师协会组织离退休教师报送征文15篇，其中2篇征文在无锡市委老干部局征文活动中获奖。以创建省级示范老干部活动中心（室）活动为抓手，按照“提高素质、增进健康、陶冶情操、服务社会”的目标，加强对全区各镇（街道）老干部活动室的督查、指导工作。加强对基层创建工作的指导，邀请省老干部活动中心、市委老干部局有关领导上门指点，极大地增强了创建工作的成效。厚桥、港下、东亭、羊尖四个党支部活动室通过市老干部活动中心验收，被评为“全市示范性老干部活动室”。　（周　军）

机关党工委工作

【概况】 2011年，在区委的正确领导下，区级机关党的组织工作坚持以科学发展观为统揽，牢牢把握服务中心、建设队伍两大核心任务，以加强党的执政能力建设和先进性建设为主线，以深入开展创先争优活动为载体，以贯彻落实《中国共产党党和国家机关基层组织工作条例》为重点，按照“走前头、作表率”的要求，努力提高机关党的建设科学化水平，有效促进了各项工作的完成。

【学习型党组织建设】 以中心组学习为龙头，不断浓厚学习氛围。制定下发《区委区级机关工委2011年中心组学习意见》，狠抓学习计划的制定、学习制度的落实、学习效果的转化，进一步优化知识结构、培养良好学风，加强理论武装、提高综合素质，理清工作思路、明确服务赶超发展的目的。以学习先进典型为牵引，开展主题教育活动。根据区委《在全区开展奋力攻坚克难，推动赶超发展主题教育活动的意见》文件精神，先后组织区级机关全体党员干部通过网络等媒体学习区委创先争优活动领导小组《转发〈关于开展向文建明同志学习活动的通知〉的通知》，组织区级机关全体党员干部集中观看“高歌奋进——锡山区建区十周年成就图片展”，组织500余人次观看大型纪实音画锡剧《天下第一村——吴仁宝的风采》，组织20余名机关党员观看“党在我心中”无锡市党员先进事迹演讲比赛，组织40余人赴南京参观《今日江苏》大型摄影展，进一步强化党员干部学先进、树形象、强责任的意识。以政治理论学习为基点，抓好党员思想武装。在学习内容上注重中国特色社会主义理论学习、社会主义核心价值观以及现代化建设所必需的各方面知识，加强国家法律法规、市场经济、基本国情和形势政策教育；在学习形式上抓好党课集中学习、个人自学、座谈讨论、参观考察等形式，提高了党员的思想理论水平和党性思想觉悟。广大党员干部深刻理解把握胡锦涛“七一”讲话精髓和内涵，对区第三次党代会中阐述的内容进行深入交流讨论，凝聚智慧和汇结力量，时刻保持开拓创新、昂扬向上的精神状态，推进锡山经济社会大发展。

【创先争优活动】 开展“三方结对共建、携手创先争优”（简称“共建共创”）活动。制定“共建共创”活动方案，交流各党组织在活动开展中的经验做法、特色载体、工作打算，各单位签订结对协议书、建立联系制度、制定相关计划，开展活动100余项，创建特色载体20余个，提高了整个活动的实效。开展“双争”活动。根据区委创先争优活动领导小组《关于开展“科学发展争一流，赶超发展争贡献”活动的意见》的文件精神，区级机关各级党组织在广泛调研、深入讨论的基础上，选定自身学习的标杆，通过寻找差距、确立目标、制订计划等措施，增强服务赶超发展的责任感，推动区级机关党建工作的全面发展。引导党员岗位创先争优。根据市委、区委评选优秀共产党员、创先争优先进集体、创先争优先进个人等先进模范的要求，积极做好评选推荐工作，有6名区级优秀共产党员、4个区级创先争优先进集体、4名区级创先争优先进个人受到区委表彰。在先进典型的激励作用下，广大共产党员立足本职岗位，勤勉工作、敬业奉献。

【基层党组织建设】 加强党组织班子建设和党员队伍建设。结合政治形势、时事热点和重点工作等内容，举办区级机关党务干部培训班和入党积极分子培训班，全年组织党务干部培训100余人次，入党积极分子培训60余人次。区级机关各级党组织不断加强党员队伍建设，落实党员发展工作制度，提高发展党员质量，优化党员队伍结构。全年吸收预备党员35名，考察确定发展对象21名，有31名预备党员按期转正。抓好区第三次党代会代表的选举工作。根据区委《关于中国共产党无锡市锡山区第三次代表大会代表选举工作的通知》，及时下发《关于做好区级机关出席中国共产党无锡市锡山区第三次代表大会代表选举工作的通知》文件，编制《锡山区第三次党代会代表选举参考材料》，举办选举工作培训班，所属42个提名单位，提出98名代表候选人，选举产生区委区级机关工委出席中国共产党锡山区第三次代表大会代表56名。开展庆祝纪念建党90周年活动。积极组织开展红色短信征集评选活动，各党（总）支部组织报送短信139条，经过创作红色短信，广大党员干部深刻缅怀党的光荣历史和丰功伟绩，短信质量受到评委的一致好评。区级机关各党组织以纪念建党90周年为主题，先后组织红歌会、演讲比赛、赴红色革命根据地考察等活动，回顾党的光辉历程，弘扬党的光荣传统，唱响爱党主旋律。

【廉政建设】落实党风廉政建设责任制。把党风廉政建设和反腐败工作的各项重点工作，明确到位、责任到人，做到廉政建设有专人管，形成主要领导亲自抓，分管领导具体抓，一级抓一级，层层抓落实，一级对一级负责的党风廉政建设工作机制，使责任制运行环环相连、层层相扣。履行机关党组织的监督职能。切实抓好领导干部廉洁自律各项规定的贯彻落实，进一步加强机关党组织的监督管理职能，突出抓好党风廉政的监督检查，及时发现和纠正存在的问题。落实《信访条例》，保持正常的信访工作秩序，扎实推行信访举报办事公开，化解社会矛盾。积极协助区纪委抓好党员干部廉洁自律、纠正部门行业不正之风工作，切实解决党员干部廉洁从政方面存在的突出问题。抓好廉政文化进机关活动。组织开展“区级机关纪念建党90周年反腐倡廉知识竞赛”活动，下发500套试题，收回答题卡450余张，答题正确率100%，广大党员进一步加深对纪检监察工作历史、反腐倡廉理论政策和有关党纪条规的了解和认识。

【群团组织建设】贯彻区委、区政府开展“心手相连、情暖万家”慈善捐助活动精神，会同区慈善会开展“慈善一日捐”活动；机关工会成功举办第四届登山比赛、第四届羽毛球比赛，200余名机关干部群众踊跃参加；在无锡市新体育中心射击馆举办锡山区区级机关第四届射击比赛，45家单位选派120余名选手参赛。机关团工委落实团区委部署，在机关青年中开展“青春榜样”的评选推荐活动；机关妇工委认真组织开展庆“三八”机关妇女干部职工卡拉OK比赛及系列参观学习活动。多种形式的活动有效地激发了机关干部职工的工作热情，丰富了文化生活，培育了机关干部职工奋发有为的道德情操，促进了和谐机关建设。（郎　英）

党校工作

【概况】2011年，区委党校在区委、区政府的正确领导和上级党校的指导下，深入学习党的十七届五中、六中全会和省市第十二次党代会、区第三次党代会精神，进一步贯彻落实《党校工作条例》和《干部教育培训改革纲要》精神，紧紧围绕区委、区政府中心工作，努力服务全区改革、发展、稳定大局，解放思想，统一认识，更新观念，完善机制，创新手段，努力开创各项工作新局面。

【深化培训教学改革】坚持以培训需求为导向，以创新改革为动力，大力整合校内外优质教学资源，采取“请进来，走出去”的办法，先后邀请江苏省委党校、无锡市委党校、江南大学等高校的著名教授到校授课。全年举办各类培训班34期、培训2940人次，其中主体班6期、培训560人次，联办班17期、培训749人次，外地班3期，培训172人次，专技人员继续教育公修课培训班8期、培训959人次。为提高培训实效，积极创新教学方式方法，大力推进现场教学基地开发，不断拓展教学内容，坚持客座教授制度，深度利用社会优质师资资源，实现参训者综合素质的提高和实际能力的提升，较好地发挥了区委党校、区行政学校在全区大规模培训干部的主渠道、主阵地作用。

【加强科研提升工程】紧密联系市情、区情，结合市、区重大决策和工作布局，强化党校科研提升工程。围绕科研课题发挥服务经济社会发展的理论研讨功能，完成4项无锡市党校系统课题结项、4项课题立项工作，参加无锡市六部门、无锡市党校系统纪念建党90周年理论研讨会、无锡市哲学学会等活动，递交交流文章10篇，其中4篇获优秀论文。围绕中心工作发挥服务全区大局的决策服务功能，在《每日情况》、《内部参考》、《锡山区建设学习型党组织、学习型领导班子工作简报》和《工作研究》等区内刊物上发表8篇文章；围绕区“十二五”规划和区第三次党代会精神，撰写14篇研讨文章，在《新锡山》理论专版上刊登。围绕教学内容发挥促进教学质量提高的功能，在各级各类期刊发表论文15篇，组织在职研究生撰写调研文章，结集出版《“幸福锡山”建设的实践与探索》一书。11月，在无锡市党校系统第五届优秀科研评奖活动中获得优秀科研组织奖1项、优秀科研成果三等奖4项、优秀决策咨询奖三等奖1项、优秀科研管理工作者2人、优秀科研工作者2人等荣誉。

【重视基层理论宣讲】积极下基层作好宣讲工作，进一步将党员干部教育向基层延伸，先后围绕学习实践科学发展观，党的十七届五中、六中全会精神，省市第十二次党代会精神，区“十二五”规划，区第三次党代会精神，组织教师深入机关部门、学校、镇（街道）、村（社区）进行辅导70余场，为推动全区经济社会赶超发展作出重要的贡献。

【拓展学历教育】切实加强对在职研究生注册学员的管理，加强上下沟通协调，完成2008级在职研究生的论文答辩工作并成功举办毕业典礼。对照省委党校在职研究生教育改革新规定，强化对学员学习、考勤、班级研讨、党性教育等方面的量化考核。积极探索学员管理规律，狠抓班主任、班集体、班活动“三班”建设，不断提高学员管理的科学性和规律性。继续抓好在职研究生招生工作，2011年招收66名新学员。

【提升行政后勤保障水平】进一步健全会议制度、学习制度和后勤管理制度，加强职工的学习教育工作，增强全体职工的责任意识、主动服务意识、爱校意识和奉献意识；同时开展降支、节能、减排，打造“低碳型”机关；加大投入，建设优美的校园环境，营造校园文化氛围，改善办学条件，为会议接待和各类培训班提供优质的保障服务，全年累计接待会议173个、21149人次，接待团队99个、9295人次。

（沈 超）

编辑：吴 双

【锡山区文化名胜掠影】

阿炳故居

阿炳故居是著名民间音乐家华彦钧（瞎子阿炳）的故居，位于东亭街道春合村小泗房巷，当地政府1993年予以修复。修复后的阿炳故居有客堂和两厢房3间瓦房，房前有天井，四周有围墙。故居面积约80平方米，室内陈列阿炳塑像、照片、生平事迹、主要作品、阿炳生前用过的物品等。中国音乐家协会名誉主席吕骥为阿炳故居题写匾额。

6月26日，中国共产党无锡市锡山区第三次代表大会开幕式

（孙剑光　摄）

9月8日，中共锡山区委三届二次全体会议召开　（孙剑光　摄）

10月19日，无锡市非公企业党务工作者培训班在区委党校开班

（《新锡山》　供）

“三服务下乡”集中活动　　（《新锡山》　供）

锡山区统一战线纪念中国共产党成立90周年座谈会（区委统战部　供）

台东县体育发展基金会参访团一行在厚桥实验小学参观美术创作
（区委台办　供）

锡山区农村工作会议　　（区委农办　供）

锡山区村（社区）集体经济股份合作社发展转型动员会
（区委农办　供）

羊尖镇党支部组织编演的新锡剧《永远跟党走，建设新羊尖》，深受老干部欢迎　　（周军　摄）

7月13日，省市领导参观厚桥老干部活动室　（周军　摄）

区级机关2011年度入党积极分子培训班　（《新锡山》　供）

10月21日，锡山区级机关第四届射击比赛在市新体育中心射击馆举办

（《新锡山》　供）

综　述

2011年，锡山区人大常委会在区委的正确领导下，以科学发展观为指导，深入贯彻党的十七大和十七届五中、六中全会精神，认真落实区二届人大四次会议通过的各项决议，坚持围绕中心、服务大局，坚持关注民生、突出重点，紧紧依靠全体代表和全区人民，发挥代表主体作用，切实履行宪法和法律赋予的各项职责，着力推动全区经济社会赶超发展和民主法治建设。全年召开8次常委会会议、28次主任会议，听取和审议“一府两院”（政府、法院、检察院）27项工作报告，作出8项决议、决定，组织开展12次执法检查和视察活动，依法任免24名国家机关工作人员。进一步加强常委会自身建设，关注民生热点，开展调查研究；坚持落实各项制度，进一步提高履职水平；加强人大宣传工作，进一步树立良好形象；制定街道人大工作意见，进一步加强对街道人大工委的联系指导。（马　骏）

重要会议

【区二届人大四次会议】 锡山区第二届人民代表大会第四次会议于1月10日至13日召开。会议听取和审议区政府工作报告、区政府关于办理区二届人大三次会议代表建议的报告、区人大常委会工作报告、区法院工作报告和区检察院工作报告；审议锡山区国民经济和社会发展第十二个五年规划纲要草案的报告、2010年国民经济和社会发展计划执行情况与2011年国民经济和社会发展计划草案的报告、2010年财政预算执行情况和2011年财政预算草案的报告；审查和批准锡山区国民经济和社会发展第十二个五年规划纲要、2010年国民经济和社会发展计划执行情况的报告与2011年国民经济和社会发展计划、2010年财政预算执行情况的报告和2011年财政预算。会议选举张黎平、郑永君为锡山区人大常委会副主任，选举冯冬雁、吕斌、张建华、徐建东为锡山区人大常委会委员，选举王立新为锡山区人民法院院长。会议还通过其他有关事项。

【区二届人大常委会第二十四次至第三十一次会议】 1月7日，区二届人大常委会举行第二十四次会议。会议审议并通过关于接受金玮琳辞去锡山区第二届人民代表大会代表职务的决定、关于代表变动情况和补选代表资格的审查报告。会议还通过关于接受金玮琳辞去无锡市锡山区人民法院院长职务请求的决定，以及关于王立新代理无锡市锡山区人民法院院长职务的决定。

3月15日，区二届人大常委会举行第二十五次会议。会议审议并通过区人大常委会2011年工作要点（草案）、2011年区人大代表活动意见（草案）、2011年街道人大工作指导意见（草案）、区人大常委会关于开展区人大代表履职情况登记工作的意见（草案）等。会议还审议《无锡市建设工程安全生产管理条例》执法检查报告，通过有关人事免职等事项。

5月23日，区二届人大常委会举行第二十六次会议。会议听取和审议区政府关于锡山区医药卫生体制改革实施情况的汇报和区法院关于商事审判工作的情况汇报。会议还审议《无锡市水环境保护条例》执法检查报告，通过有关人事任命事项。

6月22日，区二届人大常委会举行第二十七次会议。会议决定任命李江、冯斯祥为无锡市锡山区人民政府副区长，决定免去蒋群的无锡市锡山区人民政府副区长职务。会议还通过其他人事任免事项。

7月26日，区二届人大常委会举行第二十八次会议。会议听取和审议2011年上半年国民经济和社会发展计划执行情况的报告、2010年度财政决算和2011年上半年财政预算执行情况的报告及2010年度区财政预算执行和其他财政收支的审计工作报告、区政府关于区二届人大四次会议代表建议办理情况的报告、关于全区拆迁安置工作情况的报告。会议作出《关于许可对区人大代表顾玉华采取司法强制措施的决定》，还通过有关人事任免事项。

9月27日，区二届人大常委会举行第二十九次会议。会议听取和审议区政府关于科技引领产业转型发展情况的汇报，听取锡山区“五五”普法规划实施和“六五”普法规划制定情况的汇报，作出《关于在全区公民中开展法制宣传教育的第六个五年规划的决议》。会议还审议《中华人民共和国安全生产法》执法检查报告，通过有关人事任命事项。

11月8日，区二届人大常委会举行第三十次会议。会议听取和审议区政府关于2011年为民办实事项目进展情况及部分项目内容调整情况的汇报；审议并通过《无锡市锡山区人大常委会关于区镇两级人民代表大会换届选举问题的决定》，通过关于区镇两级人民代表大会换届选举工作实施方案和区人大代表名额分配方案，作出《无锡市锡山区人大常委会关于重新确定镇人民代表大会代表名额的决定》，还通过区镇选举委员会组成人员名单。

12月9日，区二届人大常委会举行第三十一次会议。会议听取和审议区政府关于2011年度全面推进依法行政情况的报告、关于2011年度财政预算调整情况和2012年度财政收支计划安排初步意见的报告，以及区人大常委会关于区二届人大四次会议代表建议办理复查情况的报告，审议《中华人民共和国大气污染防治法》执法检查报告。会议作出《无锡市锡山区人大常委会关于表彰2010～2011年度人大工作先进集体和先进个人的决定》，通过镇人大换届选举选区划分和代表名额分配方案、人事任免等事项。

（马　骏）

重要工作

【助推经济转型升级】 先后听取区政府新兴产业发展、科技引领产业转型、“四外”（外资、外贸、外经、外包）工作等情况汇报，组织视察开发区重大项目建设、现代农业园区建设，为培育锡山区现代产业体系和开发区实现“二次创业”积极建言。重点听取计划、预决算、审计等工作汇报，加强财政监督，同时对工商、国土、质检、国地税等专项工作保持关注，营造良好发展环境。

【关注城乡一体化发展】 组织对锡东新城建设情况进行视察，专题听取城镇规划实施情况汇报，建议政府优化资源配置，丰富新城内涵，努力开拓新城发展空间，大力推进东港（锡北）、鹅湖“双星”建设发展，加速构建与“双核”互促互进的城镇体系，形成“双核双星”共同发展、协调发展的城乡一体化发展格局。区人大常委会还对政府重点工程建设、公积金缴存使用管理等工作开展监督。

【改善民生和生态环境】 高度关注收入倍增计划实施、拆迁安置工作和实事工程建设，专题听取汇报，建议政府要完善行动计划实施的推进、评价和考核机制，继续完善社会保障体系，建好安置房，让城乡居民切身感受到收入有提高、生活有保障，不断提升人民群众的幸福指数。专门安排议题对医药卫生体制改革实施情况、优生促进工程、食品安全、学前教育发展、荡口古镇保护性修复等进行监督，推进公共服务普惠民生。加大对水生态治理和“蓝天工程”实施的监督力度，对综合整治情况进行执法检查，推进生态持续改善。

【推动社会管理创新】 通过开展执法检查、召开主任会议等形式，促进《中华人民共和国安全生产法》、《无锡市建设工程安全生产管理条例》、《中华人民共和国消防法》等法律法规的贯彻实施。听取和审议“五五”普法规划实施和“六五”普法规划编制情况汇报，作出《关于在全区公民中开展法制宣传教育的第六个五年规划的决议》。听取和审议政府2011年度全面推进依法行政、违法建设整治等情况的报告，法院商事审判工作情况的报告，检察院乡镇检察室建设情况的报告，推进社会管理创新和依法行政、公正司法。

【做好区镇人大换届选举准备工作】及时制定换届选举实施方案和日程安排，召开区镇两级人大换届选举工作会议，全面部署区镇两级人大换届选举工作。组织开展选举业务培训，加强对换届选举的宣传引导，积极营造良好氛围。加强与各选举单位的联系指导，合理划分选区，推进选民登记信息化，有效开展选民登记核对工作，为组织选民投票选举、开好新一届人大一次会议做好准备。

【开展人大代表主题活动】3～6月，以安置小区社区建设与管理为主题，组织区镇两级人大代表开展建言献策活动。两级人大代表积极参与，走访安置小区33个，走访村（社区）58个，走访选民5700余人次，积极为安置小区社区建设与管理献计献策，提出涉及安置小区的规划建设、组织建设、物业管理、治安管理、村级集体资产处置、“两证”（房产证、土地证）办理六个方面的604条建议，为政府加强安置小区社区建设与管理提供实情参考。

【提升人大代表工作水平】建立健全代表履职激励约束机制，继续开展区镇人大代表向选民述职活动，2010～2011年基本实现本届区镇人大代表在任期内都向选民述职一次的目标，出台《关于开展区人大代表履职情况登记工作的意见》，对2010～2011年度人大工作的29个先进集体和38名先进个人进行表彰。加强“人大代表之家”和“人大代表工作室”制度建设，加强与代表的联系和代表建议的督办，通过召开督查会议、与代表协商沟通、走访复查等形式，促进建议办理。（马 骏）

人事任免

【概况】区人大常委会遵循党管干部和依法任免的原则，规范人事任免程序，强化对任免干部的监督。继续实行任前法律知识考试和任前承诺制度。全年依法任免24名国家机关工作人员，其中8名干部参加任前法律知识考试，9名任命干部作任前承诺。

2011年锡山区人大常委会任免人员主要情况一览表

表5

时间	会议名称	任免人员及职务
1月7日	区二届人大常委会第二十四次会议	任命王立新为区法院副院长、审判委员会委员、审判员，同时决定王立新为区法院代理院长。
3月15日	区二届人大常委会第二十五次会议	免去洪凌的区法院副院长职务，黄锡英、陈惠明的区人大常委会安镇街道工作委员会副主任职务，朱星的区人大常委会东北塘街道工作委员会副主任职务。
5月23日	区二届人大常委会第二十六次会议	任命钱智卿为区人大常委会办公室副主任，周合星为区检察院检察员、检察委员会委员。
6月22日	区二届人大常委会第二十七次会议	任命李江为区政府副区长，冯斯祥为区政府副区长，曹敏伟为区监察局局长；免去蒋群的区政府副区长职务，黄维民的区监察局局长职务。
7月26日	区二届人大常委会第二十八次会议	任命蔡伟为区住房保障和房产管理局局长，石国洪为区卫生局局长，郁枫为区文体局局长；免去徐悦的区住房保障和房产管理局局长职务，黄永炎的区卫生局局长职务，周皖红的区文体局局长职务。
9月27日	区二届人大常委会第二十九次会议	任命虞静珠为区法院副院长。
12月9日	区二届人大常委会第三十一次会议	任命席子南为区民政局局长；免去严健媛的区民政局局长职务，周合星的区检察院副检察长、检察委员会委员、检察员职务。

（马 骏）

编辑：吴 双

区人大领导视察京沪高铁无锡东站　（区人大办　供）

区人大对《中华人民共和国大气污染防治法》进行执法检查　（区人大办　供）

区人大视察荡口古镇保护性修复情况　（区人大办　供）

区人大视察安置小区社区建设与管理工作　　　　（区人大办　供）

区人大视察学前教育发展情况　　　　（区人大办　供）

锡山区人大代表主题活动动员培训会议召开　　　　（区人大办　供）

锡山区人民政府

综　述

2011年，全区上下深入贯彻落实科学发展观，坚持以区第三次党代会精神为强大动力，以实施“创新驱动”、“城市化和城乡一体”、“普惠民生”战略为主要抓手，积极应对宏观形势变化，统筹推进经济社会发展，实现了“十二五”赶超发展和率先基本现代化的良好开局。

经济增长平稳较快。坚持把稳增长摆在重要位置，认真分析研判形势，切实把握重点环节，加强部署经济工作，努力提升服务水平，全力推动经济平稳较快增长。全年实现地区生产总值481.85亿元，可比价增长12.3%；完成工业总产值1239.2亿元，规模以上工业产值首次突破1000亿元，比上年增长20.5%。完成财政总收入128.92亿元，其中一般预算收入45.77亿元，比上年增长26.9%。有效投入持续扩大，103个超亿元重大产业项目开工建设，通用科技、宏源纺机、动力工程等19个项目顺利竣工，全社会固定资产投资比上年增长25.7%。消费和旅游市场繁荣，全年社会消费品零售总额比上年增长17.3%，旅游接待人数138.9万人次。开放型经济稳健发展，锡山经济开发区升格为国家级经济技术开发区，海关AA类管理资质企业培育实现零突破，以锡山区无锡百和织造股份有限公司为主要控股公司的百和兴业股份有限公司在台湾上市，全年外贸出口比上年增长17.6%，到位注册外资3.51亿美元，完成境外中方投资9246.5万美元。

转型升级不断提速。坚持把转型发展作为工作主线，大力优化产业结构，狠抓科技创新创业，经济发展的质量、水平和效益有了新的提升。新兴产业加速成长，新材料、新能源和新能源汽车等六大新兴产业营销收入比上年增长20.5%，高新技术产业增加值占规模以上工业增加值比重45.5%，新增省高新技术企业16家。服务业规模扩大，国地税开票销售收入突破1000亿元，服务业增加值占GDP比重提高至39.5%。现代农业效益提升，全年新增高效农业416.67公顷，新建村级农业园区37个，农业龙头企业实现产值7.45亿元。企业创新能力增强，全年获批国家和省市各类指令性科技计划项目立项160余项，其中国家科技支撑计划重点项目2项，获国家重大科技成果转化项目1项，获省重大成果转化项目支持企业5家，新增市级以上企业工程技术研究中心17家，百亿元GDP专利授权数列全市第一，红豆集团获“市长质量奖”。人才高地加快建设，全年引进各类人才7306人，其中中央“千人计划”人才1人、省级计划人才15人、无锡“千人计划”人才33人，11家“530”企业年销售超1000万元。

城乡建设扎实推进。坚持以锡东新城建设为引领，大力推进“城市化和城乡一体”战略，纵深拓展城市框架，持续优化服务功能，“双核双星”协调发展的格局初步显现。新城核心区路网体系和交通枢纽功能基本构建形成，京沪高铁无锡东站建成投用，润锡路、先锋路、环湖西路等重点道路竣工，九里河景观、中央公园、先锋国际汽车广场一期和科创中心等商务楼宇建设启动，九里河湿地公园一期和宛山荡湿地公园一期建成，商务区主要河道沟通和框架水系建设基本完成。主城区功能不断完善，新市镇建设扎实推进，绿地、龙湖、宜家等城市综合体开发全面启动，汇坚国际等总部大楼建设加快实施，建成天一体育馆、粮食储备库东港中心库，荡口古镇保护性修复工程进展有序，农村危桥改造全面完成。扎实推进"幸福农村"建设，启动实施村级"四有一责"建设行动计划，开展社区股份合作社抱团联合和独立企业化运作试点。依法规范开展拆迁安置，全年完成拆迁201万平方米，安置房施工面积546万平方米、竣工212万平方米。切实加强城市管理，文明城市创建成果得到有效巩固。

生态文明加快构建。以成功创建国家生态区为新的起点，坚持以水、气综合治理为抓手，以生态环境修复为重点，持续加大生态建设、节能减排、环境整治攻坚力度。深入推进水生态综合整治和"河长制"管理，完成双泾河拓浚工程，综合整治河道121条。加强农村环境治理，完成292个农村村庄综合整治和326个村庄生活污水处理，农村环境连片整治通过省级验收，羊尖镇丽安村、厚桥街道谢埭荡村创建为全区首批"国家级生态村"。大力推进"绿色锡山"和"蓝天工程"，全年造林绿化473.33公顷，空气质量良好以上天数比例92.6%。启动实施新一轮控源截污扩面工程，全年创建排水达标区94个，铺设污水主管网31公里，新增接管单位1446家，东亭地区、各集镇建成区生活污水集中处理率分别为95%和85%。扎实推进节能降耗，积极发展循环经济，全年万元规模以上工业产值能耗比上年下降12.37%。

群众生活持续改善。大力实施"普惠民生"战略，着力提升人民群众的幸福感和满意度。推进落实居民收入倍增计划，城镇居民年人均可支配收入和农民年人均纯收入分别比上年增长14%和17.4%。统筹城乡就业和自主创业，全年实现城乡劳动力就业7922人，扶持自主创业980人，本地农村劳动力充分就业率94.3%。加快社保扩面提标，居民医疗保险、养老保险待遇水平和筹资标准实现与全市同步接轨，累计新增社保净缴费人数2.3万人。加大社会救助力度，以基本生活救助为基础、子女教育救助和就业创业扶持为重点、突发意外救助等为辅助的深度贫困家庭救助体系基本建立。协调发展教育、卫生、文体等社会事业，全年完成学校建设投资3.17亿元，投入3300万元改善薄弱学校办学条件，社区卫生服务机构门急诊和住院均次费用比上年分别下降27.9%和12.8%，新增公共体育设施面积14.7万平方米，如期完成年度为民办实事项目。扎实推进"法治锡山"、"平安锡山"建设，启动实施"六五"普法，社区扁平化管理实现全覆盖，社会矛盾纠纷调处成功率98.3%，社会总体和谐稳定。

（万晴东）

重要会议

【区第二届政府第四次全体成员（扩大）会议】 3月4日，区政府召开二届四次全体成员（扩大）会议。会议按照区委二届八次全会和区人代会精神，部署落实政府年度重点工作和自身建设，动员政府全体工作人员，进一步振奋精神，开拓进取，狠抓落实，确保全面完成年度目标任务，努力为"十二五"发展开好局、起好步。会议要求，紧紧围绕赶超发展目标，突出"三高联动"，落实"三大战略"，重点抓好五方面工作：一是大力推动制造业向高新化方向发展、服务业向高端化方向发展、现代农业向高效化方向发展，以产业转型为主导，构建现代产业体系。二是不断强化创新主体培育、创新人才支撑、创新合作对接和创新载体建设，以科技人才为引领，增强自主创新能力。三是全力打造专业园区，强化优质项目招引，做大做强骨干企业，以扩大开放为依托，集聚高端优质资源。四是加快推动新城建设、实施主城区改造、打造卫星城镇、完善基础设施，以城市带动为重点，打造"双核双星"格局。五是大力促进城乡就业，积极落实保障措施，不断优化公共服务，切实改善人居环境，以改善民生为根本，推进"幸福锡山"建设。会议强调，要坚持不懈地推进政府自身建设，进一步提高服务能力和水平，卓有成效地做好各项工作，为实现全年工作目标、推动赶超发展提供坚强保障。

【区政府常务会议】 区政府全年召开6次常务会议，审议并通过《区政府2011年重点工作分解落实方案》、《锡山区"十二五"教育改革和发展规划》、《锡山区"十二五"居民收入倍增行动计划》、《无锡市锡山区人民防空建设第十二个五年规划纲要》、《锡山区率先基本实现现代化行动纲要》、《锡山区产业升级行动计划》、《锡山区城市化与城乡一体发展行动计划》、《锡山区社会建设行动计划》、《锡山区文化发展行动计划》、《锡山区生态文明行动计划》、《无锡市锡山区人民政府工作规则》、《锡山区残疾人事业“十二五”发展规划》等行政措施、规范性文件以及听取重大事项86件。（万晴东）

【全区经济工作会议】 1月22日，全区经济工作会议召开。会议传达贯彻区委二届八次全会和区“两会”精神，在回顾总结2010年经济工作的基础上，研究部署2011年经济工作的各项目标任务，进一步动员全区上下统一思想、振奋精神、明确目标、强化措施，奋力推进锡山经济社会赶超发展。（缪叶锋）

【全区人力资源和社会保障工作会议】 3月9日，全区人力资源和社会保障工作会议召开。会议提出，“十二五”期间要努力实现社会就业更加充分、社保体系更加健全、人才保证更加有力、人事制度更加完善、收入分配更加合理、劳动关系更加和谐、公共服务更加便捷。会议明确2011年全区人保工作主要目标：城镇新增就业10000人，创业带动就业6500人，城乡劳动力就业技能培训4500人；净增社保缴费人数9500人，被征地农民断保人员继续缴费4910人；引育人才5000人以上，其中高层次人才60人以上，引进“530”人才及团队43个；适龄居民养老保险参保覆盖率96%，居民基本医疗保险覆盖率99%；企业劳动合同签订率在98.2%以上，工资集体协商覆盖率巩固在98%以上。（徐希伟）

【全区教育工作会议】 4月8日，全区教育工作会议召开。会议传达贯彻国家和省市教育工作会议精神，部署全区“十二五”教育改革和发展任务，推动锡山教育事业率先发展、优先发展和科学发展，加速全面实现教育现代化。会议强调，要坚持把教育摆在优先发展的位置，坚定不移地实施人才强区战略，确保教育事业优先谋划，教育投入优先保证，教育资源优先配置，使锡山成为最重教育、最宜成才的现代化城区。会议要求，一要高位均衡提升十五年基础教育，二要着力提升素质教育实施水平，三要创新构建高素质师资平台，四要大力深化教育改革。会议颁布《锡山区“十二五”教育改革和发展规划》，并下发《关于深入实施素质教育的意见》和《关于进一步加强教师队伍建设的意见》。

（卢 佳）

【全区环境保护工作会议】 5月6日，全区环境保护工作会议召开。会议提出，2011年要进一步明晰当前环境保护、生态建设面临的严峻形势与目标任务，全面提升环境保护工作整体水平，努力为推动锡山赶超发展营造高品质生态环境。重点做好四方面工作：一要坚持绿色发展，加速淘汰落后产能，强化集约发展意识，大力发展生态经济；二要坚持长效管理，持之以恒推进水生态综合整治，推动生态环境综合整治工作向规范化、制度化、日常化和长效化方向发展；三要坚持联防联控，全力以赴落实大气污染防治工作，努力构建大气污染联防联控体系；四要坚持铁腕治污，千方百计强化环境执法监管。

（马 军）

【全区“五五”普法总结表彰暨“六五”普法动员大会】 11月3日，全区“五五”普法总结表彰暨“六五”普法动员大会召开。会议传达贯彻全国、省、市法制宣传教育工作会议精神，全面回顾全区“五五”普法工作情况，提出全区“六五”普法要实现三个“强化”、三个“提升”的总体目标：通过弘扬法治精神，繁荣法治文化，推进法治进程，进一步强化全体公民崇尚法治的信念，提升学法遵法守法用法的意识和能力；进一步强化领导干部和广大公职人员社会主义法治理念，提升依法执政、依法行政、公正司法的素养和水平；进一步强化各领域各层面法治实践，提升全社会法治化管理水平。会议强调，开展好“六五”普法工作，一要深化“三大认识”，即深入开展法制宣传教育，是弘扬法治精神、实施依法治国方略的重要举措，是创新社会管理、构建和谐社会的现实需要，是改善政务环境、推动赶超发展的必然要求；二要突出“三个围绕”，即围绕推动科学发展、保障群众合法权益、促进社会和谐稳定，大力开展法制宣传教育；三要强化“三项保障”，即强化组织保障、制度保障、队伍保障，确保“六五”普法工作取得显著成效。（耿志强）

【全区村庄环境整治工作部署会议】 12月15日，全区村庄环境整治工作部署会议召开。会议指出，村庄环境整治工作是一项综合性强的系统工程，要切实把该项工作放到更加突出的位置，真抓实干，快速推进，确保2013年年底前实现全区村庄环境整治全覆盖，长效管理成效保持良好，力争通过两年的努

力，实现“村容村貌更加整洁、生态环境更加优良、乡村特色更加鲜明、公共服务更加配套”的整治目标。（谢 黎）

重要活动

【首届中国（锡山）国际象棋女子名人赛】 4月15～26日，由国家体育总局棋牌运动管理中心、中国国际象棋协会、锡山区人民政府主办，锡山区文体局、中国国际象棋高水平后备人才（无锡）培训基地、东北塘实验小学承办的“华方建设杯”首届中国（锡山）国际象棋女子名人赛在锡山区举行。该次比赛汇集了国内等级分名列前茅的侯逸凡、居文君、赵雪、沈阳、谭中怡、王瑜、黄茜、丁亦昕、谷笑冰、章晓雯10名女棋手，是国内国际象棋水平最高的比赛之一。经过九轮激烈较量，新科世界棋后侯逸凡以6胜2和1负积7分的成绩夺得冠军，成为国内首位国际象棋女名人，江苏棋手沈阳以6.5分获得第二名，居文君名列第三位。（卢 佳）

【2011无锡锡山金秋国际经贸月】 9～10月，区政府举办2011无锡锡山金秋国际经贸月活动。活动以“转型发展、创新发展、科学发展”为主题，更加侧重新兴产业项目推介招引，更加侧重高端合作引领，更加侧重项目建设推动，期间举办杭州地产项目投资推介会、锡山·央企（科研院所）高端合作、开发区投融资峰会、日本横滨汽车及EV产业投资说明会等一系列主题活动，有18个总投资100亿元的重大项目集中开工建设、竣工投产。该次经贸月活动进一步展现锡山形象、彰显地方特色、扩大对外开放、促进交流合作，全方位为全区经济社会转型发展注入了动力和活力。（马 军）

【2011无锡锡山·央企（科研院所）高端合作活动】 10月20日，2011无锡锡山·央企（科研院所）高端合作恳谈会在北京举行，国务院国资委研究中心、中国恒天集团、中国铁路通信信号股份有限公司、中国化纤总公司等20余家中央企业，以及清华大学、北京化工大学、中国电力科学研究院等10余家高校院所参加会议。活动期间达成5个项目合作协议，锡山与央企及科研院所合作发展空间得到进一步扩展。（缪叶锋）

机构编制管理

【概况】 2011年，全区机构编制管理工作在区委、区政府的正确领导下，围绕区委、区政府中心工作，以科学发展观为统领，服务大局，突出重点，统筹兼顾，继续深化行政管理体制改革，稳妥推进事业单位改革，着力创新机构编制管理工作，扎实开展自身队伍建设，为全区转型赶超跨越发展提供强有力的机构编制保障。

严格控制机构编制总量，加强对机构编制和实有人员情况的监督检查。通过转变政府职能、整合机构设置、优化运行机制、提高人员素质解决编制不足的问题，向深化改革要编制、向科学管理要编制、向提高效率要编制。

完善机构编制实名制库建设，实现对机构编制数据的实时掌握和动态管理，确保机构编制实名制库信息及时调整。全年调整实名制库信息2311条，并对街道行政管理体制改革及事业单位清理规范后相关部门的实名制库基本信息进行调整。

做好事业单位登记年检工作。严格审核把关登记年检事项，认真审核提交的各项材料，确保登记年检工作规范进行。全年办理事业单位年检218家，年检率100%，年检合格率100%。办理事业单位变更手续102家，办理事业单位设立登记13家、撤销4家。

【街道行政管理体制改革全面完成】 对街道机构设置、人员编制、财政供养人员情况进行摸底调研，根据市委、市政府批复和区委、区政府部署，全面推开锡山区街道行政管理体制改革工作。全区5个街道设置内设机构25个（含财政所），设置下属事业单位25家，街道机构得到全面整合。街道机关行政编制总数由2001年机构改革后的193名精简为174名，减少19名。街道所属事业编制总数由2001年机构改革前的425名（含畜牧兽医站）精简为238名（含畜牧兽医站），减少187名，全面完成编制精简和人员分流任务。

【规范清理事业单位工作】 根据无锡市委办、市政府办《关于清理规范市属事业单位机构编制的实施意见》文件精神，在调查摸底的基础上，制定清理规范事业单位方案，稳慎推进规范清理事业单位工作。撤销区新型农村合作医疗管理办公室、区房屋权属登记交易管理中心和区红十字救护站，事业单位总数压缩3%。同时，收回无锡锡州花园酒店事业编制204名，事业单位编制总量压缩14%。

【“三责联审”工作】全年对区委办、区人大办、政府办、政协办、法院、农林局、档案局、安监局、文体局、卫生局、司法局、交通运输局、安镇街道13个板块和部门的党政领导“一把手”进行离任或任中机构编制审核，全面审核部门职能执行情况、机构编制使用情况和机构编制纪律执行情况，切实加强对“一把手”执行机构编制情况的监督检查。　（李婷婷）

行政服务

【概况】2011年，区行政服务中心在区委、区政府的正确领导下，在区各相关职能部门和中介服务机构的支持配合下，坚持以科学发展观为统领，紧紧围绕区委“加快转型，赶超发展”的工作总要求和区政府确定的各项重点工作任务，以奋发有为的精神状态迎接挑战，以改革创新的工作思路破解难题，谋求新发展，实现新跨越，重点推进行政权力网上公开透明运行工作建设常态化，镇（街道）行政服务中心规范示点化，服务重大项目超前高效化，自身内部建设提升最优化，努力为全区经济社会转型发展提供优质高效的行政服务支撑。区镇两级行政服务中心全年受理行政服务事项14.26万件，办结14.18万件，按时办结率100%。其中，区行政服务中心受理71733件；区房屋权属管理分中心受理21069件；镇（街道）行政服务中心累计办理各类服务事项49848件。2011年，区行政服务中心获“全市行政审批制度改革工作先进单位”、锡山区“团结、廉洁、高效、开拓”好班子、“2009～2011年度锡山区文明单位”等荣誉称号。

【行政服务中心示范点创建】制定下发《关于进一步做好无锡市镇（街道）行政服务中心示范点创建活动的通知》，明确指出2010～2012年力争在全市范围内率先完成镇（街道）行政服务中心示范点建设。6月组织召开争创工作现场推进会，围绕“组织健全、程序规范、事项集中、制度执行、充分授权、群众满意”六大考核指标，通过实地参观学习，观摩PPT综合演示，学习相关台账资料，提升争创工作的针对性。鹅湖镇、云林和厚桥街道行政服务中心顺利通过市行政审批制度改革领导小组办公室的考核验收，被命名为“无锡市镇（街道）行政服务中心示范点”。全区累计有6个镇（街道）行政服务中心创建成市级示范点，超额完成市行政服务中心年初下达的创建率50%的工作任务。同时，引导各镇（街道）找准特色品牌，紧紧围绕办事群体的愿望和要求，选准突破口，注重亮点的发掘和培育，促进提升整体质量，努力形成“一镇（街道）一特色”的新锡山行政服务体系。安镇街道行政服务中心提供市民卡、交通卡服务，鹅湖镇行政服务中心提供车票和旅游信息服务，东北塘街道行政服务中心开展税务登记证代办服务，云林街道行政服务中心整合六个社区服务中心资源，既降低工作成本，又提高工作效率。强化代理培训工作，4月开展对各镇（街道）负责市场准入的申领“一照三证”（工商部门营业执照，质监部门组织结构代码证和国税、地税部门的税务登记证）的代办员进行培训，8月主动邀请市行政服务中心和市相关职能部门对负责基建审批的代理员进行培训，培训效果良好。各板块绝大部分基建项目审批和申领证照审批由代理员代办，代办率82%。

【行政权力网上公开透明运行工作】全区有26个部门上线运行，事项在线运行111项，占到整个权力数的34%，上网办理事项8165项，其中行政许可5486项、非许可审批198项、行政处罚82项、行政征收3项、其他2396项。根据市政府办《关于进一步深化行政权力网上公开透明运行工作的意见》，区行政服务中心认真学习并结合锡山区实际，经区政府常务会议和区委常委会议审议通过，制定《关于进一步深化行政权力网上公开透明运行工作的意见》。3月23日，区行政权力网上公开透明运行管理办公室在全市率先成立，区行政服务中心信息科增挂“权力网上运行管理科”牌子，负责日常工作。科学制定权力网上运行区级机关绩效考核细则，将区级机关部门和驻区各条线单位行政权力网上公开透明运行工作纳入2011年度区级机关科学发展评价考核，在年底对各部门实施考核。同时，推进行政权力网和“中国·锡山”政务网的资源整合，自4月起通过统一电子政务网络平台实现互联互通，提供服务事项公示、表单下载、在线申请、在线咨询与投诉、办理过程公示、办理结果公示的服务功能，具备动态表单定制能力，建成“公共服务、公众参与和整合政务信息”的网上办事大厅。推进统建系统和自建系统的资源整合。按照区级自建系统尽量废止停用、市级自建系统向上归并、省级以上自建系统保留备案的原则，区行政权力网上公开透明运行管理办公室主动与区相关职能部门进行对接，提供技术支撑。区财政局、民政局、人口计生局等部门接入区统建系统。除驻区条线单位外，90%区属工作部门使用统建系统。

【行政服务“两集中、三到位”回头看工作】根据市、区两级政府关于组织行政服务“两集中、三到位”回头看工作的部署，认真进行筹划，科学制订方案并组织实施。4月21日，区委常委、常务副区长蒋群主持召开由各部门分管领导参加的动员会议，明确“回头看”工作的目标任务。成立由区政府协理员孙建南为组长，区政府办、监察局、编办、行政服务中心和法制办等相关部门人员组成的考核验收工作小组。在各行政职能部门的支持配合下，通过“放人、放事、放权”，取得明显成效。全区有17个区属工作部门和8个驻区条线单位的398件权力事项进驻区行政服务中心办理，进驻率98%。其中，有锡山工商局等5个部门的行政许可科整建制进驻，窗口工作人员73名。窗口现场办结率大为提高，各驻区行政服务中心部门窗口的即办件比例由原来的23%提升至43.2%。承诺件的平均办结时限由原来法定的20个工作日压缩至12个工作日，其中有12个单位的平均承诺时限控制在7个工作日以内。窗口年办件量比上年增长38%以上。

相关链接：

两集中、三到位：在不增加人员编制、不增设内设机构和不新增中层领导职数的前提下，对各行政职能部门归并许可（服务）职能，整合内设机构，通过单独设立或增挂设立行政许可（服务）处和集中许可（服务）事项及权限等措施，将部门的审批服务事项相对集中到一个科室，在此基础上，推进行政许可（服务）科整建制集中进区行政服务中心窗口办公。同时要求各部门的许可（服务）事项进区行政服务中心要到位，对区行政服务中心窗口授权要到位，区行政服务中心窗口负责人按要求配备到位。

【完善行政服务“超前直通车”机制】区行政服务中心始终坚持服务重大项目，对上争取好，积极取得市行政服务中心和市级职能部门的支持；对下指导好，积极配合各板块服务企业；横向协调好，积极协调区级行政职能部门及区行政服务中心窗口，全力为全区重大项目提供“一站式、保姆型”服务。2月起，全区重大项目重点项目的工商营业证照审批时限由7天缩短至2天，IC卡代码证和国地税务登记证由4天缩短至1天。凡涉及市级部门审批的重大项目重点项目手续，区行政服务中心主动采取“领办、协办、代办”等措施，邀请市行政服务中心协调市各相关部门到锡山进行现场集中办理。全年举行现场咨询、指导、服务23次，成功协调无锡阿科力化工有限公司等17个重大项目的报批手续。区行政服务中心创新服务举措，专门抽调业务科人员，在服务大厅设立六大新兴产业和“530”项目服务专窗，实行专人服务、跟踪服务、节假日预约服务、延时服务、上门指导服务等举措，并提供并联审批、网上预审等服务。

【推进“结对共建”活动】积极开展“结对共建、互学共促”活动，结合自身职能特点，与云林街道蓉阳村和无锡市晨旺塑料制品有限公司一起创新活动载体，认真签订三方协议责任书。通过举办座谈会、实地调研、访贫问苦、结对帮扶等方式，学习基层党员干部扎根基层、艰苦奋斗、敬业奉献的精神；倾听基层党员群众对行政服务工作的意见建议以及党员群众在工作生活中遇到的困难和问题，积极整改提高，帮助协调解决。全年举办座谈会3次，向党员代表发放征求意见表23份；走访2名帮扶对子，捐款4000元。清明节前，与结对村、结对企业一起祭扫锡北革命烈士陵园，缅怀革命先烈，学习革命精神。同时，为结对村工业项目建设企业提供行政服务“超前直通车”服务，成功协调解决园区房产证变更等5个实际问题。

【文明城市创建提形象】全力服务服从全国文明城市创建工作大局，认真对照《全国文明城市测评体系操作手册》，进一步“对标创建、注重实效”，创优窗口服务，营造创建氛围，着力提升窗口工作的行为、服务、业务和环境“四规范”。认真贯彻市行政服务中心《关于做好迎接全国文明城市测评工作的通知》，增设法律援助、劳动就业和职业培训窗口，摆放和免费发放民族团结进步方面的宣传册；增设无障碍设施；设立醒目的禁烟标志，及时劝阻办事群众吸烟；接受明察暗访10余次，无一发生投诉现象。通过创建活动，展示了政府“第一窗口”良好的精神风貌，区行政服务中心的社会满意率98.8%。（曹志宏）

法制工作

【概况】 2011年，区政府全面提高依法行政意识能力，强化依法行政考核，采取切实有力措施，将依法行政和履行政府职责有机结合，法治政府建设取得明显成效。

【领导干部定期学法机制健全】 区政府建立政府常务会议会前学法制度，2011年编印《政府常务会议学法简刊》5期，涉及国有土地征收与补偿条例、太湖流域管理条例、行政强制法等内容，实现了“学有所用、学以致用”的学法目标。

【领导干部任职前法律知识测试制度完善】 出台《进一步完善非人大任命领导干部任职前法律知识测试制度的意见》，2011年后拟任的政府部门及派出机关负责人（区人大任命人员除外）人选，在正式发文前对其进行依法行政能力测评，测评结果作为其任职重要依据。

【推进依法行政联席会议机制建立】 建立由区政府主要领导任主任，区委政法委书记、区政府分管区长任副主任，区法院、各镇（街道）、区重点行政执法部门主要负责人为成员的推进依法行政联席会议机制，充分发挥联动优势，及时发现苗头性问题，共同预防和化解行政争议，进一步优化了行政执法与公正司法的良性互动机制。

【行政决策机制健全】 完善重大决策征求意见制度，2011年有7件行政措施在“中国·锡山”门户网站上公开征求意见。强化合法审查制度，未经合法性审查或者经审查不合法的，不得作出决策。坚持集体讨论制度，对于规范性文件制定、征收补偿、旧城镇改造、重大项目实施等重大事项，坚持区政府常务会议集体讨论决定。

【加强法制机构建设】 各镇（街道）均明确一名法律知识丰富、业务能力强的中层正职干部担任法制员，区级各部门不设法制科室的专门任命兼职法制员。各单位法制科长或法制员列席办公会议，负责本单位行政决策、具体行政行为的合法性审查以及对外合同的审核。

【强化层级监督】 开展行政执法说案比赛，提升执法人员的综合素质。全年区政府收到重大行政处罚备案230件；区政府及工作部门收到公民申请政府信息公开82件，办结82件；办结行政复议案件5件，其中维持4件，驳回复议申请1件。

（顾至杰）

政府信息公开

【概况】 2011年，全区各级各有关部门认真贯彻《中华人民共和国政府信息公开条例》（简称《条例》），扎实开展各项工作，全区政府信息公开取得一定成效，为保障公众知情权，推进法治、透明政府建设发挥积极作用。

【工作机制完善】 运作机制不断完善，全区各级各部门切实加强信息资源建设，规范政府信息采集、加工、分析和利用，提高信息公开质量和水平。保障机制不断强化，在内部监管上，将信息公开工作列入政府工作报告及年度重点工作，纳入各地各部门党政领导班子和主要领导干部工作实绩考核体系，增强信息公开工作刚性；在外部监督上，及时公布年度信息公开工作情况，全面公开监督举报机构和联系电话，接受群众查询监督。工作网络进一步健全，对开发区、商务区、各镇（街道）和区各有关部门2010年度政府信息公开工作情况进行抽查，并分批召开政府信息公开工作座谈会，为进一步推进政府信息公开工作奠定良好基础。

【载体建设水平提升】 全区形成以政府网站为信息公开主阵地，其他渠道综合运用的载体格局。加强网站建设。统一对全区政府信息公开专栏进行改版，进一步完善界面，增强功能；同时加强网站管理，加快信息更新，有效提高公众对网站的关注度，2011年区政府门户网站访问量超过2682万人次，成为全区政府信息公开第一平台。优化《锡山政报》编发工作，2011年起编辑电子版《锡山政报》，同步在网上公开，全年编发6期。加快政府信息公开查询中心建设，着力加强区政府信息公开查询中心软硬件建设，工作效率和群众满意率明显提升，同时积极探索在社区服务中心等场所建设政府信息查询点。

【信息公开内容深化】 按照《条例》要求不断充实和完善政府信息公开内容，加大主动公开信息力度。2011年，区政府本级主动公开信息807条，其中政府网站信息公开专栏发布信息556条、政府公报信息249条，政府网站公开专栏访问总量81668人次，受理依申请公开政府信息4条，省政府直报录用信息42条。 （陈菁华 任方圆）

外事接待工作

【概况】2011年，完成接待任务81批2194人次，其中接待中外来宾69批1214人次（省部级18批196人次、地市级20批521人次、县市级22批432人次、外宾9批65人次），参与重要会议和活动12批980人次。办理因公出国（境）团组80批153人次，其中党政领导干部出访50批108人次、学校教师出访17批23人次、企业人员出访13批22人次。主要出访美国、英国、法国、加拿大、日本、韩国等国家及中国香港、中国台湾地区。

年内接待十七届中央委员、十一届全国政协委员、人口资源环境委员会副主任、国家广电总局原局长、党组书记王太华，第十届全国人大常委会副委员长、中国关工委主任顾秀莲，解放军原副总参谋长、上将吴铨叙，工信部部长苗圩，科技部副部长张来武，国家体育总局棋牌运动管理中心党委书记、中国国际象棋协会主席、国际棋联副主席褚波，环保部党组成员、办公厅主任胡保林，荷兰博克斯梅尔市市长苏斯特、巴西塔图市市长路易兹、韩国光州北区厅长宋光运及议长高在乙、丹麦驻上海领事馆商务领事方文凯等重要领导和宾客。

【对外友好交流】3月15日，荷兰博克斯梅尔市市长苏斯特及副市长格拉夫到锡山区进行友好访问，考察开发区"搜客天地"和科创中心，并签署建立友好城市关系意向书。10月8～12日，区人大常委会主任吴富生带队赴友好城市荷兰博克斯梅尔市进行友好访问，考察该市生物医药产业领域的发展情况，进一步探索双方在卫生医疗领域的合作。10月25～29日，巴西圣保罗州塔图市市长路易兹一行10人到锡山区进行友好交流访问，考察锡山区整体情况，包括历史、教育、农业、工业、开发区等方面的发展情况，双方签署建立友好城市关系意向书。11月15～19日，韩国光州北区厅长宋光运和议长高在乙一行15人访问锡山区，重点考察开发区科创中心及部分企业，双方签署建立友好城市关系意向书。

【规范因公出国（境）管理】从执行因公出国（境）管理各项规定入手，从严掌握因公出国（境）任务安排，从严控制团组在国（境）外停留时间。要求每个出访团组人数不得超过6人，出访一个国家不得超过6天，两个国家不得超过10天。严禁通过中介机构为因公出访团组联系邀请函。积极做好因公出国（境）护照、通行证收缴工作，要求出访人员回国后在7日内，将护照或通行证及时交市外事办或省外事办集中统一保管。宣传和鼓励申请APEC商务旅行卡（持卡人凭有效护照和旅行卡在三年内无须办理入境签证，可自由往来于已批准入境的各APEC经济体之间，从而便利APEC范围内各经济体的商务人员往来）的有关政策，切实提高办事效率，为企业开展对外经贸合作提供便利。（何勤雯）

信访工作

【概况】2011年，区信访局受理信访总量3182件，其中网上咨询投诉2440件，来信236件，来访419批1375人次，来电44件；受理信访事项复查4件，完成上级交办件18件，结报率100%；全年社会矛盾纠纷调处成功率98.3%。

【推进信访积案化解】2011年，锡山区认真贯彻落实省市关于加大信访积案化解会议精神，加大信访积案的化解及稳控力度，为全区赶超发展营造良好的发展环境。区委、区政府高度重视信访积案化解工作，区委常委会定期召开化解及稳控进展情况分析会。市领导包案的4件信访事项，化解2件、终结1件；省交办的3件信访积案全部化解；市交办的18件信访积案化解10件、终结4件，化解终结率81%。

（蒋 妤）

侨务和港澳同胞工作

【概况】2011年，在区委的正确领导下，在上级侨务部门的指导关心下，区级侨务工作坚持以科学发展观为统揽，国内、海外工作并重，老侨、新侨工作并重的侨务工作方针，认真履行职能，奋力开拓创新，完成年度工作任务，为服务经济社会发展作出贡献。

【"侨之家"建设】在侨资源丰富的社区创新推进"侨之家"建设。按照"就近、方便、小型、多样"的原则，按照有组织、有场所、有人员、有经费、有活动的"五有"要求，在侨资源丰富的社区创新推进"侨之家"建设，厚桥新联等社区建立"侨之家"。建设社区"侨之家"，发挥其宣传作用，把"侨之家"建设成为宣传和教育侨界群众的阵地；抓住联谊优势，把“侨之家”建设成为沟通、交流、展示的平台；发挥服务功能，把“侨之家”建设成为归侨侨眷、海外侨胞的家。

【招商引资工作】 加强同海外华侨华人联络，联系华侨华人香港同胞18人，通过与省市侨办，特别是国侨办的联系与沟通，邀请中国香港轩辕教育基金会主席罗文春考察厚桥实验小学，促进海外社团与锡山区教育界的合作；在市侨办的帮助下，邀请富麦树炀（香港）投资有限公司董事长玛丽雅·斯特劳施一行海外友人考察商务区，并签订意向投资项目协议；积极参与“530”项目的引进工作；华侨华人和侨港资企业捐赠22万元用于全区教育事业。

【推进“归侨侨眷关爱工程”】 加强与侨界群众的联络。围绕“幸福锡山”建设，继续实施“侨心关爱”工程，积极配合“幸福进万家”活动，开展对侨界困难家庭的走访帮困活动，走访慰问困难归侨侨眷23户，发放享受市财政补贴的早期归侨退休生活津贴2人，发放城镇、农村困难归侨补贴5人。新西兰和日本年初发生强力地震后，区侨办第一时间联系在新西兰和日本的锡山籍华侨华人，关心他们的人身和财产安全，并将情况及时与他们的侨眷进行通报；走访慰问侨港资和“530”企业8家，增进友谊，加深感情。锡山区政府被无锡市政府评为“全市侨务工作先进单位”。

【加强对外宣传】 各级媒体录用涉侨报道61篇，其中中央级杂志和网站录用2篇、省级杂志录用9篇。《无锡锡山区侨办创新思路，积极做好新时期侨务工作》一文分别被《中国优秀领导干部论坛》和“中国新闻网”录用。　（周国明）

机关事务管理

【概况】 2011年，区级机关事务管理局按照“管理科学化、保障法制化、服务社会化”工作思路，持续推进服务项目化管理和“三优一满意”（优质服务、优良作风、优美环境，机关满意后勤部门）活动，认真履行管理和服务保障职能。积极开展“平安机关”创建活动，做好日常安全保卫、用车安全、食品安全、防汛防台、门卫上访等应急处置，加强大院安全值守、技防管理以及设备运行的维护保养工作。克服物价持续上涨、人员减少等客观因素，加强机关餐厅食材采购、质量监管工作，保障菜肴质量稳定。切实抓好机关大院保洁绿化、有害生物防治、设备养护等服务监管工作，确保机关大院环境优美、设备运行正常。认真做好包括区党代会、区“两会”、锡山金秋经贸月活动在内的区级各类会务活动200余次，合理调配人员，做好报刊收发、车辆服务等工作。做好事业在编人员的岗位设置工作。严格执行财经制度和财务规定，做好各经营部门资产处置及相关银行账户的注销年检工作。顺利通过区政协关于民主监督工作阶段性考评，“满意”及“基本满意”率在99%以上。

【健全完善各项制度】 完善后勤服务项目化管理考核机制，出台《机关后勤服务外包项目绩效考评办法》，质量稽核、满意度调查及年终民主评议三结合，切实提高服务外包项目质量。研究出台《关于加强后勤事务管理部门运行内控机制建设的实施意见》，强化管理局内部权力运行的制约监督，初步形成以岗位为点、以程序为线、以制度为面的风险防控预警机制。探索后勤服务“一站式”平台，以信息化手段整合管理流程，完善后勤服务过程监管。落实日常稽核手段，出具月度后勤项目质量稽核评估报告，动态跟踪后勤服务执行情况。出台《机关后勤质量及安全巡查管理办法》，明确机关大院日常巡查的工作节点及要求，加强机关后勤质量及安全巡查的部门联动性。

【构筑节能管理体系】 部署推进全区公共机构节能管理全覆盖，按照《无锡市“两型社会”示范机关创建活动实施方案》要求，牵头组织部署动员会，明确资源节约型、环境友好型“两型社会”示范机关创建工作要点。注重宣传教育，营造良好氛围。通过“节能体验日”活动以及制作展板、发放宣传资料，增强机关人员的节能意识。规范建立台账，建立了覆盖镇（街道）及区级部门41个单位的统计管理工作体系，及时跟踪汇总全区公共机构基本信息。抓好节能改造工程。完成机关大院太阳能光伏发电工程建设，至2011年年底发电量累计3万余度；完成区法院中央空调工程改造，年内节约水、电、气能耗资金25万余元；完成区人武部节水工程改造工作，节省消耗资金5万余元。推进政府大院最优节能模式，加大节能改造和用能管理，年内水、电、气消耗比上年分别下降20%、10%、2%以上。　（陆 栋）

编辑：吴 双

大力推进“绿色锡山”和“蓝天工程”，图为锡山主城区一角（孙剑光　摄）

4月21日，国际象棋女子特级大师车轮指导赛现场

（《新锡山》　供）

锡山区教育工作会议　　（区教育局　供）

政协锡山区委员会

综 述

2011年是锡山区全面实施“十二五”规划的开局之年，也是政协工作提质增效之年。2011年，区政协在区委的领导下，坚持以科学发展观为指导，牢牢把握团结与民主两大主题，围绕区委、区政府工作部署，充分发挥优势，科学履行职能，为推动实现“十二五”良好开局、加快推进文明和谐的现代化新锡山建设作出积极贡献。全年召开常委会会议4次、主席会议12次，组织开展视察调研活动11次，形成政协各类建议和专报20余期，形成调研报告29篇，编辑《锡山政协》简报8期、《政协之声》专版6期，近百篇稿件在各级各类媒体上发表。全年筹备开展政协各类会议活动50余次，配合完成市政协有关评议、调研、义诊等活动6次，接待上级和省内外县（市、区）政协调研考察团20余批、近240人次。12月19日，区政协召开2011年度总结表彰大会。会议全面总结2011年区政协工作情况，会议表彰2011年度提案承办、社情民意办理先进单位及热爱政协工作、积极参政议政的先进集体和先进个人。

（吴贻红 马良军）

重要会议

【区政协二届常委会第十七次至第二十次会议】 3月2日，区政协二届十七次常委（扩大）会议在区会议中心召开。会议传达省市政协全会精神；审议通过区政协2011年工作要点及计划安排、开展助推赶超发展主题活动的实施方案、2011年重点调研课题；审议通过关于委员调整及增补的决定、有关人事任免的决定、关于委员分组调整及界别分组调整的决定以及主席联系常委、常委联系委员的调整意见。

7月28日，区政协二届十八次常委（扩大）会议在区会议中心召开。会议听取和讨论区委常委、常务副区长章红新所作的关于区政府2011年上半年工作情况和下半年工作打算以及2011年为民办实事项目上半年进展情况的通报；听取区委统战部关于委员调整的情况说明；审议并通过关于调整区二届政协委员的决定和有关人事任免的决定。

9月30日，区政协二届十九次常委（扩大）会议在区会议中心召开。会议学习传达无锡市第十二次党代会精神；听取并讨论副区长张映雪代表区政府所作的关于区政协二届四次会议立案提案办理落实以及新兴产业培育的情况通报。

12月16日，区政协二届二十次常委（扩大）会议在区会议中心召开。会议听取和讨论区委常委、常务副区长章红新所作的区政府关于2011年度工作情况和2012年工作打算的情况通报；审议并通过区政协关于调整委员的决定、区政协2011年度先进表彰决定。

【各党派团体座谈会】 5月10日，区政协召开“同心行，肝胆相照”锡山区政协与党派团体座谈会。区政协主席华炳泉，区人大常委会副主任、区工商联主席周挥，区政协副主席黄宪辉、毛晨、石国洪及秘书长宋吉雯出席会议。座谈会上，各党派团体负责人围绕党派团体的建设情况、履行职能取得的主要成效，以及下阶段围绕区委、区政府中心工作，服务赶超发展，建设“幸福锡山”如何发挥自身作用等方面作了交流。

【主席走访基层委员情况交流会】 8月29日，区政协召开主席走访基层委员情况交流会议，梳理汇总走访情况，整理提炼委员意见和建议，为推动全区转型赶超发展集智聚力。结合全区开展的领导干部下基层活动，区政协于8月部署主席走访基层委员活动，由各主席带队分别走访全区各板块的基层委员，以走访慰问、面对面交谈等形式，了解委员的工作生活情况，重点听取委员对全区经济社会发展的建议。

【学习贯彻全省政协工作会议精神】 10月31日，区政协集中学习传达全省政协工作会议精神，并结合会议精神，研究部署下阶段的政协工作。与会人员认真学习省委书记罗志军、省长李学勇在全省政协工作会议上的讲话精神，仔细研读《中共江苏省委关于进一步加强和改进人民政协工作的意见》。区政协主席华炳泉传达省政协主席张连珍在全省市、县（市、区）政协主席座谈会上的讲话精神。

【区政协2011年度总结表彰大会】 12月19日，区政协2011年度总结表彰大会在区会议中心召开。会议全面总结2011年度全区政协工作情况，表彰先进专门委员会2个，先进工作委员会5个，先进界别组1个，发展经济优秀委员14人，岗位作贡献优秀委员16人，为民办实事优秀委员10人，优秀政协工作者15人，优秀调研报告13篇，优秀提案14件，优秀社情民意12条，优秀民主监督员5人。区委书记朱爱勋讲话，区政协主席华炳泉作2011年度政协工作总结，区政协副主席黄宪辉主持会议，区政协副主席毛晨宣读表彰决定。

（吴贻红 马良军）

重要工作

【服务锡山科学发展大局】 2011年，区政协自觉将履职实践同党政中心工作相结合，专门制定出台《关于开展助推赶超发展主题活动的实施方案》，为推动全区转型赶超发展献计出力。先后围绕新兴产业培育发展、科技创新驱动、企业股改上市等议题，统筹运用多种履职方式，举行政情通报，开展协商座谈，为党委政府丰富发展思路、推动科学决策提供有益的参考。充分依托提案、社情民意等履职载体，就经济社会发展等各方面工作提出履职建议，推动改革发展成果更多地普惠于民。加强同区政府及各承办部门的联络沟通，不断优化提案运作流程，提案限时办结率、委员满意和基本满意率均为100%。专门召开社情民意工作现场推进会，建立队伍、健全网络，重点部署推进基层信息收集站（点）的建设工作，进一步拓宽信息来源渠道，协助党委政府做好新时期群众工作。继续强化民主监督职能，充分发挥民主监督员作用，推荐50名委员担任16个部门的民主监督员，就行风、政风及部门工作提出多条合理化建议。建立主席约谈机制，将每月第二周的周一定为“主席约谈日”，由分管主席轮值约谈界别委员代表，及时掌握各界群众的利益诉求。部署开展“走基层”工作，深入全区各板块、各行业，走访基层政协委员64人，整理、提炼有关企业发展、社会事业、民生诉求等方面的意见建议20余条，形成《区政协主席走访基层委员情况专报》，并报送区委。

【发挥政协组织整体功能】 区政协部署开展“忆往昔，岁月峥嵘”、“同心行，肝胆相照”、“向未来，共谋发展”三大系列活动，纪念中国共产党成立90周年和辛亥革命100周年。先后举办“永远跟党走”纪念建党90周年红歌咏诵会，组织界别代表和机关党员参观中共“一大”会址和世博中国馆，组织各工委会主任赴贵州遵义接受革命传统教育，在《学习资料》和政协门户网站开辟纪念建党90周年学习专栏，举办锡山区“十二五”规划专题讲座，并参与市政协纪念建党90周年系列活动，通过重温党史、国史，把握形势任务，进一步感悟中国共产党的先进性，激励广大委员自觉投身赶超发展的伟大实践。区政协注重发挥党派团体在政协工作中的重要作用，始终同党派团体保持密切联系，主动通报工作，协商问题，听取意见，联络感情。召开“同心行，肝胆相照”锡山区政协与党派团体座谈会，在互动交流中切实加强中国共产党同各党派团体合作共事的凝聚力。区各党派团体主动融入政协工作，充分利用政协舞台履行职能，区各民主党派、工商联和无党派联委会以组织名义提交提案16件，形成调研报告8篇。区政协各专门委员会紧扣“专”字特色，选择一批党政所需、百姓所盼、委员所长的议题开展深入调研，形成一批质量高、可行性强的调研成果。各工委会利用扎根基层的优势，加快推进社情民意信息收集站（点）的建设工作，基本形成制度到位、网络健全、流程明确、运作规范的良好格局，建立从村（社区）、镇（街道）到区政协的信息三级分类处理机制，使百姓诉求在第一时间得到重视解决。界别工作日趋规范化、制度化，相关界别根据自身定位和特色开展各类专题学习或活动，各界别团结群众、联系群众、服务群众的能力得到加强。

【推动政协自身科学发展】 2011年，区政协大力推进政协工作的制度化、规范化、程序化建设，建立中心组理论学习、委员培训、机关学习等制度，印发《学习工作意见》，强化学习考核，鼓励委员参与《学习资料》“选文推荐”工作，增强全体委员的学习自觉性和能动性。建立同党政部门的联系机制，主动通报政协工作，邀请区政府分管领导和相关部门负责人参加政协会议，争取工作支持，营造良好的履职氛围。加强基层委组建设，实现专委会主任全部驻会，下发《关于加强镇（街道）政协工作委员会工作的意见》，进一步激发基层委组工作活力，保障政协履职活动有序展开。区政协通过举办委员培训、组织常委参加区委重大会议、邀请界别委员参加主席视察活动、组织提案人参与重点提案督办、成立课题组外出调研考察、开展纪念建党90周年系列活动等形式，引导委员充分发挥主体作用，更加积极主动地履行职能。广大委员珍惜委员荣誉，勇担社会责任，年内通过各类途径办好事实事200余件，慈善捐赠金额近1000万元。结合全区赶超发展奋斗目标和政协工作要点，部署开展以“强作风、提效能、促赶超”为主题的“五个一”系列活动，引导机关干部职工全身心投入政协工作，提升机关的政务服务和统筹协调能力，更好地为工作大局服务、为履行职能服务、为政协委员服务。

相关链接：

五个一：“我为优化作风效能献一计”、荐读一本好书、熟识一半以上政协委员、每月学一位“双百”人物（100位为新中国成立作出突出贡献的英雄模范人物和100位新中国成立以来感动中国人物）、举办一次知识竞赛。

（吴贻红 马良军）

编辑：吴　双

【锡山区文化名胜掠影】

唐氏花厅

唐氏花厅，俗称楠木厅，坐落在羊尖镇东街菜市场旁。原是位于无锡市复兴路84号唐保谦故居的一部分。1994年，无锡市因建设需要决定拆除城内一批旧建筑时，羊尖镇人民政府为了保护唐氏文物，花重金把“花厅”的建筑材料全部买下搬回，并按原样重建在羊尖镇上。花厅精致典雅，具有较高的历史、艺术价值，建成后即对外开放，作为居民观赏休闲的地方。

无锡市锡山区政协2011年度总结表彰大会　　（区政协办　供）

区政协举办“永远跟党走”纪念建党90周年红歌咏诵会　　（孙剑光　摄）

区政协领导视察蔬菜基地建设　　（区政协办　供）

锡山区政协“十二五”规划专题讲座　　（区政协办　供）

综　述

2011年，锡山区各级纪检监察组织认真贯彻落实中央和省市纪委全会及全区纪检监察工作会议决策部署，按照以人为本、执政为民要求，积极履职，主动作为，深入推进全区党风廉政建设和反腐败工作，为全区经济社会转型发展、赶超发展提供切实有效的纪律保证。

强化全面履职，保障发展能力不断增强。积极推进工程建设领域突出问题专项治理工作，切实加强全区抛荒地块整改、征地拆迁政策规定执行情况、安置房项目清理规范及在建安置房建设手续办理情况等工作的检查，确保相关政策法规的贯彻落实。积极参与区政府组织实施的“惠民技防工程”项目，会同相关部门多次调研、论证，最终确定以政府采购公开招标的方式确认施工单位。紧紧围绕群众关心的热点难点问题开展效能监察，先后对2011年区政府为民办实事项目进展情况、河道综合整治验收、高铁沿线环境整治、保障性安居工程、村庄综合整治等开展监督检查，全年开展监督检查110余批（次），发现问题和提出处理意见建议120余条。针对行政监察工作面广量大的特点，有针对性地改进督查方式，创新工作机制，进一步提高督查工作成效和行政监察水平。

强化责任制落实，党风廉政建设不断深入。部署开展以“勤廉为民”为主题的示范镇（街道）创建活动，稳步推进农村基层党务公开工作，探索建立党代表监督考评、督办、激励、淘汰四项工作机制，加强农村基层纪律监督组织建设，着力推动党的纪律监督工作向农村基层和非公企业延伸。根据中央统一部署，大力开展公务用车专项治理工作，纠正处理超标车23辆、违规借车8辆，纠正违规使用军警用号牌公务用车3辆。继续深化“小金库”专项治理工作，查处党政机关“小金库”1个，涉及金额7.5万元。围绕加强农村集体“三资”（资金、资产、资源）管理，认真开展农村基层党风廉政建设综合检查，发现存在问题29个，挽回经济损失20万元。组织开展责任制检查考核暨勤廉公示工作，对开发区、商务区和9个镇（街道）11个单位的领导班子、173名领导干部进行民主测评，优秀率和好评率分别为99.23%和95.56%。加大《中国共产党党员领导干部廉洁从政若干准则》贯彻执行力度，组织专项检查，排查问题36个，制定整改措施102条。

强化宣传教育，勤廉干事氛围更加浓厚。广泛开展“以人为本、执政为民”主题教育活动和“警钟长鸣、廉洁从政”警示教育活动，着力解决党员干部在党性党风党纪方面存在的突出问题，提升反腐倡廉教育的针对性和实效性。制定出台《锡山区纪检监察宣传工作考评办法（试行）》，切实加大对外宣传力度，扩大反腐倡廉工作的影响力。深入推进廉政文化建设，全面完成反腐倡廉历史资源普查活动，大力推进荡口古镇、新四军六师师部旧址等廉政文化教育基地建设。按照市纪委统一部署，认真做好全市中小学生廉洁文化书画作品比赛的参赛组织活动，获中学美术组二等奖。

强化作风效能，机关服务水平稳步提高。坚持“让人民满意”标准，在区法院、区财政局等7个条线53个站所开展评议活动，平均满意率96.71%，比2010年提高4个百分点；按照市纪委统一部署，在区建设局、区国税局等13个具有行政执法职能部门中开展民主评议政风行风活动，扩大群众参与度，引导和督促参评部门进一步规范行政执法行为，提高服务水平。建立健全电子监察系统，加强对各单位行政权力网上公开透明运行情况的日常监管、实时查看，对未按时办理事项及时进行督办。组织建立区项目信息和信用信息公开平台，加大工程建设项目监督力度。

强化查信办案，惩治腐败力度持续加大。全年受理来信来访和电话举报90件（次），办结88件（次），完成信访监督9件（次）。立案查处各类违法违纪案件42件，结案42件，挽回经济损失325.83万元。纪律处分42人，其中乡科级干部4人。围绕提升审理质量，组织开展案件审理质量检查，完善案件协审机制和审理助辩机制，积极探索实践简易程序，实现案件审理程序繁简分流，全年组织开展案件协审18件、审理助辩6件，试行简易程序3件。

强化派驻管理，基层工作室作用充分发挥。认真做好驻在区域各项督查工作；配合做好驻在区域农村基层党风廉政建设综合检查工作；切实加强对基层党风廉政建设责任制落实情况的监督。依法依纪开展案件调查，积极指导基层纪委审理案件。全年完成案件调查32件，办结信访件及领导批示件50件（次），开展提醒谈话、诫勉谈话12人次。突出抓好重点项目建设监督检查，开展重点工程建设项目现场监督273次，会签、把关工程建设项目合同962份，审核工程建设项目变更820份，并针对存在问题提出监察建议4个。（张 桦）

重要会议

【全区机关作风与效能建设大会】 2月17日，全区机关作风与效能建设大会在区会议中心召开。区委常委、纪委书记张黎平通报2010年度机关作风与效能建设考评工作情况，锡山公安分局、锡山国土分局、区环保局作交流发言。区委书记朱爱勋讲话，要求全区上下牢固树立“作风出生产力，效能出竞争力”的意识，广泛深入推进机关作风效能建设，以更加坚定的信心、更加坚决的态度、更加有力的措施、更加扎实的工作，在服务发展、服务企业、服务群众中作出更大努力、干出更大成绩、体现更大作为。

【全区纪检监察工作会议】 3月1日，全区纪检监察工作会议在区会议中心召开。区委常委、纪委书记张黎平作工作报告，区委书记朱爱勋作重要讲话，朱爱勋就加强纪检监察工作提出三点要求，一是牢记以人为本，执政为民，始终保持党同人民群众血肉联系；二是强化保障民生、维护民利，确保让人民群众共享发展成果；三是坚持惩防并举、标本兼治，扎实做好反腐倡廉各项工作。

【中共锡山区纪律检查委员会第一次全体会议】 6月28日，经中共锡山区第三次代表大会选举产生的中共锡山区纪律检查委员会，在锡州花园酒店举行第一次全体会议。委员应到13人，实到13人。会议选举产生中共锡山区纪律检查委员会常务委员会；选举方力为中共锡山区纪律检查委员会书记，曹敏伟、周嘉模为副书记。（张 桦）

重要工作

【工程建设领域突出问题专项督查】 突出专项督查，发挥区纪委、监察局的高位督查优势。继续深入推进工程建设领域突出问题专项治理工作，向区各有关部门下发工程建设项目整改通知书和整改情况表，2010年尚未整改到位的224个问题全部落实；根据全区统一部署和区领导批示，牵头组织对全区抛荒地块整改、集体拆迁安置过渡房安全隐患排查整改、安置房项目清理规范及在建安置房建设手续办理等十余项工作进行督查，会同相关职能部门对全区道路交通隐患整改情况、秸秆焚烧工作、保障性安居工程等十项工作开展执法检查。

【党政组织执行力监督检查】 围绕加快转变经济发展方式的主攻方向和重点内容，制定下发《全区党政组织执行力监督检查强化年实施意见》，重点抓好保障和改善民生、推进转型发展、加快生态文明建设三项决策部署落实情况，以及党委换届工作、反腐倡廉重大决策部署和法规制度执行情况的监督检查，全区党政组织执行力不断提升。

【农村基层党风廉政建设】 深入开展以“勤廉为民”为主题的示范

镇（街道）创建活动。加强农村基层纪律监督组织建设，推动党的纪律监督工作向农村基层和非公企业延伸，全区组建村级纪律监督组织111个、非公企业纪律监督组织24个、村务监督委员会79个，实现村级纪律监督组织和行政村村务监督机构全覆盖。探索制定非公企业纪律监督工作标准。深入推进农村基层党务公开工作。深化党代表监督工作，探索建立党代表监督考评、督办、激励、淘汰四项工作机制，进一步引导和发挥党代表的监督作用。（张 桦）

编辑：吴 双

华蘅芳故居

近代著名数学家华蘅芳故居位于荡口新当里花沿街北侧，占地面积1521平方米，建筑面积781平方米。1998年，荡口镇人民政府出资修葺，被列为无锡市爱国主义教育基地。华蘅芳故居保存两进14间房屋，均是硬山顶晚清式建筑。前是“行素轩”，后是“回”字形四合院。5间正屋两边各有3间厢房和1个前厅。正屋内摆放汉白玉的华蘅芳半身塑像，两边墙壁上挂有华蘅芳和夫人邹佩兰的诗文条幅，各房间内陈列着上百幅珍贵的图片资料及华蘅芳的多部著作，西厢房为华蘅芳卧室。3个院子各栽种芭蕉、石榴、南天竹等花卉树木，花墙石坛精致典雅。2002年，华蘅芳故居被列为江苏省文物保护单位。

7月8日，无锡市委常委、纪委书记周铁根（左三）考察商务区重点工程建设
（区纪委　供）

锡山区机关作风与效能建设大会　（区纪委　供）

中共锡山区纪律检查委员会第一次全体会议 （区纪委 供）

锡山区民主评议部分具有行政执法职能部门政风行风现场评议会（区纪委 供）

民主党派·工商联·无党派联委会

中国国民党革命委员会无锡市委锡山区支部委员会

【概况】2011年，民革锡山支部在民革无锡市委的领导下，深入开展树立和践行社会主义核心价值体系活动，不断加强自身建设，积极提升履职能力，以“立足本职服务锡山建设，建言献策促进地方发展”为理念和特色，围绕区委、区政府中心工作建言献策，为建设文明和谐的现代化新锡山发挥积极作用。民革锡山支部由姜科担任主任委员，汤国良担任副主任委员，李琳担任委员。年末，党员13人，其中市政协常委1人、区政协委员2人。

以践行核心价值为主线，加强思想建设。继续按照民革中央、省委、市委关于开展学习和践行社会主义核心价值体系主题教育活动的统一部署，结合纪念辛亥革命100周年活动和新形势发展及支部自身建设需要，组织学习中国特色社会主义理论体系、科学发展观，学习和践行社会主义核心价值体系；参加民革无锡市委组织的报告会、座谈会、学习培训班和实地考察，定期开展组织生活，不断增强党员接受中国共产党领导的自觉性和走中国特色社会主义政治发展道路的坚定性，进一步增强建设高素质参政党的使命感和责任感，为进一步履行参政党职能和在各自的工作岗位上尽责出力提供强大的精神动力。

以服务锡山建设为大局，积极履行职能。深入开展调查研究，全年重点围绕锡山区未成年人安全教育、锡山区建筑节能工作开展调研。党员刘瑜起草的调研报告《关于锡山区未成年人安全教育现状调研报告》在中共锡山区委民主协商会上进行宣读，被区委统战部评为“2011年度优秀统战调研成果二等奖”，被市政协评为“优秀调研报告”；党员姜科起草的调研报告《关于进一步加强建筑节能工作的建议》在区政协全会期间向大会宣读，被民革无锡市委、区政协评为“优秀调研报告”。广泛开展“一人一提案”活动，全年提交提案11件，3件入选市政协提案。

以公益活动为抓手，积极开展社会服务工作。党员陶碧舸、李华协同无锡新区阳光民生服务中心、东林书院志愿者联盟，为盲人举办公益音乐知识讲座和“第十二次‘心聆感影’为盲人讲电影”等活动。

以支部组织生活为纽带，展现党派合力。加强队伍建设，年内发展新党员1名；加强支部工作制度建设，规范支部工作行为；坚持每月一次组织生活，共商支部工作事宜，为党员提供交流、学习平台。支部在思想建设、组织建设、制度建设、履行职能等方面都取得一定的成绩。5人参加民革无锡市第十次代表大会，党员姜科被选为民革无锡市第六届委员会副主任委员。（姜　科）

中国民主同盟锡山区总支部委员会

【概况】2011年，民盟锡山总支

在民盟无锡市委的正确领导下，以政治交接学教活动为主线，围绕区委提出的率先发展、赶超发展的要求，认真履行党派职能，发挥群体优势，积极建言献策，为地方经济和社会发展作出新的贡献。年末，盟员总数33人，其中市人大代表2人、市政协常委1人，区人大常委1人、区政协副主席1人、区政协常委2人、区政协委员9人，发展新盟员1人。

坚持理论学习，抓好思想建设。民盟锡山总支在继续深入学习邓小平理论、“三个代表”重要思想和科学发展观的前提下，组织盟员认真学习中共中央十七届六中全会精神和多党合作历史与理论，深化对走中国特色政治发展道路的认识，加深对中国政治体制和政党制度的认识。认真开展树立和践行社会主义核心价值体系学习教育活动，进一步提高盟员的思想政治素质。

优化组织结构，做好换届改选。10月10日，民盟锡山总支进行换届改选，毛晨当选为主委，朱含辉、黄静波、周瑛当选为副主委，刘戈平、朱小红、凌骞当选为委员；两个支部进行改选，选举吴冬梅、全纵海分别为第一、第二支部主委。优化组织结构，不仅从组织形式上保证了民盟锡山总支各项工作的顺利开展，而且最大限度地调动了全体盟员参与盟务活动的积极性。

完善制度建设，规范组织生活。领导班子发挥核心带头作用，带头执行民盟锡山总支制定的《关于加强自身建设的九项制度》；班子成员之间坦诚相待，充分发扬民主；关心每个盟员的进步与成长，及时向上级组织和中共组织推荐优秀人才；实行班子成员与盟员的结对谈心制度，关注盟员的思想动态，有针对性地解决思想问题；倾情关注并及时解决盟员生活困难。

深入调查研究，积极参政议政。民盟锡山总支深入开展调查研究，就区委、区政府重大决策积极建言献策。调研文章《抢抓机遇，强势推动，加快新能源动力产业集聚》被区政协评为“优秀提案”；调研报告《赶超发展，加快锡山“两东”地区城市化进程》被区政协评为“优秀调研报告”，并在区政协三届一次全会上作大会发言；调研报告《关于进一步加快我区失地农民市民化进程》被区委统战部评为“2011年度优秀统战调研成果二等奖”，并被录用为中共无锡市委民主协商会交流发言材料。认真做好社情民意工作，在每期《无锡盟讯》上，均有锡山盟务工作的报道，《江苏盟讯》录用6篇，在区委统战部的网站上，报道常态化，信息工作正常有序。

立足本职工作，参与社会服务。企业家盟员项洪伟领导的无锡市洪汇树脂有限公司，成为全球生产氯醋系列树脂最大的公司；企业家盟员段哲领导的江苏新求精不锈钢有限公司，2011年外贸出口额是2010年的200余倍，增幅位列全市前列；企业家盟员黄会伟领导的无锡皮革城，成为江苏省最大的皮革专业市场和游客在无锡购物的首选地之一。民盟锡山总支开展的“四帮一”（盟员在职教师、退休教师、学生家长和优秀学生为特殊群体学生提供帮助）、“为企业服务”两项社会服务工作，均得到民盟无锡市委的表彰。（全纵海）

中国民主建国会锡山区总支部委员会

【概况】2011年，民建锡山总支在民建无锡市委的正确领导下，把全面加强民建锡山总支的思想建设、组织建设、制度建设和作风建设作为重中之重，认真履行参政职能，同心协力，开拓创新，各项工作取得新成绩。年末，会员总数45人。

加强理论学习，思想建设取得新成效。带领会员深入学习贯彻科学发展观，坚持以社会主义核心价值体系为引领，深化坚持走中国特色社会主义道路学习教育活动，重点学习中共十七届六中全会、胡锦涛在纪念辛亥革命100周年大会上的讲话精神和民建会史，努力提高理论指导实践的水平。在学习中会员们注重联系实际，把学习成果转化为谋划发展的思路、履行职能的措施、促进发展的行动。通过学习培训，提高会员的综合素质和履行职能的责任感和使命感，为各项工作的开展奠定坚实的思想理论基础。

积极建言献策，参政议政取得新进展。制定《民建锡山总支工作履职制度》，在报送社情民意、提案收集办理、撰写调研报告等工作上取得积极进展。全年上报社情民意27条，提交“两会”提案14件，涉及交通管理、行政服务、社会管理等方面，数量和质量均创历史最高水平。通过形式多样的调查研究、外出考察、专题协商等活动，形成《发挥政府作用，加速总部经济发展》、《被拆迁中小型企业如何生存与发展》等一批有一定深度、一定力度、操作性较强的调研报告。

强化组织领导，自身建设取得新拓展。注重以会员为本、总支为根，不断提高总支活动的质量，3个支部3月进行改选，6月组织全体会员赴浙江舟山、绍兴等地学习考察，9月组织参观长甲国际社区、京沪高铁无锡东站、宛山荡湿地公园等锡山城市化建设成果。进一步规范组织程序，把好会员入口关，在发展会员中，注重三个结合：数量和质量相结合，机关工作人员和非公经济人士相结合，高学历、高职称人才和经济实力强、政治影响大的人士相结合，全年发展新会员5名。

热心公益活动，社会服务取得新提升。结合民建锡山总支以经济界代表人士为主的特点，积极引导会员参加各种社会公益活动，奉献爱心，回报社会。会员陈振兴和他的“雷锋车队”事迹被《人民政协报》、《团结报》转载。11月19日，民建锡山总支举行关爱儿童结对仪式，窦伟东、陆昕、沈荣伟、高智鹏、许红芳5名企业家会员出资1.5万元与5名家庭贫困、品学兼优的儿童开展结对助学送温暖活动。许强、李忠、沈荣伟、许红芳、吴欣5名会员向社会各界捐款、捐物36.8万元。　　（杨　华）

中国民主促进会锡山区总支部委员会

【概况】2011年，民进锡山总支在民进无锡市委的正确领导和精心指导下，紧紧围绕区委、区政府重点工作，充分发挥自身优势，切实履行党派职能，努力加强组织建设，积极开展社会服务，各项工作取得新成绩。年末，会员总数39人。

【参政议政】坚持“一支部一调研”制度。教育支部调研报告《锡山区农村环境综合整治的现状、问题与对策》在区委与民主党派民主协商会上作专题发言，得到区委领导的重视和肯定，并获区委统战部“给力‘三大战略’助推赶超发展”专题调研报告三等奖。综合支部调研报告《关于加快我区文化创意产业发展的建议》受到区政协领导的肯定。在区政协二届四次会议上，民进锡山总支向区政协提交集体、个人提案9件，全部立案。其中，集体提案《关于大力发展旅游业的建议》、《关于建设镇（街道）残疾人综合服务中心的建议》被区政协列为重点督办提案，并获“优秀提案”；《关于加快我区职业教育发展的建议》等其他提案得到政府各承办部门的认真办理答复，许多建议得到采纳和落实。民进锡山总支十分重视会员对社情民意的收集报送工作，全年向民进无锡市委、区政协等上级单位报送社情民意20条。会员吴虹霞撰写的《关于完善职工代表大会制度、推进民主进程、建设和谐社会的建议》得到民进江苏省委的专门回复，《关于农村中小学生午餐问题的建议》被民进中央采用；会员华利生撰写的《关于尽快更正道路标牌标识的建议》、《关于尽快修缮芙蓉三路、团结路十字路口严重沉陷不平的建议》、《关于尽快改善顺心公司的道路清洁车功能之要求》3条社情民意经区政协报送后被区委主要领导批示并列入跟踪督办事项。进一步发挥民主监督职能。担任政法、纪检、教育、文化、卫生等部门民主监督员的会员，充分发挥作用，积极参加民主监督活动，就行风、政风及部门工作提出多条合理化建议，得到较好的落实和反馈。

【服务社会】10月24～29日，民进锡山总支根据民进中央和民进江苏省委关于“彩虹行动”的要求和部署，在江苏信息职业技术学院（东亭校区）举办江苏民进第十三期“彩虹行动”培训活动，培训贵州省毕节地区金沙县沙土镇的12名电脑教师。各会员充分发挥各自优势，积极投身社会公益服务活动。会员蒋国兴热心参与慈善活动，10月在延安献爱心捐献仪式活动中向延安革命纪念馆捐赠紫砂作品，部分作品经拍卖所得10万元善款捐赠给延安教育事业。会员皮郁清积极响应民进江苏省委“彩虹行动”，向贵州金沙县捐款10万元支持教育事业发展。会员何志奇、尤迎九、章晓东、钱希洁等赴福建、甘肃、新疆、苏北、湖南、浙江、常州、苏州等地上示范课或作专题报告，社会反响良好。

【立足岗位作贡献】全体会员恪尽职守，在不同的岗位上取得更为优异的成绩。会员蒋国兴获“中国陶瓷设计艺术大师”称号，通过研究员级高级工艺美术师的评审，当选上海工艺美术学会紫砂专业委员会主任，作品《圣地十月》紫砂壶、《高风六合提梁》紫砂壶代表国家参加在法国卢浮宫举办的第17届国际文化非遗展，其中《圣地十月》紫砂壶由组委会永久收藏。会员刘水长组织带领基建审计人员为政府节约工程投资近8亿元。会员王立波获“第二届无锡市优秀律师”称号。会员殷玉婷在北京演出的大型纪实音画锡剧《天下第一村——吴仁宝的风采》深受业界好评。会员钱万丰在推动就业、加强社会保障、协调劳动纠纷等方面做了大量卓有成效的工作。在第八届残疾人运动会上，由会员盛玉红担纲领军人物的女子坐式排球队获得冠军。会员尤迎九获“江苏省初中教学研究先进个人”、“锡山区教育能手”、“锡山区关心下一代先进个人”称号。会员章晓东作为无锡教育代表团成员到中国香港参加校长交流，被无锡市教育局聘为首批无锡教育专家委员会委员；会员钱希洁获江苏省“蓝天杯”英语会课一等奖，专著《英语语篇教学论》出版，钱希洁作为《江苏教育》2011年第五期“呼唤名家”的栏目人物被隆重推介。

【加强基层组织建设】组织全体会员认真学习中共中央十七届五中、六中全会精神和中共中央总书记胡锦涛在庆祝中国共产党成立90周年大会上发表的重要讲话，深入开展关于社会主义核心价值体系重要思想的研讨；组织新会员认真参加民进无锡市委组织的新会员培训；安排党派骨干参加中央社会主义学院、江苏省社会主义学院的培训学习；参加“同心行，肝胆相照”锡山区政协与党派团体座谈会，交流民进锡山总支自觉接受中国共产党的领导、与人民政协合作共事、发挥党派作用的体会；会员殷玉婷代表民进锡山总支参加锡山区政协主办的“永远跟党走”纪念建党90周年红歌咏诵会，并获“优胜奖”；会员章晓东参加无锡市委组织部、统战部组织的第22期非中共中青干部培训班并任班长，获“优秀学员”称号。各支部先后开展丰富多彩的学习、交流和考察活动。退休支部组织会员赴淮安市参观周恩来纪念馆，赴泰州市参观“中国人民解放军海军诞生地纪念馆”，接受革命传统教育。教育支部、综合支部分别赴常熟沙家浜、溧阳开展革命传统教育活动。民进锡山总支与民进同济大学委员会第二支部开展交流活动；与民进惠山总支在天一中学开展交流活动，就两区民进的组织建设、参政议政等方面进行交流。建立基层组织工作情况电子数据库；积极向民进无锡市委报送信息20条，大力宣传工作动态，取得良好成效。在民进江苏省委第六次全会上，民进锡山总支获“彩虹行动”贡献突出单位。

（钱希洁）

中国农工民主党锡山区基层委员会

【概况】2011年，农工党锡山区基层委员会以理论学习为抓手加强自身建设，围绕区委“三大战略”目标，认真履行职能，积极开展“健康同行”社会服务，各项工作成效显著。年末，会员总数68人，其中市人大代表和政协委员各1人、区人大代表5人、区政协委员11人。

以思想建设为主线，不断加强队伍建设。坚持两月一次学习，加强骨干队伍的思想教育和理论学习，用骨干带动全体的形式确保学习的实效。以纪念中国共产党建党90周年和辛亥革命100周年为主线，及时组织学习胡锦涛在庆祝中国共产党成立90周年大会和纪念辛亥革命100周年大会上的讲话，提升会员的使命感以及接受共产党领导的自觉性。组织学习“十二五”规划，帮助会员知情明政，更好履职。

以发展与民生为重点，认真履行党派职能。围绕“维护劳动者权益，强化企业社会责任，发挥工会作用”等主题，走访基层，调研文章《切实加强维护劳动者合法权益》在区委民主协商会上作交流。围绕“三高联动”战略开展调研，调研文章《深化高端合作，助推赶超发展》被区政协评为“优秀调研报告”。年内向市、区“两会”递交集体及个人提案10件，涉及卫生事业、“530”项目创业氛围、老锡沙线改造、社区志愿者队伍建设等。全年上报社情民意20余条，会员侯光明提出的《工运路旧货市场影响古运河景观改造》经分管市长现场办公协调解决，获“无锡市政协优秀社情民意奖”；有两条社情民意经区委书记朱爱勋批示后得到落实。各类特邀员认真了解受聘部门的工作特点和业务知识，积极发挥作用，会员孙伟被区政协评为“优秀民主监督员”。

以创先争优为抓手，夯实组织工作基础。继续开展创先争优活动，积极稳妥地做好组织发展工作，全年发展新会员4名。认真配合区委统战部做好后备干部推荐考察，为人大、政协换届和基层委员会改选做好准备。在农工党无锡市第十一次代表大会上，石国洪当选为市委常委，王钺为市委委员。各支部结合自身特点开展形式多样的活动。建立QQ群，为会员间的交流提供新平台。有针对性地加大宣传力度，及时在《无锡日报》、

《无锡农工》、《新锡山》等媒体上报道“健康同行”活动，并在《新锡山》刊发专版《发挥优势、务实为民》，全面介绍“健康同行”活动的开展情况。

以“健康同行”为载体，创新社会服务模式。打造“实用、可行、可持续”的社会服务新模式，拟定《农工党锡山区基层委员会实施“健康同行”社会服务方案》、《支援锡北社区卫生服务中心“健康同行”活动实施细则》。从3月起以专家门诊等六个项目为重点开展社会服务活动。全年专家门诊近1000人次，开展业务讲座4次，开展临床带教，提升基层的诊疗水平；安排多名患者去上级医院诊疗，一定程度上缓解“看病难”问题；从事审计、环保、医院管理的会员有针对性地辅导社区卫生服务中心相关工作；公共卫生专家在八士村、泾新村、斗山花苑小区全面推行国家基本公共卫生服务项目，探索实施慢病管理和健康档案动态管理。11月5日组织专家举行“健康同行”大型义诊活动，提供义诊和健康咨询1000余人，免费测血糖170余人，做彩超、心电图300余人，测血压500余人，发放宣传手册2000余份，健康礼盒400份。“健康同行”活动使当地群众获得优质医疗服务，全区社区卫生服务中心的业务和管理水平显著提高，年终考核列全区第一，群众满意度得到提升。鉴于在社会服务方面的成绩，主委石国洪被农工党中央评为“2008～2011中国环境与健康宣传周先进个人”。

以岗位奉献为导向，发挥自身优势。开展“一岗双职”履职调查，激发岗位奉献的热情，年内在省级以上期刊发表论文13篇，有两人走上单位领导岗位，会员冯建良领导的区卫生监督所获“江苏省医疗服务监管示范单位”称号；会员吴德正获“2008～2010年度农业部农技推广二等奖”；会员王春波在农工党无锡市委“春雨助学”中认捐3万元，还为其他公益活动捐赠3万元；会员惠利民、徐科威、华巍峰被区政协评为“岗位作贡献优秀委员”。（王 钺）

九三学社锡山区基层委员会

【概况】2011年，九三学社锡山区基层委员会在九三学社无锡市委的领导和关心下，以科学发展观为指导，围绕区委、区政府中心工作，进一步推动思想建设、制度建设及组织建设，以班子建设带动队伍建设，以队伍建设促进整体素质的提升，不断提高政治把握能力、参政议政能力和服务社会能力，九三学社锡山区基层委员会持续、健康发展，各项工作取得新成绩。年末，会员总数37人。

【参政议政】紧紧围绕区委、区政府经济转型、科技创新、人才建设、民生保障、文化建设、农业现代化等中心任务，以及“十二五”规划的实施，深入开展调查研究，积极履行党派职责，为锡山区经济建设和社会发展建言献策。全年撰写社情民意及信息29篇，从文明建设、教育、制度建设、企业发展、交通问题、消防问题等不同层面多角度反映民生民意。全年提交17篇提案，其中社员谢旭东、殷晓伟代表提案委员会撰写的《关于进一步加强全区农贸市场建设和管理的建议》、《全力推进农村连片整治，奋力开创生态文明建设新局面》、社员张健明代表人口资源环境和城乡建设委员会撰写的《关于完善我区住宅小区社区管理的建议》、社员蒋红梅代表经济科技委员会撰写的《关于加强我区蔬菜基地建设的建议》4件提案在政协会议中被列入十大重点提案，并被评为“优秀提案”。全年形成《文化惠民，体育强民——关于锡山区文体事业发展的调研报告》和《稻花香里说丰年——关于加速推进锡山企业上市的建议》2篇调研成果，有针对性地提出科学发展的建议、意见，供区领导决策参考，得到有关领导和部门的高度重视。《稻花香里说丰年——关于加速推进锡山企业上市的建议》，得到区委主要领导的高度重视，区委将该文作为内部参考文献印发有关领导和部门，并召开专门会议推动该项工作的开展。

【岗位奉献】各社员立足岗位，敬业爱岗，为全区经济社会发展建功立业。社员华军获“2011年无锡市环保局百日环境宣传服务活动先进个人”称号，社员殷晓伟、张健明被区政协评为“岗位作贡献优秀委员”。吴杰、何晓阳、戴飙、袁煜庆等企业家社员，迎难而上，努力提高企业管理水平，确保企业绩效稳中有升。其中，何晓阳领导的无锡汉神电气有限公司获“国家级重点新产品”、“中国中小企业管理提升标杆企业”、“江苏省创新型企业”等十余项荣誉；戴飚领导的无锡海联舰船内装有限公司被评为“无锡市高新技术企业”，公司生产的产品被评为“江苏省高新技术产品”，并被列为科技部、财政部创新基金项目。江苏申锡建筑机械有限公司总经理吴杰被确定为江苏省首批“科技企业家培育工程”培育对象，参与的“ZYP100高处作业悬挂座椅技术研究与产业化开发”项目获得“2011年无锡市科学技术进步奖”，个人的发明专利“吊篮用提升机工作机构”获“2011年第四届无锡市专利奖优秀奖”。

【社会服务】不断完善“九三学社专家工作站”的运行机制，建立信息渠道，收集、整理涉农专家项目、农业专家研究方向和业务特长等信息资料，依托羊尖水产合作社和晨东休闲农庄有限公司两个“九三学社专家工作站”，探索专家与农业生产对接的长效机制。专家站充分发挥九三学社专家的联合、协作优势，促进农业科技与经济紧密结合，建立以企业为主体、市场为导向、产学研用相结合的农业技术创新体系。企业家社员们积极回馈社会，热心开展捐资助学、帮贫助困等公益活动。全年各企业家社员为各项社会福利事业及机构捐款40余万元。企业家社员吴杰、戴飚当选为无锡市光彩事业理事会理事；社员何晓阳、吴杰被九三学社中央评为“全国国际科技与和平周活动先进个人”。

【基层组织建设】深入开展组织领导班子建设活动，进一步加强领导班子的思想建设、制度建设、能力建设和作风建设。在九三学社锡山区委员会一届二次会议上，进行届中调整，在原有领导班子的基础上，增补3名委员，2名副主任委员，所属三个支社成员相应进行调整；积极参加区委、区政府组织的民主协商会等活动，与各兄弟党派交流互动，相互学习，提高组织管理的工作水平。进一步加强核心价值体系教育，以庆祝中国共产党建党90周年、纪念辛亥革命100周年等重大庆典纪念活动为契机，积极撰写纪念建党90周年征文，同时积极参与九三学社无锡市委及区政协组织的“永远跟党走”纪念建党90周年红歌咏诵会等活动。年内有6名社员参加市委统战部组织的新社员培训，增强政党意识、责任意识、奉献意识。年内有5人加入基层委员会，分别来自教育、卫生、开发区、科技企业等领域，优化了基层委员会的结构。完善并执行《九三学社锡山区基层委员会组织活动制度的实施办法》、《九三学社锡山区基层委员会信息报送制度实施办法》等各项制度，加强考核，保障了基层委员会各项组织管理工作在制度化、规范化、程序化轨道上有序顺利开展。（周红亚）

锡山区工商业联合会

【概况】2011年，区工商联紧紧围绕全区中心工作大局，始终紧扣促进非公有制经济健康发展和非公有制经济人士健康成长的工作任务，找准定位，积极履职，主动作为，突出特色，助推全区经济发展，促进社会和谐，各项工作取得新的进展。

【深入调查研究】抓好调查研究。结合企业面临的发展形势，研究确立调研方向，深入企业走访，从“工商联如何在工资收入倍增中发挥作用”及“关于加强企业新生代队伍建设的思考”两个方面开展调研，调研报告得到相关部门的好评。召集企业就“制造业发展环境”开展专题座谈调研，无锡锡州机械有限公司、江苏新日电动车股份有限公司等十余家企业围绕制造业的生存环境等话题热烈发言，了解企业心声，为区委、区政府提供决策信息。抓好企业交流互动。召集部分企业开展交流互动，在创新转型、提升素质和内部管理等方面开展交流座谈，在互动中帮助企业吸收成功经验；听取企业对发展环境的意见、建议，协调解决困难问题，促进企业的共同进步。开展区政协工商联界别委员座谈活动，学习《市委、市政府关于贯彻中共中央国务院关于加强和改进新形势下工商联工作的意见的实施意见》。抓好典型宣传工作。努力发掘全区会员企业中的先进典型，发挥其榜样、先进示范作用。江苏申锡建筑机械有限公司、江苏林芝山阳集团有限公司等企业的成功经验得到省市工商联的关注。

【提升企业素质】开展企业新生代培训。组织无锡兴达泡塑新材料股份有限公司总经理华啸威等11人参加“无锡市企业新生代走进北大培训班”活动，帮助学员们进一步认清中国经济社会发展格局，把握新生代成长的规律，增强争做中国特色社会主义建设者的信心。组织多种形式的学习活动。组织企业参加“五项修炼打造卓越团队”等主题讲座，帮助企业提升管理水平。各镇（街道）商会依靠浙江大学等高校，积极开展各类培训活动，加大普及性培训力度，强化企业家能力建设。组织企业外出学习考察。分别组织企业赴苏北、贵州等地考察，与当地工商联组织开展交流互动，并实地考察当地的投资环境；组织企业参加在西安举办的中国东西部合作与投资贸易洽谈会，为企业走出去发展搭建平台。

【推进企业和谐建设】开展诚信企业建设。进一步加强企业诚信文化建设，在全区会员企业中继续开展争创“守信用、讲信誉、重信义”活动，无锡兴达泡塑新材料股份有限公司等企业被评为“2010年度无锡市‘守信用、讲信誉、重信义’企业”。引导企业积极投身新农村建设。锡北商会强化“百企联百村，共建新农村”工程的长效管理，继续做好推进工作，累计筹集结对资金2100余万元。大力弘扬光彩事业。在无锡市慈善总会第四届会员代表大会上，无锡兴达泡塑新材料股份有限公司成为首批市慈善总会冠名认捐企业，被授予“无锡慈善突出贡献奖”。区工商联与区委统战部、区教育局等部门联合开展无锡光彩事业盾建尊师重教中秋座谈会，为全区退休老校长及退休优秀教师代表约50人送去节日的问候。全区会员企业积极参与扶贫帮困，向社会弱势群体送去关爱，获得社会各界的充分肯定。

【强化服务职能】积极发挥桥梁纽带作用。发挥区工商联横向联动优势，挖掘自身潜力，加强与各级政府职能部门和中介机构的联系，为全区企业提供信息咨询、法律维权等方面的服务。借助市工商联平台，协调联络市建设局、市民政局等部门，帮助相关企业在市级层面上解决困难和矛盾。认真抓好条线工作。开展全国工商联上规模民营企业调研工作、江苏省工商联民营企业履行社会责任调查统计工作、2011年度省市年度行业领军人物推选工作、2010年度江苏省民营企业就业先进和纳税先进推荐工作。主动做好协调工作。帮助锡山电动车协会做好协调工作，做好第六届中国轻型电动车展览会政府扶持资金的申请工作，落实政府扶持资金80万元，累计落实扶持资金450万元。

【强化基层组织建设】积极发展村级商会组织。组建成立东港商会科技创业园分会和东港商会湖塘桥分会两家村级商会，为整合区域资源、加强企业自律、打造团队优势、推动地方经济的快速持续发展发挥作用。认真抓好协会工作。以协会归口管理为契机，逐步理顺与各协会的关系，加强与各职能部门的合作，全区经济类行业协会运作进一步规范。督促做好协会年检工作，部署开展协会小金库治理专项整治工作，注意协调协会与原主管职能部门的关系，使协会在实施归口管理后能继续得到原主管部门的支持和关心，发挥原有的职能作用。着力加强商会自身建设。改进和加强各级商会、协会的内部管理，完善工作制度，强化考核评比，进一步规范商会运作程序，提高基层商会、行业商会、行业协会的服务能力。主动衔接，深入走访，认真做好开发区商会的筹备工作，各项准备工作基本就绪。

【区工商联第三次会员代表大会】12月1日，锡山区工商业联合会第三次会员代表大会召开，全区的150名非公经济代表出席会议。区工商联主席周挥作了题为《搭建平台、完善服务，争当民营企业贴心人，努力为锡山率先基本实现现代化贡献力量》的工作报告。区委书记朱爱勋作重要讲话。大会选举产生区工商联第三届执委会委员75名，周挥当选为锡山区工商联第三届执委会主席，金云元、梅锦明、戈兴栋、华若中、吴坚、钱汉青、许运枫、王茂、杨建林、钱云皋10人当选为副主席，戈兴栋兼任秘书长。会议聘请周海江、杨仲华、张文宝为名誉副会长。大会通过区工商联第三次会员代表大会决议草案，并向全区非公有制经济人士发出《坚定创新求活力，共铸锡山新辉煌》的倡议书。（戈兴栋）

锡山区无党派代表人士联络委员会

【概况】2011年，区无党派代表人士联络委员会不断健全各项制度，积极发挥组织优势，自觉服务于“幸福锡山”建设，在参政议政、民主监督、自身建设和岗位奉献等方面积极开展工作，为全区的经济转型发展和社会和谐建设作出贡献。年末，成员总数16人，其中市人大代表1人、市政协常委1人、区政协常委6人、区政协委员4人；年内1人加入中国共产党，新增新成员1人。

认真加强自身建设，着力提高成员素质。深入学习领会中共十七大和十七届四中、五中、六中全会精神，按照《锡山区无党派代表人士联络委员会工作规则》，正常有序开展联委会各项组织活动。组织联委会全体成员认真学习统战理论和章程，积极参与各项专题学习培训等活动，成员的政治素质、大局意识、责任意识不断提升。积极参加区委、区政府召开的协商会、座谈会和通报会，认真组织成员参加区委统战部组织的“学习和践行社会主义核心价值体系”专题讲座，进一步统一思想，提高履职水平、领导水平、参政水平。

不断健全组织制度，切实增强参政能力。按照年初工作安排，围绕全区文化体育事业的发展和壮大，组织全体成员到锡北镇周家阁村村委会进行实地调研，调研报告《倡导全民健身，服务幸福锡山建设》，得到区委、区政府和有关部门的重视。围绕全区最低生活保障制度的完善和提升，与区民政局、教育局、残联等有关部门和各镇（街道）多次进行研讨，撰写的《切实关爱特困群体，着力保障民生和谐》被区政协评为“优秀调研报告”。围绕事关全区转型跨越发展主题、人民群众关心的焦点难点问题，深入基层调查研究，积极建言献策。全年提交调研报告2篇、提案9件，反映社情民意6条。

坚持立足本职岗位，全面提升服务成效。各成员坚持立足本职岗位，把爱岗敬业作为践行党外人士核心价值观的基本平台，从本职工作做起，在完成任务中见成效，充分展现联委会成员的风采。同时，时刻不忘做好社会服务工作，成员及成员所在企业积极参加“慈善一日捐”及向镇村捐款的活动，树立联委会良好的社会形象。

（吴　琦）

编辑：吴　双

【锡山区文化名胜掠影】

植福庵和古戏楼

植福庵位于鹅湖镇荡口青荡村薛司娘桥，建于清嘉庆年间，距今200多年。内建有一座古戏楼，建筑面积72平方米。每逢庙会或节庆日，当地村民便邀请各地戏班到该地演出。古戏楼成为江南地区保存的两个半古戏楼中的一个，虽历经风雨，仍然完好无损。20世纪90年代中期，经有关部门出资重修，植福庵面貌焕然一新。每逢农历三月半，民间又恢复薛司娘桥民俗节场。届时四乡八村群众集聚该地，举办集商贸、民间文艺表演为一体的庙会活动。2006年，植福庵及古戏楼被列为江苏省文物保护单位。

5月17日，民盟无锡市中等教育专委会调研甘露学校 （《新锡山》 供）

江苏民进第十三期彩虹行动（无锡锡山）培训班开班仪式

（锡山民进总支 供）

“健康同行”大型社区义诊活动 （《新锡山》 供）

锡山区工商联第三届执行委员会第一次全体会议 （区工商联 供）

锡山区委与党外人士专题民主协商会 （《新锡山》 供）

人民团体

锡山区总工会

【概况】 2011年，锡山区各级工会按照区总工会二届九次全委（扩大）会议提出的总体要求，扎实工作，全面完成年度各项目标任务。区总工会《关于在全区村级工会中开展“一、二、三创新工作”》获“无锡市总工会突出贡献奖一等奖”。区总工会组织的以“促进职工素质提升、促进经济转型提升和促进职工幸福指数提升”为主要内容的深化“共同提升行动”项目，被无锡市总工会评为“创新成果奖”。全区基层工会4913个，会员14.5万人，工会组建率和职工入会率分别为98%和97%。

【开展深化“共同提升行动”】 1月18日，区总工会联合区人保局在无锡吉兴汽车部件有限公司，召开六个产业职工培训基地授牌暨深化“共同提升行动”启动仪式。各镇（街道）和六个培训基地均制定2011年度职工培训规划，各企业制订培训计划，采取订单式、引导式、互帮式、自助式和送出式五种形式，组织职工培训。全区举办各类培训班178期，近7万名职工参加业务和文化知识的学习，有2.45万名职工的业务技能和文化程度得到提升。3月1日，区总工会在无锡恒田纺织品有限公司举行女职工素质教育示范点揭牌仪式，动员和组织女职工在教育培训和经济建设中发挥“半边天”作用。组织万名职工进行学习“十二五”规划知识竞赛。联合区文体局组织篮球、拔河等五场体育比赛，参与职工1000余人，丰富了职工的文化生活。各级工会开展争创“工人先锋号”和争当“金牌工人”的活动，在全区庆“五一”国际劳动节大会上表彰30名“金牌工人”、20个“工人先锋号”、20名技术操作能手和10名“最佳金点子”建议者。7月5日，区总工会与区人保局联合组织举办建功“十二五”创新创业劳动竞赛活动暨2011年车工、数控车工职业技能大赛，30家企业的70名选手参加比赛。全区各级工会组织劳动竞赛、技能操作比赛516场（次），涌现出一批先进集体和个人。7人被评为“江苏省劳动模范”、“江苏省先进工作者”，东港镇南方电器有限公司李明杰获省“五一”劳动奖章和职工科技创新成果奖，区总工会和红豆集团分别被评为无锡市“十一五”劳动竞赛先进组织单位和先进集体。任启寿劳模创新工作室被市总工会命名为“无锡市劳模创新工作室”。区总工会与区科技局联合下发《关于开展锡山区职工创新成果奖评选活动的通知》，并积极指导基层组织职工广泛开展技术创新活动。12月初，区总工会、科技局、人保局联合表彰10个先进集体和23项优秀成果。

【全面开展村级工会创新工作】 在全区村级工会中，全面开展“一、二、三创新工作”，并取得丰硕成果。2009年年底，区总工会下发《关于在全区村级工会中开展“一、二、三创新工作”的意见》，在各村（社区）设立一个工会服务窗口，建立职工教育培训、职工文体活动两个中心，完善劳动争议调解、职工困难援助、职工就业指导服务三个站的设施和运行机制，掀起新一轮村级工会工作的达标活动。2011年，各村级工会认真开展“一、二、三创新工作”，取得初步成效。工会组织逐步健全。全区116个行政村（社区）全部成立村（社区）工会联合会，全区工会组建率和职工入会率均在97%以上。职工合法权益得到有效维护。各村级工会认真代表基层工会处理重大问题，全区村属企业来信来访672件（次），结案率99%，发生劳动争议256件（次），基本得到圆满调解。各村级工会继续坚持村区域职代会和工资协商制度，年内均召开职工代表大会，签订区域工资集体协议，较好地维护了企业职工的政治和经济权利。企业和职工获得双赢。各村级工会举办职工培训班356期，受教育职工近2万人。各村级工会组织企业职工开展技能练兵、技术交流等活动316次，征集职工合理化建议1200余条，取得较好的经济效益，为企业的发展作出贡献。11月10日，区总工会在区委党校召开工会参与加强和创新社会管理推进会议，授予东港镇华东村工会联合会等4个村级工会“锡山区工会工作先进村”称号，授予东亭街道庄桥社区工会联合会等21个村级工会“锡山区一、二、三创新工作达标村”称号。全区累计83个村级工会达标，17个村级工会被评为先进单位。

【维护职工合法权益】 年初，区总工会召开2011年工会民主管理工作推进会，下发区总工会《关于进一步加强职代会制度建设的意见》。7月，区总工会召开工资协商工作推进会，组织工资集体协商指导员、谈判员进行培训，对考试合格的130名学员发放聘书。各企业工会根据企业的生产经营状况，通过职代会等民主管理形式，与企业签订集体合同，动员团结职工为企业转型升级集群智、聚群力、多贡献。全年有4416家企业签订工资集体协议，签订率在98%以上，进一步保障了企业职工的权益。区总工会联合区人保局、区经信局，抽查20家企业工资集体协商工作和最低工资标准执行情况。各级工会认真抓好工会劳动法律工作。区总工会举办工会劳动法律知识培训班，进行广场法律宣传4次，发送各类劳动法律资料3600余册。区总工会受理职工信访48起，办理劳动争议仲裁案27件，法院委托调解26件。组织3400余家企业参加“安康杯”竞赛活动。

【注重为职工办实事】 元旦春节期间，全区各级工会开展走访慰问活动，全区各级工会筹措资金280万元，慰问困难企业53家，慰问困难职工2134人次，为49名劳模发放荣誉津贴2.34万元。为29名低收入劳模发放生活困难补助金31万元，为90名劳模发放春节慰问金4.5万元，为全区300余名劳模每人赠送报纸一份，组织劳模赴济南旅游观光。全年新建40个“职工书屋”示范点，在110家企业放映红色电影。区职工互助互济会全年新增会员2500人，审核补助患大病职工50人次，发放互助金16.84万元。组织20186人参加无锡市在职职工住院医疗互助保障项目。全区各级工会为劳动者提供就业再就业信息1562条，介绍就业4100人。

（李 胜 金小洪）

共青团锡山区委员会

【概况】 2011年，锡山各级团组织和广大青年按照“两个全体青年”（团的基层组织网络覆盖全体青年，团的各项工作与活动影响全体青年）的根本要求，在区委和团市委的正确领导下，以实施“青春燎原计划”为抓手，切实履行组织青年、引导青年、服务青年、代表和维护青少年权益四项基本职能，全区共青团和青年工作稳步、有序发展，取得了一定成效。全区14～28周岁青年7.28万人，团员29865人，直属团组织19个，基层团支部（总支）869个，年内发展新团员2365人。

【基层团组织建设】 积极探索多种有效途径，以行业协会、大型市场、专业园区等为重点，采取独立建、依托建、联合建等灵活多样的设置方式，全面推进共青团在“两新”组织中的覆盖面。2011年，全区新增“两新”组织110家。在完成量化指标的基础上，更注重培育特色亮点。以“两新”组织“四有”（有团组织的阵地和共青团痕迹、有结合自身特点的团项目和团活动、有规范完整的台账资料、有青年的活动场所）团建标准推进工作。同时，通过“青春邀约”访谈，将挖掘出的青年骨干推荐到共青团的岗位上，实现建团与团建的同步推进、全面活跃。年内皮革城市场团建、电动车行业团建、东港水产养殖专业合作社团建、锡北流动团校建设等项目都取得一定的成效。推进基层团组织格局创新，联合区委组织部制定下发《关于基层团组织格局创新暨“百日创新”团建行动的实施意见》，吸引各界青年能人参与组织格局创新的工作。同时，注重结构合理，高质量选配，全区9个镇（街道）的团（工）委委员从56人增加至95人，平均年龄28.4岁（其中28岁以下44人，占委员总数的46.3%）；党员52人，占委员总数的54.7%；大专以上学历93人，占委员总数的97.9%。基层团组织的工作力量明显增强，团干部整体素质显著提高。

【青少年教育引导工作】 全年各级团组织广泛开展各类“青春邀约——话团建、话成长、话榜样、话转型”等主题活动，深入开展团干部基层大走访活动，主动访谈“三创”载体青年、外来务工青年、新市民子女、农村青年等不同群体，倾听青年心声、掌握青年信息、传递主流意识、寻找青年骨干，全年开展各类访谈196次，有效影响青年2700余人，发现青年骨干32人。开展“青春榜样”评选活动，营造良好的社会风尚。以“新时期需要什么样的青春榜样”和“我的青春榜样在哪里”为主题，在广大团员青年中发起一场寻找“我身边的青春榜样”征集评选活动，借助论坛、微博等新媒体，发动5.94万名青年参与网上活动，528名青年被推举为“青春榜样”候选人。同时，举办“五四”集中表彰、“青春榜样面对面”系列座谈会等活动，引导广大青年学榜样、争当榜样。通过开展一系列活动，搭建青春榜样与团组织常态化联系平台，增进青春榜样和团组织的感情，一大批青春榜样成为全区团建工作的有效力量。开展“青春辉映心向党”活动，加强理想信念教育。以“五四”运动92周年、建党90周年等为契机，强化青年思想教育。以“青春辉映心向党、我与锡山共奋进”为主题，在全区开展青年演讲比赛、主题座谈会、志愿服务活动、红歌传唱、红色短信、“我为党的生日开Party”、“我来讲个党的故事”等活动，坚持用社会主义核心价值体系引领青少年，坚持不懈地为党做好青年群众的思想工作，加强青少年理想信念教育。

【加强先进文化引领工作】 以培育青年创新创意文化为主线，开展锡山优秀学子V-park体验活动，全面了解“三创”载体的功能；开展“高铁生活，幸福起航”青年寻访活动，引导青年关注锡东新城的开发建设；以传承地方传统特色文化为主题，开展寻访荡口古镇、参观中国乡镇企业博物馆、“体验锡剧艺术，感受传统文化”青年文化秀等活动，推动青年深入体验和传承锡山丰厚的地方特色文化。积极运用新媒体“网聚”青年，开通“锡山青年汇”、“厚花园”厚桥青年七彩微博、锡北青春零距离等微博媒介及“锡山共青人”QQ群、“青春爱立方”QQ群等新平台，开展“青春榜样”评选、七夕情人节“微博话爱情”、热点话题讨论等活动，向团员青年传递团情动态，听取和收集青年网络民意和合理利益诉求，更好地开展服务和引导青年的工作，扩大共青团工作的覆盖面和服务面，增强团组织的凝聚力和影响力。

【促进青年就业创业】 开展青年“创业导航计划”。继续深化“创业致富3＋1”工程，聘请水产养殖、花卉苗木、果品菌菇、茶叶等方面的12名专家和创业致富能人组成导师团，先后开展技术指导、管理经验交流等活动。发挥小额贷款公司贷款担保方式灵活等优势，将邮政储蓄银行锡山支行、锡山区阿福农村小额贷款有限公司等纳入工作体系，为农村青年的创业提供有效资金保障。开展青年“就业护航计划”。积极开展就业技能培训工作，联合区人保局、区农林局、锡山中等专业学校等单位，先后举办2011年度青年就业培训班，SYB（创办你的企业）创业培训等活动，全年培训就业、创业青年750人次。积极整合各方资源，提供就业岗位，举办“日出锡山”青年专场就业招聘会2场，联合区青联、区青商会开展“送岗位进社区”系列活动，提供岗位800余个。新增无锡温馨花卉园艺、无锡速捷脚手架工程有限公司等4家区级“就业创业见习基地”，为青年提供实践机会，实现阶段性就业。实施青年技工“青蓝工程”。面向企业青年，做好青年技能人才服务工作。以技能大赛为平台，发现、培养优秀青年技能人才。联合区人保局组织开展“锡山区职业达人技能比武大赛”，60余名优秀青年职工参赛，30名青年职工被授予中高级工职业资格。

【推进青联青商工作】 发挥区青联、区青商会典型示范作用，引领全区青年创先争优，支持地方转型发展。引导青商会投身创新创业。举办“创新企业管理理念，服务锡山转型发展”2011年锡山区青商会企业家青岛培训班。成立锡山区青商会“创业成长”基金，更好地引导青年企业家创新创业，服务锡山经济社会发展。引导青联服务赶超发展。11月，锡山区第四届青年联合会第一次全体会议召开，一大批优秀的青年有效凝聚到青联组织中，为锡山共青团工作的广泛深入奠定坚实的基础。开展青联委员“建设人才高地”大讨论，青联常委畅谈青年工作，青联委员畅谈鹅湖古镇开发，为锡山建设发展出谋划策。

【维护青少年合法权益】 深化预防青少年违法犯罪工作。继续发挥区预防青少年违法犯罪观察团的作用，重点关注、及时解决问题青少年的学习、生活、思想问题。进一步推进“未成年人零犯罪社区”创建，确保全区“未成年人零犯罪社区”创建率在97%以上。全面启动闲散青少年服务管理和预防犯罪工作，对排查出的258名无职业的闲散青年和85名不在学的闲散青少年进行分类，开展“青春红丝带123计划”，围绕“暖心、助业、引航”三大主题，努力服务闲散青少年成长成才，助推社会和谐稳定。深入开展共青团与人大代表、政协委员面对面活动。邀请人大代表、政协委员进企业、进农村，参与调查研究，通过召开座谈会与人大代表、政协委员交流当前青少年的普遍利益诉求，形成《新生代农民工精神文化生活状况的调研报告》，推动相关问题的解决和相关政策的出台。不断扩大弱势群体帮扶范围。启动关爱农民工子女“青春助苗”行动，开展“促学习、乐成长、看城市、爱同行”四大活动，在春蕾小学等农民工子弟学校开展青商会“星”基金爱心助学、“六一”国际儿童节免费观影专场等活动。继续开展“手拉手”爱心夏令营关爱孤儿行动。整合社会资源，扩大“希望工程”资金募集渠道，成立锡山青商“星”基金，“圆梦行动”全年结对助困50人次。（虞　钢）

锡山区妇女联合会

【概况】 2011年，区妇联围绕“抢抓机遇、逆势赶超”工作大局，以建设“坚强阵地”、“温暖之家”为目标，以科学发展观为指导，以党群共建创先争优为动力，以深化家庭美德建设、大力开展家庭文化建设为主线，积极履行职能，努力开拓创新，全区妇联工作取得新发展。

大力推进全区妇女儿童事业发展，5月召开妇女儿童工作会议，总结全区“十一五”期间妇女儿童事业取得的成果，表彰区妇女儿童工作先进集体12个、先进个人37名；年内圆满完成区“十一五”妇女儿童发展规划终期监测评估工作。强力推进基层“妇女儿童之家”建设。全面开展“妇女儿童之家”达标建设，东港镇黄土塘村被评为“江苏省妇女儿童之家示范点”，东亭街道春合苑、羊尖镇宛山村被评为“无锡市妇女儿童之家示范点”。在全区开展“维护妇女权益示范岗”创评工作，命名区检察院等17个单位为“锡山区维护妇女权益示范岗”。深化“巾帼建功”活动，9月召开全区“巾帼建功”活动现场推进会，下发《锡山区“巾帼文明岗”创建标准》；认真组织参加市“巾帼建功”图片展，获一等奖。推进村（社区）女性进“两委”（村、社区共产党员支部委员会和村民自治委员会、社区居民委员会）工作，在全区116个村（社区）委员会中，有女委员的村（社区）114个，在114个村（社区）党组织中，有女委员的村（社区）109个。深入做好“两新”组织中的妇代会建设，重点加强行业、市场、园区等特色领域妇女组织的建设，全区“两新”组织中建立妇女组织103个。2011年，全区有镇（街道）妇联9个，村（社区）妇代会（妇联）116个，机关妇委会11个，基层妇女组织组建率100%。

【开展家庭文化系列创建活动】 以“家和万事兴”为主题，在成功开展家庭美德系列创建活动的基础上，深入开展家庭文化系列创建活动。在全区评选出书香家庭、环保家庭、才艺家庭、健康家庭、收藏家庭等特色文化家庭56户，使科学、文明、健康的生活理念深入千家万户。举行家庭文化系列创建活动启动仪式暨特色文化家庭风采展示，“健身你我他，幸福进万家”家庭健身趣味比赛，区全健排舞比赛，区家庭书画、摄影、环保作品展等活动。家庭文化创建活动全面生动地展示了全区家庭文化建设成果，得到广大妇女群众和社会各界的充分肯定，成为特色活动和品牌活动。

【妇女创业就业帮扶】 巩固“政府主导、妇联参与、妇女受益”的妇女培训新格局。各级妇联细分培训对象，对失业失地、贫困妇女等弱势群体开展就业技能培训，对农村女致富带头人、创业妇女、女大学生进行创业发展培训，对在职妇女、女职工开展业务素质和岗位技能培训。在培训内容上寻求新突破，除绒线编织、家政服务等传统内容外，新增电脑制图、SYB创业培训等新内容。全区妇联系统举办就业创业培训班15期，培训各类妇女1158名。开展“双学双比”（学文化、学技能，比发展、比贡献）活动。通过倡导巾帼科技结对、建立扶持农村妇女创业示范基地、组建专业合作经济组织等多种形式，引导妇女积极投身社会主义新农村建设。年内结成农村妇女致富帮扶对子40对，新建厚桥街道中东村桃梨专业合作社、东北塘街道垓坝村葡萄基地、东港镇新巷村种养殖基地3个“农村妇女创业示范基地”，新增鹅湖红英编结点、山联农业发展有限公司菊花加工基地、泾西许蓉服务加工厂3个“巾帼来料加工示范基地”。继续做好妇女小额担保贷款工作。妇女创业小额担保贷款试点工作被纳入政府为民办实事项目之一，年内累计完成妇女创业小额担保贷款492万元，为女性创业提供有力的资金支持。

【拓展巾帼志愿者服务活动】 7～8月，深入开展以“我是巾帼志愿者，幸福锡山我奉献”为主题的关爱老人和孩子的暑期关爱行动，全区各级妇联组织纷纷行动，依托村（社区）妇女儿童之家，组织广大巾帼志愿者走进社区、走进家庭、走进敬老院等场所，积极开展各类暑期关爱志愿服务60余次，722名巾帼志愿者参与，受益的老人和孩子近2000人次。全区巾帼志愿者服务团队185支，巾帼志愿者2208人。

【开展家庭教育工作】 深入开展家庭教育“四进”（进农村、进社区、进家庭、进学校）活动，推出家庭教育“菜单式”选学，满足广大家长多元化的家教需求。配好配强家庭教育讲师队伍，充实调整家庭教育讲师团，区教育局、卫生局、法院等部门热心家庭教育宣讲的18位工作人员被聘为新一届讲师团成员。充分利用“锡山区朝阳网上家长学校”平台，开展“学党史、颂党恩、跟党走”活动。在全区未成年人、家长和老师中广泛开展“赛场学党史、美文颂党恩、彩墨绘党业、放歌跟党走”系列活动，引导和激励未成年人认识党、热爱党，树立正确的世界观、人生观、价值观。

【建立婚姻家庭纠纷人民调解委员会】 加强婚姻家庭纠纷调解工作，与区司法局、区法院协调沟通，建立区级婚姻家庭纠纷人民调解委员会，并联合区司法局下发《关于加强锡山区婚姻家庭纠纷人民调解工作的意见》，充分发挥专业性、行业性人民调解组织调处婚姻家庭纠纷的作用，有效预防和化解婚姻家庭纠纷，维护妇女合法权益。

【关爱贫困妇女儿童群体】 争取社会资源，开展“情暖春晖”牵手贫困母亲援助行动、“社会妈妈助春蕾”、“关爱缺失儿童”、结对“四送”（送健康、送知识、送关怀、送快乐）活动。“三八”国际劳动妇女节，区妇联联合区慈善会向全区30名贫困母亲发放每人2000元的救助金。“六一”国际儿童节，区妇联、区卫生局联合开展孤儿、优秀贫困生免费体检工作，并继续做好台商爱心助学款的发放工作。全区妇联系统年内组织走访慰问活动118次，慰问贫困妇女、儿童919人次，发放慰问金67万元。

【优秀女性人才培养选拔工作】 进一步完善全区优秀女性人才库和到村（社区）任职女大学生信息库，新增优秀女性人才80人、女大学生村官5人，向上级妇联组织推荐优秀女性人才21人。主动介入女大学生村官的培养工作，通过组织女企业家、女村委书记、妇女干部代表与女大学生结对，帮助女大学生尽快适应农村工作环境，提升参与公共管理和服务的能力；通过在女大学生村官中开展“悦读”展示活动，为女大学生村官提供展示自我的舞台；将女大学生村官纳入基层妇女干部培训体系，举办基层妇女干部及女大学生村官培训班，学习《中华人民共和国婚姻法》、《中华人民共和国妇女权益保障法》、《中华人民共和国未成年人保护法》等法律法规和妇联如何参与社会管理创新等知识，开阔女大学生村官的知识和眼界，提高业务工作水平，为基层妇女干部队伍做好源头培养和人才储备，为切实维护妇女儿童合法权益、提高妇女工作水平打下坚实基础。　（陈　薇）

锡山区科学技术学会

【概况】 2011年，区科协在区委、区政府的正确领导和上级科协的关心指导下，紧紧围绕中心工作大局，以科学发展观为统领，全面贯彻落实党的十七大和十七届五中、六中全会精神，带领和团结全区科技工作者发挥学术交流主渠道、科普工作主力军、民间科技交流与合作主代表作用，为推进全区经济社会赶超发展、加快建设文明和谐的现代化新锡山作出应有的贡献。全区9个镇（街道）均建立科协组织，76个行政村、40个社区均建立科普工作站；科协所属学会（协会、研究会）11个；科普志愿者队伍4支、科普工作队10支、科普讲师团12个，全区科普工作者1286人。

【创建成全国科普示范区】 自2005年通过第一轮全国科普示范县（市、区）验收后，不断巩固创建成果，打造科普工作亮点，于2010年正式列入2011～2015年度全国科普示范县（市、区）创建队伍。在区委、区政府的重视下，各创建成员单位的协作下，“科普工作组织领导、科普经费投入保障、科普工作宣传网络、科普工作服务能力、公众科学文化素养”五项指标全面达标，于5月通过验收，被中国科协命名为“2011～2015年度全国科普示范区”。科普工作纳入全区国民经济和社会发展第十二个五年计划，科普专项经费2010年起提高至82万元，达到人均2元标准。同时，区科协构建科普组织网络、科普设施基地群、科普台账资料、现代化青少年科普教育、科普兴农富民工作、科普品牌示范和科普工作督查考核七大工作体系，进一步理清了工作脉络，提高了工作水平。

【区科协第三次代表大会召开】 12月31日，区科协第三次代表大会召开。区领导朱爱勋、陆志坚、吴富生、华炳泉、蒋群、章红新、邓加红、周挥出席大会开幕式。市科协党组书记、常务副主席丁坚参加大会。区委书记朱爱勋发表讲话。区科协主席张荣兴代表区科协第二届委员会作了题为《团结动员广大科技工作者，振奋精神，创新进取，为率先基本实现现代化贡献智慧和力量》的报告。会议通过关于《锡山区科学技术协会实施〈中国科学技术协会章程〉细则》决议（草案）和《锡山区科学技术协会第三次代表大会决议》（草案）。会议选举产生区科协第三届委员会，产生常委、主席、副主席及秘书长。张荣兴当选为区科协主席。会议表彰一批先进集体和个人，并向全区广大科技工作者发出《振奋精神，创新进取，为率先基本实现现代化而奋斗》的倡议书。

【建立科普品牌示范体系】 通过开展科普示范镇（街道）、村（社区）创建，培育科普示范基地和农村科技示范户，评选科普示范家庭等活动，形成高低搭配、相得益彰的科普品牌示范体系，充分发挥科普品牌示范体系在提高公民素质、促进科技与经济结合以及和谐社会建设等方面的积极作用。全区有省级科普文明街道、社区2个，市级科普示范镇（街道）7个，市级科普文明村（社区）6个；江苏省渔业科技示范基地等全国科普示范基地2个，无锡现代农业博览园等省级科普教育基地2个，姚桐斌故居、斗山生态园等市级科普教育基地8个，太湖水稻示范园等市级农村科普示范基地10个，中国乡镇企业博物馆等区级科普示范基地2个。

【推进企业科协组建工作】 企业科协是企业科技工作者的群众组织，是推动企业成为技术创新主体的重要力量。年初，区科协下发《关于开展“企业科协组织建设促进年”活动的实施意见》，并召开专题会议部署组建工作。通过广泛宣传、积极推动，在全区高新企业中成立科协组织6个、镇（街道）园区联合科协7个。企业科协围绕企业发展中遇到的重点难点、技术进步等问题，广泛开展“厂会协作”、“金桥工程”等卓有成效的活动，通过自主开发、与高校开展技术合作等方式，不断转化科技成果，增强企业核心竞争力。全年筛选上报“微型纯电动汽车的技术开发与应用”等“厂会协作”、“金桥工程”项目9项，其中4项通过无锡市科协专家组验收评审，被评为“优秀项目”。

【促进国际科技交流】 充分发挥科协组织在人才和智力方面的独特优势，借助“无锡千人计划海外引才引智平台”和“无锡科技创新国际交流联盟平台”，通过与市科协签约的海外科技团体和市政府设立的海外引才工作站，邀请德国、芬兰等国家的海外高科技团体到锡山进行考察洽谈。11月19～20日，由无锡市委、市政府与中国科协、教育部共同举办的2011中国（无锡）海智洽谈会在无锡希尔顿逸林酒店举行。美国、英国、日本、芬兰等国家的海外科技机构和科技人才携物联网与电子信息、生物医药、新材料等领域的259个项目参加洽谈会。区委组织部、区科技局、经信局、商务局和科协联合协作，组织包括“三创”载体、工业园区和科技型企业在内的20家单位参与洽谈会，有41个项目进行对接洽谈。

【开展品牌科普活动】依托“科普志愿者宣传月”、“科普宣传周”、“科普日”和“三服务下乡”等品牌科普活动，针对重点人群开展广场科普咨询、科普知识讲座、农科“110”专家田埂行、科普志愿者行动和科普电影巡回展等一系列丰富多彩的活动。全年组织1000余人次参加“三服务下乡”和科普进社区、进学校活动；印发各类科普资料1万余份；悬挂各类科普宣传横幅、标语300余幅；放映科普电影、录像10场（次）；举办各类科普培训班及科普讲座40余期（场），在全社会营造浓厚的科普氛围，树立科普宣传的品牌。

【实施重点人群科学素质行动纲要】围绕未成年人、农民、城镇劳动者、领导干部和公务员四类重点人群，深入开展青少年科技教育活动，积极实施农民科学素质行动、城镇劳动者科学素质行动、领导干部和公务员科学素质行动，倡导科学的工作、学习、生活方式。全年收到学生科技作品8000余件，科学小论文3124篇，350余人获区级以上个人奖；13040名学生参加全国中小学生（江苏地区）“金钥匙”科技竞赛活动，3人获省特等奖。举办农业科技培训班289期，进村指导1405次，农业科技示范户中，新品种的入户率100%，先进实用技术入户率在97%以上，农业综合生产成本比2010年降低17.2%，亩均综合效益比2010年增长14%以上。开办车工、数控、电焊工等26个主要工种的培训班，全年培训2万余人次。（钱 玮）

编辑：吴 双

【锡山区文化名胜掠影】

华氏老义庄

华氏老义庄是由华进思、华公弼父子于清乾隆年间所建，其后华氏子孙陆续修建，现存房屋四进，位于荡口北仓河北侧，占地面积2500平方米。老义庄系江南地区典型的清初明式建筑，规模较大，保存相对完整。尤其第三进楠木正厅及门前隔河照壁颇具特色，具有较高的历史、艺术和科学价值，同时对研究江南地区义庄的兴起与发展具有重要价值。2002年，老义庄被列为江苏省文物保护单位，2007年老义庄修葺一新。

锡山区第二批职工培训基地授牌暨深化“共同提升行动”工作会议　　（区总工会　供）

区总工会领导慰问困难职工　　（区总工会　供）

锡山区青商会“创业成长”基金成立仪式　　　　（孙剑光　摄）

2011锡山区十佳青春榜样颁奖典礼　　　　（《新锡山》　供）

锡山区“巾帼建功”现场推进会　　（区妇联　供）

“家和万事兴”家庭书画、摄影、环保作品展
（《新锡山》　供）

锡山区参加2011中国（无锡）海智洽谈会　　（区科协　供）

在2011中国（无锡）海智洽谈会上，锡山企业参与现场洽谈　　（区科协　供）

无锡市锡山区科学技术协会第三次代表大会　　（区科协　供）

人民武装

【概况】2011年，区人武部在无锡军分区党委和区委、区政府的正确领导下，坚持以党的十七大精神和科学发展观重要思想为指导，突出工作重点，狠抓工作落实，谋求科学发展，提升建设水平，圆满完成军事训练、思想政治教育、民兵整组和训练、基层规范化建设、征兵等各项任务，部队安全稳定，全面建设稳步上升。

【思想政治建设坚强有力】坚持用中国特色社会主义理论体系武装全体官兵，认真学习胡锦涛《关于新形势下国防和军队建设重要论述》和“七一”讲话，夯实思想政治根基。与无锡军分区党委机关同步，认真组织主题主线教育和党委机关理论学习，注重联系实际、解决问题，干部职工的思想政治素质和理论修养明显提高。以《中国人民解放军政治工作条例》和《民兵政治工作规定》为指导，加强人武部政治工作任务、新形势下民兵预备役政治工作如何开展等重点问题的研究。完善“太湖民兵之家”政治教育网站，利用网络资源抓好民兵整组、训练中的思想教育。

【军事斗争准备扎实推进】修订完善应急作战方案和相关组织保障方案；及时调整国防动员委员会指挥机构；加大日常战备综合整治力度，战备值班和战备器材室建设管理秩序正规，战备水平明显提高。按照无锡军分区的部署，以《中国人民解放军军事训练大纲》为依据，组织“学训整”活动，开展“每周一题、每月一图”训练，干部素质不断提高。3月，参加无锡军分区组织的按纲施训与考核，取得优秀成绩。按照江苏省军区、无锡军分区的要求，完成两大类11支分队基干民兵整组任务。先后组织4批民兵骨干参加江苏省军区、无锡军分区组织的森林防火、抗洪抢险等集训，取得优异成绩。

【党委班子建设显著增强】认真学习党的十七届六中全会精神，理论思考、理性思维水平有了较大进步。认真贯彻民主集中制原则，加强班子集体领导，对年度大项工作、经费开支等重大问题，坚持党委研究决定，有效提高了依法决策、科学决策、民主决策水平。按照“讲党性、重品行、作表率”的要求，坚定理想信念，自觉拒腐防变；重视抓好班子成员的经常性教育管理，党委班子的整体形象良好。7月，中共锡山区人武部党委被无锡军分区表彰为“先进团党委”。

【安全稳定工作富有成效】牢固树立安全发展理念，定期开展安全教育，讲评安全工作，做到学习教育常抓、思想工作常做、安全形势常议、检查整顿常搞，干部职工的安全意识不断增强。以“人、车、密和营院”为重点，认真抓好“三防四反”（防止敌对势力渗透、防止不法分子破坏、防止腐朽思想文化侵蚀，反渗透、反心战、反策反、反窃密）工作，扎实开展隐患排查，提高安全管理效益。认真贯彻落实条令条例和规章制度，重点抓好人员教育管理、车辆使用保养、保密办公、营院管理和值班制度的落实。严格实行安全工作责任制，形成群策群力、群防群管的良好局面。10月，结合江苏省军区、无锡军分区安全管理整治要求，开展安全检查，及时发现和消除隐患，确保安全。

【基层全面建设稳步发展】 组织地方党政领导干部学习党管武装重要论述，明确第一职责人职责，落实党委议军会、武装委员会、过“军事日”等制度。8月，结合区委常委议军会，组织各镇（街道）党（工）委书记进行武装工作述职，促进党管武装工作的有效落实；9月，组织副科级以上领导干部过“军事日”。加强人武部本级正规化建设，规范人武部学习、生活、训练、战备秩序。加大基层规范化建设的指导力度，开展新一轮规范化建设示范点活动。采取集训、例会、以会代训等方法，加强专武干部的教育管理和业务培训；积极协调区委组织部和镇（街道）党（工）委有计划地抓好专武干部培养工作，专武干部爱武、专武、精武意识明显增强，能力素质明显提高。

【兵员征集工作优质高效】 扎实抓好宣传发动，在《新锡山》、区政府门户网开辟专栏，编办《征兵工作简报》，制作宣传展板，悬挂张贴横幅标语，营造社会舆论氛围。按照封闭式管理体检要求，保证体检质量，兵员身体素质较好。通过早介入排查、全方面了解、多层面把关，加大政审力度，严把政治关口，确保应征对象政治上不出任何问题。组织征兵办人员、基层人武部部长、民兵营长学习法规制度，开展自查自纠，切实从思想上强化依法征兵、廉洁征兵意识，打牢拒腐防变关口。及时向社会公布廉洁征兵的措施、举报电话、举报信箱，主动接受社会、纪检监察部门的监督，确保征兵工作风清气正。10月，锡山区被江苏省政府、省军区表彰为“全省征兵工作先进单位”。　　（曹兆礼　陈永州）

人防工作

【概况】 2011年，区人防办认真贯彻第六次全国人民防空会议精神，瞄准“十二五”规划，扎实工作，奋力争先，圆满完成省市民防局确定的各项任务，人防建设呈现出全面发展的良好态势。区人防办被江苏省民防局评为“全省民防队伍建设先进单位”。

【人防指挥通信建设】 按照省民防局技术规范，建成可与市人防指挥中心实现图像、语音、数据互联互通的区人防地面指挥中心。11月完成年度人防数据采集和录入任务。按照优化布局、逐步更新的原则，拆除2台因拆迁且临近报废年限的老旧电动警报器，1台电动警报器更换为电声警报器，新增设电声警报器和多媒体警报终端，警报覆盖面进一步扩大。认真落实警报器维护管理责任制，并根据巡查情况及时维护调试警报器，11月25日全市警报试鸣任务顺利完成。在认真勘察和调研的基础上，配合区建设局与东港镇新巷村创先争优结对共建活动，启动建设新人防疏散基地，将人防疏散功能有机地融入该村建设中的里东农业生态观光园，设立园区疏散导引图和功能区指示牌，该园初步具备人防疏散功能。锡山区新的人防疏散基地启动建设。按照无锡市国防动员委员会和锡山区国防动员委员会的统一部署，开展全区防空袭预案修订工作。

【人防专业队整组训练】 完成全区七支人防专业队伍和各镇（街道）民防志愿者队伍年度整组任务。10月18日举办全区人防专业队伍和民防志愿者队伍培训班。结合全市防空警报试鸣，11月25日在查桥中学、羊尖中学举办以防空防灾应急疏散，模拟遭空袭后人防消防专业队消防灭火和人防医疗专业队开展心肺复苏、战场救护和紧急转运等紧急救护示范，学校义务消防员使用常用消防器材开展灭火训练为主要内容的防空防灾综合演练，安排港下中学、荡口中心小学自行组织防空防灾疏散和消防灭火演练。通过整组训练和演练检验，进一步提高全区人防专业队伍战时应战、平时应急的综合能力。

【人防工程建设与维护管理】 大力抓好人防工程建设，进一步优化人防工程结构，拆迁安置房修建人防工程取得新突破。按照省市民防局年度重点工作要求，10月顺利完成全区2010年前竣工验收的人防工程标识标注工作。

【人防依法行政】 编制完成《锡山区人民防空建设第十二个五年规划纲要》，经区政府第37次常务会议审议并原则批准，保证区人防事业“十二五”期间健康有序发展。加强与商务区管委会的沟通协作，启动商务区人防工程和地下空间开发利用的规划编制工作。根据区委要求和商务区实际，协调做好人防依法行政服务配套工作，努力保证人防法律法规得到有效落实。召开专题会议就如何落实《无锡市民防局专题会议纪要》（第10号）进行研究，形成《锡山区人防办公室专题会议纪要》，以进一步规范自身的行政执法行为。全年收取人防易地建设费2818万余元。

【人防宣传教育】 加强与区委宣传部、区应急管理办公室、区科协等部门的沟通，主动参加全区“5·12”防灾减灾宣传周、“3·15”主题宣传服务、科普宣传周及卫生科技文化“三下乡”等9次大型广场、社区宣传活动，宣传人防法律法规和防空防灾知识，发放《居民防空防灾常用知识手册》和防震、防核辐射等方面的宣传资料1万余册。结合接待、投诉、信访、使用证年审和人防工程安全检查、清剿“火灾隐患”战役等工作，重点向广大业主和开发商、物业公司宣传人防法律法规，维护人防法律法规的严肃性。11月在全区开展人防宣传月活动，通过广场宣传、组织已建民防工作站的社区（村）开展疏散和防灾技能培训等活动，进一步扩大人防工作的社会影响。继续完善设在港下中学和荡口中心小学的人防教育基地建设，并向社会开放，加强与区教育局的沟通与协作，配合学校共同开展防空防灾教育活动。认真做好信息报送和人防理论研究工作，积极利用区建设局网站和《锡山建设信息》及时反映人防工作动态。

【民防进社区工作】 制定并下发《关于组建社区（村）民防工作站建设的实施意见》。每个镇（街道）均建成一个村级民防工作站，按市民防局推荐的配置标准为每个站配送1个民防应急柜、10只民防应急包、300册防空防灾宣传手册和建站所需的各种资料，统一制作民防工作站牌子，提供从硬件到软件的全套服务。结合民政部门开展的防灾减灾示范社区创建和全区民兵营建设达标活动，在东亭街道门楼社区和东港镇华东村建成2个标准化的民防工作站示范点。

（刘胜利）

综合治理

【概况】 2011年，全区政法综治部门紧紧围绕区委、区政府转型发展、赶超发展的目标，着力推进“社会矛盾化解、社会管理创新、公正廉洁执法”三项重点工作，深化“平安锡山、法治锡山、基层基础”三大建设，全区政法工作取得了新的发展和进步。全区政法综治部门结合部门职能和工作实际，深入开展“发扬传统、坚定信念、执法为民”主题教育活动和业务强警“双争一创”（争当业务能手、争做技能标兵，创一流业绩）等形式多样的业务培训、岗位练兵等活动，全区政法干警和综治干部的整体素质、执法能力和水平普遍提高，办案质效和群众满意率跃上新台阶。

【维护社会和谐稳定】 以国家安全人民防线建设、网络监控为重点，深入开展情报、侦查、控制和网上斗争，密切掌握和严密防范境内外敌对势力、敌对分子的渗透破坏活动。坚持把开展社会稳定风险评估作为统筹发展与稳定的重要结合点，纳入全区社会治安综合治理和“平安锡山”建设考核内容，并作为实施重大决策、重大项目的前置条件和必经程序，加强与相关部门的工作联动，基本实现对重大决策、项目、事项的全覆盖。全区登记备案适用一般程序的稳评项目32个，预防群体性事件21起，暂缓实施重大项目1项。扎实开展“矛盾纠纷排查调处效能建设年”活动，大力加强以人民调解为基础的大调解工作，强化两级社会矛盾纠纷调处中心规范化建设，道路交通、劳动争议等专业性调解委员会建设得到有力推进，各级调解组织预防和化解矛盾纠纷的能力不断增强。全区调处矛盾纠纷4093件，调处率和调处成功率分别为100%和99.2%。按照预防在先、发现在早、处置在小的原则，对各类社会矛盾纠纷开展动态式、滚动式、地毯式排查，牢牢把握维稳工作主动权。全区公安机关和维稳部门梳理排查各类不稳定因素403起，超前预警率100%，疏导钝化376起，矛盾钝化率93.3%；发布稳定情报信息预警438条，超前预警并成功处置群体性事件及苗子191起，群体性事件超前预警率和成功处置率均为100%。在认真研究典型案例、深刻总结锡山维稳工作经验教训的基础上，制定出台《锡山区突发性群体性事件（故）应急处置工作规范》和《锡山区企业经营突发事件处置预案》等规范性文件，建立健全稳定信息预警和报送、一周不稳定信息处置和研判、每月社会稳定形势分析报告等一系列工作制度，维稳工作质效明显提高。

【深化“平安锡山”建设】 坚持“严打”方针不动摇，深入开展

“春季攻势”、“打击两抢”、“清网行动”和社会治安重点地区整治等专项行动。全年破获各类刑事案件1188起，其中破获命案6起、破案率100%，破获严重暴力刑事犯罪案件125起、破案率96.9%；积极发动打黑除恶凌厉攻势，摧毁各类黑恶势力犯罪团伙38伙，抓获犯罪嫌疑人173人，破获各类涉黑涉恶刑事案件60余起。法院、检察系统充分发挥职能作用，依法快捕快诉、快审快判，审结刑事案件736件，判处罪犯1065人。全面建立以公安指挥中心为龙头，以各级专职巡防队伍为主体，以民兵、预备役部队等群防群治队伍为补充的社会面大巡防格局，全区巡防大队有专职巡防民警26名，巡防特勤保安辅警80余名，配备武装巡逻车、专业巡防车、便衣侦查车、巡防摩托车10辆。各镇（街道）建立与巡控任务相适应的专职巡防中队，建立健全社会面主干道巡逻、街巷里弄巡防、城镇社区巡逻守护、单位内部巡逻守护、农村治安联防五个不同层面的巡逻网络，切实提高全区社会面防控水平。全区加快建立城乡一体、全面覆盖、资源共享的科技防范网络，全面实施工程预算投入6300余万元的“惠民技防工程”。在10月由市综治办委托市电信公司呼叫中心进行的电话调查中，全区群众安全感94.1%，位列全市第二。加强外来人口治安管理，全区外来人口登记数35.86万人，登记率在95%以上，私房出租户登记率和治安责任书签订率均为100%。深入开展“未成年人零犯罪社区（村）”创建活动，全区中小学配备法制副校长（辅导员）56名，赴校讲课241次。深入开展“闲散青少年”排查摸底工作，切实加强问题青少年的帮扶、教育和管控，全区未成年人犯罪比例比2010年下降5.7%。加强校园周边治安综合治理，通过两次集中整治行动，全区校园周边交通安全环境明显改进。认真开展社区矫正“规范化建设推进年”活动，建立全区首个社区矫正公益劳动基地，全年组织18批470人次社区服刑人员参加集中公益劳动。全区在册社区矫正对象258名，无脱管、漏管和重新犯罪，刑释解教人员帮教及安置率100%。广泛开展社区戒毒康复工作，全区破获毒品刑事案件80起，抓获犯罪嫌疑人86名，缴获各类毒品2800余克。强化社区交通工作，积极推进社区交通工作站建设，全区村（社区）交通安全工作站建成率在80%以上。强化铁路护路工作，建立健全区、镇（街道）、村（社区）三级工作网络，深入开展铁路沿线矛盾纠纷和安全隐患大排查工作，确保京沪高铁在锡山区域内的安全运行。

【推进社会管理创新】根据中央和省市创新社会管理、深化平安建设工作会议精神，结合锡山实际，制定下发《关于进一步创新社会管理深化“平安锡山”建设的意见》，明确社会管理创新的工作方向、目标任务和九大方面20个创新项目。建立社会管理创新工作联席会议制度，定期了解掌握项目推进情况，研究解决工作中遇到的问题和困难。通过相关部门的探索实践，一些项目取得了很好的工作成效。东亭街道和区房管、综治等部门创新建立安置小区社会管理新机制，区法院会同有关部门探索建立涉少民事案件社会一体化关爱机制，区委宣传部牵头创新建立的网络舆情导控新体系等一批项目均得到上级部门高度评价。

【加快“法治锡山”建设】健全完善党委政府议事决策规则，对议事决策的原则、范围、会议制度以及决策的执行和监督等内容做出严格规定。大力推进行政权力网上透明运行，全面实现“行政区域”和“行政权力事项”的全覆盖，26个区行政部门的2438项行政权力全部上网运行；不断健全行政权力运行监督平台，开通“12345”公共服务热线，并实行24小时接听；严格落实行政机关负责人出庭应诉制度，出庭应诉率连续两年100%；进一步强化执法规范化建设，健全执法制度，规范执法程序，建立完善自由裁量基准和案件质量考评制度，落实案件质量检查、反馈、跟踪“三个百分百”和定期通报制度，案件质量明显提高。全面启动“六五”普法工作，大力开展校园、机关、社区、企业法治文化建设，不断推进“百十五”（举办一百场法律讲座、建十条法治一条街、建五个法治广场或公园）法治文化基础设施建设。全区编印《法律普及》29期、27.2万余份，出宣传栏、黑板报810期，张贴标语、拉横幅526张（条），举办各类法制培训班415期，培训3万余人。在镇（街道）和村（社区）探索建立“一办六组”（一个法治工作办公室，下设依法行政、公正司法、法制宣传教育、依法经营管理、基层民主政治建设、法治创建督查指导六大工作小组）和“一站五员”（一个法治工作站由法制宣传辅导员、村务公开监督员、矛盾纠纷调解员、法律咨询服务员、治安防范巡查员“五大员”组成）

法治工作新机制，基层民主法治建设水平有了新的提升。涉及食品安全、劳动用工、医疗卫生、安全生产、弱势群体帮扶等十件法治实事项目取得明显成效。

【加强基层基础建设】 始终坚持“重心下移、资源整合、强化合力”的原则，大力推进镇（街道）综治办、政法综治中心和村（社区）综治（警务）站规范化建设。高度重视平安、法治建设工作台账，进一步规范和统一区级成员单位和镇（街道）、村（社区）的工作台账。加强结对帮扶工作，指导基础相对薄弱的镇（街道）政法综治中心进一步完善各项工作机制。对涉及政法综治工作的12个区级领导小组（委员会）以及综治委7个综治专门工作领导小组（委员会）进一步调整完善，会同区委组织部、区编办和区财政局联合制定下发《关于加强镇（街道）政法综治组织建设的意见》，全区9个镇（街道）党（工）委政法委员全部配备到位，基层政法、综治、信访、维稳工作体系全面加强。大力发展治安中心户长（楼长）、平安建设志愿者等多种形式的邻里守望力量，深入推进群众性义务巡防“红袖标工程”建设，全区配备公益性保安944人，招募各种形式的治安志愿者8563人，发放“红袖标”1.1万余只，推选治安楼长750余名，推选中心户长2100余名。

（蔡洪中）

公安工作

【概况】2011年是“十二五”规划开局之年，面对复杂多变的国内外经济形势、急难险重的维护稳定任务，全区公安机关在市公安局和区委、区政府的统一领导下，深入贯彻落实科学发展观，紧紧围绕服务保障全区“战略发展转型”总体目标，严密落实各项维稳措施，深入开展平安创建活动，不断深化推进社会矛盾化解、社会管理创新、公正廉洁执法三项重点工作和公安“铁军”队伍建设，有力地维护了全区大局安定、社会安全、群众安宁的良好局面。

全区公安机关开展冬春季打防攻势、涉车犯罪专项治理、命案攻坚、清网行动等专项行动，打击各类突出犯罪活动。全年破获刑事案件1188起，其中现行案件866起，先后破获故意杀人、故意伤害、抢劫、强奸等严重暴力刑事犯罪案件125起，破案率96.9%；成功侦破东亭“5·2”故意杀人案、羊尖镇“8·24”聚众斗殴致人死亡案、东亭“9·28”绑架案等大要案件。6起命案全部告破，实现“命案必破”目标；抓获刑事作案人员1761人，其中刑事拘留1040人，逮捕647人，起诉1008人，劳教123人，“清网行动”下降率名列全市第三。始终将打黑除恶工作作为创建“平安锡山”、“和谐锡山”的重中之重，全年摧毁各类黑恶势力犯罪团伙38伙，其中涉黑团伙3伙、涉恶团伙35伙，抓获黑恶犯罪嫌疑人173人，破获各类涉黑涉恶刑事案件60余起。同时，紧紧依靠党委政府，加快推进社会面巡防工作，区合成化应急大队扩至80人，防控能力显著提升；“惠民技防工程”稳步推进，建成治安监控系统38处226个，技防镇（街道、园区）建成率100%，人技结合的动态防控体系初显成效。年内杀人、抢劫、入室盗窃案件比上年分别下降60%、39.3%和9%。探索实践社会管理新方法，“家庭式”旅馆管理模式得到江苏省公安厅的肯定和推广；强势推进“清剿火患”战役，通过“地毯式”、“滚动式”检查整改，剿灭各类隐患9368处，全区火灾事故死亡人数和损失数比上年下降50%。

【“清网行动”取得全面胜利】5～11月，锡山公安分局开展“清网行动”。在无锡市公安局党委的坚强领导下，锡山公安分局全体民警齐心协力，攻坚克难，充分展现了“特别能吃苦、特别能战斗、特别能奉献”的顽强作风和精神风貌，奋力夺取“清网行动”全面胜利。锡山公安分局党组班子成员坚持以身作则、靠前指挥，亲自动员部署、亲自分析研判、亲自督导落实、亲自上阵指挥、亲自规劝抓捕、亲自带队追逃；各地、各部门领导始终带头冲锋在一线、带头攻坚啃硬，带领追逃民警共同吃住在前线、共同奋战在前线；全体参战民警以舍我其谁、敢为人先的勇气，充分发扬锲而不舍的“钉子”精神，积极探索追逃新思路、新战法。历时半年的“清网行动”取得全面胜利，177名行动前在册逃犯（已扣除基数2人）到案170人，下降率97.14%，追回重大案件逃犯38人，位列全市第三。

【落实各项维稳措施】 按照“预防在先、发现在早、处置在小”的工作原则，努力把各种不稳定因素和群体性事件化解在萌芽状态、解决在“未然”中。强化信息预警机制建设，全力巩固国家安全。围绕敏感时期、敏感事件和重大活动，进一步加强情报信息、专案侦查、秘密力量建设，深入开展同境外敌对势力的斗争，坚决保障国家安全和社会政治稳定。全年侦破相关案件5起，抓获违法犯罪嫌疑人12人，捣毁地下窝点3处，收缴反动宣传品2700份（件）。强化排查调解机制建设，全力化解矛盾纠纷。不断完善以情报信息为导向、以维稳工作例会为平台的不稳定因素排查预警机制，并借助"公调对接"等有效载体，全力协助党委政府疏导化解不稳定因素。年内梳理不稳定因素570起，报送涉稳预警、研判信息1150余条，不稳定因素疏导化解率80%。同时，严密重点人员教育管控，落实分级动态管控措施，对涉及公安重信重访和涉法涉诉的问题，逐一落实领导包案责任，确保敏感时间节点重点人员稳控在位。年内处理群众来信来访304件，办理上级交办信访25件。强化应急快反机制建设，全力处置突发事件。进一步修订完善突发群体性应急处置预案，全面加强民警现场维稳培训和装备保障建设，并在区委、区政府及相关部门的大力支持下，完成80人建制的区合成化应急队伍建设，维稳工作专业化水平、处突能力明显提升。妥善处置各类群体性事件190余起、不稳定因素450余起，超前控制率100%，特别是"5·27"黄土塘非法堵路、"6·13"羊尖堵路等一系列较大群体性事件均得到依法稳妥处置。

【改进公安行政管理和服务】从保持社会安定有序、保障和激发社会创造活力的角度出发，加强和改进公安行政管理和服务。以"320"技防建设为主要抓手，以开展"技防进万家"、"技防镇"创建、"技防单位"达标建设等活动为有效载体，扎实推进"惠民技防工程"建设，建成治安监控系统38套，完成15个公安派出所的治安监控平台建设，推广家庭CK警报器、"平安E家"、AA等联网报警设施500余套，初步形成覆盖城乡的多层次、立体化技防网络。同时，依托"网上公安"、腾讯微博等信息化手段，大力推动政务公开和行政服务。12月1日，"平安锡山"微博认证运行，受到广大网民的一致好评。（陈淑萍）

检察工作

【概况】2011年，锡山区检察院按照无锡市检察院"两个争当、八个更加注重"的工作要求，围绕争创"全国先进基层检察院"的奋斗目标，坚持"理念、方式、效果"相统一的工作思路，深入推进社会矛盾化解、社会管理创新、公正廉洁执法三项重点工作，不断强化法律监督和自身监督，各项工作取得较好成绩。区检察院被江苏省精神文明指导委员会评为"江苏省精神文明建设工作先进单位"，第二工会小组被江苏省总工会评为"江苏省模范职工小家"，女检察官协会代表小组被江苏省女检察官协会评为"优秀代表小组"，档案工作顺利通过江苏省五星级档案室复查。

全年受理审查批捕案件631件966人，经审查，批准逮捕468件672人，不予批准逮捕163件294人。受理移送起诉案件774件1116人；向法院提起公诉691件980人，不起诉案件13件21人。立案查处贪污贿赂案件12件12人（其中副科级干部2人、副处级干部1人），渎职犯罪案件立案1件3人（其中副科级干部1人），追缴赃款350余万元，挽回经济损失600余万元。全年监督立案14件15人，监督撤案11件17人；追捕24件32人，追捕到案49件51人；追诉13件13人，提起公诉31件38人；督促行政执法机关移送刑事案件1件1人，向侦查机关发出纠正违法通知书12份。出庭支持公诉333次，审查法院刑事案件判决677件971人；向法院提出抗诉案件1件1人，抗诉案件获得法院改判2件3人。受理民事行政申诉案件8件，办理上级检察院交办案件16件，审查终结案件34件；决定提请市检察院抗诉案件6件，决定不提请抗诉案件2件；建议市检察院提请抗诉案件9件，不提请抗诉案件7件；向法院发送纠正违法通知书案件7件，发送一般检察建议7件，法院全部采纳；办理督促起诉案件8件，为相关单位挽回国家经济损失71.5万元。处理初信初访131件，化解各类矛盾纠纷50件，息诉5件，对25起轻微刑事案件、6起民事案件开展调解和解，向8名刑事被害人发放特困救助金4万元。区检察院分别在全省检察机关检察委员会工作会议和全省检察机关检察委员会办事机构负责人培训班上作经验交流。

相关链接：

两个争当：争当全省检察机关创新创优、科学发展的表率，争当"两个一流"（一流的队伍、一流的业绩）的排头兵。

八个更加注重：更加注重科学发展，努力提升检察工作的综合效果；更加注重融入大局、保障民生，努力发挥保障"创新无锡"、"幸福无锡"建设的积极作用；更加注重把化解矛盾纠纷贯穿到执法办案全过程，努力维护社会和谐稳定；更加注重惩防并举，努力推动反腐倡廉建设深入开展；更加注重诉讼监督力度与质效的有机统一，努力维护司法公正；更加注重强化自身监督，努力提升检察机关执法公信力；更加注重发挥机制创新的带动作用，努力提升工作层次，促进工作创优；更加注重以人为本抓队伍、夯实基础利长远，努力提升公正廉洁执法水平。

【制定逮捕必要性审查标准】区检察院根据《中华人民共和国刑事诉讼法》、《人民检察院刑事诉讼规则》等法律法规，结合办案实践，制定《逮捕必要性审查参考标准（试行）》，提高了检察干警掌握逮捕标准的准确性，大大缩短了办案人员查阅法律法规的时间，减轻了工作强度，提高了办案效率。该标准经试行，捕后判处徒刑以下刑罚比2010年下降96.6%。

【探索建立侦查人员出庭作证机制】区检察院在审查起诉一起盗窃案时，犯罪嫌疑人翻供，否认盗窃事实，并称前供述系受公安机关刑讯逼供、诱供所致。公诉人向区法院提起公诉后，及时通知公安机关侦查人员出庭作证。最终，区法院根据出庭侦查人员的证言，结合其他证据，依法认定被告人的辩解及辩护人的辩护意见与事实不符，不予采纳，判决被告人犯盗窃罪，依法判处有期徒刑7年，并处罚金15000元。

【对黑社会性质组织案件提起公诉】被告人陆忆情，自2007年起陆续招揽一批劳动教养、劳动改造释放人员及社会闲散人员形成黑社会性质组织。该组织以暴力、威胁等手段，开设赌场、寻衅滋事、非法拘禁、追讨赌债，有组织地进行违法犯罪活动，为团伙非法获取经济利益服务，以赌养黑，严重破坏了经济、社会管理秩序。该案为省公安厅、省检察院挂牌督办案件，案件移送审查起诉后，区检察院指定业务骨干承办，9月6日向区法院提起公诉。经开庭审理，区法院分别以组织、领导、参加黑社会性质组织罪、开设赌场罪、寻衅滋事罪等罪名对8名被告人做出判决。

【首次办理编造虚假恐怖信息案件】被告人尤三南与张金中合谋，用虚假身份证信息办理手机卡，准备手机，拨打110报警，谎称新东方停车场三期内有炸药，编造虚假恐怖信息，造成停车场人员恐慌、营业中断及周围交通封锁、堵塞等严重后果。案发后，区检察院对尤三南、张金中两名犯罪嫌疑人以编造虚假恐怖信息罪作出批捕决定，并于6月17日向区法院提起公诉，经审理，两名被告人因编造虚假恐怖信息罪分别被判处有期徒刑8个月。

【加强刑释解教人员管理】对于刑释解教人员，在有条件的情况下，区检察院建立与其家庭、单位、社区帮教管理的衔接机制；对无家可归、无业可就、无亲可投的刑释解教人员，区检察院建立过渡性安置基地，积极解决刑释解教人员在就业、生活等方面的实际困难，帮助其更好地融入社会。

【建立未成年人刑罚执行监督机制】建立未成年人刑罚执行监督“三加一”社区检察工作机制，“三”即建立一个以监督为主体，监督、教育、服务协调发展的工作制度；“一”即创建一个未成年人检察工作新体系，完善未成年人监管机制。通过“三加一”模式，区检察院全年对286名矫正对象开展刑罚执行监督，先后建议、督促公安机关对11人收监执行，在未成年人刑罚执行监督方面取得较好的社会效果。

【探索服务经济发展新机制】积极探索办理涉及经济转型升级案件的“四项机制”：优先办理和备案机制，对涉及经济转型升级案件优先受理、优先办理，建立对重大案件的备案制度；请示报告机制，对发生的涉及经济转型升级、影响科学发展的大案要案，主动向区委、区人大汇报，在公正执法的前提下积极为党委政府排忧解难，促进发展；沟通联络机制，对经济转型升级过程中遇到的新问题，通过联席会议加强与公安、法院的沟通联络，共同研究对策，严格罪与非罪的界限，统筹协调案件的处理，实现法律效果与社会效果的有机统一；服务企业发展机制，加强与企业等各类经济组织的联络，针对涉企案件中企业管理上存在的漏洞和薄弱环节，提出检察建议，帮助企业建章立制，堵塞漏洞完善管理机制。制定实施“五项制度”，即企业行政执法同步监督制度、涉企案件绿色通道制度、支持企业起诉制度、投诉举报专人办理制度、预防违法犯罪协作制度。全年办理非国家工作人员受贿、侵犯知识产权和制售假冒伪劣商品等破坏社会主义市场经济秩序犯罪案件43件60人，维护社会经济转型发展秩序。同时出台《乡镇检察室业务情况月报制度》、《乡镇检察室业务考核细则》、《乡镇检察室综合达标考核细则》，在全市率先对检察室建立科学考评机制。

【启动突发事件应急机制】 制定《处置突发事件应急预案》，抓好突发事件的防范工作。4月和5月，区检察院先后启动应急机制，协助区委妥善处理“黄土塘群体性事件”、“‘5·27’群体性事件”，做好维稳工作。7月，有村民集体举报村干部贪污拆迁补偿款，区检察院再次启动应急机制，妥善化解该起举报不实的涉检集体访，既赢得当事人的认可又得到地方党委政府的肯定。

【建立控告申诉法律援助机制】 为保障弱势群体申诉权益，有效化解涉检矛盾纠纷，区检察院与区司法局联合出台《关于建立控告申诉检察法律援助工作机制的规定》（简称《规定》）。该《规定》明确，经济困难无力聘请律师的信访人可以对四类信访事项申请法律援助：不服检察院处理决定的申诉；不服发生法律效力的刑事、民事判决、裁定的申诉；反映检察院及其工作人员存在违法侵权情形，提出的刑事赔偿申请；其他属于检察院管辖的信访事项。该创新举措得到省市检察院的肯定，并被录用。

【推进廉政建设】 9月，区检察院与中铁十一局无锡地铁二号线土建工程07标项目部签订《预防职务犯罪廉政备忘录》，加强建设工程廉政建设。通过向建设、施工、监理等单位及其人员发放省市预防职务犯罪条例、工程建设领域“廉政告知书”，上门开展预防职务犯罪宣传咨询，在施工驻地宣传栏张贴宣传画等活动，力求建成“双优”（工程优质、干部优秀）工程。6～8月，区预防职务犯罪工作领导小组办公室、区检察院、区预防职务犯罪协会联合开展“廉政微博小说”原创作品征集活动，收到征文300余篇，评选出获奖作品30篇、优秀组织单位5个，优秀廉政微博小说先后在最高人民检察院正义网等网络媒体、手机廉政短信和区检察院廉政台历上选登发布，宣传教育效果良好。自7月起，区检察院在全院开展“个性廉政格言”征集活动，征集廉政格言71条，在《锡山检察》杂志上设立专栏，分批刊登个性廉政格言，并将格言制成小册子，赠阅给人大代表、政协委员及群众，予以诫勉，并主动征求他们的意见。（许娟萍）

审判工作

【概况】 2011年，在区委领导下，在区人大及其常委会的监督下，在区政府、区政协的关心支持和上级法院的监督指导下，区法院坚持党的事业至上、人民利益至上、宪法法律至上的“三个至上”指导思想和“为大局服务，为人民司法”工作主题，紧紧围绕社会矛盾化解、社会管理创新、公正廉洁执法三项重点工作，以扎实开展创先争优活动与“发扬传统、坚定信念、执法为民”主题教育实践“两项活动”，有效推动队伍素质、审判质量、司法公信力“三个提升”为抓手，以实现“四个争先进位”（服务意识切实增强，保障全区中心工作有进展；审执绩效明显提升，考核排名有新进位；司法社会责任不断强化，参与社会管理水平有新提高；自身建设切实加强，司法公信力明显增强）为目标，充分发挥审判职能作用，切实加强自身建设，为全区经济发展、民生改善、社会稳定做出了应有的努力。

全年受理各类案件10922件，审执结10541件，比上年分别上升30.3%和39.27%，解决诉讼标的额13.56亿元；受理各类刑事案件751件，审结736件1044人，比上年分别上升14.31%和14.46%，判处罪犯1065人。其中，审结黑恶势力犯罪、“两抢一盗”（抢劫、抢夺与盗窃）等多发性侵财型犯罪案件321件，贪污贿赂案件14件；从严惩处酒后危险驾驶、肇事逃逸及其他危害公共安全、妨害社会管理秩序犯罪；审结全市首例危险驾驶案、偷越国边境案和全区首例网络赌博案。受理各类民事案件4567件，审结4400件，受理案件数和审结案件数分别比上年上升1.57%和下降2.6%。其中，审结婚姻家庭、邻里纠纷案件550件，劳动争议案件330件，交通事故损害赔偿案件1821件。受理各类商事案件3112件，审结2938件，结案标的额7亿元，受理案件数和审结案件数分别比上年上升2.84%和35.85%。其中，审结买卖、加工承揽、房地产开发建设等纠纷案件1949件，审结电子商务、现代物流、服务贸易等领域的纠纷案件159件。全年民商事案件的调撤率78.09%，比上年上升14.97%。受理行政诉讼案件10件，审结10件，案件撤诉率80%；审查非诉行政执行案件83件。受理各类执行案件2168件，执结2158件，执结率99.54%，比上年上升6.96%，执结标的额4亿元。全年处理日常来信1230件，接待来访4250人次，解决上级交办涉诉信访案件21件。

【深入开展积案清理工作】 根据江苏省高级人民法院的统筹部署，确定“清积消新”（清理积案、消化新案）工作主线，集中排查梳理超长期案件，由院长亲自主抓，责任落实到人，建立案件质量责任体系，完善“法庭工作指导小组”、院庭长督办、裁判文书院长签发及执行款物流传分级签发制度，健全审判委员会工作规则，构建全方位、多层次的快速清案模式，分阶段开展超长审限案件、超6个月案件、超3个月案件的清理工作，清案成效位列全市第一。

【拓展和谐共建覆盖范围】 拓宽司法协理网络，与四个人民法庭辖区的各镇（街道）建立共建关系。聘请的116名司法协理员累计为法庭提供协助584次，其中参与调查案件132件、送达105件、调解113件、执行38件、提供当事人及被执行人财产线索25件、判后释疑79件、诉前稳控35次、法制宣传57次，四个人民法庭的案件调撤率由2010年的66.85%提升至2011年的80.95%。深化“庭所共建”工作，在为派出所调处案件提供法律支持的同时，借助公安信息网络和公安警力，解决案件送达难及执行难问题；联合交警部门分别在交警东亭一中队、锡北二中队、安镇三中队、鹅湖四中队设立“交通事故巡回审判点”，提前介入交通事故的处理，防止因交警部门调解弱化、司法程序未启动导致的“工作断层”，全力打造交通事故赔偿纠纷的绿色维权通道，四个“巡回审判点”调处道路交通案件559件，平均审理天数为5个工作日；联合工商部门、消协建立“消费维权巡回审判点”；与区卫生局、辖区各医院密切协调，以东亭医院为试点，在患者与医院发生纠纷后、事件尚未扩大或进入诉讼前，由区法院提前介入提供法律咨询和援助，最大限度维护弱势群体的合法权益与社会和谐稳定。

【开展调研服务活动】 契合全区转型发展大局，从司法角度积极研判新形势、新问题，为全区经济社会发展出谋划策。开展司法助推城乡统筹改革调研，针对锡山地处城乡结合的区位特点，组织四个人民法庭对城乡一体化进程中的系列问题进行调研，并从司法角度提出解决措施，该调研报告被《人民日报内参》、《新华社内参》刊用，为各级领导决策提供参考。结合行政审判实际，由院长带队赴区级机关各部门、各镇（街道）就转型发展背景下的行政执法现状进行为期一个月的“行政执法大走访”并形成调研报告，促成全区《关于进一步推进依法行政工作的实施意见》的出台，为规范行政行为、推进依法治区提供了操作性依据。针对辖区大规模拆迁安置的实际情况，结合相关涉诉纠纷，从拆迁安置房的产权、质量和物业等方面入手，认真分析拆迁安置房纠纷可能引发的诸多隐患，形成专题调研报告向市、区两级领导汇报。通过开辟《领导参阅》信息平台，向市、区两级主要领导及时报送调研成果，全年刊发《领导参阅》5期。

【建立公检法联席会议制度】 针对刑事案件实际特点，与锡山公安分局、区检察院多次磋商，研究制定刑事工作联席会议制度，以“分工负责、相互配合、相互制约”为指导原则，通过定期、不定期的调研座谈方式，通报各部门阶段工作情况，研究解决刑事诉讼工作中出现的新情况、新问题，进一步完善相互支持、相互监督的工作制度，构建规范司法行为、提高办案质量的交流平台。

【开展关爱青少年系列活动】 以少年庭为主要责任单位，利用“禁毒日”、“儿童节”、“夏令营”等节点，深入各学校、社区开展一系列法制宣传活动。在辖区企业建立“缓刑帮教基地”，将矫正触角延伸至异地少年犯。立足“温和、温情、温馨”调解基调，以“及时解决纷争、修复受损关系、促进社会和谐”为主旨，以丰富法官的法律知识、社会常识及人文理念为抓手，积极探索涉少民事案件的调解方法和调解技巧，形成具有锡山特色的“五元调解法”（在硬件上，设置宽松的调解氛围；在主体上，选择合适的参与人；在方法上，找准调解切入点；在技巧上，善用情感交流方式；在效果上，设计人性化解决方案）；联合区教育局、司法局、关工委、妇联等部门出台《锡山区涉少民事案件社会一体化关爱制度实施办法》，构架社会力量共同参与的一体化关爱机制。

【司法修补亲情工作经验被《人民法院报》整版刊用】 立足锡山法院工作特色，在因拆迁、继承、股权分割等原因产生的涉亲情案件处理中，引入德化教育、心理疏导、社会评价，以司法之手修复破碎亲情，促进社会和谐。结合法院工作，参与社会管理创新课题，充分研判当前老百姓最现实、最迫切的诉讼需求，抓住亲情要素，开展各项诉讼调解工作，维护社会和谐，取得了突出的成效。该工作经验被《人民法院报》整版报道刊用。

【潘洪峰法官谈心调解工作室成立】 以创建“民生法庭”为目标，全省首个以法官姓名命名的谈心工作室——潘洪峰法官谈心调解工作室在安镇街道鑫安小区成立，进一步促进法官走进社区、走向基层。该工作室主要解决社区居民有关婚姻、邻里、人身损害、赡养、债务等民商事纠纷的法律咨询，及时排查、疏导和化解纠纷，指导人民调解工作。同时，安镇法庭与安镇街道谈村社区居民委员会签订“无讼社区”共建协议，启动无锡市首个“无讼社区”共建活动。

（王　潇）

司法行政

【概况】 2011年，全区司法行政系统在区委、区政府的正确领导下，认真贯彻区委工作会议精神，紧紧围绕赶超发展大局，扎实推进社会矛盾化解、社会管理创新、公正廉洁执法三项重点工作，充分履行职能作用，努力做好促进经济平稳较快发展、维护社会稳定、服务和保障民生的各项工作，奋力争当全省司法行政系统排头兵，为推进“平安锡山”、“法治锡山”建设作出积极贡献，实现了“十二五”司法行政事业发展的良好开局。

【法制宣传】 2011年是“六五”普法启动年。科学制定“六五”普法规划，组织召开全区“五五”普法总结表彰暨“六五”普法动员大会，为全区“六五”普法起好步、开好局。开播《每月一法》专题宣传栏目，开通“锡山普法”微博、“锡山法制宣传”微群，法制宣传教育更富成效、更具时代气息。深入开展以“法律进机关、进乡村、进社区、进学校、进企业、进单位”为主要内容的“法律六进”活动，在全区中小学生中开展“党旗引领我成长，青春征途法护航”主题宣传活动。大力实施“一镇一品”工程，羊尖镇举办“法制锡剧社区行”活动，安镇街道和泽公园被评为全市首批“法治文化建设精品工程”，锡北泾声路法制宣传一条街被评为全市首批“法治文化建设优秀奖”。扎实开展“民主法治村（社区）”创建活动，年内新增5个省级民主法治村（社区）。全年编印《法律普及》29期、27.2万余份，出宣传栏、黑板报810期，张贴标语、拉横幅526张（条），举办各类法制培训班415期，培训3万余人。锡山区被评为“全市‘五五’普法先进区”，区司法局被评为“全国青少年普法教育先进单位”、“全省‘五五’普法先进单位”。

【人民调解和“大调解”工作】 深入学习宣传贯彻《中华人民共和国人民调解法》，扎实开展“矛盾纠纷排查调处效能建设年”活动。坚持落实社会矛盾纠纷网格化排查和分级管控制度，建立完善矛盾纠纷化解专家会诊机制，研究探索道路交通事故损害赔偿委托调解机制，努力增强大调解工作效能。积极推进专业性、行业性调解委员会建设，联合区妇联成立婚姻家庭纠纷调解委员会，区劳动争议调解委员会规范化建设不断加强，着力夯实人民调解工作基础。完成人民调解员建档和颁证工作，组织“首席调解员”集中培训和调解主任驻庭轮训，广泛开展村（社区）矛盾纠纷调解“个、十、百、千”、“争当人民调解能手”和人民调解“双十佳”评选活动，进一步调动调解员工作积极性，提高队伍整体素质，提升调解工作质量。全年组织开展矛盾纠纷排查650余次，区、镇（街道）两级调处中心受理矛盾纠纷2991件、调处成功2941件，成功率98.3%，比上年上升0.2%，累计劝阻群体性上访94批（次）、2298人次。

【律师管理】 强化司法行政和行业协会双重管理机制，区基层法律服务工作者协会顺利完成换届。全区9家律师事务所，112名专（兼）职律师，20名实习律师；11家法律服务所，66名基层法律服务工作者，为862家政府机关、企事业单位、社会团体和公民担任法律顾问，办理各类案件3371件，非诉讼代理853件，业务收费5363万余元。深入开展争创“群众满意的窗口服务单位”主题实践活动，全区律师事务所和法律服务所主动公开服务承诺，改善服务环境，提高服务品质；律师和基层法律服务工作者自觉加强职业道德，规范执业行为，严格执业纪律，虚心接受社会群众监督和评议，全区法律服务行业服务大局、服务发展、服务人民群众的能力和水平不断提高。着力抓好法律服务行业诚信建设，引导法律服务工作者积极参与公益活动，树立良好的行业形象。江苏金易律师事务所成立助学基金，10名贫困学生获得资助，受到社会好评。江苏开炫律师事务所和江苏金易律师事务所被评为“无锡市优秀律师事务所”，江苏开炫律师事务所律师李雄被评为“无锡市优秀律师”。律师行业党建工作富有成效，全区有7家律师事务所成立独立党支部，律师党员38人（占全区律师总数的36.2%），实现律师行业党的组织和党的工作全覆盖。区司法局律师行业党建工作的做法和经验得到无锡市委组织部和市司法局的肯定。江苏开炫律师事务所律师虞仕俊被选为区第三次党代会代表，实现零突破。江苏开炫律师事务所律师虞仕俊、江苏金易律师事务所律师王建明被司法部律师行业创先争优活动指导小组授予“全国律师行业创先争优活动党员律师标兵”称号。

【法律援助】 全年办理法律援助案件352件，接听法律咨询电话1393人次、接待群众来访1200人次，开展现场法律宣传、法律咨询活动6场（次），发放宣传资料2万余份，解答咨询近百人。以受理“零延误”、工作“零差错”、对象“零投诉”、接待群众“零距离”为目标，切实加强“窗口”值班制度，确保“12348”专线高效畅通，不断提升服务质量。区法律援助中心在全市率先建成省级“法律援助机构示范窗口”。不断健全工作网络，在东北塘街道梓旺社区和云林街道春雷社区建立法律援助联系点。积极参与“三下乡”、“让文明成为习惯”志愿服务示范活动和“3·15”法制宣传活动，会同有关部门，邀请专业律师，分别在丰汇广场、易买得购物中心广场开展法律援助宣传活动，现场解答群众咨询、发放宣传资料，有力地提高了法律援助的社会知晓率和群众满意度。会同区检察院制定《关于建立控告申诉检察法律援助工作机制的规定》，实现了控告申诉检察与法律援助机制的优势互补，相得益彰。

【社区矫正和帮教安置】 认真开展社区矫正“规范化建设推进年”活动，大力加强社区服刑人员安全监管和教育矫治工作。全年接收社区服刑人员178人，解除社区矫正145人，在册社区服刑人员258人，无脱管、漏管和重新犯罪。积极探索“报到回执、集中衔接、当面交接”交付对接方法，切实做到社区服刑人员、法律文书移交“双到位”，有效防止脱管、漏管。全面实施社区矫正审前调查评估和假释环境评价，努力降低社区矫正适用风险，全年办理审前调查评估和假释环境评价131件，其中被法院采纳128件，采纳率98%。开展社区服刑人员大排查大走访活动，落实重点社区服刑人员手机定位监控管理，定期组织社区服刑人员进行集中法制教育，积极开展心理疏导，努力提高教育矫正功效。制定下发《关于锡山区社区矫正公益劳动基地开展集中公益劳动的实施意见》，强化对社区服刑人员集中公益劳动的组织指导，社区服刑人员的在刑意识和悔罪意识增强。全年组织18批470人次社区服刑人员参加集中公益劳动。开展回归社会刑释解教人员排查活动，不断延伸帮教形式，帮教及安置率100%。

【基层司法所建设】 建成无锡市三星级以上司法所8家，其中五星级司法所1家、四星级司法所3家、三星级司法所4家，三星级以上司法所创建率89%。深入开展专题调研，司法所规范化建设调研被列入区政府年度重点调研课题。积极加强基层一线力量，将新录用的2名公务员和3名军转干部充实到基层司法所，基层司法所政法专项编制得到有效落实。继续加大对基层司法所的经费支持和装备保障力度，以全省司法行政专网建设为契机，积极推进基层司法所的信息化建设。坚持每月一次的司法所长例会，有效加强联系交流；组织开展局机关科室与基层司法所结对共建活动，强化业务指导，促进基层司法行政整体工作水平提升。在全市基层站所民主评议活动中，东港司法所列辖区第一，区法律援助中心、羊尖司法所分列辖区第二。

【开播法制宣传栏目】 区司法局在锡山区丰汇广场开播“每月一法”专题宣传栏目。丰汇广场位于锡山主城区，人流量多，尤其是到丰汇广场购物、休闲消费的外地人口多。“每月一法”专题宣传栏目借助该广场电子大屏幕进行普法宣传。每月集中宣传一个法、每天分两次、每次5～10分钟于黄金时段播放。该栏目的开播，丰富了法制宣传教育的形式和内容，契合了法制宣传教育贴近实际、贴近生活、贴近群众的要求，提升了法制宣传教育的针对性和实效性，为切实开展“六五”普法搭建了新平台。

【组织开展争创“双十佳”活动】 区司法局在全区人民调解组织中开展争创“十佳人民调解委员会”和“十佳人民调解员”的“双十佳”活动。“双十佳”活动涵盖全区

227家人民调解委员会和1224名专（兼）职调解员。其中，“十佳人民调委会”从政治素质、队伍建设、硬件建设、制度健全、矛盾纠纷排查及人民群众满意率等方面进行评选；“十佳人民调解员”从自身政治素养、工作经历、业务水平等方面进行评选。活动有力地推动了全区各级人民调解委员会的规范化建设，进一步提升全区人民调解工作水平和服务质量，营造了科学管理、创先争优、奋发进取的良好氛围，有效发挥人民调解在预防和化解社会矛盾纠纷、维护社会稳定中的重要作用。锡北镇人民调解委员会等10个人民调解委员会获“2011年度十佳人民调解委员会”称号，莫定等10人获“2011年度十佳人民调解员”称号。

【深化“双促双助”法律服务活动】 大力深化“促转型、促升级，助稳定、助发展”为主题的“双促双助”法律服务专项活动，努力促进全区经济加速转型提升。成立区重大项目、“530”企业和青年律师法律服务团，组织开展“法律服务百人行”活动，有效帮助企业防范和化解经营风险。强化法企对接，积极组织企业经营管理人员和员工进行法制培训，为企业创新发展提供有力的法律支撑。全区法律服务工作者积极参与领导干部接访和涉法涉诉问题调处，扎实做好村（社区）法律顾问工作，主动化解矛盾纠纷，引导群众依法维权，主动维护社会和谐稳定。2011年，全区法律服务行业走访企业1320家，出具475份风险提示及法律建议，化解矛盾纠纷53起，举办法制讲座6场（次），办理重大投资项目法律业务5件，为企业挽回经济损失近1.5亿元。锡山区律师参与无锡市2011年规模最大的35亿元银团贷款项目，帮助客户化解了美国企业2000万美元巨额索赔诉讼案。

【建立法律援助联系点】 为进一步推动社会管理创新，优化提升村（社区）法律服务，不断扩大“应援尽援”范围，推进幸福和谐社区建设，区司法局积极延伸工作触角，拓展服务窗口，在东北塘街道梓旺社区和云林街道春雷社区建立法律援助工作联系点，进一步完善法律援助区、镇（街道）、村（社区）三级服务网络，下沉工作重心，充分发挥联系点扎根基层、贴近群众的优势，通过法律咨询、法制宣传等多种形式，积极开展法律援助、法律指引以及矛盾调处等工作，切实提高社区居民法律意识和法制理念，努力实现社区居民“困有所助、难有所帮、需有所应”的目标，从法律层面全方位、多角度维护社区居民的合法权益。

【出台控告申诉法律援助机制】 为探索推进社会管理创新，切实维护信访人员的合法权益，规范控告申诉检察环节法律援助工作，区司法局和区检察院联合出台《关于建立控告申诉检察法律援助工作机制的规定》（简称《规定》），明确四类信访事项可以申请法律援助：不服检察院处理决定的申诉；不服发生法律效力的刑事、民事判决、裁定的申诉；反映检察院及其工作人员存在违法侵权情形，提出的刑事赔偿申请；其他属于检察院管辖的信访事项。信访人遇到该四类信访事项，因经济困难，无力委托律师代理控告、申诉的，就可以申请法律援助。《规定》明确了信访人申请法律援助的程序、办理时限和援助律师的条件、权利和义务。同时，为确保法律援助工作机制的顺利实施，区司法局和区检察院还建立法律援助工作联络员和联席会议制度，具体负责日常工作的联络，确保法律援助工作收到良好的法律效果和社会效果。　（雷　凯）

编辑：张　彤

区领导慰问入伍新兵 （区人武部 供）

锡山区委常委议军会议 （区人武部 供）

锡山区2011年度进藏新兵欢送大会 （区人武部 供）

人防疏散演习　　　　（区建设局　供）

开展防灾减灾宣传　　　　（区建设局　供）

无锡市公安局在锡山区举办竹辉“12·31”入室抢劫案新闻发布会

（锡山公安分局　供）

12月13日，在无锡机场迎接胜利凯旋的赴外追逃民警　（锡山公安分局　供）

11月16日，江苏省检察院党组书记、检察长徐安（左一）一行到锡山调研检察工作　　（《新锡山》　供）

10月28日，无锡市中级人民法院院长时永才（左二）在区法院院长王立新（左三）的陪同下视察红豆集团　　（吴崎嘉　摄）

7月10日，区法院院长王立新（左二）在安镇人民法庭传授司法修补亲情工作经验　　（丁柯佳　摄）

11月29日，区法院少年庭庭长赵晓燕（主席台中）送法进民工子弟学校

（唐洁　摄）

锡山区"五五"普法总结表彰暨"六五"普法动员大会　（区司法局　供）

农业·水利

农　业

【概况】 2011年，锡山区农林工作坚持以科学发展观为指导，按照“市场化宗旨、企业化运作、综合效益提升”的总体要求，以农业产业结构转型、空间结构转型、组织结构转型、产品结构转型“四大转型”为导向，以农业增效、农民增收为中心，以现代农业“1460”（1个锡山台创园、4个镇级园区、60个以上村级园区）工程为重点，加快转变农业发展方式，纵深推进江苏省锡山现代农业产业园、锡山台创园建设和现代农业发展，取得明显成效，全区农业农村经济呈现出良好发展态势。锡山区连续三年被评为“全省高效设施农业工作先进单位”，全区完成第一产业增加值16.1亿元，按可比价增长4.1%；农民年人均纯收入16399元，比上年增长17.4%。

农业生产经营形势良好，综合效益水平稳步提升。粮食生产实现连续8年丰收，大力推广“扬麦16号”、“武运粳23号”、“苏粳8号”、“常农粳5号”等新品种，以及机插秧、测土配方、综合防治和农作物秸秆还田等技术，继续组织开展粮食高产增效创建活动，播种小麦5540公顷，亩产325.9公斤，总产27084吨；种植水稻5890公顷，亩产610公斤，总产53910吨。蔬菜生产切实加强，层层签订“放心菜安全生产销售责任书”，年末全社会蔬菜面积1522.9公顷，全年上市蔬菜98821吨，销售收入3.3亿元。林特产业逐步做强，结合“一村一园”建设，逐步培育壮大花卉、苗木、茶叶、葡萄、红豆杉等特色产业，年末花卉苗木1293.7公顷、优质茶果1264.1公顷、红豆杉1178公顷。畜禽生产稳定有序，全年出栏生猪8.2万头，年末存栏3.4万头，虽生猪饲料价格处于高位上行，但受猪肉价格剧烈上升的直接拉动，生猪养殖效益提升，全年生猪养殖效益头均500～600元，部分养殖户单头养殖利润1000元以上，是2010年养殖效益的3～4倍。水产养殖结构调优，水产放养面积1439.8公顷，以池塘养殖为主，其中河蟹、虾等特种水产养殖面积占水产放养面积的52.3%，全年上市水产品总量8711吨，新增高效渔业面积280公顷、休闲渔业面积81公顷，在东港、鹅湖、羊尖、锡北等镇推广应用“太湖1号”青虾主养、混养面积231.8公顷，新建池塘循环水养殖示范工程3处、面积101.3公顷。

【精品蔬菜产业园启动建设】 为进一步推进“菜篮子”工程建设，增强市场蔬菜保障供应能力，根据市政府下达的1200公顷市属蔬菜基地建设任务，锡山区在江苏省锡山现代农业产业园、锡山台湾农民创业园核心区规划建设精品蔬菜产业园。按照“政府引导、市场运作、精品定位、省内领先”的要求，以市场为导向，以农民增收为核心，以科技兴菜为主题，以质量安全为主线，重点在精品蔬菜产业园建设精品蔬菜育苗中心（3000平方米）、精品蔬菜展示中心（3000平方米）、台湾蔬菜新品种引繁中心（3.3万平方米）、蔬菜检测加工物流中心（1000平方米）“四大中心”以及120公顷生产基地，实现设施化、有机化、标准化、企业化生产。至年末，精品蔬菜产业园土地平整、道路、灌排、绿化等基础设施建设基本到位，园区项目招商有序进行。

【生物农业产业园初步建成】坚持以项目建设为重点，全力推进生物农业产业园建设步伐。至年底，园区吸聚亨田生物、大德生物、虹越欧美F1花卉、中国台湾第一种苗、天华鲜切花、健宏生物、日本植物工厂、绿枫苗圃等项目10个，规划占地面积近1平方公里，总投资2.02亿元，累计完成投资近9000万元，初步建成研发中心、智能温室、冷藏系统等一批现代化科研、生产设施，中国台湾第一种苗、日本植物工厂等新开工项目竣工投产。园区有关入园企业与华中农业大学、浙江大学、南京农业大学、云南中医学院、山东农科院等科研单位开展合作，着力推进“蛇足石杉内生真菌ES026发酵生产石杉碱甲”、“铁皮石斛组培苗生产”、“淀粉液化芽孢杆菌抗菌肽”等一批高端项目，力求实现突破。

【“一村一园”提前实现全覆盖】按照“三年规划两年完成，第三年抓好提升，实现村级园区全覆盖”的要求和“一园一业、一业主导，一园一品、一品领先”的思路，深入实施“一村一园”战略，全面推进村级农业园区建设，努力提升村级园区开发水平。年内，全区启动新建村级农业园区37个，规划总面积638.8公顷，其中计划投资超过1000万元的园区5个，占新建园区总数的13.5%。通过狠抓园区规划、土地流转、项目招商、产业开发、机制创新等关键环节，37个新建村级农业园区基本建成，并涌现出东港陈墅无公害水产园、锡北斗山兰颐园、羊尖南村设施蔬菜园等一批特色鲜明、层次较高、设施先进的亮点园区。至2011年末，全区累计基本建成村级园区67个，提前实现村村全覆盖。

【无锡现代农业博览园举办花展】无锡现代农业博览园坚持以花为媒、文化引领、节庆搭台、旅游唱戏，整合农业、旅游和科技、人文等资源，创新举办春季郁金香展和秋季百合花展，努力打造花展品牌，搞活园区旅游和会展经济。3月15日至4月15日，园区以“博爱之花、盛情之园”为主题，举办第一届郁金香展，展出近百个品种、30万株郁金香种球。9月25日至10月20日举办第二届百合花展，展出60余个品种、20万株百合。两次花展吸引游客25万人次，园区门票总收入近300万元，取得圆满成功。随着花展的举办，无锡现代农业博览园成为农业旅游新热点，4月初成功创建成省四星级乡村旅游区（点），并建成儿童游乐园、会议中心等一批功能配套项目。

【两大科技创新平台加快建设】不断深化与浙江大学、中科院合肥物质科学研究院等科技单位的高端化、项目化合作，推进无锡浙大生物农业研究中心、江苏物联网研发中心农业分中心两大科技创新平台建设，加快现代农业科技孵化、转化、产业化，引领全区农业战略性新兴产业发展。无锡浙大生物农业研究中心依托无锡求是生物农业有限公司，通过引进、聘用、合作研究等途径，组建近30人的工作团队，并初步建成分子育种室、组织培养室、植物生长自控室等科研设施以及引繁基地，“紫兴101”等水稻新品系引育取得初步成功。江苏物联网研发中心农业分中心注册成立中科智能农业公司，组建10余人的研发团队，申报省市科技项目6个，设施农业生产物联网应用项目有序实施。

【加快现代农业产业体系建设】按照“稳价保供、高端突破、提质增效、融合发展”的要求，加快产业结构调整，推进产业转型升级，着力做强生物农业、旅游农业“两大新兴产业”，做大设施园艺、食用生物“两大主导产业”，做实优质稻米、精细蔬菜“两大基础产业”，做优翠竹茶叶、特种水产、景观苗木、时令果品“四大特色产业”，初步构筑形成全区“2224”现代农业产业体系。新增高效农业416.7公顷，高效农业占耕地面积比重58.3%。生物农业产业发展良好，新申报“130”人才项目11个，培育生物农业重点企业13家，生物农业产值4.5亿元。市场主体日益做强，新增农民专业合作经济组织6家，累计培育专业合作经济组织75家，市级以上农业龙头企业11家（其中国家级1家、省级1家），各类龙头企业实现销售收入7.45亿元，比2010年增长13%。科技进步不断加快，引进新品种（系）30个、新技术20项、新模式6项，培训农民3000人次。

【强化农产品质量建设】按照产业生态化、生态产业化的思路，加强农产品质量建设，新申报无公害农产品5个、绿色食品8个、无公害产地3个，累计培育无公害产地49个（面积8733.3公顷）、无公害绿色有机食品83个。加强农产品检验检测体系建设，加大农产品抽检力度，强化全程质量安全监管，新建成区农产品检测中心，全区蔬菜抽检合格率99.9%，“瘦肉精"抽检合格率100%。抓好重大动物疫病防控，生猪、家禽免疫密度100%，确保了全区无重大动物疫情发生。加强农业行政执法管理，出动执法人员467人次，检查生产经营单位和基地201家，查封各类违规农资130公斤，切实维护了农业生产经营正常秩序。

【加强农业面源污染治理】 采取强有力措施，通过印发公开信、深入实地分组督查、强化考核奖惩等办法，狠抓小麦、水稻秸秆禁烧和综合利用工作，露天焚烧农作物秸秆现象有效控制，小麦、水稻秸秆机械化还田等综合利用工作得到全面推进，有力地促进了全区“蓝天工程”建设。巩固畜禽水产养殖整治成效，加快建立完善长效管理机制，切实杜绝养殖“反弹”。继续加强化肥、农药使用控制，着力推广应用测土配方施肥、商品有机肥，加强病虫害综合防控，稻麦化肥、农药使用总量分别比上年削减7%和10%。

【推进“绿色锡山”建设】 坚持以建设生态文明、促进人与自然和谐发展为目标，以绿化美化城乡环境和发展林业产业为主线，以绿色通道、绿色屏障、绿色园区、绿色产业、绿色家园建设为抓手，加大城乡绿化造林力度，进一步增加绿量，提升质量，提高“绿色锡山”建设水平，加快构建城乡一体、环境优美、布局合理、效益显著的生态绿地系统。全区完成造林绿化面积473.33公顷，新增绿地175.7万平方米，林木覆盖率20.57%。同时，切实抓好森林防火工作，加快森林防火基础设施建设，全区无重大森林火灾发生，有效保护了“绿色锡山”建设成果。

【创建成国家级农业龙头企业】 江苏红豆杉生物科技有限公司成立于2004年2月，位于东港镇红豆工业城内，是一家致力于红豆杉资源研究、红豆杉盆景培育、紫杉醇提取制药的红豆集团下属高新技术企业。该公司继2008年被评为“江苏省农业产业化省级龙头企业”后，2011年又创建成农业产业化国家重点龙头企业，成为全区首家国家级农业龙头企业。

【基层畜牧兽医站管理体制改革完成】 为理顺基层畜牧兽医管理体制，加强动物防疫体系建设，提高动物卫生监管执法水平和动物防疫公共服务能力，根据区委办、区政府办《关于做好镇（街道）水利管理站畜牧兽医站管理体制调整工作的通知》文件精神，锡山区农林局实施并于年初完成基层畜牧兽医站管理体制改革。基层畜牧兽医站由镇（街道）管理为主调整为区农林局和镇（街道）双重管理，以区农林局管理为主，基层畜牧兽医站属于区农林局派驻到各镇（街道）的全额拨款事业单位。管理体制调整后，全区按区域设置城区畜牧兽医站、安镇畜牧兽医站、羊尖镇畜牧兽医站、鹅湖镇畜牧兽医站、东北塘畜牧兽医站、锡北镇畜牧兽医站、东港镇畜牧兽医站、厚桥畜牧兽医站8个基层畜牧兽医站，核定编制42名。　（韩德喜）

农业机械化

【概况】 2011年是“十二五”开局之年，全区农机工作紧紧围绕市农机局农机化工作目标任务和区委、区政府的总体目标，狠抓重点，扎实工作，农机工作有新进展：各级政府对农机化工作的重视和补贴力度进一步加强，农机推广实现新突破，农林牧副渔适用高效农机不断探索发展，农机财政补贴资金应用科学严谨，“平安农机”长效管理工作措施有力，农机管理工作扎实，农机合作服务组织创建工作稳步推进。2011年，全年实现农机投入1764.69万元，其中对上争取省市财政投入488.69万元，农民自筹1276万元。全区总动力10.58万千瓦。全区耕翻、植保、排灌、三麦收割、脱粒、运输、粮油加工等继续保持100%机械化，稻麦生产主要环节综合机械化水平稳定在92%以上，其中水稻机插秧水平提高至85%以上，水稻种植机械化水平90%，水稻机械化收割水平98.2%。

【农机管理】 以开展“平安农机”创建活动为抓手，进一步落实农机安全生产责任制，认真开展“平安农机”长效管理，深入开展农机事故隐患排查工作，确保农机生产安全有序。积极推动落实免费安全检验制度，政策性保险补贴制度；积极参与加入“平安农机通”，全区入户数400余人，充分利用信息网络平台，强化农机安全宣传工作；落实“双优”（优先、优惠加油）保障措施，保证农忙期间农机用油供应，为提高农机上牌率、检验率、持证率以及创造良好

“平安农机”氛围打下坚实基础。2011年，全区检验大中型拖拉机326台、自走式收割机65台、上道路拖拉机172台。

【农机化发展】 围绕高效农机装备发展目标任务和区级“1460”工程发展要求，根据“园区优先”原则和项目带动战略，因地制宜，攻坚克难，加快农机化事业转型发展。以“1460”园区发展为切入点，突出重点，积极探索高效农业各业态主要生产环节机械化技术路线和应用模式，如物理干扰小气候技术在茶园中的应用等，通过试验、探索和应用，为区域内高效农业园区生产主要环节机械化实施起到引领和技术支撑作用。全年向市级编制、申报项目16个，实施启动项目6个，推广应用新型高效农机具769台（套），高效农业主要环节机械化生产水平45%，完成年度目标任务。认真开展省级示范工程即机械化秸秆还田工作，全区全量还田7293.33公顷，还田率63.6%，超额完成省农机局下达的目标任务，积极探索“机插、机收、机械化秸秆还田”技术集成应用。

【农机推广】 调整优化区域内稻麦农机具，高效新型适用农机具得到长足发展。2011年，全区新增各类农机具935台（套），其中高速乘坐式插秧机15台、中拖7台、秸秆还田机25台、保鲜储藏设备50台、茶树修剪机177台等。农机推广部门加强新机具、新技术的培训，举办农机培训活动8期350人次，进一步提高农机管理人员、农机大户、新型职业农民的综合素质。农机人员深入大忙基层一线，强化服务，指导农民熟练运用新机具、新技术，全年为农户提供调试、维修、技术指导服务420人次，抢修机具675台，保障了春、夏、秋大忙的顺利进行。

【农机合作服务组织建设】 积极开展星级农机专业服务组织创建活动，大力推进争创国家级和省级农机专业合作社示范点、农机大户示范点和农机维修示范点活动，羊尖镇锡羊农机配件厂被确定为国家级农机维修示范点。全区创建省市星级农机专业服务组织8家，其中省级三星服务组织2家、市级四星服务组织3家、市级三星服务组织3家，总资产3580万元。（陆森元）

水利建设

【概况】2011年，全区完成水利建设总投资3.6亿元。完成总土石方450万立方米，占无锡市下达计划的300%；完成农村河道疏浚75条、165万立方米；新翻建低压管道55公里，防渗灌排渠道45公里，新建泵站7座，改造泵站21座；完成小沟以上建筑物156座，改造中低产田200公顷，新增节水灌溉面积767公顷，加高加固8公里，新翻建石驳岸8公里，全面完成无锡市下达的计划任务。

【重点水利工程建设】 完成双泾河拓浚工程，完成河道拓浚3公里、桥梁7座，完成投资5000万元。实施锡东水环境工程一期综合整治工程春风河、半夜浜、新华浜、中心河、北宅浜、杨家庄浜、翠屏山生态园下穿高铁河道7条河道和九里河东枢纽、九里河西控制闸、吼山浜闸站3个口门控制物的配套建筑物工程，配套建筑物工程中除新华浜完工外，其他工程在建；完成土方50万立方米，完成投资1.4亿元。实施锡山区2010年中央财政小型农田水利专项工程，总投资2420万元。实施锡北运河等7条区级河道清淤工程，清淤土方88万立方米，投资1500万元。实施运东大包围锡山区域外围配套河道工程，对杨家桥浜等3条河道进行综合整治，完成土方23万立方米，投资5040万元。（陈国兴）

【农村河道疏浚】 全面开展农村河道综合整治工程，完成区、镇、村河道（河塘）清淤75条（个）、165万立方米，投资2500万元，全面完成省市下达任务。创建无锡市农村河道综合整治示范村9个，超额完成市政府下达的年度目标任务。（顾春新）

【“河长制”管理工作】 按照市、区“河长制”管理目标任务，继续强势推进“河长制”管理，完成接管沿河企业排污口56个、生活排污口916个；完成整治养殖场4家、废品收购站1家；清理违章搭建13处，杂物垃圾近8000吨、渔网渔簖419处、住家船13条、弃沉船25条；打捞水面漂浮物、水草1.4万余吨；河道清淤62条近90万立方米，护岸整治近20公里，河道绿化16.4公顷。超额完成区委、区政府下达的河道综合整治目标任务。2011年，九里河被无锡市委、市政府命名为“全市第一批生态文明示范基地”。（蔡 军）

【汛期气象资料】 汛期从5月1日开始至9月30日结束，153天。总降雨量1040.3毫米，占全年降雨量的87.2%。从时间分布来看，6～8月雨量相对偏多，月雨量最大为6月320.4毫米，约为多年同期平均水平的两倍。6月10日入梅，7月20日出梅，梅雨期41天，较常年多13天，平均梅雨量511.6毫米，约为多年平均梅雨量的2.2倍。汛期水位比往年偏高，最高水位4.73米（6月18日），超警戒水位（3.59米）1.14米。

【防汛工作】 根据《中华人民共和国防洪法》的要求，在汛前调整、充实区、镇（街道）两级防汛防旱指挥部组织机构，落实行政首长负责制，强化各级部门防汛岗位责任。区政府在5月18日召开2011年度防汛防旱工作会议，向各镇（街道）及有关成员单位下发防汛防旱责任状。全区在汛前修订完善2011年度防汛防旱预案，组建抢险队伍90支、2200人，储备防汛抢险物资编织袋20万只、桩木（钢管）2000余根、土工布5000平方米、排涝水泵23台（套），有效应对了全区堤防长时间受高水位的浸泡，确保了鹅湖地区两个万亩圩在7月31日遭受110毫米降雨时的安全，为全区经济社会健康发展提供了防洪安全保障。

【水资源管理】 加强计划用水工作，2011年开采地下水26.49万立方米，比上年减少33.02%，严格控制在省政府下达的95万立方米计划之内。自取地表水1310万立方米，比上年减少19%。进一步加强已封深井的长效管理，无违法启用已封深井情况。进一步加强地下水的动态监测工作，全区地下水平均埋深与上年相比变化基本稳定，其中：第一承压水位年平均埋深8.17米，比上年同期上升0.63米；第二承压水位平均埋深26.15米，比上年下降0.6米。继续开展水功能区水质监测，在监测的19个水功能区中，水质明显好转。

【创建节水型社会】 修订完善《锡山区节水型社会建设实施方案》，并通过市水利局的评审。组织实施各项创建工作，年内完成省级节水企业2家、省级八大行业2家、市级节水示范项目2个、市级节水学校1所、省级节水型社区1家、省级节水型灌区1个，并通过省市专家的考核验收。（袁立忠）

【加大依法行政力度】 采取正常巡查与突击检查相结合、一般巡查与重点检查相结合、河道清障专项行动与“百湖执法大检查”相结合、主动出击与举报查处相结合的方式，开展水行政执法监察工作。全年累计巡查907人次，出动执法船66次，拆除违法坝埂1处，拆除违章设置渔网渔簖27处，发现和制止水事违法行为40起，其中立案1起，结案1起，罚款5000元，结案率100%，维护了水利工程设施的正常运行和良好水事秩序。（蔡　峰）

编辑：张　彤

【锡山区文化名胜掠影】

三公祠

三公祠位于荡口南鹅湖新桥边，建于明嘉靖三十六年（1557年），为江苏省文物保护单位。

4月初，无锡现代农业博览园郁金香展一隅 （韩德喜　摄）

埨新河整治新貌 （区水利局　供）

锡北镇蔡家塘新貌 （孙剑光　摄）

工业

综　述

【概况】 2011年是"十二五"的开局之年，也是锡山加快赶超发展的攻坚之年，在区委、区政府的正确领导下，全区产业结构调整力度加大，重大项目和专业园区建设有力推进，招商引资和服务企业力度不断加强，工业经济保持平稳较快发展的良好势头，总体呈现增长稳健、质量提升的特点，较好完成全年目标任务，实现了"十二五"发展的良好开局。全年实现工业总产值1239.2亿元，比上年增长21.9%；规模工业产值首次突破1000亿元关口，为1050.2亿元，比上年增长20.5%。

重点产业稳健增长。2011年，纺织服装、金属制品、电子信息和机械装备四个传统重点产业实现产值892亿元，比上年增长21%，占规模以上工业产值的85%。新兴产业发展提速，新能源和新能源汽车、生物医药、新材料、智能传感（含智能电网）等新兴产业全年实现产值547亿元，比上年增长22%。

工业投资结构持续优化。2011年，工业投资182.3亿元，比上年增长14%，投资结构持续优化，技改投入、新兴产业投入、超亿元项目投入占全部工业投资的比重比上年分别提高10.8、8.2、13.4个百分点。

专业园区发展稳步推进。12个工业专业园区全年实现产值522亿元，占全区工业经济总量的42%，比上年提高5个百分点。骨干道路框架逐步成形，新开工道路17条，竣工道路7条；民宅拆迁基本结束，羊尖镇机械（高铁）装备产业园、鹅湖镇新型金属材料产业园、锡北镇轨道交通装备产业园、东港镇电力装备产业园和新材料产业园"四镇五园区"民宅拆迁累计签约率和拆除率分别为90%和84.7%。

企业创新水平显著提升。全区累计拥有市级以上企业技术中心42家，其中2011年认定18家；累计引进嫁接式高层次人才15人，其中2011年引进5人；2011年申报省级"两化融合"（工业化和信息化融合）示范、试点企业20家，认定9家，累计认定示范、试点企业15家。红豆集团成立江苏省第二家、无锡市首家示范性企业大学，开创了锡山区民营企业创办大学的先河。

节能整治工作有效落实。全年新增市级循环经济试点企业4家，完成清洁生产审核企业35家，创建"两型"企业10家，规模以上工业产值能耗比上年下降12.4%；整治"小化工"企业30家、"三高两低"企业24家，淘汰停用燃煤锅炉50台，完成全年目标任务。锡山区被无锡市政府评为"'十一五'节能降耗先进单位"。

【产业发展】 积极推动产业转型升级，加速新兴产业发展，坚持以产业优化升级作为转变发展方式的重要抓手，以培育新兴产业、提升主导产业、调整传统产业为主轴，推动全区经济结构调整和产业结构转变。新兴产业规模扩张。大力实施新兴产业双倍增工程，聚焦政策、聚集资源、聚合力量，推动新兴产业快速扩张，美新微纳传感系统有限公司、无锡和荣科技有限公司、无锡森宝传感科技有限公司等重点企业表现出良好的成长性和爆发力，新材料、新能源和新能源汽车、智能传感和生物产业四大工业类新兴产业实现营销收入547亿元，比上年增长22%。主导产业提档升级。深入推进“双百新增长工程”，积极实施规模骨干企业科技创新三年行动计划，鼓励企业实施技术改造，引进高端装备，新增省高新技术企业16家，高新技术产业增加值占规模以上工业增加值比重45.5%。信息化与工业化深度融合，传统产业转型升级加速。全年新认定省级“两化融合”试点企业2家，无锡市第一棉纺织厂获得工业和信息化部颁发的“两化融合促进节能减排试点示范企业”称号，4家企业成为“工业信息化运行形势指数企业”，美新微纳传感系统有限公司成功入选国家物联网重点示范项目。

【强化投入】 深入组织实施“双百技术改造工程”，出台相关扶持政策，鼓励企业加大装备投入。鼓励企业实施技术改造。配合区政府出台扶持企业技术改造的政策意见，对符合产业政策导向且2010年度纳税总额为200万元的企业、当年购置单台套200万元及以上生产研发设备的技改项目给予财务发生额4%以上的贴息，提振企业投资信心。实施项目动态管理。对续建或已开工项目强调抓进度求竣工，从土建、设备安装、投产、达产四个环节进行跟踪，及时反映项目进展过程中的制约因素，督查项目的建设进度，确保项目预期竣工；对拟建项目强调抓审批求开工，从项目报批、土地报批、拆迁清障三个环节进行跟踪，监控项目审批等前期准备工作，力促项目顺利办理审批手续，尽早开工建设。完善重大项目建设推进机制。以企业改造提升为中心，以破解土地要素制约为核心，围绕项目形态和规划布局，对工业专业园区内超亿元新办项目和超3000万元的技改项目，以及园区外超亿元重点企业技改项目和超1000万元技改项目等一批重大工业项目实施全方位、全过程推进服务，建立推进小组，联合推进重大项目开工建设，力促投产达产。

【园区建设】 继续紧扣“三高联动”要求，按照政策扶持、高端合作、优化环境、提升内涵、统筹发展的原则，加快园区高端发展。全区工业园区总规划面积161.6平方公里，建成面积91.73平方公里，累计入园企业1735家，其中专业园区入园企业620家。完善基础设施。继续展开拆迁腾地工作，高标准建设基础设施，对照“九通一平”（通市政道路、雨水、污水、自来水、天然气、电力、电信、热力及有线电视管线，土地自然地貌平整）标准，全面排查供水、供电、道路等公共保障性基础设施的配套能力和差距，制订详细施工计划，确保施工进度。开展高端合作。积极推动专业园区与科研院所开展产学研合作，努力搭建企业与科研院所的桥梁纽带，江南大学机械工程学院与羊尖镇机械（高铁）装备产业园共建“科技创新服务中心”，北京科技大学与鹅湖镇新型金属材料产业园政产学研合作正式展开，年内各专业园区与22家科研机构建立合作关系。招引高端项目。继续深入组织高端招商活动，驰源新材料、雪桃重工以及赛尔肯特等一批重大产业项目相继落户对口的专业园区。“2011无锡锡山·央企（科研院所）高端合作恳谈会”召开，锡山区与清华大学汽车工程系和北京理工大学等5家科研院所建立合作意向，集中签约汽车物联网、微型纯电动汽车研发及产业化、锦纶切片等多个高端项目。

【企业创新】 围绕发展创新型经济和实施“创新驱动”战略的基本导向，以技术创新、管理创新、资本运作创新为抓手，全区企业创新能力不断提升。实施企业技术创新。全面加快“三站两中心”建设步伐，新建成市级院士工作站2家、市级工程技术研究中心15家、省级企业技术中心4家、市级企业技术中心14家，引进嫁接式高层次人才5人。“530”企业产业化加速，无锡亮源激光技术有限公司、无锡维视科技有限公司和无锡杰尔压缩机有限公司等11家企业年销售超1000万元。支持企业管理创新。扎实推进企业实施卓越绩效管理，组织骨干企业参加质量管理体系认证，提升企业质量管理水平，力促无锡兴达泡塑新材料股份有限公司、无锡豪普钛业有限公司等企业发展总部经济，加强外拓布点扩张，积极开展主辅分离，增强企业核心竞争力。加强企业金融资本创新。鼓励企业通过兼并重组强化产业链整合，支持企业股份制改造，努力推动企业上市融资，挺进资本市场，以锡山区无锡百和织造股份有限公司为主要控股公司的百和兴业股份有限公司在台湾证券交易所上市。融资性担保清理整顿工作全面完成，10家中小企业融资性担保机构注册资金总额17.55亿元，担保余额55.3亿元，比上年增长

32%，新增中小企业担保客户1031户，有效缓解了企业融资难题。

【节能减排】 加强用能监督管理。狠抓重点企业的节能工作，在2010年全面完成5000吨标准煤以上重点用能单位能源审计的基础上，扩大重点监管企业面，对3000吨标准煤以上的企业开展专项能源审计工作。推进清洁生产。制订下发《锡山区关于做好2011年清洁生产工作的意见》，全年35家企业完成清洁生产审核，积极引导企业实施节能循环经济项目，实施市级以上节能及循环经济项目19个，新增市级循环经济试点企业4家。实施合理用能评估。按照《无锡市产业合理用能评估审核暂行办法》规定，对新、改、扩建的工业投资项目实行合理用能评估审核制度，从源头上控制高耗能和用能不合理的项目落户锡山区；组织健鼎（无锡）电子有限公司、昊辰（无锡）塑业有限公司和无锡嘉联不锈钢有限公司等10家企业开展“两型”企业创建。开展产业整治工作。在化工整治方面，坚持咬住东港镇、锡北镇两个重点板块不放松，实行现场办公，强势推进，务求实效。在“三高两低”整治方面，调整工作思路，将整治重点由“三高”调整为“两低”，切实提升土地使用产出率，降低能耗水平，有效控制污染源。 （朱培 翟庆）

民营经济

【概况】 2011年，面对复杂严峻的宏观经济形势，全区认真贯彻落实区第三次党代会精神，紧紧围绕转型发展、赶超发展奋斗目标，全力落实各项工作举措，民营经济发展呈现出经济总量不断增大，运行质量逐步提高，经济效益稳步提升的良好态势。2011年，全区民营经济增加值比上年增长14.5%；注册资本比上年增长16%；上交税金完成39.6亿元，比上年增长25%；固定资产投资完成180.5亿元，比上年增长40%。

【加强服务体系建设】 中小企业服务体系建设不断完善，为中小企业提供人才培训、创业辅导、投资融资等各项专业服务。2011年，江苏申锡建筑机械有限公司、无锡新慧资源环境科技有限公司入选中小企业服务平台项目，无锡安镇新城投资发展有限公司被评为“江苏省培育小企业创业基地项目”，东港中小企业服务中心获“江苏省二星级中小企业公共服务平台”称号，同时，锡山区民营经济办公室采取政府推动、银行联动、企业（园区）互动的办法，进一步健全融资服务功能，协同工商银行锡山支行建立锡山区重点企业金融挂钩服务小组，切实解决企业融资难题。

【推进科技创新】 继续大力引导企业创建国家、省、市企业技术中心，全年创建市级以上企业技术中心13家、省级企业技术中心5家。无锡宏源机电科技有限公司获“江苏省优秀企业技术中心”称号。江苏红豆杉生物科技有限公司申报的“红豆杉高效栽培及全株采提紫杉醇研发与产业化”项目入围“2011年国家重大科技成果转化项目”。

【加快产业集聚】 全区继续围绕“三高联动”发展战略，专业园区建设取得显著成效，发展水平跃上新台阶。2011年，全区工业专业园区完成销售收入522亿元，占全区工业经济总量的42%，比上年提高5个百分点，专业园区主导产业比重95%，全区形成电子信息、新材料、机械装备三个产值百亿元规模的产业集聚区。盾建重工、中石油润滑脂、中航技等一批优质高端项目落户，同时各专业园区加快与科研院所合作，积极拓展与华中科技大学、江南大学、中科院金属所等科研院所的合作关系。

【提升融资担保实力】 进一步加强与驻区金融机构的沟通衔接，切实做好银企对接服务，全年为610家企业累计落实新增授信金额466亿元。同时，继续加快推进现有担保机构的增资扩股工作，10家融资性担保公司注册资本金17.55亿元，比上年增长10%。进一步加大对科技创新和新兴产业的信贷支持，积极探索建立知识产权融资机制，对接相关金融机构在锡山区开展知识产权质押贷款业务，推动专利技术产业化。无锡翱天电气科技有限公司和无锡市宇寿医疗器械有限公司分别获全省首批专利质押200万元和400万元贷款，无锡市大德科技有限公司获1000万元科技专项贷款。

【提高企业综合素质】 携手无锡市中小企业发展中心承办“江苏省中小企业竞争力大讲堂·国家银河培训活动”，组织150余名企业负责人和高级管理人员参加培训，重点围绕“五项修炼打造卓越团队”主题，为全区企业家更新观念、提升自主创新能力提供学习交流的机会。组织15家企业参加“企业研究开发费用税前加计扣除操作培训班”，重点帮助企业了解国地税工作中的一些注意事项。组织无锡市北美胶粘制品有限公司等企业参加省经信委组织的企业家培训。组织无锡晶海氨基酸有限公司、无锡英特派金属制品有限公司等10家企业参加省中小企业局举办的“江苏省领军企业转型升级清华大学高级研修班”，帮助企业家拓宽视野，赢得先机。（朱培 翟庆）

节能降耗

【概况】全区紧紧围绕区委、区政府提出的赶超发展、转型发展奋斗目标，强势推动节能降耗工作，切实转变经济增长方式，提高能源利用效率，为全区经济加快转型打下坚实基础。2011年，规模以上工业产值能耗比上年下降12.4%，实施清洁生产审核企业35家，申报市级以上节能及循环经济项目19个，新增市级循环经济试点企业4家，实施重点用能单位节能监察、监测20家。

【控制项目能耗】全面掌控技改项目耗能水平，提高资源产出效率，促进产业结构的优化升级。通过控制高耗能项目进入，从源头控制高耗能和用能不合理的项目落户锡山区，减轻经济增长对能源需求的压力，确保新上项目能耗低于无锡现有工业平均能耗水平，提升有限资源的产出率。全年审核新、改、扩建工业投资项目超50个，其中健鼎（无锡）电子有限公司、无锡确成硅化学有限公司、鹰普机械（无锡）有限公司等6家企业项目的用能通过无锡市产业合理用能评估审核。

【开展清洁生产】扎实开展清洁生产审核。全区实施清洁生产审核企业35家，其中涉及上市审核5家，分别是江苏赛福天钢索股份有限公司、无锡东沃化能有限公司、江苏红豆杉生物科技有限公司、江苏无锡通用科技股份有限公司和无锡兴达泡塑新材料股份有限公司。累计投入资金1.63亿元；实施无低费方案437项，中高费方案68项，合计505项；年节电691.7万千瓦时，年节煤1106.7吨，年节约蒸汽1153吨，年节约标准煤2711.6吨，年节水3.2万吨，年减排二氧化硫6.02吨，年增加经济效益1.08亿元。

【实施循环经济】鼓励企业开展节能改造，挖掘节能潜力。从节能200吨标准煤以上余热余压利用、电机系统节能、绿色照明项目，投资200万元以上节能新技术开发项目，资源节约、综合利用项目三方面收集51个项目，创建节能、循环经济项目信息库，再从项目库中筛选优质项目申请各级专项扶持，组织19家企业申报市级以上扶持资金，其中有14个节能改造项目、3个淘汰落后项目、1个节能推广项目、1个循环经济项目，争取市级节能及循环经济项目资金359.5万元，比2010年增加202.5万元，增长129%。扩大循环经济试点范围，培育循环经济示范工程。组织无锡和荣科技有限公司申报国家工业循环经济重大技术示范工程。组织无锡晶海氨基酸有限公司、无锡海乐科技公司等4家企业开展无锡市循环经济试点工作。

【用能监督管理】开展重点用能单位节能精细化管理，加强与市节能监察中心对接，开展重点用能企业节能监察、监测工作。检查企业设备情况，督促企业完善能源管理制度，配备合理准确的能源计量器具和仪表，建立计量检测体系，加强能源统计分析，挖掘节能潜力。完成两轮30家企业的节能专项监察工作以及20家重点用能单位节能监察、监测工作，总体情况良好。完成淘汰落后变压器3台，并通过市级核查验收，同时反馈省节能监察中心。无锡新德印染制品有限公司的染色布、无锡市第一棉纺织厂的纱及棉布、红豆集团的棉纱3家企业的4件产品全部符合省能耗限额标准，没有超标耗能现象。

【淘汰落后产能】着力提升企业设备装备水平，认真贯彻落实工业和信息化部发布的《部分工业行业淘汰落后生产工艺装备和产品指导目录（2010年本）》，全面加快淘汰落后生产工艺装备和产品步伐，着力提升全区用能设备装备水平，通过清洁生产、燃煤锅炉整治、节能监察等手段累计淘汰落后用能设备200台（套）。

【节能宣传推广】加大节能减排宣传力度，提高企业的节能意识。收集整理节能降耗宣传资料，选取典型事例，在“节能宣传周”期间在《新锡山》上刊登“节能专栏”1期，并发表多篇专题文章；通过“三下乡”活动发放基层节能宣传材料100余份。通过树立节能降耗先进典型，提高全社会的节能意识，营造有利于建设资源节约型、环境友好型社会的良好舆论氛围，响应无锡市生态文明先驱城市建设三年行动纲要，组织7家企业开展“两型社会”建设示范企业创建工作，“两型社会”建设示范企业累计10家。组织23家年耗能3000～5000吨标准煤以上重点企业参加无锡市重点用能培训班，学习节能相关法律法规以及能源管理相关知识，增强企业节能意识。

（朱培翟庆）

重点企业

【无锡兴达泡塑新材料股份有限公司】 该公司创建于1992年1月，是专业生产可发性聚苯乙烯树脂（EPS）的大型民营塑化企业集团。集团生产的“锡发牌”可发性聚苯乙烯树脂（EPS）系列产品，广泛应用于包装建材、装饰、交通工程等领域，是建材领域最佳的节能环保型产品。最新研制成功的阻燃性可发性聚苯乙烯树脂制成的发泡塑料是世界最轻、最经济的包装材料。2005年，公司在常州成立和收购江苏诚达石化工业有限公司与常州明谛树脂有限公司，并斥资10亿元对两家公司进行技术改造和扩产建设。2006年，公司投资8亿元在惠州成立年产18万吨级的惠州兴达石化工业有限公司。2011年，总投资9亿元的改扩建年产45万吨EPS一期工程竣工，并全面投产，加上常州和惠州等地3家分厂的产能，“兴达”的EPS年产能突破80万吨，占全球产量的四分之一。

【江苏大明金属制品有限公司】 该公司创建于2002年，是一家专业从事不锈钢技术、加工、销售和物流服务的现代综合性钢铁企业，拥有全球一流的不锈钢加工设备、现代化的理化检测中心和裁剪、切割、表面处理、成型和机加工、焊接加工六大加工平台。公司在无锡、杭州、武汉、天津和太原设有五大加工中心，在宁波、上海和无锡惠山区前洲镇设有三个分公司，拥有遍布全球的知名供应商和中国最大、规格最齐全的现货平台，常备不锈钢库存6万余吨，是享誉全国的“制造业不锈钢加工配供中心”和“不锈钢现货超市”，2011年在江阴—靖江园区规划打造新的加工中心，成为先进制造加工服务园区。2011年实现销售58.9万吨，销售金额100亿元。自2006年起，连续多年跻身中国制造业500强，2011年位列中国民营企业500强，多次被中国金属材料流通协会不锈钢分会评为“中国十大不锈钢流通企业第一名”，顺利通过中国质量认证中心ISO 9001质量认证，并获“全国AAAA级物流企业”称号。

【无锡盾建重工制造有限公司】 该公司是锡山区2010年引进的重大项目，公司以生产盾构机、盾构管片模具、高铁无砟轨道板模具、无砟轨道板铺设精调车为主导，钢管片、桥隧和起重专用设备、五金标准件、金属结构件、异型钢模板为配套，着力打造集设计、研发、生产、销售为一体的现代化高科技和拥有自主品牌的企业。公司成功研发、制造具有60余项专利权、性能指标达到国际先进水平、直径为6米的盾构机，实现了盾构机的自主创新、国产化战略，攻克了盾构机刀盘和液压驱动系统国产化的多项难题，改变了盾构机多个关键部件都要依靠国外进口的局面，打破了国外著名盾构机制造商的市场垄断地位。

【江苏赛福天钢索股份有限公司】 该公司创立于2005年6月，先后被评为“江苏省高新技术企业”、“无锡市知识产权优势企业”、“无锡市AAA级重合同守信用企业”，是国内最大、技术层次最高的电梯用钢丝绳生产企业之一。公司率先通过ISO 9001质量管理体系认证。其主打产品电梯用钢丝绳、起重设备用钢丝绳广泛应用于电梯、起重、高扬程塔吊、汽吊、电铲、土木工程、航天航空、港口渔业、矿山油田等众多领域。公司成为三一集团、徐工集团和中联重科股份有限公司等多家知名企业的战略合作伙伴和供应商，公司优质的产品和高效的服务获得客户的赞许。公司拥有省级研发中心，承担国家火炬计划1项，拥有多项江苏省高新技术产品。2011年，公司两个项目分别获得无锡市科技进步二等奖和三等奖。公司拥有100余项专利，公司的“大力牌”钢丝绳产品成为“江苏省名牌产品”，“大力”商标成为“江苏省著名商标”。

【无锡市华通电力设备有限公司】 该公司创立于1994年，是国家电力公司成套部、国家电力公司规划设计总院联合推荐的“电力工程主要辅助设备”定点生产厂家。公司为国内外125兆瓦、300兆瓦、600兆瓦、1000兆瓦等火电机组中的煤粉制粉系统、烟风煤管道系统、输煤系统、除尘系统、热力汽水系统、取样测量系统及噪声控制系统提供各种类型的系列产品，累计26个系列，170余个品种，其中18项产品获得国家专利。粗粉分离器、细粉分离器、球型锁气器、煤粉分配器、六道零部件、隔绝门等产品获得国家电力总公司的推荐证书，并销往国内600家火力发电厂，同时出口法国、印度、泰国、伊朗、伊拉克、越南等国家。2011年，公司与国外公司进行全面技术合作，自行开发、设计和生产了世界一流水平的用于燃气电厂旁路设备的防雨门以及燃煤电厂的烟气脱硫装置中烟道系统的专用百叶窗挡板门。公司相继开发全自动定量叶轮给粉机、布袋除尘器、GGH烟气加热器等产品。

【无锡佳腾磁性粉有限公司】 该公司长期与中科院过程工程研究所合作，以科技求发展、以质量为根本，优化工艺配方，采用先进设备，同时不断开发新产品，形成国内唯一集生产静电复印机专用磁粉、专用树脂、专用墨粉一条龙的专业化生产基地。产品适用于佳能、夏普、理光、松下、柯尼卡、美能达、施乐等模拟复印机、数码复印机、激光打印机、彩色复印机、彩色激光打印机所用碳粉系列100余个品种，出口至世界各地，深受客户青睐。公司历年被评为“无锡市重合同守信用企业”，生产的“佳腾”牌碳粉被评为“无锡市名牌产品”、“江苏省著名商标”，产品在同行业中率先通过ISO 9001质量管理体系认证；产品被无锡市技术监督局评为“消费者信得过产品和执行标准优秀企业”；2003年被江苏省人民政府评为“江苏省高新技术企业”，被国家科学技术委员会列入国家火炬计划锡山新材料产业基地成员企业。公司拥有国家发明专利13件。

【无锡恒诚硅业有限公司】 该公司成立于2003年，2006年开工建设，并于2008年投产。研制开发采用水玻璃和浓硫酸为主要原材料的高分散微珠状沉淀法二氧化硅、压块状及超细二氧化硅，并投放市场，年生产能力3.5万吨。公司先后通过ISO 9001、ISO 14001、欧盟FAMI-QS、ISO/TS 16949、OHSAS 18001体系认证及REACH法规预注册。2011年，公司获“江苏省民营科技企业”证书，“恒诚”商标被认定为“无锡市知名商标”。公司被确定为“高分散白炭黑定标单位”，恒诚硅业研发中心被评为“无锡市工程技术中心”。

【无锡英特派金属制品有限公司】 该公司创立于2002年11月，经过十年的发展，成为国内贵金属行业排头兵，无论是企业研发能力还是人均劳动生产率，都跃居行业前列。公司是国家高新技术企业、国家火炬计划锡山新材料产业基地成员企业、中国仪器仪表行业协会仪表材料分会会员、国家二级计量单位、无锡市重点高新技术企业、无锡市重合同守信用企业和无锡市优秀民营企业。2011年，公司实现销售收入10亿元，人均销售1000万元，固定资产7亿元。主要产品有TFT用贵金属设备、弥散强化偶丝、热电偶丝、弥散强化铂铑玻纤漏板、铂铑搅拌器、贵金属分离提纯及各类贵金属制品（包括管材、板材、坩埚）等，其中TFT用贵金属设备、弥散强化偶丝等多个产品打破国外垄断，填补国内空白。

【江苏申锡建筑机械有限公司】 该公司创建于1988年，是中国高处作业吊篮和擦窗机的发源地，经过20多年的高速发展，公司成为中国吊篮行业的龙头企业，成为承担国家“十一五”科技支撑计划项目的重点企业、江苏省高新技术企业、中国工程机械工业协会常务理事单位和装修与高空作业机械分会副理事长单位。公司建有行业一流专业水平的江苏省高空施工机械工程技术研究中心、江苏省级博士后工作站以及机械工业部及人力资源和社会保障部授权的高空作业机械职业技能鉴定站。先后参与制订GB19155-2003《高空作业吊篮》，GB19154-2003《擦窗机》等国家标准，在创建标准化良好行为企业中被认定为AAAA级企业，在2011年度产品质量用户满意度调查中，被全国质量协会工程机械分会、中国建设机械设备用户委员会、中国工程机械工业协会用户工作委员会评为“用户满意产品”，2011年经中国工程协会权威统计，公司综合实力在国内同行业中排名第一。

【无锡锡州机械有限公司】 该公司地处锡北镇，具有很强的产品研发与技术应用能力，产品遍及全国并出口西欧、北美地区，形成了具有一流研发、制造实力的核心竞争力，公司年销售增长在30%以上。公司是国内最大的油泵挺柱体部件生产厂家，形成三大类产品八个系列58个品种，挺柱体部件被评为“江苏省优质产品”、“江苏省高新技术产品”。公司获得ISO 9001、TS 16949质量管理体系和美国ASME产品认证证书。拥有多项专利技术和产品，获“江苏省高新技术企业”、“江苏省民营科技企业”、“江苏省AAA级重合同守信用企业”称号。

（朱培翟庆）

编辑：张彤

8月17日，美新微纳传感系统有限公司一期工程落成。图为市区领导一行参观工厂生产区域　　（《新锡山》　供）

江苏大明金属制品有限公司　　（区经信局　供）

江苏赛福天钢索股份有限公司　　（区经信局　供）

综　述

【概况】 2011年，锡山区以科学发展观为指引，以转型升级为主线，创新发展思路，狠抓重点突破，全面推进外资、外贸、外经、外包各项工作，建立外资项目落地推进机制，组织各类招商活动；针对上级总扶持资金收紧的严峻形势，提前介入、提前发动、提前组织，积极辅导企业做好项目储备与申报工作，帮助企业争取商务部、江苏省、无锡市三级扶持资金近1亿元；通过专题辅导、政策宣讲等多种形式，加速海关A类及AA类企业培育步伐，新批海关AA类管理资质企业1家，取得历史性突破，提前实现锡山区“十二五”规划目标；通过无锡市出入境检验检疫局，市、区商务局协调解决柬埔寨西港特区进出口货物检验检疫便捷验收事宜，建立“绿色通道”；以引进外包企业和招揽外包人才为抓手，开展多层次招商引智活动，推动全区外包产业发展。全区开放型经济运行情况总体良好，新批外商投资企业24家，完成到位外资3.51亿美元，新批重大外资项目3个，新批外资独立研发中心、地区总部及世界500强企业投资项目4个；完成进出口总额40.9亿美元，其中出口28.4亿美元；新批境外机构和企业13家，中方投资额9246.5万美元；完成服务外包接包合同协议金额4.5亿美元、执行金额4亿美元，离岸外包合同协议金额2.7亿美元、执行金额2.6亿美元，完成外汇结汇数1.08亿美元。

（谈秋明）

对外及港澳台贸易

【概况】 2011年，欧洲和美国的经济持续疲软，出口退税率屡次调低，货币政策趋紧，人民币汇率不断攀升，生产要素成本大幅上扬，用工成本不断增加，全区对外贸易形势严峻，呈现前高后低走势。完成进出口总额40.9亿美元，比上年增长14.55%。其中，出口28.4亿美元，比上年增长17.64%。新批自营进出口企业127家。

【商品结构和市场优化】 2011年，全区各类商品出口出现分化，化学品出口1.30亿美元，比上年增长41.12%；高新技术产品中的计算机集成制造技术出口3526万美元，比上年增长42.11%，位居全区出口商品增幅前两位。机电产品出口13.65亿美元，比上年增长11.84%，机电产品出口增速趋于平稳，机电、纺织依然占据全区出口产品种类前两位，机电出口增幅明显趋缓。高新技术产品出口6.37亿美元，比上年增长6.01%，占全区出口比重22.44%，增幅明显放缓。受国际光伏产品出口波动剧烈影响，光伏累计出口2486万美元，比上年下降25.94%。传统市场中，对美国的出口较为疲软，对欧盟的出口由于欧洲债务危机对实体经济的影响，自第三季度起出口增速明显放缓，对日本的出口增幅相对稳定。随着欧债危机的扩大与美国失业率的持续攀高，传统市场出口形势不容乐观。大洋洲、东盟、拉丁美洲等新兴市场增幅迅猛，分别出口7821万美元、3.29亿美元、2.07亿美元，分别比上年增长78.17%、37.78%、32.77%。内资企业对外贸易形势较好，出口增幅一直高于外资企业8个百分点左右；进口方面，外资企业比上年增长3.40%，落后内资企业13个百分点。

2011年锡山区出口前10位内资企业情况一览表

表6

序号	名称	累计出口（万美元）	同比±%	所在地区
1	无锡兴达泡塑新材料股份有限公司	8769	－13.02	东港镇
2	江苏红豆进出口有限责任公司	7938	18.47	东港镇
3	无锡华东可可食品股份有限公司	6194	22.08	东北塘街道
4	无锡锡州机械有限公司	3310	4.30	锡北镇
5	红豆集团无锡南国企业有限公司	3251	3.13	东港镇
6	江苏通用科技股份有限公司	2913	16.21	东港镇
7	江苏国威摩托车有限公司	2906	23.73	商务区
8	无锡市洪汇树脂有限公司	2593	17.83	厚桥街道（开发区）
9	江苏新大陆太阳能电力有限公司	2586	－20.63	羊尖镇
10	无锡市求精金属贸易有限公司	2510	167.58	东北塘街道

2011年锡山区出口前10位外资企业情况一览表

表7

序号	名称	累计出口（万美元）	同比±%	所在地区
1	健鼎（无锡）电子有限公司	40337	3.17	开发区
2	无锡豪普钛业有限公司	5286	80.82	锡北镇
3	无锡超科食品有限公司	5076	162.10	开发区
4	无锡长江精密纺织有限公司	4479	13	开发区
5	恩欧凯（无锡）防振橡胶有限公司	4355	－1.81	开发区
6	无锡国丰电子科技有限公司	4305	19.59	开发区
7	大津编物（无锡）有限公司	4106	67.55	开发区
8	高德（无锡）电子有限公司	3712	－2.16	开发区
9	新麦机械（无锡）有限公司	3667	11.83	开发区
10	无锡金羊金属制品有限公司	3087	3.88	羊尖镇

【海关A类以上企业和商检一类企业培育】与海关等职能部门合作，先后召开“重点企业海关政策宣讲会”、“海关行政处罚以案说法培训会”；与“拉美贸易网”等网络平台积极合作，为企业开拓拉丁美洲新兴市场提供指导和帮助，受到企业的积极参与和欢迎。辅导海关A类企业做好每年一度的“经验管理状况”报告，确保A类资质延续。新增海关A类企业11家；海关AA类企业培育取得突破，无锡杰夫电声有限公司成为锡山区第一家AA类企业；商检一类企业6家，红豆集团成为全市唯一一家AA级进出口企业。

【国际市场开拓】在广泛征求企业意见和建议的基础上，专门出台《锡山区商务系统各类展会申请管理暂行办法》，从制度上确保外贸增幅迅速、具有良好培育前景、具有各类品牌的优质外贸企业优先获得重点展会摊位，充分发挥重点展会的杠杆作用，帮助企业全面开拓国际市场。组织企业参加第109届、110届广交会，为145家企业争取摊位348个，企业数和摊位数均占全市总数的三分之一左右。重点组织企业参加华东进出口商品交易会、中国国际摩托车及零部件交易会及法兰克福家用纺织品博览会、日本大阪展、意大利米兰两轮车展等国内外知名展会20余个，重点展会展位数保持全市前茅。

【基地建设】精心准备考评，全面详实地准备各类考评材料，确保基地连续四年获得省级“优秀出口基地”称号，并努力争取国家级摩托车及电动车出口基地落户锡山。广泛宣传推介，在广交会基地专刊上以专版形式宣传基地及骨干企业。组织参加第二届“中国国际摩托车及零部件交易会”，为基地内江苏国威摩托车有限公司、江苏雅迪科技发展有限公司等11家摩托车、电动车骨干企业争取摊位36个，统一以基地名义布展，组织8家企业参加意大利米兰两轮车展，进一步扩大基地的知名度和影响力。加大服务平台建设，继续加强公共服务平台建设，年内建成国家电动自行车产品质量监督检验中心，为基地摩托车、电动车产业和企业提供整车及零部件检测、技术咨询、人员技术培训等优惠服务。锡山区被江苏省检验检疫局授予“江苏省出口摩托车、电动车产业集聚监管示范区”称号。

【服务举措完善】努力协调解决各类问题。深入区重点外经贸企业开展跟踪服务，与海关、商检、国税、外管等涉外职能部门加强沟通，为企业开展外贸业务提供切实帮扶。协调无锡海关解决江苏国威摩托车有限公司、江苏宝雕机动车有限公司、无锡家韵纺织品印花有限公司等多家企业因海关注册证书过期，致使出口商品无法报关的难题，避免企业因延迟交货引起的纠纷与经济损失。帮助联茂（无锡）电子科技有限公司、无锡信仁通用机械有限公司等重点外贸企业协调解决通关、单耗认定、保税料件账务处理等各类问题。协调无锡海关妥善处理好无锡超科食品有限公司、无锡兴达泡塑新材料股份有限公司、无锡华东可可食品有限公司三家企业因企业自身原因致使企业与海关加工贸易管理存在差异问题及核销中遇到的难点。联合市商务局、市出入境检验检疫局，协调解决柬埔寨西港特区进出口货物检验检疫“便捷验收”事宜，获得企业高度评价。广泛开展各类调查统计，积极配合上级部门做好进出口关税税目税率调整建议征集工作、IT行业进出口调查、对外工程承包企业调查统计、境外投资企业年检等各种调查与统计。定期召开重点企业座谈，年底召开“锡山区重点外贸企业座谈会”，邀请全区20余家重点外贸企业负责人参加座谈会，认真听取企业的意见和建议，尽早部署对上争取的各项工作，就规范对上争取与展会申报广泛征求企业意见。　　（谈秋明）

利用外资及港澳台资

【概况】全年完成到位注册外资3.51亿美元，完成全年目标任务的100%，其中制造业到位外资中战略性新兴产业到位注册外资占比25.4%，服务业到位注册外资占比44.03%。新批重大外资项目3个，新批外资独立研发中心、地区总部及世界500强企业投资项目4个，均完成全年目标任务。

【外资结构逐步优化】全年到位外资中，服务业到位注册外资1.54亿美元，占比44.03%；制造业到位外资中战略性新兴产业到位注册外资4762万美元，占制造业到位外资的25.4%。服务业拉动作用明显，新批及增资项目8个，协议外资2.2亿美元，占新增协议外资的53.9%。英特宜家购物中心总投资2.9亿美元，是其在中国市场投资建设的首个大型“销品茂”（Shopping Mall大型购物中心）；

鹰普（中国）有限公司总投资7180万美元，是全球最大的熔模铸件生产基地。完成重大外资项目3个，分别为长泰房地产、健鼎电子（增资）、英特宜家（增资）；新批外资独立研发中心、地区总部、金融机构及世界500强企业投资项目4个，分别为合宇电子、金宝添加剂、泰联电子、英特宜家地区总部。全年5个项目被列入新兴产业行列，占新批项目数的20.8%。同时，外资利用呈现发达国家增多趋势，12个新批项目来源地为美国、日本、瑞典等国家。

【增资扩股势头强劲】2011年，全区增资扩股势头强劲，增资项目34个（开发区22个，商务区1个，镇、街道11个），比新批项目多10个，增加协议外资2.86亿美元，是新批项目协议外资的2.27倍，占新增协议外资总额的69.45%，主要为英特宜家、健鼎电子、大明金属、百和织造、宜家家居等项目。

【外资及港澳台资来源地更趋分散】全年新批的24个项目中，有一半项目的投资来源地来自欧美日等国家，协议外资1933.09万美元；增资的34个项目中，外资来源于欧美国家的有8个、日本4个、澳大利亚3个、新加坡2个，协议外资1.76亿美元，占增资项目协议外资的61.56%；其余项目则分别来源于中国香港、澳门、台湾地区及一些离岸岛国。

【服务外包推进迅速】2011年，全年完成服务外包接包合同协议金额4.5亿美元、执行金额4亿美元，分别比上年增长18.4%、30.5%；离岸外包合同协议金额2.7亿美元、执行金额2.6亿美元，分别比上年增长18.9%、43.9%；外汇结汇数1.08亿美元，比上年增长12.5%。离岸外包执行金额总量位居全市第三位。通过对上争取，国际质量技术服务集聚园的服务外包业务数据获得商务部承认，完成服务外包接包合同执行金额1.6亿美元，离岸外包执行金额1.48亿美元，分别占全区总数的40%、56.92%，发挥全区服务外包发展主阵地作用。骨干企业成长势头良好。无锡橡果企业管理咨询有限公司、无锡新思软件技术有限公司、无锡朗奇软件科技有限公司、无锡指网生物识别科技有限公司分别实现开票销售收入2505万元、2198万元、1050.8万元、513万元，比上年均有较大增长。无锡指网生物识别科技有限公司、无锡翱天电气科技有限公司入围2011年度无锡市“123”计划企业；新增CMMI等6项国际资质认证企业数6家。无锡朗奇软件科技有限公司与中国电信股份有限公司无锡分公司合作研发的云计算应用项目被列入省发改委对云计算产业引导资金扶持项目；无锡新思软件技术有限公司与日本新生银行合作的个人借贷系统以及与日本新思株式会社合作的日新投资信托公司管理系统银行项目进展良好。（谈秋明）

对外及对港澳台经济合作

【概况】境外投资形势喜人。投资意愿明显加强，全年境外投资项目数13个，比2010年多6个，还有不少企业咨询境外投资相关事宜，境外投资兴趣强烈。投资质量不断提高，除去西港特区的分期结算项目，其余项目平均投资规模228万美元，投资规模较往年大幅提高；投资地域出现新动向，新增德国、阿塞拜疆两个国家，并首次在发达国家（澳大利亚）设置工厂，全区境外投资向更多地区、更广范围拓展。西港特区进展顺利，13栋标准厂房建设完毕，交付使用；综合服务中心大楼完成室内外装潢，正式迁入办公；有17家企业进入正常生产运营或试运营阶段，吸纳5000名柬埔寨籍员工入区工作。

2011年锡山区新批境外企业（机构）情况一览表

表8　（单位：万美元）

序号	境外企业名称	投资国别或地区	总投资额	中方投资额	投资类型	设立或增资时间	投资中方主体
1	德国蜜蜂照明有限公司	德国	50	50	贸易公司	2011.1	无锡蜜蜂照明科技有限公司
2	三为橡胶（泰国）有限公司	泰国	120	120	非贸易机构	2011.1	无锡三为橡胶有限公司
3	红豆国际制衣有限公司	柬埔寨	700	700（变更）	非贸易机构	2011.1	无锡红豆居家服饰有限公司

续表8

（单位：万美元）

序号	境外企业名称	投资国别或地区	总投资额	中方投资额	投资类型	设立或增资时间	投资中方主体
4	世华网络有限公司	美国	200	200	贸易公司	2011.2	红豆集团无锡南国企业有限公司
5	柬埔寨西哈努克港经济特区	柬埔寨	32036.2	31836.2	非贸易机构	2011.3	江苏太湖柬埔寨国际经济合作区投资有限公司
6	柬埔寨西哈努克港经济特区	柬埔寨	32036.2	31836.2	非贸易机构	2011.3	江苏太湖柬埔寨国际经济合作区投资有限公司
7	新茂贸易有限公司	阿联酋	220	220	贸易公司	2011.4	无锡诚丰制衣有限公司
8	柬埔寨西哈努克港经济特区	柬埔寨	32036.2	31836.2	非贸易机构	2011.5	江苏太湖柬埔寨国际经济合作区投资有限公司
9	绿色春天贸易有限公司	阿联酋	500	245	贸易公司	2011.5	无锡市德尔欣纺织品有限公司
10	阿智信有限责任公司	阿塞拜疆	750	250	非贸易机构	2011.5	无锡市佳德宝装饰材料有限公司
11	确成硅化学国际发展有限公司	中国香港	250	250	非贸易机构	2011.6	无锡确成硅化学有限公司
12	领宇（香港）国际贸易有限公司	中国香港	200	200	贸易公司	2011.6	无锡市中捷减震器有限公司
13	柬埔寨西哈努克港经济特区	柬埔寨	32036.2	31836.2	非贸易机构	2011.6	江苏太湖柬埔寨国际经济合作区投资有限公司
14	博华科技发展有限公司	澳大利亚	800	800	非贸易机构	2011.8	无锡大东机械制造有限公司
15	柬埔寨西哈努克港经济特区	柬埔寨	32036.2	31836.2	非贸易机构	2011.10	江苏太湖柬埔寨国际经济合作区投资有限公司
16	建峰赛福天（香港）有限公司	中国香港	150	150	贸易公司	2011.10	江苏赛福天钢索股份有限公司
17	香港城建市政交通工程有限公司	中国香港	450	450	贸易公司	2011.11	无锡盾建重工制造有限公司
18	台湾卡秀堡辉涂料有限公司	中国台湾	86	86	—	—	无锡卡秀堡辉涂料有限公司

（谈秋明）

锡山经济技术开发区

【概况】2011年，开发区围绕争创全国一流开发区目标，奋发进取、创新突破，建设发展取得新的成效，实现了“十二五”良好开局。全年完成工业总产值495亿元，比上年增长29%；财政总收入28亿元，比上年增长22.6%，其中一般预算收入12.9亿元，比上年增长21%；全社会固定资产投资130亿元，比上年增长16%，其中工业投入88亿元；到位外资3.04亿美元，比上年增长10%；进出口总额21.4亿美元，比上年增长19%，其中出口额14.7亿美元，比上年增长21%。品牌建设取得重大突破，6月29日，经国务院批准，锡山经济开发区升格为国家级经济技术开发区，成为无锡市唯一的国家级经济技术开发区，赢得了新一轮发展先机。

项目建设推动有力。全年推进产业项目106个，总投资184亿元。其中，工业项目97个（含技改项目）、服务业项目9个。项目建设情况历年最好。全年新开工项目28个，总投资58亿元，完成投资30亿元。其中，超亿元项目15个，英特宜家无锡购物中心总投资3亿美元，是其在中国市场投资建设的首个大型“销品茂”；鹰普机械总投资7180万美元，是全球最大的熔模铸件生产基地；派克汉尼汾总投资1.2亿美元，是全球最大的传动产品生产商，在锡山建设仪器仪表、工业控制等四个事业部的生产基地；驰源锂电池项目总投资3.8亿元、博索尼奥拉茂总投资2.4亿元，新开工项目的规模和质量均为历年最好水平。续建项目40个，总投资95亿元，完成投资45亿元。其中，统盟二期、和荣科技等44个项目主体封顶；好芳德、钰邦电子等21个项目竣工投产，达产后年产值超30亿元。产业结构日趋优化。新建续建工业项目中，48个项目集中在电子信息、机械装备、汽车零部件、生物医药等主导产业和新兴产业上，占新建续建工业项目数的80%以上。全年技改项目66个，完成投入60亿元，占工业投入比重的68%。其中，新广联LED（发光二极管）外延芯片技改项目总投资3亿元，其生产技术达到国际先进水平。服务业总量不断提升。完成服务业开票销售收入204亿元，比上年增长27.8%；服务外包业务执行总额2亿美元，比上年增长47%；万网梦工厂、驼铃商道等信息服务业项目落户；获得ISO 27001认证6个，国际资质认证累计14个。内生动力明显增强。优势行业、骨干企业裂变式发展步伐加快，全年新增上市后备企业4家，累计16家。以无锡百和织造股份有限公司为主要控股公司的百和兴业股份有限公司在台湾挂牌上市，江苏赛福天钢索股份有限公司完成股份改制，无锡阿科力化工有限公司、无锡和荣科技有限公司进入股份改制；引导江苏中纤纺化有限公司、无锡吉兴汽车部件有限公司发展总部经济，推进无锡和荣科技有限公司、江苏新广联科技股份有限公司等实施运输、研发主体分离。

招商选资成效明显。完成协议注册外资3.4亿美元，其中1亿美元以上项目1个（英特宜家购物中心），5000万美元项目1个（长祥地产），外资独立研发中心3个；到位外资3.04亿美元，占全市到位外资的8.7%。外资项目潜力大。16个新注册外资项目中，12个来自欧美、日本发达国家，多为行业领军者。其中，美国泰科电子为世界500强企业，意大利博索尼奥拉茂（无锡）叉车属具有限公司市场占有率全球第二、欧洲第一，古河斯凯铝材是日本最大、全球第三的PS铝基板企业，意大利无锡富莱克列波纹管有限公司为膨胀节行业世界前三。新兴产业成效优。在生物医药方面，无锡好芳德药业有限公司开工建设，无锡中惠中医药有限公司的国家中药一类新药“优欣定”完成一期临床，无锡雅诺生物科技有限公司、无锡华福康生物医药有限公司、金宝（无锡）添加剂科技有限公司注册落户；在新能源和新材料方面，无锡锋茂新能源有限公司、无锡迈为电子技术有限公司、无锡杜塞拉姆陶瓷新材料有限公司完成注册，与上海大学合作的驰源新材料锂电池项目开工建设；在物联网产业方面，与上海腾一信息技术有限公司合作的百度人力资源、基于物联网的物流配送项目开展注册工作。意向项目质量高。全年有日本三菱树脂、德国E＋H公司、平谦国际工业园（中国香港）、韩国EST锂电池等一批投资大、质量高的优质项目。

园区建设品位提升。拆迁工作有序推进。全年完成签约48.3万平方米，拆除29.2万平方米。其中，锡山大道东延地块、环湖西路地块等全部完成拆迁；友谊路西一期地块、太湖大道南地块、走马塘两侧地块等加快推进。重点工程建设加快。建设道路18条，完成安泰三路、环湖西路、安盛路等12条道路约27公里，其余6条道路完成管线、路基工程。3万平方米科创服务中心1号楼和2号楼交付，10万平方米集智广场配套工程加快推进，锡东科技展示馆、美新微纳科研楼建成。全年安置房工程规划面积174.6万平方米，在建127万平方米，交付64.7万平方米。完成京沪高铁两侧绿化及环境整治、仓下中学实验楼、云林小学、云林幼儿园和厚桥幼儿园校舍抗震加固工程等。生态建设不断加强。11家企业通过市级清洁生产审核，完成宛山荡湿地生态修复标准段、中水回用污水管道、15个村庄达标扩面、14条河道清淤、谢埭荡圩堤加固、厚桥垃圾中转站扩建等工程，国家级生态工业园区创建、污水处理厂四期工程全面推进。

科技创新再创佳绩。全年完成高新技术产业产值253亿元，比上年增长21%，占规模以上工业总产值的56%。开发区创建成江苏省知识产权试点园区。项目申报取得突破。申报国家、省、市各类科技项目147项，立项46项，占全区一半以上。申报省高新技术产品55项，创历史新高；江苏赛福天钢索股份有限公司、无锡和荣科技有限公司、无锡杰尔压缩机有限公司等5家企业被认定为省高新技术企业，累计25家；创新基金立项18项，立项数占全区的71%。申请专利1300余件，其中发明专利400余件。招才引智成效明显。全年申报“530”项目87个，引进落户25个，中央“千人计划”实现零突破，引进江苏省高层次创新创业人才引进计划5个；引进海泽医疗、德国杜塞拉姆、明信德诚、大元广盛等一批产业化项目；“530”企业实现销售收入1.8亿元，比上年增长83%，无锡亮源激光技术有限公司、无锡维视科技有限公司、无锡杰尔压缩机有限公司等9家企业年销售收入超

1000万元。政产学研纵深推进。新增企业研发中心7家，20余家企业与清华大学、浙江大学、上海大学等国内著名高校开展合作；南京理工大学无锡研究院进入实质性运行，南京邮电大学自动化学院无锡产学研基地落户。

【派克汉尼汾锡山产业园奠基】 3月9日，纽约证券交易所500强之一的美国派克汉尼汾公司锡山产业园在开发区奠基。创立于1918年的美国派克汉尼汾公司是全球领先的传动与控制元件、系统制造企业，全球销售额超过100亿美元，也是全球唯一一家为客户提供液压、气动和机电一体化控制方案的制造商。该公司入驻开发区，引入自动化、仪器仪表、密封件等事业部，产业园一期投资2000万美元。

【多个项目获经费扶持】 3月，在科技部、财政部公布的2011年首批科技型中小企业创新基金支持项目中，无锡美灵数码科技有限公司、无锡康伟工程陶瓷有限公司和无锡市风华焊接设备有限公司三家企业获得国家科技型中小企业技术创新基金立项，并获得220万元基金支持。7月，国家创新基金管理中心公布2011年度第二批国家创新基金项目，开发区无锡亮源激光技术有限公司的“大功率半导体激光器及应用系统国产化”和无锡伊琳生物技术有限公司的“A＋PSA前列腺癌液相芯片产品开发”获得立项，分别获50万元国家科技经费资助。11月，科技部公布2011年度国家科技项目及产品认定结果，江苏赛福天钢绳有限公司的“高强度阻旋转压实股钢丝绳”项目获2011年度国家火炬计划项目产业化引导项目立项，无锡汉神电气有限公司的“激光MIG/MAG复合热源数字化焊接装备”被认定为国家重点新产品。11月7日，在2011年的省级现代服务业发展专项引导资金的评选中，开发区V-park信息服务和创意产业园作为锡山服务业标准化试点实施园区入围2011年省级现代服务业发展专项引导资金项目，并获20万元专项引导资金。锡山服务业标准化试点项目被省质监局、省发改委列为“2010年度江苏省服务业标准化试点项目”。

【无锡万迪动力集团开业】 4月13日，无锡万迪动力集团有限公司在开发区东部工业园举行开业庆典。无锡万迪动力集团有限公司是研制、生产内燃机、涡轮增压器、柴油发电机组及其零部件的大型骨干企业，在国内外享有盛誉。万迪集团整合公司总部、无锡动力工程股份有限公司、无锡万迪精密机械有限公司和无锡华友发电设备有限公司入驻开发区S-park机械装备产业园，占地面积10.2公顷，总投资3.5亿元，建筑面积5.4万平方米，年产值超过10亿元。

【鹰普集团中国区总部和制造基地奠基】 4月20日，为波音、GE、普惠航空发动机等世界著名客户提供高精密度零部件的鹰普集团中国区总部和制造基地落户锡山。鹰普集团成立于1998年，是一家为全球性的汽车工业、船舶工业、航空和医疗工业、大马力发动机、新能源领域的全球领袖企业提供高精密度、高工程技术含量关键零部件的国际化公司。鹰普集团锡山基地总建筑面积约18.9万平方米，总投资约15亿元。鹰普集团锡山基地全面建成后，将成为世界上最先进的熔模铸件中心和世界上单体最大的熔模铸件生产基地。

【无锡日月合金材料有限公司新厂房启用】 5月27日，坐落在开发区的无锡日月合金材料有限公司新厂房落成启用暨公司成立五周年庆典仪式举行。无锡日月合金材料有限公司成立于2006年4月，是一家从事磁控管MGT和真空开关管VT用的高端银基二元及多元合金焊接材料生产及销售服务的企业。该公司坚持走科技创新之路，申报国家发明专利5件，2011年被列为“无锡科技领军型企业”。

【“美新微纳”一期工程落成】 8月17日，美新微纳传感系统有限公司一期工程落成典礼举行，标志着传感网产业在锡山的布局更趋优化和完善，意味着锡山传感网产业迈上了更高层次，开创了崭新局面。该公司主要从事研发、生产和销售各种传感器模块及车用、飞机用导航系统。公司将引进核心技术、关键生产设备和研发设备，在开发区生产并研发具有世界一流水平的无线物联网传感系统（WSN）和惯性传感器系统相关产品。项目占地面积12公顷，一期建设办公和研发厂房1万平方米，总投资2亿元。

【英特宜家无锡购物中心奠基】 9月6日，英特宜家无锡大型购物中心在开发区奠基，标志着开发区新一轮现代服务业发展拉开帷幕。英特宜家无锡大型购物中心是英特宜家集团在中国投资建设的第一家购物中心，也是开发区重点打造的现代服务业龙头项目。该项目总投资3亿美元，定位为具有国际水准的区域性大型购物中心，可容纳400余家商户，预计2013年年底开业。宜家家具、欧尚超市、苏宁电器和金逸国际影城等主力商户入驻该购物中心，建成后，将成为集购物、休闲、娱乐、文化等为一体的大型购物中心。

【江苏赛福天钢索股份有限公司揭牌】 10月15日，江苏赛福天钢索股份有限公司揭牌成立。公司创建于2005年，主要生产经营电梯起重机用钢丝绳，是全球领先的综合吊装解决方案提供商和国内最大的从事生产和经营电梯起重用钢丝绳生产商。公司在经营规模、产品销售、知识产权专利等方面实现了跨越式的发展，运营管理现代化水平明显提升，行业影响力和市场竞争力显著增强。其电梯用钢丝绳国内市场占有率30%以上，有着不可替代的市场优势。

【锡东科技展示馆开馆】 11月28日，位居开发区S-park核心区域的锡东科技展示馆开馆。锡东科技展示馆以独特的宛山荡生态湿地公园为背景临水而建，主要展示开发区经济发展和科技创新的成果，全面反映开发区近20年的发展历程，是集招商推介、产业展示、商务洽谈、公务会务等功能为一体的综合性建筑。开馆日展出72幅水墨画精品画作，还特邀国内著名画家亲临现场挥毫泼墨，形成“文化+科技”的魅力新组合。

【无锡环宇国际科技园签约落户】 12月29日，中国台湾环宇集团和新加坡维信集团与开发区签约，在开发区东区开发建设无锡环宇国际科技园项目。项目结合锡山厚实的产业基础，借鉴环宇集团和维信集团开发管理科技园的成功经验和资源优势，开发建设总部基地、科技产业园载体以及相关配套商业住宅设施。建成后，该园区将成为集会议中心、研发中心、国际企业总部、写字楼、滨水景观住宅、酒店式公寓、休闲商业等功能于一体，辐射苏南地区的生产力服务中心、服务锡东地区的商业配套中心以及具有亲水特色的文化休闲中心。

（綦忠范）

高铁站商务区

【概况】 无锡高铁站商务区管理委员会为锡山区人民政府派出机构，正处级建制，主要负责商务区44.06平方公里的开发建设和城市经营。商务区下设党政办公室、财政审计局、经济发展和招商服务局、建设局、城市管理局5个部门，行政编制30人，事业编制28人。安镇街道委托高铁站商务区管理，增挂社会事务局牌子。2011年，商务区以科学发展观为指导，在市委、市政府和区委、区政府的正确领导下，以“确保京沪高铁通车无锡东站启用”、“确保三年成形顺利实现”为目标，全面推进基础设施、环境景观、产业项目、社会事业建设，新城城市框架基本成型，城市形态初步展现。

综合实力显著提升。经济增长势头良好，城市经济发展快速。2011年，完成地区生产总值65.6亿元，比上年增长15.1%；实现财政总收入7.95亿元，比上年增长42.5%，其中一般预算收入5.03亿元，比上年增长51.5%；完成全社会固定资产投资80亿元，比上年增长51%，其中完成服务业投入64.4亿元，比上年增长43.2%，服务业增加值占GDP比重50%，主要经济指标名列全区前茅，经济实力不断增强，产业结构更趋优化。

城市形态初步展现。高起点规划纵深推进，引领支撑城市发展。围绕“三中心、一枢纽”的发展战略定位，加快优化城市空间布局。完成核心区1号与2号街区城市设计、映月湖中央公园城市设计、核心区地下车行系统设计、开发建设规划、公共艺术规划等多项规划设计，新城规划体系进一步完善，规划的超前性和特色进一步体现。高标准开展城市建设，构建城市基本形态。道路基础设施基本到位，全年在建翠山路、丹山路、春风路等道路18条，通车里程35公里，累计通车里程101公里，主次干道基本建成，形成站区内环、站区外环、启动区环的三环交通网络，区域路网密度每平方公里2.55公里，区域内交通通达性显著提升，与周边联系更加密切。城市发展空间不断拓展，全年完成拆迁签约100万平方米，实际拆除65万平方米，10平方公里启动区基本完成拆除。生态环境初步成形，对新城水系进行专题研究，梳理形成“四横八纵一环”的水系布局；开工建设走马塘调水枢纽，开挖河道8.7公里，水环境治理初见成效；完成高铁沿线绿化45万平方米，核心区绿化面积57万平方米，苗木基地建成180公顷；九里河湿地公园一期项目建成，生态环境得到明显改善。城市功能不断完善，建成水岸佳苑幼儿园；加快推进锡东高级中学、天一实验学校建设，基本完成土建工程；初步完成市民中心、文化中心、医疗中心、颐康苑老年公寓的方案设计工作。

产业培植稳步推进。出让经营性用地21幅，面积约43.07公顷，以总部经济、文化创意、科技创新、现代商贸为主要业态的高端服务业全面启动，发展势头强劲。总部经济快速推进，中奥广场、物联网大厦、长庆油田、天宇能源、金羊大厦、科创中心、华夏大厦7个总部经济项目落地，开工面积9.2万平方米。房地产业稳步发展，上海万业住宅项目落地，碧桂园凯旋华庭项目开盘销售，年内在建商品房58万平方米，高端地产表现出积极态势。现代商贸形成亮点，规划建筑面积7.3万平方米的先锋汽车国际广场一期项目开工建设，引进奔驰、凯迪拉克、英菲尼迪等10个中高档汽车品牌。

城市形象有效改善。不断强化城管力度，运用现代城市管理理念，突出科学、规范、长效的要求，营造良好城市形象。充实城管队伍力量，制定《商务区临时用地管理办法》等16项城市管理制度；建立集市容管理、市政养护、审批执法于一体的大城管体系，实施网格化管理。开展核心区整治、违章拆除、渣土管理、道路包装等专项整治行动，拆除违建4.5万平方米，清运渣土155.8万立方米，平整场地207.2万平方米，有效维护了无锡东站的运转秩序，遏制了违章建设势头，改善了核心区环境。

社会事业协调发展。安居工程成效明显，全年在建安置房187万平方米，竣工交付121万平方米，累计完成分房8175套，完成安置5685户，基本实现拆迁安置“一套房零过渡”。保障安民稳步推进，加快推进失地农民进社保工程，安镇区域内3.84万人纳入城镇社会保障体系，占户籍人口的80%。就业富民成效明显，进一步加大就业培训和创业扶持工作力度，结合城市化进程，提供就业岗位2110个，实现就业再就业2259人。大力发展社会事业，完成查桥卫生服务中心的改扩建工程，建成投用紫金新城幼儿园和安镇中学新食堂，启动长青园建设。社区建设起步良好，扎实推进新型社区规划，新建安置区公共服务配套面积11262平方米，社区服务功能进一步强化。探索村级集体经济发展路径，通过公开招标，完成山韵佳苑、水岸佳苑62980平方米社区商业的整体租赁经营工作，并采用集体经济组织优先优价购买社区优质商业资源，通过公司化运作、按股分红模式，保证集体资产年收益和长期保值增值。

相关链接：

三中心、一枢纽：无锡城市副中心、锡山行政经济文化中心、无锡东部高端产业集聚中心，长三角区域性交通枢纽

四横八纵一环：“四横”指九里河、芙蓉塘、半夜浜—铁路浜、胶山南新河；“八纵”指胶南河、新横塘河—北宅浜、西仓浜、乌金浜、新华浜、吼山联河—中心河、东峰河、吼山浜；“一环”指由九里河—芙蓉塘—新横塘河等共同构成的核心区环状水系。

【低碳生态建筑项目签约】 5月19日，丹麦驻华大使裴德盛一行考察锡东新城建设，并与区政府副区长、商务区管委会主任周文栋举行会谈。双方就新城建设过程中如何推广生态、低碳、绿色、宜居的城市建设理念以及城市生活环境的改善交换意见，并对九里河湿地公园低碳生态建筑项目的合作事宜进行磋商。双方签署“锡东新城与丹麦低碳生态建筑项目合作意向书”，标志着商务区首次进入低碳实体项目。无锡市副市长方伟出席签约仪式。

【京沪高铁无锡东站建成启用】 6月29日，京沪高铁无锡东站建成启用仪式在高铁站区北广场举行。总建筑面积约27.71万平方米的无锡东站站屋、南北广场及配套设施建成投用；先锋路、新华路、新锡路、丹山路、翠山路等22公里站区道路同步竣工通车。京沪高铁无锡东站是京沪高铁沿线23个客运站之一，利用尖端科技成果，依托物联网技术，全面实现车流、客流导乘系统智能化。站区配套工程规划面积约30万平方米，一期工程建设南北广场、客运交通综合体、城市公交首末站、立体停车楼及相关商业配套和办公设施，配套工程考虑多种交通方式的衔接和换乘，构建高铁、地铁、城际客运城市交通一体化的综合交通体系，真正实现车流无障碍、客流零换乘。

【先锋国际汽车广场一期项目奠基】 8月12日，先锋国际汽车广场一期项目举行奠基仪式，成为商务区引进的首家现代商贸项目。先锋汽车国际广场占地面积24.13公顷，规划建筑面积35万平方米，总投资20亿元。一期项目规划建筑面积7.3万平方米，引进奔驰、凯迪拉克、英菲尼迪等10个中高档汽车品牌项目，一期建成后年销售30亿元。区长陆志坚，区人大常委会副

主任陈琦伟，副区长、商务区管委会主任周文栋，区政协副主席朱大风等领导出席开工奠基仪式。

【商务楼宇奠基】9月16日，作为2011无锡锡山金秋国际经贸月的系列活动之一，锡东新城科创中心、红豆大厦、华夏大厦奠基仪式举行，成为商务区首个开工的商务楼宇项目。锡东新城科创中心、红豆大厦、华夏大厦占地面积4.8公顷，规划建筑面积41.5万平方米，总投资33亿元，将进驻大型企业集团总部及功能性总部，引入金融、信息、研发、咨询等现代服务业企业和机构。区领导陆志坚、华炳泉、方力、陈琦伟、周文栋、金玮琳等出席仪式。

【地下车行环路建成】商务区核心区地下车行环路是江苏省内首例、国内领先的地下交通工程。全长3.1公里，总投资约6亿元，以翠山路、丹山路、兴吴路、和祥路为“闭合环”，以翠山路、兴吴路、丹山路为“一弧”，商务区核心区形成单向环行地下车道。2010年11月开工建设，2011年11月竣工，为缓解核心区地面车行压力，疏导站区、核心区交通起到积极作用。

【117万平方米安置房一次性交付】12月，山韵佳苑ABC地块、水岸佳苑AB地块安置房117万平方米安置房竣工交付。项目历时两年，总投资约27亿元，建成可安置户数7455户，全部采用高层、小高层建筑，建设标准高，配套设施全，功能服务优，生活环境好，成为商务区（安镇街道）拆迁安置群众新的生活乐园。山韵佳苑ABC、水岸佳苑AB项目成为全区一次性交付量最大的安置房项目，也标志着商务区（安镇街道）拆迁安置“零过渡”的实现。　（张智慧）

编辑：张　彤

【锡山区文化名胜掠影】

蔡鸿生洋房

蔡鸿生洋房位于荡口老街人民路，建于民国20年至民国24年（1931～1935年）间，堂名“蔡鸿德堂”。为清水墙西式建筑，两栋三层，彩色马赛克贴面铺地，结构精巧，装饰考究，是民国时期洋房建筑中的上品。洋房占地约1080平方米，建筑面积1710平方米（不包括后院平房）。其建筑材料全部由德国进口。洋房内自来水、电灯等设备一应俱全，为当时无锡乡村所罕见、荡口之独有。2001年被列为锡山区文物控制保护单位，2003年被列为无锡市文物保护单位。

英特宜家无锡购物中心奠基仪式　　　　　　　　　　（《新锡山》　供）

锡山区A类企业授牌仪式　　　　　　　　　　（区商务局　供）

开发区无锡驰源新材料科技有限公司、博索尼奥拉茂（无锡）叉车属具有限公司、无锡瑞宝聚合物材料有限公司、百奥明生物科技（无锡）有限公司项目奠基　　　　　　　　　　（孙剑光　摄）

无锡万迪动力集团有限公司　　　　（开发区　供）

6月29日，京沪高铁无锡东站启用暨“十五路”竣工仪式

（孙剑光　摄）

锡东新城科创中心、红豆大厦、华夏大厦奠基仪式　　　　（商务区　供）

锡东新城先锋国际汽车广场一期项目开工奠基仪式　　（商务区　供）

锡东新城与丹麦低碳生态建筑项目合作意向书签约仪式　　（商务区　供）

服务业·商贸·旅游

服务业

【概况】2011年，锡山区紧紧围绕赶超发展核心目标，坚持加快转变经济发展方式，依托城市化推进，以业态升级为导向，以招商引智为动力，以项目建设为支撑，以环境完善为保障，加快推进服务业经济又好又快发展。全年完成服务业增加值190.2亿元，比上年增长14.6%，占GDP比重39.5%；社会消费品零售总额137.5亿元，比上年增长17.3%；服务业投入209.7亿元，比上年增长37.9%。

项目拉动有力。全区65个1000万元以上服务业重点产业项目在建56个，开工率86.2%，完成投资额115亿元。集智广场、首创三期等项目建成完工；宜家购物中心、悦城天街、绿地综合体、东亭科技创业服务中心等项目开工建设。房地产、商贸流通项目分别完成投资额81.1亿元、12.9亿元，占项目投资总额比重分别为70.5%、11.2%，服务外包、现代物流、旅游业、文化创意等项目完成投资额21亿元，占项目投资总额比重18.3%。

商贸流通快速运行。全区商贸物流规模骨干企业（国税开票100强）完成国税开票销售收入637.07亿元，比上年增长42.03%。其中，31家生活性商贸物流规模企业完成国税开票销售收入162.9亿元，比上年增长64.3%；69家生产性商贸物流规模企业完成国税开票销售收入474.2亿元，比上年增长35.7%。通江物流园区、江南商贸物流城锡山片区分别完成国税开票销售收入340.68亿元、217.66亿元，分别比上年增长36.62%、61.74%。专业市场集群进一步壮大。2011年，全区完成商品市场交易额658.5亿元，比上年增长17%。全区完成家电以旧换新销售额5402万元，比上年增长13.9%；家电下乡销售额4900万元，比上年增长49.9%。

产业结构不断升级。全区完成服务外包接包合同协议金额4.5亿美元、执行金额4亿美元，分别比上年增长18.4%、30.5%；离岸外包合同协议金额2.7亿美元、执行金额2.6亿美元，分别比上年增长18.9%、43.9%；外汇结汇数为1.08亿美元，比上年增长12.5%。离岸外包执行金额总量位居全市第三位。新增无锡指网生物识别科技有限公司、无锡翱天电气科技有限公司两家市“123”计划企业。全区完成旅游接待人数138.9万人次，比上年增长45%；营业收入1.45亿元，比上年增长50%。无锡现代农业博览园、红豆杉生态园创建为江苏省四星级乡村旅游点。

【服务业开票销售收入突破1000亿元】2011年，全区实现服务业开票销售收入1067.49亿元，比上年增长26.75%，开票总量首次突破1000亿元大关。其中，服务业国税开票销售收入877.91亿元，比上年增长34.58%。全区加快构筑以服务经济为主导的现代产业体系，进一步加大服务业发展力度，一批规模骨干企业不断发展壮大，服务业发展呈现出量质齐升的良好势头。全年实现国税开票销售收入超10亿元企业13家，比上年增加3家，实现国税开票销售收入367.9

亿元，比上年增长37.5%，占全区国税开票销售收入比重41.9%。其中，国税开票销售收入超50亿元企业3家。

【英特宜家无锡购物中心奠基】9月6日，英特宜家无锡购物中心在开发区奠基。宜家集团是全球最大的家居用品零售商，位列世界500强企业。2009年宜家集团在锡山投资建设其在中国二线城市的第一个家居商场——无锡宜家家居商场后，携手兄弟公司英特宜家在锡山建设其在中国的第一家购物中心——英特宜家无锡购物中心。投资总额2.9亿美元，2011年9月奠基开工，计划2013年年底建成营运，建筑面积相当于4个无锡八佰伴。购物中心建成营运后，将与阳光广场、万达广场等大型购物中心共同进军锡山商业地产领域。该项目的落户，标志着锡山区服务业外资利用的重大突破，有利于进一步提升全区外资利用水平，将加快带动锡东商业发展，打造锡城又一个商业副中心，推动服务业转型升级发展。

【打造红豆品牌网络专卖店及物流配送中心】2011年，江苏红豆实业股份有限公司投资建设红豆品牌网络专卖店及物流配送中心，项目总投资约9亿元，拟在全国大中城市购置及租赁专卖店175家，并建设建筑面积19.32万平方米的仓储物流园区，用于配套该项目175家专卖店及规划总数3000家红豆专卖店使用。打造红豆品牌网络专卖店是红豆集团实施品牌化战略的重要举措，对于提升产品档次、扩大客户群、提高产品附加值和完善营销体系具有重要作用。建设物流配送中心是红豆集团提高供应链管理和物流配送能力的重要举措，有利于利用信息化平台充分整合配置市场资源，把发展重心转移到纺织服装价值链高端的品牌塑造、产品设计和供应链管理环节，提高企业核心竞争力。该项目投运后年销售额10亿元。

【首个镇级城市综合体开工建设】5月，锡山区首家镇级城市综合体——羊尖五洲国际广场启动建设。项目由五洲国际集团投资有限公司投资开发，总投资额6亿元，建筑面积约14万平方米，将建成集生活居住、大型超市、温泉酒店、商业品牌店、餐饮购物、休闲娱乐等功能于一体的锡东地区地标性商业中心。国内大型连锁超市——八佰伴生活超市签约入驻。2012年5月一期开业运营（包括八佰伴生活超市、主题商业街区）。该项目的启动建设标志着锡山区镇级商贸服务业发展取得新突破，有利于带动镇级城市服务经济快速发展，加快锡山区城乡一体化推进速度。该项目建成投运后年销售额7亿元左右。

【汇坚科创大楼建成完工】12月，由江苏汇坚国际控股有限公司投资开发的汇坚科创大楼项目建成完工。项目位于省级现代服务业集聚区——通江物流园区内，总投资2亿元，建筑面积5万平方米。项目主要为东方钢材城提供电子商务和融资服务，在有形市场、现货交易成熟经营基础上，加快发展无形市场电子交易，形成不锈钢产业科技孵化中心、电子交易中心、预测预警中心、研发检测中心和金融商务中心“五大中心”。同时，通过建立不锈钢价格监测点和价格预警系统，为下一步创建国家级不锈钢监测点做好准备。该项目的建成投运标志着锡山区大型商品交易市场创新发展模式、提升发展能级步伐的不断加快，对于商贸服务业转型提升发展起到积极的示范带动作用。

【V-park信息服务和创意产业园获先进】V-park信息服务和创意产业园建成载体面积14万平方米，拥有无锡市服务外包“123”计划企业4家，分别为无锡朗奇软件科技有限公司、无锡新思软件技术有限公司、布莱德网络技术（无锡）有限公司、无锡指网生物识别科技有限公司。2011年，无锡橡果企业管理咨询有限公司、无锡新思软件技术有限公司、无锡朗奇软件科技有限公司分别实现开票销售收入2505万元、2198万元、1050.8万元。无锡朗奇软件科技有限公司与中国电信股份有限公司无锡分公司合作研发的云计算应用项目被列入省发改委对云计算产业引导资金扶持项目。无锡朗奇软件科技有限公司为无锡市政府研发的英文网站在2011年中国政府网站国际化程度评测中获全国地市级第一名。无锡新思软件技术有限公司与日本新生银行合作的个人借贷系统以及与日本新思株式会社合作的日新投资信托公司管理系统银行项目进展良好。12月21日，V-park信息服务和创意产业园被无锡市服务业发展领导小组评为“2011年度省市两级现代服务业先进集聚区”。（薛　飞）

粮　食

【概况】2011年，区粮食局坚持以科学发展观为指导，认真贯彻落实上级粮食工作精神，遵循“因地制宜、整合资源、集中建设、分步实施”的原则，切实履行部门职能，确保全区粮食市场供应平稳和质量安全，打造一个中心库（区地方粮食储备库东港中心库）、两个骨干库（区地方粮食储备库羊尖分库和鹅湖粮库）、四个收纳库（张泾粮油购销有限公司、安镇粮油购销有限公司、港下粮油购销有限公司、荡口粮油购销有限公司4个收储仓库）粮食存储和供应基地。其中，总投资2500万元、总仓容为3万吨的区地方粮食储备库东港中心库于11月全面竣工投运。全年收购粮食34750吨，居两市两区第二位，轮换地储粮12250吨（其中小麦3500吨、稻谷8750吨）。

【粮油稳供】 密切关注市场变化，加强粮食宏观调控。要求各粮食企业切实履行社会责任，服从、服务于国家宏观调控政策，维护市场粮价稳定。严格落实成品粮油储备任务，确保动态库存数量充足、质量良好、应急供应。赴苏北、安徽肥西、东北等产粮区拓展采购渠道，全区粮食企业签订意向性采购合同2.2万吨。抓好夏秋两季收购，本地粮食应收尽收。针对产量减少、气候特殊、收购形势复杂等情况，立足本地，严格按照政策收购，做到不压级压价，不抬级抬价，明码标价，以质论价，切实保障农民利益；要求企业理性收购，在确保质量的前提下收好粮、储好粮；设立举报监督电话，严厉打击非法收购、违反政策收购等不法行为。抓好仓储管理，保证存粮安全。落实无锡市粮食局规范化仓储管理的各项要求，指导企业建立健全仓储管理制度，确保库存粮食储存安全，区地方粮食储备库获首批“市级示范粮库”称号。督促企业抓好冬季通风降温及春季密封工作，定期深入廒间，建立并更新水分、杂质、虫害、粮温等数据台账。每月召开粮情分析会，对苗头性问题制定措施，科学施救。落实清仓查库长效管理机制，确保粮食数量真实、质量良好、账实相符、账账相符。

【粮食市场监管】 以《粮食流通管理条例》颁布实施7周年为契机，深入机关、镇（街道）、企业和村（社区），开展以“倡导科学消费，确保粮食安全”为主题的宣传活动。利用“3·15”国际消费者权益日和科普宣传月，在东亭丰汇广场和厚桥集贸市场，开展粮油政策法律法规和粮油科学消费知识宣传，发放《无锡市粮油流通监督检查办法》和自编印制的《粮食食品科学消费》手册8000余份，接受市民咨询450余人次，并用实物展示真假优劣粮食，帮助消费者提高识别能力。在《新锡山》上专版登载市级和区级“放心粮油经营单位”名单、给集伙单位的“放心粮油”推荐信以及粮油食品科学消费知识，扩大“放心粮油”品牌效应，提高大家对科学消费的认知度和参与度，带动更多的粮油企业规范经营，积极加入“放心粮油”经营队伍。会同有关部门开展全区“放心粮油经营单位”检查评审，16家单位获得第四批区级“放心粮油经营单位”授牌，确保“放心粮油”真正放心。进一步规范粮食经纪人运行模式，探索成立区粮食经纪人理事会，对首批30名符合条件的粮食经纪人发放收购许可证，发挥收购生力军的作用。全年开展执法检查54次，出动检查人员174人次，检查单位134家，抽检样品250件，合格率98%，确保区级粮食市场流通有序，粮油产品质量安全、价格稳定。

【粮食系统安全管理】 全面清理资产租赁情况。按照区国有资产管理有关规定，对全系统非住宅用房出租情况进行全面梳理，对全系统98家承租企业全部登记造册，建立基础台账。强化安全生产责任制度。制订下发2011年安全生产工作意见，建立重大安全事故应急预案，明确职责范围，健全安全生产应急体系。广泛开展“安全责任，重在落实”主题活动，组织全系统观看安全警示教育片，举办消防知识培训讲座，开展安全生产征文活动。在各粮库醒目位置悬挂安全生产警示标语65条，制作安全教育图板25块进行巡展。开展安全文化“进企业（承租企业）、进建筑工地、进粮库、进公司”的“四进”送法服务活动，营造重视安全、落实安全、保障安全的良好氛围。全年组织检查37次，其中对承租企业安全普查25次，两季收购前对仓房、设备、药剂等专项检查4次，出动检查人员340余人次，消除安全隐患38处，系统安全生产管理进一步规范。

【粮食流通体制新格局形成】 2003年起，区全面实施粮食流通体制改革，并分阶段深化，逐年完善。至2011年，锡山区“三线运行，三位一体”粮食流通体制新格局形成。“三线运行”即政府储备粮食国有化，市场供应粮食民营化，国有资产管理规范化；“三位一体”即储备粮食、市场供应粮食、资产管理既各自独立，又相互协作，相互依存，全区粮食流通整体运行。该模式解除了政府对粮食购销企业资金贷款的风险，改变了企业负盈不负亏的状况；确保了国有、民营粮食企业继续发挥粮食购销主渠道作用；实现了国企与民企合作共赢、本地粮食供应本区的目标；激活了企业经营机制，从原来的靠政策吃饭，变为从市场竞争中争创效益；稳定和锻炼了一支粮食经营队伍。该模式被市粮食局作为全市2011年度唯一的全省粮食工作创新创优成果推荐到省粮食局。

（王品元）

供　销

【概况】 2011年，区供销社紧紧围绕区委、区政府中心工作，以促进农民增收为中心，加强农民专业合作社规范化发展，努力提高为农服务水平。全系统实现商品销售额57亿元，消费品零售额10亿元，农副产品购销8亿元，报表利润2000万元，帮助系统内企业争取到位为农服务扶持资金80万元，租金收入430万元，资产总额3.1亿元。区供销社获“2011年度江苏省供销合作总社系统进步幅度优胜单位”、“无锡市供销合作总社系统综合业绩考评优胜单位一等奖”、“新网工程建设优胜单位”、“项目建设优胜单位”、“为农服务示范社建设优胜单位”等荣誉，区供销社党委被区委评为“三型”党组织。

【推进农民专业合作社发展】年内，新创建厚桥街道新厚桥村为农服务社等6家三星级为农服务社；新创建无锡彩桥水产专业合作社、无锡市里西农业专业合作社2家省级农民专业合作社示范社，并全部通过省供销合作总社的验收；羊尖镇龙凤巷村为农服务社等5家单位被市供销合作总社评为市级为农服务社示范社；无锡市湖塘桥生态农业专业合作社等9家单位被市供销合作总社评为市级新型农民专业合作社示范社。1月，区供销社所属企业为农服务公司投资15万元与无锡江大文化经济发展有限公司组建无锡市大地绿农副产品有限公司，重点宣传推介和展示销售全区特色农副产品。3月，在羊尖镇南村村建办无锡市喜洋洋果蔬专业合作社，投资600余万元，占地面积40公顷，重点扶持经济薄弱村加快推进“一村一园”农业园区示范建设。联合省市供销合作总社成立无锡市三阳生态农业发展有限公司，与日本三菱树脂株式会社合作建设中国首座太阳光利用型果蔬工厂——无锡三阳—MKV梦想植物工厂。11月17日，该工厂举行竣工典礼，计划总投资6000万元，总占地面积约10公顷，其中一期试验场3000平方米。

【84名大学生村官获农产品经纪人资格证书】 9月26～29日，区供销社、区委组织部邀请市农产品经纪人协会在区委党校为84名大学生村官开设农产品经纪人中级培训班。培训采用专题讲座、学员研讨、拓展训练等多种培训方法相结合的形式；专门邀请江南大学、中国企业管理无锡培训中心的教授以及市工商局商标广告、家乐福超市订单农产品等相关领域的专家进行授课和业务指导；培训内容包括城乡一体化发展中的管理与创新、市场营销、商标法、农超对接等。84名大学生村官通过农村经纪人中级资格证书考试，并全部获得人力资源和社会保障部颁发的农产品经纪人资格证书，基层农村工作人才队伍建设进一步加强。

【加强社有资产监管】 强化基础管理工作，完善和强化社有资产营运监管制度，理顺社有资产租赁、占用、出让和收费秩序，常年聘请法律顾问参与资产管理活动，规范资产经营行为，最大限度提高资产开发效益和增值水平。抓好安全管理工作，全面落实安全责任制，组织有关人员对全系统的资产运营和承租人的生产活动进行安全检查，对发现的各种安全隐患提出整改要求，并及时整改到位，确保全系统不发生重大安全责任事故。抓好危旧房屋维修工作，投入维修资金200余万元，进一步改善经营性资产租赁条件，提高资产的安全性能，增加资产收益。经区政府批准，启动500平方米防汛物资储备仓库改建工程，该工程投入资金50万元，年末竣工使用。（刘晓群）

旅　游

【概况】 2011年，全面落实旅游统计制度，建立旅游人才资源、旅游固定资源等旅游业分类台账，全面把握区旅游软硬件条件。建立重点旅游项目及旅游景点统计监测体系，并将任务分解至镇（街道），定期统计分析。及时掌握春节、元旦、清明、中秋等节庆节点及全区动态旅游情况，并配合市旅游局及横向部门做好财务信息年报、科普统计、乡村旅游普查等各项工作。

按照“标本兼治、重在治本”的指导思想，开展火灾隐患排查治理工作和6月“安全生产月”工作。坚持隐患排查与分类整治相结合、集中排查与建立长效机制相结合的要求，认真摸清隐患家底，分类建立档案，切实找准问题，采取针对性措施，坚决遏制事故发生，确保全区平安旅游。2011年，区域旅游功能逐步完善，旅游产品不断丰富，客源市场得到拓展，服务质量大幅提升，全区旅游业又好又快发展。全年接待旅游者138.9万人次，旅游总收入超1.45亿元，与上年同期相比呈现大幅增长。

【乡村旅游】 乡村生态旅游是锡山旅游的主线，在全区原有22家市级以上乡村旅游点的基础上，梳理全区旅游景点和农家乐情况，引导原有景点提档升级，并积极发展新的农家乐。全年新增3家市星级农家乐。斗山生态园、山前嘉园被评为市五星级示范点，厚桥中东村晏家湾优质果品园被评为市三星级示范点。无锡现代农业博览园、红豆杉生态园、斗山生态园、山前嘉园创建成江苏省四星级乡村旅游点，锡山区成为年度创建省级四星级乡村旅游点最多的县（市、区）。另外，无锡现代农业博览园项目争取到省旅游发展专项引导资金50万元，山前嘉园项目争取到资金40万元，名列全市前茅。无锡现代农业博览园被市旅游局评为“无锡市休闲农业主题旅游度假区”。10月，三个旅游产品入围无锡市“十大无锡优秀乡村旅游点、十佳无锡农家乐、十优无锡乡村旅游土特产、十道最受游客欢迎的无锡乡村美食、十条最受游客欢迎的无锡乡村旅游线路”的网络海选。红豆杉盆景获无锡市首届“天圣达杯”铜奖，灵芝系列产品获优秀奖。

【旅游项目建设】 锡北、鹅湖、东港3个镇是全区旅游的主力板块。锡北镇的斗山生态园发展迅速，其中水产养殖园、泉山观赏园、兰颐园进展顺利，总投资1.3亿元的康谐园完成投资1亿元，主体工程基本完工，饭店、展示馆及住宿配套基本完成。鹅湖镇的荡口古镇总投资6.2亿元，2011年完成投资3.6亿元，累计完成投资5.65亿元，完成建筑3.5万平方米的修缮、移建和复建，北仓河两岸枕水而卧的一河两街明清建筑风貌基本形成。东港镇的山前休闲农庄2011年完成投资1890万元，增设乡村动物园、水产静养园、东山头会所、香山寺等项目。另外，无锡皮革城AAAA级景区建设通过省旅游局的预验收。

【旅游宣传推介】 组织区内重点旅游景点荡口古镇及无锡市寨门晨东绿色休闲农庄赴深圳参加“2011无锡—深圳服务业专题合作恳谈会”及旅游专场推介会，取得良好效果。在做好外拓的同时积极提升接待水平，热情接待拉萨市、盐城市等参观考察团，口碑良好。经过信息采集，整理编辑，完成《2011锡山旅游指南》初稿。全年在各类媒体刊登旅游信息逾50篇，其中《2011年元旦全区旅游情况综述》编发为领导参阅件，并获区委书记朱爱勋的批示。

【旅游主题活动举办】 3月15日至4月15日，无锡现代农业博览园举办华东地区规模最大的郁金香节，展出荷兰郁金香30万种球、近百个品种及近万平方米的景观草花。组织市区14家旅行社总经理、部门经理和计划调度人员等一行30人对接活动，促进无锡现代农业博览园的市场推广。5月28日，举行首届“红豆树下的婚礼”活动，10对新人参加。9月24日至10月25日，无锡现代农业博览园百合花展举办，近20万株百合花展出。旅游节庆活动的成功举办，宣传了锡山的旅游资源，提高了锡山的知名度，提升了锡山的旅游品味。（马芝敏）

编辑：张彤

五洲国际广场（羊尖）主力店签约仪式 暨商铺盛大认筹　　（《新锡山》　供）

10月25日，区委书记朱爱勋（左三）视察区地方粮食储备库东港中心库
（区粮食局　供）

6月2日，锡山区粮食经纪人理事会成立暨第一次全体会议　　（区粮食局　供）

山联乡村旅游文化节在东港镇山联村举办　　（《新锡山》　供）

江苏省旅游局副局长汤永林（右三）到锡山调研乡村旅游
（《新锡山》　供）

经济管理

发展改革管理

【概况】2011年，锡山区发改局紧紧围绕赶超发展总目标，立足经济综合部门职能，以科学发展观统领各项工作，开拓创新，务实工作，全面完成年度经济发展目标任务。

【组织实施“十二五”规划】以党的十七届五中全会和省、市、区委全会精神为指导，认真组织实施《锡山区国民经济和社会发展第十二个五年规划纲要》，及时落实“十二五”发展规划目标。同时，为确保在“十二五”期间全区居民收入实现倍增，拟订并实施《锡山区“十二五”居民收入倍增行动计划》。

【目标管理】结合2011年人代会目标、全委会目标和无锡市下达目标，牵头制定下达《2011年锡山区各板块主要经济指标计划》，认真做好计划执行情况的监测，强化经济运行监测分析，准确把握经济发展形势和趋势，做好经济运行动态比较，加强与周边地区的发展对比，有针对性地提出对策建议，确保实现“十二五”强势开局，促进全区经济转型赶超发展。

【规范性文件制定】根据无锡市科学发展评价考核要求，结合锡山实际，以赶超发展为目标、以科学发展为导向、以转型发展为主线，突出重点、兼顾个性，拟订《2011年锡山区区级机关、开发区和商务区、镇（街道）科学发展评价考核的意见》，引导全区各级各部门更好地服务经济发展。建立《锡山区六大新兴产业统计监测制度》，进一步明确各新兴产业推进办公室的职责，及时、全面反映全区六大新兴产业的发展动态和趋势，不断加快全区新兴产业的培育发展。

【提升项目服务和管理水平】建立完善重点项目库，对年初排出的重点项目计划实行全程动态管理，以区重点企业重点项目联席会议为平台，不断推进项目建设，全年112个重大产业项目在建103个，在建率91.96%，完成投资203.3亿元。加强对市级重点项目的跟踪服务，做好在建项目、意向项目、储备项目的分类管理，定期汇总上报重点项目进展情况，16个市级重点项目全部开工，完成投资57亿元，完成年投资计划的101.1%。进一步梳理项目审批程序，不断整合项目审批资源，缩短办事周期，提高办事效率。加强项目用能政策宣传、审核工作，切实从源头抓好节能管理，全年出具备案登记和审查意见230份。认真开展项目后评估工作，对全区2008～2010年竣工投产的53个工业和生产性服务业项目的投入产出、税收贡献等方面进行综合评估，全面反映投产项目贡献水平和项目建设成效。

【促进银企合作】进一步深化银企合作机制，通过组织行长联席会议，加强交流，推进银政企合作。9月组织区内“530”企业等16家科技型企业与商业银行的科技支行以及市创投公司、科技小额贷款公司进行银企对接座谈，成效显著。全区金融运行总体态势平稳，全区金融机构人民币各项存款余额607.36亿元，比年初增加47.28亿元；全区金融机构人民币各项贷款余额480.12亿元，比年初增加42.05亿元。加强对小额贷款公司的申报和监管。2011年新增锡山区兴鑫、新丰农村小额贷款有限公司，锡山区农村小额贷款公司累计7家。2011年，7家农村小额贷款公司累计为2171个客户投放贷款76.65亿元，比年初新增50.44亿元，贷款余额23.59亿元，比年初增加8.64亿元。至12月底，农村小额贷款公司贷款余额占全区银行贷款余额的4.91%，有效补充了各类农村经济组织、中小企业发展的融资缺口。加强金融风险预警机制建设，做好区域内企业信贷突发事件应急处置的协调，打造安全、优质的金融环境。

【企业上市工作】 上市工作成效显著，境外挂牌上市取得新进展，5月18日，以锡山区无锡百和织造股份有限公司为主要控股公司的百和兴业股份有限公司在台湾证券交易所挂牌上市，成为继江苏红豆实业股份有限公司、希姆斯电梯（中国）有限公司和大明国际控股有限公司后全区第四家上市企业。重点培育企业上市工作有序推进，江苏新日电动车股份有限公司等5家企业报省证监局辅导备案；江苏赛福天钢索股份有限公司等4家企业完成股份制改造，全年新增上市培育企业6家，累计有上市培育企业46家。企业资本市场直接融资成效明显，2011年全区资本市场直接融资13.24亿元，其中无锡百和织造股份有限公司台湾上市融资1.5亿元，红豆集团发行7亿元短期融资债券，另有无锡确成硅化学有限公司等4家企业引入私募股权融资4.74亿元。

【改革创新工作】 积极发挥区医疗卫生体制改革办公室职能，根据市政府下达的《无锡市医药卫生体制五项重点改革2011年度主要工作任务书》内容和工作要求，督促协调医改工作的顺利开展。积极推进“幸福农村”建设，做好各项指标的跟进工作，确保全面完成社会和谐村各项任务。 （龚燕 王叶飞）

统计管理

【概况】 2011年，锡山区统计局紧紧围绕区委、区政府的总体部署和工作目标，认真贯彻落实省市统计工作会议精神，以深入贯彻创先争优活动为契机，加强统计分析研究力度，强化统计基层基础建设，努力提升统计服务水平，为全区经济社会赶超发展提供优质的统计服务，较好地完成了各项工作任务。

【统计服务】 强化职能，发挥优势，进一步提高统计服务水平。搜集和整理月度主要经济数据，按季度预测有关经济指标数据；加强各重要指标的统计监测分析，及时反映全区和周边兄弟县区的发展态势。按月出版《统计月讯》，反应全区主要经济指标发展情况和沿海交流地区主要指标对比等资料；完成《锡山统计年鉴（2010）》，为领导决策提供数据依据。根据“十二五”规划指标体系，全面监测各项目标体系，掌握序时进度。

【完成各项定报工作和调查任务】 以“准确、及时、全面”为标准，按照国家统计方法制度的规定，各专业全面完成各项年报、季报、月报任务。认真做好工业、能源、投资、房地产等的统计年报和2011年各项定期报表任务；完善锡山区富民监测网络；积极参与农业成本调查；积极做好农产量、设施农业、劳动力调查；精心开展城镇住户调查；认真学习新的GDP核算制度与方法，进一步加强地区生产总值的数据修正与核算；继续巩固劳动工资和消费品零售、服务业（部分行业）抽样调查；完善成品油统计，亿元市场月报（季报）制度；积极开展新兴产业监测，完善六大新兴产业统计、监测体系，实时掌握相关指标数据，准确反映新兴产业发展情况，及时研究分析新兴产业发展中的新情况、新问题；顺利完成全区城乡代码划分工作；完成贸易行业抽样调查和服务业字典库更新维护工作；积极实施保障性安居工程统计报表制度；积极开展人才、人力资源调查；积极开展非公有制企业人才资源状况抽样调查；配合区妇联，完成锡山区“十一五”妇女儿童发展规划终期监测评估等各项统计工作。

【圆满完成第六次全国人口普查】 2010年1月至2011年12月，通过全区上下的共同努力，圆满完成人口普查各项工作。摸清锡山区人口分布、结构等方面的最新变化，掌握全区人口就业、住房、教育的最新情况，了解全区人口婚姻、生育的最新态势。为锡山区加快转变发展方式，切实改善和保障民生，构建和谐社会提供最新的统计信息支撑。根据《全国人口普查条例》的有关规定，经镇级普查机构的认真推荐和评选，锡山区第六次全国人口普查领导小组对在第六次全国人口普查工作中作出突出贡献的单位和个人给予表彰。为全面完成第六次全国人口普查任务，充分利用第六次全国人口普查资料，更好地服务于全区经济建设和各级党政领导科学决策，人口普查资料开发应用工作全面展开。

【统计分析】加大统计分析研究力度，出台《锡山区统计局关于加强信息和分析工作的意见》，明确各科室的调研课题、信息的目标任务。全局工作人员积极围绕区委、区政府中心工作，认真分析社会发展和经济运行情况，积极调查研究工作中出现的新情况、新问题，及时撰写统计分析、统计信息，为区委、区政府决策提供科学依据。完成调研文章《工业经济规模不断扩大，产业结构调整不断优化》1篇，形成汇报材料《关于2011年统计方法制度调整情况的通报》、《关于贯彻实施企业一套表工作情况的汇报》2篇，并向区主要领导汇报；根据区主要领导要求，完成开发区在全省的排名情况和各镇（街道）在全市的排名情况；与区商务局联合完成《提高锡山区三产增加值占比的可行性分析报告》，完成《对我区文化产业发展的几点建议》，均得到区领导的关注。根据政府信息公开工作的相关要求，主动及时在政府和部门网站向社会公开统计数据和信息。2011年，区统计局向市统计局上报统计工作重要信息34篇，撰写统计分析32篇、统计信息89篇，被区委、区政府录用信息12篇，区统计局获“锡山区信息工作先进集体三等奖”。

【统计方法制度改革】根据国家统一部署，进一步规范GDP核算办法，完成工业、贸易、投资和基本单位管理办法等方面的改革，加快实施基本单位名录库、企业一套表制度、数据采集处理软件系统和联网直报系统等方面的改革。进一步健全和完善评价机制，建立地区科学发展评价体系，准确反映地区科学发展实绩，建立基本现代化评价指标体系研究，及时开展基本现代化进程监测工作。

【统计法制建设】根据国家和省市《关于开展主要数据质量检查工作的通知》的精神要求，对全区主要数据质量检查工作做出具体部署和安排，成立主要数据质量检查工作指导组。认真组织自查，全区汇总表的数据质量较高，误差率在1%左右。积极整改，根据《中华人民共和国统计法》、《统计违法违纪行为处分规定》等文件的规定和要求，大力夯实统计基层基础工作，提高源头数据质量。圆满完成全区的统计执法监审任务。2011年，区统计局对羊尖镇进行统计综合监审和对东港镇统计监审“回头看”，涉及农业、工业、服务业、贸易、能源、投资、工业品价格等各个专业，给予5家企业警告的行政处罚。对1家房地产企业和1家工业企业进行罚款处罚，该处罚是区统计局首次独立执行的对统计违法企业进行的罚款处罚，进一步加强了统计法律的权威，提高了企事业单位对统计法律法规的认识。5月，省统计局投资处会同市统计局第二产业统计处对商务区、鹅湖镇等地的5家房地产企业的12个项目进行抽查，检查组对锡山区房地产企业统计基础工作给予充分肯定。2011年，区人大对区统计局的统计法执行情况进行督查，区统计局专题向区人大汇报统计法制工作情况、存在的问题和下阶段的打算，得到区人大各位领导的肯定。

【统计教育与培训】下发《关于印发2011年统计监审工作和统计教育培训计划的通知》和《关于2011年度报考统计从业资格的通知》，根据通知要求，区统计局对全区统计人员和所有在职（专、兼职）统计人员，采取面授、辅导、考试的教育形式，开展继续教育培训工作。年内统计持证人员继续教育人数1186人；统计从业人员考试人数159人，通过136人，统计人员的知识面进一步拓宽，实践和创新能力进一步提高，整体素质进一步提升。建立健全统计继续教育手册登记制度，实行统计人员继续教育数据库管理，加强对统计继续教育工作的指导和检查，使区统计继续教育工作更加制度化和规范化，不断增强统计人员的责任感、使命感。

（高 健）

物价管理

【概况】2011年，物价部门认真贯彻省市价格工作会议精神，围绕“扩大消费需求、促进经济结构调整，稳定物价保民生”的首要任务，加强价格监管，规范价格行为，开展价格服务，完善价格监测和分析制度，为和谐文明新锡山建设营造良好的价格环境。2011年，锡山区物价局被江苏省物价局评为“江苏省价格工作先进集体”。

【规范市场价格秩序】 3月初至5月中旬，物价部门大力宣讲价格政策，开展现场价格咨询服务活动，为规范市场价格秩序奠定基础。围绕“宣传、规范、维权”主题，开设“价格讲堂”，进行明码标价、物业收费与管理、价格监测与分析、价格维权4个专题的宣讲，指导各经营单位规范自身价格行为。3月15日，参加区消费者委员会组织的“消费与民生”现场宣传咨询服务活动，发放宣传材料300余份，接受现场价格咨询10人次。5月8日，开展“12358”价格举报电话开通十周年现场咨询服务活动，接待和解答群众的价格举报投诉和咨询，发放价格宣传材料600余份，接受群众咨询10人次。同时，把规范农家乐价格行为作为创建明码标价示范街（店）重点，4月28日下发《关于规范农家乐价格行为的通知》，指导农家乐经营者加强内部管理，健全价格自律机制，完善餐饮、住宿、娱乐服务和商品销售等方面的价格公示，规范价格行为。通过指导、督查、整改、复查等阶段工作，各农家乐经营单位价格行为得到规范。12月，推荐无锡市绿羊温泉农场为“无锡市明码标价示范店优胜单位”，推荐无锡现代农业博览园为“无锡市明码实价店”。

【推进价格诚信创建】 以开展价格诚信建设活动为载体，采用治理与引导相结合的方式，相继在医院、大型超市、零售药店等行业中组织开展价格诚信建设活动，引导企业树立价格诚信意识，遵守诚实、守信的商业道德，市场明码标价、价格公示等行为得到有效规范。经过申报公示、市级验收、省级抽查、网上公示征求意见等程序，东亭信隆超市、鹅湖买得兴百货商场两家单位获“2010～2011年度江苏省价格诚信单位”称号。

【加强民生价格监管】 认真做好与人民生活密切相关的农副产品、药品和日用品的价格监测和分析。监测数据及分析通过政务e点通、区发改局网站和《新锡山》定期公布。认真贯彻落实《市政府办公室关于贯彻国务院房地产调控政策进一步促进我市房地产市场平稳健康发展的通知》精神，实施商品房销售价格备案和明码标价制度，备案商品房住宅楼盘26个，建筑面积59.75万平方米。认真落实教育收费公示制度。春秋季开学前，联合区监察局、区教育局在《新锡山》公示教育收费标准，并通过区发改局（物价局）网站进行公布。调整六所幼儿园保育教育费标准，配合市物价局完成两所民办幼儿园成本监审工作。同时，开展医改落实情况的督查工作。

【严格市场价格执法】 积极处置食盐价格波动。3月17日，锡山区部分镇（街道）超市食用盐脱销，部分个体经营户趁机涨价销售。区物价局迅速行动，3月17日下午，下发《关于稳定食盐价格的紧急通知》，3月18日在《新锡山》发布《锡山区物价局关于严禁哄抬食盐价格的政策提醒函》和《多品种系列食盐销售价格表》，组织开展市场巡查，及时受理并协调处理价格咨询投诉，平息了抢购风波。开展教育收费、医疗服务价格、涉农价费、装修建材市场价格等专项检查和节日市场检查，受理并查处来电来访83件，实施经济制裁总额10.67万元（没收2.59万元，退还用户5.08万元，罚款3万元）。同时，协调处理区政府“12345”网上咨询投诉10件，办理依申请政府信息公开事项1件。

【信息调研工作】 加强价格热点难点问题的研究，做好价格工作信息的采集、报送。《新锡山》发布信息和分析19篇，《每日情况》发布信息4篇，《消费维权简报》发布信息8篇，通过市物价局内网上挂各类信息200余条。《以价格讲堂成效促进价格监管工作》在《江苏物价》第三期刊登，《小伎俩大诈骗求实情出实招》在《国家价格认证中心通讯》第九期上刊登，《新时期加强价格监测工作的思考》在《工作研究》上刊登。

【价格鉴证工作】 认真贯彻《江苏省涉案财产价格鉴证条例》，准确、及时完成各项价格鉴证任务。办理公安机关涉案价格鉴定288件，标的额1274万元；办理质监部门涉案价格鉴定74件、标的额231万元；完成车物定损914件、标的额352万元，为稳定社会治安、有效打击犯罪、改善投资环境作出积极的贡献。（陈宝铭）

土地资源管理

【概况】 2011年，锡山国土分局秉承“围绕中心、服务发展，突出重点、攻坚突破，真抓实干、务求实效”的理念，各项工作取得新进展。

全年发放各类证书11712本、查封登记56宗、抵押注销登记290宗。提高档案管理水平。全年入库档案3503卷（件）；接待查档442人次，借档8600卷。提升信息化平台。门户网站全年访问量超7万次，信息更新1000余条。地籍信息化建设不断完善。土地登记进入地籍信息化系统，电子化报批建设用地手续达到省国土资源厅要求。严格办事程序，组织专人全面排查被征用土地的相关手续、补偿、抛荒等问题，及时整改到位。积极做好信访工作，全年受理信访232件，立案率100%、办结率100%，有效预防和化解涉土矛盾。锡山国土分局党委班子被评为“团结、廉洁、高效、开拓”好班子；锡山国土分局获“锡山区文明行业”和“锡山区依法行政优秀单位”称号；被区档案局评为“2011年档案工作优胜单位”。在全国开展的民主评议部分具有行政执法职能部门政风行风活动中，得到社会各界的好评；国土资源管理工作得到市国土资源局、区委、区政府的高度肯定。

【保障发展】 全力做好土地供应，引导规范有序用地。全年完成供地759.73公顷，其中划拨供地468.43公顷（基础设施143.09公顷、民生项目323.27公顷、其他2.07公顷）；出让供地290.63公顷（工业用地出让151.49公顷；经营性用地出让地块33个，面积120公顷，出让金额59.07亿元，出让完成率全市领先；其他19.14公顷），为地方社会经济发展提供强有力的用地支撑。用足用好土地政策，全力保障用地需求。全年争取到用地指标155公顷，其中点供3个，农用地面积40.33公顷；独立选址11个，新增建设用地面积106公顷（其中农用地97.4公顷）。盘活存量土地465.43公顷，其中利用建设用地366.29公顷（收回土地使用权后供地37.42公顷）；拆旧区建设用地挂钩复垦77.73公顷；对批而未用地异地调整21.41公顷。妥善解决历史遗留问题。重点解决历史积累未保障的安置房用地200公顷，全区所有完工安置房项目均办理用地手续。

【保护土地资源】 科学修编土地利用总体规划。通过对上争取，全区追加新增城乡建设用地预留区指标676公顷，拓宽了空间。突出资源保护，强化落实责任。把耕地保护与保障发展放在同等重要位置，确保全区1.214万公顷基本农田数量不减少、用途不改变。全力做好万顷良田建设。全年完成土地整理663.80公顷，占计划的95%，获“无锡市万顷良田建设先进单位”称号。积极应对卫片检查。对卫片检查中发现确认的、群众举报属实的和新发生的违法用地，逐个立案查处，做到措施到位、督办到位、整改到位，有力地维护了良好的用地秩序，实现了“双零”（零约谈、零问责）目标。

（钱春杰）

审计管理

【概况】 2011年，区审计局以邓小平理论、“三个代表”重要思想和十七大精神为指导，紧紧围绕科学发展主题，围绕区委、区政府中心工作，围绕率先基本实现现代化工作主线，全年完成审计项目514个。其中，预算执行审计1个，经济责任审计15个（任中经济责任审计5个），专项资金审计12个，企业审计2个，固定资产投资审计460个，行政事业单位审计24个。查出违规金额246万元、损失浪费金额317万元、管理不规范金额44.17亿元，固定资产核减工程款6.67亿元；审计决定处理处罚应上缴财政46万元，应减少财政拨款或补贴77万元、应归还原渠道44万元，应调账处理金额7.47亿元；移送有关部门处理事项22件、涉及人员1人、涉及金额1.51亿元。

【预算执行审计】 从5月开始实施，转变工作思路，以提高资产使用效益为目标，以全部财政收支为主线，重点开展预算编制情况、预算执行、税费征管质量等审计。审计结果表明，财税工作为区经济社会赶超发展提供了财力保障，报告同时指出区本级财政管理和监督、政府投资项目管理等方面需要进一步完善和规范，开发区和商务区在明细预算编制与执行、各项规费的缴纳、固定资产管理方面需要加强管理。锡山区第二届人大常委会第二十八次会议听取并审议通过2010年度财政审计工作报告，区人大常委会对区审计局所做的工作给予了高度评价。

【固定资产投资审计】 根据城市化发展的需求，政府投资项目投入比例逐年加大，以规范建设行为为目标，强化对中介机构审计质量的监督。在审计中，严把招投标审计关、合同签订关、设计及其变更关、大宗物资采购关、资金拨付关五大关口，促使固定资产投资项目资金管理和运行更加科学、合理、规范，从而节约建设成本，提高工程项目的投资效益，营造良好的建设市场氛围。全年完成标底审核审计161个，送审金额31.47亿元，核减金额1.4亿元，审减率4.45%；推荐竣工结算审计241个，送审金额25.9亿元，核减金额5.54亿元，审减率21.39%；组织固定资产投资审计2个，送审金额17267.53万元，核减金额3434万元，审减率19.89%；开展跟踪审计项目56个，中标金额30亿元。

【经济责任审计】 全年完成15位领导干部的任期经济责任审计，其中有5位领导干部为任中经济责任审计。查出违规金额64万元，管理不规范金额2.84亿元；移送有关部门处理事项7件，涉及人员1人，涉及金额36万元；对外发送审计结果报告15份，有2篇报告得到区委主要领导的批示。在对某条线单位原领导的任期经济责任审计中，发现该单位财政收支未全额纳入预算管理、在往来中列支手续费、擅自自行采购商品、现金收入未入账等问题。并作出相应审计决定：对采购服装108.36万元未办理政府采购的问题作移送区财政局处理；对未入账现金2.34万元决定没收并上缴区财政，同时对该单位处以罚款1万元。区委书记朱爱勋对该结果报告作重要批示："请国土严格执行审计决定，请财政会商国土，务须建立规范的预算管理体系，任何人不得动用土地收益。"

【专项资金审计】 专项资金审计在促进民生资金规范管理，提高资金使用效益，保障各项惠民政策落到实处，促进社会和谐发展方面起到不可忽视的作用。年内完成专项资金审计或审计调查12个，审计资金总额8.02亿元，审计查出滞留闲置资金160万元、账外资产496万元、损失浪费资金317万元、其他问题资金4.5亿元。3月对锡山区2010年新型墙体材料发展专项基金进行审计，发现墙改基金效益不高以及减征免征数额较大、减免依据不充分等问题。区长陆志坚作了"请财政牵头会发改、经信、法制办、审计、审批中心就此件所提问题作研究并出整改意见"的批示。根据批示精神，区财政局牵头，组织相关部门就审计发现的问题召开协调会，并形成报告向政府汇报。该项目被无锡市审计局评为"优秀绩效审计项目"。

【企业审计】 全年完成企业审计项目2个，审计查出其他问题金额1.56亿元。1月，受区政府办的委托，组成审计组对区政府下属某酒店2010年度财务收支和2010年末资产负债损益进行就地审计。通过对企业资产负债损益的分析，发现企业固定资产管理不规范和短期偿债能力较弱，对于盘亏、拆除工程而未及时办理固定资产报废手续的问题，作出移送相关主管部门处理决定书。审计揭示了企业经营管理中存在的问题，进一步规范了内部控制制度和会计核算工作，为企业转型提升服务。

【行政事业单位审计】 完成行政事业单位审计24个，查出违规金额105万元，管理不规范金额22.18亿元，应上缴财政25万元，应调账处理5.45亿元。在对锡山区工商业联合会2010年度财务收支的审计中，从完善该单位合理化、规范化运行的前提出发，仔细查阅该单位的账册，发现该单位收到锡州农村商业银行股份有限公司办公用房转让款25万元，只做了入房款账，未上缴财政专户。通过审计，出具了审计决定书，要求将该转让款上缴财政专户。

【审计宣传和信息化工作】 全年对外发送审计信息简报14篇，审计要情4篇，审计署网站采用3篇、《江苏审计》采用1篇、江苏省审计厅网站采用9篇，无锡市审计局简报采用35篇，《每日情况》采用7篇；3篇审计要情得到区委、区政府领导的批示。年内首次对某医院开展信息系统审计，上报7篇AO应用实例，1篇被评为优秀奖，5篇被评为应用奖，1篇被评为鼓励奖；上报4篇审计方法，1篇入选《江苏省计算机审计方法库》；上报1篇信息系统审计案例。

（徐 瑛）

安全生产监管

【概况】 2011年，锡山区安监局本着"安全发展、和谐发展"的原则，坚持"安全第一、预防为主、综合治理"的安全生产工作思路，认真贯彻中央和省市关于安全生产工作的一系列部署，深入开展"企业主体责任深化年"活动，以预防和压降事故为中心，以基层基础建设为根本，不断创新安全生产监管工作思路，采取切实有效措施，全区安全生产形势总体保持基本稳定的态势。

【落实安全责任】 认真落实"一岗双责"制和"一票否决"制。制定年度安全生产考核细则和季度考核细则，下达事故控制指标，及时通报季度考核情况和事故控制情况。研究出台《开发区、各镇（街道）和区各部门的安全生产工作职责的暂行规定》，进一步明确各自职责。各级各相关部门与企业“一把手”层层签订生产、交通、消防、建设、特种设备、农机、平安创建等安全生产责任书，将安全生产责任制最终落实到企业主要负责人，签订责任书5500份。

【开展隐患排查治理行动】继续实施隐患“日报、周报、月报”制、重大隐患挂牌制、“重点隐患整改督办工作联系函”制。全年累计排查发现隐患4810条，整改隐患4740条。区镇两级政府投入隐患整改资金6000余万元，各类企业投入隐患整改资金3000余万元。

【健全安全生产执法监察制度】严格落实执法监察三项制度。“红灯制”：对安全评价不合格或存在重大隐患的单位立即采取停产整顿的措施。“专家顾问制”：聘请7名专家，常年参与重点高危企业的检查。“整治违法行为部门联动制”：会同有关部门取缔无锡皮革城内无证经营的油漆市场，规范整治物流市场。创新实施管、查、罚“三权分离”机制，确保处罚的严肃性。

【提高宣传培训实效】注重培训数量和质量，全面推行企业安全管理人员任职资格制度，有2386名安全生产管理人员通过全市统一考试。举办培训班79期，培训企业负责人、安全员、特种作业人员、危险化学品单位采购员、保管员，人数首次突破万人大关。以安全生产月、“三服务下乡”、庙会节场等活动为契机，加大宣传力度，创新宣传方式，通过安全警示片巡回展播、发送手机公益短信、下发特色安全宣传品、开展“一把手”访谈等活动，营造了浓厚的安全生产氛围。

【启动实施“千企安全发展5年提升计划”】研究出台并启动实施“千企安全发展5年提升计划”，将交通运输、建筑施工、危险化学品、烟花爆竹等高危企业，安全水平低的小企业，五年内发生事故的企业以及发现隐患较多的企业纳入“千企安全发展5年提升计划”。根据企业安全生产标准化达标和A类企业达标要求，通过隐患治理、加强管理、技术改造等综合手段，全面有效提升企业的安全生产管理水平。年内完成排查摸底工作，提升计划在具体实施之中。

【启动安全社区创建】启动东亭街道国家级安全社区的创建试点工作，同时在工业园区、居民小区开展区级安全社区创建工作，进一步夯实安全生产的基础。组织相关人员到先进地区学习考察，并按《国家安全社区创建工作指导手册》要求，着手编制区级安全社区创建标准，制订创建工作计划，有序开展创建工作。（袁 颖）

工商行政管理

【概况】2011年，锡山工商局紧紧围绕“协调、提升、突破”的总体要求，以开展争创群众满意的窗口服务单位活动为动力，围绕重点工作目标，积极创新服务举措，强化监管执法，抓好队伍建设，为锡山区经济社会转型赶超、率先基本实现现代化发挥了职能作用。锡山工商局被省委组织部、省工商局评为“江苏省非公有制企业党建先进集体”，被省工商局评为“全省企业登记‘依法行政、优质服务’先进集体”，被市委、市政府评为“2006～2010年度‘法治无锡’建设先进集体”，连续4年被区政府评为“锡山区依法行政先进单位”。

【企业登记】在登记注册窗口创新推出“温馨提醒”服务，建立健全“登记服务绿色通道”，深入开展“走访企业送服务”活动，有力支持各类市场主体的转型、健康发展。全区企业数量实现稳步增长。2011年，全区新发展内资企业43家、外资企业25家、私营企业1317家、个体工商户3368户；全区累计有内资企业710家、外资企业734家、私营企业11896家、个体工商户22160户。新兴产业和现代服务业加速发展。全区新登记新兴产业企业15家、现代服务业企业283家，全区累计有新兴产业企业201家、现代服务业企业1664家。

【服务企业】实施商标战略成果明显。建立“创牌工作常态化”机制，主动上门指导企业进行商标注册。年内帮助企业申请注册商标1200件，新发展证明商标1件，全区累计有驰名商标20件，著名商标61件，知名商标158件。“甘露青鱼”和“斗山太湖翠竹”成功注册地理标志证明商标，成为传统资源优势转化为现实经济优势的“金招牌”。企业融资渠道进一步拓宽。办理动产抵押物登记58件、股权出质41件，为61家企业办理小额贷款业务，使相关企业获得贷款或融资31.21亿元。

【扶贫助困】继续深化“大学生实习基地”建设，全区加入“大学生实习基地”的企业近100家，可为大学生提供1000个实习岗位。继续扶持红领巾教育事业，6月成立红领巾基金总会，负责红领巾基金的管理和使用，全区有7个镇（街道）实现红领巾基金会的全面覆盖，基金总额超过60万元，累计向700余名学生进行表彰和资助。关爱贫困学生、特殊儿童的身心健康成长，向锡山特殊教育学校捐赠3000元，羊尖镇民营企业关工委举行第八轮助学结对活动，向14名贫困学生发放助学金2.3万元。开展“伸援手、献爱心”活动、“红十字人道万人捐”活动、局领导班子结对帮扶贫困户活动，有力地支持了慈善事业。

【全面落实护农政策】坚持商标兴农致富道路，全区基本形成以“斗山太湖翠竹”茶叶、“甘露”青鱼、“黄土塘”西瓜、“太湖明珠”粮油、“鞋山果业”葡萄、“甘露金水”梨等富有锡山经济特点的农副产品商标体系，全区的品牌农产品每年带来经济效益近2亿元。合同帮农工作有效推进，组织对36家农业龙头企业和56家涉农民营企业以及380家种植、养殖大户进行合同法律知识培训，向广大农户发放相关宣传资料1900余份。推广并发放4种农业合同示范文本7500余份，指导签约和审查涉农合同348份、金额278.67万元。超市—合作社—农户“产销对接”运作模式成效显著，鼓励大型超市、农产品批发市场与农民专业合作社、种养殖基地、农业龙头企业开展“产销对接”活动，实现农业增效，促进农民增收。农资示范店工作稳步推进，全区有2家农资市级示范店，6家农资区级示范店，1家农资店申报省级示范店。农资专项执法行动有效开展，年内检查各类农资经营户156户，规范全区31户个体经营户注册登记农药的经营范围，查处30吨假冒伪劣化肥，有效维护了农民的合法权益。

【消费维权】消费教育的广度和力度有效加大。围绕“消费与民生”主题，开展纪念“3·15”国际消费者权益日，消费教育进社区、进学校、进企业，“三服务下乡”等宣传活动，累计发放宣传资料27880份（册），接受咨询830余人次，举办消费教育讲座32场（次），直接接受教育人数1.5万余人次。设立消费教育宣传张贴点201个，设立消费教育基地6个。联合教育部门向8所试点学校发放科学消费读本，通过不同形式向学生传授科学消费知识。消费维权救助体系进一步完善。全面推行消费维权绿色通道、上门服务等多种服务方式，定期开展“12315”消费维权便捷式零距离服务活动，进一步完善“12315”消费者申诉举报网络，“一会两站”（消费者协会分会，消费者投诉站、“12315”联络站）覆盖率100%，建立商品质量监督站40个，消费投诉站联络站90个，聘用义务维权志愿者35名。锡山区消费者委员会系统全年受理消费者投诉421起，为消费者挽回经济损失63.44万元，投诉解决率100%，接受消费者咨询3351人次。消费纠纷诉调对接全面推开。与区法院联合制定《关于对消费者权益纠纷建立“诉调双向对接”机制的意见》，全面启动诉调对接机制，锡山工商局以东亭分局为试点建立一个立体的诉调对接网络，并横向延伸到其他六个工商分局，形成全区消费纠纷诉调对接的区域全覆盖。锡山区级消费纠纷诉调对接审理点上墙挂牌，各分局与企业的纠纷审理点加快推进。

【食品安全监管】严格规范食品经营主体准入。严格规范许可证软件的使用，依法做好食品流通许可证的业务受理、现场核查和审核发放工作，并做到与登记注册、贴花年检顺利对接。全年办理食品流通许可证950份，其中奶制品156份。加强农副产品的检测工作。全区12家镇级农贸市场均建立食品检测室，配置专业检测设备、电脑、检测人员，并与市政府的“无锡市食品质量安全网”连接。严格监督食品经营者落实进货查验制度和建立进货查验记录制度，检测范围从原先单一的农产品农药残留的检测，扩大到食品中的亚硝酸盐、过氧化氢、甲醛、二氧化碳、吊白块、蛋白质等八个方面的检测，全年全区检测47346批（次），不合格1875批（次），合格率96.04%。对辖区内重、热、季节性食品进行法定检测400批（次），不合格16批（次），合格率96%。扎实开展食品安全集中整治。锡山工商局在全区深入开展节日市场、冰激凌市场、葡萄酒市场、乳制品市场、食盐市场、问题牛肉、“健美猪肉”、生面市场、调味品与食品添加剂、染色馒头、刀鱼市场、塑化剂市场、酒类市场等21次食品安全专项执法检查，检查食品经营户3217户（次），取缔无照经营12户，捣毁制假窝点6个，查处制售假冒伪劣食品案件5起。

【开展专项整治】开展“双打”特别行动——“亮剑”行动。加强与公安等部门的联合检查，2010年11月至2011年5月，在辖区范围内开展打击侵犯知识产权和制售假冒伪劣商品行为“双打”专项活动，取得显著的成效，出动执法人员860人次，出动执法车辆240辆（次），检查生产、销售企业1800余家，查处商标侵权案件52件，涉案金额2170万元，在辖区内形成打击侵犯知识产权和制售假冒伪劣商品行为的高压态势，营造全区尊重知识产权、保护知识产权的社会氛围。开展对酒类市场的专项执法行动。一举端掉白酒制假窝点3个，没收并销毁各类白酒及包装9218件，涉案物资价值220万元；重点加强娱乐场所销售洋酒行为的监督，立案查处案件7起，没收假茅台6瓶、假洋酒24瓶、假洋河天之蓝16瓶、假绵竹大曲13488瓶、不合格的散装白酒316斤。开展打假保名牌专项行动。锡山工商局先后为“李宁”、“曲美”、“多芬”、“红豆”、“雅迪”等知名品牌外出打假9次，帮助“诺基亚”手机、“箭”牌口香糖、“芝华士”洋酒、“轩尼诗”洋酒以及“UGG”雪地靴等知名品牌在锡山区打假维权，为企业挽回经济损失430万余元，切实为辖区经济秩序保驾护航。

【完成企业年检和个体户验照贴花工作】深化证照管理的有效模式。注重与公安、文化和卫生部门有效配合，在查处黑网吧、无照游戏室、无照食品经营户等重点热点行业无照经营上取得良好的效果；对于非重点热点行业的无照经营户着重引导办理执照。全年引导办理执照2000余户，取缔无照经营800户，发出限期办照通知书2000余份。稳步开展年检和验照工作。认真组织企业年检和个体户验照贴花工作，企业参加年检率95.97%，100%实行网上年检，个体户验照率84.34%。同时，有效做好外资企业年检监管工作，外资企业年检完成680家，对33家未年检外资企业启动吊销程序。加强外资企业出资管理工作。年内外资企业到位资金7675.75万美元，其中外方到位资金7036.47万美元。

【广告监管】完成下放户外广告登记权限工作，组织户外广告登记监管培训，完成户外广告登记66件。锡山工商局根据不断变化发展的广告市场的新形势和新特点，创新工作思路，探索出“一跟踪二取证三挖掘”的广告监管办法。该举措推行后，监测媒体广告超过1.3万条，查处广告违法案件11件。

相关链接：

一跟踪：对辖区内广告经营者的广告经营行为进行紧密跟踪，严格把关各类广告的登记、发布、宣传行为。

二取证：第一步进行外围取证，从涉嫌违法广告的受害群体、发布场所等进行调查取证，掌握客观、真实、充分的证据信息，形成证明案件成立的链条；第二步进行内围取证，对涉嫌违法的广告主、经营者、发布者直接进行调查取证。

三挖掘：结合互联网检索、日常巡查、“12315”投诉平台三个渠道，挖掘违法广告案源，让违法广告无所遁形。

【重点热点行业监管】锡山工商局有效加强对7类重点行业及11类热点行业的日常监督，组织开展对网吧、游戏室等特别经营场所实施定期检查制度，在实地调查的基础上，通过经济户口信息系统，对重点热点行业逐一核实确认，切实做到不留死角、不留隐患。在锡山工商局的全面推行下，全区大部分危险化学品相关企业按要求运行危险化学品网上动态管理系统。

【工商移动综合业务平台应用】工商移动综合业务平台的应用实现了工商部门在执法现场的“一体化办公”，锡山工商局能够做到对行政提示、责令整改通知书以及简易处罚决定书的现场打印和发放，有效提高了监管效率，促进了履职到位，提升了部门形象。该平台具备的名称、法律法规库等查询功能，便于锡山工商局开展行政指导、普法教育等活动。锡山工商局在无锡工商系统范围内进行应用推广经验介绍。

【建立商标印务监管机制】锡山区作为全国三大彩印中心之一，素有“彩印之乡”之称，锡山工商局着力探索印制企业的监管机制，总结并实施“一挖、二网、三打、四查、五看”的监管措施，成效显著，得到国务院“双打”小组的充分肯定。在进一步调查分析的基础上，创立商标印务网络，实现工商部门对印制企业生产经营状况的实时监督和指导，并为企业之间的沟通交流提供便捷的平台，网站设立的便民投诉、咨询、意见建议等栏目大大方便社会公众的监督，成为工商部门深化社会管理新模式的有效举措，得到社会公众的好评。

相关链接：

一挖：挖源头，把住商标设计制版关。

二网：建立商标印制举报联络网，健全商标印制企业工商联络员网。

三打：重点区域集中打，彩印旺季专项打，部门合作联合打。

四查：制版环节经常查，加工环节严格查，复杂地区重点查，双休、夜间突击查。

五看：看印制车间，看成品仓库，看PS版片，看坏片堆放，看送货凭证。

【实施“合同格式条款网上备案与行政指导”项目】 锡山工商局针对在履行合同监管职能过程中，合同格式条款提供方从备案申请到备案完成的往返奔波对申请人的时间、精力、钱财造成耗损，影响申请人备案积极性的情形，创新开发和运行“合同格式条款网上备案与行政指导”项目，即在“无锡工商网”（外网）上开设“网上合同备案窗口”，在工商公告栏里添加“备案合同公示”子栏目，需要合同备案的企业通过登陆“无锡工商网”点击“网上合同备案窗口”，根据相应的提示进行网上操作，同时工商部门在江苏工商电子政务（二版）系统（内网）的合同备案模块进行受理和审核。操作过程中的每个环节都能留下工作痕迹，并通过内外网设置的打印功能及时打印相关材料，彻底解决手工操作带来的弊端，减轻申请人的负担，大大提高双方的工作效率，受到企业的欢迎。

【深化商品交易市场信用分类监管模式】 在全区市场范围内推出宝鼎钢材市场等7家商品交易市场实行信用分类监管工作，锡山区参加信用分类监管的商品交易市场覆盖率70%。全区33家商品交易市场均完成信用等级认定工作，并根据认定的信用等级开展相应的巡查并录入巡查记录。创新型工作的顺利开展加快了锡山工商局信息化、科学化监督手段的创新，开创了锡山工商局监管执法工作的新局面，从而有力营造了辖区内公平公正的市场经营环境。　　（宗 岚）

质量监督管理

【概况】 2011年，锡山质监局以科学发展观为指导，以创先争优为动力，以实施质量强区战略为抓手，以打造“法治质监”为目标，紧紧围绕“抓质量、保安全、促发展、强质检”方针，恪尽职守、高效履职，固本强基、科学监管，不断开创质监事业科学发展新局面，全力促进锡山经济社会又好又快发展。

以开展“质量强区”工作为契机，围绕地方优势产业和新兴产业，加快名牌培育工作，不断完善名牌培育机制。制定“十二五”锡山区名牌产品培育计划，明确名牌培育任务和目标，并有针对性地对企业开展调查摸底、帮扶指导。2011年新申报江苏省名牌产品9个，无锡市名牌产品48个。围绕“以质取胜”，大力推广卓越绩效管理模式和“首席质量官”制度，引导企业管理创新，推动企业管理升级，提高企业自主创新力和核心竞争力。通过组织开展卓越绩效培训、观摩卓越绩效孵化基地等多种形式，大力推广卓越绩效管理模式。2011年，红豆集团获“无锡市第四届市长质量奖”，无锡锡州机械有限公司申报的“省质量管理奖”通过评审。主动适应全区产业调整的新变化，扩大标准化领域，切实加快标准创新步伐。标准化工作创新成效明显，主导制订国家标准2个，参与制订国家标准1个；主导制订行业标准2个，参与制订行业标准3个，参与修订行业标准1个；新增省“标准化良好行为企业”试点5家，新增采标25个，累计完成采标183个。在4个标准化示范区（2个省级）的基础上，新申报省农业标准化示范区1个（红豆杉苗木）。在全市系统庆祝建党90周年表彰会上，区质监局党支部被评为“先进基层党支部”。

【构建安全监管长效机制】 围绕构建、完善特种设备安全和食品生产安全两个基层监管网络，年内分别开展人员培（复）训并细化目标，逐级考核。区财政拨款70万元用于食品安全风险专项检测，累计抽检280批（次）；物流停车场特种设备使用管理纳入道路运输经营许可证年审范畴。全面落实企业主体责任。全年累计培训特种设备安全管理员693人、各类特种设备操作人员1376人、食品生产单位食品安全管理员110人。与食品企业负责人签订落实主体责任质量安全承诺书、严厉打击食品非法添加和滥用食品添加剂专项整治行动企业责任书，全年累计向1298家特种设备使用单位签发特种设备使用单位安全责任告知书。同时，开展公开承诺仪式、风险排查、隐患自查、标准化达标及分级分类监管等一系列活动。全面加强专项整治力度。相继开展假牛肉、“瘦肉精”、染色馒头、纯净水、地沟油等11类食品安全专项检查，并重点开展打击食品非法添加和滥用食品添加剂专项整治行动，累计出动检查人员850人次，检查企业365家（次），发出整改通知书102份，立案查处27起，没有发生1起食品安全事故。累计出动检查人员836人次，对225家特种设备使用单位的1691台特种设备进行现场安全监察，发现一般隐患65家计112条、重大隐患79家计141条，全部督促整改到位。起重机械作业人员专项整治和气瓶“一瓶一码”信息化管理专项工作取得预期的效果，659家起重机械使用单位的1961台起重机械落实专业维护保养制度；累计完成气瓶电子标签安装51449只，并在规定的时间对充装设备全部实施“封枪”。

【惠企利民】 全面推行行政权力网上公开运行，强化考核通报，对各部门行政权力网上运行情况按月通报并纳入机关作风与效能考核内容。全年累计办理行政处罚89件、最高计量标准器具考核5件、企业标准备案167件、产品质量申诉处理1件、食品企业年度报告审查60件，全部按照“外网受理、内网办理、外网反馈”的工作流程实施操作，无一件网下运作，上网率与受理率均为100%。对全区14个集贸市场的2168台电子秤、45家社区医疗服务站的114台血压计（氧气吸入器）实施“两免费”（江苏省农村医疗卫生免费和集贸市场免费）检定，受检率和检定合格率均为100%。推动集贸市场、加油站、眼镜店、餐饮业、商店（超市）、医院开展诚信计量示范创建，年内申报省级诚信计量加油站1家、省级诚信计量医院1家、市级诚信计量眼镜店1家。能源计量、安全防护计量和4S店计量专项工作取得了一定突破。

【依法行政】 相继开展农资、玩具、防伪技术等12项专项检查。对近170家电动自行车企业资质重新审查；完成工业产品许可证超期排查、管理体系认证企业日常监管和强制性产品认证制度重点企业监管。定期发布季度省级检查结果通报，督促企业整改到位，切实提高辖区产品质量监督检查合格率。2011年，全区省级以上产品质量监督抽查综合合格率97.7%，高于全省96.2%的平均水平。严格行政执法。办理办结涉及食品、特种设备、“双打”（打击侵犯知识产权和制售伪劣商品）等案件89起（其中大要案13起），食品和特种设备类案件分别为27起、20起，合计占52.81%，有效地整顿、规范了全区生产经营秩序。“3·15”活动期间集中销毁假冒伪劣产品3.2万余件，货值金额43.56万元，有力地打击了制假售假违法行为。强化法制保障和依法行政工作能力。执行行政案件办案的调查权、审查权、决定权“三权分离”制度；建立、完善罚没物资管理制度；推行说理式、柔性式、信息化“两式一化”执法；实施“开门审案”和“质监邀您看企业”，推行阳关执法。

【质监宣传】 强化宣传，扩大质监影响力。全年主流媒体先后42次报道锡山质监工作；259篇信息、稿件被省质监局、市质监局和区政府采用；分别在《无锡商报》和《新锡山》刊登锡山质监局专版2期。《上山下乡，消灭“死角”——江苏省无锡市锡山区质监分局将特种设备监管网络建到乡村》一文被《中国质量报》、国家质检总局网站等媒体刊载；《关于落实特种设备使用单位安全主体责任的思考》一文刊登在区委办公室、区委研究室主办的《内部参考》上。 （过勤丰）

食品药品监督管理

【概况】 锡山食品药品监督管理工作切实贯彻落实省市食品药品监管系统工作会议精神，落实科学监管策略措施，制定重点工作目标任务，扎实开展工作，取得预期成效。锡山食品药品监督管理局被区委政法委授予“2010年度锡山区法治建设工作先进单位”称号；稽查科被区委政法委授予“2008～2010年锡山区规范执法示范点”称号。

在食品安全综合监督方面，开展“食品安全行动年”工作，启动和强化食品小作坊管理，建立食品小作坊管理运行机制，开展猪肉“瘦肉精”、乳制品、食品非法添加和滥用食品添加剂、餐厨垃圾以及制售假冒伪劣食品等专项治理，有效保障了全区食品安全形势的平稳。

在药品安全监管方面，开展医疗机构药械质量检查、加强中药质量安全专项检查、特殊药品专项检查、抗生素销售专项检查等工作，发出责令整改通知书45份。运用信息化手段，推进药械安全计算机远程监管工作，辖区内涉药械单位、医疗机构药品批发企业远程监管100%全覆盖；同时建立药品安全监管人员、协管人员、生产经营单位和销售使用单位工作人员等的药品安全QQ群，及时联络工作、沟通信息、加强工作互动。抓好药品不良反应监测和上报工作，辖区内一级及以上医疗机构、制剂生产企业和零售、批发、连锁经营企业在线呈报67家，参与在线呈报单位覆盖率28.76%；上报电子报表254份，每百万人口报告数635份，其中新的严重不良反应8例，占总报告数比例3.15%。开展过期失效药品回收工作，13家定点药店回收过期失效药品1095盒（瓶、袋），涉及药品品种上百个。

在食品药品安全依法行政方面，不断提高食品药品安全工作人员的法律素养和依法行政能力，加强和工商、卫生部门的配合，重点整治虚假违法的药械户外广告、印刷品广告，出动193人次，对辖区内4家民营医院、63家药店进行专项检查，向工商部门移交非法广告1起。2011年，无锡市检测锡山区食品合格率97.03%。全年检查289家药品、医疗器械生产、经营、使用单位；受理群众举报及“110”联动8起，查处各类药品、医疗器械违法案件32起（其中简易程序处罚15起），涉案金额8.58万元，罚没款金额37.56万元；组织2批22家药店进行GSP认证，其中新开药店6家、到期重新认证16家（次）；药品零售企业GSP跟踪检查7家。

相关链接

GSP：英文Good Supply Practice的缩写，意即良好供应规范，是控制医药商品流通环节所有可能发生质量事故的因素，防止质量事故发生的一整套管理程序。

【食品小作坊治理启动】 在全市范围内率先开展食品小作坊的摸底排查工作，排查各种业态的食品小作坊704家，各类小餐饮单位1067家。根据《市政府办公室关于进一步加强食品小作坊管理工作的实施意见》，明确各方的相应职责，完善“镇（街道）食品药品安全办公室初审—区监管部门审核发证（或签署意见）—区工商部门发营业执照”的责任机制。按照纯生产加工、市场内现场制售、市场外现场制售三种业态，对相应流程进行固化，编制对应的审核流程图。建立区食品药品安全办公室、区卫生、工商、质监部门和镇（街道）食品药品安全办公室的联席会议机制，落实相应的具体工作部门和工作人员并建立通信录，强化实施过程中的工作对接，提高食品小作坊管理成效。

【治理食品末端消费环境】 全年确定食品安全检测指标为人口数的3.75‰，居全市前列。把食品安全合格率指标列入对开发区、各镇（街道）的考核指标。全区食品安全实验室检测（含餐具）3447批（次），快检速测110554批（次），居全市前列，其中区食品药品安全委员会办公室组织3次食品安全评价性抽检工作，抽检熟食卤菜、蔬菜、水发产品、乳制品、豆制品、猪肝、酱腌菜、餐厅冷盆菜等各类样品464批（次）。

【重点食品安全问题整顿】 抓好猪肉“瘦肉精”整顿工作。3月15日，河南生猪“瘦肉精”事件被中央新闻媒体曝光后，迅速行动，加强协调，抓好猪肉“瘦肉精”监管工作，组织区农林部门进一步规范生猪产地检疫和屠宰检疫工作，完成生猪“瘦肉精”检测1.5万批（次），未发现阳性。持续抓好乳制品安全整顿工作。组织各镇（街道）和工商、质监、卫生等部门协同行动，出动大量人力物力开展多轮次清查工作，2010年至2011年，全区出动3765人次，检查各类单位5089家（次），有效维护了区内市场的乳品安全秩序。开展严厉打击食品非法添加和滥用食品添加剂专项工作。迅速印刷1.5万份“公告”，分发到各镇（街道）、村（社区），广泛张贴到公共场所、机关、学校、化工厂、食品和药品生产经营单位，形成打击食品非法添加和滥用食品添加剂行动的强大声势。认真开展餐厨垃圾调查摸底工作。积极联络区城管、公安等部门，认真开展餐厨垃圾调查摸底工作，捣毁非法回收加工餐厨垃圾作坊3家。强化打击制售假冒伪劣食品力度。以问题牛肉事件为镜鉴，以制售假劣食品场所及违法行为为重点，集中力量，重拳出击，突出抓好豆制品、生猪屠宰、农业投入品、制售假劣食品场所及违法行为为专项整治行动。

【维护全区食品安全形势平稳】 针对人群集体聚餐、有影响的大单位，如学校食堂、建筑工地食堂、企事业单位食堂、外送快餐公司、农家乐餐馆、大中型酒店和农家宴聚餐活动，落实登记备案管理，真正做到心中有数、全面掌控、指导有效、监管有力。针对小作坊、小摊贩、小餐饮、小店铺的食品安全问题，落实属地管理责任和部门监管责任，严防出现食品安全事件。

【药品安全日常监管】 紧紧依托药品两网（药品供应网、药品监督网），年内举办两次药品两网建设培训，充分发挥区监管执法人员的主体作用、镇（街道）协管人员的枢纽作用和村（社区）信息员的覆盖作用。出动检查人员819人次，开展医疗机构药械质量检查、中药质量安全专项检查、特殊药品专项检查、抗生素销售专项检查等工作；检查单位273家（次），其中药品及包材生产企业5家（次），药品批发、零售企业205家（次），医疗机构38家（次），医疗器械生产企业20家（次），医疗器械经营公司5家（次）。

【规范药械市场秩序】 开展打击侵犯知识产权和制售假冒伪劣产品、非药品冒充药品、邮寄药械、基层医疗机构药械、隐形眼镜等专项检查。与邮政、公安部门联手设置“屏蔽”，建立信息沟通机制和行动配合机制，形成严厉惩处邮寄假劣药品行为的高压态势。明确药品抽样的重点区域和重点对象，及时调整抽验进度，严格规范抽验程序，突出技术监督作用，加强针对性抽验。全年药品抽样检查238批（次），其中基本药物抽样53批（次）、监督抽样60批（次）、日常监督抽样125批（次），检出药品不合格数18批（次），不合格率7.56%。

【食品药品安全宣传】 组织区镇两级食品药品安全工作人员深入各村（社区）开展食品药品安全知识大讲堂活动。在全区所有镇（街道）、村（社区）和大中型食品种养殖、生产、流通、餐饮单位以及学校、集贸市场建立食品药品安全宣传阵地。组织开展全区药品零售企业从业人员培训和三级协管员、信息员培训，有1205人次参加，对村（社区）协管员和部分群众发放教学光盘，在群众中及时发布食品药品安全主流知识信息，提高社会化宣传培训成效。

【推动食品药品安全社会化管理】 在9个镇（街道）设立食品药品安全专职协管员，在116个村（社区）设立兼职协管员，并落实以奖代补工作经费；召开全区食品药品安全专兼职协管员发证大会，制作专门证件，为14名镇（街道）专职协管员和121名村（社区）兼职协管员发放“无锡市锡山区食品药品安全协管员工作证”，对全区每一个片区实行定岗、定人、定职责的网格化管理。聘请镇（街道）、村（社区）干部代表19人为区食品药品安全社会监督员，搭起食品药品安全社会监督的桥梁，广泛联系人民群众，回应人民群众的食品药品安全工作诉求与期待，逐步形成食品药品安全全社会治理的新格局。

（黄　易）

海　关

【概况】 2011年是“十二五”开局之年，海关驻锡山办事处认真贯彻地方文件精神，认真落实海关总署“把好国门、做好服务、防好风险、带好队伍”的四好总体要求，以“规范管理年”为抓手，以服务地方经济为己任，倡导“勇于担当”、“敢于争先”两种精神，强化“垂直领导”、“责任”、“管理”三种意识，打实基础，固本强基，改革创新，履职尽责，圆满完成各项任务，有力地促进了地方开放型经济平稳较快发展。

全年备案合同2776份；备案金额65.3亿美元；内销征税6.2亿元人民币，比上年增长23.8%；结案手册数3643份，手册结案率99.9%；实施电子账册企业数23家，到期电子账册核销率100%。辖区区外加工贸易实际进出口总值186.5亿美元，比上年增长14%。其中，加工贸易进口70.1亿美元，比上年增长23%；加工贸易出口116.4亿美元，比上年增长10%。全年办理内外资减免税项目备案72个，审批减免税货物征免税证明3396份，审批货值5.15亿美元，减免关税、增值税3.23亿元人民币；办理减免税设备贷款抵押10笔，货值4096.22万美元，贷款金额1.23亿元人民币；办理免税货物退运20笔，办理免税货物异地监管2笔；办理新企业注册778家，过期再注册企业543家，注册企业延期1264家，企业信息变更797家；电子口岸入网资格审查1349家；报关员注册203人，报关员备案84人，报关员注销171人，报关员延期115人；开通网上付税177家。全年完成稽查作业49家，其中常规稽查作业14家、验证式稽查4家、专项稽查31家；稽查补税18家、补税407万元，移交缉私部门处理稽查查发案件线索7起；接收保税中后期核查指令213家，完成199家，完成减免税核查指令16个，核查移交缉私部门案件线索6起，对16家企业作出补税处理，补税入库52.8万元。全年上报AA类企业4家，获批3家；评定A类企业37家。12月29日召开锡山区AA类、A类企业授牌仪式。

【完善关企联系机制】 海关驻锡山办事处把助推无锡八大新兴产业发展、助推区域重点项目建设作为服务地方经济的工作重点，年内海关驻锡山办事处减免税科作为企业管理部门，牵头开展“重点项目重点推进，重点企业重点服务”系列活动。召开“重点项目重点推进，重点企业重点服务”现场会，辖区内26家大型企业在会上与海关签订合作备忘录并进行座谈；海关驻锡山办事处与区政府共同建立2011年锡山区50家重点企业挂钩联系名单，确立锡山区重点企业的海关联系领导和区责任领导，完善海关服务企业的联系机制。

【服务企业】 海关驻锡山办事处帮助企业加强政策研判，支持企业用足用好各类政策。主动到承担国家科技重大专项课题的无锡华润上华科技有限公司进行调研，宣传国家关于科技重大专项等政策，了解该企业在课题研究、生产经营、进出口等方面的情况，为企业提供个性化服务。通过电话等方式主动联系辖区内无锡机床厂、无锡雪桃集团等享受国家重大技术装备优惠政策的企业，告知具体办理事项。主动联系并宣传外资研发中心税收优惠政策，在博世汽车柴油系统股份有限公司不了解该公司柴油技术研发中心进口设备可享受免退税优惠政策的情况下，积极帮助企业办理退税手续，受到企业好评。对辖区内的8家客户联络员企业开展“一对一”的关务服务，通过电话联系、上门走访等方式，强化服务意识和对企业的指导培训；召开座谈会，集中了解8家企业在实际生产和通关等环节上需要解决的问题以及对海关工作的意见和建议，并帮助企业落实和解决提出的困难，更好地为企业提供服务。

【海关政策宣讲】 全年举办新注册企业培训班3期和2011年报关员知识更新培训班5期，有850余家企业的代表和930余名报关员参加培训。4月27日，锡山区重点企业海关政策宣讲会举办，全面介绍海关各项业务，内容涵盖通关政策、减免税政策、企业分类管理政策、加工贸易监管政策、稽查政策等方面。在开发区管委会召开“海关行政处罚若干问题以案说法培训会”，辖区30余家企业参加培训会，通过培训，与会企业增进了对海关行政处罚条例等相关法律的了解。

【海关监管创新】 2011年，海关驻锡山办事处主动顺应区域经济转型发展的新特点、新要求，创新管理，贴近服务，着力优化海关监管和服务，助推区域经济转型发展。为推进加工贸易转型升级，促进经济发展方式转变，海关驻锡山办事处不断提高政策执行水平，积极发挥海关特殊监管区域作用，切实优化加工贸易管理模式，较好地推动了无锡地区加工贸易的转型升级和跨越式发展。继续支持服务外包和加工贸易内销便利化。重视“服务外包与海关管理”课题成果转化，完善内销“快速通道”；加强服务和引导，积极支持和促进出口加工区保税物流业务发展。海关领导深入物流企业，开展保税物流发展调研，把脉发展现状，剖析深层原因，探索发展方向，有力地推动了出口加工区保税物流业务的发展；运用物联网技术，创新海关监管模式和手段，把“创新开展物联网技术在减免税设备后续监管中的运用”作为工作课题加以探索和推动；继续做好引入中介机构参与保税核查和稽查业务改革。

（孙娟萍）

编辑：钱惠芳

市场价格检查 （区物价局 供）

开展消费与民生宣传咨询服务活动 （区物价局 供）

锡山国土分局局长鲁晓东（左）走进“国土之声”栏目 （钱春杰 摄）

4月22日，区审计局领导率队赴江阴审计局学习　　（区审计局　供）

审计人员在区交通局了解危桥改造相关情况　　（区审计局　供）

锡山区安全生产事故应急救援演练　　（区安监局　供）

2011年锡山区“安全生产月”宣传咨询活动在馨和园广场举行

（区安监局　供）

在东亭易买得购物中心广场现场接受消费者投诉和咨询

（锡山工商局　供）

2011年“5·20世界计量日”宣教活动启动

（区质监局　供）

红豆集团获“无锡市第四届市长质量奖”　　（区质监局　供）

12月29日，无锡海关与锡山区政府举行锡山区AA类、A类企业授牌仪式　　（海关驻锡山办事处　供）

锡山区重点企业海关政策宣讲会　　（海关驻锡山办事处　供）

财政

【概况】2011年，区财政局坚持以科学发展观为指导，紧紧围绕赶超发展和率先基本实现现代化的宏伟目标，认真贯彻区第三次党代会、区委工作会议精神和各项工作要求，开拓创新，团结拼搏，有效保障了经济社会和财政事业的平稳较快发展。同时，进一步加强收支管理、狠抓资金运作、强化内部管理，各项工作有序推进，财政科学化、精细化管理水平进一步提高。2011年，全区实现财政总收入128.92亿元，比上年增加22.43亿元，增长21.06%，其中一般预算收入45.77亿元，比上年增加9.69亿元，增长26.86%。全区实现财政支出41.99亿元，比上年增加5.63亿元，增长15.48%。其中，基金预算支出2.01亿元，比上年增加0.37亿元，增长22.56%；一般预算支出39.98亿元，比上年增加5.36亿元，增长15.48%。

【提高民生保障】区财政局积极筹措资金，保障和改善民生。加大医疗卫生投入。全年投入1.72亿元，比2010年增长43.3%。全区9家社区卫生服务中心实施基本药物为主的综合改革后，2011年财政补助总额5171万元；提高居民医疗补助标准，二级财政补助6383万元，缓解群众看病贵问题；提高基本公共卫生投入标准，落实60岁以上老人免费体检、省重大公共卫生项目经费等。提高养老保障水平。2011年，全区居民基础养老金从月人均200元提高至230元，被征地农民政府保养金从月人均220元提高至240元，全区发放资金35796万元；为全区80周岁以上老人发放尊老金750万元；落实266位“五保”老人集中供养经费186万元。加大教育投入。全年投入8.11亿元，比2010年增长17.33%。全面落实义务教育经费保障政策，提高公用经费保障水平，小学从生均450元提高至700元，初中从生均615元提高至900元，区财政足额安排义务教育公用经费3177万元；落实中等职业学校国家助学金政策，2011年向学生发放中等职业助学金245.7万元；按国家标准全面更新接送车，安排接送服务补贴633万元。落实扶持创业促进就业政策。对就业困难人员发放社会保险和公益性岗位两项补贴1278万元；发放就业培训补贴102万元。加大社会救助力度。落实居民收入倍增计划，2011年提高低保标准，从月人均420元提高至月人均460元，为全区最低生活保障对象3368户8101人发放低保金和物价补贴2415.24万元；向低收入家庭及低保边缘人群发放临时生活救助资金260万元；落实困难群众和深度贫困家庭的一次性生活补贴和节日补助740万元；发放重度残疾人补助资金608万元。

【改善农民生活】发放粮食直补涉农补贴1506万元，涉及农户27461户。补贴资金全部通过“农民补贴网”直接发放到农户手中，不仅提高农民的种粮积极性，还有效减轻了农民种粮的负担。2011年，全区水稻农业保险保费128.57万元，涉及7个镇（街道）的23826户农户，承保面积5713.33公顷。2011年，市审计局对锡山区2008～2010年度的农业保险进行专项审计，充分肯定了锡山区的农业保险工作。拨付家电下乡资金600万元，累计拨付1250万元；审核家电以旧换新凭证1.5万张，拨付资金492万元，累计拨付801万元。

【完善非税收入管理】 做好非税收入预决算工作，研究非税收入纳入预算管理带来的影响；深化预算外资金国库集中支付改革，将区教育局、区民政局、区委党校预算外资金纳入国库集中支付体系，实现预算外资金国库集中支付一级预算单位全覆盖；加强财政票据管理，做好财政票据印制、发放、缴验、检查等日常管理工作，充分发挥票据的源头控管作用；全面落实上级关于取消、调整部分行政事业性收费及政府性基金的相关决定，梳理执收项目、执收标准，完善非税收入管理。

【强化预算执行力度】 全面落实科技、教育、卫生、社保、企业扶持等经费保障政策，提高保障水平，实现“保运转、保重点、保进度”三项确保；落实扶持创业促进就业政策，加大社会救助力度；做好水利站和畜牧兽医站管理体制调整后的经费保障工作；强化预算约束力，从严控制一般性支出；严格执行资金拨付报账制度，及时拨付财政支农资金和涉农补贴资金。

【做好财务管理工作】 研究起草直属学校财务管理办法，规范直属学校财务行为；加强对公共卫生机构的财务管理，指导各板块财政部门落实社区卫生服务中心实施基本药物制度综合改革补助政策，推进收支两条线管理；做好各类收支报表的布置、汇总、审核、上报工作；进一步加强行政事业单位国有资产管理，规范行政事业单位国有资产转让行为，严格按照规定程序办理资产处置手续；制定《无锡市锡山区农村环境连片整治示范资金管理暂行办法》及《无锡市锡山区农村环境连片整治示范资金报账制实施细则》，开设专户，对中央、省有关农村环境保护专项资金实行专账管理；做好会计管理和金融管理工作。

【加强基层财政工作】 深入开展民主评议财政所活动。修改完善财政所各项规章制度，统一印发《涉农惠农宣传手册》以及内部自查整改表、广场评议表、问卷调查表、走访记录表等，实行检查评议、民主测评、暗访评议相结合。在镇（街道）集中评议中，有3个财政所获第一名；在市财政局集中检查的6个镇（街道）中，有5个得到100分。全面推行参与式预算工作。在2010年两个街道试点的基础下，全面推行参与式预算。在参与式预算项目的选择和决策上，充分发扬民主，尊重群众意愿，由受益群众或代表决定公益项目的取舍，真正体现群众参与的实质。在参与式预算项目的具体实施过程中，坚持公开、公平、公正，严格执行政府采购、招投标等相关规定，提高工作过程的透明度。2011年，6个镇（街道）实施参与式预算项目12个，项目总投入850万元，受益群众21.56万人。　　（王海青）

国　税

【概况】 2011年，全区国税系统坚持依法征收、应收尽收的组织收入原则，强化税源专业化管理，开展信息情报应用、风险分析识别、风险应对控制等工作，重点引入风险控制理论，运用风险回避、损失控制、风险转移等方法，全年采集各类风险信息10814条，完成各类风险应对任务940户（次），应对成效7547万元，征管质效提升。落实税收执法责任制，强化风险控制和责任追究，开展以贯彻组织收入原则、落实税收优惠政策等为重点的执法检查，依法治税有序推进。完善非居民企业税收管理，通过政策解读促进遵从、合同备案源头控管、多方协作收集情报、股权转让及对外支付专项核查等手段，应对化解非居民税收的征管难点和矛盾，全年组织非居民企业所得税6650万元，比上年增长33%。召开第五次国地税税收协作联席会议，加强个体税收委托代征工作站管理，通过开展“税宣杯”税法知识比赛、推行新兴产业税法援助计划、上好“给纳税人的第一堂课”等活动，服务辖区企业，提升国地税服务合力。切实把握经济动态，剖解收入变化成因，优化收入结构，实现税收量质的双提升，全年完成税收收入49.19亿元，比上年增加10亿元，增长25.48%；完成一般预算收入14.23亿元，比上年增加3.09亿元，增长28.08%；办理各类减免退税18.7亿元，其中出口退税18亿元。按最高上限调整增值税起征点，减轻企业尤其是小微企业的税负，辖区月销售额2万元以下的4200余户个体户受惠，涉及年税款约1300万元。区国税局先后被评为“无锡市扶持民营经济先进集体”、“2006～2010年无锡市法制宣传教育先进单位”。在全区13个具有行政执法权的职能部门民主评议政风行风活动中，区国税局总分第一，并成为唯一获“锡山区纠风工作联系点”荣誉的机关部门。区国税局第一税务分局党支部被评为“无锡市国税系统先进基层党组织”，并在全市国税系统创先争优特色项目展评中获三等奖。

【税收宣传突出“三性”】 突出“政策咨询的确定性”，下基层调研重点税源，召开“共谋发展，共建和谐”税企恳谈会、“税企合作”座谈会，成立以业务骨干和青年干部为主力军的政策咨询服务团队，对纳税人开展政策解读和沟通，响应企业涉税诉求。突出“税宣对象的针对性”，针对印刷、两车（电动自行车、摩托车）等行业协会，不锈钢、轻纺城等市场商会及税务事务所等“第三方”中介力量，加强行业宣传，提高企业依法纳税意识，解决账外经营突出问题，构建凭票抵扣、健全财务核算的增值税核算体系，防范涉税风险。针对商务区搬迁企业，启动“一条龙”税收服务，解析搬迁涉税事宜，开辟“绿色通道”，服务锡东新城发展。针对现代农业园区和校园，开展支农惠农税收宣传和点亮“启明星”税宣校园行活动，增强全社会税法意识。突出“实际效果的有效性”，依托声像、平面和网络媒体，加大政策和办税服务指引性宣传，提升税收宣传实效。

【全省统一免费申报软件运行】 制作直观易懂的培训课件，印制简单易读的操作步骤，整理常见问题解答，对所有自行网上申报的纳税人分类逐户组织免费培训。落实纳税服务首问责任制，对首次申报有困难的纳税人进行现场指导，对特殊需求的纳税人提供上门服务等措施。在全市率先成功运行全省统一免费申报软件，实现“实惠、便捷、平稳”的一站式申报服务。至12月申报期，全区有8720户自行网上申报纳税人享受该项新服务，全区一年可节约纳税人申报成本200余万元。

【新型自助办税服务区构建】 突破传统业务受理方式，对业务量大且不需税务机关审核的税收业务，交纳税人自助办理，提高办税效率。在实体大厅建立3个自助办税服务区，在各镇（街道）和专业市场建立5个便民自助办税点。同时，依托网络优势，引导条件许可的纳税人通过网上办税服务厅自主进行涉税事宜办理，为纳税人提供了多种办税选择。

【维权服务平台建立】 开展“同心·同向·同行”维权服务实事工程，实施纳税人权益保护活动计划按月公开机制，打造“宝鼎钢材市场国地税共同维权”服务平台，加强权益保护服务站的维护和运行，开展“纳税人权益保护税收遵从合约”签订等活动，保障纳税人权益。在全市纳税人权益保护案例展评中，区国税局上报的维权案例获二等奖。

【稽查执法回避制度推行】 实行岗位回避，对稽查人员中凡存在亲属在工作区域内经商办企业的，回避安排到检查一线岗位，避免干部利用职务之便为亲属生产经营提供便利。实行地域回避，对检查人员在基层担任过管理员的镇（街道）和家庭所在的镇（街道），在安排稽查任务时实行回避。实行案件回避，被查企业与稽查人员有利害关系的，该稽查人员必须对该案件的检查、处理实行回避。 （邵 丹）

地 税

【概况】 2011年，锡山地税局以贯彻落实科学发展观为统领，紧紧围绕区委、区政府和市地税局提出的各项工作要求，以组织收入为中心，以服务发展为宗旨，以建设“一流干部队伍、一流服务水平、一流工作业绩”为目标，坚定信念抓收入，创新管理谋转型，倾心服务塑品牌，落实政策惠民生，孕育文化树形象，着眼于地税事业全面发展，致力于地税职能更好发挥，较好地应对了新形势下地税工作面临的新挑战，有力地推动了锡山经济的转型发展。全年组织各项收入53.31亿元，比上年增加11.14亿元，增长26.42%。其中，税收收入33.86亿元，比上年增加5.67亿元，增长20.11%；实现财政一般预算收入25.83亿元，占全区财政贡献总额的56.4%，比上年增加4.65亿元，增长21.95%；社保费及各项基金收入19.44亿元，比上年增加5.47亿元，增长39.16%，地税收入总量在高平台上继续保持增长态势。2011年，锡山地税局第一分局被中华妇女联合会授予“全国巾帼文明岗”称号。锡山地税局获江苏省“模范职工之家”、“廉政文化示范点”、“五四红旗团支部”荣誉称号，被无锡市委、市政府表彰为“2006～2010年度‘法治无锡’建设先进集体”、“2006～2010年度全市法制教育宣传先进单位”，被市地税局授予“2009～2010年度全市地税系统‘五好五强班子’”称号，连续八年被区政府评为“锡山区依法行政先进单位”，在2011年度区级机关作风与效能建设民主评议活动中，锡山地税局在行政和执法部门中荣膺第一。

【征管基础管理】 强化户籍管理，定期与工商、国税等部门开展户籍信息比对，及时将新增户纳入日常监控范围，最大限度地避免产生漏征漏管户；规范筹建户、非正常户认定及后续管理，全年将365户筹建户和4户非正常户转为正常户，补缴税款40余万元。强化个体征管，在全市地税系统率先实行个体户国地税联合办税，其中国地税联合开展定额核定，推动个体税收全年增收1461万元，比上年增长20.03%；开展营业税个体户核定工作“回头看”，采取专项评估、交叉评估和夜间评估等多种形式，对营业收入连续三个月超定额30%的个体户严格执行定额调增政策，调增定额210万元。强化指标监控，实行科室、分局、管理员三级联动，将申报率、入库率、税源登记率等27个反映基础管理的指标，按照职责分解到每个节点，分包到人，落实责任，逐步形成自上而下的征管状况监控分析网络体系，实现征管指标综合排名连续12个月在全市地税系统位列前两名，其中6月至12月连续位列全市第一。

【税源挖潜增收】 深入开展税源挖潜活动，实现管理型增收2216万元。跟踪管理辖区内187个重大建设工程的投资总额、建设时间、工程进度、支付款项、开票金额等项目信息，确保税款及时入库；依托国地税信息共享平台进行管户信息比对，将221户地税漏管户纳入正常管理，补缴税款20余万元；全面检查国土、房管、个体委托代征站、货运代开票点等16户委托代征单位的税款代征情况，追缴税款100余万元；比对核查2776户实收资本印花税有差异的企业，补缴税款297.7万元，比对880条免抵增值税信息，补缴城建税40万元。

【税收政策落实】 落实外资企业城建税等税费征收工作，有521户外资企业入库城建税、教育费附加和地方教育附加13285万元；落实土地价值计征房产税新政，对辖区内1万余户企业开展房产税、土地增值税税源清查，调增房产原值8.85亿元，新增税收599万元；落实个人所得税结构性减税政策，四季度为辖区内9.7万名纳税人减税2000余万元；落实产业结构调整、中小企业发展、残疾人和下岗失业人员再就业等税收优惠政策，为高新技术企业、小型微利企业、中小企业信用担保机构、小额贷款公司、安置残疾人就业企业等352户纳税人办理各类减免税涉税事项，直接减免税额1.34亿元，减免应纳所得税额2.49亿元。

【税源科学分类】 深入开展税源典型调查，及时掌握重点企业经营变化动态趋势，提高税源监控的有效性，全区省级以上重点税源户入库税收10.81亿元，增收1.81亿元。建立实用型的金融业纳税评估模型和指标参数体系，制定金融企业涉税重大事项报告制度，开展中介代理机构专项评估，着力纠正中介机构普遍隐匿营业收入的情况，联合公安、交通部门对物流行业开展专项整治，清理无证无照户107户，补征税款305.8万元。拓宽委托代征范围，与安利（中国）日用品有限公司无锡分公司签订委托代征协议，辖区内116户安利营销户的地方税款由其代征。深化政府协税护税网络建设，加大对委托代征单位的管理力度，2011年入库委托代征税款1.93亿元，增幅29.67%。

【加强税收风险监控】 积极发挥风险管理的导向作用，进一步完善管理机制，制定《锡山地税局税收风险管理办法》、《锡山地税局税收风险管理实体化实施意见》，明确风险评估操作流程和风险评估考核办法，建立一套风险管理的统筹和实施工作制度，大力开展风险指标创建和风险任务应对工作，着力提升专业化风险评估水平。2011年推送风险23批（次），识别风险点899户，其中行为类风险616户、税种类风险283户，风险识别应对有效率78.6%，实现税收收入2129万元。在省市地税局组织的税收风险识别模型竞赛中，锡山地税局参赛的房产类税收风险模型分别获三等奖和一等奖。

【深化税收数据应用】 制定《无锡市锡山地方税务局税收数据管理实施办法》，规范受理、管理环节的涉税数据录入，同时将纳税人的财务报表、涉税申请等信息纳入管理范围，加大对数据采集质量的监控力度，确保数据采集的真实性、及时性和有效性。强化3.0版大集中系统、第三方涉税数据与税源管理的关联性分析，建立财务分析、税种管理、行业管理等预警指标，提高税源管理的针对性，通过数据分析对全局税源状况、税源潜力、税源变动趋势以及税源管理薄弱环节进行总体判断，为税收预测、风险识别、税源管理、政策执行提供数据支撑。

【优化税收法制环境】精心组织区域专项税收整治，对广告业企业、电子与服装类产品出口退（免）税企业、交通运输业企业、资本交易项目企业等行业开展税收专项检查，对货物运输企业中14户自开票纳税人和1户代开票纳税人进行专项税收整治，取消自开票单位2户，规范代开票纳税人的开票行为。高效实施稽查自查辅导，通过集中辅导、到户单独辅导及稽查约谈等形式，组织绿化园林企业、个人独资企业、资产交易评估机构等635户企业进行稽查自查，其中自查有问题户数405户，补缴税款3032万元。联合打击发票违法活动，与国税、公安部门共同对辖区内发票违法犯罪活动展开调查，对房产开发、建筑安装、交通运输、货运代理企业的“卖方市场”发票进行专项整治，检查单位83户，查处非法发票17136份，查补税款93.97万元。

【优化纳税服务】扎实开展税法宣传，充分借助新闻媒体、涉税信息月报、政策通报会、“纳税人之家”、纳税人学校、税企论坛等多种载体，开展“纳税服务开放日”、“发票咨询日”、“中小企业扶持政策通报会”等内容丰富、贴近群众的税法宣传活动，有效提升纳税人的税法知晓度、政策掌握度和纳税满意度。锡山地税局纳税人学校开展货运行业、停车场、钢贸企业、代理记账公司等多个行业的涉税低风险管理，并邀请江苏省税务学校的老师为纳税人宣讲税收政策，帮助纳税人提高风险管理意识，督促纳税人自查自纠，及时防范、控制和化解涉税风险。在全市率先启动“纳税人数字证书即办服务”和“纳税人办税需求预约管理系统”，大大缩短办税流程，节约办税时间，解决纳税人在一定时段办税扎堆拥挤、办税资源利用不均衡的状况，极大方便了纳税人。以“争创人民满意服务窗口”活动为契机，强化窗口一线人员的业务素质，提升服务能力和水平，第一办税厅连续三个季度被锡山区行政服务中心评为“红旗窗口”。依托政府社会资源积极建设税收综合服务网络，在两个主体办税服务厅的基础上，在8个镇（街道）的行政服务中心相继开设办税服务窗口，将办税服务厅的职能向镇（街道）延伸，大大方便纳税人就近办理涉税事项。省地税局规定的267项涉税审批事项、“12条承诺”有关事项在所有办税服务厅和办税服务点窗口均实现“窗口受理，内部流转，限时办结，窗口出件”。社区税收综合服务网络凸现“宣传咨询个性化、服务功能延伸化、涉税办理就近化”的特点，同时较好地发挥了“民生民情汇集点、政风行风反馈点、地税形象展示点”的作用。（尤维新）

金 融

【概况】2011年，在国家实施加息和提高存款准备金率的双重货币政策调控下，围绕全年度工作目标以及市政府下达锡山区的各项金融工作任务，不断加强金融创新服务，锡山的金融市场保持着平稳的发展态势，非金融机构组织的农村小额贷款公司继续保持较快发展。驻区15家金融机构各项银行存款余额607.36亿元，比年初增加47.28亿元，增长8.44%；各项贷款余额480.12亿元，比年初增加42.05亿元，增长9.60%。

【加大银政企合作力度】全面了解信贷政策动向，掌握2011年投放锡山的信贷规模。通过调查摸底，全区中小企业融资推介更趋有针对性。精心组织行长联席会议。为构建银政信息机制，加强银政信息交流，推进银政企合作，组织召开每季度行长联席会议，动态掌握各金融机构的信贷政策，同时向银行介绍区内经济社会发展情况，重点推介区内重大项目、中小企业融资需求情况，积极推进银政企合作的信息互动。做好银企合作对接。年内，对全区有融资需求的企业进行调查摸底，并有针对地向各银行推介，积极督促银行加强与融资企业的对接，掌握信贷进展情况。9月，专门组织区内“530”企业、科技型企业如无锡佳健医疗器械有限公司、无锡市东杨电子有限公司、无锡红日太阳能科技有限公司、无锡莱思文动漫技术有限公司等16家科技型企业与新设立的汇丰银行无锡分行、宁波银行无锡分行、江苏银行锡山支行和农业银行无锡分行科技支行以及市创投公司、科技小额贷款公司进行银企对接座谈，取得较好的成效。

【小额贷款快速发展】锡山区农村小额贷款公司发展迅猛，贷款业务快速增长，同时打造了一支专业、规范的金融管理团队。2011年，随着锡山区兴鑫、新丰农村小额贷款有限公司相继开业，全区农村小额贷款公司数量累计7家，从业人员增至52人，注册资本16亿元，向银行融资4.7亿元。农村小额贷款公司以“小额、分散、快速、简便”的放贷优势，在锡山金融市场占有一席之地。至年末，全区7家农村小额贷款公司累计为2171个客户投放贷款76.65亿元，比年初新增50.44亿元；增长192.45%；在贷客户756户，贷款余额23.59亿元，比年初增加8.64亿元，增长57.79%。农村小额贷款公司贷款的市场份额占全区银行类金融机构贷款余额480.12亿元的4.91%，有效地补充了在货币调控下的各类农村经济组织发展的资金缺口，特别是对农村小企业的融资困难起到了积极有效的缓解作用，在实现经济效益的同时创造了社会效益。至12月末，农村小额贷款公司累计实现营业收入2.64亿元，上缴税收3800万元，实现净利润1.93亿元。

【推进村镇银行筹建工作】 加强与银监部门、发起银行的沟通联系，积极推进村镇银行的筹备工作。2011年，锡山区村镇银行筹建工作启动，审核通过对出资村镇银行的企业提供的各项材料和财务数据，村镇银行的选址和装修方案通过中国建设银行总行的审核，村镇银行组建工作进入实质性阶段。

【金融系统支持企业成长】 针对“530”企业出现的融资难问题，除创投资金的支持外，金融系统基本形成支持体系。对一些初步有市场、有产品、有应收账款的“530”企业，通过应收款质押做信贷，或者形成合作协议，通过担保形式进行信贷投入。农业银行锡山支行针对高层次人才创业、高科技企业、“530”企业专门成立科技支行，2011年有超1亿元的信贷投入。中国银行锡山支行创新金融产品——“创业贷”产品，对两个高科技企业通过连贷连保或专利权质押的模式给予高层次人才创新创业信贷支持，对国家高新技术企业无锡日月合金材料有限公司投放4000万元。工商银行锡山支行针对锡山科创园一些小企业累计投放1200万元，年内新增投放800万元。

【创投公司扶持企业发展】 积极引导创投基金设立。全区创投基金注册到位资金6.56亿元。由政府专门扶持初创型企业发起设立的创投基金规模3.05亿元，其中无锡市锡山创业投资有限公司（主要针对“530”A类企业投入）注册资本1亿元，无锡锡山科技创业园有限公司（主要针对“530”B、C类企业投入）注册资本2亿元，锡山生物农业研究中心注册资本500万元。其他由政府引导、民间发起设立的创投基金规模3.51亿元，其中江苏火炬创业投资有限公司注册资本1.51亿元，无锡鼎诚创业投资中心注册资本1亿元，无锡德晖宝鑫投资中心注册资本3亿元，前期到位资金1亿元。加强创投资金投入和后备项目的储备管理。2011年，政府扶持设立的创投基金支持“530”A类企业新增投入290万元，累计投入2529万元；支持“530”B、C类企业新增投入815万元（其中南京理工大学科技合作项目300万元、火炬创投基金引导资金500万元），累计投入3636万元。民间创投公司投入1亿元，其中无锡鼎诚创业投资中心投入3个项目计5000万元，含投入锡山上市重点培育企业无锡阿科力化工有限公司博士后科研工作站1200万元；江苏火炬创业投资有限公司有12个备选项目，投入5000万元。（邹宁倩）

编辑：钱惠芳

锡山区财政局财政监督办法专题讲座 （区财政局 供）

“同心·同向·同行”税企合作座谈会 （区国税局 供）

“祖国不会忘记”纪念建党90周年激情红歌会 （区国税局 供）

锡山地方税务局纳税人学校全面提升服务内涵　　　　（锡山地税局　供）

锡山地税局第一分局获全国“巾帼文明岗”称号　（锡山地税局　供）

局长接待日　　　　（锡山地税局　供）

城乡规划

【概况】2011年，锡山规划工作紧紧抓住“创新驱动”、“城市化与城乡一体”、“普惠民生”三大战略，紧扣加快转型发展主线，以强化规划服务为核心，以推动项目建设为重点，进一步提高工作效能，全力推进、全面完成各项目标任务。

【规划编制】围绕“城市化与城乡一体”战略，深化“双核双星”区域空间结构，整合优化全区空间结构布局、产业发展、城乡综合交通、公共服务设施、基础设施等规划，进一步加强规划战略研究，强化统筹发展的规划架构，城乡规划体系得到进一步稳固和完善，规划的引领和统筹作用得到不断提升。率先开展锡山区城乡统筹规划编制工作，积极参与城乡统筹相关调研工作；加强卫星镇及新市镇优化发展研究，采用“策划加城市设计”的模式，全面展开鹅真荡周边地区城市设计；优化研究轨道交通线网，全力展开无锡天然气发电厂选址研究工作，积极配合发改部门全程参与项目初步可行性研究报告的编制工作；规范高效做好控规动态更新，对涉及全区控规的14个管理单元内相关用地及道路进行规划更新，及时更新“控规一张图”，进一步完善规划管理的“数字化”基础平台；积极推进古镇古村保护和农业园区详细规划，在锡山区现代农业（园区）总体规划的基础上，创新编制模式和内容，组织编制绿羊花卉苗木园规划方案（约11平方公里），并由区政府、市农业委员会、市国土局、市规划局四家部门联合组织召开方案论证会；编制黄土塘村庄整治规划，加快推进新农村建设整治，为无锡天然气发电厂等重大基础设施项目落地实施做好前期服务工作；加强对荡口古镇保护性修复工程的指导工作，全力配合做好迎接国家和省相关部门对荡口古镇的检查准备工作。

【规划实施】主动探索新方式、谋求新举措、顺应新要求，进一步优化工作流程，提高规划许可效能，全力推行规划服务常态化、统筹化、多样化，确保重点重大项目有序推进。全年办结各类项目640余件，办结率100%。积极会同相关部门制订地块改造、产业升级项目招商年度计划，编制招商地块，实施定向招商，全力促成项目落地，并为落地项目提供全方位、全过程规划服务。全面做好全区54个2011年度超亿元重大产业项目和羊尖镇机械（高铁）装备产业园、鹅湖镇新型金属材料产业园、锡北镇轨道交通装备产业园、东港镇电力装备产业园和新材料产业园“四镇五园区”（包括东北塘）88个项目的跟踪、跟进服务，建立专门动态台账。全力做好安置房历史遗留问题的清理规范和新建安置房的手续办理，30个清理规范项目70%完成清理手续，19个新建项目全部按计划推进。对全区历年拆迁安置房规划建设情况进行全面清理，针对不同类型的问题均提出阶段性处置方案，定期专人督促相关板块尽快报批，及时向区政府、区拆迁管理办公室、区监察局通报进度情况，确保清理规范工作顺利实施到位。全力加快公益性服务设施、基础设施、综合体项目的建设，确保荡口中心小学、东北塘中心小学等一批重点项目前期工作的有序开展以及绿地、盛高等综合体项目的有序推进。全面配合做好历史遗留住宅产权登记，在2005年清理基础上，按照现行控制性详细规划提出解决思路，并全力做好20余个项目的清理和手续规范工作。

【规划监督】 紧紧围绕年初工作目标，精心组织，大力宣传，加强与社会各界及公众的联系和沟通，强力推进建设领域各专项治理工作，全力推进维稳工作。积极主动向区人大、区政协、行风监督员汇报规划实施工作情况。大力加强规划宣传，通过报纸、电视台、广播电台等媒体宣传报道10余次，开展规划宣传咨询活动5次，并多次到镇（街道）进行现场办公，着力解决基层建设遇到的难题。对80余个重大项目进行现场、网上、公示厅公示，接受群众监督。全力推进维稳工作，率先启动规划项目社会稳定风险评估工作，完成无锡天然气发电厂项目建设稳定风险评估报告的初稿。强力推进专项治理。对区纪委重点提出整改督办的17个项目，逐一制订和完善整改措施，确保专项治理各项工作取得实效。稳妥推进锡山区政府投资项目信息公开工作。配合市规划局对2011年涉及锡山区的7个住房城乡建设部第四批遥感影像图斑（累计12个）进行自查，形成汇报材料，并通过住房城乡建设部督察员的现场检查。全年没有规划行政许可被撤销，没有因规划问题引起的行政诉讼，有力地保障了地方经济的发展。

（陶　玲）

城市建设

【概况】 2011年，全区重点工程建设坚持以科学发展观为指导，紧紧围绕建设“精品、景观、样板”工程目标，统筹安排年度任务，着力优化项目设计，不断加强建设管理，全力推进城市配套及大型公建设施、市政道路、园林绿化等重点工程建设。各项重点工程如期完工，道路建设继续加快推进，完成大成路、廊下路、翠山路、丹山路等多条商务区代建道路工程。园林绿化工程不断出新，京沪高铁（鹅湖段、锡北段）两侧绿化完工；长流河生态公园完工，长流河延伸段绿化修复工程（G312国道与华夏路交叉口）被无锡市市政和园林局及无锡市绿化委员会办公室评为“2011年度无锡市园林绿化优良工程”；兴塘河生态绿地公园投入建设，完工后将成为一个以植物绿化为主的改善城市环境质量的“自然、生态、绿色”公园。重点建筑工程更上一层楼，区地方粮食储备库东港中心库二期及邮政集散中心建成并投入使用；总投资约7000万元的东亭实验小学完工。

【长流河延伸段绿化修复工程】 长流河绿化环境景观工程位于东亭街道，G312国道与华夏路交叉口，由区重点办于2008年年底负责建设，绿化面积约2公顷，投入资金219万元。2011年对该工程内的“长流河延伸段”进行整治，解决污水，疏通排水，并结合原有绿化及河岸线重新布置绿化，修复后的河岸绿化带以高层次的常绿乔木女贞作为主干树，结合紫薇、红叶李、木槿、黄馨等灌木，红叶石楠球等色叶球，以及天堂草、白三叶等地被植物，增添了景观层次，局部采用红花夹竹桃等起到一定的屏障作用，营造了协调统一、丰富亮丽的河道景观，成为市民休闲的好去处。经专业部门组织评定，2011年12月该工程被无锡市市政和园林局及无锡市绿化委员会办公室评为“2011年度无锡市园林绿化优良工程”。

【先锋路代建工程】 先锋路为商务区连接无锡市区、开发区的东西向城市主干路，是商务区对外的重要通道之一，与周边其他主干路、快速路一起构建了区域路网的骨架。先锋路工程起点位于坊善路，终点位于锡沪路，道路全长5.29公里。道路等级为城市主干道，双向六车道，四块板断面，红线宽40米，绿线宽60米，设计时速每小时60公里。全线设置四座中小桥，一座暗埋式箱涵（东峰河箱涵）。总合同价约为1.47亿元，于12月28日建成并交付使用。

【天一体育馆工程】 天一体育馆位于天一中学东北角，友谊路西、新明路南。建设用地面积约1.73公顷，总建筑面积约13011平方米，其中地上建筑面积11897平方米、地下建筑面积1114平方米。该项目总投资约9000万元，主要功能设施为一座体育馆和一座游泳馆。其中，体育馆建筑面积9537平方米，设固定看台座位1210个；游泳馆建筑面积2360平方米，设50米8泳道标准泳池及相关配套设施。项目建成后，将为全区提供优质的体育教育场所，提升了文体活动空间，扩大了体育资源的利用，进一步促进了全区体育事业的发展。

【东亭实验小学工程】 东亭实验小学北临锡州东路，南临建设中的东亭医院，占地面积约5.50公顷，建筑面积约29133平方米，建安费约6780万元。建设内容包含教学楼、专业教室楼、行政楼、风雨操场与食堂等。该工程于9月1日投入使用，有60个班级，可容纳在校学生2500人，为锡山经济建设和社会和谐发展提供优质的文化教育服务，同时提供了人才和智力资源的支持，扩大了教育文化的覆盖范围，促进了教育文化产业的转型升级，有利于教育文化事业的发展繁荣。

【东港中心库二期工程】 区地方粮食储备库东港中心库二期工程位于锡山区东港镇港下万年路。该工程总用地面积2.52公顷，总建筑面积6763平方米。其中，5925吨散装平房仓一幢、5386吨散装平房仓两幢、2693吨散装平房仓一幢，一幢综合楼、一幢烘干房及其他配套设施，工程总投资约2000万元，2010年8月开工建设，2011年11月投入使用，可储存粮食2.8万吨，每天烘干粮食200吨，接收、发送能力每小时50吨。该项目建成后，极大改善了全区粮食储备库设施，扩充了全区粮食储备容量，进一步解决了粮食生产与消费间的供求矛盾问题，符合粮食流通体制市场化改革的必然需求，是富民强区战略的重要组成部分和保持社会安定的重要战略措施，对维护粮食安全具有十分重要的意义。

【京沪高铁（锡山段）两侧绿化工程】 京沪高铁（锡山段）沿线绿化23公里，其中区重点办实施11.65公里，工程实际完成总面积约70万平方米，总造价约1589万元，5月完成鹅湖、锡北段的两侧绿化工程。高铁沿线两侧多为农田、乡村住宅，设计宽度为两侧各41米，以生态优先为理念，针对沿线的不同区段，以乡土树种中山杉、银杏为背景，以市树香樟为中间层，前排配以花灌木，再在局部点缀美人蕉，以达到三季彩色、四季常绿的效果。该绿化工程不仅为交通大动脉起到了防护减噪的作用，更是形成了一个层次丰富的绿色廊道。

【长流生态公园工程】 为优化城市环境质量，切实增加城市绿量，区重点办投入建设长流河生态公园，并于2011年年底完工。该公园位于G312国道以南，东亭路以东，绿化面积约4.3公顷，绿化率88%，绿化配置方面采用自然栽植的形式，以乡土树种为主，常绿与落叶相配，形成以合欢、银杏、香樟、水杉、桂花等林木为主体，乔、灌、藤、花、水生植物相接、相依、相嵌，富有层次、林冠起伏、疏密相间变化的植物群落。景观方面设置亲水平台、曲桥、园路等，打造成一个丰富多样、优美和谐的自然生态公园，为市民提供了一处信步休闲的好地方。

（唐亦奕）

村镇建设

【概况】 2011年，全力推进村庄综合整治和农民居住集中，按照管材设备领用、工程进度月报、工程质量督查、项目考核验收、项目补助拨付五项工作制度，全年完成村庄生活污水处理326个，完成村庄综合整治292个，完成自然村撤并66个，组织羊尖镇南村村、锡北镇泾西村与东房桥村、东港镇新巷村申报2011年省级环境整治试点村，组织锡北镇泾西村、东港镇新巷村申报2011年省级康居示范村创建。全年争取到省市补助资金1605万元，到位1400万元。区建设局在无锡市建设局组织的无锡市村庄环境整治工作2011年度考核中名列第一，在无锡市农民居住集中工作办公室组织的无锡市2011年农民居住集中工作年终考核中评为第二名。

4月起草并经区政府下发《关于加强控源截污规范排水行为长效管理的实施意见》，11月制定下发《锡山区排水设施运行维护考核细则（试行）》，创建完成94个排水达标区。在“5·12”第三个全国防灾减灾日活动期间，举办防灾减灾宣传周活动，在丰汇广场、金锡苑、云林街道、厚桥街道等地进行防灾减灾宣传，发放应急手册及科普手册近万册。11月25日在查桥中学、羊尖中学举办以防空疏散、消防灭火、医疗救护等为主要内容的防空防灾综合演练。修缮吼山监测台进出道路，安全社区创建工作得到市地震局的高度肯定。完成瓶装燃气供应站（点）换证工作，全年无安全责任事故。5月18日在馨和园广场开展“建设节水型城市，改善城市水生态”节水宣传活动。年内开展华夏豪门和东方雅居的节水小区创建工作。

【拆迁安置】 通过召开区级协调会、集体土地裁决调解会，解决拆迁难点户、“钉子户”20户。多次召开安置房清理规范专题会议和现场办公会，定期通报全区安置房建设动态，有力地推动了全区安置房建设。全区137个项目中，动拆项目120个，其中完成拆迁项目46个、面积201.46万平方米。安置房建设项目41个，施工面积546万平方米，其中新开工191万平方米、竣工212万平方米，安置拆迁户7382户。需办理集体土地房屋拆迁补偿安置通知书的项目118个，办妥115个。全区55个安置房清理规范项目完成单体工程竣工验收备案项目35个。

【污水处理设施建设】 全年完成投资3000万元，铺设污水主管网31公里，处理污水4328万吨，污水处理量比上年增长12%，出水水质全部达到国家一级A类标准。日处理污水1万吨的东港污水处理厂二期扩容项目完成调试，并于10月27日获准试运行。日处理污水3万吨的东亭污水处理厂四期扩容项目主体工程基本结束。东亭地区城市生活污水集中处理率95%，各集镇建成区生活污水集中处理率在85%以上。第四期省级专项补助资金1013万元到位。累计对上申请到资金18868万元（不包括锡山区污水处理厂），有效缓解了锡山区污水处理设施建设资金筹措方面的压力。（徐凤）

建筑业

【概况】 全区有建筑施工企业95家。其中，一级企业7家、二级企业28家、三级企业53家，劳务企业7家。房产开发企业55家，其中一级企业1家、二级企业48家（暂二级）、三级企业6家（暂三级）。全年新开工建筑面积417万平方米，办理施工许可证62份，按期办结率和群众满意率均为100%。

【工程质量稳步提高】 召开全区住宅工程质量通病控制工作推进会，加大分户验收规程的宣传和培训，扎实开展住宅工程质量通病防治。加强整治违法建设项目，每月组织在建住宅工程质量大检查，发出局部停工通知书37份，工程质量整改通知书163份，处理质量投诉9起。完成检测9.75万项，检出不合格3720项，全年质监覆盖率98%。全区创省“扬子杯”优质工程1个，市级优质结构工程28个，“晶石国际中心”申报国家优质工程工作进展顺利。

【建筑安全管理到位】 全区有230余个在建工程，面积近1100万平方米。认真开展安全生产、文明施工、平安创建的日常监管及专项整治活动，发出建设工程安全隐患整改通知单362份，累计提出整改隐患1829条，整改率96.5%。加大对因建设施工导致扬尘的经济处罚力度，年内立案处罚3起。对6个重大安全隐患实行跟踪督查制度，办理229台塔式起重机使用登记，89台人货电梯使用登记，159台物料提升机、吊篮等其他设备使用登记。全年创省级文明工地9个，市级文明工地22个。进一步加大行政处罚力度，规范建筑市场，全年办理行政案件177起，处罚金402万元，移送各类违法项目71个。积极做好民工工资纠纷调处工作，接待上访400人次，涉及金额3000余万元。

【招投标管理严格规范】 采用分段监管、前后制约、首问负责、多人协作、重点监控、强化复核的新模式，进一步健全内部责任制度。严格落实市级招投标监管要求，全面推行招投标网络监管。全年完成公开招标建设项目308个，工程总额约74.18亿元，公开招标率100%。

【城建档案管理不断发展】 积极换位思考，强化服务意识，对全区15个市重点工程进行现场走访，重点对云林苑西区等安置房及蔚蓝都市花园二期等工程进行现场归档辅导，不断提升工程档案管理服务水平。签订档案报送责任书110份；接收建设单位工程档案97个、建筑面积250万平方米；完成档案分类组卷约2800卷；接待查档200余人次，提供案卷540卷、2800余页。（徐凤）

房地产业

【概况】 2011年，锡山区完成房地产项目投资71.53亿元，在建商品房项目34个，竣工并交付商品房项目10个。全年核准商品房面积107.38万平方米，实现商品房销售49.94万平方米，成交金额32.89亿元，二手房累计成交7.94万平方米（不含集体土地上各类房产及厂房），成交金额4.18亿元。在建商品房项目34个，建筑规模743.41万平方米，2011年施工面积142.33万平方米（新开工面积115.77万平方米）。其中，29个商品房项目上市销售，建筑规模594.03万平方米，核准预售面积226.04万平方米，已售商品房面积133.47万平方米，实现销售率59.05%。竣工并交付商品房项目

10个，竣工交付面积86.7万平方米，其中商品住宅小区竣工交付8个、建筑面积75.23万平方米。累计竣工在售项目33个，建设规模334.71万平方米，核准销售274.36万平方米，已售商品房220.94万平方米，完成销售率80.53%。其中，累计竣工在售住宅小区25个，建设规模252.61万平方米，已售商品住宅178.60万平方米。2011年，区住保房管局先后获锡山区“文明行业”、“社会治安综合治理工作先进集体”、“行政审批制度改革工作先进集体”、“社情民意办理先进单位”等称号。

2011年锡山区房产开发项目竣工验收备案情况一览表

表9

项目名称	竣工面积（万平方米）
芙蓉山庄一期95幢	6.39
华夏怡景苑1号至18号	8.97
华夏怡景苑19号至37号、41号、42号	15.09
华夏怡景苑38号至40号、43号至45号	8.85
嘉荫园一期	22.31
宜东苑南区1号至14号	2.65
金色庭园1号至8号	3.34
蔚蓝都市花园二期1号至3号、5号至12号	6.61
明瑞花园一期1号至3号、9号至11号	3.95
晶石国际中心	9.92
中大诺卡花园W01、W02、W05、W06、W09至W11	6.45
华夏春晓二期3、4、5会所及大地下室	7.55

【房地产市场管理】 根据国务院、住房城乡建设部房地产调控政策和市政府调控通知精神，编印下发《关于印发落实房地产调控政策说明》，严格按照预售要求和程序，对全区重点商品房住宅项目进行执法检查。全年核发商品房预（销）售许可证37张，核准预售面积107.38万平方米，行政许可项目全部实现网上运行审批。建立完整的房产基础数据库及调用系统，对全区房地产项目的进展情况进行实时跟踪，形成全区房地产市场月度简报及季度分析报告。成功举办2011无锡锡山（杭州）房地产业投资推介会，有80余家国内著名的房地产开发企业参会。

【房产管理】 充分发挥公房住房保障功能的作用，通过开展公房转租清理、加大大中修投入等措施，实现国有资产的保值和增值。全年累计完成小修养护面积7.56万平方米，养护投入16.98万元；实施大中修项目9起，维修面积0.58万平方米，投入45万元；启动实施金锡苑北区廉租房装修工程，投入226万元，完成装修面积3917平方米。全区有公房保障性无房或住房困难对象402户，提供保障性住房面积1.8万平方米。

【住房保障】 指导各板块采用配建、租赁、整合原有存量住房三种方式，开展保障性住房房源筹集工作，全年落实公租房1233套、限价房175套、廉租房50套。新受理租赁补贴17户，实物配租3户，经济适用住房18户，新增租赁补贴发放对象27户，累计租赁补贴保障对象78户、152人，发放补贴30.4万元。按照房改政策办理老职工住房货币补贴107人；办理房改售房8套，归集售房款20万元。针对老职工住房补贴问题，起草《全区机关事业单位退休人员住房补贴发放办法》。

【物业管理】 全年调处信访投诉134起，答复率100%。坚持“服务第一，业主至上”的工作宗旨，起草并由区政府出台《关于规范和加强安置房小区物业管理工作的意见（试行）》，拟定《进一步完善锡山区安置房小区物业管理工作机制的意见》。全年归集维修资金5301.8万元，业主委员会提取维修资金14笔计213.3万元。先后对蔚蓝都市花园、春江花园、隽府园、聚江苑等小区业主委员会的成立和换届工作进行指导，全区有23个小区成立业主委员会。在深入调研安置房管理现状的前提下，根据《关于规范和加强安置房小区物业管理工作的意见（试行）》，在东亭街道、安镇街道开展安置房小区物业管理试点工作。

【房管社会服务】 房管“122”救助服务形式进一步丰富，坚持指挥平台24小时轮流值班制度，全年累计完成抢修服务170次，抢修及时率、回访率、满意率均为100%。通过开展“学雷锋、送服务”、“助残帮困”等活动，组织抢修人员进小区开展义务便民服务，累计服务120余次，受到社会的一致好评。全年完成白蚁防治施工面积415万平方米，完成测绘面积460万平方米。完成479户计9.2万平方米的历史遗留房地产以及1.2万套安置房住宅初始登记工作。完成碧园小区、东亭中心菜场、柏庄菜场、老街路商住房和李巷小区5个老新村计6万平方米的整治工作。

（周征骁）

城市管理

【概况】 2011年，锡山区城管局以“太湖杯”城管创优活动为抓手，以提升市容环境质量、改善城乡环境为目标，通过以垃圾处理为抓手净化城乡环境，以道路包装出新和背街整治为抓手打造市容亮点，以专项整治为抓手改善市容秩序，以落实常态管理为抓手提升长效管理水平，辖区市容市貌、镇容村貌显著改观。锡山区以总体优异的考评成绩走在全市各区前列，获2011年度“太湖杯”城管创优“优胜城区”称号。

【改善城乡面貌】 推进京沪高铁沿线市容环境、高速公路广告设施、主干道路容路貌三项整治工作。拆除高铁沿线违法建设960处，拆除面积约12万平方米，修补残墙断壁、破旧建筑745处，粉刷出新墙体125.7万平方米，清除暴露垃圾、乱堆物料、河道漂浮物2100余处，清运高铁站核心区渣土110余万立方米，高铁沿线城乡环境面貌焕然一新。按照严控新增、修缮出新、限期整改的标准和措施，修缮出新高速公路沿线破损广告设施78块，拆除高炮广告设施19块，圆满完成高速公路沿线户外广告整治。集中整治城市主干道沿线未经批准擅自占用、开挖道路、毁绿占绿、违章搭建等行为，城市主干道及公路的环境面貌明显改善。在前期反复筛选的基础上，明确背街小巷综合治理改造工作要求和标准，指导推进各镇（街道）实施背街小巷环境综合治理改造。协调区重点办对华夏南路和学前东路（锡山段）进行包装出新，发挥市容管理亮点效应。按照省级示范道路复查标准和要求，全面加强东亭中路和东亭南路管理，顺利通过省级示范道路的复查考核。

【规范市容秩序】 以“太湖杯”城管创优暨优胜街道创建和“路长制”考评为抓手，有效履行区城市管理委员会办公室的职能，强化组织协调、协助配合、信息汇总、参谋助手等作用，加强指导督促，加大督查考核，及时调整完善考核标准，采取明查暗查与定期不定期检查相结合的考核方式，对各板块的城市管理和镇村创建工作进行督查通报和星级评定，统筹协调全区城市管理工作。全年组织暗查考评4次，排查汇总问题550余处，各镇（街道）整改落实率均在90%以上。结合专项整治活动，开展市容秩序、渣土运输、户外广告、停车秩序等长效管理，有效保障市容环境秩序。通过落实早晚错时制、定点守岗制、市容管理责任岗制度，加强无证摊贩聚集地和市民群众投诉热点区域的治理，同时结合阶段性管理工作特点，合理设置西瓜疏导点，堵疏结合提升管理成效。严格审批规范广告设置，做好城区门头店招的日常监管，组织拆除户外广告1568块、面积1.7万余平方米。推进区镇两级公共停车泊位管理，2011年新划置停车泊位385个，全区免费公用停车泊位增至3676个，其中锡山主城区公共停车泊位924个，各镇（街道）2752个。组织开展夜间乱停车治理，规范停车秩序。加强违法建设管控，全年拆除各类违法建设752处、面积12.35万平方米。

【优化服务水平】成立调整局依法行政、法治建设、“六五”普法领导工作小组，明确职责分工，推进工作开展。组织开展法制教育培训活动，提升依法行政能力和水平。做好案卷分类、汇总、统计、归档及上报工作，不断提高行政许可案卷规范化、标准化水平。认真做好“两集中、三到位”回头看的自查整改工作。加强窗口服务管理，提升窗口工作人员的实务操作能力和与群众沟通的能力。2011年办结许可案件282件、收费361.36万元。其中，户外广告门头店招232件（准予许可230件，不予许可2件）；占用开挖道路33件，收费83.24万元；占用绿地移伐树木17件，收费34.82万元；建筑工地生活垃圾处理费243.3万元。审批窗口被评为市城管系统“优化市容环境，真情服务为民”先进集体。2011年，区城管局受理各类投诉举报1634件，其中市民热线、文明网站互动平台、市城管局等市级转办595件，区信访局转办252件，局自主受理787件，办结率、回复率均为97%。全区村（社区）城乡管理服务站挂牌，建成率100%，星级服务站在98%以上，基层城管窗口服务功能更加完善。

【政风行风建设】加强党风廉政建设，坚持把党风廉政建设与其他工作紧密结合，做到同部署、同落实、同检查、同考核。坚持落实中心组学习制度，开展清廉教育和岗位教育，增强党员干部的反腐倡廉意识和自律意识。充分发挥工青妇等群团组织作用，开展“建党90周年红歌会”等各项文体活动，丰富职工业余文化生活。调整完善督查机制，加强监督考核力度，突出加强管理队伍绩效考核，严格落实考核奖惩，奖优罚劣，进一步提升队伍执行力。开展全方位、多层次的宣传发动工作，着力营造全社会共同参与城管创优的良好氛围。将“优化市容环境，真情服务为民”主题教育实践活动贯彻于全年城市管理工作中，通过大走访、大宣传、大整改、大评比、大培训活动，全区城管系统深入开展走访调研工作，上门走访489次，召开市容环卫工作、管理相对人等征求意见座谈会33场，组织开展城管“三进”（进社区、进学校、进企业）、城管交流日等活动28次，发放问卷调查1299份，广泛征求意见建议309条，整改各类问题289个。城管工作效能进一步提升，涌现了一批先进集体和先进个人。

（华伟新）

公用事业

【概况】2011年，区城管局承担辖区约540万平方米的绿化养护，26条道路的环卫保洁、市政、道路照明设施管养及全区59条城镇道路205.8公里的交通设施管养，城区43.3公里道路范围的三乱（乱张贴、乱刻画、乱涂写）保洁，主城区3座压缩式垃圾中转站和18座公厕等环卫设施的市场化运作管理。

【环境卫生管理】制定出台《锡山区生活垃圾“四集中”体系建设考核意见》和《2011年度生活垃圾“四集中”长效管理工作意见》，加强生活垃圾“四集中”体系建设考核。制定下发《关于加强锡山区企业生活垃圾收运管理的实施意见》，将企业生活垃圾收运管理纳入全区生活垃圾“四集中”收运体系。2011年，全区清运处理生活垃圾20.76万吨，比上年增长6.46%，生活垃圾无害化处理率继续保持100%。按照至2011年年底各镇（街道）建成区生活垃圾机械化收集率100%工作目标，指导推进生活垃圾机械化收集工作。全区有机械化收集车37辆，各类生活垃圾收集桶6.53万余只。完成柏庄中转站第二套垃圾压缩转运装置的安装工作，完成城区两座公厕的二类标准改造。会同相关部门完成石节山建筑渣土处置场建设工作。加大对“三乱”保洁和农村河道保洁工作的管理。

【公用设施管理】加强市政基础设施日常监管力度，抓好设施维护维修，全年修补沥青路面1100余平方米，采用沥青灌缝技术修补路面裂缝约4万米，维修各类道板砖1258平方米、路侧石923米，疏捞雨水检查井和收水井2863口，协调修复各类窨井盖50余个。完善桥梁管理档案，完成主城区桥梁信息录入工作，清理维护桥梁伸缩缝1678米，加固修复桥栏杆50余米。加强城区照明设施的巡查管理力度，做好恶劣天气照明设施检修工作，确保照明设施正常、安全运行，方便市民夜间出行，消除安全隐患。全年维修路灯、庭院灯3600盏，更换电缆1300余米，处理线路故障20余处。加强交通安全设施管理，全年修理交通信号灯823处，修补交通护栏1920米，增设警示桩365根，补划道路标线16851平方米，新增停车标牌62套。抓好馨和园长效管理，对园内破旧设施进行维护出新，确保园内设施设备完好率在98%以上，为馨和园40余次大型活动的举办提供设施保障。

【园林绿化管理】 全面实施约540万平方米绿化的管养任务。实地统计新接管道路和养护合同到期道路的苗木，全面掌握绿地面积和苗木品种、规格和数量。完成河道绿化一期、S228省道锡张线锡山段、锡太路锡山段约177万平方米的绿化接管工作和招投标工作，做好合同到期道路约24万平方米绿化的招投标工作。完善绿化审批办事制度，重点做好地铁2号线、太湖大道高架建设等项目迁移绿化的审批，迁移乔木2280余株，灌木4万余平方米。结合绿化生长特点，重点做好春季补植补栽工作，补植补栽乔木、灌木2万余株，草坪500余平方米，开展冬季修剪，修剪香樟、广玉兰3073株，有效应对恶劣天气，确保苗木安全。根据绿地分布情况，结合植物特点，制定完善养护工作计划，建立早晚养护巡查制度，督促养护单位做好养护标段的日常养护工作，确保养护质量。

（华伟新）

环境保护

【概况】 2011年，全区环境质量综合指数92.3；空气质量良好以上天数338天，良好以上天数比例92.6%；3个小康断面、10个主要水功能区断面均值全部达标；全年自测化学需氧量削减率4%，氨氮削减率4%，二氧化硫削减率4.2%，氮氧化物削减率4.6%，全面完成年度减排目标任务。锡山区获得“国家生态区”的命名和授牌。

【污染物减排】 2011年自测化学需氧量削减率4%，氨氮削减率4%，二氧化硫削减率4.2%，氮氧化物削减率4.6%，全面完成年度减排目标任务。顺利通过2010年度及“十一五”主要污染物总量减排核查，完成环境统计和污染源普查动态更新调查工作。加强工程减排，开展中水回用、东港污水处理厂二期扩建项目、能达热电脱硫改造、红豆热电低氮燃烧气技改等重点减排工程；严格按照减排约束性的硬指标，做好减排台账资料。加强结构减排，实施总量倒逼，推动产业结构升级调整，开展“五小”、“三高两低”和“两高一资”（高耗能、高污染和资源性）行业整治，全年关停（变更）化工企业30家，整治“三高两低”企业24家；对已关闭淘汰的企业实行“回头看”，杜绝死灰复燃；配合区农林局做好农业面源污染治理，实施农业减排；督促三产、小区、农村生活污水接管，实施生活减排。加强管理减排，严格执行年度主要污染物减排计划，加强执法监管，提高企业治污设施的稳定运行率和达标排放率；做好控源截污工作，落实截污接管长效管理；推进“蓝天工程”，做好工业废气达标排放专项整治工作；督促重点行业及污水处理厂进一步实施提标改造工程。

【环境综合整治】 开展水生态综合整治。日处理污水1万吨的东亭污水处理厂中水回用工程建成，由无锡中发水务投资有限公司建设的4家污水处理厂覆盖范围内的再生水利用率达到30%；污泥处置项目建成并投运，处置规模每天110吨；全年完成接管单位1446家，累计接管单位14203家，完成总目标数的96%，其中工业企业累计完成率94%、机关事业单位累计完成率97%、三产服务业累计完成率98%。实施太湖治理工程。完成12项重点治太工程年度任务，总投资5亿余元。累计完成创建排水达标区450个，新建污水管网31公里，日处理污水1万吨的东港污水处理厂二期扩容项目完成调试并试运行，日处理污水3万吨的东亭污水处理厂四期扩容项目主体工程基本结束，东亭地区生活污水集中处理率95%，乡镇建成区均在85%以上；新建鹅湖镇、东港镇、羊尖镇、太湖水稻示范园区4处氮磷流失生态拦截示范工程，面积7.27万平方米，完成64公顷池塘水循环养殖改造，创建1个畜禽生态健康养殖示范点；走马塘拓浚工程完成河道开挖23.5公里、土方350万立方米；双泾河拓浚工程河道部分全面结束，并通水发挥效用；九里河湿地完成主体建设，宛山荡湿地保护与修复水域面积133.33公顷。加强大气污染防治。突出抓好以燃煤锅炉整治、建设工地与道路扬尘控制、工业废气排放达标、秸秆禁烧、油气回收治理为重点的大气污染防治工程。大力开展清洁能源区建设，新铺设热力管网4公里，选择红豆热电厂作为区内脱硝工程建设试点；做好燃煤锅炉整治工作，全年完成淘汰锅炉50台，完成20家社会加油站的油气回收治理工作；

全面禁止秸秆露天焚烧，麦秸秆机械化还田5333.33公顷；开展218家企业工业废气排放达标整治工作。

【行政审批管理】 全面贯彻落实环保优先方针政策，切实履行环境影响评价的审批机制，控制总量、腾出容量，严禁审批不符合国家产业政策和不符合政府规划的项目，不断提高环境准入门槛，从源头上杜绝新污染源产生。实行节假日预约服务、延时服务、缩短审批时限、一次性告知等多项便民利民服务举措，对重大建设项目开辟“绿色通道”，全年审批建设项目318个，投资金额159.25亿元；对不符合环保法律法规、国家产业政策、选址与规划不符、布局不合理的项目一律不批，严格控制高耗能、高排放行业低水平重复建设，推进落后产能淘汰和兼并重组，劝退项目3个；开展“三同时”（新建、改建、扩建的基本建设项目、技术改造项目、区域或自然资源开发项目，其防治环境污染和生态破坏的设施，必须与主体工程同时设计、同时施工、同时投产使用）专项检查，抓好重点项目验收的环境监管，加大对未批先建和未验投产项目的整治力度，全年完成“三同时”项目验收145个，其中重点项目50个、一般项目95个，核准试生产项目52个；对2007年前遗留的68个“三同时”项目进行摸底复查；保持公众参与的操作规程，实行建设项目竣工环保验收网上公示制度，接受社会监督，网上公开法律法规、审批时限、办理人员以及审批进度，重点项目网上公示率100%。

【生态文明建设】 在2011年全国首届生态文明建设成果展上，锡山区获得“国家级生态区”的命名和授牌，完成《锡山区生态文明行动计划》编制工作，提出2015年近期的定量目标和2020年远期的定性目标，规划实施七大类重点工程和35项重点项目。作为2010年度中央农村环境连片整治示范区，把锡北运河沿线两侧连片村庄作为示范区域，总面积约87平方公里，直接受益人口21050人，2011年顺利通过省环保厅验收，被评为优秀等级。羊尖镇丽安村、厚桥街道谢埭荡村被授予“国家级生态村”称号，成为全区首批“国家级生态村”；东港镇山联村申报国家级生态村；安镇街道山河村、安镇村，锡北镇斗山村创建成省级生态村；完成2所省级绿色学校、1个市级绿色教育基地、4个市级绿色社区的创建工作；完成安镇街道谈村社区、锡北镇泾西村、鹅湖镇鹅湖村、东港镇勤新村、羊尖镇丽安村5个“无锡市‘两型社会’建设示范村”创建；九里河（锡山段）被评为“全市首批生态文明示范基地”。

【环境监察执法】 组织安排执法人员通过日常检查、错时执法、突击检查、飞行检查、联合执法等方式，开展辖区内运转检查、“110”值班、专项行动等各类执法检查。全年累计检查企业9726家（次），出动执法人员22288人次，受理各类环境信访584件，比2010年下降7%，环境信访工作处理率、回复率、结案率均为100%，全年征收排污费1930余万元，行政处罚125件，由区环保局责令停产停业32家、限期治理3家、挂牌督办1家、公开道歉1家，下发环境保护监督通知书137份、环境监察意见书5份。区环保局联合全区7个部门开展“整治违法排污企业，保障群众健康”环保专项行动，相继开展涉铅行业、电镀行业、污水处理厂、工业废气、危险废物专项整治，新一轮化工行业专项整治、重金属排放企业专项检查以及突出环境问题集中整治，推进秸秆禁烧、截污接管、畜禽养殖专项整治，开展危险化学品行业安全排查和“6·5”环境日突击检查，专项行动期间出动执法人员14265人次，检查企业6062家（次）。以环境执法后督察为突破口，建立后督察制度，树立全过程环境监管和环保宣传服务理念，健全部门联动机制、信息报送机制、挂牌督办机制。

【环境质量监测】 全区环境质量综合指数92.3；空气质量良好以上天数338天，良好以上天数比例92.6%，3个小康断面、10个主要水功能区断面均值全部达标。以小康社会环保指标考核和生态补偿为重点，全面完成水、气、声环境质量例行监测任务，重点开展区域补偿、小康断面、“河长制”断面考核监测工作，不断强化农村环境质量监测。对全区3条主要河流及其支流、16个主要断面实施环境质量例行监测，落实“河长制”全覆盖监测，对被列为省“双河长制”的9个重点考核断面实施每月两次的高密度监测，完成全区2010年通过河道综合整治验收的112条河流的复验监测任务，全年获得有效监测数据近9万个，持续对望虞河、九里河、锡北运河沿岸涉水企业组织开展专项监测监察，全年自测区域补偿金额1235.39万元，比2010年下降24.88%。

【环保法制宣传教育】 组织开展以“保障环境安全，建设幸福锡山”为主题的2011年度百日环境安全服务活动，区环保局与区委宣传部联合举办“环境月”宣传教育活动，策划组织“6·5”环境日主题活动，配合省环保厅组织“爱太湖、乐生活”安利环太湖生态行锡山启动仪式，开展“三服务下乡”活动，印发、购买《环境保护法规选编》、《环保知识宣传材料》、《无锡市太湖水环境保护条例》等环保警示宣传教育读本5000余册，分发环保手提袋500余套，制作各类环境宣传单、宣传标语50余张，制作宣传展板30余块。落实法制服务进企业、环境安全法规宣传服务、企业环境监督员制度推进交流、环境风险隐患排查、突出环境问题集中整治、绿色风险评估与绿色保险宣传服务、局长大接访等19项工作。完成全区360家企业的环境行为信息公开化工作，按照全省统一的考核标准和程序，进行上网公布，评定绿色企业21家、蓝色企业191家、黄色企业139家、红色企业6家、黑色企业3家。推行环保责任保险，落实分解124家企业参与2011年度环保责任保险工作，119家企业完成环境风险评估，2家单位实施环境示范改进工程，105家企业完成责任保险签约工作。

（钱煜）

编辑：钱惠芳

【锡山区文化名胜掠影】

倪瓒纪念馆

倪瓒纪念馆位于东北塘街道原芙蓉山南麓，整个区域包括倪瓒墓园和倪瓒纪念馆，总占地面积1公顷，总投资700余万元。倪瓒纪念馆建筑面积680平方米，有五开间，前后两进，呈北方四合院造型，仿明清风格，全木结构，再现了昔日云林堂的历史风貌。馆内主要展厅布置了收藏于世界各地主要博物馆的倪瓒画作复制品约50幅，展示了一代丹青宗师、诗书巨擘的伟大艺术成绩，成为弘扬我国传统书画艺术的理想场所。倪瓒纪念馆为锡山区爱国主义教育基地、东北塘中学德育教育基地和云林实验小学德育教育基地。

村庄整治后的锡北镇陆家水渠新貌　　（孙剑光　摄）

区地方粮食储备库东港中心库二期工程　　（区重点办　供）

2011无锡锡山房地产项目（杭州）投资推介会　（区住保房管局　供）

开展房管知识宣传活动　　（区住保房管局　供）

区城管局开展法规宣传活动　　（李琳　摄）

春合苑生活垃圾机械化收集　　（李琳　摄）

全国政协副主席郑万通（左）在全国首届生态文明建设成果展上视察锡山展厅 （区环保局 供）

“爱太湖、乐生活”安利环太湖环保志愿者生态行出征仪式 （区环保局 供）

锡北镇泾西村长浜河（地埋式）生活污水处理设施 （区环保局 供）

交通基础设施建设

【重点工程建设】完成锡虞路（团结路至友谊路段）建设2.6公里，建安费约1亿元。继续加强农村公路建设力度。完成廊下路、先锋路、育才路、兴越路、丹山路、润锡路建设21.4公里，投资4.43亿元；新建改建农村公路桥梁37座，完成投资1.89亿元。完成苏张线卯嘉桥岔口段、锡北运河蠡澜大桥西段航道疏浚工程，疏浚土方4万立方米，总投资60万元。危桥改造收尾工作全面结束，区内危桥改造全面完成，群众出行更加安全畅通。

【公路航道管养】以“迎国检”（全国“十一五”干线公路养护管理大检查）为契机，对国、省干线公路与桥梁进行集中整治，清理非交通标志100余块，拆除高速公路沿线高炮广告42块，投入500余万元完成S228省道大中修工程，以及锡东大道、文八线等维修养护工程，实施以养为主、管养结合的农村公路管养机制，全年干线公路优良路率100%，农村公路好路率80%。加强航道管理养护，完成锡北线周家阁锚地清淤工程1万立方米，锡北线芙蓉桥至昆村桥段80米护岸修理维护工程及锡北线南庄桥段25米水毁护岸修复工程。对辖区内84.4公里等级航道进行两次扫床，确保辖区干线航道通航保证率在99%以上。锡山区内河港口总体规划获得批复，“港口经营许可证”持证率提高10%，完成货物吞吐量580万吨。（魏　博）

交通行业管理

【概况】以“交通管理提升年”活动为抓手，大力提高交通管理水平。在全系统推广2010年“交通管理年”活动成果，“一周公示制”实现全覆盖，每名职工将一周的工作计划上墙公示，促进了工作作风的转变和工作效率的提高；建立统一的公务车辆使用台账，公务车辆使用成本得到有效控制。围绕“行业管理抓作为、安全管理抓落实、内部管理抓规范、效能管理抓高效、执法管理抓形象”五大内容，推进15项年度重点项目，其中品牌创建项目3个、创新项目2个、示范项目4个、提升项目6个，行业管理的广度和深度进一步拓展，交通管理的标准化、规范化、高效化水平全面提升。根据无锡市人民政府和江苏省交通运输厅关于迎接民主评议政风行风工作的相关要求，制定《锡山区交通运输系统开展政风行风迎评工作实施方案》，于6月中旬进行意见征求活动，分别与区内人大代表、政协委员、企业代表、镇（街道）和村（社区）代表面对面交流，进行意见征求，累计发放调查问卷985份，收集到87个问题和建议，随后组织人员逐个进行回复、逐项进行整改，对该工作起到了极大的促进和推动作用。在政风行风民主评议活动中，位列全区测评单位前三名，展现了交通为民、务实、清廉、高效的新形象。区人大、政协二届四次会议期间，收到人大代表建议、政协委员提案21件。其中，人大代表建议14件，政协委员提案7件，获得良好的社会效应，连年被评为“建议提案办理先进单位”。

【运输市场环境】创新运输市场管理服务举措，建立运输行业信息服务平台，随时为客运、货运、驾培等企业及驾驶员提供各类信息服务，累计发送信息1000余条。利用科技手段加强运输市场治理，在健鼎（无锡）电子有限公司、高速路口等地点安装摄像头，配合执法人员查处各类违章车辆，全年查获各类违章车辆3085起。对京沪高铁无锡东站地区的运输市场秩序进行大力整治，成立站前运管所，配合京沪高铁无锡东站营运时间，以夜间整治“黑车”为主，出动执法人员1270人次，查处“黑车”100余辆（次），站前运输秩序良好。

【交通行业安全】以“两个专项整治活动”为抓手，完善交通行业安全管理长效机制。开展道路运输企业安全专项整治，以专业普货运输企业、道路客运企业、危险化学品运输企业、工程运输企业为重点整治对象，通过严格审查企业资质条件、车辆技术状况、从业人员资格等手段，注销普通运输许可125家，全行业处理各类非法违法经营行为800余起。开展道路交通隐患专项整治，对区政府下达的30项道路安全隐患，进行专项整治，基本整治到位。同时，积极配合地方政府，对涉及道路坑洼、调头难等20条学生接送线路隐患进行全面治理。

【城乡公交发展】城乡公交发展是区委、区政府为民办实事项目之一，作为行业管理部门，积极对上协调，年内新增公交线路6条，优化调整公交线路15条，新建公交候车亭20个，新建八士、麦德龙公交停车场2个，区内公交网络进一步健全。同时，为适应锡东新城和商务区发展，超前谋划，编制完成《锡山区公交发展规划》，以满足因城市骨架拉大公交服务向城市外围延伸的需求。

【交通行政执法】在全体执法人员中开展“执法为民大讨论”活动，执法为民意识进一步增强。以“六五”普法启动年为契机，学习宣传《无锡市公路安全保护条例》、《无锡市航道管理条例》和无锡市交通运输系统执法人员“十二项禁令”；在行政处罚方面，更加注重教育、纠正、引导，坚决杜绝“以罚代管”的现象，全年处理行政处罚案件1153件，未发生行政复议变更、撤销或行政诉讼败诉案件。

相关链接：

十二项禁令：严禁无行政执法证件执法、越权执法；严禁违法设置站卡、收费、罚款；严禁违法扣留车船和证件；严禁利用职务之便吃、拿、卡、要；严禁接受或变相接受案件当事人的礼品、礼金、有价证券、支付凭证以及吃请等任何形式的消费活动；严禁在工作时间饮酒和酒后执法；严禁非公务需要穿执法制服或者驾执法车辆出入酒店、娱乐场所和风景旅游区；严禁违规使用执法车船、示警装置；严禁与社会有关人员串通进行执法；严禁参与和职权有关的经营性活动或者利用职权为特定关系人经营活动谋取利益；严禁参与赌博、在工作时间打牌；严禁执法不作为、慢作为和乱作为。（魏　博）

电　力

【概况】2011年，实现全社会用电量45.79亿千瓦时，比上年增长5.2%。其中，工业用电量39.69亿千瓦时，比上年增长5.6%；商贸用电量1.05亿千瓦时，比上年增长2.2%；居民生活用电量3.95亿千瓦时，比上年增长2.2%；农业用电量1186万千瓦时，比上年增长5.5%；社会事业用电量1578万千瓦时，比上年下降0.13%。全年平均工业用电量为3.31亿千瓦时（2010年为3.13亿千瓦时），工业用电高峰出现在8月、9月，分别为3.96亿千瓦时、3.57亿千瓦时，有6个月工业用电量超过全年平均工业用电量。从全年工业用电量增长情况看，总体呈现平稳增长的态势。

（龚燕　王叶飞）

邮　政

【概况】2011年，锡山区邮政分局根据无锡邮政局统一部署，围绕高效、“木本”、战略型业务，以重点经营项目引领转型发展，完成业务收入5907.55万元，完成全年计划的100.04%；完成收支差1311.27万元，完成全年计划的100.68%；全年完成代理保费业务1.46亿元；集邮、金融、包件等业务量均居无锡邮政下属各营业单位之首，全面完成上级下达的各项业务收入计划。用户对服务质量满意度96.77分。全年度未发生重大通信事故和安全事故。2011年，锡山邮政各支局投送银企对账单81665封、商业信函120.77万封，投送各类广告138.19万份，其他各类给据邮件、平常邮件20余万封。

【业务种类推陈出新】 随着邮政服务平台不断扩大，邮政业务种类不断增加。邮政方面除了邮寄信件、包裹、EMS（邮政特快专递业务）等传统业务以外，还开办销售汽车票、代缴水费、代缴电费、代缴电话费、鲜花礼仪等代理业务。储蓄方面除了普通的存取款、汇款、转账外，还可办理保险、基金、国债等理财业务，以及各类代扣水费、代扣电费、代扣燃气费、代扣电话费、代发工资、代缴交通罚没款等中间业务，为锡山老百姓的生活带来方便。6月，锡山邮政分局成功举办首届“无锡邮政局珍品鉴赏暨集邮高端客户答谢会”，会上展出“第一、二套人民币大全”、“‘文化大革命’邮票大全”、“第一轮生肖猴版票”等收藏珍品，为集邮爱好者们提供了一个鉴赏邮品瑰宝、交流邮品收藏的机会。11月，在无锡太湖博览中心举办的“第27届亚洲邮展”上，“亚展封彩”、“无锡风光手绘封”、“十二花神”等邮封、邮品相继发行，使锡山的集邮热再掀高潮，丰富了锡山集邮市场。

【基础设施建设】 为体现邮政品牌效应，积极推进邮政服务建设的步伐，2011年对港下、张泾、东北塘、荡口四个支局进行重点改造，除了普通的柜面、门面装潢外，新开辟客户等候区、贵宾客户室，增设客户书写台，配置大堂经理以及保安人员，为各界人士到邮政网点办理业务提供温馨周到的服务环境。2011年，锡山区邮政分局添置投递专用电动车6辆、投递专用摩托车72辆，投递服务装备全面升级，邮政品牌形象提升。 （邹涛 周芸）

编辑：钱惠芳

【锡山区文化名胜掠影】

顾宪成故居和纪念馆

顾宪成故居名曰端居堂，坐落在锡北镇张泾天官弄，系明代建筑，为五间两侧厢，面积240平方米。1984年10月，端居堂被确立为无锡县文物保护单位，后升格为无锡市文物保护单位。1992年5月，张泾镇人民政府在镇西新街建造“顾宪成纪念馆”。纪念馆坐南朝北，正门上挂有书画家董宾欣题写的“顾宪成纪念馆”横匾，正厅前立有著名雕刻家钱绍武创作的顾宪成石像。正厅按顾宪成故居原样布置，上挂“端居堂”匾额，抱柱上即是顾宪成的“风声雨声读书声声声入耳，家事国事天下事事事关心”千古名联。1994年11月，端居堂成为无锡县爱国主义教育基地，1995年12月又被命名为无锡市青少年教育基地。

生态航道 （区交通局 供）

锡惠公交友谊北路综合停车场 （区交通局 供）

信息化·电信

政务信息化

【概况】2011年，锡山区坚持“全面推进、重点突破、拓展应用、增强实效”的工作思路，坚持网络为民服务的思想，以加强政府信息公开为基础，以严格依法、全面真实、注重实效、及时便民、利于监督为原则，以服务基层、服务群众、服务锡山经济建设为宗旨，积极推进电子政务建设与应用，充分发挥组织、管理、协调、指导职能，使电子政务网络向基层延伸、向社区延伸、向农村延伸，取得了很大的成效。

【政府网站群全面升级】2011年，锡山区以突出便民服务和政民互动为中心，对“中国·锡山”门户网站的风格、整体架构、栏目设置、功能实现和特色创新等方面进行全新改版，新网站界面简洁明了，布局更加合理，操作更加便捷。网站群系统功能得到完善，主要新增信息定制功能、测评功能，全站信息搜索功能、信件分类统计功能和短信提示功能得到升级。门户网站信息资源进一步整合，门户网站新增九个二级栏目，如：曝光栏、警方提示、人事招考、政府资金等。区重点企业实现网上集群，整合高新特企业62家、超亿元企业141家、“530”企业6家。网上政民互动渠道拓宽，门户网站开辟“民意测评”和“人大代表、政协委员在线建议”两大互动新渠道。门户网站的全新升级，使网站整体服务性更强、信息量更全、涉及面更广，基本实现锡山区党政网站信息内容的共享、交换与畅通，有效消除“信息孤岛”，为下阶段网站群多样化、个性化应用奠定了基础。

【网上行政权力工作扎实推进】作为无锡市行政权力网上运行的试点地区，锡山区紧紧围绕省市政府提出的“县级以上行政机关全覆盖、行政权力事项全覆盖和网上行政监察全覆盖”目标，全力推进网上行政权力工作，确保权力在内控中严格规范、在阳光下透明运行、在网络上全程监察。年初，对网上“政务大厅”进行整改，清查所有权力事项的可下载表格，并按部门分类，在网站上的“表格下载”栏目中全部予以体现；实现在权力事项的申请页面上直接可下载相关表格，提高公众下载表格的便捷性；增加全流程事项的申请入口，清理全区可实现全流程网上办理的行政事项，并开辟单独入口，提高网站的办事服务能力。

【公共信息服务平台向农村延伸】全面启动建设村级综合信息服务平台“六个一”工程（一个村、居务公开栏，一个政策宣传栏，网上办事一点通，一个科普学校，一个互动中心，一个村支书网上办公室），使公共信息服务通过网络向基层延伸，深化基层民主管理，打造“幸福锡山”。在2010年三个试点村的基础上，2011年分别从9个镇（街道）各选择1个村（社区）全面铺开试点建设。各试点村（社区）以“打造阳光村务、建设便民网站”为目标，建设开通村（居）级网站，基本实现“公开、便民、互动”三大功能，努力打造推行村

（居）务公开、对外宣传推介、开展网上便民服务、网上政民互动的高效综合服务平台。

【信息资源整合】 按照深化改革创新体制的目标任务和工作要求，在区政府机房、网络改造设备及服务租赁、“中国·锡山”政务e点通协同办公平台及“中国·锡山”政府网站集群整合三个服务外包项目的基础上，进一步推进信息化项目服务外包工作，加大政府信息资源的整合力度，新增服务器及存储设备，并利用服务器虚拟化技术推进数据中心建设，初步建立区“政务私有云”，在确保数据安全的同时，整合了人保局数据库、工程建设领域项目信息公开平台、网站群平台、区级办公平台、文化共享工程、网络舆情等多个系统。

（夏潇柯）

软件和信息服务产业

【概况】 2011年，锡山区深入贯彻落实全市战略新兴产业倍增计划，以调整经济结构和促进转型发展为工作主线，坚持“全面推进、重点突破、拓展应用、增强实效”的工作思路，创新工作机制，大力推动新兴产业的培育和发展，全区软件产业取得积极进展。至年末，全区有软件企业105家，12家双软（软件企业和软件产品）认定企业，新引进软件企业25家，新双软认定企业5家，新登记软件产品19个。V-park服务外包园、无锡数字动漫创业服务中心等一批载体相继建成投运。无锡新思软件技术有限公司继江苏大为科技股份有限公司后，成为第2家入围江苏省规划布局内的重点软件企业。无锡同人信息技术有限公司、无锡联企网络科技有限公司等6家企业通过CMMI3级国际认证，无锡朗奇软件科技有限公司、无锡新思软件技术有限公司、美国IBM布莱德网络技术（无锡）研发中心、无锡德冠生物科技有限公司等7家公司入围无锡市“123”计划。江苏大为科技股份有限公司成为无锡市唯一一家通过国家计算机信息系统集成一级资质认证的企业。全区软件产业以搜索引擎、电子商务、网络软件技术服务为代表的互联网业务进入快速发展期。全年完成软件业务收入30.68亿元，比上年增长30%以上，超额完成年度目标任务。其中，软件产品收入1亿元、系统集成和支持服务收入2.2亿元、信息技术咨询和管理服务收入3800万元、嵌入式系统软件收入27亿元、设计开发收入1000万元。加大对上争取工作力度，江苏大为科技股份有限公司、无锡翱天电气科技有限公司、无锡商助网络科技有限公司和无锡指网生物识别科技有限公司4家企业获得奖励资金47万元。

【重点软件企业创新发展】 无锡新思软件技术有限公司继江苏大为科技股份有限公司后，成为第2家入围江苏省规划布局内的重点软件企业，2011年实现主营业务收入2200万元。全区收入超1000万元的纯软件企业有7家，全年实现主营业务收入3.5亿元。其中，布莱德网络技术（无锡）有限公司被IBM（国际商业机器公司）收购，其总公司所产的刀片式交换机占全球份额的57%；无锡指网生物识别科技有限公司通过前阶段的研发投入，开发出指纹市民卡、指纹会员、指商在线店务管理软件等多项产品；无锡朗奇软件科技有限公司取得朗奇UISP平台（面向政府和企业提供综合信息服务而研制开发的统一信息平台）和朗奇电子商务系统的软件著作权，软件在线服务业务拓展顺利。

【软件载体建设加快推进】 全区建成科创和软件及服务外包载体36.9万平方米，锡山软件园两大重点项目——集智广场项目和信息服务创意产业载体项目加紧建设，项目总投入近10亿元，新增产业载体约15万平方米。同时，认真挖掘招商资源，主动对接重要客商，全区新增落户项目13个，其中锡山科创园8个、锡山软件园3个。

【软件人才培育快速发展】 积极关注软件行业高端领军人物的引进，注重技术骨干和项目经理的培养，加强蓝领工人（软件实际操作人员）的培训，引进语言和软件工程师培训机构——金达培训，获得清华万博的培训授权，全年完成培训1200人次左右，为全区软件企业发展提供强有力的人才保障。

（李 佳）

电 信

【概况】 2011年，中国电信锡山分局紧紧围绕地方信息化建设总体要求，主动接应地方重点、重大项目，积极助推政府、企业、社区、家庭、学校、农村的信息化建设与改造，赢得地方和上级主管部门的好评，在2011年度全省电信政企服务综合考评中位列第三名。充分发挥中国电信网络与人才优势，承接“锡山区惠民技防工程”项目，并克服面广量大、时间紧迫的难题，严格管控施工进度和质量，该项目成为无锡市“320”工程建设项目中的精品工程和示范工程。积极配合政府做好校园安防建设，成功完成各中小学监控项目，切实提高校园安防水平。充分发挥天翼3G网络及全业务融合优势，全力推进行业信息化应用，对锡山交警违禁照片上传、新日集团综合信息化、华方建设工地监控等项目提供全方位的技术支持。加快落实“城市光网”建设要求，对家庭用户实施“光纤入户”工程，全年全区6.6万余户家庭实现“光纤入户”，极大地满足了广大用户的高速宽带需求。积极开展“为民服务、创先争优”活动，推广用户网上自助排障、宽带管家、现场安装维修测速和“现场服务质量评价单”反馈等工作，开展“满意宽带”、“畅快光网” 等专项工作。组织实施通信线路整治工程61个。积极配合市政道路建设，完成20余公里的杆线迁改工作，持续提升全区信息化与通信服务能力。　　（平 怡）

编辑：钱惠芳

【锡山区文化名胜掠影】

新四军六师师部旧址

新四军六师师部旧址位于锡北镇寨门村诸巷，是新四军挺进苏南东路地区进行抗日斗争的一个重要指挥部。1940年8月，谭震林率领江南抗日救国军（简称“新江抗”）东路指挥部到无锡，发展抗日武装，开展游击战争，建立了无锡抗日游击根据地。皖南事变后，新四军六师师部一度驻扎于诸巷。1941年8月，为对付日伪“清乡”，新四军六师师部撤离无锡。1988年3月，该旧址被列为无锡县文物保护单位。2003年12月20日，建成纪念馆并开馆，为无锡市文物保护单位、无锡市爱国主义教育基地。

锡山软件园　　　　（孙剑光　摄）

中国电信锡山呼叫中心　　　　（区经信局　供）

教　育

综　述

【概况】2011年是"十二五"开局之年，是锡山教育贯彻落实各级教育改革发展重大战略部署，确定未来五年发展方向和目标的重要之年。锡山教育紧紧围绕"科学发展"和"人民满意"的总体目标和"科学规划、抓好开局"的具体要求，进一步解放思想、务实创新、锐意进取，有力地推动了锡山教育优质均衡发展，高质量通过省县域中等职业教育专项督导市级核查、无锡市义务教育高位均衡发展示范区建设水平预评估、县级人民政府教育工作省级回访督导等重大考核评估，社会和群众对教育的满意度有效提升。

【部署"十二五"教育改革和发展规划】4月8日，区委、区政府召开全区教育工作会议，颁布《锡山区"十二五"教育改革和发展规划》及其配套文件，明确"十二五"期间锡山教育改革与发展的目标任务、基本原则、根本途径，对未来五年发展的指标体系、发展任务、保障措施等方面提出明确的要求，并进一步明晰"十二五"教育资源布局建设、深化素质教育、加强教师队伍建设等重要举措，为锡山"十二五"教育改革与发展指明方向。区教育局积极贯彻全区教育工作会议精神，结合全区教育发展现状，编制《锡山区2010～2020年教育布局规划》、《学前教育年行动计划项目书》，提出更加明确、更加科学的发展目标。

【学校办学条件改善】按计划实施相对薄弱学校改造提升计划，全年投入资金3296万元。实施年度校舍抗震加固改造工作，全区完成校舍加固改造7.6万平方米，投入资金4000余万元。推进一批学校新建工程，全区完成基本建设投资3.17亿元。查桥中心幼儿园紫金园区、新光幼儿园蔚蓝都市花园园区、东亭实验小学于9月建成启用。

【教育宣传渠道拓宽】12月15日，《锡山教育》双月刊创刊；承办2011年无锡—新加坡中小学校长论坛、江苏省2011"科学认读实验"研讨会、江苏省名校课堂巡礼（2011·锡山）等大型活动。区教育局连续第三次被中共无锡市委教育工作委员会、市教育局评为"市教育新闻宣传工作先进单位"；"锡山教育网"被省教育厅命名为"江苏省'十佳'教育门户网站"。　（余　磊）

【人才培养模式创新】积极推动各高中学校创新人才培养模式，天一中学开创性地利用各类资源建立6个创新实验室，并成为省首批基础教育课程基地学校、创新人才培养试点学校，全国创新人才教育研究会理事单位，清华大学"新百年领军计划"学校。

【课外教育阵地拓展】在全市率先整体推进"乡村学校少年宫"建设，成立东亭实验小学敏求少年宫、羊尖实验小学绿羊少年宫等11个乡村少年宫，充分发挥其课外实

践教育功能，努力拓展未成年人思想道德建设阵地。（刘俊浩）

基础教育

【概况】全区有幼儿园28所，其中开发区、镇（街道）中心幼儿园14所，锡山教师进修学校附属幼儿园1所，中心幼儿园分园12所，民办幼儿园1所。在园幼儿14452人，其中外来人口子女5316人，占在园幼儿总数的36.78%。3～6岁幼儿入园率99.95%。公办小学14所（不含村小），在校学生总数27857人，其中外来人口子女10390人，占公办小学学生总数的37.30%；公办初中13所，九年一贯制学校1所，在校学生13392人，其中外来人口子女4189人，占初中学生总数的31.28%。普通高中5所，在校学生7858人，其中外来人口子女750人，占高中学生总数的9.54%。另有民工子弟学校2所，在校学生3581人。小学、初中入学率、普及率、巩固率均为100%，小学毕业率100%，初中毕业率99.79%。全区100%的幼儿园达到省市优质幼儿园办学标准，在全市率先实现优质学前教育资源全覆盖。35所义务教育公办学校（含7所村小）中，有32所学校创建成义务教育现代化学校，优质资源覆盖面和受益面均在90%以上，布局合理、规模适度、质量较好的义务教育优质化格局基本构建，锡山教育进入由率先基本现代化向全面现代化迈进的新阶段。（肖国宝）

【天一中学学科竞赛成绩卓著】天一中学全年获国家或省级竞赛一等奖以上荣誉79人次，其中9人获保送资格。学生周家华在第25届全国高中学生化学竞赛中获得金牌，并被北京大学现场录取；在CCTV希望之星英语风采大赛上，学生乔天、丁思佳获省决赛一等奖；在“苏教国际杯”江苏省第11届中学生作文竞赛中，高三（1）班学生王博文获特等奖（省第二名）。（周丹）

【全员德育水平整体提升】巩固提升“德育导师制”、“首遇负责制”、“课堂责任制”实施水平，创新实践“家校联系制”。组织全区100名中小学班主任参加由中国教育学会中小学德育研究分会和班主任工作学术委员会举办的“提高班主任工作技能高级研修班”；组织开展区、校两级中小学班主任技能比赛，评选产生32名市、区级德育先进工作者，112名市、区级优秀班主任，100名市、区级班主任工作新秀、能手。2名教师获无锡市第五届心理健康教育优质课会课比赛一等奖。

【中小学生基本素质达标计划实施】启动实施锡山区中小学生基本素质达标计划，涵盖公民道德、人际交往、生活自理、学习习惯、信息素养、运动技能、艺术表现、科学素养、心理调适、安全自护十个方面，建立健全工作机制，构建新时期全区中小学人才培养和质量评价体系，促进全区学生综合素质整体提升。

【学校主题活动丰富多彩】联合团区委、区关工委组织开展“高举队旗跟党走，锡山发展我成长”主题教育活动，全区评选出605名省、市、区级“四好少年”（热爱祖国、理想远大的好少年，勤奋学习、追求上进的好少年，品德优良、团结友爱的好少年，体魄强健、活泼开朗的好少年）；联合区司法局等部门开展“党旗引领我成长，青春征途法护航”主题教育活动。围绕建党90周年，深入开展“红领巾寻访党的足迹”——“五个一”（掌握一些党史党情知识、知道一个党的历史故事、了解一条党的惠民政策、寻访一位优秀共产党员、参加一次活动成果展示）教育实践活动，全面推行“太阳的光辉”——“爱党十知道”十分钟队课教育，开展“我为党的生日开Party”命题式队会展评活动，开展“我爱中国共产党”、“我为党旗添光彩”主题征文活动，编发庆祝建党90周年征文选萃《党的光辉照我心》。

【家庭教育】进一步加强学校、家庭、社会“三位一体”德育网络建设，全区家庭教育工作扎实推进。评选并表彰“家校共育”先进单位20个、先进个人20名；“锡山区朝阳网上家长学校”点击率突破120万人次；东北塘街道大马巷村家长学校被省妇联、省教育厅、省文明办评为“江苏省优秀家长学校”；锡山区被省教育系统关工委评为“家庭教育先进区”，八士实验小学、甘露中心幼儿园家长学校被省教育系统关工委评为“优秀家长学校”。（孙庭标）

【学校体育】组织开展“幸福进万家、体育健万民”2011年无锡市全民健身广场系列家庭健身趣味比赛。由国家体育总局棋牌运动管理中心、中国国际象棋协会、区人民政府共同主办，区文体局、中国国际象棋高水平后备人才（无锡）培训基地、东北塘实验小学承办的“华方建设杯”首届中国（锡山）国际象棋女子名人赛在锡山成功举办。举办市“柏庄杯”围棋邀请赛、第三届区“校园体育节”球类棋类比赛、区第八届“三建杯”中国象棋邀请赛等重大比赛。查桥实验小学体育俱乐部创建成国家级青少年体育俱乐部，安镇实验小学和东湖塘中心小学的体育俱乐部创建成省青少年奥林匹克俱乐部，东北塘实验小学被中国国际象棋协会指定为高水平后备人才培训基地，东湖塘中心小学成为省国际跳棋培训基地。东北塘实验小学学生韦奕当选“2010无锡教育年度人物”，并获第二届全国智力运动会国际象棋比赛少年男子个人快棋个人赛冠军；张泾中学参加省首届阳光体育比赛，获2金3银；天一实验学校、天一中学武术队获省第四届中学生武术比赛一等奖；锡山区体校（东北塘中学）棒球队获省青少年棒球锦标赛甲组、乙组冠军。美国职业棒球大联盟常务副总裁、亚太区总裁等专程考察锡山区体校（东北塘中学）。（陈 辉）

【学校艺术教育】 举办区第六届校园文化艺术节，近6000名学生参加各专场决赛。开展区第二届“音体美”教师基本功比赛。在“我向党来唱支歌”江苏省中小学生现场合唱比赛中，云林实验小学获小学组特等奖，怀仁中学、八士中学分别获中学组一等奖。港下实验小学受文化部艺术服务中心邀请，赴奥地利维也纳金色大厅参加“中奥建交40周年”文艺演出，表演鼓乐《滚核桃》。云林实验小学被评为江苏省书画特色学校。东亭实验小学教师张华获第六届全国中小学美术课堂教学现场评比一等奖。（张湘君）

【学校科技教育】 组队参加第20届中国青少年“威盛中国芯”计算机表演赛无锡赛区比赛、江苏省第23届“金钥匙”科技知识竞赛、无锡市小学生科学素养大赛等重要比赛。在全国中小学生（江苏赛区）“金钥匙”科技竞赛中，锡山区获团体一等奖；在江苏省第23届“金钥匙”科技知识竞赛中，锡山区获第四名；在江苏省第五届“校园之间”智力竞技活动总决赛中，东亭实验小学获一等奖。全面启动区中小学生科学素养竞赛，完善区、校两级“科技节”制度，有力地推进了全区科技教育工作。（倪静华）

【学校卫生】 54所中小学、幼儿园通过区“无烟学校”验收，全区中小学校、幼儿园实现全覆盖；云林实验小学创建成省健康促进铜牌学校，东湖塘中心小学、港下实验小学、天一实验学校、查桥中学、羊尖高级中学、鹅湖中学和锡山中等专业学校创建成市健康促进铜牌学校，全区公办中小学校全部创建成市级以上健康促进铜牌学校；厚桥中心幼儿园、东湖塘中心幼儿园、安镇中学等34所学校食堂被评为市A级食堂；爱尔艺术幼儿园春江分部食堂被评为市示范食堂；安镇实验小学被评为市红十字工作示范学校，厚桥实验小学被评为区红十字工作示范学校。（陈 辉）

【推进“两型社会”建设】 加快推进资源节约型、环境友好型社会建设。天一中学、仓下中学、东湖塘中学、张泾实验小学4所学校创建成市“两型社会”建设示范学校。怀仁中学等35所学校创建成区“两型社会”建设示范学校。

【教育救助深度推进】 高起点实施教育救助，不断提高救助标准，实现救助全覆盖。恢复实施每生每年1500元的中等职业学校国家助学金发放政策，全区全年发放245.7万元；落实《锡山区教育救助暂行办法》，发放各类救助金154.25万元，受惠学生1597人次；落实中等职业学校家庭经济困难学生免学费政策，给予财政补助32.45万元。与锡山区私个协会联合成立锡山区红领巾基金总会，筹集资金60余万元，统筹用于各相关学校教育救助。对经济困难家庭儿童实施免费幼儿教育，幼儿教育公益普惠水平大大提升。（陈 弢）

【学前教育】 编制实施《锡山区学前教育五年行动计划》和《锡山区学前教育三年行动计划》。东亭金锡幼儿园、东亭柏庄桑达幼儿园创建成省优质幼儿园，羊尖廊下幼儿园、严家桥幼儿园、东北塘㳇坝幼儿园、宋庆龄华谊幼儿园创建成市优质幼儿园，实现全区学前教育优质资源全覆盖。

【特殊教育】 2011年，全区有特殊教育学校1所，专任教师21人，设特殊教育班9个，其中“培智班”8个、聋班1个。全区31所学校开设随班就读班113个，在1所普通学校内设“特殊教育班”1个。各类残疾儿童入学率100%。锡山特殊教育学校被评为“无锡市文明单位”，教师陆尉在市“培智教育”青年教师课堂教学大赛中获二等奖，学生陆晓玲在

省残疾人文艺汇演中获“智障组”歌唱比赛一等奖。（蒋丽芬）

职社教育

【概况】2011年，全区有职业学校1所（锡山中等专业学校），在籍学生4043人；有省级社区教育学院1所、镇（街道）社区教育中心9所（其中4所达省级标准）、成人教育中心校9所，省级农科教结合示范基地2个。全年新创建优秀社区学校19所、合格职工学校5所、优秀职工学校2所，全区116个行政村（社区）普遍建立社区学校，其中区优秀社区学校92所，占全区社区学校总数的79.31%。全区从业人员全员培训率64.4%。

【职业教育】锡山中等专业学校“电器及PLC控制技术”被评为“市职业教育精品课程”，并获2010～2011学年度市职业教育专业技能竞赛艺术类团体二等奖、现代制造类团体三等奖；教师顾宏斌获省职业技能大赛“装配钳工”一等奖，并被评为“区职工技术操作能手”；教师丁云霞获省职业学校专业技能“两课”评比加工制造类“研究课”第一名。锡山中等专业学校30件师生作品获得“国家实用新型专利证书”和“外观设计专利证书”，学校被授予“市专利申请优胜单位”称号，教师裴静被评为“市专利申请先进个人”。锡山中等专业学校电子电工教研组被省教育科技工会授予“工人先锋号”称号，学校被市委组织部、市人力资源和社会保障局、市科技局评为“2008～2010年度无锡市专业技术人员继续教育培训工作先进集体”。

【社区教育】“锡山市民学习在线”开办；羊尖镇社区教育中心编写的《社区健康教育与健康促进》被评为“市社区教育精品课程”，东亭街道社区教育中心编写的《新市民读本》被评为“市社区教育优秀课程”；云林街道社区教育中心和成人教育中心校成立，东港社区教育中心创建成省级社区教育中心；羊尖、安镇省级农科教结合示范基地高标准通过省市复评；安镇街道先锋村、东亭街道春星社区、鹅湖镇甘露社区、锡北镇寨门村、厚桥街道中东村、东北塘街道大马巷社区6所社区学校创建成首批省“居民学校”。（朱金钟）

教师队伍

【概况】至2011年末，全区教职工总数4301人（含幼儿园、成人教育中心校公办人员，不含局属事业人员和开发区征土工），其中全民干部4121人。在职特级教师18人；教授级中学高级教师3人，中学高级教师（含副教授、高级讲师）681人，中学一级教师（含讲师）、小学高级教师2107人，中学二级教师、小学一级教师（含其他助级职称）724人。2011年，东亭中学、云林实验小学等6所学校结对徐州丰县的6所学校开展第二轮对口支援与合作交流活动。组织区教育局教研室蒋洪兴、荡口中学张春华和爱尔艺术幼儿园朱立群3名教师成功申报省第四期“333高层次人才培养工程”第三层次的人才培养对象，占全区申报总人数的28%。羊尖高级中学教师陈平入选省第二批人民教育家培养工程培养对象；沈茂德当选首届“感动江苏教育十大人物”。（张铭）

2011年锡山区专任教师数量及学历结构情况一览表

表10

类别	人数（人）	学历结构					学历合格率（%）
		研究生（人）	本科（人）	专科（人）	中专（人）	专业合格证（人）	
合计	3864	127	2933	588	131	24	98.4
小学	1681	7	1085	453	131	5	100
初中	1178	18	968	122	0	10	94.9
高中	772	90	665	7	0	9	99.9
职高	233	12	215	6	0	0	100

注：表中有初中60人、高中1人属中专以下且无专业合格证人员。

2011年锡山区教职工年龄结构情况一览表

表11

类别	教职工总数（人）	35岁以下		36～45岁		46～55岁		56～60岁	
		人数（人）	比例（%）	人数（人）	比例（%）	人数（人）	比例（%）	人数（人）	比例（%）
合计	4301	2022	47.0	1596	37.1	618	14.4	65	1.5
小学	1811	902	49.8	604	33.4	283	15.6	22	1.2
初中	1370	488	35.6	640	46.7	215	15.7	27	2.0
职教	282	158	56.0	90	31.9	30	10.7	4	1.4
高中	838	474	56.6	262	31.3	90	10.7	12	1.4

【校（园）长培训】加大校（园）长队伍建设力度，区教育局选送8名校长和5名幼儿园园长分别至华东师范大学课程与教学研究所和南京师范大学教育科学院学前教育系参加研修学习。同时，选送3名高中校长和4名小学校长分别至苏州第十中学、常州局前街小学参加“跟岗培训”。通过听课、读书、反思、对话交流、理论研讨以及对示范学校办学理念、办学实绩的学习考察，参加研修学习和“跟岗培训”的校（园）长拓宽了视野，开阔了眼界，提升了专业发展和领导管理水平。

【完成东亭中学高中师资整合】根据区委、区政府《关于加快现代化教育强区建设的意见》提出的“到2010年，全面实现教育现代化”的目标任务和区委、区政府《关于普通高中资源整合和管理体制改革的意见》精神，2009年秋季学期启动东亭中学高中师资“分流整合”工作，通过三年的努力，原东亭中学48名高中教职工全部分流整合完毕，其中14名教师分流至羊尖高级中学，其余教职工分别分流至锡山中等专业学校、天一实验学校等多所学校。（王敏霞）

【开展两个“满意度”测评】为深入推进创先争优活动，提高教育服务大局、服务发展、服务群众的能力和水平，提升教育服务的满意度，12月，全区开展区教育行政部门和学校满意度测评工作。35所学校参加测评，参加测评的学生、学生家长和社会各界人数为18616人，教育行政部门满意率100%，全区学校总满意率92.7%，有29所学校满意率总评在90%以上。

【开展“践行师德创先争优、争当人民满意教师”活动】2011年，全区教育系统开展“践行师德创先争优、争当人民满意教师”主题实践活动，注重先进引领、公开师德承诺、认真排查问题、严格师德评价、自觉志愿服务，引导教师树立崇高的职业理想，规范教育教学行为，力争成为践行师德创先争优的倡导者和实践者。

（过铁如）

2011年锡山区教育事业概况一览表

表12

类别	学校数（所）	班级数（个）	毕业生数（人）	招生数（人）	在校学生数（人）	毕业班学生数（人）	教职工数（人）	
							合计	其中：专任
中等专业学校	1	94	1290	1072	4043	2038	187	176

续表12

类别	学校数（所）	班级数（个）	毕业生数（人）	招生数（人）	在校学生数（人）	毕业班学生数（人）	教职工数（人）	
							合计	其中：专任
普通中学	18	498	6791	7367	21250	6776	2144	1915
高中	5	178	2765	3603	7858	2647	957	729
初中	13	320	4026	4764	13392	4129	1187	1186
职业中学	—	—	—	—	—	—	—	—
小学	16	720	4781	5948	31438	4886	1976	1775
特殊教育学校	1	9	17	14	96	9	38	20
盲聋哑培智学校	—	—	—	—	—	—	—	—
幼儿园	28	424	5095	6007	14452	4904	1491	809
教师进修学校	1	—	—	—	—	—	98	63
成人技术培训学校	186	—	192972	164688	—	—	286	151

2011年锡山区教育经费情况一览表

表13

项目	金额（万元）	占全区教育经费的比例（%）
财政拨款	65742.4	63.64
教育费附加	17437.9	16.88
城市附加	—	—
上级补助收入	—	—
附属单位缴款	—	—
事业收入	12157.1	11.77
其中：学杂费	8728.7	8.45
其他收入	7973.7	7.71
其中：择校费	—	—

（周　勤）

教育督导

【概况】 2011年，锡山区教育督导工作以科学发展观为指导，以加快推进现代化教育强区建设、全面提升区域教育高位均衡发展水平和保障素质教育全面实施为主要任务，按照市政府教育督导室和区教育局年初制定的工作意见，认真履行政府教育督导职能，切实增强服务教育发展的功能，完成预定目标，为全区教育事业的改革和发展做出积极贡献。

区政府先后接受省县域中等职业教育专项督导市级核查和政府教育工作省级回访督导并获得好评。市教育局、市政府教育督导室于11月9日对锡山区的无锡市义务教育高位均衡发展示范区创建工作进行预评估，市评估组对锡山区的创建工作成效给予充分肯定。2011年，全区“平安校园”创建率95%，东亭中学等14所中小学（幼儿园）被评为“无锡市平安校园”，其中仓下中学、厚桥中学、安镇实验小学和云林幼儿园4所中小学（幼儿园）被推荐为“江苏省平安校园”。区教育局被区政府安全生产委员会评定“2011年度全区安全生产工作目标任务考核优秀等第”。

【9所中小学接受三年发展性规划综合督导评估】 依据《无锡市普通小学、初中督导评估方案》和学校三年发展性规划内容，围绕区政府对教育的发展要求和区教育局的重点工作，区政府教育督导室于4月至6月期间对东亭中学等9所中小学进行三年发展性规划综合督导评估。通过“量性”和“质性”相结合的评估方式，进一步规范了各校（幼儿园）的办学行为，有效促进了各校（幼儿园）在原有基础上取得更大发展，同时也进一步使各级政府明确了保障教育事业健康发展的义务和责任。　　（郭昭）

教育研究

【概况】 认真总结反思锡山十年课程改革，系统梳理在课程管理与课程建设、课程实施与课程评价等方面的成功经验及有效举措，理清课程改革实施过程中的疑虑与困惑，进一步坚定推进课程改革的信念。“三品课堂”（品味课堂、品质课堂、品牌课堂）建设由“校本”（学校层面）向“组本”（教研组）积极推进，促进了教学方式和学习方式的完善，形成《锡山区“三品课堂”建设学科指导意见（征求意见稿）》。切实转变教研方式，高中“联合调研”、初中“专题调研”、小学“蹲点教研”，更加贴近学校及教师实际，效益显著提高，全区调研听课优良率在85%以上。充分利用锡山教育网站和省教研室“教学新时空”平台，强化“教研论坛”“学科QQ群”“教学博客”的交互性、研讨性和反思功能，开展校本研修、集体备课、视频学习、问题研讨、网上答疑、即时交流等网络教研活动。组织开展省、市、区教学基本功大赛和课堂教学大赛，3人获省级评优课一等奖，23人获市级评优课一等奖。举行锡山区首届“启航杯”青年教师课堂教学大赛和锡山区第二届“呼唤名师”优秀青年教师推介会，承办江苏省名校课堂巡礼（2011·锡山）等大型活动。自主研制开发，建成“锡山区教师教学业务档案管理系统”，为全区4000余名教师的专业成长及业务发展提供管理平台。

【课题研究】 落实“科研兴教、科研兴校、科研兴师”和“课题研究带动、课程改革带动、课堂教学带动”的策略和措施，着力加强教育科研方式的转变与课题成果的转化。省、市、区“十一五”规划课题全部通过结题鉴定，区教育局总领课题“区域推进现代学校建设的实践研究”获江苏省第三届教育科研成果三等奖。召开精品课题研究成果推进活动，推荐参加省市精品课题评审27项。承办江苏省2011“科学认读实验”研讨会。出版《走向现代学校》与《名师之路》等专著。“十二五”总领课题“区域推进现代学校品牌建设的实践研究”获省级重点课题立项，全区有省级立项课题19项。承领无锡市教育科学“十二五”规划重大课题“区域性推进基础教育课程改革的回顾与发展研究”、“基础教育质量管理与监测体系研究”，完成课题研究实施方案及前期准备工作。构思设计《锡山区“十二五”教育科研工作指导意见》，从制度层面上推动教育科研工作的深入。

【启动“基于测试分析提升区域义务教育质量”项目】 10月12日，区教育局与江苏省中小学教学研究室签署“基于测试分析提升区域义务教育质量”合作协议，开启探索以科学的测试分析为依据，以区域为单位的新型研究、指导和服务方式，推进区域教育发展的新里程。根据协议，2011年10月至2013年7月合作期间，双方将共同研讨并实施《提升锡山区义务教育质量的总体规划》，并力求使双方的合作真正做到既有利于省中小学教学研究室的研究与探索，又有利于锡山区教育局改进基础教育形态、实现义务教育的优质均衡发展。

（蒋洪兴）

招生考试

【概况】 2011年，区招生考试办公室按上级统一部署，组织并圆满完成学业水平测试、高考、中考、高等教育自学考试、全国计算机等级考试等一系列国家、省、市级考试，累计18次，涉及各级各类考生3万余人次，所有考试做到安全、平稳，没有发生一起重大责任事故，没有发生一起违纪舞弊事件，无上访、零投诉。其中，参加高考的有2689人，参加学业水平测试的有2902人，参加中考的有3569人，参加高等教育自学考试的有9553人，参加各类证书考试的有6876人。

【高考高招】 2011年，锡山区高考设天一中学一个考点、79个考场，除荡口中学外，有2265名考生在天一中学参加考试。天一中学考点成为2011年无锡市最大的高考考点。在各级领导的关心和区招生考试办公室的精心组织下，全区高考工作平稳顺利完成。全区参加高考人数2689人，其中普通类考生2679人、艺术类考生10人。普通类考生本二以上进线人数1194人，进线率44.57%，比上年提高7.2个百分点。全区高考录取总数2527人，录取率93.98%，比上年提高0.88个百分点。其中，录取本科1892人，录取专科635人。

2011年锡山区高考各报名点录取人数情况一览表

表14

类别	参考人数（人）	本一（人）	本二（人）	本三（人）	本科合计（人）	专科（人）	总计（人）	录取率（%）
东亭中学	199	12	20	52	84	94	178	89.4
羊尖高级中学	568	57	218	197	472	72	544	95.8
荡口中学	465	13	36	132	181	243	424	91.2
怀仁中学	797	29	192	319	540	204	744	93.4
天一中学	627	405	178	23	606	3	609	97.1
东北塘中学	20	1	1	0	2	15	17	85.0
区招生考试办公室报名点	13	1	5	1	7	4	11	84.6
总计	2689	518	650	724	1892	635	2527	94.0

【中考中招】 2011年，无锡市中招政策有两大变化，志愿填报时间由考试前移到考试后，单机录入方式改为网上填报；录取方式由原来的现场集中录取改为网上录取，最后一个批次市级职业中专、技工学校注册录取。全区参加中考人数3569人，七科一次性合格率89.83%，比上年提高1.68个百分点。中考录取总数3499人，录取率98.03%。中考录取普通高中1936人，其中录取锡山区内普通高中1812人，录取其他区普通高中124人；录取职业类学校1563人，其中录取无锡高等师范学校39人，录取五年制高职517人，录取部、省属中专16人，录取市属职业中专705人，录取技工学校286人。普通高中和职业类学校录取人数百分比为55.3∶44.7。

【自学考试和证书考试】 2011年，锡山区自考工作在年度工作目标考核中位列无锡市第一。高等教育自学考试（学历教育）规模9553人次，开设68个本科、51个专科合计119个专业。报考总数比上年增加477人，超过市下达年度目标任务的25.7%。自学考试本、专科毕业人数347人，比上年增加78人，其中本科毕业113人、专科毕业234人。高等教育自学考试万人报考率220。各类证书考试6876人，超过市下达年度目标任务的37.5%。其中，全国英语等级考试91人，全国计算机等级考试1741人，书法等级考试5044人。（王亚铭）

教育法制

【概况】 区教育局进一步优化素质教育督查方式，大力开展“规范提升”、“回访督查”和“随机抽查”活动，努力引导校（园）长和广大教师增强规范办学、依法从教的自觉性。深入推进“依法治校示范校”创建工作，港下中学、东亭实验小学顺利通过“江苏省依法治校示范校”评估验收。切实规范教育收费工作，通过召开专题会议、签订工作责任书、开展教育收费专项督查、落实教育收费公示制等方式，推动各校（园）落实收费项目和标准，严格实行收支两条线管理。依法加强民办教育机构管理，推进规范化年检，依法终止2所民办教育机构。切实规范教代会、理事会、工会建设，努力发挥其在现代学校管理中“体现民意、集中民智、凝聚人心、促进和谐”的载体作用。

【推进青少年法制教育】 区教育局采取各种措施，着力强化青少年普法，全区青少年的法律素养不断提高，有效预防和减少了青少年违法犯罪。区教育局积极探索学校、家庭、社会“三位一体”的青少年法制宣传教育格局，充分发挥专业部门优势，努力提高普法实效。聘请专业人士担任法制副校长，积极配合相关部门开展道路交通安全、消防安全、禁毒教育、青少年维权等各类专题普法教育。利用家长学校和家长会等平台，积极宣传青少年法制教育的重要性和必要性，为学生的健康成长营造良好的环境和氛围。（余磊）

教育信息化

【概况】 全区中小学均建成独立校园网并通过10兆光纤宽带接入因特网，生机比（不含教师用机）小学7.9：1、中学（含高中和职高）5.9：1，师机比1：1，全区中小学有85%的班级实现“班班通”，实现“一网新三机”（因特网，计算机、大屏幕数码显示设备、视频展示台）进教室。

2011年，在第17届全国青少年信息学奥林匹克联赛中，天一中学学生李志远、华信锐分别获全国一等奖；在第19届中国儿童青少年“威盛中国芯”计算机表演赛总决赛中，东亭实验小学学生陆宇衡和陈清淋均获三等奖；在第12届全国中小学电脑制作活动中，荡口实验小学学生华博超的网页作品《荡口古建技术大挖掘》获全国二等奖；在教育部—微软（中国）“携手助学”项目（二期）评比中，荡口实验小学教师华钢的作品《揭开石鼓、响廊的神秘面纱》被评为一等奖；怀仁中学制作的电视专题片《怀仁》获第八届中国中小学校园电视校园专题类评比金奖。港下中学教师张志伟获全省农村初中生物实验操作技能大赛决赛一等奖；东亭实验小学教师陈叶舟获“领航杯”2011年江苏省信息化教学能手比赛小学语文组二等奖。

【成立实验与图书中心组】 区教育局下发《锡山区义务教育阶段学校实验教学计划》文件，规范各校实验教学的开展。同时，成立由16名老师组成的区实验与图书中心组，通过中心组的作用，提升各校实验、图书装备建设水平，提高全区实验、图书系统的管理及培训水平。10月组织实验与图书区级培训活动，120余名实验与图书条线的老师参加培训。

【创建成9所省“龙芯”电脑项目学校】 根据省教育厅要求，安镇中学、甘露学校、柏庄实验小学、港下实验小学4所学校以及严家桥、浓坝、东房桥、黄土塘、勤新5所村小创建成省“龙芯”电脑项目学校。区教育局根据“项目学校基础设施改造基本要求”实地走访各校，并对“强电布线”等要求进行现场指导，完成设备配发安装和相关教师培训、项目学校验收等工作。

【承担国家级教育信息化研讨会现场考察工作】 12月16～17日，全国大中城市教育信息化发展战略交流研讨会在无锡举行。会议期间，中央电化教育馆馆长王珠珠及参加交流研讨会的全体代表，在锡山区政府以及市、区教育行政部门领导的陪同下，专程到安镇实验小学，实地考察该校“数字化校园”建设和使用情况。安镇实验小学通过校领导、教师、学生、家长组合的讲解方式，详尽介绍学校“一站式”

数字校园情况，充分展现了教育信息化给学校管理、教学教研、家校互动带来的极大便利，得到了代表们的高度赞誉。（陈月清）

教育国际化

【概况】2011年，受市教育局外事部门委托，区教育局高质量承办“无锡—新加坡中小学校长论坛”；做好新加坡中小学校长在张泾中学和八士实验小学的挂职锻炼工作。举办纪念“无锡与日本明石缔结友好城市30周年”锡山学生访日活动；组织师生赴新加坡、美国、英国等国家及中国台湾地区修学旅行。先后接待两个国家的政府教育交流团对锡山学校的访问、考察；组织开展5个国家8批近100名外国师生在锡山相关学校的友好交流活动。在第十届江苏省少年棒球国际交流比赛活动期间，锡山区体校（东北塘中学）与到访的日本东京都川崎市中学生棒球队进行技术交流；继续在东北塘实验小学为马来西亚槟华小学的国际象棋小棋手进行周期培训。（黄小红）

【天一中学打造高端留学平台】2011年，天一中学AP（美国大学一年级学分转移课程）部继续打造“小而精的高端留学平台”，拥有6个教学班、200余名学生、9名美籍教师。开设AP物理、AP化学、AP统计学、AP微积分、AP经济学、AP心理学、AP环境科学、学术外语、课外活动与社会实践等课程。首届33名毕业生收到150余封大学录取通知书，100%的学生被美国排名前80位、加拿大排名前3位的名校录取，60%的学生进入排名前30位的学校（或专业），16人次获得每年2000美（加）元至20000美（加）元不等的高校奖学金。天一中学成为加拿大多伦多大学绿色通道项目合作学校，有19人被加拿大多伦多大学录取。（陶 波）

科 技

综 述

【概况】2011年，全区上下根据区委、区政府赶超发展的目标和“三高联动”的工作要求，积极实施“创新驱动”战略，全力推进科技创新创业，取得明显成效。锡山区第五次蝉联全国科技进步先进区，被授予“中国产学研合作创新示范基地试点单位”。区科技局被授予“中国产学研合作促进奖”，被评为“全省知识产权工作先进集体”、“全省科技富民突出贡献单位”和“全市科技系统优秀集体”，区科技局领导班子被区委、区政府评为“团结、廉洁、高效、开拓”好班子。在区委、区政府对全区科学发展评价考核中，区科技局综合考核连续第三年列全区机关部门前三名。

【高新技术产业培育】全区高新技术产业保持快速增长的发展势头，全年实现产值570亿元，比上年增长28.4%；高新技术产业产值占规模以上工业产值比重30%，高新技术产业增加值占规模以上工业增加值比重45.5%，其中生物产业产值15亿元、工业设计产值4.6亿元。全社会R&D支出由9.8亿元提高至11.5亿元，大中型企业研发支出占销售收入比重2.1%，技术开发费备案总数超10亿元。全区新增高新技术企业16家（累计78家）；新增省高新技术产品108件，实现产值超25亿元；申报国家重点新产品19项，省自主创新产品11项。

【科技项目立项】国家和省级科技项目取得突破，全年获科技部立项的国家中小企业创新基金、星火计划、火炬计划、国家重点新产品等项目20项，其中两个重点项目获支持经费4300余万元。有5家企业获江苏省重大成果转化项目支持，立项数和经费支持额度超过历年总数的50%。获省技术创新方法试点企业3家（全市5家）。在无锡市2011年科技计划立项项目名单中，锡山区有多个项目位列全市第一，分别是产学研合作项目7项（全市18项），国际合作项目4项（全市5项），重点实验室项目2项（全市3项），科技支撑（农业）项目5项（全市11项）。同时，全区列入无锡市科技支撑（新兴产业培育）项目8项，科技保险资助6项，科技创业等科技计划10项。2011年，全区获国家、省、市各类指令性计划项目立项数160余项，经费支持首次突破亿元，达到11740万元（到位7000万元），其中国家科技经费支持4960万元、江苏省科技经费支持4704万元、无锡市科技经费支持2076万元。

【载体建设】锡山科创园、V-park信息服务和创意产业园和无锡索立得国际科技合作园被认定为市级“三创”载体，面积31.14万平方米。开发区东部科技创业园改建5万平方米、V-park集智广场新建5万平方米基本完工。继续加强研发机构建设。全年新增市级以上院士工作站2家（累计12家）；新增省级工程技术研究中心2家（累计35家）；新增市级工程技术研究中心15家（累计68家）；新增市级以上科技型专业合作社4家（累计7家）；新增市级农业科技创新中心2家（累计4家）。有效推进重大创新载体建设。与浙江大学共建的无锡浙大生物农业研究中心正常运行，拥有37名技术和管理人员，有2个水稻新品种在太湖水稻示范园试验种植。南京理工大学无锡研究院先后组织学校传感器网络与信息技术领域的教授学者100余人次到锡山开展咨询服务，形成80余人稳定的高端技术人才团队。该研究院拥有自主知识产权70余项，孵化科技企业2家，全年实现合同收入1000万元。江苏物联网研究发展中心锡山农业分中心在智能农业、院士工作站建设等方面获得省市科技项目的支持。

【政产学研合作】 继续加强与国内高校科研院所的合作。组织有关人员赴武汉、北京、辽宁等地开展政产学研对接活动，达成一批合作项目。不断充实专家库和企业科技创新数据库，录入重点企业400余家、专家教授700余名。稳步推进各专业园区高端合作。羊尖镇机械（高铁）装备产业园和江南大学机械学院共建“科技创新服务中心”；鹅湖镇新型金属材料产业园与北京科技大学签订“科技公共服务平台”的建设规划；安镇街道电驱动交通产业园依托江苏新日电动车股份有限公司、江苏雅迪科技发展有限公司等骨干企业分别与北京理工大学、南京航空航天大学合作建立平台，并就开发微型电动汽车等项目进行深度合作；东港镇新材料产业园与北京化工大学签订全面合作协议。鼓励和支持企业积极开展产学研合作。市、区两级政府全年累计扶持全区新的产学研合作项目48个，支持经费734.9万元。江苏申锡建筑机械有限公司与沈阳建筑大学、北京建筑机械化研究院三方共建的省内首家高空悬挂作业机械研究院启动建设。

【科技创新国际化】 锡山区与麻省理工学院达成三年科技合作框架，重点促进麻省理工学院科技成果在锡山转化；美国宾夕法尼亚州立大学信息科学技术学院、理学院两位院长率队于5月考察开发区、相关园区和部分企业，在技术、人才等方面达成初步合作意向。鼓励支持企业到海外建立或兼并研发机构。无锡杰夫电声有限公司在韩国设立科研联络机构，主动对接韩国三星集团等科技集团；无锡盾建重工制造有限公司全资收购加拿大TCEC公司，整合海外12名高端产品研发人员，设立海外研发机构。同时，积极推进外资研发机构建设，促成健鼎（无锡）电子有限公司、无锡百和织造股份有限公司、联茂（无锡）电子科技有限公司、无锡德冠生物有限公司等一批外资企业在锡山区建立研发中心。江苏新广联科技股份有限公司、红豆集团、无锡英特派金属制品有限公司、江苏申锡建筑机械有限公司等企业在LED材料、医药中间体、电路封装材料、高空施工机械检测平台等方面与国际知名公司合作，项目均达到国际先进水平，并获得省市国际合作项目的支持。

【科技创新创业】 2011年，“530”项目入围35个，全年新注册落户“530”企业25家。全区累计落户“530”企业147家，其中A类25家、B类43家、C类79家，注册资本5.5亿元，获市政府启动资金8000万元，市、区两级创投资金9000万元。全区60家“530”企业实现开票销售收入2.1亿元，比上年增长126.3%；10家销售收入超过1000万元，其中2家超3000万元（无锡市大德科技有限公司3194万元、江苏商达水务有限公司3005万元）。全区省民营科技企业321家，省级创新型企业24家，国家级创新型企业2家，还有15家企业列入市科技领军型企业培育计划。

（王旻明）

科技计划和项目实施完成情况

【概况】 2011年，区科技局紧紧围绕区委、区政府中心工作和决策部署，继续开展对上争取项目和资金的“双争”活动。全年获经费支持首次突破亿元，达到11740万元（到位7000万元），其中国家科技经费支持4960万元，江苏省科技经费支持4704万元，无锡市科技经费支持2076万元。全年获科技部立项的国家中小企业创新基金、星火计划、火炬计划、国家重点新产品等项目20项，获国家、省、市各类指令性计划项目立项数160余项，其中国家创新基金8项，无锡市创新基金19项；国家科技支撑计划重点项目1项，火炬计划项目5项；省科技支撑计划项目2项，省国际合作计划2项，省农业科技计划1项；省科技进步奖立项1项，市科技进步奖立项10

项；3人入选省“333高层次人才培养工程”，4人入选省科技企业家培育工程，1人入选江苏省产业教授，4人入选省创新创业人才引进计划，6人获省企业博士集聚计划支持，引进无锡“千人计划”科技领军型创新人才2人。25家“530”企业在锡山区注册落户。“特高压、长距离大容量电力输送用节能硬铝导线的研发及产业化”、“平板电视用多点激励源扬声器系统的的研发与产业化”、“高速列车牵引变压器用新型特种换位导线的研发及产业化”、“基于水分转化原理的淤泥固化资源化利用技术工程化整体解决方案与成套装置的研发与产业化”、“激光-PMIG复合热源智能焊接成套装备研发与产业化”5个项目被列入省重大成果转化项目，获得经费资助4450万元。

（王旻明）

2011年锡山区新增国家“十二五”水专项一览表

表15

序号	项目名称	承担单位	所在地	拨款（万元）
1	湖泊疏浚污泥处理与资源化技术与设备研发及产业化	无锡聚慧科技有限公司	东亭街道	2920

2011年锡山区新增国家科技支撑计划重点项目一览表

表16

序号	项目名称	承担单位	所在地	拨款（万元）
1	铜材短流程生产关键技术开发与工程化	无锡隆达金属材料有限公司	安镇街道	1400

2011年锡山区新增国家创新基金项目一览表

表17

序号	项目名称	承担单位	所在地	拨款（万元）
1	流量控制电液伺服阀	无锡市华通液压气动制造有限公司	东亭街道	70
2	新型高效β-淀粉酶制剂	无锡赛德生物工程有限公司	东亭街道	80
3	远洋舰船用气调保鲜冷库	无锡市海联舰船附件有限公司	东北塘街道	120
4	A+PSA前列腺癌液相芯片产品开发	无锡伊琳生物技术有限公司	锡北镇	50
5	数字化交直流脉冲氩弧焊机	无锡市风华焊接设备有限公司	开发区	80
6	LH1激光打印机彩色数码显影粉	无锡美灵数码科技有限公司	开发区	50
7	微波用大功率陶瓷输出帽	无锡康伟工程陶瓷有限公司	开发区	90
8	大功率半导体激光器及应用系统国产化	无锡亮源激光技术有限公司	开发区	50

2011年锡山区新增国家火炬计划项目一览表

表18

序号	项目名称	承担单位	所在地
1	CWGX斜爬轨道式擦窗机	博宇（无锡）科技有限公司	安镇街道
2	一次性溶药自毁式注射器	无锡市宇寿医疗器械有限公司	东北塘街道
3	欧Ⅳ发动机滚轮式气门挺柱	无锡锡州机械有限公司	锡北镇
4	双音盆薄型扬声器	无锡杰夫电声有限公司	锡北镇
5	高强度阻旋转压实股钢丝绳	江苏赛福天钢绳有限公司	开发区

2011年锡山区新增国家重点新产品一览表

表19

序号	项目名称	承担单位	所在地
1	多管紧凑型不锈钢热交换器	无锡锡州机械有限公司	锡北镇
2	激光MIG/MAG复合热源数字化焊接装备	无锡汉神电气有限公司	开发区

2011年锡山区新增国家火炬计划重点高新技术企业一览表

表20

序号	单位名称	所在地
1	无锡隆达金属材料有限公司	安镇街道
2	无锡杰夫电声有限公司	锡北镇

2011年锡山区新增江苏省高新技术企业一览表

表21

序号	企业名称	所在地
1	无锡兴达泡塑新材料股份有限公司	东亭街道
2	飞潮（无锡）过滤技术有限公司	东亭街道
3	博宇（无锡）科技有限公司	安镇街道
4	无锡双益精密机械有限公司	安镇街道
5	无锡盾建重工制造有限公司	羊尖镇

续表21

序号	企业名称	所在地
6	无锡羊尖迪达锁业有限公司	羊尖镇
7	无锡锦和科技有限公司	东北塘街道
8	无锡英特派金属制品有限公司	锡北镇
9	昊辰（无锡）塑业有限公司	东港镇
10	无锡捷阳节能科技有限公司	东港镇
11	无锡市神力齿轮冷挤有限公司	东港镇
12	江苏赛福天钢绳有限公司	开发区
13	无锡杰尔压缩机有限公司	开发区
14	无锡和荣科技有限公司	开发区
15	无锡吉兴汽车声学部件科技有限公司	开发区
16	无锡皓月汽车安全系统有限公司	开发区

2011年锡山区新增江苏省重点新产品一览表

表22

序号	项目名称	承担单位	所在地
1	253-40-D型智能换挡电机	江苏新日电动车股份有限公司	安镇街道
2	LED双通道散热灯/JL-GK-40W	无锡市晶联照明科技有限公司	羊尖镇
3	铜卡压式管件	无锡金羊管件有限公司	羊尖镇
4	高温度稳定性介电陶瓷材料	无锡隆傲电子有限公司	鹅湖镇
5	新能源动力锂电池铝壳44147272	无锡市金杨新型电源有限公司	鹅湖镇
6	有效抑制血液交互感染的回缩型自毁式注射器	无锡市宇寿医疗器械有限公司	东北塘街道
7	橡胶输送带成型生产线	无锡锦和科技有限公司	东北塘街道
8	多管紧凑型不锈钢热交换器	无锡锡州机械有限公司	锡北镇
9	双驱动扬声器	无锡杰夫电声有限公司	锡北镇
10	单/双丝数字化智能化MAG/MIG/PMIG多功能焊机	无锡市南方电器制造有限公司	东港镇

续表22

序号	项目名称	承担单位	所在地
11	L-缬氨酸	无锡晶海氨基酸有限公司	东港镇
12	低应力无变形大型智能化焊接装备	无锡市南方电器制造有限公司	东港镇
13	四轴联动快速平移式多工位数控冲床	无锡锡锻机床有限公司	东港镇
14	激光MIG/MAG复合热源数字化焊接装备HSC3040	无锡汉神电气有限公司	开发区
15	超静音绿色环保轿车隔音垫	无锡吉兴汽车声学部件科技有限公司	开发区
16	高层高速电梯用钢丝绳	江苏赛福天钢绳有限公司	开发区
17	ID20-34三项四线制大功率柴油数码发电机组	无锡开普机械有限公司	开发区
18	HY-5型高速弹力丝机	无锡宏源机电科技有限公司	开发区
19	金属化陶瓷本体	无锡康伟工程陶瓷有限公司	开发区

2011年锡山区新增江苏省高新技术产品一览表

表23

序号	产品名称	承担单位	所在地
1	高等级阻燃型可发性聚苯乙烯树脂（EPS）	无锡兴达泡塑新材料股份有限公司	东亭街道
2	ECO单袋型过滤器	飞潮（无锡）过滤技术有限公司	东亭街道
3	卫生级芯式过滤器	飞潮（无锡）过滤技术有限公司	东亭街道
4	高效环保型高压冲洗车	江苏雅迪科技发展有限公司	安镇街道
5	环卫四轮电动垃圾清运车	江苏雅迪科技发展有限公司	安镇街道
6	中置传动型电动车	江苏雅迪科技发展有限公司	安镇街道
7	风力发电机组升降维护平台	博宇（无锡）科技有限公司	安镇街道
8	253-40-D型智能换挡电机	江苏新日电动车股份有限公司	安镇街道
9	折叠式擦窗机	博宇（无锡）科技有限公司	安镇街道
10	节能硬铝型线绞线	无锡华能电缆有限公司	安镇街道
11	无砟轨道板铺设精调车	无锡盾建重工制造有限公司	羊尖镇
12	CRTSⅢ型无砟轨道板模具	无锡盾建重工制造有限公司	羊尖镇

续表23

序号	产品名称	承担单位	所在地
13	碳钢卡压式管件	无锡金羊管件有限公司	羊尖镇
14	不锈钢承插式排水管件	无锡金羊管件有限公司	羊尖镇
15	高耐磨性活塞环组	无锡安尔达活塞环厂	羊尖镇
16	锂离子可充电式二次电池	无锡市明杨电池有限公司	鹅湖镇
17	LED双通道散热灯	无锡市晶联照明科技有限公司	鹅湖镇
18	水冷螺旋出渣机	无锡锡东能源科技有限公司	鹅湖镇
19	PE/PS合金冰箱内衬树脂	无锡中科富邦改性工程塑料有限公司	鹅湖镇
20	LP44147272AB型动力锂电池铝壳	无锡市金杨新型电源有限公司	鹅湖镇
21	可单手操作的5ml自动回缩自毁式注射器	无锡市宇寿医疗器械有限公司	东北塘街道
22	上开式液压水密门	无锡市东舟船舶附件有限公司	东北塘街道
23	高倍率橡塑发泡成型机	无锡锦和科技有限公司	东北塘街道
24	防火水密舱口盖	无锡市东舟船舶附件有限公司	东北塘街道
25	大型液压风雨密舱口盖	无锡市东舟船舶附件有限公司	东北塘街道
26	船用液压风雨密艏门	无锡市东舟船舶附件有限公司	东北塘街道
27	A-60级手动操作防火耐压水密气密防火门	无锡市海联舰船内装有限公司	东北塘街道
28	舰船用防火风雨密屏蔽舱口盖	无锡市海联舰船附件有限公司	东北塘街道
29	舰船铝质隐身窗	无锡市海联舰船附件有限公司	东北塘街道
30	A-60级带可拆顶板双扇风雨密气密防火门	无锡市海联舰船内装有限公司	东北塘街道
31	双音盆薄型扬声器	无锡杰夫电声有限公司	锡北镇
32	金红石型二氧化钛（R-2198）	无锡豪普钛业有限公司	锡北镇
33	多点激励源扬声器	无锡杰夫电声有限公司	锡北镇
34	具有波浪形定位支片的薄型扬声器	无锡杰夫电声有限公司	锡北镇
35	三角形立体式叠片铁心	无锡市普天铁心有限公司	锡北镇
36	喷油泵挡圈式挺柱体部件	无锡锡州机械有限公司	锡北镇

续表23

序号	产品名称	承担单位	所在地
37	具有锥形定位支片的薄型扬声器	无锡杰夫电声有限公司	锡北镇
38	高效导磁低耗能铁心	无锡市普天铁心有限公司	锡北镇
39	热水器节能分流型燃气进气组件	无锡锡州机械有限公司	锡北镇
40	多音盆扬声器	无锡杰夫电声有限公司	锡北镇
41	数控收口焊接机	无锡锡锻机床有限公司	东港镇
42	四轴联动快速平移式多工位数控冲床	无锡锡锻机床有限公司	东港镇
43	碳纤维远红外发热功能模块组	红豆集团无锡远东服饰有限公司	东港镇
44	MSL系列锂离子电池用锰酸锂正极材料	无锡晶石新型能源有限公司	东港镇
45	低碳高性能XR728花纹全钢子午线轮胎	江苏通用科技股份有限公司	东港镇
46	滚珠丝杆顶升式自动防窜滚轮架	无锡洲翔重工科技有限公司	东港镇
47	CNC智能化变结构焊割设备	无锡市南方电器制造有限公司	东港镇
48	低应力无变形大型智能化焊接装备	无锡市南方电器制造有限公司	东港镇
49	数字化智能化中频逆变直流/变频交流电阻焊机	无锡市南方电器制造有限公司	东港镇
50	超柔软镀银防辐射纬编针织面料	无锡红豆居家服饰有限公司	东港镇
51	高密封油脂滚柱式单向离合器	无锡市神力齿轮冷挤有限公司	东港镇
52	生态植草型土工模袋	无锡中湖织造有限公司	东港镇
53	玻纤带包云母带Nomex纸绕包铝扁线	无锡统力电工有限公司	东港镇
54	聚芳酰胺纸包铝扁线	无锡统力电工有限公司	东港镇
55	L-醋酸赖氨酸	无锡晶海氨基酸有限公司	东港镇
56	抗扭曲数控剪板机	无锡锡锻机床有限公司	东港镇
57	CML中国主线横向缓冲器—侧挡	无锡圣丰减震器有限公司	东港镇
58	RA减隔震装置	无锡圣丰减震器有限公司	东港镇
59	可连接气液输送器的铆钉	无锡安士达五金有限公司	东港镇
60	防水防震压点式多鼓型铆钉	无锡安士达五金有限公司	东港镇

续表23

序号	产品名称	承担单位	所在地
61	绿色环保全钢子午线XR768矿山花纹轮胎	江苏通用科技股份有限公司	东港镇
62	MJN纳米超级绝热板	无锡市明江保温材料有限公司	东港镇
63	锅炉炉顶吊杆摇摆密封保温结构	无锡市明江保温材料有限公司	东港镇
64	Qbx9型燃气式管材热处理生产线	无锡湖光工业炉有限公司	东港镇
65	全自动抛丸清理机	无锡洲翔重工科技有限公司	东港镇
66	压梁移动式双边铣边机	无锡洲翔重工科技有限公司	东港镇
67	任意层高密度互连线路板	高德（无锡）电子有限公司	开发区
68	智能型高速节能搅拌机	新麦机械（无锡）有限公司	开发区
69	模块组合型热风式节能旋转炉	新麦机械（无锡）有限公司	开发区
70	低伸长微旋转高速电梯用钢丝绳	江苏赛福天钢绳有限公司	开发区
71	高密度互连LED笔记本电脑主板	健鼎（无锡）电子有限公司	开发区
72	高频无线通讯设备主板	健鼎（无锡）电子有限公司	开发区
73	高阶系统服务器主板	健鼎（无锡）电子有限公司	开发区
74	新型环保乘用车高性能顶蓬	无锡吉兴汽车部件有限公司	开发区
75	新型高速纺胶圈	无锡二橡胶股份有限公司	开发区
76	纺纱中上罗拉橡胶辊	无锡二橡胶股份有限公司	开发区
77	新型高效工艺胶圈	无锡二橡胶股份有限公司	开发区
78	起重机伸缩臂用高承载压实股钢丝绳	江苏赛福天钢绳有限公司	开发区
79	乘用车新型行李箱部件	无锡吉兴汽车声学部件科技有限公司	开发区
80	抗变黄抗老化锦纶黏扣带	无锡百和织造股份有限公司	开发区
81	耐酚黄锦纶黏扣带	无锡百和织造股份有限公司	开发区
82	绿色轮胎用高分散微珠状白炭黑833MP	无锡恒诚硅业有限公司	开发区
83	LST-YS激光夜视仪	无锡亮源激光技术有限公司	开发区
84	集成电路引线框架用铜镍硅合金	无锡日月合金材料有限公司	开发区

续表23

序号	产品名称	承担单位	所在地
85	6V柴油发动机	无锡开普机械有限公司	开发区
86	电梯限速器用钢丝绳	无锡通用钢绳有限公司	开发区
87	指网电脑安全卫士软件	无锡指网生物识别科技有限公司	开发区
88	SY-P（M）型主机梁无机房客梯	希姆斯电梯（中国）有限公司	开发区
89	SY-R主机侧置式轿架机构别墅客梯	希姆斯电梯（中国）有限公司	开发区
90	氯醋—丙烯酸羟丙酯共聚树脂	无锡市洪汇树脂有限公司	开发区
91	履带起重机用压实股钢丝绳	江苏赛福天钢绳有限公司	开发区
92	节能型智能红外线电烤炉	新麦机械（无锡）有限公司	开发区
93	醛纳净牌甲醛速消净	无锡百奥科环境科技有限公司	开发区
94	轮胎用高分散白炭黑822MP	无锡恒诚硅业有限公司	开发区
95	金属化陶瓷绝缘环	无锡康伟工程陶瓷有限公司	开发区
96	金属化陶瓷本体	无锡康伟工程陶瓷有限公司	开发区
97	LH1激光打印机彩色数码显影粉	无锡美灵数码科技有限公司	开发区
98	HY-5型高速弹力丝机	无锡宏源机电科技有限公司	开发区
99	HRN型高磁性四氧化三铁磁粉	无锡佳腾磁性粉有限公司	开发区
100	激光PMIG复合热源焊接装备	无锡汉神电气有限公司	开发区
101	高精度机器人通用焊接工装	无锡汉神电气有限公司	开发区
102	内导柱型铁芯模具系统	江苏尚诚精密模具科技有限公司	开发区
103	高速电梯用低硬度高承载曳引钢丝绳	江苏赛福天钢绳有限公司	开发区
104	HY-12V型锦纶高速弹力丝机	无锡宏源机电科技有限公司	开发区
105	本田KZG/KVC摩托车用高性能铝合金车轮	江苏中联铝业有限公司	开发区
106	凯旋VH/ML5摩托车用节能型铝合金车轮	江苏中联铝业有限公司	开发区
107	精密可控气氛箱式渗氮炉	天龙科技炉业（无锡）有限公司	开发区
108	精密可控气氛高温箱式多用炉	天龙科技炉业（无锡）有限公司	开发区

2011年锡山区新增江苏省民营科技企业一览表

表24

序号	企业名称	所在地
1	无锡市帆鹰警用器材新技术有限公司	东亭街道
2	飞潮（无锡）过滤技术有限公司	东亭街道
3	无锡集聚纺织器械有限公司	东亭街道
4	无锡兴达泡塑新材料股份有限公司	东亭街道
5	江苏聚慧科技有限公司	东亭街道
6	无锡市晶瑜冶金机械有限公司	安镇街道
7	江苏新日电动车股份有限公司	安镇街道
8	无锡市先达纺织机械厂	安镇街道
9	无锡科依德光电科技有限公司	安镇街道
10	无锡华胜金属制品有限公司	安镇街道
11	无锡众扬金属制品有限公司	羊尖镇
12	无锡中亚工具厂	羊尖镇
13	无锡市安迈工程机械有限公司	羊尖镇
14	无锡永能车业有限公司	羊尖镇
15	无锡盾建重工制造有限公司	羊尖镇
16	无锡隆傲电子有限责任公司	鹅湖镇
17	无锡良胜特种玻璃有限公司	鹅湖镇
18	无锡晶联光电科技有限公司	鹅湖镇
19	无锡市东杨电子有限公司	鹅湖镇
20	无锡市东风化工厂	鹅湖镇
21	无锡恒发幕墙工程有限公司	鹅湖镇
22	无锡天德金属制品有限公司	鹅湖镇
23	无锡天龙钢管有限公司	鹅湖镇

续表24

序号	企业名称	所在地
24	无锡市正鑫印刷材料厂	鹅湖镇
25	无锡锡东能源科技有限公司	鹅湖镇
26	无锡锦和科技有限公司	东北塘街道
27	无锡市东舟船舶附件有限公司	东北塘街道
28	无锡长信科技有限公司	东北塘街道
29	无锡市源洋医用器材厂	东北塘街道
30	无锡龙盈环保科技有限公司	东北塘街道
31	无锡豪普钛业有限公司	锡北镇
32	无锡大东机械制造有限公司	锡北镇
33	无锡安全用电设备厂有限公司	锡北镇
34	无锡五芝源生物农业科技有限公司	锡北镇
35	无锡锡州机械有限公司	锡北镇
36	无锡市医用仪表厂	锡北镇
37	无锡杰夫电声有限公司	锡北镇
38	无锡市华胜机械有限公司	锡北镇
39	无锡市鑫润工业炉有限公司	锡北镇
40	无锡市张泾压力容器制造有限公司	锡北镇
41	无锡洲翔成套焊接设备有限公司	东港镇
42	无锡捷阳节能科技有限公司	东港镇
43	无锡市减速机械有限公司	东港镇
44	无锡华必德技术材料有限公司	东港镇
45	无锡市沪升体育用品厂	东港镇
46	昊辰（无锡）塑业有限公司	东港镇
47	江苏富源节能电器有限公司	东港镇

续表24

序号	企业名称	所在地
48	无锡富乐电子有限公司	东港镇
49	江苏红豆杉药业有限公司	东港镇
50	江苏红豆杉生物科技有限公司	东港镇
51	红豆集团无锡远东服饰有限公司	东港镇
52	无锡市欣盛纸制品厂	东港镇
53	无锡爱尼达新能源科技有限公司	开发区
54	无锡安高科技有限公司	开发区
55	美新微纳传感系统有限公司	开发区
56	无锡百顺桥隧检测科技发展有限公司	开发区
57	无锡爱姆迪环保科技有限公司	开发区
58	无锡艾普瑞仪器股份有限公司	开发区
59	无锡百奥科环境科技有限公司	开发区
60	无锡百灵传感技术有限公司	开发区
61	无锡和荣科技有限公司	开发区
62	无锡恒诚硅业有限公司	开发区
63	无锡亮源激光技术有限公司	开发区
64	无锡天圣达环保科技有限公司	开发区
65	无锡迈为电子技术有限公司	开发区
66	江苏瑞尔医疗科技有限公司	开发区
67	无锡润鹏复合新材料有限公司	开发区
68	江苏商达水务有限公司	开发区
69	江苏尚诚精密模具科技有限公司	开发区
70	无锡天眼信息科技有限公司	开发区
71	无锡图强科技有限公司	开发区

续表24

序号	企业名称	所在地
72	无锡天授信息科技有限公司	开发区
73	无锡协新毛纺织有限公司	开发区
74	无锡港湾网络科技有限公司	开发区
75	无锡市风华焊接设备有限公司	开发区
76	无锡市洪汇树脂有限公司	开发区
77	无锡博视芯半导体科技有限公司	开发区
78	无锡中禾生物制品有限公司	开发区

2011年锡山区新增江苏省企业知识产权管理标准化示范创建单位一览表

表25

序号	企业名称	所在地	批准文号
1	江苏雅迪科技发展有限公司	安镇街道	苏知发〔2011〕45号
2	无锡市宇寿医疗器械有限公司	东北塘街道	苏知发〔2011〕45号
3	无锡锡州机械有限公司	锡北镇	苏知发〔2011〕45号
4	无锡市明江保温材料有限公司	东港镇	苏知发〔2011〕45号
5	江苏晶石科技集团有限公司	东港镇	苏知发〔2011〕45号
6	无锡捷阳节能科技有限公司	东港镇	苏知发〔2011〕45号
7	无锡吉兴汽车声学部件科技有限公司	开发区	苏知发〔2011〕45号
8	无锡天圣达环保科技有限公司	开发区	苏知发〔2011〕45号
9	江苏赛福天钢绳有限公司	开发区	苏知发〔2011〕45号
10	无锡宏源机电科技有限公司	开发区	苏知发〔2011〕45号
11	江苏申锡建筑机械有限公司	开发区	苏知发〔2011〕45号

2011年锡山区新增江苏省技术创新方法试点企业一览表

表26

序号	企业名称	所在地
1	江苏新日电动车股份有限公司	安镇街道
2	无锡锡州机械有限公司	锡北镇
3	无锡吉兴汽车部件有限公司	开发区

2011年锡山区新增江苏省创新型企业一览表

表27

序号	企业名称	所在地
1	无锡兴达泡塑新材料股份有限公司	东亭街道
2	无锡市中捷减震器有限公司	东港镇
3	无锡市南方电器制造有限公司	东港镇
4	无锡通用钢绳有限公司	开发区
5	天龙科技炉业（无锡）有限公司	开发区

2011年锡山区新增无锡市知识产权优势（示范）企业一览表

表28

序号	企业名称	所在地
1	无锡东南车辆科技有限公司	安镇街道
2	无锡盾建重工制造有限公司	羊尖镇
3	无锡市宇寿医疗器械有限公司	东北塘街道
4	无锡锡州机械有限公司	锡北镇
5	无锡市中捷减震器有限公司	东港镇
6	无锡安士达五金有限公司	东港镇
7	江苏申锡建筑机械有限公司	开发区
8	江苏赛福天钢绳有限公司	开发区
9	无锡杰尔压缩机有限公司	开发区

2011年锡山区新增无锡市科技领军型企业培育企业一览表

表29

序号	企业名称	所在地
1	无锡盾建重工制造有限公司	羊尖镇
2	无锡市宇寿医疗器械有限公司	东北塘街道
3	无锡英特派聚合材料有限公司	锡北镇
4	无锡杰夫电声有限公司	锡北镇
5	无锡晶海氨基酸有限公司	东港镇
6	无锡市明江保温材料有限公司	东港镇
7	江苏申锡建筑机械有限公司	开发区
8	美新微纳传感系统有限公司	开发区
9	无锡富瑞德精密机械有限公司	开发区
10	无锡汉神电气有限公司	开发区
11	无锡杰尔压缩机有限公司	开发区
12	无锡日月合金材料有限公司	开发区
13	无锡亮源激光技术有限公司	开发区
14	无锡市洪汇树脂有限公司	开发区
15	无锡阿科力化工有限公司	开发区

2011年锡山区新增江苏省高层次创新创业人才引进计划一览表

表30

序号	姓名	单位名称	现任职务
1	黄海鹰	无锡阿斯特科技有限公司	技术副总
2	王宏武	江苏瑞尔医疗科技有限公司	研发副总裁
3	李大明	无锡亮源激光技术有限公司	董事长
4	黄　庆	无锡森智谷纳米生物科技有限公司	法人

2011年锡山区新增海外留学归国（到锡山）科技领军型创新人才引进项目一览表

表31

序号	姓名	单位名称
1	王益锋	无锡英特派金属制品有限公司
2	刘基宏	无锡协新毛纺织有限公司

2011年锡山区新增江苏省“333高层次人才培养工程”第三层次培养对象一览表

表32

序号	姓名	单位名称
1	李千目	无锡南理工科技发展有限公司
2	许　健	江苏新日电动车股份有限公司
3	张　鹏	无锡市添力锅炉设备制造有限公司

2011年锡山区新增江苏省“企业博士集聚计划”一览表

表33

序号	企业名称	姓名	所在地	类别
1	江苏红豆杉药业有限公司	龚　喜	东港镇	企业创新类
2	无锡南方电器制造有限公司	冯曰海	东港镇	企业创新类
3	美新微纳传感系统有限公司	周汉秦	开发区	企业创新类
4	无锡亮源激光技术有限公司	潘玉寨	开发区	企业创新类
5	无锡博视芯半导体科技有限公司	王洪剑	开发区	企业创新类
6	江苏申锡建筑机械有限公司	陈士忠	开发区	企业博士后类

2011年锡山区新增无锡市“530”计划项目一览表

表34

序号	姓名	项目名称	项目类别
1	蒋箭平	基于微生物自发荧光原理的空气浮游菌瞬时检测系统	A类
2	孙晓冰	新型等离子设备的制造及其应用服务	B类

续表34

序号	姓名	项目名称	项目类别
3	李　慧	水利工程用新型防护涂层材料的研发与产业化	B类
4	洪思忠	CMCVs-HM型便携式重金属分析仪	B类
5	左　玮	污泥（土壤）的综合处置利用的研究与产业化	B类
6	黄樱梅	驼铃商道，俄语区外贸外包	C类
7	谷　涛	低成本高可靠性车用燃料电池系统的商业化	C类
8	武占春	基于智能重构技术的服饰行业物流及物流配送系统	C类
9	刘　兵	可嵌入ERP数据库系统的新型齿轮箱故障诊断和维护成本控制软件	C类
10	肖延安	电镜用能谱仪系统	C类
11	白向阳	新型非培养微生物检测芯片	C类
12	肖　岩	大功率、长寿命半导体激光芯片的开发生产	C类
13	李文彤	特锐长宽测定系统	C类
14	杜京军	柔性显示器用无机场致发光粉制备	C类
15	杨乐土	用于隐蔽油气藏勘探的高精度测井横波预测设备	C类
16	俞竞可	新型低成本高可靠性无线信道传真中继设备	C类
17	田　露	新型抗肿瘤药——血管抑制剂的研发与产业化	C类
18	王鑫海	采用纳米生物传感器（仿生智能鼻）的安全健康通风窗的研发与产业化	C类
19	陈国璐	微米、纳米芯片制造过程中的高性能恒温测控装置	C类
20	任　涛	新型智能互动—仿生视听识别—多传感器信息融合技术的语言培训软件	C类
21	曲晓青	基于物联网的自助式健康工作站及一站式服务中心	C类
22	严守平	MCP集成芯片开发	C类
23	徐　桦	基于GMD平板电脑的移动商务平台	C类
24	姚文臣	传网寻	C类
25	李　懿	大坝监测智能分析	C类
26	沈　锋	基于无线的就业信息智能匹配系统	C类

续表34

序号	姓名	项目名称	项目类别
27	张永军	物联网应用管控系统	C类
28	林世勇	新型工业化应用离子注入技术	C类
29	王逸平	复杂环境下金属管道内液/气体温度测试传感器的产业化	C类
30	冯达治	物联网传输层高集成度核心无线模块及应用产品的研发、生产	C类
31	刘　莹	表面功能绝热保温材料的产业化	C类
32	孙毅勇	智慧物流v1	C类
33	李　琦	应用于超导微波滤波器的YBCO薄膜的产业化	C类

2011年锡山区新增市级以上科技指令性计划立项项目一览表

表35

序号	项目类别	项目名称	承担单位	所在地	拨款（万元）
1	省科技支撑计划（工业）	LED液晶显示用高性能软磁铁氧体	无锡斯贝尔磁性材料有限公司	东港镇	200
2	省科技支撑计划（工业）	大功率半导体激光加工系统的研制与开发	无锡亮源激光技术有限公司	开发区	60
3	省创新资金	新型视觉工业CT在线检测系统	无锡众望四维科技有限公司	开发区	25
4	省重大成果转化资金	基于水分转化原理的淤泥固化资源化利用技术工程化整体解决方案与成套装置的研发与产业化	江苏聚慧科技有限公司	东亭街道	890
5	省重大成果转化资金	特高压、长距离大容量电力输送用节能硬铝导线的研发及产业化	无锡华能电缆有限公司	安镇街道	890
6	省重大成果转化资金	平板电视用多点激励源扬声器系统的研发与产业化	无锡杰夫电声有限公司	锡北镇	890
7	省重大成果转化资金	高速列车牵引变压器用新型特种换位导线的研发及产业化	无锡统力电工有限公司	东港镇	890
8	省重大成果转化资金	激光-PMIG复合热源智能焊接成套装备研发与产业化	无锡汉神电气有限公司	开发区	890
9	2011年度省企业知识产权战略推进计划专项资金	2011年度省企业知识产权战略推进计划	红豆集团	东港镇	25

续表35

序号	项目类别	项目名称	承担单位	所在地	拨款（万元）
10	2011年度省企业知识产权战略推进计划专项资金	2011年度省企业知识产权战略推进计划	无锡宏源机电科技有限公司	开发区	50
11	省国际合作计划	大容量只读OTP芯片复制与相关加密技术的开发	江苏新广联科技股份有限公司	开发区	15
12	省国际合作计划	基于无线多媒体传输的远程健康管理系统	无锡卓识科技有限公司	开发区	50
13	省农业科技计划	农业科技园区高效园艺作物生产智能测控技术集成创新与示范	无锡中科智能农业发展有限责任公司	安镇街道	30
14	市创新基金项目	全自动轴承套圈内圈孔径在线检测机	无锡双益精密机械有限公司	安镇街道	9
15	市创新基金项目	船用可收放式减摇鳍装置	无锡市东舟船舶附件有限公司	东北塘街道	10
16	市创新基金项目	A+PSA前列腺癌液相芯片产品开发	无锡伊琳生物技术有限公司	锡北镇	6
17	市创新基金项目	计算机反应式安全系统	无锡天眼信息科技有限公司	锡北镇	6
18	市创新基金项目	纺织染整废水的深度处理及超低排放回用技术	江苏商达水务有限公司	锡北镇	6
19	市创新基金项目	印染废水深度处理回用技术及设备	无锡泰达纺织科技有限公司	锡北镇	6
20	市创新基金项目	无创血流动力学参数分析仪	无锡华清医疗器械有限公司	锡北镇	6
21	市创新基金项目	磁性应力测量仪的开发及产业化	无锡强力环保科技有限公司	锡北镇	6
22	市创新基金项目	肿瘤立体定向放射治疗的图像引导技术和设备	江苏瑞尔医疗科技有限公司	锡北镇	6
23	市创新基金项目	双丝数字化智能化MAG/MIG/PMIG焊接装备	无锡市南方电器制造有限公司	东港镇	10
24	市创新基金项目	高速碟式环阀高效排渣分离机	无锡市减速机械有限公司	东港镇	9
25	市创新基金项目	大功率半导体激光器及应用系统国产化	无锡亮源激光技术有限公司	开发区	6

续表35

序号	项目类别	项目名称	承担单位	所在地	拨款（万元）
26	市创新基金项目	带高速电机的单级高速离心压缩机	无锡杰尔压缩机有限公司	开发区	9
27	市创新基金项目	HRN型高磁性四氧化三铁磁粉	无锡佳腾磁性粉有限公司	开发区	9
28	市创新基金项目	集成电路引线框架用铜镍硅合金材料	无锡日月合金材料有限公司	开发区	9
29	市创新基金项目	YHJM100/50型液压互爬式附着升降脚手架成套技术研究与产业化开发	江苏申锡建筑机械有限公司	开发区	9
30	市创新基金项目	电力新能源调度规划仿真系统	无锡爱索思电力科技有限公司	开发区	6
31	市创新基金项目	大规模分布式光伏电站组实时远程智能运行控制系统	无锡南理工科技发展有限公司	开发区	6
32	市创新基金项目	插帧和超分辨率技术SOC芯片研制及在LCD TV中的产业化	无锡博视芯半导体科技有限公司	开发区	6
33	市科技创业项目	可交换组合式洗衣机内桶级进模具系统	江苏尚诚精密模具科技有限公司	开发区	20
34	市新兴产业培育项目	基于XMESH自主网技术的智能监测节点及系统集成平台	美新微纳传感系统有限公司	开发区	45
35	市新兴产业培育项目	大功率半导体激光精密加工系统	无锡亮源激光技术有限公司	开发区	45
36	市新兴产业培育项目	轿车整车NVH声学包优化设计研究开发及产业化	无锡吉兴汽车声学部件科技有限公司	开发区	40
37	市新兴产业培育项目	超大规模指纹身份认证运营平台系统	无锡指网生物识别科技有限公司	开发区	30
38	市新兴产业培育项目	大型全断面隧道掘进机	无锡盾建重工制造有限公司	羊尖镇	50
39	市科技保险项目	—	无锡市海联舰船内装有限公司	东北塘街道	0.5
40	市科技保险项目	—	无锡锡州机械有限公司	锡北镇	5
41	市科技保险项目	—	无锡晶海氨基酸有限公司	东港镇	4

续表35

序号	项目类别	项目名称	承担单位	所在地	拨款（万元）
42	市科技保险项目	—	无锡晶磊电子有限公司	东港镇	1
43	市科技保险项目	—	无锡斯贝尔磁性材料有限公司	东港镇	6
44	市科技保险项目	—	江苏新广联科技股份有限公司	开发区	7
45	市“530”产业化项目	—	无锡翱天电气科技有限公司	开发区	10.7
46	市农业科技项目	抗生素替代新型绿色饲料添加剂的研发与中试	无锡恒泽元生物科技有限公司	东亭街道	20
47	市农业科技项目	面向高效生态养殖的科技型农业专业合作社	无锡圩厍水产专业合作社	鹅湖镇	10
48	市农业科技项目	面向绿色食用菌种植的科技型农业专业合作社	无锡市东升食用菌专业合作社	东港镇	10
49	市农业科技项目	面向虾蟹生态环保养殖的科技型专业合作社	无锡市山联水产专业合作社	东港镇	10
50	市农业科技项目	面向优质富硒番茄种植的科技型农业专业合作社建设	无锡喜洋洋果蔬专业合作社	羊尖镇	10
51	市社会发展项目	东南村循环农业新技术研究与示范	无锡市锡山区东港镇东南村民委员会	东港镇	20
52	市科技基础设施项目	高效生态清淤与固化资源化利用一体化高技术研究重点实验室	江苏聚慧科技有限公司	东亭街道	200
53	市科技基础设施项目	无锡市平板显示新型电声器材高技术研究重点实验室	无锡杰夫电声有限公司	锡北镇	200
54	市产学研合作项目	微型纯电动汽车的技术开发与应用	江苏新日电动车股份有限公司	安镇街道	50
55	市产学研合作项目	顶驱式液压冲击回转多功能钻机的研发	无锡市安迈工程机械有限公司	羊尖镇	40
56	市产学研合作项目	L-谷氨酰胺发酵清洁生产产业化技术开发	无锡晶海氨基酸有限公司	东港镇	50
57	市产学研合作项目	集成电路引线框架用铜镍硅合金材料的研发与产业化	无锡日月合金材料有限公司	开发区	45

续表35

序号	项目类别	项目名称	承担单位	所在地	拨款（万元）
58	市产学研合作项目	激光-PMIG复合热源智能焊接成套装备研发与产业化	无锡汉神电气有限公司	开发区	40
59	市产学研合作项目	特种丙烯酸树脂的研究与开发	无锡市洪汇树脂有限公司	开发区	40
60	市产学研合作项目	用于高性能复合材料制造的绿色环保型端氨基聚醚的研制与产业化	无锡阿科力化工有限公司	开发区	40
61	市产学研合作项目	能量回收型模块式低环温空气源热泵机组的研发与产业化	无锡同方人工环境有限公司	开发区	40
62	市产学研合作项目	污水处理精确曝气系统的研究与开发	无锡杰尔压缩机有限公司	开发区	40
63	市产学研合作项目	基于智能视频分析的车辆行踪监控关键技术的研究及产业化	江苏大为科技股份有限公司	开发区	40
64	市院士工作站项目	无锡晶海氨基酸有限公司院士工作站	无锡晶海氨基酸有限公司	东港镇	50
65	市国际科技合作项目	超高温、高强度集成电路封装材料的研发与产业化	无锡英特派聚合材料有限公司	锡北镇	45
66	市国际科技合作项目	一类新药新型抗肿瘤光敏剂HPPH的开发	江苏红豆杉药业有限公司	东港镇	40
67	市国际科技合作项目	大容量只读OTP芯片复制与相关加密技术的开发	江苏新广联科技股份有限公司	开发区	40
68	市国际科技合作项目	智能型系列化高层建筑擦窗机	江苏申锡建筑机械有限公司	开发区	45

2011年锡山区新增无锡市现代农业（智能农业）科技创新中心一览表

表36

序号	承担单位	所在地
1	无锡五芝源生物农业科技有限公司	锡北镇
2	无锡南理工科技发展有限公司	开发区

2011年锡山区新增市级以上科学技术奖一览表

表37

序号	项目类别	项目名称	承担单位	所在地	奖项等级
1	省科学技术奖	进出口用能产品能效技术措施系的研究	中华人民共和国无锡出入境检验检疫局	东亭街道	三等
2	市科技进步奖	500KV变压器用换位导线	无锡统力电工有限公司	东港镇	二等
3	市科技进步奖	高强度阻旋转压实股钢丝绳的研发	江苏赛福天钢绳有限公司	开发区	二等
4	市科技进步奖	氯乙烯—醋酸乙烯—乙烯醇共聚树脂生产方法	无锡市洪汇树脂有限公司	开发区	二等
5	市科技进步奖	超幅面绝缘纸板热压机	无锡锦和科技有限公司	东北塘街道	三等
6	市科技进步奖	带导管的一体化内置音箱	无锡杰夫电声有限公司	锡北镇	三等
7	市科技进步奖	7步进阶梯接缝变压器铁芯	无锡市普天铁心有限公司	锡北镇	三等
8	市科技进步奖	碳纤维远红外发热功能模块组	红豆集团无锡远东服饰有限公司	东港镇	三等
9	市科技进步奖	ZYP100高处作业悬挂座椅技术研究与产业化开发	江苏申锡建筑机械有限公司	开发区	三等
10	市科技进步奖	高层高速电梯钢丝绳的研发及产业化	江苏赛福天钢绳有限公司	开发区	三等
11	市科技进步奖	民用建筑通风换气系统	无锡天圣达环保科技有限公司	开发区	三等

2011年锡山区新增市级“三创”载体一览表

表38

序号	“三创”载体名称	认定面积（万平方米）
1	锡山科创园	17.50
2	V-park信息服务和创意产业园	8.40
3	无锡索立得国际科技合作园	5.24

2011年锡山区新增市级以上科技基础设施建设项目一览表

表39

序号	项目类别	项目名称	承担单位	所在地
1	省级工程技术研究中心	江苏省纳米绝热材料工程技术研究中心	无锡市明江保温材料有限公司	东港镇

续表39

序号	项目类别	项目名称	承担单位	所在地
2	省级工程技术研究中心	江苏省特种钢绳工程技术研究中心	江苏赛福天钢绳有限公司	开发区
3	市级工程技术研究中心	无锡市薄板装备工程技术研究中心	无锡东和薄板装备制造有限公司	东港镇
4	市级工程技术研究中心	无锡市硅化物工程技术研究中心	无锡确成硅化学有限公司	东港镇
5	市级工程技术研究中心	无锡市白炭黑工程技术研究中心	无锡恒诚硅业有限公司	开发区
6	市级工程技术研究中心	无锡市阻燃黏扣带工程技术研究中心	无锡百和织造股份有限公司	开发区
7	市级工程技术研究中心	无锡市电化学传感器工程技术研究中心	无锡百灵传感技术有限公司	开发区
8	市级工程技术研究中心	无锡市压电材料与器件工程研究中心	无锡中科超声技术有限公司	开发区
9	市级工程技术研究中心	无锡市新材料及特种钢丝绳工程技术研究中心	无锡通用钢绳有限公司	开发区
10	市级工程技术研究中心	无锡市特种氯乙烯共聚树脂工程技术研究中心	无锡市洪汇树脂有限公司	开发区
11	市级工程技术研究中心	无锡市汽车安 全系统工程技术研究中心	无锡皓月汽车安全系统有限公司	开发区
12	市级工程技术研究中心	无锡市智能交通工程技术中心	江苏大为科技股份有限公司	开发区
13	市科技基础设施项目	高效生态清淤与固化资源化利用一体化高技术研究重点实验室	江苏聚慧科技有限公司	东亭街道
14	市院士工作站	无锡中科智能农业发展有限责任公司院士工作站	无锡中科智能农业发展有限责任公司	安镇街道
15	市级工程技术研究中心	无锡市新型架空导线工程技术研究中心	无锡华能电缆有限公司	安镇街道
16	市级工程技术研究中心	无锡市电动轻便摩托车工程技术研究中心	无锡爱玛车业有限公司	羊尖镇
17	市级工程技术研究中心	无锡市紫外光固化材料应用技术工程技术研究中心	无锡金桥精细油墨有限公司	鹅湖镇
18	市级工程技术研究中心	无锡市吸尘器智能节能工程技术研究中心	无锡杰佳电器有限公司	鹅湖镇
19	市级工程技术研究中心	无锡市智能防爆电机电气工程技术研究中心	无锡锡山安达防爆电气设备有限公司	东北塘街道
20	市科技基础设施项目	无锡市平板显示新型电声器材高技术研究重点实验室	无锡杰夫电声有限公司	锡北镇

2011年锡山区新增无锡市专利优秀奖一览表

表40

序号	专利名称	发明人	专利权人	申报单位
1	吊篮用提升机工作机构	吴　杰	吴　杰	江苏申锡建筑机械有限公司

2011年锡山区新增无锡市专利工作优胜单位一览表

表41

序号	单位名称	所在地
1	无锡双益精密机械有限公司	安镇街道
2	无锡佰思特纺织品有限公司	安镇街道
3	无锡盾建重工制造有限公司	羊尖镇
4	无锡天绣纺织制品有限公司	东北塘街道
5	无锡中科光远生物材料有限公司	锡北镇
6	无锡杰夫电声有限公司	锡北镇
7	红豆集团	东港镇
8	无锡市欣盛纸制品厂	东港镇
9	江苏赛福天钢索股份有限公司	开发区
10	无锡吉兴汽车声学部件科技有限公司	开发区
11	天一中学	锡山区

2011年锡山区新增无锡市五十强高新技术企业一览表

表42

序号	单位名称	所在地
1	江苏聚慧科技有限公司	东亭街道
2	无锡华能电缆有限公司	安镇街道
3	无锡杰夫电声有限公司	锡北镇
4	江苏通用科技股份有限公司	东港镇
5	无锡统力电工有限公司	东港镇

续表42

序号	单位名称	所在地
6	健鼎（无锡）电子有限公司	开发区
7	无锡开普机械有限公司	开发区

2011年锡山区新增无锡市五十强科技领军型企业一览表

表43

序号	单位名称	所在地
1	美新微纳传感系统有限公司	开发区
2	无锡富瑞德精密机械有限公司	开发区
3	无锡杰尔压缩机有限公司	开发区
4	无锡日月合金材料有限公司	开发区
5	无锡亮源激光技术有限公司	开发区
6	无锡盾建重工制造有限公司	羊尖镇
7	无锡市宇寿医疗器械有限公司	东北塘街道

2011年锡山区新增无锡市十佳产学研合作项目一览表

表44

序号	项目名称	企业名称	合作院校	所在地
1	南理工无锡特种传感网应用技术研发中心	无锡南理工科技发展有限公司	南京理工大学	开发区

知识产权工作

【概况】 2011年，全区专利申请数6551件，比上年增长42.9%，其中发明专利申请数1193件，比上年增长69%；专利授权数5015件，百亿元GDP专利授权数全市第一。为企业向国家知识产权局争取到300余万元专利申请减缓费用，争取到市级以上专利资助资金400余万元。新增省企业知识产权管理标准化示范创建单位11家，市知识产权优势（示范）企业9家，省市科学技术奖和专利优秀奖12个。分层次深入企业开展知识产权动员与申报服务工作，加强对知识产权中介服务机构的管理，与上级部门联合进行打击侵犯专利权和假冒专利行为的专项执法行动，成效良好。组织开展形式多样的知识产权宣传培训活动，接受专利知识咨询600余人次，组织知识产权专家走进企业对接活动40余次，组织举办高层次培训班3期、培训142人次。

2011年锡山区专利申请情况一览表

表45

所在地	单位	当年累计	发明	实用	外观
东亭街道	件	378	81	67	230
安镇街道	件	597	76	92	429
羊尖镇	件	557	85	164	308
鹅湖镇	件	1146	104	98	944
东北塘街道	件	698	97	49	552
锡北镇	件	890	105	63	722
东港镇	件	847	164	223	460
开发区	件	1438	481	367	590
合 计	件	6551	1193	1123	4235

2011年锡山区专利授权情况一览表

表46

所在地	单位	当年累计	发明	实用	外观
东亭街道	件	340	11	44	285
安镇街道	件	438	24	65	349
羊尖镇	件	481	—	84	397
鹅湖镇	件	1133	11	41	1081
东北塘街道	件	597	11	51	535
锡北镇	件	593	23	43	527
东港镇	件	630	35	112	483
开发区	件	803	56	204	543
合 计	件	5015	171	644	4200

（王旻明）

编辑：钱惠芳

"区域推进现代学校建设的实践研究"结题会 （区教育局 供）

区委书记朱爱勋（右三）一行视察东亭实验小学新校区 （孙剑光 摄）

"科学认读——培养儿童阅读素养研究"结题鉴定会
（区教育局　供）

区政府召开学生接送安全现场会　（区教育局　供）

沈茂德当选首届"感动江苏教育十大人物"
（区教育局　供）

区教育局举办第二届“呼唤名师”优秀青年教师推介会　　（区教育局　供）

港下实验小学小红豆艺术团应邀赴维也纳金色大厅表演鼓乐《滚核桃》

（《新锡山》　供）

10月11日，锡山区与麻省理工学院签订科技合作协议
（区科技局　供）

5月24日，无锡市委副书记、代市长朱克江（右四）调研锡山科技型企业
（区科技局　供）

5月13日，区委书记朱爱勋（左）率队赴武汉与华中科技大学副校长邵新宇（右）商洽校地合作事宜
（区科技局　供）

文化·体育·卫生

文化·体育

【概况】 2011年，锡山区文体局紧紧围绕区委、区政府建设“幸福锡山”的决策部署，深入学习实践科学发展观，按照“普惠民生”战略，充分发挥职能作用，全区文化体育工作再上新台阶。群众文艺创作喜获丰收；农家书屋建设便民惠民；体育产业雏形初显；体育彩票销量2.28亿元，比上年增长34%；文化市场管理规范有序。2011年，锡山区被省“扫黄打非”工作领导小组评为“江苏省‘扫黄打非’工作先进模范区”、“江苏省‘扫黄打非’示范区建设二等奖”；区文体局被省体育局评为“2010年度体育彩票工作先进单位”；区体校创建为省三星级体校；锡山区被国家体育总局棋牌管理中心评为“2011年度全国国际象棋竞赛最佳赛区”。

群众文化

【文化活动丰富多彩】 2011年，锡山区书法家协会、美术家协会、摄影家协会、作家协会、音乐舞蹈家协会五大群众协会成立。成功举办建党90周年系列活动，通过组织广场文艺、“党在我心中”歌咏大会、书画摄影展、大学生村官征文演讲比赛、庆祝建党90周年文体事业成果掠影展、红歌会等系列活动，讴歌在中国共产党的领导下，新锡山建设所取得的辉煌成就和人民群众幸福美好的生活；做好吴文化节中“锡山”号彩船巡游的设计、现场指挥、联络、后勤工作。组织开展送春联、全健排舞比赛、“走进新锡山”大型广场文艺演出、鹅湖民俗文化节、无锡市“激情周末”锡山专场、“锡东新城杯”全健排舞大赛、“红色经典革命歌曲大家唱”广场文艺暨“革命优秀影片放映展”等活动。 在无锡市举办的“威孚杯·激情周末”广场文艺演出中，区文体局获最佳组织奖。全年放映流动电影513场（次），放映场次是2010年的一倍，丰富了全区市民的精神生活。

【文艺创作硕果累累】 选送书画作品参加无锡市“梁溪之春”书画展，获银奖2个、铜奖5个、优秀奖2个。鹅湖镇甘露文化站原站长曹耀堂获“感动中国·辉煌五年”音乐风云人物杰出成就奖，创作的歌曲《党旗在心中飘扬》获山西省第九届“五个一工程”优秀作品奖。创作的歌曲《咪啦咪》获中国少年儿童音乐协会全国少儿歌曲创作一等奖，编入《中国少儿最喜爱的歌曲集》。东港镇陈市村业余作者顾达新创作的小戏曲《母子情泪》、《寻子》入选《文化大视野——全国群文系统文艺作品选集（第3卷）》，其中《母子情泪》获“优秀作品奖”（最高奖）；《夺包》、《饭店奇遇》入选《中华颂——全国小戏小品曲艺作品集》，其中《夺包》获“小戏二等奖”。

文物保护

【概况】 积极组织中国第六个文化遗产日专题宣传活动，认真做好荡口古镇文展策划设计工作，初步确定华氏老义庄、钱伟长旧居、会通馆三个方案的基本框架，及时了解荡口古镇保护性修复工程建设进度，积极参与区重点办关于荡口古镇地块设计功能布局论证工作，及时做好各文物点修缮方案的编制、论证、报批工作。非物质文化遗产保护方面秉承“传承、弘扬”的宗旨，完成区非物质文化遗产巡礼片的拍摄工作，成功申报省市级非物质文化遗产代表性传承人，弘扬民俗文化的精髓，宣传非物质文化遗产保护的理念。2011年，中国乡镇企业博物馆接待国内外游客近3万人次。

公共图书馆

【图书服务便民惠民】 2011年，区图书馆新增图书2000余册，订阅报纸杂志400余种，新办借书证500余张，整理装订期刊2718册，保存报纸资料180册，接待读者6万余人次，外借书刊8万余册（次）。完成东亭、云林、厚桥3个街道图书馆的建设工作，年内实现全区镇（街道）100%建成文化共享工程基层服务点的目标任务。扎实开展新春送春联、元宵有奖猜谜、读书明星排行榜、读者座谈会、纪念建党90周年系列活动及科普主题活动，营造全民阅读的良好氛围。深入全区116个村（社区）农家书屋进行调研，为进一步巩固锡山区农家书屋建设成果、推进“四通”（通借还、通购、通网、通电影电视）农家书屋建设等工作打下坚实基础。全年申报省五星级农家书屋1家、省四星级农家书屋2家，建成省三星级农家书屋1家。

文化市场管理

【文化市场治理规范】 坚持教育与处罚相结合、日常管理与集中整治相结合、重点整治与全面规范相结合，加强文化市场监管，维护市场经营秩序，做好网吧、电子游戏、音像制品、书报刊经营单位和校园周边文化环境整治，“扫黄打非”专项行动，演出娱乐市场专项整治以及打击无证经营行为四方面工作。全年出动检查执法人员27620人次，组织开展专项整治行动15次，检查文化、新闻出版经营单位12932家（次），查处取缔无证“黑网吧”25家，收缴电脑253台；取缔无证电子游戏室13家，收缴各类电子游戏机、赌博机64台；取缔无证音像制品、书报刊摊点149个，收缴盗版音像制品15689张（其中淫秽色情光盘251张）、非法出版物82530册；取缔非法大棚演出活动5起。通过日常检查、集中行动、专项治理，有效打击了各类非法经营活动，进一步净化了全区的社会文化环境。2011年，锡山区获“江苏省‘扫黄打非’工作先进模范区”、“江苏省‘扫黄打非’示范区建设二等奖”、“锡山区规范执法示范点”荣誉。

【文化产业初具规模】 坚持打扶并举，管建结合，全区文化市场主体不断增加，文化市场领域不断发展壮大，形成涵盖音像、网络文化、电子游戏、歌舞娱乐、演出、电影、艺术品、动漫、出版物、印刷的初具规模的文化市场体系。全区有依法设立的文化、体育、新闻出版经营单位850余家，文化市场从业人员近1.2万人，全年文化、新闻出版市场主营业务收入超过55亿元。全区创意产业处于起步阶段，印刷包装业和光盘复制业继续保持良好的发展势头，积极培育江苏新广联科技股份有限公司上市筹备工作。

群众体育

【体育设施规划建设加快】 在“百村康乐工程”基础上，对全区各镇（街道）、村（社区）的公共体育设施全面系统调研，摸清“家底”，全区建有健身路径411套、标准篮球场25片（有灯光、看台）、简易篮球场260片、室外乒乓场地165片。同时，完成体育器材招标工作，并对全区部分损坏的体育器材进行全面排查，进行针对性维修、更新工作。围绕2011年人均新增公共体育设施面积0.02平方米的目标，加大新建安置小区健身器材投放力度，全区发放健身路径79套、乒乓球台43副、篮球架16副，新增公共体育设施面积14.7平方米，万人拥有公共体育设施面积2平方米。

【全民健身如火如荼】 全民健身系列活动红红火火，区、镇（街道）、村（社区）、学校、企业广泛开展“阳光体育”、“广场体育”等形式多样的体育活动和展示，参加全民健身节人数12万人次。成功举办“体育五进”（体育进企业、进机关、进学校、进社区、进农村）系列赛事活动，活动包括乒乓球、羽毛球、射击、拔河、足球、门球、棒球、棋类等十余项人民群众喜闻乐见的体育项目。在积极举办群众体育的同时，加强对镇（街道）、村（社区）体育指导员的培养，全区拥有国家级社会体育指导员2人、一级28人、二级344人、三级712人，指导员总数1086人，每万人拥有社会体育指导员26.49人。同时，免费组织各镇（街道）体育骨干参加市级国民体质测试培训班，开展为期5个月的体质监测活动，测试样本量560人，全区每个镇（街道）测试500人以上，满足了社区居民就近就地健身的需求。

竞技体育

【竞技体育成绩显著】 围绕“一区一品”赛事的既定目标，积极开展工作，着力打造符合锡山实际的体育特色品牌建设。成功举办“华方建设杯”首届中国（锡山）国际象棋女子名人赛，国内等级分名列前茅的10名棋手参赛，是国内象棋水平最高的比赛之一。天一中学在2011年“天津弈诚杯”中国国际象棋甲级联赛中冲甲成功，获得2012年入场券。天一中学学生韦奕在第二届全国智力运动会国际象棋比赛中，获少年男子快棋个人赛冠军。2011年，区体校创建成江苏省三星级体校。区体校棒球队在省年度比赛中包揽甲、乙组的冠军，并获2011年全国青少年棒球锦标赛AAA组冠军；垒球队获省年度比赛甲、乙两个组别的亚军；承办2011年全国少年儿童垒球锦标赛，并获少年组总冠军。在2011年江苏省省县组田径比赛中，锡山区获两个单项冠军的好成绩，比2010年有了大幅提升。在培训体育后备人才方面，分别向国家垒球队、省棒球队、省曲棍球队推荐队员，到省棒球队集训10人（留下6人）、省垒球队集训3人。在2011年的高考中，因成绩突出，区体校应届毕业生全部提前被上海华东政法大学、上海外国语大学和南京工业大学预定并录取，得到进一步的学习深造。

【体育产业雏形初显】 学校体育设施整合开放服务项目获得省级扶持资金，为体育工作的推广和宣传、仪器设备购置、品牌建设等提供了有力的保障。规划打造体育用品龙头产业，通过内抓技术创新、加强竞争意识，外塑品牌形象，强化自主开发、技术创新和保护，以球类、运动服装为龙头的体育用品产业异军突起，逐步形成集团作业。区体育产业的发展成为全区经济中一支不可小视的力量。

体彩销售

【概况】 2011年，锡山区体育彩票管理办公室紧紧围绕“抓基础，拓市场，上台阶”的工作思路，以加强网点基础建设为主线，以展示体彩形象为重点，以提升站点运行质量为目的，积极稳妥推进网点各项工作的开展。至12月31日，锡山区体彩总销量2.28亿元，比上年增长34%，在全省县区销量排名中继续保持第九位。其中，电脑彩票销售1.28亿元，竞猜彩票销售5520万元，即开彩票销售4439万元。

（熊翠燕）

卫　生

【概况】 2011年，全区有医疗卫生机构170家，其中区镇两级医疗卫生机构18家；开放床位1971张；执业（助理）医师915人、乡村执业医生111人；平均每千人口拥有床位4.76张，医生2.21人（包含111名乡村医生），卫技人员5.39人。区镇两级医疗卫生机构完成门急诊283.30万人次（含社区卫生服务站59.35万人次），比上年增长10.1%；收住院病人4.97万人次，比上年增长3.8%；病床使用率83.1%，比上年下降1.7个百分点；完成业务量5.72亿元，比上年增长10%。

医药卫生体制改革

【概况】 完善组织机构，调整区深化医药卫生体制改革领导小组，领导小组办公室设在区发改局。同时，对基层医疗卫生机构综合改革实行包干负责制，按“一人一中心”的要求，由各镇（街道）分管镇长（主任）包干负责所在地社区卫生服务中心的综合改革工作。进一步研究学习中央、省、市一系列医药卫生体制改革文件，并赴江阴、常熟实地考察两地医药卫生体制改革的有关情况，结合锡山实际，形成《持续推进医药卫生体制改革向纵深发展——关于我区医改工作的几点思考》的调研报告，对持续推进医改工作提出设想和建议，为区委、区政府提供参考。

【深化国家基本药物制度】 扩大基本药物制度实施范围，全区采购基本药物4358.52万元，与国家零售指导价格相比，国家基本药物价格下降36.51%，省增补药品价格下降32.48%。全区社区卫生服务机构门急诊均次费用由75.65元下降至54.55元，比2010年下降27.89%；住院均次费用由2278.97元下降至1987.61元，比2010年下降12.78%。鼓励引导二级医院临床首选基本药物，并制订相应的考核制度，二级医疗机构使用国家基本药物的金额占医院药品总金额的27.61%。完善基本药物采购机制，按照药品使用情况编制新一轮采购计划，签订委托省药品采购中心采购基本药物的协议。

【人事制度改革】 统筹核定人员编制，根据省市要求，由区编办重新核定9家社区卫生服务中心人员编制，核定编制497名。研究制订《锡山区卫生事业单位岗位设置管理工作若干问题的处理意见》，全面开展岗位设置、竞聘上岗、全员聘用等工作。全区核定岗位总量1879个（其中管理岗位109个、专技岗位1689个、工勤岗位81个），有编内人员1631人，实际聘用1631人（其中管理岗位107人、专技岗位1453人、工勤岗位71人）。积极做好实施绩效工资的收入调查统计、调研等各项准备工作。落实乡村医生的养老保障问题，与区人保局、区财政局联合制订并下发《关于贯彻落实无锡市关于切实解决乡村医生养老保障问题的实施意见》，全区9个镇（街道）的112名在职乡村医生参加养老保险，183名离岗乡村医生通过审批并兑现相关补贴待遇。

【建立完善多渠道补偿机制】 按照“核定任务、核定收支、绩效考核补助”的原则，对政府开办的9家社区卫生服务中心全部实施收支两条线管理，基层医疗卫生机构经常性收支差额补助、基本建设、设备购置、人员经费和其承担的公共卫生服务经费等专项补助经费均列入财政预算。9家社区卫生服务中心所产生的全部收入解缴所在镇（街道）财政专户，支出根据预算由镇（街道）财政划拨使用。区财政承担补助净额的50%，并与镇（街道）财政进行结算。

社区卫生

【概况】 按照“人员、标识、药品、财务、服务、信息、制度、考核标准”统一的要求，对社区卫生服务机构实行规范化管理。各社区卫生服务中心根据服务区域的调整，及时调整责任医生团队的责任区域，全面开展主动、上门、连续的基本公共卫生和基本医疗服务。认真做好逐级转诊和双向转诊工作，全年由社区卫生服务中心转入二级以上医院4722人，二级以上医院转回社区卫生服务中心49人。

【推行家庭健康医生责任制】 11月，在全区建立以家庭成员为健康管理对象、以家庭健康医生为直接管理责任人、以社区全科团队为综合服务责任单位的家庭健康医生责任制。全区有553名家庭健康医生，每名家庭健康医生按照签约服务220户左右的标准，建立包干责任制。家庭健康医生为签约家庭提供建立健康档案，为0～6岁儿童提供健康管理、预防接种，为孕产妇提供孕产期健康管理，为60岁以上老年人提供体检、健康指导，为慢性病患者提供定期随访、用药指导等12项免费健康服务。

【绩效考核】 修改完善《锡山区社区卫生服务机构绩效考核方案》，注重以服务质量、服务数量和群众满意度为核心，对社区卫生工作进行细化、量化。建立以区级各相关部门、各镇（街道）为成员单位的考核小组，增强公开透明和权威性，促进考核制度的实施。各社区卫生服务中心制订（完善）考核方案。11月，各社区卫生服务中心进行年度考核，考核结果均为优秀（90分以上）。按照卫生部办公厅关于印发《全国县级妇幼卫生工作绩效考核方案（试行）》通知精神，开展妇幼卫生绩效考核工作。区妇幼卫生绩效考核取得全市第三名的成绩，并于9月下旬代表无锡市接受省卫生厅组织的抽查。

公共卫生

【深化基本公共卫生服务】 全区传染病总发病率121.47/10万，无疫情蔓延情况发生。全区发现并落实督导管理活动性肺结核病人260例，完成全年市下达目标任务的115.6%。全区3个艾滋病免费咨询监测门诊共提供免费咨询检测1207人次，检出HIV（人类免疫缺陷病毒）阳性者2例。4月开展春季查螺灭螺工作，查螺面积198.5万平方米，未查到活钉螺。完成血防查病3182例。全区适龄儿童11苗接种率均在98%以上，各接种点共接种一类疫苗14.03万人次。全区常住人口高血压病人、糖尿病人登记率分别为6.41%、2.0%，高血压、糖尿病管理率分别为98.87%、98.81%。重型精神病有效管理率在90%以上。辖区孕产妇死亡率0/10万，婴儿死亡率2.14‰，出生缺陷发生率3.75‰，免费婚前医学检查率95.3%。全区人均期望寿命80.97岁。

【重大公共卫生服务项目完成】 组织实施农村孕产妇住院分娩补助，妇女增补叶酸预防神经管缺陷，妇女宫颈癌、乳腺癌检查等重大公共卫生服务项目。完成2245名孕产妇住院分娩补助；完成3075名妇女叶酸发放；累计完成40633名妇女乳腺癌检查，40390名妇女宫颈癌检查。自2010年妇女“两癌”检查项目实施起，共确诊宫颈癌16人、乳腺癌20人。对检查发现的癌症病人和异常患者及时给予治疗，落实追踪管理。作为省级试点地区，8月在全市率先启动预防艾滋病、梅毒和乙肝母婴传播项目。全区艾滋病、梅毒和乙肝的孕期检查率分别为92.21%、91.82%和89.38%，产时检查率分别为100%、98.16%和100%，检出梅毒孕妇4例、梅毒产妇7例。自11月起，对母亲乙肝表面抗体阳性的62名新生儿免费注射乙肝免疫球蛋白。

【公共卫生服务项目经费落实】 落实基本公共卫生项目经费2135.91万元，人均31.41元（按常住人口68万人计算）。继续落实好重大妇幼卫生项目经费，下拨重大公共卫生经费697.77万元，其中“两癌”筛查经费610.73万元，农村孕产妇住院分娩补助87.04万元。

爱国卫生

【概况】 东亭、东北塘、羊尖3个镇（街道）通过国家卫生镇复查，被全国爱国卫生运动委员会办公室重新确认命名为国家卫生镇。98个村通过江苏省卫生村复查验收。全区完成生态改厕823座。依法开展病媒生物防治工作，有效控制“四害”（蚊子、苍蝇、老鼠、蟑螂）密度。锡山商贸城、东亭老街菜场、柏庄菜场除“四害”工作市场化运作，创建成无锡市病媒生物防治先进农贸市场。深入推进健康城市建设，创建成省爱国卫生先进单位1家、省健康促进示范企业1家、省健康促进铜牌学校1所、市健康素养监测点2个、市健康社区10个、市健康促进学校7所。54所学校（幼儿园）被命名为无烟学校（幼儿园）。锡山人民医院等5家医疗机构创建成无烟医疗机构，完成2011年年底医疗卫生机构全部创建成无烟医疗机构的任务。

卫生监督

【概况】 开展专项检查30次，监督检查餐饮服务单位6860户（次）、公共场所1011户（次），实施卫生行政处罚58起。充分利用锡山区行政权力网上公开透明运行平台，在网上对受理及办结事项进行公示，公示率100%。新发卫生许可证611家，年检2341家，办结医师、助理医师执业资格注册及变更310件，办结护士执业资格注册及变更218件。加强职业卫生监督检查，开展粉尘企业专项整治、职业健康监护专项整治和建设项目职业卫生评价情况专项整治工作，全年监督检查83家企业，对60家企业的作业场所进行职业危害因素监测。加强医疗市场监督，开展医疗机构执业行为、腹泻病门诊、医疗机构医疗废物管理、医院感染管理等专项监督检查行动，监督检查各级各类医疗机构378家（次），取缔非法行医“黑诊所”24家（次）。

【保障餐饮食品安全】 印发《无锡市锡山区2011年餐饮食品安全行动年暨“放心餐桌”工程实施方案》，科学安排全年食品安全工作目标，明确工作职责，量化工作指标，细化工作任务，制定考核指标，逐级落实整顿工作任务和责任。全区卫生监督服务频次为每户4.12次，对1320家餐饮服务单位进行餐饮食品安全监督量化分级评定工作，其中评定食品卫生信誉等级A级单位38家、B级单位891家、C级单位391家。开展重大节日大型酒宴、农村家宴备案和食品安全指导工作，重大节日大型酒宴和农村家宴备案464户（次）、1227餐（次），现场指导801餐（次），抽检各类食品539批（次），合格529批（次），合格率98.1%，完成餐饮服务卫生监督信息公示410家。A级单位监管信息公示率100%。与300余家大中型餐饮服务单位签订餐饮服务食品安全责任书，发放《餐饮服务食品安全预防食物中毒十大要点》等材料1000余份，未发生Ⅳ级及以上食物中毒和重大活动接待单位食物中毒事件。

医政管理

【概况】 以“医疗质量万里行”活动为抓手，各医疗单位全面参与市级医疗质量控制体系，围绕医疗核心制度和法律法规主题，开展医疗安全教育活动，切实提高医护人员的安全意识。辖区医疗机构病历甲级率96%、“三符合”（医嘱与病情相符合，病历记录与病情相符合，医嘱与收费相符合）达标率91%、质控参与率100%、质控合格率96%、病案首页规范管理率100%。探索并开展临床路径管理，二级医院每个临床科室有1个以上病种、全院不少于10个病种实施临床路径管理。各社区卫生服务中心均有3个以上病种实施临床路径管理。开展“优质护理服务示范工程”活动，通过优化护理服务环节和服务流程管理，打造护理服务品牌，把“以病人为中心”的人文护理理念融入到实际工作中，住院病人对护理工作的满意率在95%以上。

【二级医院创建】锡北人民医院、鹅湖人民医院、东港医院、东亭医院对照创建标准和要求，制订争创计划，逐项寻找差距，开展二级乙等医院的创建工作。10月9日，锡北人民医院通过专家组现场评审，创建成二级乙等医院。东港医院、鹅湖人民医院、东亭医院通过专家组评审。

【医疗卫生培训】与人事、监察部门一起组织实施2011年锡山区卫生系统公开招聘卫技人员工作，为6家医院公开招聘115名卫技人员。制订《关于在锡山区卫生系统开展年轻干部岗位交流轮训工作的通知》，各医疗卫生单位开展年轻干部岗位交流轮训工作，完成首轮8名年轻干部轮训任务。加强“三基”（基础知识、基本理论和基本技能）培训和考核，开展10期“三基”培训班，重点开展内、外、妇、儿科急救、常见病、多发病等诊疗规范培训和公共卫生基本知识培训，参训人数1651人次。积极开展全科医生转岗培训，全区有9名临床医师参加全科医师转岗培训，有10名卫技人员分别参加B超岗位培训、康复专业社区人员岗位培训、药学岗位培训。

【医疗卫生机构硬件建设】制定《关于全区医疗卫生单位危房改造建设方案》，并由区政府办转发。从2011年起，全区有12个基层医疗单位进行加固、改建、扩建或易地新建。2011年，新锡山人民医院完成方案设计招标；鹅湖人民医院易地新建工程完成立项，设计招标工作进展顺利；厚桥街道社区卫生服务中心通过立项；安镇社区卫生服务中心改扩建工程基本完成。

行风建设

【卫生惠民服务工程】实施爱“心”工程，全年开展孕期胎儿先心（先天性心脏病）筛查1899人，发现并确诊1例严重先心病胎儿，及时终止妊娠，避免缺陷儿的出生；0～6岁儿童筛查18577人，确诊先心患儿54人，实施手术5人。“老年居民幸福工程”中免收60岁以上老年人门诊诊疗费和挂号费333215人次，免费开展体检40691人次。“医疗惠民工程”中“五免五减半”325人次，减免金额856.32万元。救助贫困白血病、尿毒症患者家庭237户，其中白血病患者家庭62户（新发生病例16名）、尿毒症患者家庭175户（新发生病例29名），救助金额114.5万元。

相关链接：

爱“心”工程：以降低出生缺陷、全面提高出生人口素质和儿童健康水平为目标，以“关注心脏，预防和治疗儿童先天性心脏病”为主题，主要针对儿童先天性心脏病展开一系列预防、筛查、干预和治疗措施。

五免五减半：免收门诊挂号费、门诊诊疗费、注射费、住院护理费、住院诊疗费，减半收取床位费、化验检查费、治疗费、放射检查费、手术费。

【行业作风建设】巩固省文明行业先进单位创建成果，建立和完善行风建设管理制度，重点落实好轮岗制、廉政准入制、药品医疗器械招标采购制度等关键制度。在全行业开展“三好一满意”（服务好、质量好、医德好，群众满意）活动。通过一系列优质服务活动，真正做到“让群众满意、让政府放心”，辖区内医疗卫生机构服务对象综合满意率在90%以上。结合纪念建党90周年，组织开展争创“群众满意的窗口服务单位”主题实践活动，各单位把握惠民服务核心，认真落实便民利民各项举措，深入开展服务竞赛活动，评选出2011年度锡山区“十佳”医生、“十佳”护士、“十佳”社区医务工作者、“十佳”公共卫生医生。

红十字会工作

【概况】开展“红十字人道万人捐”活动，募集善款218.7万元；募集造血干细胞志愿捐献者101人，其中58名志愿者加入中华骨髓库；募集角膜（遗体）志愿捐献者11人；募集应急无偿献血志愿者621人。开展“迎新春，送温暖”活动，对全区53名白血病患者和149名尿毒症患者家庭进行走访慰问，发放慰问金100万元。做好日常救助工作，2011年对全区因病致贫、发生车祸及突发事件致家庭困难户共38户实施救助，发放救助金12.5万元。完成无偿献血2784人次。全区新增红十字社区服务站11个。东港镇红豆集团党委书记、总裁周海江，锡北镇无锡路标交通设施有限公司职工周国东两名志愿者当选为“2011年无锡市十大公益人物”。

（钱艳）

档案史志

【概况】2011年2月9日，经无锡市机构编制委员会批准，锡山区档案局（馆）增挂“区史志办公室”牌子。锡山区档案局（馆）紧紧围绕区委、区政府提出的“十二五”规划，以科学发展观为指导，坚持以档案史志工作“六化”（基层建设规范化、档案管理现代化、窗口建设标准化、征集编研多元化、史志编纂精品化、业务技能全面化）建设为目标，以建党90周年和锡山建区十周年为契机，促进档案史志工作的转型和提升，提高档案史志工作服务经济建设、城市发展和民生保障的能力，档案史志工作取得新突破。2011年，完成《锡山年鉴（2011）》、《阅读锡山》、《高歌奋进——建区十周年成就图片展》、《留住红色记忆，弘扬革命传统——锡山区革命遗址掠影》等一批具有锡山特色的编研成果；《锡山年鉴（2010）》获第五届全国年鉴编校质量检查评比二等奖，《锡山年鉴（2011）》、《锡山区革命遗址普查成果》分别获全省档案文化精品二等奖、三等奖；45篇信息被各级媒体录用，其中国家级媒体录用4篇、省级媒体录用4篇；4篇调研文章分别在《内部参考》、《工作研究》、《档案与建设》等刊物上刊登。区档案局被区委、区政府命名为“2009～2011年度锡山区文明单位”，区档案局领导班子被区委授予“团结、廉洁、高效、开拓”好班子称号。年末，区档案馆有馆藏全宗111个，馆藏总量178247个保管单位，其中档案162706个保管单位（文书档案114871个保管单位、科技和专门档案47835个保管单位），图书资料15541个保管单位。

【基层档案规范化建设】深入开展档案测评和年度评估工作，年内区质监局通过省五星级档案室测评，东港中心国土资源所通过省四星级档案室测评，区检察院通过省五星级档案室复查，7所中小学通过省三星级档案室复查。2011年，对全区76家进馆单位档案工作进行评估，评定区委办等35家优胜单位、区委宣传部等41家合格单位。稳步推进农村档案工作示范点建设，东亭街道、厚桥街道年余村、云林街道竹园社区3家单位创建成省社会主义新农村建设档案工作示范镇（街道）、村（社区）。突出指导民生档案建档工作，继续加强与区人保局、区民政局协作，对低保档案、劳动保障档案及企业退休人员档案进行专题指导；走访了解锡北镇、厚桥街道、安镇街道等各镇（街道）拆迁档案的相关情况，研究科学有效的归档途径。主动推进民营企业建档步伐，对具备建档条件、建档积极性高的无锡国际轻纺城、无锡市海联舰船附件有限公司、无锡市海联舰船内装有限公司、无锡路桥集团股份有限公司、无锡汉神电气有限公司5家民营企业，开展不间断跟踪服务，多次上门进行“一对一”免费培训，年内无锡国际轻纺城、无锡路桥集团股份有限公司的档案全部规范整理完毕。切实做好全区重点工程项目档案的指导检查工作，联合区建设局走访健鼎（无锡）电子有限公司等重点工程施工现场并下发“重点项目备案表”，全面了解区重点工程项目的进展情况及工程档案的归档情况。

【档案信息化建设】全文数据库进一步充实，至年末全文数据库累计592万页，目录数据库累计168万条；图片数据库累计4.6万张。数据存储安全进一步提高，为防止因断电或计算机病毒造成数据损失，投入资金为服务器配置不间断电源和数据备份软件，同时添置8T的硬盘容量，确保新生成数据的存储和备份。信息化平台进一步强化，以数字档案馆、数字档案室和电子文件中心三大功能为内容的档案信息化平台投入运行，68家进馆单位启动网络版数字档案室软件；政府办公系统与数字档案馆系统的对接工作稳步推进，为更好实现网络版数字档案室软件的自动归档功能提供保障。

【档案征集】强力推进全区重大活动、重要会议视频资料的拍摄、征集工作，在区两会、第三次党代会召开期间，区档案局成为除媒体机构以外，唯一被区委办邀请参与拍摄工作的部门。全年拍摄、整理重大活动会议照片800余张；征集照片100余张，其中老照片44张；新拍及整理照片3600余张；征集到2010年锡山区重大活动视频资料7盘25G。锡山特色档案征集成果丰富，征集到无锡县发展报道剪报16册，安镇胶山西林图片40幅，黄国梁书画作品4幅，《梧塍徐氏宗谱斗山尤塘支谱》15卷，各期烟标270张。

【档案接待服务】2011年，结合工作实际，重新修订《锡山区档案馆档案查阅利用制度》和《锡山区档案馆档案资料查阅利用细则》，修订条款22项。查档窗口继续发扬省级“青年文明号”、区级机关

"共产党员先锋岗"的优良作风，提供优质服务。坚持党员挂牌上岗，配备政治觉悟高、业务能力强、综合素质优的共产党员挂牌上岗。拓展查档新途径，年内通过预约、函电等方式查档400余人次，对残疾人、低保户等弱势群体减免查档费用。创新查档回访机制，通过电话回访，巩固档案利用成果，预知档案利用动向，调整档案服务的目标和任务。强化政府信息公开查阅中心功能，提供纸质信息1000余份，配备电子信息屏等设备，方便社会各界获取政府公开信息。开辟档案法制宣传角，在查档大厅开辟固定区域，集中陈列国家、锡山区、各部门法律法规70件（册），为群众提供和宣传档案法律法规知识。全年接待查档群众2122人次，调阅案卷2431卷（次），查档满意率100%，继续保持无投诉记录。

【《锡山年鉴（2011）》成功改版】 区档案局是无锡市档案系统中唯一承担史志工作的单位，2011年适逢年鉴五年一次的改版，在经费紧、人手少的情况下，编纂人员在稿件内容的修改、图片的筛选、年鉴风格和版面设计等方面严格把关，在时间上见缝插针，常常加班加点；在研究上集思广益，向全区200家规模企业和76家区级机关发函征求意见，召集设计公司、印刷单位进行座谈；在设计上精益求精，深入挖掘锡山历史文化底蕴，在封面、公益栏目、彩页、页眉等方面融入锡山书画和篆刻元素，年鉴质量和艺术品位提高。《锡山年鉴（2011）》于8月出版发行，大16开精装本，共计77.4万字，选用图片293张，被省档案局评为"全省档案文化精品二等奖"。

【《阅读锡山》面世】 自2010年下半年起，区档案局积极开发档案史志资源，开始谋划《阅读锡山》的编纂工作。在原有馆藏大事记的基础上，通过《无锡日报》、《锡山新闻》、《新锡山》、《锡山年鉴》、"无锡档案网"等各种途径，搜集完整的锡山十年大事记文字资料，并与区纪委、区委组织部、锡山工商局、锡山质监局等单位联系，获取更为详细的资料。在馆藏4万张图片数据库中，查找相关图片，并与无锡市史志办公室、锡山公安分局、《新锡山》等联系，征集到一批比较珍贵的老照片。专门召开座谈会，对该书的指导思想、栏目分类、语言文字、图片选择等各方面进行研讨，并送交区委、区政府审核，根据各方意见进行调整、修改、补充，最终成书，区委书记朱爱勋和区长陆志坚为该书题词。2011年5月10日，《阅读锡山》面世，改变了以往大事记以时间为序的传统做法，分为领导关怀、重要会议、荣誉先进、城镇建设、工业、农业、开放型经济、商贸服务业、社会事业、友好交流、党建工作、其他12个类目，共计12万字，选用图片461张，图文并茂地展示了锡山十年的发展历程和卓越成就。

【建区十周年成就图片展】 2010年年底，建区十周年图片成就展策划工作启动，严格以"出精品"为标准，在栏目设置、文字内容、图片选取、图文编排、版面设计等方面，仔细推敲，反复论证；6次召开专题研讨会，发放征求意见函100余份，调整100余次，选用照片310张，设计图表17张，使用数据219个，最终形成展板62块，展线长约80米。自2011年5月18日起，《高歌奋进——建区十周年成就图片展》在全区52个区级机关部门、开发区、商务区、各镇（街道）进行为期40天的巡展，区档案局还通过印制宣传册、网上办电子展览的方式，图文并茂地再现了锡山十年各个时期、各个领域、各个板块的卓越成就，受到广大干部群众的一致好评。　　（吴 霞）

编辑：吴 霞

2011年无锡市“激情周末”暨走进新锡山广场文艺演出　　（区文体局　供）

“党在我心中”歌咏大会　　（区文体局　供）

9月17日，2011年锡山区全民健身节启动　　（《新锡山》　供）

11月10日，美国职业棒球大联盟大使马克·梅兰森（中）访问锡山，普及和推广青少年棒球运动文化　　（《新锡山》　供）

区政协副主席、区卫生局局长石国洪（左）视察锡山人民医院分院　　（相雪芳　摄）

锡山人民医院利用电子评测仪提高服务水平 （《新锡山》 供）

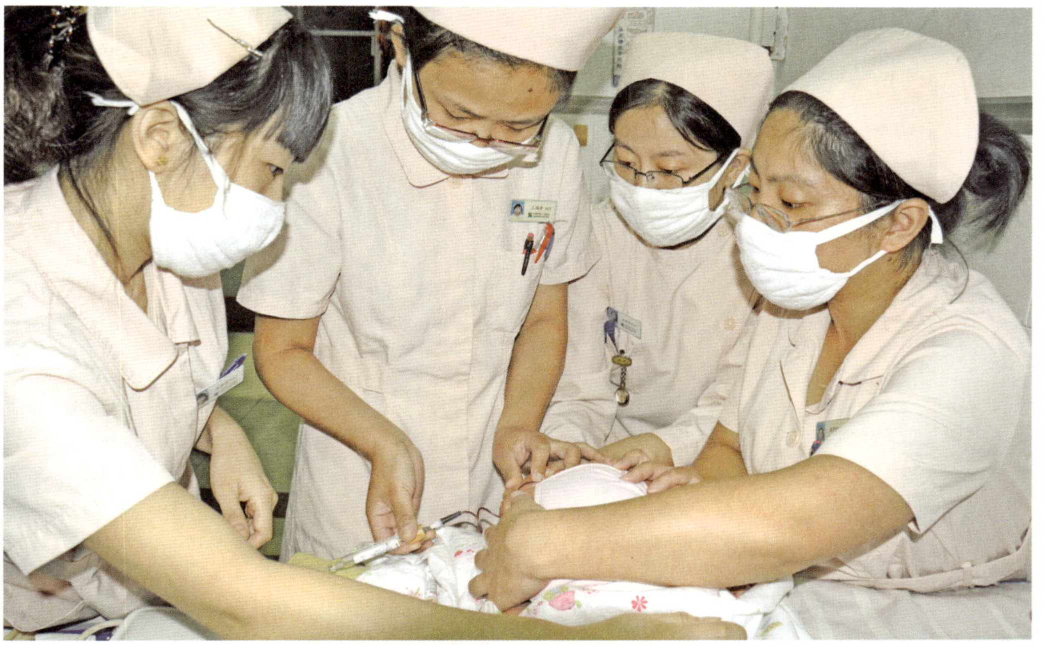

医务人员全身心地投入到临床医疗工作中 （《新锡山》 供）

“送健康进社区”锡山人民医院青年文明号志愿者活动　　（杨居艳　摄）

《无锡市档案管理条例》宣传日活动　　（孙剑光　摄）

人民生活

【概况】 2011年，农民年人均纯收入（住户调查）16399元，比上年增长17.4%。城镇居民年人均可支配收入31745元，比上年增长14.0%。全区实现消费品零售总额137.50亿元，比上年增长17.3%。住房、汽车继续成为新的消费热点，全区销售各类商品房47.34万平方米、计30.84亿元。

【居民经济收入】 据百户调查资料显示，全年农民人均收入17244元，其中工资性收入12677元、家庭经营收入2108元、财产性收入618元、转移性收入1841元；全年农民人均纯收入16399元。

【耐用消费品拥有量】 调查资料显示，2011年每百户农民拥有耐用消费品：家用汽车21辆，洗衣机103台，电冰箱96台，彩电194台，空调机189台，固定电话机99台，移动电话227台，家用计算机70台，摩托车61辆。

【居民消费支出】 调查资料显示，2011年全区农村人均生活消费支出11696元，比上年增长14.0%。其中：食品消费4100元，比上年增长17.3%，占生活消费支出的35.1%；衣着消费919元，比上年增长15.6%，占生活消费支出的7.9%；居住消费2087元，比上年增长8.0%，占生活消费支出的17.8%；家庭设备用品及服务消费822元，比上年增长15.8%，占生活消费支出的7.0%；教育文化、娱乐用品及服务消费1353元，比上年增长10.7%，占生活消费支出的11.6%；医疗保健消费610元，比上年增长16.0%，占生活消费支出的5.2%；交通和通信消费1417元，比上年增长14.1%，占生活消费支出的12.1%；其他消费388元，比上年增长15.8%，占生活消费支出的3.3%。 （缪 鹏）

人力资源和社会保障

【概况】 2011年，全区实现城乡劳动力就业7922人，本地农村劳动力充分就业率94.3%；开展城乡劳动者职业技能培训5008人，农村青壮年农民接受技能培训覆盖率98.3%；重点扶持自主创业980人，创业带动就业6838人；净增社保缴费人数2.3万人，企业退休人员医疗互助和帮困互助参保率在90%以上；居民养老和医疗保险参保覆盖率分别为96%和99%；引进各类人才7306人，其中“双高”人才135人、海归人才63人；全面完成事业单位岗位设置工作，启动实施公共卫生和其他事业单位绩效工资工作；各类企业劳动合同签订率在98%以上，企业劳动争议调处结案率在97%以上。2011年，区人保局获“无锡市推进‘两置换一转化’工作先进单位”、“无锡市劳动保障‘两网化’管理工作先进单位”、“无锡市劳动工资统计工作先进单位”、“全区党委（党组）中心组理论学习先进集体”、“锡山区‘法治锡山’建设工作先进单位”、“2011年度锡山区政协提案承办先进单位”、“锡山区依法行政先进单位”、“锡山区2011～2015年度全国科普示范区工作先进集体”等荣誉称号。区人保局实施的“维权保发展”工程被区委、区政府评为“2011年度新锡山工作创新奖优秀项目”。

【社会就业】 强化帮扶推动就业。出台《关于进一步做好就业援助工作的意见》，建立健全就业困难人员定期走访制度和动态跟踪服务机制，全区“零就业家庭”100%实现就业。在市级就业困难人员认定的基础上，把“4045”（女年满40周岁以上，男年满45周岁以上）人员、“零就业家庭”、登记失业的大中专毕业生等困难群体作为就业援助工作的重点，进一步增强就业援助针对性。针对援助对象的具体情况量身打造援助方案，通过登记管理、走访帮扶、送岗上门等措施，提供“一对一”、“面对面”的就业和社会保障服务，切实帮助就业困难人员实现就业。全年落实就业帮扶资金1278万元，惠及就业困难人员1.07万人次，促进就业困难人员就业3426人。促进创业推动就业。出台《关于进一步完善促进创业带动就业相关政策的实施办法》，进一步强化创业扶持举措。全面拓展创业项目范围，全年开发创业项目12个。加大对创业者的资金支持，对创业者租金补贴、运营经费补贴、开业补贴等实行更大优惠，全年发放小额担保贷款372万元。加强创业孵化（实训）基地建设，切实为创业者和创业孵化企业打造优良平台，全年新增创业实训基地和创业孵化基地各5个。加强创业培训工作，全年组织1165人参加创业培训，扶持自主创业980人，创业带动就业6838人。提升技能推动就业。围绕提高就业竞争力，以失地农民、搬（拆）迁企业分流职工为重点，组织举办家政服务、计算机、车工、焊工等40余个工种的技能培训班，培训城乡劳动者5008人，其中城镇新成长劳动力就业培训1341人、城镇再就业技能培训1148人；组织企业职工技能提升培训2.5万人。大力推进职业技能鉴定，组织2049人进行职业技能鉴定，其中1677人取得职业资格证书。优化服务推动就业。通过电子大屏幕滚动投放岗位信息等方式，不断加快岗位信息传递速度和扩大信息覆盖面；实现周末人才市场定期开放，发放各类招聘宣传资料2.5万份，发放企业邀请函1000余份。全年组织专场招聘会和周末招聘会36场，参加招聘企业1000余家，提供就业岗位3.9万个，促进用人单位和求职者双方无缝对接。

【社会保障】 全力推动断保被征地农民续保。7月，区政府出台《关于调整我区被征地农民参保补贴的通知》，对以自由职业者身份参加保险的被征地农民，给予养老保险最低缴费标准50%的补贴。区人保局通过网络、报纸等平台，采取上门发放宣传资料、举办座谈会、开展现场咨询等形式，积极扩大政策的宣传面，同时不断简化办事程序，优化服务流程，全年实现断保被征地农民接续缴费净增6266人，其中自由职业续缴3189人。加快社保全覆盖进程。以《中华人民共和国社会保险法》实施为契机，通过发放宣传资料、举办专题讲座、送法下乡等形式，累计发放各类宣传资料26万份，举办专题知识讲座18场，全年累计新增社保净缴费人数2.3万人，完成市级下达目标任务的242%。继续巩固居民养老和医疗两项保险参保工作。参保范围不断扩大，全区居民养老保险参保12.4万人，缴费人数3.2万人；全区居民医疗保险参保25万人，居民养老和医疗保险参保覆盖率分别为96%和99%。保障标准不断提高，居民养老保险基础养老金上调至每人每月230元，三、四年龄段失地农民政府保养人员养老金分别上调至360元和470元，待遇调整惠及9.2万人。扎实推进被征地农民保障。与区委农办、锡山国土分局等部门协同配合，积极做好“双置换”人员统计、资金测算和后续管理工作，全年通过“双置换”形式纳入社保体系1.86万人。同时，按规定对329名重残、特困等特殊人员社保缴费实行政府补贴，落实专项资金231万元。提升退休人员社会化管理服务。积极开展退休人员活动场所建设，区18家退休人员活动场所通过无锡市退休职工管理委员会的验收。快速推进住院医疗互助参保工作，全区住院医疗互助参保人数突破1万人。认真做好免费体检工作，年度体检总人数超过4600人。同时，发放退休职工各类慰问金40.8万元。

【人才优先】 全力推进“530”计划。全年入围“530”项目25个。部署开发区、各镇（街道）完成留学回国人员基本信息的调查。建立全区“530”企业基本信息数据库，并全面实施动态管理。优化“530”企业人才服务，帮助解决“530”人才和团队在户口、就医、子女入学等方面的困难。落实“530”企业服务政策，兑现就业技能培训补贴18.9万元。大力开展优秀紧缺人才培养招聘。积极搭建校企合作平台，组织江苏申锡建筑机械有限公司、江苏大明金属制品有限公司、江苏新日电动车股份有限公司等企业赴各地高校及人才市场参加毕业生校园招聘会和专场招聘会20余场（其中高层次人才招聘会2场），引进人才2000余人。加强与全国最大的人力资源服务商之一——智联招聘合作，推出红豆集团等22家企业的157个平均年薪10万元以上的中高级需求岗位进行全国招聘。同时，举办区高端人才招聘会，取得良好成效。大力推进高技能人才培养，全区新增高技能人才408人，其中新兴产业领域高技能人才181人。深化博士后创新基地和引智示范基地建设。2011年，红豆集团、江苏申锡建筑机械有限公司等7家单位引进博士，无锡市海联舰船附件有限公司等4家企业有意向进驻博士。同时，完成江苏申锡建筑机械有限公司、江苏新日电动车股份有限公司2家单位"企业博士后集聚计划"的申报工作。加强专业技术人才队伍建设。深入实施专业技术人员知识更新工程，组织第三、四轮公修课扫尾培训1363人；启动组织第五轮公修课培训4577人。规范职称评定，全区办理职称初定1042人，工程系列中级评审通过149人。

【人事改革】纵深推进岗位设置管理。全区234家事业单位岗位设置管理工作全部完成，其中教育系统事业单位41家、卫生系统事业单位20家、党群口事业单位10家、政府口事业单位163家，初步实现事业单位由身份管理向岗位管理的转变。加快实施事业单位绩效工资改革。根据市级统一部署，梳理政策细节，测算所需经费，明确实施步骤，全面排查、研究、分析政策实施可能带来的问题，全面拉开政策实施的框架。扎实做好考录工作。坚持公开公平原则，推出14个公务员职位、62个教育系统职位、105个卫生系统职位及28个其他事业单位职位进行招考，招录人员全部上岗。调整优化编外用工管理。出台《关于适度调整区级机关事业单位劳务派遣用工2011年部分岗位工资指导价并实施年工补贴的通知》，建立区级机关事业单位劳务派遣用工年工补贴制度和工资增长机制。2011年审批劳务派遣用工变动申请19批（次），涉及153人。

【劳资关系】实施"维权保发展"工程。举办"维权保发展"专题讲座18场，参与企业1450余家，指导企业规范用工1200余人次。企业规范用工意识显著增强，和谐劳资关系建设不断深化，全区劳动合同签订率在98%以上，在用工持续增加的情况下，劳动投诉举报比上年降低4%，劳动争议调解结案率提高至81%，工资集体协商覆盖率98%，实现了职工受惠、企业得益、经济发展、社会和谐的共赢局面。完善劳资矛盾执法机制。开通网络、电话、信件等投诉举报渠道，形成立体式、开放式的信访投诉举报机制，全区受理投诉232起、举报45起，接待涉及劳资关系方面来电来信来访5500余人次。同时，就农民工工资支付情况、企业最低工资标准执行情况、工资集体协商情况、规范用工情况以及非法职业介绍机构整治情况，开展5次专项执法检查，涉及职工3.7万人，责令支付拖欠工资298.8万元。强化劳资矛盾调解仲裁。加强巡回仲裁庭建设，认真开展巡回仲裁庭工作，加大基层调解组织的调处力度，在提高基层劳动仲裁人员业务水平的同时，切实将劳资矛盾及时化解在基层调解第一线。完善仲裁案件审批监督程序，在落实立案组庭、结案审批的原有审批程序上，增加裁决评议、裁决书发文审批两道监督程序，全面系统地保障案件的调处质量。全年开展案外调解127件；立案受理劳动调解仲裁案件604件，比2010年增长28%；办结案件587件，结案率97%，案件调撤率81%。（高前锋）

民政工作

【概况】2011年，锡山区民政工作在区委、区政府的正确领导和省市民政部门的指导与支持下，紧紧围绕区委、区政府中心工作，深刻把握实施"普惠民生"战略重要机遇，积极履行保障和改善民生职能，充分发挥民政工作在建设"和谐锡山"、"幸福锡山"中的重要基础性作用，为全区经济社会稳定发展作出贡献。全年新建社区服务中心7家，建成率96.6%；桑达园社区、甘露社区被省民政厅授予"江苏省和谐社区建设示范社区"称号，港东村、严家桥村、松芝村、先锋村、双桥村被省民政厅授予"江苏省和谐社区建设示范村"称号，4个社区被无锡市城乡和谐社区建设领导小组授予"无锡市和谐社区建设示范社区"称号，14个村被无锡市城乡和谐社区建设领导小组授予"无锡市管理民主示范村"称号。全年办理结婚登记3795对，受理离婚登记813对，补领婚姻证425对，出具无婚姻登记记录证明482份，办理收养登记12件，并启用全国婚姻和收养登记管理信息系统，实现了全国联网。新命名住宅小区、商业广场及大型建筑物35个，道路86条，桥梁22座；新批准成立社团组织10家、民办非企业5家，全区有社团组织135家、民办非企业41家。全区有福利企业45家，安排残疾职工1415人，残疾职工年人均收入11400元。全年销售电脑福利彩票9962.9万元，即开型彩票3167万元，销售总额1.3亿元，累计比2010年增长50.5%，超额完成全年目标任务。新增社会工作师和社会助理工作师6人，全区累计67人。全年公开报道各类宣传信息、调研文章120篇，其中省级以上15篇、市级52篇，在《新锡山》先后刊登慈善、防灾减灾、拥军优抚、老龄工作等专版5个。区民政局获"全省第九届村委会换届选举工作先进单位"、"2011年度江苏省社会组织培育管理工作先进单位"、"全市民政系统信息宣传工作一等奖"、"2011年度锡山区政协提案承办先进单位"等称号。

【社会救助】 积极落实低保标准增长机制和物价补贴机制，累计向困难群众发放低保金1817.4万元，临时生活救助金230万元，物价补贴408万元，重残生活救助金843.8万元；向262名低保家庭的大中专（职高）学生发放慰问金78.6万元；向65名孤儿及类孤儿发放慰问金14.9万元；拨付医疗专项资金114.1万元；完成50户特困户的危旧房改造工作。深化深度贫困家庭救助，经过民主评议和科学综合评估，全年有292户家庭纳入深度贫困家庭救助体系，正科级以上领导与其结对，春节前走访并发放慰问金293.1万元；向深度贫困家庭（含孤儿）学生发放学业补贴63.1万元；联合区人保局出台《深度贫困家庭子女（含孤儿）高校毕业生就业创业帮扶的实施意见》，进行全方位综合帮扶。积极推进国家级减灾示范社区创建工作，东亭街道门楼社区创建为国家级综合减灾示范社区。

【慈善工作】 慈善事业发展步伐加快，各分会积极动员，精心组织开展"慈善一日捐"和认捐的解缴工作，接收善款1207.6万元。围绕"六助"（助困、助学、助医、助老、助孤、助残）活动稳步实施救助项目，全年使用救助资金1600万元。创新开展专业慈善救助工作，深化慈善救助内涵，顺应更高层次的救助需求，将物质救助延伸至心理关爱、精神抚慰、社会适应等方面的综合型救助。困境儿童专业援助得到推进，积极探索政府购买服务项目的"校地合作"方式，与徐州师范大学签订《锡山区困境儿童援助项目》，为锡山区困境儿童提供生活、学业、心理、社会交往等方面的个性化服务。该项目通过一期评估，72名困境儿童的社会适应能力和生存发展情况得到较大改善。同时，乐助社工事务所成立，成为无锡市首家注册的专业社会工作服务机构，迈出锡山区探索专业社会工作实践模式的第一步。

【基层社会管理】 基层政权建设水平有效提升，加强村（居）民自治组织建设，相关工作步入法制化、程序化轨道；推进村（居）民自治建设，定期督查指导基层民主管理、民主决策及民主监督工作的开展情况，提升基层民主常态化建设水平。社区扁平化管理全面推进，积极落实年度创建单位，统一印发《社区民情日志》，编制《社区扁平化管理工作简报》，全区各村（社区）扁平化管理实现全覆盖，处于全市前列。安置社区建设步伐加快，根据全区经济社会发展形势，结合社区建设要求，起草《关于进一步加强集中安置区社区建设的意见》，不断完善社区建设政策体系；加快撤村建居步伐，云林街道积极开展试点工作，安镇街道、东港镇进程加快。

【老龄事业】 抓好养老机构建设，对养老机构建设项目加强跟踪服务和指导，江南颐养院和荡口、港下、东湖塘、羊尖、东北塘敬老院入选2009～2011年度区级文明敬老院；积极引入社会资本参与养老服务事业；稳步推进新建居家养老服务站工作，全年新建25家，累计75家；加快薄弱老年活动室修缮改造步伐，全年修缮和改造老年活动室25家。完善涉老政策体系，全面提高"五保"供养标准，并建立自然增长机制，切实保障"五保"对象基本生活水平；尊老金发放范围扩大至80周岁以上老人，为符合条件的1.28万老人发放尊老金730余万元；为老年人免费办理"江苏省老年人优待证"3000余张，累计7.9万张；加大对居家养老服务站和居家养老服务对象的补贴力度，确保其正常运转。探索老年人居家养老信息服务，积极落实《无锡市为特定老年人家庭购买居家养老信息服务办法》，启动"96158"市民服务中心信息平台建设工程，通过政府补贴为全区符合条件的1800户特定老年人家庭购买信息服务，帮助他们解决日常生活服务和安全保障问题。

【双拥优抚安置工作】强化双拥优抚工作，为无锡市获得全国双拥模范城“六连冠”作出贡献。积极开展春节、“八一”期间的走访慰问共建部队活动；组织实施在乡抗日老战士短期疗养和上门体检慰问工作；认真做好重点优抚对象特别是在乡老复员军人危房改造工作，落实各类重点优抚对象的定补政策，切实保障其合法权益。加强培训和安置工作，积极与区人保局协调、沟通，委托社区教育学院对全区141名退役士兵进行为期3个月的计算机应用等职业技能培训，参训率87%；为11名随军随调家属安置就业，为无工作家属发放随军家属生活补助金；为全区2010年冬季退役士兵（含转、复士官）发放安置补偿金561万元、待安置金20.3万元，安置率100%。维护涉军群体的稳定，年内集访对象主要集中在原来不属于民政部门直接管理的部分年满60周岁超期服役却没有固定收入的退伍士兵和抗美援朝、援越部分企业退休人员，针对该情况，采取教育引导、属地管理等措施，确保各类涉军群体的稳定。

【社会事务管理】成立区社会组织孵化中心，为社会组织的培育搭建平台。积极开展殡葬系统“行风建设月”活动，清明节前，对全区公益性墓地和安息堂进行专项督查；清明期间，积极倡导文明祭扫，发布文明祭扫活动公告，发放殡葬法规宣传资料，围绕“文明祭扫、平安清明”主题，多层面、多渠道提高群众对殡葬改革的认识和理解；长青园综合体项目开工建设。同时，地名管理关系逐步理顺，平安边界创建成果得到夯实，福利企业年检工作顺利完成，残疾职工权益进一步得到保障。（张静华 徐超）

人口和计划生育

【概况】2011年，全区人口计生工作按照“高位起步、创先争优、综合改革、城乡统筹、率先发展”的总体要求，紧紧围绕“创新驱动”、“城市化与城乡一体”、“普惠民生”三大战略，进一步强化统筹协调、政策引导、公共服务和基层基础管理，圆满完成各项任务，人口计生工作水平有效提升。全区低生育水平持续稳定，人口自然增长率保持1‰左右，户籍人口符合政策生育率99.7%，群众满意率在98%以上；建立完善流动人口计划生育服务管理长效工作机制，流动人口管理服务率在93%以上，符合政策生育率在90%以上；国家免费孕前优生健康检查项目完成率100%，出生缺陷发生率低于4‰。锡山区被国家人口计生委评为“全国避孕药具不良反应监测先进集体”，被江苏省政府评为“十一五”人口协调发展先进区。区人口计生局获“全省人口和计划生育工作先进集体”、“江苏省‘生育关怀’优秀项目”、“无锡市2008～2010年度流动人口服务管理先进集体”等多项荣誉。

【制定区“十二五”人口规划】按照中央关于“全面做好人口工作”的要求，根据省市“十二五”人口规划的主要精神，围绕重点难点问题，区人口计生局于年初深入开展调研活动，结合锡山工作实际，征求各方面的意见和建议，编制下发《锡山区“十二五”人口和计划生育事业发展规划》。区委、区政府高度重视，年初召开人口计生工作大会，区委书记朱爱勋到会，就“十二五”时期继续抓好稳定低生育水平、促进人口素质提高、加强外来人口管理等重点工作提出明确要求，会上政府向各部门、各镇（街道）下发目标管理任务书，总结表彰先进集体和个人，为全面推进“十二五”人口计生工作奠定扎实的基础。

【落实人口服务管理】以积极参与无锡市“人口综合服务示范社区”创建活动为抓手，加强基层业务培训和指导，鼓励各村（社区）启用年纪轻、学历高、有朝气的大学生村官作为信息管理员，建立完善人口信息采集队伍，狠抓全员人口的信息采集工作，强化人口信息的核对补充，健全全员人口信息库。同时，积极发挥综合协调作用，联合公安、综治、民政等部门，进村入企，先后开展三次实地走访督查活动，进一步深化“区协调监督、镇（街道）组织落实、村（社区）综合服务”的人口服务管理体制，全面推进“一证二合同三承诺”（居住证件，房屋租赁合同、劳动用工合同，“无锡市公民文明守法承诺书”、“无锡市房屋租赁社会责任承诺书”、“无锡市劳动用工社会责任承诺书”）制度的落实。2011年，48个社区（村）被市人口计生委评为“无锡市人口综合服务工作示范社区（村）”。

【推进人口文化建设】全区广泛开展“计生联万家，飞信送关怀”活动，通过短信群发平台，为广大育龄群众提供人口和计划生育知识宣传和提醒服务；利用元旦、春节、“5·29”、“7·11”、

“9·25”等重要日，开展人口文化宣传月活动，寓新风活动于优质服务中；结合纪念建党90周年，举办“红色电影送村企，人口文化进家庭”活动，面向100个村（企）的群众播放自编的宣传短片，提高宣传的普及面；进一步加强宣传阵地建设，按时完成厚桥街道中东村人口文化园、怀仁中学区级青春期教育基地建设，打造起点高、内容新、造型靓、效果好、富有锡山特色的人口文化亮点，有力地推动了“婚育新风”进社区、进校园、进广场、进企业、进市场，人口计生知识普及率在95%以上。

【深化生育关怀行动】 区计生协会继续组织计生干部和志愿者在全区开展生育关怀“五送”活动，即给困难计生家庭送温暖，给困难计生干部送关怀，给新婚夫妇送祝福，给计生寿星送吉祥，给流动人口送平安。通过上门赠送慰问品、慰问金、知识折页，开展“爱心妈妈”帮扶活动等多种形式，给群众送政策、送关怀、送真情。东港镇计生协会组织“爱心妈妈”到安徽省全椒县石沛镇看望东港务工人员的留守儿童，受到新市民的赞誉。全年慰问计生困难家庭520户，发放慰问金76.34万元；慰问困难计生干部54人，发放慰问金7.96万元；发放贺卡1495张、年画5680张、知识折页2.71万张、“一封信”2.67万封。

【探索开展早教工作】 4月，区人口计生局办公室增挂“婴幼儿早期教养科”牌子，承担“负责拟定全区0～3岁婴幼儿早期教养工作的政策和标准并实施统一管理和业务指导，负责对全区0～3岁婴幼儿早期教养机构进行统一规划和监管，负责机构准入工作”职责。2011年，区人口计生局按照上级部署和工作要求，深入各早教机构开展课题调研，制订全区早教工作发展规划；区人口工作领导小组办公室转发无锡市十部门联合出台的《关于做好0～3岁婴幼儿早期教养工作的实施意见》；成立由计生、教育、妇幼保健等部门有关专家组成的区级早教专家讲师团，积极开展巡回宣讲活动；制作并向群众发放装有玩具、图片册、手机挂饰、早教服务手册等的早教“礼包”，探索性开展0～3岁婴幼儿早期教养工作。同时，根据市级文件要求，协助宋庆龄幼儿园做好早教的重新注册工作，积极履行行业管理的新职能。

【推进生殖健康促进工程】 区人口计生局切实加强与卫生部门的密切协作，加强资源共享，有机整合孕环情检查、“两癌”检查、宫内节育器评估服务等工作，做强做优生殖健康促进工程，提高育龄妇女健康水平。全年为52637名常住育龄妇女提供免费检查，受检率在39.5%以上，超额完成年度目标任务，发现目标疾病9516人次，第一次防治率100%；宫颈癌筛查50096人，发现阳性437例，对筛查并确诊的10例宫颈癌、8例乳房癌患者动员转诊，及时完成手术治疗，提高了育龄妇女的生殖健康水平。

【实施“药具零距离”计划】 根据群众需求，及时调整服务理念，加大经费投入，致力于推动药具发放渠道由单向众的转变。2011年起，改变药具发放由社区计生干部一对一单向发放的传统工作局面，构建“上门发放、村（社区）定点领取、第二代身份证24小时免费自助刷卡领取”的多渠道、全方位药具发放体系，提高药具的易得性。东亭街道、云林街道于2011年实现药具自动化设施安装的全覆盖。区人口计生局认真接受省项目组对“宫内节育器上市后多中心随机化对照研究”第六次、第七次随访评估验收，随访率分别为99.21%、98.93%，随访见面率分别为98.72%、98.45%；上报医疗器械不良事件187例，上报相关健康问题和重大疾病72例，医疗器械不良事件上报率94.5%，各项工作指标位居全省前列，技术服务水平进一步提升。

【推进国家免费孕前优生健康检查项目】 在基本建立试点工作各项机制的基础上，明确“严把规范操作关、信息采集关、健康检查关、质量分析关、跟踪随访关、资料归档关、信息上报关”七大关口，并开展“项目回头看”工作，召开现场推进会和业务培训班，加强指导督查。同时，认真做好项目工作的经验总结，先后在省市项目交流会上作交流发言，项目推进力度和质量受得领导和群众的肯定。无锡市在锡山区召开免费孕前优生健康检查现场会，推广锡山区的工作模式。区计划生育指导站全体工作人员深入各镇（街道）做好个性化优生指导、跟踪随访等后续服务工作。全年为2389对待孕夫妇提供孕前优生健康检查服务，识别高风险人群812人，目标完成率100%，高风险对象后续随访服务率100%，有效提高了出生人口素质。

【促进出生性别比平衡】 为进一步贯彻执行国家、省、市集中整治

"两非"（非医学需要的胎儿性别鉴定和选择性别的人工终止妊娠行为）专项行动精神，区人口计生局通过"科学部署到位、宣传造势到位、督促考评到位、综合联动到位、依法严查到位"的"五到位"措施，在全区范围内集中开展打击"两非"专项整治活动。8月中旬，根据群众提供的线索，市、区人口计生部门联合锡山公安分局、区卫生监督所等部门，突击检查一家涉嫌"两非"的无证经营诊所，依法没收违法B超机1台，计生用品、药品12箱，总价值2万余元，并全部移送有关部门处理，有效遏制了部分无执业资格人员非法作案行为。

【加强流动人口计生工作】 以开展"服务百村千企，你我同行共享"主题活动为抓手，大力推进流动人口基本公共服务均等化。区人口工作领导小组办公室先后组织开展两次调研，撰写《关于锡山区流动人口公共服务均等化工作调研报告》、《流动人口集中居住区服务管理的工作报告》，并制定下发有关工作的实施意见。同时，根据锡山实际，继续狠抓部门联动，于年初开展新一轮全员人口信息采集，并按照流动人口计划生育"七免一普及"（免费发放宣传资料、免费发送避孕药具、免费开展孕环情监测、免费提供生殖健康检查、免费提供国家规定的计划生育技术服务项目、免费进行优生检测、免费开展孕前风险评估，普及科学适用的计划生育知识）服务要求，开展"六个一"系列服务，即发好致企业法人的一封信，签好一份计划生育目标管理责任书和无锡市劳动用工社会承诺书，进行一次宣传服务活动，组织一次"生殖健康行"技术服务活动，开展一次维权保障服务，登记和核对一次流动人口信息。全年服务企业1490家，为18295名企业外来已婚女工提供妇女病复查，宫颈癌筛查18058人，乳房癌筛查19752人，免费孕前风险评估和孕前优生健康检查118对夫妇，免费手术服务653人，免费6.55万元，发放流动人口生育服务证240张，出具纸质避孕节育报告单4521张。同时，按照"服务均等、平等协商、全面对接合作"的原则，新增区域协作协议18份；网上通报避孕节育情况5963条，一孩生育服务登记368条。

【建设诚信计生】 制订下发《关于开展诚信计生工作实施方案》、《人口和计划生育公开目录和内容》，以完善基层计划生育群众自治制度为基础，以"双向承诺活动"（村、居委会向群众作出承诺，依法兑现服务承诺，不断满足群众服务需求，寓管理于服务之中，促进计划生育优质服务的开展；育龄群众向村、居委会承诺自觉遵守人口和计划生育法律法规，自觉履行计划生育权利和义务，自觉服从计划生育管理，依法规范生育行为）和"便民维权示范岗创建回头看"为抓手，以镇村两级网站开辟"诚信计生"专栏为载体，进一步推进计划生育村（居）务公开、政务公开，落实群众知情权，促进基层实现服务承诺和群众自我监督的有机结合，畅通群众维权渠道，进一步提升群众自治整体水平。15个设有网站的镇（街道）、村（社区）均开辟"阳光诚信计生"网上专栏。12个村（社区）被市人口计生委评为"无锡市人口和计划生育基层群众自治百村（居）示范村（居）"，锡北镇寨门村、东亭街道春星社区被省人口计生委评为"江苏省人口和计划生育基层群众自治示范村（居）"，其中春星社区被国家人口计生委评为"全国人口和计划生育基层群众自治示范村（居）"。

【规范依法行政】 进一步强化社会抚养费征收工作，做到"程序合法、文书规范、资料齐全、收缴分离、专款专用"。2011年，将所有社会抚养费未征收到位的案件全部移交法院强制执行，提高结案率。全年办理社会抚养费征收案件40例，法院强制执行7例，刑事拘留当事人5人。同时，严格规范再生育一孩的网上审批，实施行政权力网上公开运行，审批708人。

【完善奖励优惠政策】 调整《锡山区计划生育公益金管理暂行办法》和独生子女伤残死亡家庭扶助标准，公益金总额从20万元增至200万元，伤残死亡家庭扶助标准上调50%。全年为5089人发放农村部分计划生育家庭奖励扶助金329万元，为3610人发放独生子女伤残死亡家庭特别扶助金60.3万元，为322人发放计划生育公益金112.4万元；受理登记一次性奖励发放对象1075人，认真做好一次性奖励的群众来信来访工作，针对一次性奖励失地挂靠对象反应大的情况，开展调查摸底，及时向上级部门反映有关情况。

【推进人口计生信息化工作】 2011年，以全省"金人工程"建设为契机，组织开展"人口计生统计数据质量信得过"主题活动，大力推进信息应用系统的高效维护和科学运用。通过落实“强化全员式配备、推进动态式管理、落实阶梯式培训、促进互动式提高、开展针对式督查”五大举措，建立完善人口信息员队伍，切实提高工作人员的操作水平，有效夯实全员人口信息工作基础。人口信息平台登记信息60.6万条，其中户籍人口42.7万条、流动人口17.9万条。安镇、厚桥、东港、锡北、鹅湖、云林6个镇（街道）的全员人口数据填充率均超过92%。鹅湖镇在全区率先完成人口信息员的配备，且每个村（社区）均有村官信息员。

（陈珊珊）

民族宗教

【概况】 锡山区是少数民族散杂居区，少数民族分布在全区9个镇（街道），有民族成分23种，户籍人口1077人，大部分来自四川、云南、贵州等省的少数民族较贫困地区。主要有天主教、基督教、佛教、道教、伊斯兰教五大宗教，信教群众近3万人。其中，信仰佛教的信徒近万人，信仰天主教的信徒3500余人，信仰基督教的信徒5000余人，道教从业人员198人，信仰伊斯兰教的信徒300余人。全区有民族宗教团体组织6个，宗教教职人员300余人，经政府批准的合法宗教活动场所29处，其中佛教21处、基督教6处、天主教2处。

2011年3月，根据无锡市民宗局工作要求，强化宗教活动场所自身管理，各镇（街道）与全区29个宗教活动场所签订“2011年宗教活动场所安全工作责任书”，明确各宗教活动场所负责人的工作职责和法律责任。4月，区民族宗教工作领导小组向各镇（街道）下达“2011年民宗工作目标任务书”。加强村（社区）民族宗教工作，在2010年推进民族宗教工作进村（社区）的基础上，建立健全村（社区）民族宗教协管员制度，并于7月、9月、11月对宗教教职人员、宗教活动场所负责人、村（社区）协管员进行业务培训。区委、区政府高度重视民族宗教工作，把民族宗教工作列入区委、区政府重要议事日程。区委常委会听取统战工作汇报，区政府召开维稳工作会议、和谐寺观教堂推进会等，部署民族宗教工作，并把民族宗教工作列入区和谐平安创建和综治工作目标管理考评内容。继续抓好治理基督教私设聚会点、乱建寺庙、假僧假道乱做佛事道场“三项治理”工作，进一步加强对乱建寺庙依法取缔的力度。

【宗教活动场所安全工作】 4月，针对清明期间各地节场庙会骤增，野外扫墓祭祀、踏青野炊等用火频繁的特点，高度重视宗教活动场所的森林防火安全工作，下发《关于宗教活动场所森林防火安全的通知》，提出具体措施要求，开展排查活动；加强安全防火督查工作，会同消防、农林等部门对区重点寺院进行森林防火检查，对发现的问题及时解决。同时，注重安全防火教育，利用宣传栏、黑板报、横幅、标语等形式，宣传安全防火知识，提高信教群众的森林安全防火意识，确保宗教活动场所的安全。深入宗教活动场所，开展以“弘扬法治精神，积极创建和谐寺观教堂”为主题的法制宣传活动。主要向宗教教职人员、广大信教群众和游客详细讲解《宗教事务条例》和“法治锡山”建设等内容，并发放法制宣传小册子。6月，认真开展清真网点的食品安全检查。组织区卫生局、锡山工商局等相关职能单位，对区内重点清真饮食网点进行节前清真食品专项抽查，详细了解清真网点的经营情况，并具体检查清真拉面店进货渠道，原辅料、成品和原料采购使用记录等情况，对部分农贸市场的清真食品与非清真食品的摊位摆放间隔不合理问题，进行现场纠正。各镇（街道）对辖区内所有的清真饮食店进行检查。10月，根据区委、区政府和上级部门《关于全面深入开展安全生产大检查的通知》要求，组织一次全面的专项检查工作，重点检查宗教活动场所安全责任落实情况、安全隐患整改情况、有建设施工项目的宗教场所安全制度执行情况和消防设施配备使用情况等内容。全区宗教活动场所全年未发生安全消防责任事故。

【宗教活动场所创建】 开展宗教活动场所创建评比活动。1月，区民宗局、区佛协在锡北镇斗山禅寺召开全区佛教场所负责人会议。2月，积极部署创建和谐寺观教堂工作。4月，做好平安宗教活动场所创建单位的检查考核工作。市民宗局会同市相关部门，深入区部分宗教活动场所，重点对东亭基督教堂、锡北正法禅寺、厚桥天主教堂进行实地检查。10月，深入开展平安宗教场所、模范宗教场所、和谐寺观教堂“三项创建”达标场所创建指导，年终迎接省市检查组的检查验收。通过“三项创建”活动，促进了宗教活动场所的内部规范管理和团结和谐，有力地推动了各宗教活动场所的规范化、制度化建设。区10处宗教活动场所被市民宗局评为“平安宗教活动场所”，6处宗教活动场所被市民宗局评为“和谐寺观教堂”。

【宗教团体建设】 指导宗教团体组织教职人员外出学习培训，提高宗教教职人员的综合素质。4月，区基督教三自爱国会赴南通启东参观学习。5月，区佛教协会组织全区佛教场所负责人赴江西东林寺、真如禅寺学习考察。协助区佛协认真做好教职人员身份认定工作，对72名僧人、98名沙弥（尼）进行认定备案，并将全区民族宗教人士的约2500份资料录入市信息平台，便于电子化管理。各种培训活动的开展，加强了宗教界人士宗教政策和法律法规的学习，增强了法制意识，提高了依法管理宗教事务的能力和水平。指导区佛教协会、区基督教三自爱国会做好换届选举工作。10月26日，区佛教协会召开第三次代表会议，选举产生新一届理事会理事和领导班子。12月26日，区基督教三自爱国会召开第三次代表会议，选举产生新一届理事会理事和领导班子。

【民族团结】 组织伊斯兰教锡山联络组成员参观学习清真示范点，并就食品安全、证照办理和法律法规等话题进行交流。组织伊斯兰教锡山联络组成员相互交流，学习先进经验。稳妥协调处理外来伊斯兰教信徒的各类矛盾纠纷工作，会同东北塘街道、云林街道、鹅湖镇和有关部门协调处理好三起涉及清真拉面店租赁、拉面店与食客不和及交通事故引起的矛盾纠纷。继续开展少数民族弱势群众扶贫结对帮困活动，动员各镇（街道）领导干部、私营业主、社会各界人士关爱少数民族贫困户；组织走访慰问活动，走访慰问少数民族贫困家庭85户，捐赠慰问金及慰问品合计15.93万元。同时，办理少数民族子女更改民族10人，办理中高考证明手续12人，妥善解决3名少数民族子女入学问题，促进了民族团结，维护了社会稳定。 （汪海峰 李隽）

残疾人工作

【概况】 2011年，全区残疾人工作紧紧围绕市、区重点工作，以残疾人实际需求为立足点，以涉残实事工程为抓手，强化保障服务，突出精细化管理，深入推进残疾人社会保障和服务体系建设，较好地完成了各项工作任务。按照“尊重残疾人、扶持残疾人、保护残疾人、救济残疾人”原则，区委、区政府出台以“残疾人人人享有社会保障、康复服务、发展机会、公共服务”、“残疾人事业协调发展”、“残疾人事业可持续发展”为目标的纲领性文件《关于加快推进残疾人事业发展的实施意见》和《锡山区残疾人事业发展“十二五”规划》，明确新时期残疾人事业的奋斗目标和推进措施，为残疾人事业又好又快发展提供了政策保障。以第二次全国残疾人抽样调查评定的残疾人为基础，对锡北镇新明村、羊尖镇宛山村的2个小区启动新一轮全国残疾人状况监测工作，通过调查、筛查、体检、入户等方式，年内完成250户、840人的定点跟踪监测工作。完成全区116个村（社区）残协换届工作，有70余名年轻优秀残疾人充实到村（社区）残协组织中，切实加强了基层残疾人组织的规范化建设。

【镇级残疾人综合服务中心建设】 镇级残疾人综合服务中心建设全覆盖是2011年区政府为民办实事工程，全区上下克服用地用房紧等困难，积极推进实施，区政府出台《锡山区关于建设镇（街道）残疾人综合服务中心建设的实施意见》，明确和规范镇（街道）残疾人综合服务中心建设的目标要求。各镇（街道）按建设标准扎实推进，区残联积极提供技术业务指导和资金配套服务。东港、鹅湖、羊尖、锡北残疾人综合服务中心投入运行，东北塘残疾人综合服务中心完成扩建，其余各镇（街道）残疾人综合服务中心开工建设。

【残疾人家庭服务活动】 作为省市重点涉残实事工程，区残联在整合全区资源的基础上，出台《锡山区“四进”残疾人家庭实施方案》，通过“社区调查、家庭勘查、知识普及、技术指导、评估适配”等措施，大力推进康复器材、康复知识、技术指导、无障碍设施“四进”残疾人家庭活动。全年发放康复知识读本9000册，提供技术指导3709人次，适配助听器102例，植入人工耳蜗1例，安装假肢9例、矫形器10例，发放轮椅180辆，实施白内障复明手术800例，精神病人服药救助488例、机构救助2例，残疾人家庭无障碍改造55例。

【残疾人社会保障】 针对残疾人群体最为关心的救助、养老、医疗等问题，着力建设惠及所有残疾人的社会保障体系。1283名符合低保条件的残疾人享受低保标准并提高20%；398名一户多残、依老养残、生活困难残疾人每月享有80～100元的特困救助金；244人享受每月100元无业重残救助金；1550人享有低保标准的无固定收入重残救助金。帮助个体创业、灵活就业、失地残疾人参加养老、医疗、失业等社会保险，为1222名残疾人提供居民养老保险补贴，2648名重度和困难的残疾人参加城镇居民医疗保险免交个人参合费。

【残疾人康复服务】 不断深化服务举措，延伸服务内涵，推进康复高端合作，建立康复机构，举办康复业务培训班，确保“残疾人人人享有康复服务”目标的实现。与省人民医院康复科建立合作机制，特聘全国著名康复医学教授刘振寰和省人民医院康复科主任林枫作为区残疾人康复技术专家，定期为全区残疾人康复工作提供技术指导。与日本国际协力机构建立协作机制，通过技术协助和人员交流的形式，共同推进0～6岁康复训练课题，50名儿童受益。新建村（社区）残疾人康复室6家，社区康复室设置率96.6%。建立康复服务档案6215份，肢体训练档案1307份，精神病康复档案2402份。举办康复业务培训班20期，300余人次参加，康复水平和能力全面提升。

【残疾人教育就业帮扶行动】 围绕“教育推升素质，就业实现价值”理念，加大教育救助、就业扶助力度。对九年制义务教育阶段的残疾学生全部实现免费教育政策，有220名残疾学生和残疾家庭学生在校接受九年制义务教育，入学率100%；为36名残疾儿童和残疾家庭儿童实施学前教育资助，为175名高中以上的残疾学生和残疾人家庭子女实施600～3000元的教育救助。开展残疾人“就业创业援助行动”，全年举办残疾人就业创业培训班9期，培训人数175人，新增就业再就业277人；建立残疾人企业家和盲人按摩院业主的创业联谊会，举办残疾人创业论坛2期。

【残疾人文体活动】 为实现“平等参与、展示自我、共享幸福”目标，开展形式多样的文体活动。组织开展以“绽放生命、共享阳光”为主题的残疾人系列文体活动。先后举办“牵手残疾人，走进图书馆”公益文化活动、“生命中的太阳——残疾人喜迎建党90周年”红歌赛、残疾人社区趣味运动会、第二届残疾人文化周等残疾人文体活动78场，参与人数2500余人。各类残疾人文体比赛成绩喜人。锡山区运动员姚娟和盛玉红在第八届全国残疾人运动会上顽强拼搏，勇夺3金1银，姚娟打破F44女子铅球世界纪录；顾忠良在市声乐器乐比赛中取得声乐第一名的成绩，在乒乓球、游泳锦标赛中，锡山区成绩有所突破。

【残疾人社会服务延伸】 坚持以残疾人的利益为出发点和落脚点，探索构建一体化、多元化、专业化的残疾人社会服务体系。按照公共服务市场化运作要求，打造农村“近仁”助残服务平台。在镇区探索建立12家“近仁”爱心助残超市、8家“近仁”爱心助残理发店，为残疾人提供就近、上门、便利的日常生活服务，累计为残疾人提供生活便利服务9000人次。成立区残疾人维权服务中心，先后为15名残疾人提供绿色便捷的法律咨询服务，解决18人次的来信来访困难。积极做好残疾人机动车长效管理工作，完成401辆机动残疾车的规范建档工作，协调解决5名残疾车营运问题，为51名下肢残疾人购买燃油车、电动车并给予每人1000元的补贴；为395名残疾人评定第二代残疾人证，为4200名残疾人办理免费公交乘车卡。完善托养管理服务工作机制，加强11家托养服务机构管理工作，对125名托养人员开展优质的托养服务。

【残疾人服务需求调查】 为全面掌握全区残疾人服务需求、服务满意度的状况，9月采取抽样的方式，通过问卷调查、入户座谈等形式，对750户残疾人家庭开展残疾人服务需求调查，及时掌握残疾人及家庭的第一资料，为出台和细化残疾人社会保障体系和服务体系政策打下坚实基础。同时，在调查中解决康复、托养、社会保障、无障碍设施、维权等方面的困难350起。

【残疾人基础信息动态管理】 通过强化信息采集、审核发布、日常维护、制度考核等措施，残疾人基础信息工作基本形成上下联动、动态管理的局面，工作水平和服务效率切实提高。根据精细化管理要求，设立信息化建设岗位；举办信息化培训班1期，培训区、镇、村信息化采集、管理人员150人。开展区镇两级残联工作人员结对走访活动，走访慰问全区7648名持证残疾人，通过沟通交流，全面掌握残疾人基本信息。建立信息核准日制度，分别将每月的5日定为“信息管理系统动态维护日”、每季度最后一个月的20日定为“基本信息核准日”，强化检查考核，确保各类需求建档率100%、基础数据动态维护准确率100%、业务申报和审批准确率100%。

【营造扶残助残氛围】 注重资源整合，统筹协调，完善扶残助残举措，逐步形成全社会扶助残疾人、支持残疾人事业的工作格局，不断优化残疾人事业发展环境。在“全国助残日”期间，开展“扶残助残有你有我——共享阳光”扶残助残行动，区四套班子走访区精神病防治康复中心，慰问80名精神病患者；全区社会各界通过结对帮扶、心理慰藉、就业创业扶持、残疾学生及残疾人家庭义务家教等形式，为1200名残疾人提供康复、就业、教育、生活、维权等服务。组织社会力量深化“助残在社区、幸福进万家”行动，实施“倍增幸福计划”、“读书励志计划”、“喜看锡山——谈家乡变化”等活动，1500余名社会爱心人士和2345名残疾人共同参与，进一步倡导全社会理解、尊重、关心、帮助残疾人的新风尚。（陈薇薇）

编辑：吴霞

【锡山区文化名胜掠影】

姚桐斌故居

姚桐斌是中国导弹和航天材料与工艺技术专家、“两弹一星功勋”奖章获得者。其故居坐落在有着悠久历史的黄土塘老街东段，建于民国36年（1947年），是典型简约的民国时期建筑，坐北朝南，三间二进。姚桐斌故居自2002年10月动工修葺，2005年9月修复开放，为锡山区爱国主义教育基地和科普教育基地。

6月1日，锡山区人保系统维权保发展工程、《中华人民共和国社会保险法》宣传月启动仪式　　（《新锡山》　供）

锡山区2011春风行动专场招聘会　　（《新锡山》　供）

区民政局举办“党心暖民心、满意在民政”广场咨询活动

（区民政局　供）

庆祝第24个敬老日文艺汇演　（孙剑光　摄）

2011锡山区“孤儿圆梦行动”　（区民政局　供）

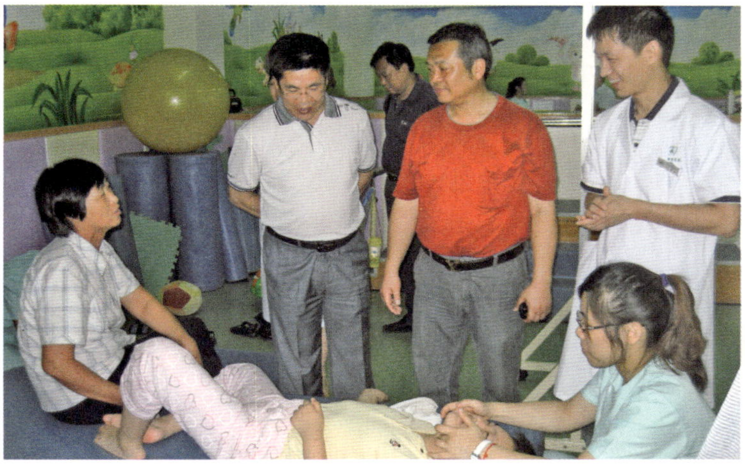

省残联维权处有关领导到梓旺康复医院调研残疾人工作

（《新锡山》　供）

各镇（街道）

东亭街道

【概况】 东亭街道是区委、区政府驻地，是开发区所在地。街道总面积13.31平方公里，下辖13个社区，常住人口13.6万人，其中户籍人口6.1万人、外来人口7.5万人。交通方便快捷，区位优势明显。京沪高铁无锡东站、沪宁城铁新区站、无锡机场近在咫尺。G42国道、G312国道、S342省道贯穿全境，沪宁高速在辖区内设有互通式立交道口。太湖大道东亭段全程高架，东、西向联通沪宁高速与滨湖区。在建的无锡地铁2号线在街道设有华夏路、友谊路、春阳路3个站点。与无锡主城区、新区和锡东新城无缝对接的城市框架形成。

2011年，在区委、区政府的正确领导下，街道围绕赶超发展的目标要求，克服宏观环境多变的不利因素，全力实施“创新驱动”、“城市化和城乡一体化”、“普惠民生”三大战略，大力推进产业结构调整，加快发展城市经济，统筹城市改造建设，深入开展社区管理创新，着力保障改善民生，经济社会保持又好又快发展态势。全年完成国税开票销售收入243.8亿元，比上年增长10.3%；实现服务业增加值36.9亿元，比上年增长22.8%；完成财政收入8.2亿元，其中一般预算收入4.0亿元；完成全社会固定资产投资30.5亿元，其中服务业投资29.5亿元；完成社会消费品零售总额21.1亿元，比上年增长28.9%。

城市经济跃升发展。始终将服务业作为经济工作的重点，着力提高服务业经济的总量和质量，服务业经济实现三年翻番，服务业主体地位全面确立。全年完成服务业国税开票销售收入191.5亿元，比上年增长34.1%，占街道国税开票销售收入的78.5%，比上年提高15个百分点。新增服务业企业260家，注册资本9.7亿元。35家重点限上服务业企业完成国税开票销售收入131亿元，比上年增长36.5%。新兴业态发展势头良好，助推服务业层次明显提升。44家金融保险业和123家信息咨询服务业纳税增势明显，完成纳税5607万元，纳税增幅分别超过200%和30%。新增金融投资类企业11家，注册资本4.1亿元，累计43家。工业企业加快退出，全年拆除工业企业87家，除保留西区及华发路工业园区外，基本完成工业企业搬迁工作。服务业项目建设扎实推进，全年20个超亿元重点项目完成投资29.5亿元。

城市改造加快推进。拆迁工作取得较大进展，全年签约拆迁面积35.6万平方米，拆除总面积26.1万平方米。安置房建设提标增速，华亭苑一期、隆亭苑、柏木南苑等7个安置房建设项目建设面积94万平方米，全年安置房封顶52.4万平方米。宏达机械厂地块294套过渡房顺利建成。除金锡苑南区以外，已建安置房小区及在建安置小区前期手续全部清理完毕。分配安置房290套，安置面积3.4万平方米。全面完成锡州路（友谊路以东）、资景路等道路改扩建工程，长流生态公园建设基本竣工，李巷小区等5个老新村、竹园西区等4个安置小区的整治工作全面完成，柏庄南坝头、北街谢家桥2个老村庄整治一新。柏庄菜场整治改造、锡州商贸城安全整改工作全面完成。

环境质量显著提升。全面落实河长制管理，老兴塘河、明泉河等11条河道综合整治工作全面完成并通过上级验收。排水达标区工作重心转向管网养护，与专业养护公司签订123公里污水管网委托养护合同，长效管理机制逐步健全。全面推进生态绿化工程，完成新明路、柏庄路、锡州路等道路绿化4公顷，新增蔚蓝都市花园小区绿化1.4公顷，建成无锡市园林式居住区1个。深入开展市容环境综合整治活动，规范户外广告224处，清理“三乱”3800余起，拆除违章建筑7065平方米。生活垃圾机械化收集全面覆盖，垃圾“四集中”动态保持100%，在竹苑三村等3个收集点开展垃圾排污试点工作。深入开展污染企业专项整治和节能减排工作，全年COD减排下降4%以上。

民生福利持续改善。社会保障扎实推进，深入推进社保扩面工作，基本养老保险净增人数991人，居民养老、医疗保险覆盖率分别为96%、99%。大力推进就业再就业工程，不断加大就业培训和就业援助力度，免费就业培训1740人次，提供就业岗位2056个，建立创业孵化基地和创业实训基地各1个。加大社会救助力度，发放低保金85.2万元，重残人员救助金64.5万元，向580名困难群众发放临时救济金54.5万元，为253名困难老人免费提供紧急救助和快速联络等服务。新建春合、门楼社区2家居家养老服务站。社区文化共享工程顺利推进，举办“幸福城乡行”等各类文体活动60场。社区卫生服务工作着力推进，新增健康档案6259份，免疫接种22417人次，为8000余名在校学生进行体检。关心下一代工作成效显著，获“全省关心下一代工作先进集体”称号，是全区唯一获得该荣誉的镇（街道）。大防控体系建设深入推进，金锡北苑安置小区技防建设全面启动，碧园小区技防改造工作完成。

【高端载体项目量质齐升】 借力地块经营，各类商业载体建设步伐全面加快，建设总面积92.5万平方米。盛高商业广场、东望商务广场、悦城天街三大城市综合体项目全面启动，商业部分的总建筑面积59.7万平方米。三大城市综合体包括居住、购物、休闲、商务等全方位高端生活内容，建成后将成为东亭城市高水准的新地标，进一步提升城区商业商务氛围。东亭科技创业服务中心顺利封顶，无锡数字动漫创业服务中心二期、华夏·文华国际等商业载体项目快速推进，新增载体面积30余万平方米。新屯服务业载体、庄桥服务业载体启动前期筹备工作。

【地块招商搭建新平台】 深化与易居（中国）控股有限公司的高端合作，着力发挥置业公司的平台作用，东亭地产项目（重庆）投资推介会成功举办。按照构建“城市气息浓厚、城市经济发达、城市环境优美”的现代化城区目标，大力招引实力雄厚、理念先进、经验丰富的开发商参与城市发展，与金科地产集团股份有限公司、明发房地产开发有限公司、恒信实业集团有限公司等28家西南地区的知名商业、地产开发企业建立沟通联系机制。项目意向情况良好，街道独特的区位优势和成熟的商业环境形成有效的投资吸引力，储备在谈项目7个，其中房地产项目5个、服务业产业项目2个，意向投资145亿元。

【东亭科技创业服务中心封顶】 东亭科技创业服务中心是锡山城市置业有限公司自主开发建设的第二个商业项目，项目总投资1.5亿元。该中心借鉴新加坡成熟案例经验，对商务功能区和商务配套区进行统一规划，立足打造集商业、商务、产业于一体的现代化城市综合功能载体。众多企业意向入驻，同时数十家会计、审计、信息咨询和法律服务机构入驻接洽顺利。投入使用后，该项目将成为东亭城区资本、技术、人才、信息、金融等各种创业要素的重要集聚地，成为街道楼宇经济发展的新标杆。

【安置房建设大体量推进】 按照“3+4”（新建小区3个、完善小区4个）的安置房建设规划，加快推进7个安置房小区建设项目，总建筑面积约83.9万平方米。全年在建面积55.9万平方米，包括结转项目5个（金锡苑南区、金锡苑北区、华亭苑一期、隆亭苑、柏木苑），新启动项目1个（景苑一期）。实现安置房封顶47.7万平方米，交付使用面积5.1万平方米。1个未开工项目竹苑南区安置房建设工程计划2012年4月启动。以华亭苑一期安置房为代表，街道新建安置小区全部为高层电梯房，全地下停车场，配套设施齐全，景观绿化由专业设计院科学设计。在设计、施工以及管理等方面均彰显“以人为本”的理念，在建筑型体、立面、色彩和户型等方面满足群众使用需求，并预留充足的社区服务用房，致力于打造高品质的现代化安置小区。

【率先成立安置房小区管理委员会】 根据安置小区物业管理相对薄弱、世居户占比大、群众自治意识缺乏等实际问题，在全区率先成立安置房小区管理委员会。管理委员会人员由社区居委会在社区干部、居民小组长、妇女代表中选聘，并落实工作场地和必要的工作经费，代替执行业委会等组织的工作职能，填补安置房小区业主自治组织的空白，提高居民自主管理、自我服务的参与热情。金锡苑北区作为工作试点小区，完成管理委员会组建工作，并在推进业主自治、强化环境共建、化解矛盾纠纷等方面取得良好成效。

【社区服务管理创新】 着力夯实社区管理基础工作，不断完善和创新内容举措，构建与街道城市化进程相适应的社区“人财物事”综合管理新模式，被区委、区政府授予“2011年度新锡山创新奖”。在春星社区率先试点改革，按照“理清关系、职能分清、人员分开、账户分立”的基本思路，明确社区居委会与股份合作社的权利和职责，提升社区管理效率和效能。落实社工聘用“三统模式”（统一招聘、统一分配、统一管理），强化社区管理人才的储备和培养工作。创新安置房小区管理模式，在金锡苑北区组建安置房小区管理委员会，填补安置小区自治管理机构上的空白。创新人口管理模式，启动街道大人口综合信息管理系统建设，实现人口基础信息共建共享。

【教育发展环境改善】 加大基础建设，夯实办学条件。重视校舍安全工作，完成东亭中心幼儿园、隆亭实验小学等5所学校31420平方米的校舍加固工作。东亭实验小学新校舍和蔚蓝都市花园幼儿园全面启用。柏庄小学教学楼和食堂改造工程着力推进，金锡幼儿园、桑达幼儿园接受省优质园验收。4所中小学校的教育技术装备全部达到省Ⅱ类标准，音乐教室、计算机网络教室、科学实验室等专用教室建设到位，师均和生均拥有计算机和图书的比例大幅提升。

表47

2011年东亭街道各社区基本情况一览表

社区	户数（户）	人口（人）	书记	主任	开票销售收入（万元）
长　流	166	631	陈伦贤	吴惠明	12876
门　楼	1735	5151	王　伟	项晓斌	8339
柏　庄	2156	6499	李培忠	曹士良	14091
春　星	705	2241	过伟琪	倪志良	—
春　合	1178	3751	徐　健	陈峰波	8512
庄　桥	1589	5240	周伟峰	虞红伟	10473
新　屯	676	2315	潘建生	曹末生	4735
北　街	3096	9136	林　敏	周世兴	9661
东　亭	1920	6326	薛志荣	曹　军	20561
东　街	1940	5032	沈伟庆	沈伟庆	—
桑达园	1896	5594	周维明	周维明	—
柏庄一村	1055	3055	王新峰	王新峰	—
春江花园	1982	5448	杨　晨	阙周健	—

（徐泽元）

安镇街道

【概况】 安镇街道位于无锡市东部，南与无锡新区交界，区内与东亭街道、锡北镇、厚桥街道、羊尖镇及开发区接壤。全街道总面积49.5平方公里，户籍人口4.8万人，外来人口6万人，下辖13个行政村、3个社区。安镇于2009年4月撤镇建街道，是锡东新城建设主阵地。锡沪路、锡东大道、锡太路、锡山大道、锡虞路等交通要道在境内交汇，沪宁高速公路道口、无锡机场、G312国道近在咫尺，京沪高铁无锡东站完成建设，规划建设中的地铁2号线、4号线在安镇交汇。作为锡东新城的核心区域，安镇街道在市、区发展格局中的地位和作用日益凸显。随着高铁站的建成以及无锡市坚定的“东扩”步伐，安镇与商务区融为一体，逐步成为无锡市创新发展的新名片，锡山产业发展的新平台，上海、北京等强中心的功能转移承接地，与苏州、常州、泰州合作发展的大都市区枢纽，以及辐射江阴、常熟等周边城市的区域中心。境内有吼山、翠屏山、胶山、白丹山、鞋山五大山体与九里河、走马塘河、春丰河三条主要水系，青山绿水交相辉映，构成得天独厚的生态环境优势。

2011年，街道坚持以保障锡东新城和商务区建设发展为主题，坚持以经济社会转型发展、赶超发展为主线，不断创新发展理念，优化发展举措，克服种种不利因素和发展难题，拆迁安置、社会管理、经济发展、民生保障等各项重点工作得到全面推动和有效落实，为街道下阶段工作快速推进、全面发展积累经验、夯实基础。2011年，街道完成工业总产值108.03亿元，比上年增长9%；国税工业开票销售收入完成100.5亿元，比上年增长15.2%，完成商务区年度目标计划的105%；完成工业投资17.28亿元，比上年增长133.5%；商务区、安镇街道实现财政收入7.95亿元，比上年增长42.5%，其中一般预算收入5.03亿元，比上年增长51.1%；完成社会消费品零售总额17.2亿元，比上年增长24.2%；完成服务业投入62.89亿元，比上年增长37.7%。

加快拆迁安置，强势助推商务区建设。始终坚持将拆迁安置工作作为街道全局工作的战略重点，强力攻坚安置房建设、市区重点道路建设、重大建设项目腾地中的节点、难点问题，全力做好重点工程项目的征地清障、杆线迁移工作，有效保障了商务区项目建设的顺利推进。研究出台《关于进一步加强拆迁安置工作的意见》和《安镇街道拆迁安置工作操作规程》，严格实行拆迁签约会审制度，保证拆迁安置工作的公平、公正。全年完成征地31宗、523.23公顷，租用土地14.38公顷；完成评估164.17万平方米，签约100.48万平方米，拆除65.31万平方米。做好商务区安置房建设的各项配合协调工作，确保安置房如期投用。安置水岸佳苑、山韵佳苑现房与金牛一期、鑫安五期、鑫安四期余房4959套，有效缓解了安置用房的供需矛盾。

加快创新实践，打造社区管理新格局。积极顺应城市化、城乡一体化快速推进大背景下出现的社会结构、人员结构、利益格局的深刻变化，探索以资源要素、管理体制、公共服务等为重点的创新实践，破解社区管理难题，全面提升社区管理实效。完成新型社区管理规划，初步确定“管理在社区、福利分红在合作社”的社区管理思路，开启安置社区居民在户籍管理、经济待遇、民主权利等各方面实现城乡转接的探索之路。新型社区管理模式加快试点，成立社区管理试点工作领导小组，制定下发《关于开展润和里小区社区管理试点工作的实施意见》，由胶山社区在润和里小区实行“一委一居一站一办”（社区党总支、社区居委会、社区事务工作站、社区综合治理办公室）管理体制。新型社区配套设施逐步完善，金牛苑、鑫安三期（润富里）、鑫安五期（润和里）公建配套用房投入使用，社区卫生服务站、老年人活动室、健身中心、阅览室等配套设施逐步到位，水岸佳苑、山韵佳苑等安置小区公建配套用房面积1万余平方米，其中水岸佳苑睦邻中心、社区卫生服务站进入设计阶段。新型社区物业管理体系日渐成熟，研究制定《安镇街道安置房物业管理方案》、《安镇街道安置房物业管理考核办法》，建立“政府推动、部门联动、属地负责、企业服务、业主参与”的工作机制，理顺街道、社区居委会、物业公司在物业管理各环节中的关系，由街道物业管理办公室、社区物业管理站、物业服务企业组成的“三位一体”物业管理机制初步确立。

突出转型升级，认真抓好经济发展工作。围绕加快转变经济发展方式，坚持产业转型升级，创新发展模式，提升产业层次，全面增强经济发展活力。创新能力持续增强。全年完成高新技术产业产值45亿元，高新技术产业增加值占规模以上工业增加值比重45.5%；2家企业申报省高新技术企业，5家企业获批省民营科技企业，新增市级企业技术中心3家，引进各类人才550人，其中海归人才4人；积极引导重点骨干企业加快与高等院校、科研机构的合作，无锡隆达金属有限公司、无锡华能电缆有限公司获国家、省科技项目立项，获专项扶持资金2200万元，以企业为主体、以产学研合作为依托的科技创新体系加速形成。城市经济推动有力。依托商务区良好的区位优势和环境优势，加快打造商务经济、楼宇经济、休闲经济等各类载体建设。华夏世纪锦园和碧桂园凯旋华庭项目建设进展顺利，长灵大酒店、金域香颂、嘉荫园二期等多个项目有序推进。现代农业加速转型。确立在全区率先实行农业经济向城市经济变轨转型的发展思路，充分利用规划建设区外的土地空间，全年新增高效农业面积56.67公顷，土地流转面积13.33公顷，农业园区面积累计393.33公顷。在山河村等非规划建设区范围内，邀请南京农业大学对山河村的现代农业进行规划，研究制定包括市属蔬菜基地在内的实施方案，全力推动农业发展向城郊型、规模型转变。

突出以人为本，生态建设彰显成效。以开展水生态综合整治工程和“蓝天工程”为重点，扎实推进节能减排，创新环境保护机制，大力开展生态修复，为打造生态宜居新城创造条件、腾出空间。水生态环境日趋改善，清淤河道12条，清淤土方15.32万立方米，封堵排污口438个，完成14个排水达标区创建和14个排水达标扩面区工程的施工，铺设污水管网10公里，累计完成103个自然村的控源截污工作；通过畜禽养殖整治、压降化肥农药用量等手段，农业面源污染减控工作取得新进展。节能减排工作深入实施，继续开展“五小”、“三高两低”企业专项整治，关停小化工企业1家、“三高两低”企业4家，2家企业通过清洁生产审核，全年规模以上工业产值能耗下降7.5%；全年新增成片造林69.07公顷，新增公共绿地22万平方米，“绿色安镇”建设扎实推进。大气污染防治全面推行。深入开展化工、黑色金属冶炼及压延加工、印染等行业整治，整治工业废气达标排放企业13家，淘汰落后用能设备4台（套）；建立健全秸秆综合利用和禁烧工作长效机制，实施建设工地现场标准化管理和绿化带“提档降土”改造工程，环境质量综合指数92.7。农村环境面貌焕然一新，实现村（社区）生活垃圾市场化收运全覆盖，生活垃圾收集覆盖率100%；全年拆除各类违建1.5万平方米，整治卫生死角160处、污水塘浜59个、河道8条、污水直排390户。

突出发展共享，民生保障一体化发展。坚持把改善民生作为各项工作的出发点和落脚点，以“幸福安镇”建设工程为载体，着力提升城乡统筹水平，大力发展社会公共事业，让人民群众更多更好地分享改革发展成果。着力推进教育事业发展。完成街道所有C类校舍计1.6万平方米的抗震加固改造工作，紫金幼儿园按时启用；加大投入，开展校园周边环境综合整治行动，提高校园技防水平；组建多个教育奖励基金，全年各学校收到捐款260万元。着力推进卫生事业发展。全面落实基本和重大公共卫生项目化管理，加强卫生应急能力建设，确保公共卫生应急事件处置率100%；大力实施医疗卫生体制改革，群众门诊均次费用和住院日均费用分别下降43.3%和34.8%，有效减轻了群众就医负担。着力加强社会保障力度。全区域参加失地农民社保1.5万余人，提供就业岗位2110个，实现就业再就业2259人。临时困难救助、突发灾害救助、深度贫困家庭救助等救助机制不断完善。公益性社会福利设施建设加快，新增居家养老服务站3家，残疾人综合服务中心和长青园安息堂启动建设。着力推行人口管理服务新模式。以“网格式管理、市民式待遇、保姆式服务、综合式治理”为内容的人口管理服务新模式全面推行，低生育水平保持稳定。流动人口计生服务率95%，安西村、安南村、大厍头村创建成市级人口综合服务示范社区。着力丰富群众文化体育生活。组建和邻艺术团和文萃艺术团，并设松珍公园中心厅和吼山文萃轩2个活动基地，全年为社区演出30余场。利用节假日和重大庆典日，举办主题性大型广场文艺7次，举办安镇街道职工运动会、“锡东新城”杯系列活动。8月8日至11月15日，街道成功举办篮球、足球、乒乓球、象棋、拔河、门球、全健排舞等一系列全民健身活动，被授予“2011无锡市全民健身节优秀组织奖”。

突出平安为先，社会稳定夯实基础。按照中央和省市的统一部署，以维护群众利益为根本，以解决影响社会和谐稳定突出问题为突破，以夯实基层基础为重点，着力加强社会管理创新，完善社会管理格局，有力地提升了社会管理科学化水平，为街道经济社会各项事业的发展营造了和谐稳定的良好氛围。积极改进信访工作。进一步规范完善党政领导批阅群众来信、接待群众来访、领导下访约访、重大信访问题领导包案制及定期研究突出信访问题联席会议制度。在重大活动、会议期间，及时收集信息，开导教育信访重点人员，成功化解一批重点热点难点信访问题。努力化解矛盾纠纷。开展矛盾纠纷排查24次，受理矛盾纠纷70件，成功调处70件，调处率和调处成功率均为100%；受理公安机关移送调解案件61起，区法院诉前调解案件58起，全部调解成功；防止矛盾纠纷激化22起，累计劝阻群体性上访23批（次）、971人次，及时处置并妥善化解胶山公墓改造引发墓主家属大规模集访事件等重大矛盾纠纷和群体性事件。严格落实安全责任。签订安全生产和防火安全目标责任书275份、特种设备安全管理告知书180份，建立覆盖所有企业的安全生产责任体系。加大隐患排查整治力度，累计排查企业212家和安置过渡房、居民住宅、出租房等1500余户，排查整改隐患378条，有效保障了企业及人民群众的生命财产安全。

【京沪高铁无锡东站建成启用】 内容参照第151页条目【京沪高铁无锡东站建成启用】。

【产学研一体化助推企业发展】 安镇街道帮助企业与科技院校共建合作研发平台，实现企业的更大发展。安镇街道龙头企业——江苏新日电动车股份有限公司和北京理工大学合作研发微型电动汽车，获得市产学研合作项目立项。无锡隆达金属有限公司与北京科技大学合作研发的“高性能铜合金管材短流程成形技术”获得国家科技支撑项目立项。无锡华能电缆有限公司与东南大学、上海电缆研究所合作开发的“高导电率硬铝架空导线项目”获得立项。一批骨干企业相继成立研发中心、院士工作站等产学研合作平台。全年申报国家级项目3个、省级项目11个、市级项目3个，有9个项目立项，其中国家级2个、省级5个、市级2个。全年专利申请量和授权量分别为520件和500件，分别比2010年增长8%和7%，其中发明专利申请量和授权量分别为72件和23件，分别比2010年增长41%和229%。2011年累计获市级以上科技扶持资金2259万元。

【开展失地农民职业技能培训】 12月16～18日，安镇街道劳动保障所和安镇街道成人教育中心校、锡山中等专业学校，在安镇街道成人教育中心校联合举办被征地农民维修电工初级培训班，由锡山中等专业学校老师授课，培训结束后，颁发结业证书，并优先推荐参训农民就业。安镇街道牢固树立“让培训基地成为农民成才的金桥”的社会培训理念，按照“管理—组织—实施”的推进策略，加强与培训机构的紧密合作，逐步建立社会教育服务工作长效机制。同时，积极开发和实施各类社会培训项目，多层次、多途径、多形式地开展培训工作，培养有文化、懂技术、会经营的新型农民，全年培训2000人次，效果显著。

【组建教育奖励基金】 2011年，安镇街道掀起捐资助学热潮，各学校收到捐款260万元，用于在籍在读的优秀学生及在职在岗的优秀教师。4月，华夏教育奖励基金会成立，安镇实验小学和安镇中学收到捐款160万元；5月，雅迪科技教育奖励基金成立，查桥实验小学收到捐款50万元；5月，在查桥中心幼儿园紫金园区的开园仪式上，查桥片区的各村积极捐款30万元；6月，无锡市长灵房地产开发有限公司捐助安镇中学20万元。

【推进民主法治建设】 2011年是“六五”普法的启动年，安镇街道充分运用“法治宣传一条街”（安国路）、法治文化公园（和泽公园）、安镇司法所网页等阵地，大力宣传和普及法律知识。全年发放各类普法宣传资料6000余份，举办各类法制培训班5期；利用“3·15”消费者权益日、“12·4”法制宣传日等重大节日，开展宣传活动10次；举办《中华人民共和国人民调解法》、《中华人民共和国侵权责任法》等最新法律法规解读培训及“提高防范意识，共建平安校园”主题培训4次。扎实开展“民主法治村（社区）”创建活动。7月，安镇街道司法所通过市四星级司法所创建考核验收，被无锡市司法局授予“四星级司法所”称号。10月，先锋村通过省级民主法治村创建工作考核验收。全街道85%以上的村（社区）达到市民主法治村（社区）标准，为深入推进“法治安镇”建设奠定了坚实基础。

【市法治文化建设精品工程】 12月，安镇街道青少年交通安全法制教育主题公园被评为“无锡市首批法治文化精品工程”。该公园建于2008年11月，位于锡东大道东侧、安镇实验小学南侧的和泽公园内，面积1.2万平方米。园内交通标示一应俱全，按实际道路比例缩小建成，并由政府出资购买小型自行车、二轮摩托车、三轮摩托车、红绿灯交通信号灯等交通工具和装备，是无锡市内第一个青少年交通安全法制教育主题公园。该主题公园累计接待学生轮训32次、4500余人，受训学生还担当起交通义务宣传监督员，向家长宣传交通法律知识，帮助学校发放“给家长的交通安全信”，有效拓展了法制宣传的教育面，提高了辖区内居民的交通法规意识和交通安全意识。

2011年安镇街道各村（社区）基本情况一览表

表48

村（社区）名	户数（户）	人口（人）	书记	主任	开票销售收入（万元）	农民年人均纯收入（元）
先锋村	989	3495	陆云良	华旭东	117870	23085
安南村	1534	5948	蒋红良	瞿巧南	85554	18600
胶南村	525	2020	赵裕清	庄惠德	33982	14815
春光村	1397	5059	丁伟东	丁伟东	33460	16080
胶山村	1061	4167	徐毅坚	朱　峰	42067	16353
胶西村	331	1363	万加农	倪　赟	16403	17240
安镇村	1242	4259	张红英	殷继福	15915	15544
查桥村	1137	3851	高兰兴	蔡伟阳	15436	15568
团结村	571	2175	安齐明	张仲华	13007	19237
安西村	603	2255	倪志刚	郁建平	19592	15512
山河村	916	3369	周学明	虞鸣雷	15094	16423
大厍头村	577	2158	黄锡良	倪伟强	6800	14893
白丹山村	696	2574	陆利清	钱惠明	8277	15698
谈村社区	260	874	朱成平	万颖波	14069	20085
鑫安社区	1236	3241	朱民权	顾兴根	—	—
吼山社区	783	1828	朱小平	朱小平	—	—

（许文杰 付益凡）

羊尖镇

【概况】 羊尖镇是无锡市的东大门，总面积50.8平方公里，常住人口6万人，下辖8个行政村和1个社区。2011年，羊尖镇坚持以科学发展观为指导，倾力打造机械（高铁）装备产业园区、生态文化休闲区、宜人宜居新镇区和可持续发展区“四大板块”，全力以赴建设“实力羊尖”、“绿色羊尖”、“花园羊尖”、“幸福羊尖”。全年实现全部开票销售收入85亿元，比上年增长25%，其中工业开票销售收入59.5亿元，比上年增长26.3%；财政总收入3.8亿元，比上年增长34.1%，其中一般预算收入1.8亿元，比上年增长45.3%；农民年人均纯收入1.65万元，比上年增长17.3%。

园区发展步伐加快。机械（高铁）装备产业园全年实现开票销售收入29.2亿元，比上年增长80.1%；72家机械（高铁）类企业实现开票销售收入20.3亿元，比上年增长约90%，产业园区发展形象、环境、实力进一步提升。

项目引进量质齐升。着力引进优质高效项目，签约重点项目2个，总投资近6亿元。全年累计新办企业93家，其中工业企业63家、三产企业30家，注册资本1.92亿元。全力推进项目建设，切实加强对重点项目的跟踪服务，在建项目15个，总投资约25亿元，建筑面积约40万平方米，达产后产出超50亿元，其中8个项目基本完工。技改扩能不断加快，实施技改项目20个，完成投资10亿元，其中投入超500万元技改项目15个。

科技创新能力日益增强。申报省高新技术企业2家、市级以上工程技术研究中心2家，获批省民营科技企业5家、科技领军型企业1家。政产学研活动不断深化，江南大学机械工程学院与产业园区合作成立科技创新服务中心，并与无锡盾建重工制造有限公司、江苏工力重机有限公司、无锡爱玛车业有限公司等企业就各类基地建设、项目开发进行合作，有10余名专业人士进驻企业，从事专项工作研究。

新城镇建设成效初显。城镇发展格局不断优化，全力推进新城镇“南扩西进”，切实加强与锡东新城的对接，实施商务性、生活性服务业开发。城镇设施功能不断完善，大成路东延竣工，新羊大道向北推进，新镇区育才路基本完工，东陈路启动建设。五洲国际城市综合体建设进展顺利，与八佰伴城市超市、中影嘉禾院线等主力店举行意向签约仪式，3万余平方米商铺销售火热。启动安置房建设21.6万平方米。城镇管理水平不断提高，开展锡沪路、锡虞路等4条主干道路羊尖段路容路貌和锡张高速两侧广告设施等专项整治行动，完成2条背街小巷整治，拆除违法建设8000余平方米。

新农村建设深入推进。新增农业适度规模经营面积60公顷，高效农业面积73.33公顷，园区农业面积66.67公顷。各村通过实施“腾笼换鸟”，发展“飞地经济”、“林间经济”，扩张经济总量，全镇8个村全年实现工业开票销售收入29.3亿元，比上年增长20%。新建土地股份合作社4家，农民专业合作经济组织1家。完成7个行政村、49个村民小组的“双置换”工作，实现土地换社保2500余人，置换承包经营权土地面积133.33公顷。大力实施“一村一园”建设，完善南村温馨花卉园、南丰精细蔬菜园、严家桥优质粮经园、丽安花卉苗木园4个特色园区建设。

生态环境持续优化。节能降耗扎实推进，万元规模以上工业产值能耗和水耗分别下降6%、8%。全面完成水生态综合整治各项目标任务，创建排水达标区9个，接管企业67家，铺设管道约30公里。完成2家“五小”企业、3家“三高两低”行业企业的整治和4家企业的清洁生产审核工作。加强“河长制”管理，完成16条河道的综合整治并通过验收。实施28个村庄的污水接管，完成15个村庄的环境综合整治和2个村庄的连片整治。通过加快新兴产业发展、燃煤锅炉整治、秸秆综合利用、工业废气排放达标整治、建设工地与道路扬尘控制、绿化造林等，积极开展大气污染防治工作。

民生事业协调发展。加快推进就业富民，着力做好重点人群的就业帮扶工作，提供就业岗位2012个，就业困难对象援助率80%，创业带动就业652人。加快推进保障富民，不断扩大各类社保体系覆盖面，净增社保缴费763人，新增被征地农民参保366人、居民医疗参保20556人，发放居民养老待遇10739人。落实安全生产工作例会、安全生产检查等制度，切实加大危房排查和整改力度，加强在建项目施工现场生产管理、技术管理和劳动组织管理。全面深化“平安羊尖”、“法治羊尖”建设，创建成市级法治示范镇，扎实开展“大调解机制建设提升年”活动，狠抓基层人民调解委员会规范化建设，成功调处各类矛盾纠纷250起。

【五洲国际城市综合体建设】 羊尖五洲国际广场总用地面积7.4公顷，总建筑面积约14.3万平方米，总投资约6亿元，将着力打造一个集生活、居住、购物、休闲为一体的大型商业综合体。7月10日，与八佰伴城市超市、中影嘉禾院线等主力店意向签约。一期商铺于8月28日开盘，全部售罄；二期商铺于12月11日开盘，销售火热。

【科技创新服务中心成立】 9月22日，江南大学机械工程学院—锡山区机械（高铁）装备产业园政产学研合作签约暨科技创新服务中心揭牌仪式举行，为羊尖经济转型发展注入新的强劲动力。江南大学机械工程学院与无锡盾建重工制造有限公司、江苏工力重机有限公司、无锡爱玛车业有限公司、无锡市安迈工程机械有限公司、无锡永能车业有限公司等骨干企业签署5项合作协议及3项技术开发合同，共同搭建产学研合作平台。江南大学机械工程学院与无锡盾建重工制造有限公司共同申报的江苏省工程技术中心获得批准；江南大学机械工程学院的ERP技术在安迈机械全程技术和管理工作中得到成熟运用；有10余名专业人士深入到企业一线，提供专业性指导。

【羊尖镇农业服务中心获省百强称号】 羊尖镇农业服务中心以农业园区、特色基地为载体，加快农业新品种、新技术、新模式的推广应用，不断提高农业综合生产能力。同时，组建植保专业合作社，为广大农户提供优质的稻麦病虫草害防治服务。举办多期秸秆全量还田，机插秧新技术，蔬菜、水产及常规农技培训班，培训人数950人次。开展粮油、蔬菜、水产等技术的科技入户活动，发放各类资料11万份。4月，羊尖镇农业服务中心被江苏省农业委员会评为“江苏省百强乡镇农技推广综合服务中心”。

【通过国家卫生镇复查验收】 深入开展“清洁家园”活动，建立由镇村、工商、环保、防疫等部门组成的环卫执法督查队伍，每月开展一次大规模执法检查。同时，加大环卫设施建设投入，调整充实环卫队伍，完善“定人定岗、分段包干”工作责任制，并出台《羊尖镇关于垃圾分类收集和处理的实施意见》。12月，羊尖镇顺利通过国家卫生镇复查验收。

【创建成市级法制示范镇】 深入开展“六五”普法建设，不断健全工作制度，建立镇法制宣传教育基础数据库。加强对普法讲师团的指导和管理，组织课题调研和交流活动，不断壮大“六五”普法联络员及志愿者队伍。开展省法治文化示范点和农家书屋法治文化建设示范区创建活动，开展法律下乡活动，巩固农村法制宣传教育阵地，进一步完善农家书屋和农村法律图书角建设。开辟第二课堂，建设一批有规模、高质量的青少年法制教育基地。2011年，羊尖镇被市委、市政府评为“无锡市法制示范镇”。

【丽安村创建成国家级生态村】 丽安村坚持将生态环境建设贯穿于经济社会发展全过程，进一步增强可持续发展能力。有效控制工业污染源，鼓励企业推行清洁生产，大力实施村庄整治，建立健全垃圾管理和村庄容貌管理制度，积极引导农民使用清洁能源。同时，注重绿化造林，建设绿化广场，有规划地发展无公害种植业，并积极推广使用有机肥。10月，丽安村被环保部授予“国家级生态村”称号，成为全区首批“国家级生态村”。

2011年羊尖镇各村（社区）基本情况一览表

表49

村（社区）	户数（户）	人口（人）	书记	主任	开票销售收入（万元）	农民年人均纯收入（元）
羊尖村	1427	5140	奚新华	—	290816	19885
南村村	900	3255	顾明速	陶兴元	17748	14716
宛山村	1716	6278	桂　彬	陆国华	19788	16672
廊下村	1693	6279	滕国良	王建新	80566	18287
南丰村	1103	4239	陈国兴	尤雯梁	30975	15156
严家桥村	1673	5893	汤义惠	巫　伟	10480	16207
丽安村	1190	4465	—	陆　明	17552	15539

续表49

村（社区）	户数（户）	人口（人）	书记	主任	开票销售收入（万元）	农民年人均纯收入（元）
龙凤巷村	1207	4217	张建新	曹剑方	38101	15682
羊尖镇社区	940	2407	陆惠源	陆惠源	—	—

（陶 逸）

鹅湖镇

【概况】 鹅湖镇位于无锡市东南部，东与苏州相城区接壤，北与常熟市交界，自古就是八湖福地、区域重镇，是远近闻名的“水镇、古镇、重镇”。全镇总面积54.7平方公里，其中耕地面积1468公顷。下辖10个行政村和3个社区，总人口7.1万人，其中外来人口2.3万人。2011年，全镇工商业开票销售收入139亿元，比上年增长28.71%。其中，工业开票销售收入87.6亿元，比上年增长22.07%；服务业开票销售收入46.08亿元，比上年增长27.46%。完成工业产值95.02亿元，比上年增长28%。实现利税总额5.5亿元，比上年增长12.3%。完成财政总收入5.7亿元，比上年增长28.2%，其中一般预算收入2.55亿元，比上年增长31.7%。

高端合作捷报频传。新型金属材料产业园与北京科技大学合作，聘请院士葛昌纯为首席顾问，新型金属材料产业园成为锡山区首个由院士担任顾问的工业专业园区。无锡嘉联不锈钢有限公司与北京科技大学、无锡市金杨电源制造有限公司与江南大学、无锡市焦化设备厂与中国冶金建设集团鞍山焦化耐火材料设计研究总院、无锡市明杨电池有限公司与四川成都大学、无锡佳健医疗器械有限公司与南京大学、江苏春花杰佳电器有限公司与上海复旦大学开展产学研合作，无锡文教印务有限公司、无锡东大印刷有限公司、无锡市恒昌包装彩印厂等十余家企业与无锡工艺职业技术学院的产学研合作都得到巩固发展。签约项目有中航国际（无锡）产业园、无锡嘉菱荡港务物流有限公司等17个，总投资约44.94亿元。注册资本超过5000万元的工业企业3家，分别是无锡金都机械装备有限公司、江苏中联铝业科技有限公司、无锡新通联包装材料制造有限公司。

镇村建设快速推进。道路通行能力全面提升，城市元素配制进一步完善。完成鹅湖休闲文化广场、社会停车场、甘露农贸市场等社会基础设施工程建设。完成荡口中心小学和鹅湖人民医院易地新建清障腾地工作。荡口中心小学的规划设计方案通过初步论证。出让经营性地块2幅，睦邻中心开工建设。城市综合管理水平进一步提高，生活垃圾形成“统一上门收集、定点集中转运、中转外运处理、镇区实施机械化收集”的工作模式，建成日处理100吨压缩式垃圾中转站1座，确保垃圾日产日清。“路长制”工作进一步完善，实施道路通达工程，完成村级道路建设51.2公里。开展京沪高铁鹅湖段两侧的环境综合整治工作，全年拆除违建82处，面积6300平方米。

生态环境实现质态提升。水生态综合整治成效显著。完成38个自然村的污水接管处理工程。新增微动力设施31台，累计铺设管网40余公里，微动力处理设备正常运行。完成11个排水达标区创建任务，完成80个自然村的村庄整治。抓好“河长制”长效管理，完成28条河道综合整治，鹅湖村、三新村创建成市级农村河道综合整治示范村。加强农业面源污染整治，全面控减畜禽养殖污染，关闭养猪场7家、养鸡场2家。生态农业建设进展迅速。大力推进青荡村休闲农业园、鹅湖村特种锦鲤养殖示范园、圆通村花卉苗木种植示范园、松芝村蔬菜示范园建设。鹅湖村、三新村、燕水庄村创建成市级森林村，鹅湖村、青荡村创建成市级幸福村，“燕水人家”成为省级新农村建设新亮点。大气污染防治成效明显。对全镇41家企业的工业窑炉及1吨以上燃煤锅炉的废气进行环境监测，准确掌握企业废气达标及治理设施运转情况。积极推进“五小”、“三高两低”企业的整治工作，关闭4家。完成6家企业清洁生产审核，新增1家循环经济试点企业。

水乡古镇独具魅力。坚持保护修复、质量第一的建设原则，加快工程建设进度。完成修缮、移建和复建面积3.5万平方米。完成北仓河河道整治、驳岸（河埠）修复以及华氏老义庄、王莘纪念馆、华蘅芳故居和会通馆部分修复工作，北仓河两岸枕水而卧的一河两街明清建筑风貌基本形成。游客服务中心、古镇入口广场，雨、污水管网以及供电、供水、供气、通信、广电、绿化、亮化工程等基础设施和配套工程建设稳步推进。以古镇名人故居、历史建筑为平台的文展工作有序开展。华氏老义庄、王莘纪念馆、华蘅芳故居、钱穆旧居、钱伟长旧居陈展方案的基本框架明确。围绕“长三角休闲度假地、民俗商业展示地”的发展定位，整个景区5.2万平方米建筑的招商工作和土特产、非物质文化遗产等地方特色经营项目的预约工作陆续展开。

党的建设得到全面加强。以科学发展观为指导，深化创先争优活动，创新工作思路，强化工作措施，狠抓任务落实，全面加强党的基层组织建设。作为无锡市首批6个公推直选试点乡镇之一，按照市委的统一部署，圆满完成党委换届工作。创新开展“千名党员进万家”活动，该活动获“2011年度新锡山工作创新奖优秀项目”。惩防体系彰显鹅湖特色，鹅湖镇纪委被评为“全省纪检监察先进集体”。

【镇纪委被评为全省纪检监察先进集体】 2011年，鹅湖镇纪委在区纪委及镇党委政府的领导下，以创先争优为目标，深入贯彻落实科学发展观，利用各种载体、平台、渠道，开展廉政宣传教育，努力营造清正廉洁的环境；坚持制度管人管权管事，先后出台《鹅湖镇机关作风与效能建设责任追究暂行办法》、《鹅湖镇行政问责制暂行办法》，制定实施《鹅湖镇重点工作规范流程》，强化对部门权力的有效监督，进一步提升行政效能。同时，严肃查处违纪违法案件，查处案件44起，办结44起；进一步畅通纪检信访渠道，以提升规范服务和群众满意度为重点，解决群众不满意、权益被侵害等突出问题，五年接受处理群众信访件24件，办结24件，切实维护和保障了党员、群众的合法权益。6月20日，鹅湖镇纪委被江苏省委、省政府评为“全省纪检监察先进集体”。

【完成镇党委领导班子成员公推直选试点工作】 3月，作为无锡市首批6个公推直选试点乡镇之一，鹅湖镇按照市委的统一部署，突破难点，提前准备，周密部署，依法开展镇党委领导班子成员的公推直选工作，选出党委书记1名、党委副书记2名、党委委员7名，纪委委员5名，区党代表21名。

【中共鹅湖镇第二次代表大会召开】 3月24日，中共鹅湖镇第二次代表大会在鹅湖镇新会场召开，99名党代表出席会议。大会以党的十七大和十七届五中全会精神为指导，按照科学发展观的要求，回顾过去，把握现在，谋划未来，研究确定今后五年鹅湖镇经济社会发展的指导思想、奋斗目标和工作任务。会议选出鹅湖镇第二届党委班子和新一届纪委班子，选举产生21名鹅湖镇出席中共锡山区第三次代表大会的代表。大会动员全镇广大党员和干部群众，进一步解放思想、振奋精神、团结一致、开拓进取，全力建设“宜商、宜居、宜游”新鹅湖。

【开展“千名党员进万家”活动】 创新开展“千名党员进万家”活动，全镇122个党员活动小组认真组织、扎实推进，走访联系群众2.5万户（次），发放党员联系卡1.6万张。对信访户“必访”，对困难群众“送访”，对务工人员“约访”，对反映问题的群众“回访”，进一步密切党群干群关系，提升党员干部工作能力，加强党性锻炼，推动社会管理创新。12月23日，该活动被区委、区政府授予“2011年度新锡山工作创新奖优秀项目”。

【“燕水人家”成为省级新农村建设新亮点】 “鹅湖·燕水人家”地理位置优越，东邻望虞河，西依白米荡，南邻国家历史文化名镇荡口古镇，区域内河流纵横，生态自然，是典型的梦里水乡、江南人家，2011年被评为“江苏省社会主义新农村建设示范点”。“鹅湖·燕水人家”一期工程投入300余万元，完成摊浇路面、桥梁修建、拆违拆临、污水管网、外墙出新、景观大道整治和绿化、停车场建设、村庄整治等工程；二期工程包括休闲景观湖建设以及农家乐等项目。其中，垂钓区拟建1.33公顷水面；农家乐拟建1000平方米；农业观光采摘区拟建23.33公顷。建成后的“鹅湖·燕水人家”充分发挥主体村庄对周边的辐射带动作用，带动村民、投资者直接参与经营垂钓、采摘、开心农场、烧烤、农家特色餐饮等项目，共同盈利，富民强村，实现经济、生态和社会效益的同步发展。

2011年鹅湖镇各村（社区）基本情况一览表

表50

村（社区）名	户数（户）	人口（人）	书记	主任	开票销售收入（万元）	农民年人均纯收入（元）
鹅湖村	1266	4135	夏家平	平建荣	48522	16588
青荡村	1044	3497	华庆祥	华　伟	41579	16238
三新村	1284	4165	华民勇	谢秀琦	43347	16742
圆通村	1083	3392	华道荣	华培兴	20405	15658
新桥村	1110	3915	华志伟	—	25826	17170
圩厍村	761	2794	戴小弟	浦向华	19396	16200
群联村	1569	5042	滕国初	滕　高	38337	16184
燕水庄村	636	2370	周建华	华亚军	47689	13168
彩桥村	835	3071	赵小康	卜双唯	13108	14275
松芝村	1080	3699	华　东	陈志刚	17915	13985
甘露社区	3895	9911	陆荣华	陆荣华	95771	—
人民路社区	2546	4825	徐筱惠	徐筱惠	7165	—
青虹路社区	2371	6663	华新萌	华新萌	18137	—

（王铭华　朱　斌）

东北塘街道

【概况】东北塘街道位于无锡市主城区东北部，与惠山区、崇安区、北塘区及开发区交界。沪宁、锡澄高速公路在境内交汇，G312国道、北环路、锡沙公路纵横贯通，京杭大运河支流和锡北运河贯穿全境，交通条件便利，区位优势明显。街道总面积18.5平方公里，下辖6个行政村和5个社区，户籍人口2.8万余人，暂住人口2.6万余人。

2011年，东北塘街道紧扣转型发展和赶超发展主题，深入实践“双核双星”战略布局，全面实施“创新驱动”、“城市化和城乡一体”、“普惠民生”三大战略，围绕提升区域综合竞争实力和持续发展能力，以做优支柱产业、转型传统产业、发展新兴产业为突破方向，加速推动产业转型升级和城市现代化步伐，经济社会呈现良好的发展态势，实现了“十二五”发展的良好开局。全年完成财政总收入8.7亿元，比上年增长24.4%，其中一般预算收入4.1亿元，比上年增长18.9%；国税开票销售收入571亿元，比上年增长31.2%；规模以上工业总产值35.4亿元，比上年增长8.6%；全社会固定资产投资22亿元，比上年增长11.4%；到位注册外资2584万美元，比上年增长44.8%；农民年人均纯收入16960元，比上年增长17.2%。东北塘街道获“国家卫生镇（2011～2014）”、“无锡市控源截污工作先进单位”、“无锡市‘勤廉为民’基层党风廉政建设示范街道”、“锡山区2007～2011年度科协（科普）工作先进单位”等荣誉称号。

发展资源加速集聚。新批设立各类企业395家，累计注册资本

5.4亿元。7个超亿元产业项目启动建设，完成投资17.2亿元，融科地产开盘预售，栖霞地产加快建设，城市发展品位逐步显现。服务水平巩固提升，土地、资金等环节保障力度不断加大，完成6条道路7.93公顷独立选址。金融服务能力显著提升，江苏银行无锡东北塘支行和建设银行东北塘支行落户，区域内的金融机构累计6家，金融服务能力进一步提升；建筑面积2200平方米的国税新大楼建成并投入使用，为经济社会发展注入了强劲活力。

创新活力持续激发。无锡锦和科技有限公司、无锡锡山安达防爆电气设备有限公司分别与青岛科技大学、南阳防爆电机研究所开展产学研深度合作，无锡瑞鼎机床有限公司与哈尔滨工业大学签订校企合作协议。科技人才工作稳步开展，新增省高新技术企业1家、市工程技术中心1家；申报各类专利688件，实现专利授权580件；累计引进各类人才562人，其中“双高”人才7人、海归人才2人。

城市功能加速提升。芙蓉三路延伸段、承塘路延伸段建成通车，东亭北路延伸段启动建设，城市路网框架全面打开。城市配套建设同步推进，云林公园、东北塘实验小学异地新建工程、芙蓉山庄幼儿园建设有序展开，综合文体中心启动规划。全年完成拆迁面积55万平方米，锦旺三期安置房全面竣工，水、电等配套设施逐步完善；正阳安置小区环翠苑工程全面启动，东顺苑一期实施前期建设准备，东蕾苑一期部署招投标工作。安置房建设手续清理规范工作有序推进，4个安置房小区办理国有土地使用权证。

社会管理创新发展。出台《东北塘街道道路挖掘管理规定》，构建完善物业管理考核体系，全面启动兴塘公园市场化运作管理。设立无锡市公安局锡山交通巡逻警察大队第八中队，交通安全组织体系逐步健全。探索村级经济管理新模式，集体经济股份合作联社创设工作全面启动。深入开展市容环境综合整治，累计拆除违章建筑2500平方米。延伸企业生活垃圾收集覆盖面，生活垃圾机械化收集率保持100%。强化社会治安综合治理，加大社会矛盾纠纷排查调处力度，社会维稳水平得到显著提升。扎实推进“法治东北塘”建设，全面实施“六五”普法宣传，区级民主法治村（社区）实现全覆盖。

社会保障日益完善。启动实施居民收入倍增计划，累计提供就业岗位2582个，重点扶持创业110人，创业带动就业805人。全面推进公积金扩面工作，实施被征地农民基本养老保险与城镇养老保险体系并轨，完成社保扩面人数1675人，被征地农民断保人员新增参保672人，居民养老保险与居民医疗保险参保率分别在96%以上、99%以上。“幸福农村”建设扎实推进，垅坝村、裕巷村、正阳村通过区级验收。扶贫帮困和慈善救助工作有序展开，发放慈善救助金180余万元，实现救助321人次，裕巷、大马巷、正阳3家居家养老服务站建成使用，垅坝残疾人综合服务中心建设接近尾声，社会救助体系逐步完善。

生态整治高效推进。完成8家企业环境污染责任保险投保，推进11家企业工业废气排放达标专项整治，完成10台燃煤锅炉整治淘汰任务，万元规模以上工业产值能耗下降13.4%。大力推进河道综合整治，加快实施锡北运河围堰清除，北兴塘河、北横河等8条河道通过区级复查验收，垅新河和垅坝头浜通过区级综合整治验收。深入实施控源截污，完成东北塘中学排水达标区扩面工程，9家企业实施污水接管，铺设三级污水管网4.2公里。有序推进村庄环境治理，完成小徐巷、新塘自然村村庄整治工作。全面开展绿化建设，累计造林绿化8.4公顷，新增绿地1.28万平方米，义务植树1.26万棵，超额完成目标任务。

党建基础全面夯实。深入开展学习型党组织、学习型领导班子建设，加强和改进党工委中心组理论学习，完善年轻干部培养机制，定期召开青年干部论坛，深入推进“离退休党员干部与大学生村官牵手”活动，多形式、多渠道促进青年干部成长成才。深入推进制度化建设，建立完善权力运行内控机制、机关办文管理、公文管理等相关制度，切实加强权力运行的制约和监督，推动依法办事能力全面提高。深入组织实施基层站所民主测评，稳步推进并完成行政管理体制改革，机关作风效能显著改善。落实党风廉政建设责任制，加大重点领域监控力度，探索推行参与式预算管理，强化党性修养和廉政教育，党员干部思想道德防线更加牢固。

【正阳安置房工程全面启动】 正阳安置小区占地面积51.2公顷，建筑面积150万平方米，小区内设社区服务中心、农贸市场、幼儿园、沿街商业等配套设施，建成后将成为一个功能完善的大型居住社区。先期启动环翠苑和东顺苑一期、东蕾苑一期，其中环翠苑占地面积

7.1公顷，建筑面积20万平方米，全面启动建设；东顺苑一期占地面积6.8公顷，建筑面积18万平方米，完成招投标工作，实施建设前期准备；东蕾苑一期占地面积6.9公顷，建筑面积20万平方米，准备招投标工作。

【重大产业项目建设初显成效】 栖霞·东方天郡项目占地面积29.5公顷，建筑面积65万平方米，计划总投资27亿元，2011年完成投资4亿元，18幢多层花园洋房主体封顶。融科·玖御半岛项目占地面积14.7公顷，计划总投资8亿元，2011年完成投资6亿元，5幢高层主体封顶，10月对外预售。汇坚科创大楼项目占地面积2公顷，建筑面积2万平方米，2011年完成投资1亿元，25层大楼主体封顶。海联内装技改扩能项目占地面积3公顷，建筑面积3万平方米，2011年完成投资1.2亿元，办公大楼主体封顶。东舟船舶技改扩能项目占地面积4公顷，建筑面积4.8万平方米，2011年完成投资7500万元，项目一期厂房竣工。

【锡山交巡警大队第八中队成立】 6月，无锡市公安局锡山交通巡逻警察大队第八中队成立。锡山交巡警大队第八中队驻扎东北塘街道，配有7名交警和12名协警，主要担负东北塘辖区范围内的交通安全、指挥、疏导等管理职责，是政府改善和维护区域交通安全秩序、提升道路交通管控能力的一项社会管理创新举措，将进一步助推区域城市现代化建设。

【“启明星”活动启动】 5月24日，街道团工委、妇联在东北塘坺坝小学举行“启明星”活动启动仪式。“启明星”活动是一项深化大学生村干部工作、关心新市民子女的创新举措，通过街道11名大学生村干部与新市民子女结对帮扶的形式，充分发挥大学生村干部知识面广、思维新颖、朝气蓬勃等优势，在生活、学习等方面关爱新市民子女，帮助他们启心明智并健康成长，在锻炼大学生村干部的同时，也让新市民子女真切地感受到社会的关爱。

2011年东北塘街道各村（社区）基本情况一览表

表51

村（社区）名	户数（户）	人口（人）	书记	主任	开票销售收入（万元）	农民年人均纯收入（元）
裕巷村	454	1505	王协东	徐卫兵	70822	15764
坺坝村	698	2458	戴惠良	谢继锋	92761	16853
大马巷村	701	2364	阙　巍	蒋　彪	86288	16981
正阳村	1356	4483	过育东（1～8月） 缪家平（8～12月）	钱正兴	3824044	17159
严埭社区	854	2829	李伟明	袁文贤	75777	16910
锡通社区	919	2884	袁　东	王仁昌	1431825	17210
锦阳村	703	2352	张霞敏	章文昇	78261	16504
梓旺村	1176	3802	顾晓东	李宝坤	50835	16616
东北塘社区	860	2387	曹元兴	曹元兴	—	—
梓旺新村社区	1050	3537	周涌才	—	—	—

（陆武斌）

锡北镇

【概况】 锡北镇位于无锡市东北郊，北接江阴市，紧靠锡东新城、开发区和锡山主城区。全镇总面积70.5平方公里，总人口11万人，其中常住人口9万人（户籍人口6.22万人），下辖13个行政村、3个社区。锡沙线、锡东大道、团结大道、锡虞路、友谊路等交通要道在境内交汇，四级航道锡北运河纵贯镇区，距无锡市中心16公里，距无锡机场15公里，距沪宁、锡澄高速公路道口5公里，距京沪高铁无锡站5公里，临近江阴、张家港港口。历史上曾为无锡连接江阴的重要农产品集散地，素有“锡北重镇”之称。境内建有规划面积近6平方公里的无锡市轨道交通装备产业园，是无锡市和锡山区重点打造的特色产业园区，产业园依锡北运河而建，紧靠S228省道，锡东大道贯穿产业园，与锡东新城一路相连。境内总面积21.11平方公里的斗山农业生态园生态条件优越，盛产著名品牌绿茶——太湖翠竹，为无锡市现代农业开发综合创新试验区之一，斗山农业生态园被命名为省级农业生态园。锡北镇历史悠久，胜迹众多，名人辈出，历史上有东林党领袖顾宪成、清代“词家三绝”之一的著名词人顾贞观、无锡革命先驱严朴等20余位历史名人，素有“东林故里”、“文化大乡”、“红色锡北”之称。

2011年，全镇上下面对国内外宏观环境的复杂变化，奋力拼搏，主动作为，各项事业均取得较好成效。全镇有工业企业750家，其中三资企业38家，境外投资企业9家，年销售2000万元以上的企业74家（其中超亿元企业14家）。全镇完成财政总收入5.79亿元，比上年增长24.5%，其中一般预算收入2.71亿元，比上年增长20.6%；完成全部国税开票销售收入142亿元，比上年增长17%，其中工业开票销售收入101亿元，比上年增长26.6%；完成全社会固定资产投资31亿元，比上年增长18.5%，其中工业投资18亿元，比上年增长11.1%；实现自营出口总额2.1亿美元，比上年增长32.3%；到位外资803万美元；新办工业企业75家，新增注册资本8095万元。

未来发展架构清晰成形。以产业园区、新市镇、现代农业园区为标志的三大发展架构全面构筑。产业园区基本成形，近6平方公里产业园区框架全面构建，8条总长8.1公里的园区道路全面建成，绿化、亮化等配套设施同步到位，4条总长3公里的景观水系全面建成，园区总体形象与品位明显提升；累计拆除园中村28万余平方米，拓展预留用地规模200公顷。新市镇面貌初步显现，7条总长8公里的框架道路以及绿化、亮化和街头景观节点建设全面竣工，3平方公里的新市镇建设日渐成形；累计完成旧城改造拆迁12万余平方米，拓展整理经营性用地面积46.67公顷。城市元素不断丰富，星天地滨水步行街、锡北国际广场、天富广场等商业综合体开工建设，鸿景华庭、泾和苑等地产项目加快建设和销售，泉山文化公园基本建成，新市镇“绿色休闲长廊”加快建设，建成和在建安置房48万平方米。现代农业发展呈现新亮点，以斗山农业生态园和“一村一园”为核心的两级联动发展模式基本成形，初步形成茶叶、灵芝、蔬菜、花卉苗木等特色产业；斗山农业生态园创建成江苏省四星级乡村旅游点、无锡市五星级农家乐。“斗山太湖翠竹”地理标志证明商标成功注册。

项目建设加快推进。坚持“好中选优”，加大招商引资力度，累计引进26个产业项目，总投资33.6亿元，为加快转型赶超注入新的活力。奥力广告、兴永铜业、志达金属等18个项目开工建设，英特派、普天铁心、正杰科技、豪普钛业、圣宝罗药业等8个项目进入挂牌程序。美国宾夕法尼亚州立大学高性能特种工程材料项目落户园区。跟踪在谈重大项目11个。

创新活力持续增强。大力推进企业升级改造，累计完成工业技改投资12亿元，锡州机械不锈钢热交换器开发成功并将批量生产，宝来光学第二工厂等项目竣工投产。明特化纤重组成功，由中国化纤集团重新组建恒天中纤纺化（无锡）有限公司，2011年实现开票销售收入5亿元。积极鼓励企业优化资本运作，无锡市普天铁心有限公司股改上市工作有序推进。深入推进政产学研合作，成功举办智能新能源与新材料研讨会，申报5个国家级科技项目和一批省市级科技项目。

生态环境明显改善。继续巩固“百企联百村、共建新农村”成果，持续推进镇村环境综合整治，基本完成三年治理目标。完成排水达标区扩建15个，村庄整治84个，村庄污水接管57个，河道清淤29条，河道综合整治14条。全面建成生活垃圾“四集中”体系，镇集中清运率和村集中收集率均为100%，镇区机械化收集率95%。“蓝天工程”全面启动，限期关闭

（整改）污染小企业42家，关停化工企业8家，整改“三高两低”企业3家。“绿色锡北”加快建设，完成绿化造林36.67公顷，成为无锡市首批森林镇，建成森林村4个。

社会事业均衡发展。就业保障稳步推进，实现就业1193人，净增社保扩面715人，完成被征地农民断保续保596人。加大救助惠民力度，累计发放各项救助保障金604万元。教育事业优先发展，基本完成全镇校舍抗震加固工程，学校设施进一步完善。医疗卫生事业健康发展，全面落实基本药物制度，完成社区卫生服务中心医疗改革，基本建成城乡“15分钟健康服务圈”。文体事业繁荣发展，完成董欣宾故居布馆与斗山古生态碑展示馆设计，锡北镇综合文体中心进入装饰阶段。社区建设深化推进，扁平化管理深入实施，新建村级社区服务中心2家、安置小区社区2个，安置小区物业管理工作全面展开。“平安锡北”、“法治锡北”建设全面加强，全镇社会秩序保持稳定。

【建成无锡市首批森林镇】 全年完成造林绿化面积36.67公顷，新增城镇绿地面积6万平方米，完成义务植树6万株。完成园区道路及新镇区道路绿化14万平方米，整合提升经济林果108.67公顷和优质茶叶生产基地200公顷，建设精品景观苗木基地133.33公顷，基本建成总面积3.13公顷的公园1个（泉山文化公园），在建绿色休闲长廊2.2公里，建成森林村4个。

【“一村一园”实现全覆盖】 全镇新建村级农业园区12个，规划总面积194.4公顷，总投资1.99亿元。全镇新增高效农业76.67公顷、园区农业76.67公顷、设施农业56公顷，新增农业适度规模经营135公顷。全镇累计建成“一村一园”农业园区19个，实现全覆盖。

【斗山农业生态园建成省四星级乡村旅游点】 2011年，斗山农业生态园在成功创建无锡市五星级农家乐的基础上，成功通过江苏省四星级乡村旅游点验收。江苏省无锡斗山农业生态园于2005年11月由江苏省农林厅定名并同意规划建设，总规划面积约21.11平方公里。经过多年保护性开发建设，斗山农业生态园开发了兰颐园、康谐园、斗山禅寺、水墩庵（古生态保护碑陈列地）、五芝源养生农庄、茶文化中心、斗山白茶园、陆家水渠等10处旅游景点，以“文化旅游、生态旅游、红色旅游”为主题的多条旅游线路全面铺开，与6家旅行社建立长期业务合作关系。

2011年锡北镇各村（社区）基本情况一览表

表52

村（社区）名	户数（户）	人口（人）	书记	主任	开票销售收入（万元）	农民年人均纯收入（元）
新明村	1244	4883	陆介正	范晓兵	9703	16256
周家阁村	1099	3821	周国君	王春秋	40839	16677
泾西村	1752	5692	苏宪忠	华小东	59968	17296
泾新村	1058	3985	时锡余	沈军贤	68634	16976
寨门村	1438	5095	严诚伟	陆铁平	37891	16443
光明村	1144	4428	汪瑞根	徐　锋	48260	16442
新坝村	915	2914	吴建洪	过希军	30091	17116
八士村	1010	3629	张　敏	过献新	19129	16268
联新村	789	2757	孙叙良	王秋涛	18178	16374

续表52

村（社区）名	户数（户）	人口（人）	书记	主任	开票销售收入（万元）	农民年人均纯收入（元）
劲丰村	790	2969	陈德安	方建平	14507	16923
斗山村	1019	3509	陆　云	张　健	4084	15448
东房桥村	799	2662	秦国强	黄李明	44470	16149
春风村	1108	3395	华　军	周建平	7433	15683
张泾社区	3000	3350	—	马伟标	—	—
八士社区	2200	3564	—	陆志荣	—	—
斗山花苑社区	1531	5554	—	王整跃	—	—

（夏国锋）

东港镇

【概况】 东港镇位于无锡市东北部，长江三角洲黄金地带，是无锡市特大城市框架中的新型卫星城。东港镇交通便捷，S228省道、锡东大道、锡张高速、锡虞路贯穿全境，距张家港、江阴港、沪宁高速公路、京沪高铁、无锡机场均约20公里。全镇总面积85.05平方公里，辖15个行政村、4个社区，户籍人口7.7万人，外来人口4.1万人。

2011年，全镇完成地区生产总值95亿元；实现国税开票销售收入244亿元，其中工业开票销售收入211亿元；财政总收入9.72亿元，其中一般预算收入4.37亿元；完成外贸供货额25亿元；自营进出口总额7.37亿美元；社会消费品零售总额21.7亿元；农民年人均纯收入17058元。各项社会事业全面发展，2011年获“全省新农保经办管理服务示范乡镇”、“江苏省乡镇体育健身示范工程”、“全省人口和计划生育工作先进集体”、“2006～2010年全省法制宣传教育先进单位”、“无锡市创业型街道（镇）”等荣誉。

产业转型成效初显。抢抓新材料等新兴产业发展机遇，加快电力装备、纺织服装等传统产业升级步伐，大力实施培育规模效益型企业，积极支持企业投入向高新化方向发展。全年完成工业总产值225亿元，比上年增长20%，其中规模工业产值190亿元，占工业总产值的84.4%；高新技术产值163.4亿元，占工业总产值的72%。现代服务业加速发展，红豆物流配送分拣中心投入使用，荣宏置业、尚东苑二期房地产项目加快推进，东港·红豆广场项目全面开工。现代农业高效化发展，新增农业适度规模经营面积136.2公顷、高效农业面积66.67公顷、设施农业面积53.33公顷，新建“一村一园”农业园区13个，累计23个，全镇村级农业园区基本实现全覆盖。

科技创新不断深化。深入开展高端合作，电力装备产业园成为省智能电网产业联盟成员单位，全镇累计有20余家企业与高校、科研院所建立合作关系，红豆博士后科研工作站启动建设。强化项目申报，全年申报各类科技项目158项，立项99项，其中省级以上项目57项；新增省级重大科技成果转化项目1项，省级工程技术中心1家，市级工程技术中心2家，市级院士工作站1家；新增省高新技术企业4家，累计22家。着力打造人才高地，引进各类人才696人，其中“双高”人才10人、海归人才3人。

项目建设质效并举。依托高品质专业园区，加大对优质项目的招商引资和建设力度，全面增强发展后劲。全年签约进驻项目2个，总投资超5亿元，全镇新开工、续建项目26个，完成总投资38.4亿元，比上年增长29.4%。其中，工业项目14个，投入24.2亿元，比上年增长23.2%；技改项目9个，投入16.9亿元，比上年增长107.3%。全镇18个投入超亿元重点产业项目顺利推进。

企业上市步伐加快。强化服务企业力度，助推企业通过资本经营做大、做强、做优。江苏通用科技股份有限公司、无锡兴达泡塑新材料股份有限公司、无锡确成硅化学有限公司、无锡洪汇树脂有限公司、江苏红豆杉生物科技有限公司、无锡阿科力化工有限公司6家企业完成与证券公司、会计事务所、律师事务所的签约工作，无锡兴达泡塑新材料股份有限公司、无锡确成硅化学有限公司、无锡阿科力化工有限公司等企业引入私募资本超4亿元。

城乡建设统筹推进。以新型卫星城建设为契机，完善基础设施建设，提升综合服务功能，城乡一体化发展进程加速推进。东港新城核心区睦邻中心、世代服务中心投用，市民公园基本完工，春风路、创新路、区间三路、区间四路加紧建设，新城核心区道路框架基本成型。新湖苑二区全面建成并完成分房，怀仁小区一区完成主体封顶，怀仁小区二区启动建设。黄土塘西片防洪工程、港下老街防汛工程竣工投用。积极推进垃圾清运、环卫保洁、道路亮化等长效管理工作的市场化运作，累计投入427万元，全镇生活垃圾无害化处理率100%。稳步推进拆迁工作，全年完成签约面积4.69万平方米，拆除面积4.39万平方米。

农村发展更具活力。全面启动“幸福镇村”创建工作，加快推进新农村建设实现跨越发展，东升村、山联村创建成省四星级生态旅游示范点。大力发展乡村旅游，成功举办东港镇第一届山联乡村旅游文化节，山前嘉园创建成市五星级农家乐。有序推进“双置换”工作，完成置换人数3025人。新组建土地股份合作社2家，累计20家；新组建富民合作社1家，累计6家。进一步规范土地流转行为，新增流转土地73.87公顷。深入开展村庄整治，完成整治自然村90个，锡北运河沿线村庄连片整治工作通过省级验收。

生态环境日趋改善。坚持“环保优先、节约优先”方针，全力建设生态文明，大力构建宜居环境。全年整治河道29条，通过验收23条，清淤河道25.1公里、土方36.5万立方米。全面完成三年52个排水达标区创建计划中剩余9个排水达标区的创建工作，全镇累计铺设污水管网约800公里，接管企业1075家、生活性服务业单位511家、机关事业单位61家、居民1.83万户。完成整治“小化工”企业11家、“三高两低”企业3家，改造设施企业55家。通过清洁生产审核企业8家。港东村创建成省级生态村，全镇累计9个。全年新增绿化面积84.67公顷，绿化覆盖率43.6%，黄土塘村等5个村创建成市级森林村。

就业创业不断强化。全年提供就业岗位5042个，完成各类人员就业1318人，农村劳动力充分就业率97%。新增湖塘桥社区创业孵化基地1家，累计4家；新增圣丰减震器创业实训基地1家，累计3家。开发创业项目1个，扶持自主创业人员128人，创业带动就业890人，创建成市级创业型乡镇。

社会事业协调发展。启动东湖塘中心小学异地新建工程规划设计工作，红豆集团成立江苏省第二家、全市首家企业大学。东港医院通过二级医院专家评审。新增市级人口综合服务示范村（社区）8家，累计12家。组织开展纪念建党90周年活动，举办湖塘桥社区第三届农民运动会，全年开展各类大型文体活动30余次。

【东港镇首届山联乡村旅游文化节举办】 4月4～6日，东港镇首届山联乡村旅游文化节举办。旅游文化节以“观山联山水，品民俗风情”为主题，打造“生态、人文”乡村旅游品牌，由文体、商贸、旅游三大活动板块组成，重点推出戏曲传唱、美食品尝、农产品展示、小商品交易、特色景点游等旅游节事活动，文艺、美食、时尚与民俗有机结合，不断提升旅游规模和水平，进一步推动山联村现代农业旅游、优势特色产业发展。

【获“全省新农保经办管理服务示范乡镇”称号】 按照“标准化建设、精细化管理、规范化运行、人性化服务”要求，建立健全新农保经办管理服务工作相关制度，做到人员配备到位、基础台账到位、政策宣传到位、服务质量到位，切实提高群众参保的积极性，顺利完成市、区下达的目标任务。全镇居民养老保险参保人数8234人，居民医疗保险参保人数36631人。9月，东港镇被省人力资源和社会保障厅授予“全省新农保经办管理服务示范乡镇”称号。

【区首家加工型创业孵化基地建成】 8月，东港镇湖塘桥社区加工型创业孵化基地建成。该基地建筑面积8400平方米，总投资615万元，以服装、电子产品、机械零部件等加工型项目为主，在为自主创业人员提供创业场所的同时，对缺乏创业经验的创业者提供项目开发、开业指导、资金服务、跟踪扶持等一条龙服务以及3～5年以上的优惠政策，年内基地吸引创业者5

人，带动就业100人，发挥了创业带动就业的倍增效应，实现了良好的社会效益。

【红豆大学成立】11月15日，无锡首家示范性企业大学——红豆大学在第一届江苏省企业经营管理高级人才发展论坛暨红豆大学揭牌仪式上成立。红豆大学的前身是红豆学院，占地面积约4公顷，拥有专职讲师30名、兼职讲师70余名，基础教育培训设施设备一应俱全。学校根据集团产业链，产学紧密结合，特设五大系，其中系主任为各产业总经理。围绕“学习力、执行力、凝聚力、创新力”的提升，学校还与清华大学、复旦大学、东华大学、苏州大学、江南大学、深圳大学等高等院校开展全面合作教育培训工作。年内举办各级各类培训班232期，参加培训1.07万人次。

2011年东港镇各村（社区）基本情况一览表

表53

村（社区）名	户数（户）	人口（人）	书记	主任	开票销售收入（万元）	农民年人均纯收入（元）
新巷村	1892	6846	宋林达	董晓平	31284	16788
港东村	1117	4002	王志明	袁　锋	42673	17299
山联村	1740	6330	吴岳平	秦　超	18640	18978
陈墅村	850	2945	周瑞新	孙　红	4009	18129
张缪舍村	614	2305	蒋志远	黄晓东	40520	17935
勤新村	1402	5403	周瑞新	周祖良	25061	19175
港南村	1128	4556	陈　雨	殷耀伦	20960	15726
东湖村	1250	3905	吴亚平	浦利江	36080	15482
华东村	695	2631	谢浩庆	周云忠	48019	19088
东青河村	888	3105	沈伟东	顾云良	72367	17250
东南村	1586	5529	程惠鹤	徐国平	15861	16927
亚光村	916	3199	张文浩	孙惠明	64486	14156
黄土塘村	2146	7517	肖明荣	卢建平	101763	21548
东升村	729	2601	顾科伟	顾科伟	49873	20546
朝阳村	1035	4291	顾　强	徐仁良	40729	12449
湖塘桥社区	695	2506	胡建开	朱晓明	27898	17360
蠡澗西社区	749	2898	顾　铿	冯义忠	10470	13499
港下社区	240	4700	王　明	张军海	—	18091
东湖塘社区	1080	2268	吴国栋	徐梅芳	—	18000

（顾晓斐）

云林街道

【概况】云林街道地处无锡市东部，开发区腹地，区位优势明显，交通便捷，西与锡山主城区毗邻；东与锡东新城（商务区）接壤，紧邻G312国道、锡沙公路、沪宁高速无锡东出入口，友谊路、团结大道贯穿全境；南临九里河；北依锡北运河；兴塘河环带东西。街道下辖1个行政村、8个社区，并托管芙蓉、双桥2个行政村，总面积25平方公里，人口2.14万人，外来人口6万余人。

2011年，在区委、区政府的正确领导下，在开发区党工委、管委会的坚强支持下，云林街道党工委、办事处坚持以服务开发建设为中心，以打造高品质环境为抓手，以创先争优活动为动力，抓服务、惠民生、保稳定、强保障，实现了“十二五”发展的良好开局。

以拆迁安置为首务，全力以赴拓空间。根据拆迁任务总量趋小、难度较大的总体特点，集中力量开展清点攻坚行动，加大力度处理历史遗留问题。全年累计完成签约面积25.62万平方米，其中住宅签约308户、面积7.82万平方米，非住宅签约34家、面积17.8万平方米；完成拆除面积12.79万平方米，其中住宅220户、面积5.73万平方米，非住宅17家、面积7.06万平方米。同时，街道不断推进百姓安居工程，全年安置房屋1033套、面积10.15万平方米。

以城市管理为重点，全力以赴塑新貌。完善以执法处理、市容环境、市场化运作考核为重点的城管体系，进一步提高城市管理水平，以精神文明创建工作为抓手，提升街道整体环境品质；全面完成京沪高铁云林段整治任务，在全区率先完成境内高速公路沿线广告整治工作，完成2条区级主干道、10条园区主干道及背街小巷的环境综合治理工作；完善生活垃圾“四集中”收运体系，建成区生活垃圾机械化收集率100%；整治违规设摊、违法搭建、违规运土等有碍市容市貌的行为，在2011年全区镇（街道）公共文明指数测评中，云林街道得分位居前列。

以生态治理为抓手，全力以赴优环境。实施污水处理“回头看”工作，对20个达标区和12个实施污水工程的自然村逐一检查并落实整改；开展河道再调查整改工作，对11条区镇两级河道逐条复查并整改到位；推进河道综合整治，完成河道清淤11条；组织河道综合整治验收，通过验收河道12条，超额完成1条；实施锡北运河农村环境连片整治工程，顺利通过省级验收。全面落实污水管网和微动力处理设施专业管养队伍，污水管网养护覆盖街道64个主要路段和实施污水管网接管的村庄，养护管网132公里。加强大气污染防治工作，加强重点企业环境安全风险排查和督促整改，整改完成率100%。

以社会和谐为目标，全力以赴安民生。社会保障体系日趋健全，功效愈发显著。街道全年帮助近3000人实现就业，重点扶持103人自主创业；社保扩面工作、被征地农民断保人员续保工作、市民卡办理工作均超额完成；城镇居民医疗保险参保率、养老保险参保率均实现100%；288起劳资纠纷得到有效化解，为360余名劳动者追讨工资80余万元。2011年，街道社会救助与慈善事业稳步发展，贫有所助、困有所帮、难有所解的工作目标逐渐变为现实。教育基础设施条件有效改善，“学有所教”逐步向“学有优教”转变；家庭健康医生工程全面启动，“病有所医”逐步向“病有所防”转变；人口服务管理工作进一步加强，春雷社区、钱家庄社区、蓉阳村通过无锡市人口综合服务工作示范社区验收；为部队输送16名合格新兵，被无锡市政府、无锡军分区评为“无锡市征兵先进单位”；“文化云林”建设大力推进，社区文体设施日益完善，群众性文体活动蓬勃开展，百姓业余精神文化生活极大丰富。

以社会稳定为根本，全力以赴保安宁。广泛深入开展法制宣传，云林街道被市委、市政府评为“无锡市法制宣传先进单位”，被区委、区政府评为“锡山区法制宣传先进单位”；挂牌建立区级法律援助工作联系点，全年办理法律援助案件35件，解答法律咨询100余起；落实人防、技防措施，重点单位、公共场所、沿街商铺技防入户率80%，居民技防入户率60%。深入开展信访调解工作，全年受理调解纠纷78件，调解成功率100%，解决信访案件130件。创新基层村（社区）管理，春雷社区、双桥村通过江苏省和谐示范村验收，仓下社区、长大厦社区通过无锡市和谐社区验收，蓉阳村通过无锡市管理民主示范村验收。加强安全监管整治工作，检查185家单位，督促整改存在隐患企业42家；对辖区建筑工地、危桥和房屋建筑进行安全大检查，消除安全隐患，完成3家“小化工”企业的整治工作，完成安全生产培训709人次；落实食品安全属地管理责任，建立食品安全监管责任网，取缔非法食品加工点

3个。

以党的建设为基础，全力以赴强保障。加强学习型党组织建设，以庆祝建党90周年为契机，开展各类形式的理论学习与教育活动。完善干部考核评价体系，不断优化班子结构；拓宽选人用人渠道，面向全区公开招考录用1名机关中层副职，以竞争上岗方式选拔聘用城管中队副中队长，加大机关部门与村（社区）、村（社区）与村（社区）之间的干部选拔交流力度；加强年轻干部特别是大学生村官的择优培养，深化干部人事制度改革，圆满完成街道行政管理体制改革任务；全面开展“云林创优示范岗”创建活动，不断深化创先争优活动；完成斗山花苑安置小区党员属地管理工作；指导开发区划入企业开展党建工作，新建2个非公企业党支部；全面落实党风廉政建设，健全惩防制度，在11个村（社区）建立纪（监）委，开展职务犯罪危险源点查控，推进基层党务公开，深化监督各项制度的规范执行；积极发挥街道党代表监督员的作用，加强机关作风和效能建设。

【全区首个政务微博上线运行】云林街道官方微博——无锡市云林街道（http://weibo.com/yunlinjiedao）开通并上线运行。微博作为一种新兴媒体，与传统媒体相比，其实时、高效的特点在快速传播新闻舆论方面有着不可替代的作用。云林街道开通官方微博旨在营造一个公开透明的政务环境，为百姓居民提供最实时的动态信息，并进一步扩大宣传覆盖面，不断提高云林街道的知名度和美誉度。

【村级集体经济转型发展试点工作启动】成立街道资产管理办公室，开展农村集体经济组织“三资”（资金、资产、资源）清查工作，对所属村（社区）的集体资产进行调查摸底。制定转型发展工作方案，筹建云林资产经营有限公司，搭建街道资产管理市场化运作平台；筹建云林经贸发展有限公司，吸引村（社区）参股经营，优化资产组合，盘活、壮大村（社区）集体经济。

【安置房小区管理】统筹考虑云林苑各小区的规模、地缘关系、安置情况、会所分布情况及未来小区人口走势情况，加快推进安置房小区建设。长大厦、杨亭、春象3个社区居委会顺利进驻安置小区办公，扁平化管理工作有效开展，“属人管理”逐步向“属地管理”转变。社区公共服务体系日益完善，群众性文体活动蓬勃开展，群众物质及精神文化生活全面提升，百姓生活品质极大改善。

2011年云林街道各村（社区）基本情况一览表

表54

村（社区）名	户数（户）	人口（人）	书记	主任	开票销售收入（万元）	农民年人均纯收入（元）
仓下社区	500	2000	潘国民	潘国民	35000	16800
竹园社区	647	2249	华逸明	花国明	28287	17000
钱家庄社区	700	2200	阙建源	阙建源	26500	19682
长大厦社区	700	2400	倪向红	倪向红	25260	16830
春雷社区	1000	3900	陈群献	陈群献	76600	19300
春象社区	350	1212	徐忠明	徐　军	23000	17000
杨亭社区	819	2856	包国东	高　宏	26650	17100
新农丰社区	300	1000	高锦明	沈建伟	9500	15800
蓉阳村	411	1419	章建红	平国忠	31050	16800

续表54

村（社区）名	户数（户）	人口（人）	书记	主任	开票销售收入（万元）	农民年人均纯收入（元）
芙蓉村	201	701	包建国	过国清	13702	16800
双桥村	300	1500	万志新（1～11月） 冯　明（11月～12月）	沈纪林	16530	16900

（包敏红 项盛林 钱桂生）

厚桥街道

【概况】 厚桥街道成立于2009年4月，是开发区的重要承载板块之一，是锡山区重点打造的锡东新城S-park（高新技术产业园）区。街道地理位置优越，东与羊尖镇接壤，西至走马塘，南邻鹅湖镇和新区鸿山镇，北接锡虞路、与东港镇交界，京沪高铁、锡张高速公路贯穿而过，锡太路、锡东大道、锡沪路三条主干道从南、西、北三个方向环绕，区域优势突出。下辖8个行政村、1个社区，面积33.5平方公里，常住人口4万人，流动人口1.2万人。

2011年，厚桥广大干部群众以"厚德崇实，创新奋进"的厚桥精神为引领，围绕赶超发展目标，强化环境治理，加快拆迁建设，深化服务举措，努力改善民生，积极推动厚桥由农村乡镇向城市街道转型，各项社会事业取得重大进展，"幸福厚桥"建设成效不断凸显。

拆建并举力促转型，现代城镇建设步伐加快。全年拆除13.67万平方米，其中环湖西路、锡山大道东延、走马塘两侧拆除任务全部完成。开工建设安置房55万平方米，交付大诚苑二期21万平方米，封顶34万平方米，全年安置1510户、2057套、21.17万平方米。东盛一路、厚嵩路全面畅通，厚谢路、厚荡路、厚鸿路完成改造，厚桥区域与"双核双星"紧密联系的现代化道路框架体系基本成型。牢固确立服务赶超发展理念，积极推动加硕科技、驰源电池、聚智创富、博索尼奥拉茂等重大产业项目落地建设。大规模开展土地整理及复耕工作，全面拉开占补平衡土地整理序幕，完成土地挂钩复垦置换面积20公顷。卫生服务中心、农贸市场新建改建工程加快推进，大诚苑商业配套用房、大诚幼儿园建成竣工。

生态治理强势推进，城乡环境日益改善。建立健全分级监管环境保护责任体系，加强对重点排污企业和污染源的常态监管，全年整治"五小"企业10家、工业废气排放7家、燃煤锅炉2台，复查整改企业5家。全面实施街道辖区内一、二、三级污水管网和28个村庄污水处理设施设备的保养维护工作。坚持区、镇、村三级62条河道"河长制"长效管理，河道保洁实现全覆盖，超额完成区下达的三级河道验收任务。大力推进走马塘嵩山段河水整治工程。全面完成16.3公里村庄管网铺设工作，19个自然村村庄整治全部完毕，谢埭荡村创建成国家级生态村。北部园区23条道路和主镇区18条道路的保洁、绿化养护工作均实现市场化运作，城市整体形象全面提升。

探索创新管理服务，社会管理水平全面提升。推进社区扁平化建设和人口服务管理，建成全员人口数据库，社区建设内涵不断丰富。成功举办街道首届"邻里文化节"，建成中东村人口文化园，探索创新大诚苑安置小区社区建设和物业管理模式，与城市化建设进程相匹配的城市社区形象初显。制定"六五"普法规划，建立定期排查和重点时期必查机制，全力确保矛盾不升级、不激化。加快服务型政府转型，推进行政服务中心和街道网站建设，进一步深化行政权力网上公开透明运行工作。建立市容环境管理责任区考核、公示、通报等制度，实行市容环境网格化管理。按机械化收集全覆盖要求完成规划布点并设置收集点，实现街道辖区内、市镇建成区及大诚苑安置小区生活垃圾机械化收集工作目标，稳步推进新联村、谢埭荡村机械化收集工作。推进拆违工作，全年拆除违建35宗、1.47万平方米，有效遏制了违建现象的蔓延。认真做好违法用地整改工作。严格落实安全生产、危房排查加固、校园安保、食品药品监管等措施，加强应急管理，街道安全形势保持总体平稳。

全面统筹城乡发展，"幸福农村"建设有序推进。全面启动"幸福农村"建设活动，进一步深化农村综合改革，探索村级经济转型发展新路子。深入推进"一村一园"建设，不断提升中东桃梨园、谢埭荡水产园区建设水平。组建富民合作社3家，新增农民入股470万元，解决闲置劳动力就业181人。新厚桥村主动承接政府服务外包，兴办豆芽放心菜专业合作社，转型发展举措成效初显。完成“双置换”1075户、3953人，置换面积262.1公顷。新增农业适度规模经营面积42.67公顷、高效农业面积16公顷、土地流转面积16公顷，复耕复种123.85公顷。加强农业灌溉准备工作，清除河道内遗留的施工坝基17处。加强防汛抗旱工作，完成400米“二水夹一岸”内驳工程。着力提升基础教育优质均衡水平，学前教育、社区建设快速健康发展，厚桥中学年度考录天一中学计划内录取率位居区内中上水平。深化医疗卫生体制改革，实行家庭健康医生责任制工程，有效实施基本药物制度，门急诊、住院均次费用同比降幅明显。着力推进就业再就业，实现本地劳动力就业845人，帮扶就业困难人员就业656人，创业带动就业621人。推进社会保险扩面，完成企业净增参保缴费人员948人，被征地农民断保人员接续缴费净增1007人。深入开展扶孤、助残、慰老活动，不断完善低保家庭评估体系，进一步规范各类救助资金发放程序。积极引导慈善博爱事业，厚桥实验小学改扩建工程募集慈善助学资金205万元。不断繁荣群众文化，推进全民健身，新增7条健身路径，新厚桥村老年关爱中心建成启用，新建新联村、新厚桥村、厚桥社区3个全国文化信息共享工程基层服务点，农家书屋建设实现全覆盖。

党建引领创先争优，赶超发展组织保障增强。以纪念建党90周年为契机，开展以“光辉90年、永远跟党走”为主题的系列活动，充分发挥党建引领作用，带动群众共同投身“幸福厚桥”建设。以创先争优活动为载体，着力推进“强基工程”，充分发挥党员志愿者队伍作用，深入建设党建特色项目，大力提升党员干部队伍整体素质，进一步激发基层党建活力。加强街道“343”年轻干部培养（经过3年努力培养40名以上、第一学历大专以上或第二学历本科以上、35周岁以下的年轻干部）力度，开展年轻干部接待服务群众工作，多岗位锻炼，提升年轻干部服务群众的能力。初步建成各村（社区）集党务公开栏、党员群众评议栏、党组织建设反馈栏、党建风采展示栏四大主题为一体的“党建主题墙”，基层党建民主实现新突破，全年公示党建信息194条，反馈答复事项101件。建立廉政效能和重点工作督查义务监督员制度，举办拆迁政策暨廉政建设培训班1期，召开廉洁从政预防职务犯罪座谈会，组织机关全体党员干部至雪浪苑预防职务犯罪警示教育基地接受教育，加大对拆迁安置、重点工程及街道、村两级集体资产管理的监察力度，推进机关作风效能与重点工作进度。深化学习型党组织建设，组建由街道老干部、大学生村官组成的宣讲团，全年为900余人次讲授党史。创新创业、幸福建设等方面的先进典型不断涌现，百姓文明素质不断提升，街道文明城市创建工作成效显著。成功举办第一届“梨文化节”，进一步发挥文化对街道发展的引领作用。建成“周一萍革命传统教育基地”和“侨之家”。开展嵩山禅寺历史资料征集活动，深入挖掘历史文化资源。健全全方位的老干部关怀机制，充分调动老干部为厚桥建设发展建言献策的积极性。

【谢埭荡村创建成国家级生态村】 谢埭荡村河荡密布，三面环水，风景秀丽，气候宜人，自然环境得天独厚。谢埭荡村立足高位，长远规划，因地制宜，逐步走出一条以“农、渔为基础，工业为主体，第三产业为方向”的经济发展路子。以着力打造生态水乡家园为目标，深入推进区域和村庄环境综合整治工作，加强日常运行长效管理，全面实现垃圾无害化、机械化处理全覆盖；深入开展河道河塘长效整治和排水达标区创建工作，不断修复水系生态；多措并举严控生活污水，生活污水处理率100%，采用循环水养殖技术，养殖污水通过人工湿地以生物降解、吸附的方式净化后循环使用，保证“谢埭荡”牌水产的绿色无公害。谢埭荡村先后被授予“无锡市绿色家园示范村”、“无锡市新农村建设示范村”、“江苏省生态村”、“江苏省康居示范村”等称号。2011年11月，谢埭荡村被环保部授予“国家级生态村”称号，成为全区首批“国家级生态村”。

【首届“邻里文化节”举办】 随着厚桥城市化进程的不断推进，街道积极倡导厚桥百姓从“小家”融入“大家”，真诚传递邻里亲情，热情共建和谐社区，为文明城市建设添砖加瓦。6月1～30日，厚桥街道组织举办首届“邻里文化节”，各村（社区）陆续开展家庭厨艺大赛、趣味运动会等一系列邻里互助和联谊活动，年余村开展“爱在夕阳”金婚、银婚老人联欢会，太芙村开展“温馨你我他，环保靠大家”社区绿地认养活动，中东村举办“左邻右里”包粽子比赛等活动。各种活动紧贴百姓实际，形式多样，内容丰富，受到群众的一致好评。在活动的参与中，广大居民从相识相聚到相助相敬，亲情友情真情在碰撞中升华，对村（社区）的认同感和归属感不断增强，新型和谐的社会人际关系逐步建立，浓浓的邻里情缓缓流淌。

【第一届“梨文化节”举办】 10月22日，厚桥街道第一届“梨文化节”开幕。厚桥新农村合作经济组织加速发展，特色农业园区建设成效凸显。中东村依托“一村一园”特色农业建设，以皇冠梨为“拳头”产品，完成从传统农业种植向特色果品种植的转变。2011年，中东村成立桃梨协会，扩大果品种植面积，精品果树种植面积超过13.33公顷。该村盛产的皇冠梨，皮薄肉厚，酸甜可口，拥有很高的营养价值，远近闻名。街道以梨文化为媒，大力打造特色农业品牌，通过农业与文化的有机结合，赋予酥梨以文化内涵，推“梨”及“礼”，充分展现“和谐社会、温馨家园、文化府第”的现代新农村形象。

2011年厚桥街道各村（社区）基本情况一览表

表55

村（社区）名	户数（户）	人口（人）	书记	主任	开票销售收入（万元）	农民年人均纯收入（元）
新厚桥村	1420	4949	赵燕余	华东明	22000	13051
谢埭荡村	842	3121	杨玉兴	杨玉兴	37215	12500
中东村	888	3016	瞿美红	陈　友	55120	15000
嵩山村	1700	6095	俞国良	吴嘉华	55000	15120
新联村	940	3380	李伟康	朱祥明	10633	10000
年余村	456	1696	周晓华	—	—	20050
太芙村	964	3348	—	蔡晓东	—	18000
南桥头村	744	2752	巫明惠	周伟江	68	11424
厚桥社区	470	1044	孙秋江	吕其元	—	—

（汪　洁）

编辑：吴　霞

东亭街道社区服务平台　　（邵莎莎　供）

“和谐无锡幸福城乡行暨安镇街道邻里节”文艺演出　（安镇街道　供）

万迪义工基地揭牌仪式　　（安镇街道　供）

9月22日，江南大学机械工程学院—锡山区机械（高铁）装备产业园政产学研合作签约暨科技创新服务中心揭牌仪式在羊尖镇举行（羊尖镇　供）

鹅湖镇开展“千名党员进万家”活动（鹅湖镇　供）

“燕水人家”成为省级新农村建设新亮点　　　　（鹅湖镇　供）

江苏银行无锡东北塘支行开业庆典　　　　（陈洁　供）

锡北镇重大项目集中开工奠基　（锡北镇　供）

泉山文化公园　（锡北镇　供）

4月5日，东港镇举办首届山联乡村旅游文化节　　（东港镇　供）

区长陆志坚（右一）教师节走访云林实验小学　　（罗贲　摄）

云林街道社区老年人活动日益丰富　　（项盛林　摄）

新建的大诚苑睦邻中心　　（厚桥街道　供）

人物·荣誉栏

先进人物

陈新宇 1973年12月生，中共党员，党校在职研究生学历，锡山区科技局、区知识产权局局长。

2011年，区科技局紧紧围绕区委、区政府的中心工作和决策部署，根据年初目标任务，全面推进科技创新创业，全区科技工作取得了较好的成效。高新技术产业培育取得新进展。全年实现高新技术产业产值570亿元，高新技术产业增加值占规模以上工业增加值比重45.5%。全社会R&D支出11.5亿元，大中型企业研发支出占销售收入的比重2.1%，技术开发费备案总数超10亿元。全区新增高新技术企业16家，省高新技术产品108件，实现产值超25亿元。科技项目立项取得新突破。全年获科技部立项的国家中小企业创新基金、星火计划、火炬计划等项目20项，有5家企业获得江苏省重大成果转化项目支持。全年获国家、省、市各类指令性计划项目立项数160余项，经费支持首次突破亿元，达到11740万元。载体建设取得新成效。锡山科创园、V-park信息服务和创意产业园、无锡索立得国际科技合作园被认定为市级“三创”载体，面积31.14万平方米。继续加强研发机构建设。全年新增市级以上院士工作站2家，市级工程技术研究中心15家，省工程技术研究中心2家，市级以上科技型专业合作社4家，市级农业科技创新中心2家。政产学研合作取得新发展。继续加强与国内高校、科研院所的合作；组织有关人员赴武汉、北京、辽宁等地开展政产学研对接活动，达成一批合作项目。不断充实专家库和企业科技创新数据库，稳步推进各专业园区高端合作。鼓励和支持企业积极开展产学研合作，市、区两级政府全年累计扶持产学研合作新项目48个，支持经费734.9万元。知识产权推进取得新跨越。2011年，全区专利申请数6551件，其中发明专利申请数1193件；专利授权数5015件，百亿元GDP专利授权数全市第一。新增省企业知识产权管理标准化示范单位11家，市知识产权优势企业9家，省市科学技术奖和专利优秀奖12个。2011年，锡山区被科技部授予“2011年全国县（市）科技进步考核先进县（市）”称号，锡山区、区科技局分别被中国产学研合作促进会授予“中国产学研合作创新示范基地试点单位”、“2011年中国产学研合作促进奖”称号。2011年11月，陈新宇被科技部授予“2011年全国县（市）科技进步考核先进个人”称号。

（王旻明）

朱文联 女，1967年10月生，江苏无锡人，中共党员，本科学历，锡山区东港镇农业服务中心多种经营技术推广科科长，水产高级工程师。

朱文联在农业第一线23年，一直兢兢业业，任劳任怨。2005年起担任东港镇农业服务中心多种经营技术推广科科长，主要负责全镇多种经营的全面工作，包括水产、林业、蔬菜等方面的技术指导，同时参与区镇两级农业园区建设，负责和主持镇农业方面多项项目的申报和实施等工作。作为单位骨干和水产学科带头人，她善于理论联系实际，把新知识、新理念运用到基层的生产实践中，并总结成功经验，扩大推广面，为广大水产养殖户提供更优质的服务，为水产生产获取更高的社会效益和经济效益。做好水产重点工作。全镇无公害水产面积288公顷，占全镇养殖面积的82.6%，认证产品7件，国家级健康养殖场2个，水产专业合作社3家。重点做好新品种“太湖1号”青虾的引繁工作，全镇覆盖面积在60%以上，为镇水产品种的改良奠定了基础；引进微孔管道增氧技术、循环水养殖技术等新技术，东港镇水产工作名列锡山区前茅。重点抓好水生态整治工作及高效设施渔业建设，主要是省级治太项目、高效设施渔业建设、菜篮子工程建设、渔业科技入户工程项目建设、区级水产园区建设等，引进水产项目资金近800万元。参与江苏省水产三项工程——“青虾无公害标准化养殖技术开发与推广”项目，并获“2010年无锡市农业技术推广一等奖”；参与国家级项目“青虾良种规模化繁育和产业化示范”，并获“全国农牧渔业丰收奖农业技术推广成果奖一等奖”。2007～2009年期间，在中国淡水渔业研究中心“‘太湖1号’杂交青虾研发与推广”项目组指导下，东港镇推广应用面积66.67公顷，经过检测符合无公害水产品质量标准。项目实施后，新增纯效益22.5万元，提高了青虾养殖效益。全镇有“太湖1号”杂交青虾繁育和养殖基地3个，分别为陈市无公害水产园、湖塘桥无公害水产园、张缪舍良种繁育基地，成为中国淡水渔业研究中心——无锡施瑞水产科技有限公司的基地和江苏省水产重点项目“杂交青虾繁育、示范、推广”项目的基地。抓好“一村一园”建设、菜篮子工程建设、林业条线绿化、绿色家园示范镇村创建、森林镇村创建等工作；同时积极配合政府中心工作——市、区、镇级重点项目建设及搬迁工程建设等。做好学术研究工作。5篇论文发表在全国性杂志《科学养鱼》上；2篇论文收入《2009年无锡市水产系统论文集》；《青虾养殖现状及对策》被评为“锡山区农业科技论文优秀奖”；同时制定和修改“港下青虾”的企业标准（Q/320205BLEM01-2007）。2010年12月，朱文联被农业部授予“2008~2010年度全国农牧渔业丰收奖”称号。（顾晓斐）

王建明 1970年9月生，中共党员，本科学历，江苏金易律师事务所主任。

作为无锡市人民政府法律顾问团成员和锡山区人民政府法律咨询委员会委员，王建明以大局为重，怀着强烈的政治责任感，积极参与政府工作，为政府依法行政提供优质的法律服务，在依法维护政府公共利益、促进社会和谐稳定方面作出积极贡献。积极组织和推动无锡律师界与境外律师界的交流和合作。作为国际律师协会会员、江苏省律师协会国际业务委员会委员、无锡市律师协会理事，王建明充分发挥个人与海外律师界联系广泛的优势，连续三年通过组织专题论坛并邀请外国律师到无锡讲课等形式，为无锡律师与海外律师的交流和合作搭建平台，取得实质性成效。积极拓展法律服务领域。王建明锐意进取，勇于创新，三年内成功代理十余起国际诉讼和仲裁案件，包括境外仲裁机构和外国法院受理的案件以及复杂的跨境投资并购案件，在国际法律服务领域走在省市前列。积极投身社会公益事业。王建明多次被评为无锡市和锡山区法律援助先进个人。他踊跃参加各类捐款捐物活动，每年出资1.2万元资助三名贫困学生直至大学毕业。2011年，江苏金易律师事务所全体合伙人共同出资成立“金易助学基金”，资助贫困学生。2011年10月，王建明被司法部律师行业创先争优活动指导小组授予“全国律师行业创先争优活动党员律师标兵”称号。

虞仕俊 1963年4月生，中共党员，本科学历，江苏开炫律师事务所主任。

在创先争优活动中，虞仕俊作为锡山区律师协会会长，针对协会年轻律师多的特点，他不仅在政治学习时授课辅导，在平时工作中更是言传身教，始终把握正确的政治方向，争做行业带头人，发挥共产党员的模范带头作用。2011年，虞仕俊被选为区第三次党代会代表。在“双促双助”（促转型、促升级，助稳定、助发展）法律服务专项活动中，他积极整合资源，建立服务团队，切实提升法律服务水平。作为无锡市“530”企业法律服务团成员，他认真研究和解决企业转型升级所面临的各种法律问题，提出相应对策，受到市政府肯定。他热衷于社会公益事业，被江苏省委党校聘请为硕士生导师，同时担任江南大学客座教授。他经常为机关、学校、企业讲授《中华人民共和国行政法》、《中华人民共和国行政诉讼法》、《中华人民共和国劳动合同法》，得到社会各界的一致好评。作为锡山区人民政府法律事务咨询委员会的成员，他积极参加区政府重大决策的法律论证，为防范和避免决策中的法律风险提供专业的法律意见和建议，促进了区政府依法行政水平的不断提高。2011年10月，虞仕俊被司法部律师行业创先争优活动指导小组授予“全国律师行业创先争优活动党员律师标兵”称号。（雷　凯）

华晓东　男，1971年1月生，江苏无锡人，研究生学历，锡山经济技术开发区财政局副局长。

华晓东担任区第二次全国R&D资源清查办公室主任，在清查工作中，创新方法抓效率，注重发挥各方面作用，集中力量突破重点，克难攻坚，成效显著。把握重点抓质量，坚持“统筹安排，条块结合，合理分工，各个击破”的指导思路，抓住“送”表、“填”表、“审”表三个重要环节，做好整个清查登记、审核、录入的质量控制工作。他加班加点抓进度，带领区、镇清查办工作人员，经常放弃节假日和双休日，坚持加班加点，抓进度，保质量。完善制度抓督查，加强对全区R&D资源清查工作的领导，了解掌握各单位工作进度，及时发现和解决基层单位在清查工作中存在的问题和不足，不断完善各项工作制度，强化督查力度。在整个清查工作中，他爱岗敬业，任劳任怨，率先垂范，全面掌握R&D资源清查相关法规政策，以高度的责任心和认真负责的态度，精心组织，全面策划并完成区第二次全国R&D资源清查的各项工作任务。2011年5月，华晓东被第二次全国R&D资源清查领导小组办公室授予“第二次全国R&D资源清查先进个人”称号。（高　健）

周晓华　1971年7月生，江苏无锡人，中共党员，本科学历，锡山区厚桥街道年余社区党总支书记。

2003年2月，32岁的周晓华被选为年余社区的党总支书记。看望社区生病的老人，帮助社区居民和小青年找工作，调解夫妻矛盾和婆媳关系，考虑如何发展社区经济等，这便是他一天的工作。他始终抱着“当好党员的示范，做好社区的保姆”的理念，切切实实把群众的困难放心上，把百姓的冷暖存心间，帮百家难，解群众忧，把帮扶助困工作做到实处。周晓华和党总支一班人先后帮助50名贫困学子圆了大学梦，帮助父母离异家庭的10名学生、2名残疾人子女重返校园，安排200余名下岗职工重新就业，减轻社会负担，让困难群众树立起重知识、重教育的理念，让贫困的家庭看到新的希望。靠着“铜头、铁嘴、飞毛腿”的社区工作精神，周晓华干工作不怕碰钉子，不怕挨骂受气，舍得吃苦受累，敢于碰硬，想方设法宣传党的方针政策和法律法规，把党的政策落实到群众中，为和谐社会、和睦邻里的建设贡献力量。他满怀着对农村事业的一片挚爱，心系群众，倾其心力，用实际行动践行着孺子牛的誓言，默默耕耘，无私奉献，在平凡的岗位上，八年如一日，心系群众，舍小我顾大家，切实为老百姓排忧解难办实事，在自己的人生中留下精彩的一页。2011年11月，周晓华被中国社会工作协会社区工作委员会授予“2011全国社会社区工作之星”称号。（汪　洁）

周耀庭　1943年3月生，江苏无锡人，中共党员，初中学历，红豆集团董事局主席。

1991年、1994年，周耀庭先后被农业部授予“全国乡镇企业家”、“全国优秀乡镇企业家”称号。1995年5月，时任中共中央总书记江泽民在上海召集江、浙、沪两省一市12名企业代表座谈“如何搞活国有大中型企业”，红豆集团作为唯一的乡镇企业代表应邀参加。江泽民对红豆集团的经营机制和发展思路大加赞赏，并说“红豆名字好”。1995年年底，凭借辉煌的业绩，周耀庭被全国十大新闻单位联合推选为唯一的中国农村新闻人物。1997年1月，周耀庭获“紫荆花杯中国杰出企业家成就奖”，6月在中南海国务院第一会议室受到时任总理李鹏的亲切接见；1997年年底，当选为第九届全国人大代表。2001年，在周耀庭的推动下，红豆集团大力倡导“红豆七夕相思节”，并获“中国著名企业策划家”称号。2002年当选为第十届全国人大代表。2006年当选为中国乡镇企业协会副会长、中国乡镇企业家委员会会长、中国红豆杉保育委员会主席。2008年获“全国优秀乡镇企业家终身成就奖”。周耀庭积极带领红豆集团发展经济，在工作中深入调查研究，密切联系群众，发扬民主作风，廉洁奉公，对自身要求严格，起到模范带头作用，有较高威望；在改革开放和发展社会主义市场经济的新形势下，不断解放思想，大胆开拓，勇于创新，积极探索发展集体经济的新路子。通过20多年的努力拼搏，企业由小变大，由弱变强，成为一个拥有10家子公司，其中1家上市公司，产品出口20多个国家和地区的大型现代化企业。2011年12月22日，以“新十年，谋变中交锋”为主题的2011

第五届中国CEO高峰论坛在江阴举行，红豆集团董事局主席周耀庭获“2011中国CEO年度人物”称号。

周海江 1966年2月生，江苏无锡人，博士研究生，中共党员，江苏红豆实业股份有限公司董事长，红豆集团党委书记、总裁，高级经济师。

1996年起，周海江担任江苏红豆实业股份有限公司董事长。2004年起，担任红豆集团总裁。2007年起，担任集团党委书记。周海江先后被中共中央统战部等单位评为“优秀中国特色社会主义事业建设者”，被团中央和全国青联授予“中国青年五四奖章”称号，被国务院评为“全国劳动模范”，荣登全球著名财经杂志《福布斯》封面人物，担任十七大党代表、中国服装协会副会长、全国工商联常务委员、中华全国青年联合会常务委员、江苏省人大常委会委员等职务。在多年发展民营经济的实践中，他坚持“共同富裕、产业报国”的理想，努力做一个有闯劲的青年企业家、有胆识的现代企业家、有抱负的民族企业家、有党性的民营企业家。为使企业形成良好的运行机制，周海江积极探索，逐步建立“一品多厂”、“小厂大公司”、“母子公司三级运行”、“内部买卖关系”的一系列现代企业机制，促进了企业“裂变式”发展。同时，企业实施规模化、现代化、国际化、信息化、学校化的“五化战略”；制定“做专、做精、做强”的发展原则和“相对多元化＋高度专业化”的产业战略；积极探索“现代企业制度＋党建＋社会责任”的红豆发展模式。2011年12月1日，由凤凰网、21世纪经济报道、中央人民广播电台联合主办的2011年华人经济领袖盛典在北京举行，红豆集团党委书记、总裁周海江等十人获“2011年度华人经济领袖”荣誉。（钱　静）

陈涌浩 1979年1月生，江苏无锡人，中共党员，本科学历，锡山区委政法委综治科科长。

加强学习，督促落实平安创建第一责任。陈涌浩认真学习综治政策文件，熟悉并掌握业务，负责制定全区年度社会治安综合治理实施意见和实施方案，认真起草社会治安综合治理责任书，全面落实各项目标任务措施，深入贯彻落实省市关于平安创建的系列部署，积极落实相关措施。加强基层基础建设，全面夯实平安创建根基。配合做好镇（街道）政法综治中心建设，明确工作职责，规范工作程序，完善工作制度，严格工作纪律，提高工作绩效。加强星级综治（警务）站建设，全区所有村（社区）建成二星级综治站，其中80%的村（社区）达到三星级综治（警务）站建设标准。深化系列平安创建，“平安校园”、“平安家庭”、“平安安置小区”创建工作得到省市的一致好评。加快推进科技防范建设，提升全区防控水平。全区9个镇（街道）全部建成二星级以上技防镇（街道），其中7个镇（街道）达到三星级建设标准；建成技防村（社区）81个、技防小区49个，分别占69.8%和90.7%；建成技防单位786家，技防一条街15个；全区重点部位和金融网点电视监控、防盗报警等技防设施安装率100%。锡山区连续五年被省委、省政府命名为“江苏省社会治安安全区”，全区9个镇（街道）连续三年被市委、市政府命名为“无锡市社会治安安全镇（街道）”，实现平安创建“满堂红”。2011年5月，陈涌浩被省委、省政府授予“江苏省社会治安综合治理先进工作者”称号。（蔡洪中）

过伟其 1957年12月生，江苏无锡人，中共党员，大专文化，锡山区东亭街道春星社区党委书记，经济师。

过伟其于2000年任春星社区党支部书记。他带领社区干部群众同心同德，艰苦努力，彻底改变了春星社区的落后面貌。社区集体资产过亿元，社区收入超1000万元，连续多年在锡山区名列前茅。2004年在锡山区率先建立股份制合作社，2008年在东亭街道率先成立社区党委。他创业意识强，大刀阔斧改革企业，淘汰能耗多、污染多的小企业，大力引进科技含量高的企业，实现机制转型，不断挖掘潜力，加快社区经济不断提升。他民生意识强，始终关心企业职工，社区近百家企业全部签订劳动工资集体协议，注重提高职工素质，不断关心贫困职工，帮助失业工人再就业。他带头与社区困难家庭结对帮扶，并将社区的部分商业用房以低价出租给困难家庭开店经营，帮助2户深度贫困户脱贫致富，2010年发放股金红利达到110万元，累计发放537万元。社区每年拿出20余万元，给年满60周岁的男性、55周岁的女性发放退休人员“温暖费”，每年组织社区老年人外出观光旅游；投资60余万元，建立现代化的社区服务中心。为老年人建立居家养老服务站，成立书画室、文体室；为青少年开办校外辅导站，成为锡山区对外开放的窗口。2010

年，春星社区在东亭街道率先完成拆迁任务，为建设社会主义新型城市作出极大贡献。他廉政意识强，以身作则，坚持按章办事，勤俭节约，花好每分钱，办好每件事。他充满智慧和胆略，一身正气，两袖清风，在居民们眼里是个好当家，在企业主眼里是个实干家，在党员眼里是个好书记。社区财务管理严格，收支分明，政务公开，监督到位，被评为“无锡市廉政建设示范社区”。社区先后获“江苏省和谐社区”、“江苏省卫生村”、“无锡市社会主义新农村建设示范村”、“无锡市社区堡垒党支部”、“无锡市文明社区”、“无锡市先进基层党组织”等称号。他本人被评为“无锡市劳动模范”、“无锡市优秀共产党员”等荣誉。2011年4月，过伟其被省政府授予“江苏省劳动模范”称号。

冯建昌 1962年3月生，江苏无锡人，中共党员，本科学历，江苏晶石科技集团有限公司总裁，高级经济师。

作为无锡改革开放的先行者，冯建昌有着强烈的改革和创新意识，20世纪80年代初就在深圳创办蛇口晶石电子有限公司，经过十几年的努力，先后创办深圳晶石电器制造有限公司、深圳晶辰电子科技股份有限公司等企业，成功创办产品质量世界一流、产量全球最大的FBT生产企业。公司被评为“深圳市高新技术企业”、“国家高新技术企业”“深圳守法纳税大户”、“深圳市首届遵守劳动法模范企业”，被深圳海关评为“信得过企业”，被中国外商投资协会评为“全国外商投资双优企业”。2000年，冯建昌任江苏晶石科技集团有限公司总裁后，创办无锡斯贝尔磁性材料有限公司、无锡晶石新型能源有限公司等5家公司，在江苏沭阳、广西容县、湖南道县开辟生产基地。在他的领导下，集团注重产品质量管理，率先通过ISO 9000、ISO 14000、OHSAS 18000等体系认证以及UL、CSA、VDE、BSI、CB等国际安规认证；集团注重自主知识产权和新产品研究开发工作，建有江苏省磁性材料与器件工程技术中心、江苏省企业技术中心、江苏省院士工作站、江苏省博士后科研工作站，屡次被评为“国家重点高新技术企业”、“中国电子元器件百强企业”。集团主动承担社会责任和义务，关心职工成长，为职工提供学习、培训机会；关心职工生活，为公司特困职工支付子女学杂费；关注社会慈善事业，为镇中小学、幼儿园建设带头捐款，为延安子长县建希望小学捐款，积极响应地方政府提出的捐款号召，主动认捐1000万元。2011年4月，冯建昌被省政府授予“江苏省劳动模范”称号。

蒋正祥 1955年9月生，江苏无锡人，中共党员，大专文化，无锡杰夫电声有限公司总经理，经济师。

蒋正祥1990年2月入党，曾担任无锡市第十三届人大代表，并被评为无锡市“劳动模范”、“优秀企业家”、“明星厂长”，多次获得锡山区“优秀共产党员”、“优秀党支部书记”、“优秀厂长”称号。自1997年12月创办无锡杰夫电声有限公司起，蒋正祥就将个人人生价值的实现与企业发展紧紧连在一起。在十三年的创业创新过程中，他带领全体员工，弘扬企业文化，注重科技投入，重视技术创新，始终坚持以争创电声行业一流品牌为目标，致力于“科技领跑”的发展战略，形成“学习、思考、实践、总结、创新”的企业精神和职工文化，实现了公司的跨越式发展。公司发展为中国电声界知名企业，被认定为“江苏省高新技术企业”、“江苏省创新型企业”、“无锡市重合同守信用企业”、“无锡市知识产权优势示范企业”，企业申请专利163件，列入国家重点新产品3项，省高新产品10项，国家创新基金2项，国家火炬计划项目1项，成立省级工程技术中心，参与国家行业标准的修订。他自觉承担社会责任，关注环境保护，企业于2005年在华东地区率先获得ISO 14001环境管理体系认证，2007年获得QCO 80000有害物质过程管理体系，所有产品全部符合欧盟ROHS标准，通过无锡市清洁生产审核，实现绿色生产。他廉洁自律，勇于奉献，积极参与社会慈善事业，企业和个人捐款50余万元。他关心员工，善待员工，为211名员工办理社会保险，员工工资每年以20%以上的幅度增长，2010年职工平均工资超过2.5万元。他积极为职工提供良好的工作环境和生活服务设施，企业劳动关系和谐，职工队伍稳定，职工对企业有认同感和归属感，企业获“无锡市和谐劳动关系企业”、“锡山区和谐劳动关系企业”、“锡山区情暖万家捐助奖”、“锡山区捐资助学奖”等荣誉，蒋正祥被无锡市总工会、市工商联评为“无锡市关爱员工优秀民营企业家”。2010年，企业实现销售收入19367万元，上交税金1884万元，分别获得锡北镇企业规模铜奖和银奖，成为锡北镇重点骨干企业和纳税大户，为经济和社会发展作出积极的贡献。2011年4月，蒋正祥被省政府授予“江苏省劳动模范”称号。

王英明 1975年5月生，江苏无锡人，中共党员，本科学历，无锡锡山建筑实业有限公司项目经理，助理工程师。

王英明大学毕业后，坚持扎根一线，吃苦耐劳，开拓创新，在平凡的岗位上取得出色的业绩。扎根基层，抓好工程质量管理。王英明负责施工的无锡射击射箭馆、无锡北塘区人民法院业务用房等4项工程获得江苏省“扬子杯”工程，惠山区建设局等7项工程获得无锡市“太湖杯”工程，他所负责施工的工地均获省市文明工程。注重创新，提高工程技术含量。在抓好工程质量的同时，王英明积极开展项目部QC（质量控制）技术攻关活动。在他的带领下，该项目部先后获省市QC成果奖十余项，还有一项工法被评为江苏省施工工法。2009年，由他担任组长发布的QC论文《柱顶钢构节点安装的创新》获“国家QC论文优秀奖”、“江苏省工程建设QC成果一等奖”。热心助人，营造和谐工作氛围。作为项目经理，王英明积极在项目部内实行人性化管理。年终工程资金暂时短缺，他用自己的房产抵押贷款，确保每个民工领到工资高高兴兴回家过年。2010年，项目部内一名大学生职工需20余万元为聋儿移植人工耳蜗，他带头捐款，并号召项目部全体职工捐款5万余元。同时，他积极配合工会建立工地阅览室，并个人出资捐赠电视机、DVD等电教器材。树立榜样，带动员工素质提升。王英明项目部是公司的党员示范岗，他带领项目部全体人员团结拼搏，在施工产值、现场管理、经济效益方面都堪称公司的一面旗帜。他个人连续多年获“江苏省建筑业优秀项目经理”、“无锡市建筑业优秀项目经理”，并先后获“无锡市劳动模范”、“锡山区先进生产者”、“锡山区优秀共产党员”等一系列称号，成为公司大学生的成才榜样。2011年4月，王英明被省政府授予“江苏省劳动模范”称号。

周敏娟 女，1978年12月生，江苏无锡人，中共预备党员，大专文化，无锡市万胜彩印厂设计员。

周敏娟于2005年进入无锡市万胜彩印厂设计科工作，思想上进、虚心好学、勤奋刻苦、严于律己、勇于创新。她坚持不懈认真学习党和国家的路线方针政策，以“三个代表”重要思想为指导，认真贯彻落实科学发展观，不断增强职工是企业的主人、工人阶级是建立小康社会主力军的理念，积极投身本职工作。她主动要求上进，以实际行动向党组织靠拢，进入预备党员考察期，严于律己，事事处处以党员标准发挥模范作用。进设计科工作后，认真担负自行设计产品的重任。她主动深入市场调查，开阔视野，从广东、深圳先进的产品设计中，寻找设计灵感，运用新型设计工艺，大胆创新设计新颖包装，先后设计出河北衡水老白干酒业“金牌”与“银牌”、“十八酒坊”、“丰柔380”、山东卫河酒业“卫河王”等数十种系列的包装产品，其设计产品款式新颖，打入市场后，得到客户的认可和好评，多家酒业公司慕名上门，专门邀请她进行包装设计。她设计的产品成为工厂的当家产品，销售红火，发挥了良好的品牌效应，促进了企业销售规模和效益的快速提升，销售收入从2006年的2000余万元增至2010年的7000余万元，2010年上缴国家、地方税金400余万元，成为鹅湖镇彩印业的纳税大户，年创利润600余万元，成为鹅湖镇彩印行业中的排头兵。2011年4月，周敏娟被省政府授予“江苏省劳动模范”称号。

席子南 1963年12月生，江苏无锡人，中共党员，大专文化，锡山区信访局局长。

自2004年担任锡山区信访局局长后，席子南刻苦钻研信访业务技能，认真思考化解矛盾新措施。他积极依托社会矛盾纠纷大调解机制和平台，整合社会矛盾纠纷调解和信访矛盾处理的资源，形成合力。他结合不断变化发展的信访形势，积极推进制度创新，完善领导接待日、信访听证、联合接待、协调会办等制度，建立健全镇（街道）信访办公室，做到“小事不出村，大事不出镇”，信访办结率多年保持100%，受到各级的好评。他以对党对人民高度负责的态度和认真务实的精神，积极探索新时期信访工作长效机制，在建立完善矛盾纠纷排查机制、信访矛盾化解机制、信息预警上报机制等方面下工夫，取得较为理想的效果。在实际工作中，他结合不同信访问题的特点，采用多种处理手法，积极探索，大胆创新，有的放矢地处理各类信访疑难矛盾，基本化解全区的信访老户，信访目标管理工作连续多年走在无锡市前列。在处理各类信访矛盾过程中，席子南本着“以理服人，以情感人”和“依法信访”的原则，始终站在处理信访问题的第一线，成功化解来信来访来电及网上咨询投诉8000余件、集访矛盾150余件，参与调解建筑行业拖欠农民工工资集体访60余件，帮助外地农民工追讨工资近1000万元。区信访局被评为省市信访工作先进集体，席子南先后获“2003～2006年度无锡市信访工作先进个人”、“2007年区政府记三等功”、“2007年度省优秀基层信访局局长”、“2008年无锡市奥运安保工作先进个人”、“2006～2008年度无锡市劳动模范”等荣誉。2011年4月，席子南被省政府授予“江苏省先进工作者”称号。

李旭东 1962年1月生，江苏无锡人，中共党员，本科学历，锡山人民医院内科主任，主任医师。

李旭东从事心血管内科工作20余年，始终追求卓越、勇攀高峰，攻克一个又一个医学难题，挽救了无数患者的生命。作为锡山区学科带头人，他带领团队成功开展静脉溶栓术、心脏起搏器植入术、射频消融术、冠状动脉造影、球囊扩张及支架植入术等一系列心内科领域的新技术，部分技术达到市领先水平。他勤于总结、善于思考，制订急性心肌梗死、急性心衰、肺动脉栓塞、主动脉夹层等急危重症的抢救流程，并在科内组织严格培训，抢救成功率显著提高。李旭东不仅拥有精湛的医术，更具有一颗体恤病人的“仁心”。他对病人有一种常人没有的亲和力，每次抢救危重病人，他都要亲临现场，处处为患者着想，视患者如亲人，尽心尽责地服务好每一位患者。他从来就没有真正意义上的节假日和休息天，只要工作需要，只要病人需要，都会看到他的身影。他数十年如一日守护在生命的关口，兢兢业业，从容淡定，默默地耕耘在医疗第一线。李旭东先后获“江苏省卫生系统先进工作者”、“无锡市劳动模范”、“无锡市卫生系统先进工作者”、“锡山区首届十大青年之星”等荣誉。2011年4月，李旭东被省政府授予“江苏省先进工作者”称号。　　（区总工会）

荣誉栏

2011年度获省级（含省条线）以上表彰先进个人一览表

表56

姓名	单位	荣誉称号	授予单位
陈新宇	区科技局	2011年全国县（市）科技进步考核先进个人	科技部
朱文联	东港镇	2008～2010年度全国农牧渔业丰收奖	农业部
王建明	江苏金易律师事务所	全国律师行业创先争优活动党员律师标兵	司法部律师行业创先争优活动指导小组
虞仕俊	江苏开炫律师事务所	全国律师行业创先争优活动党员律师标兵	司法部律师行业创先争优活动指导小组
华晓东	区统计局	第二次全国R&D资源清查先进个人	第二次全国R&D资源清查领导小组办公室
周晓华	厚桥街道	2011全国社会社区工作之星	中国社会工作协会社区工作委员会
陈涌浩	区委政法委	社会治安综合治理先进工作者	江苏省委、省政府
过伟其	东亭街道春星社区	江苏省劳动模范	江苏省政府
冯建昌	江苏晶石科技集团有限公司	江苏省劳动模范	江苏省政府
蒋正祥	无锡杰夫电声有限公司	江苏省劳动模范	江苏省政府

续表56

姓名	单位	荣誉称号	授予单位
王英明	无锡锡山建筑实业有限公司	江苏省劳动模范	江苏省政府
周敏娟	无锡市万胜彩印厂	江苏省劳动模范	江苏省政府
席子南	区信访局	江苏省先进工作者	江苏省政府
李旭东	锡山人民医院	江苏省先进工作者	江苏省政府
叶梅芳	区法院	全省法院审判管理工作先进个人	江苏省高级人民法院
孙丘明	区法院	全省法院信息化工作先进个人	江苏省高级人民法院
顾永祥	区法院	江苏省先进离退休干部	江苏省委组织部、省委老干部局
赵晓燕	区法院	2006～2010年全省法制宣传教育先进个人	江苏省委宣传部、省司法厅、省法制宣传教育协调指导办公室
刘新青	区法院	全省法院量刑规范化改革工作先进个人	江苏省高级人民法院
周国明	区委统战部	2011年度《华人时刊》优秀通讯员	江苏省侨办、《华人时刊》编辑委员会
华　星	区委农办	全省农工办系统先进工作者	江苏省委农办
陆德澄	区委党校	全省党校系统优秀教师	江苏省委党校
路焱洁	区人保局	全省新型农村社会养老保险工作先进个人	江苏省人社厅
林　燕	区人保局	全省新农保经办管理服务示范岗	江苏省人社厅
陈国忠	区民政局	全省民政工作先进个人	江苏省民政厅
华志溢	区民政局	全省第九届村民委员会换届选举工作先进个人	江苏省民政厅
邹锡宝	区民政局	全省军休工作先进个人	江苏省民政厅
吴敏霞	区司法局	2006～2010年全省法制宣传教育模范	江苏省委宣传部、省司法厅、省法制宣传教育协调指导办公室
吴　铭	区司法局	2006～2010年全省法制宣传教育先进个人	江苏省委宣传部、省司法厅、省法制宣传教育协调指导办公室
孙春珍	区运输管理处	世博交通运输安保先进个人	江苏省交通运输厅
华　翊	区农林局	2011年度绿色江苏建设先进个人	江苏省林业局
丁　颉	区农林局	“十一五”农业行政综合执法工作先进个人	江苏省农业委员会
蒋造极	区水产技术推广站	全省重点流域面源污染防治工作先进个人	江苏省农业委员会
蒋造极	区水产技术推广站	江苏省海洋与渔业科技先进工作者	江苏省海洋与渔业局

续表56

姓名	单位	荣誉称号	授予单位
浦明龙	区农机安全监理所	2011年全省“平安农机通”推广使用工作先进个人	江苏省农业机械服务协会、省农业安全协会、中国移动通信集团江苏有限公司
史震伟	区蔬菜技术推广站	全省农业科技入户工程优秀农技指导员（蔬菜）	江苏省农业委员会
张利军	区动物卫生监督所	全省农业科技入户工程优秀农技指导员（生猪）	江苏省农业委员会
钱年华	区城区畜牧兽医站	2011年度全省耕地质量建设与管理工作先进个人	江苏省农业委员会
王文英	区农业技术推广站	2011年度全省耕地质量建设与管理工作先进个人	江苏省农业委员会
钱栋宇	区林特产技术推广站	江苏省第八次森林资源清查工作先进个人	江苏省林业局
顾丽烨	区农机安全管理所	2011年“江苏农机双优卡”推广服务先进个人	江苏省农业机械服务协会、省农业安全协会、中国石化江苏石油分公司
石舜华	区疾病预防控制中心	江苏省卫生系统优秀共产党员	江苏省卫生厅
张　叶	区人口计生局	江苏省“十一五”人口计生药具管理工作先进个人	江苏省人口计生委
何涓涓	区人口计生局	江苏省“十一五”人口计生依法行政工作先进个人	江苏省人口计生委
吴　穷	区人口计生局	“十一五”全省人口和计划生育工作先进个人	江苏省人口计生委
薛加生	区安监局	全省输油气管道安全生产先进个人	江苏省安监局
徐宇迅	区统计局	江苏省第二次R&D资源清查先进个人	江苏省第二次R&D资源清查领导小组办公室
周国英	区粮食局	全省粮食系统先进工作者	江苏省人保厅、省粮食局
王晓燕	区科协	江苏省科普宣传工作先进个人	江苏省科协
顾金球	区国税局	全省国税系统优秀共产党员	江苏省国税局
徐　伟	东湖塘派出所	全省公安机关基础工作标兵	江苏省公安厅
袁大明	荡口派出所	2009～2010年度全省公安派出所工作“111”工程社区民警能手	江苏省公安厅
孙立星	江南商贸物流城派出所	2009～2010年度全省公安派出所工作“111”工程优秀派出所长	江苏省公安厅
刘燕红	锡山质监局	江苏省质量技术监督系统先进个人	江苏省质监局
邹红霞	东亭街道	江苏省“平安家庭”创建活动先进个人	江苏省维护妇女儿童合法权益联席会议暨“平安家庭”创建活动领导小组
潘洪峰	安镇法庭	全省法院2010年度优秀法官、优秀工作者	江苏省高级人民高院
潘洪峰	安镇法庭	2011年度全省法院涉诉矛盾纠纷化解工作先进个人	江苏省高级人民高院

续表56

姓名	单位	荣誉称号	授予单位
万里峰	安镇街道	江苏省第六次全国人口普查先进个人	江苏省统计局、省第六次全国人口普查领导小组办公室
倪爱君	安镇街道	江苏省第六次全国人口普查先进个人	江苏省统计局、省第六次全国人口普查领导小组办公室
李　娜	安镇街道	江苏省第六次全国人口普查先进个人	江苏省统计局、省第六次全国人口普查领导小组办公室
许泉兴	羊尖镇司法所	2006～2010年全省法制宣传教育先进个人	江苏省委宣传部、省司法厅、省法制宣传教育协调指导办公室
平奕新	东北塘街道	江苏省第六次全国人口普查先进个人	江苏省统计局、省第六次全国人口普查领导小组办公室
浦烽芳	东北塘街道	江苏省第六次全国人口普查先进个人	江苏省统计局、省第六次全国人口普查领导小组办公室
费萍娜	东北塘街道	江苏省第六次全国人口普查先进个人	江苏省统计局、省第六次全国人口普查领导小组办公室
徐卫红	东北塘街道	江苏省第六次全国人口普查先进个人	江苏省统计局、省第六次全国人口普查领导小组办公室
过娜凤	东北塘街道	江苏省第六次全国人口普查先进个人	江苏省统计局、省第六次全国人口普查领导小组办公室
姚　亮	东北塘街道	江苏省第六次全国人口普查先进个人	江苏省统计局、省第六次全国人口普查领导小组办公室
顾　红	东北塘街道	江苏省第六次全国人口普查先进个人	江苏省统计局、省第六次全国人口普查领导小组办公室
王　勤	东北塘街道	江苏省第六次全国人口普查先进个人	江苏省统计局、省第六次全国人口普查领导小组办公室
朱一峰	东北塘街道	江苏省第六次全国人口普查先进个人	江苏省统计局、省第六次全国人口普查领导小组办公室
秦剑金	锡北镇	江苏省第六次全国人口普查先进个人	江苏省统计局、省第六次全国人口普查领导小组办公室
金　伟	锡北镇	江苏省第六次全国人口普查先进个人	江苏省统计局、省第六次全国人口普查领导小组办公室
黄秋霞	锡北镇	江苏省第六次全国人口普查先进个人	江苏省统计局、省第六次全国人口普查领导小组办公室
周敏娟	锡北镇	江苏省第六次全国人口普查先进个人	江苏省统计局、省第六次全国人口普查领导小组办公室
梁　娟	锡北镇	江苏省第六次全国人口普查先进个人	江苏省统计局、省第六次全国人口普查领导小组办公室
华　栋	锡北镇	江苏省第六次全国人口普查先进个人	江苏省统计局、省第六次全国人口普查领导小组办公室
过锡贤	锡北镇	江苏省第六次全国人口普查先进个人	江苏省统计局、省第六次全国人口普查领导小组办公室
过锡贤	锡北镇	全省刑释解教人员安置帮教工作先进个人	江苏省综治委特殊人群服务管理工作领导小组
荣晓峰	东湖塘法庭	全省法院2010年度个人二等功	江苏省高级人民高院
陈桂华	云林街道	江苏省第六次全国人口普查先进个人	江苏省统计局、省第六次全国人口普查领导小组办公室
华叙清	云林街道	江苏省第六次全国人口普查先进个人	江苏省统计局、省第六次全国人口普查领导小组办公室

续表56

姓名	单位	荣誉称号	授予单位
诸红宇	云林街道	江苏省第六次全国人口普查先进个人	江苏省统计局、省第六次全国人口普查领导小组办公室
王冬霞	云林街道	江苏省第六次全国人口普查先进个人	江苏省统计局、省第六次全国人口普查领导小组办公室
包洪明	云林街道	江苏省第六次全国人口普查先进个人	江苏省统计局、省第六次全国人口普查领导小组办公室
丁娟芝	云林街道	江苏省第六次全国人口普查先进个人	江苏省统计局、省第六次全国人口普查领导小组办公室
潘丽艳	云林街道	江苏省第六次全国人口普查先进个人	江苏省统计局、省第六次全国人口普查领导小组办公室
顾元红	云林街道	江苏省第六次全国人口普查先进个人	江苏省统计局、省第六次全国人口普查领导小组办公室
金丽芬	云林街道	江苏省第六次全国人口普查先进个人	江苏省统计局、省第六次全国人口普查领导小组办公室
王彩亚	仓下中学	2011年度江苏省教育学会初中教育研究先进个人	江苏省教育学会
钱　琴	厚桥街道	“相约健康社区行”长三角地区经验交流活动三等奖	江苏省健康教育协会、中国健康教育协会高血压健康教育中心

2011年度获省级（含省条线）以上表彰先进集体一览表

表57

获奖单位	荣誉称号	授予单位
锡山区	2011年全国县（市）科技进步考核先进县（市）	科技部
锡山区	全国科普示范县（市、区）	中国科协
锡山区	中国产学研合作创新示范基地试点单位	中国产学研合作促进会
锡山区	2011年度全国国际象棋竞赛最佳赛区	中国国际象棋协会
区教育局	第16届全国中小学生绘画、书法作品比赛组织工作先进单位	教育部艺术教育委员会
区科技局	2011年中国产学研合作促进奖	中国产学研合作促进会
区司法局	全国青少年普法宣传教育先进单位	司法部、中央综治办、中国关工委
区人口计生局	全国避孕药具不良反应监测先进集体	国家人口计生委、计划生育药具不良反应监测中心
锡山地税局第一分局	全国巾帼文明岗	全国妇联
东亭街道	国家卫生镇（2011～2014）	全国爱卫会
东亭街道门楼社区	国家级综合减灾示范社区	国家减灾委员会、民政部

续表57

获奖单位	荣誉称号	授予单位
羊尖镇	国家卫生镇（2011～2014）	全国爱卫会
羊尖镇丽安村	国家级生态村	环保部
东北塘街道	国家卫生镇（2011～2014）	全国爱卫会
锡北镇计生中心	全国计划生育优质服务站	国家人口计生委
云林实验小学	全国校园影视教育研究实验学校	中国教育电视协会、中小学校园电视专业委员会
云林实验小学	第16届全国中小学生绘画、书法作品比赛组织工作先进集体奖	教育部艺术教育委员会
云林幼儿园	第16届全国中小学生绘画、书法作品比赛组织工作先进集体奖	教育部艺术教育委员会
厚桥街道	全国城市社会工作示范街道	中国社会工作协会社区工作委员会
厚桥街道谢埭荡村	国家级生态村	环保部
厚桥实验小学	“第二届东海·全国少儿版画双年展”优秀组织奖	中国美术家协会少儿艺委会
锡山区	征兵工作先进单位	江苏省政府、省军区
锡山区	2011年绿色江苏建设林业产业化先进县（市、区）	江苏省林业局
锡山区	2011年全省发展高效设施农业先进县（市、区）	江苏省农业委员会、省海洋与渔业局、省财政厅
锡山区	江苏省“扫黄打非”工作先进模范区	江苏省“扫黄打非”工作领导小组办公室
锡山区	江苏省“扫黄打非”示范区建设二等奖	江苏省“扫黄打非”工作领导小组办公室
锡山区	江苏省家庭教育先进区	江苏省妇联、省教育厅
区委组织部	江苏省组织工作网建设先进集体	江苏省委组织部
区委组织部	2011年全省组织工作创新创优成果奖	江苏省委组织部
区法院民二庭	2011年度全省法院涉诉矛盾纠纷化解工作先进集体	江苏省高级人民高院
区检察院	江苏省维护妇女权益示范岗	江苏省妇联
区物价局	2011年度全省价格工作先进单位	江苏省物价局
区散装水泥办公室	“十一五”期间发展散装水泥先进集体	江苏省经信委
区教育局	2006～2010年社会治安综合治理先进集体	江苏省委、省政府
区教育局	2011年度江苏省“十佳”教育门户网站	江苏省教育厅

续表57

获奖单位	荣誉称号	授予单位
区教育局	第23届“国际科学与和平周”全国中小学生（江苏地区）金钥匙科技竞赛团体赛一等奖	江苏省教育厅、省科技厅、省文明办等
区民政局	全省第九届村委会换届选举工作先进单位	江苏省民政厅
区民政局	2011年度江苏省社会组织培育管理工作先进单位	江苏省民政厅
区民政局	全省社会组织宣传工作先进单位	江苏省民间组织管理局
区老龄办	江苏省庆祝第24个敬老日文艺汇演二等奖	江苏省老龄办
区司法局	2006～2010年全省法制宣传教育先进单位	江苏省委宣传部、省司法厅、省法制宣传教育协调指导办公室
区交通运输局党支部	先进堡垒党支部	江苏省基层党组织建设工作领导小组办公室、省交通运输厅党组
区汽车维修行业管理处检测窗口	江苏省巾帼文明岗	江苏省妇联、省城镇妇女“巾帼建功”活动领导小组
锡东汽车综合性能检测站服务大厅	江苏省巾帼示范岗	江苏省妇联、省城镇妇女“巾帼示范岗”活动领导小组
江苏省望虞河锡山管理所	全省水利工程管理先进集体	江苏省水利厅
江苏省望虞河锡山管理所	江苏省省管湖泊管理与保护工作先进单位	江苏省太湖地区水利工程管理处
区农林局	2011年全省农经农业系统工作效能考评先进单位	江苏省农业委员会
区农林局	2010年度秸秆机械化还田工作先进单位	江苏省农业机械管理局
区动物卫生监督所	2011年度全省动物卫生监督工作先进集体	江苏省农业委员会
区种子管理站	全省种子质量管理工作先进单位	江苏省农业委员会
无锡现代农业博览园	江苏省四星级乡村旅游区（点）	江苏省旅游局
区卫生监督所	江苏省卫生监督体系建设工作达标示范单位	江苏省卫生厅
区卫生监督所	江苏省医疗服务监督示范单位	江苏省卫生监督所
区人口计生局	全省人口和计划生育系统先进集体	江苏省人口计生委、省人社厅
区“爱心妈妈”结对助学项目	江苏省“生育关怀”优秀项目	江苏省计生协会
区计划生育指导站	全省人口和计划生育优质服务县级示范站	江苏省人口计生委
区安监局	全省职业危害专项治理行动先进单位	江苏省安监局
区文体局	2010年度体育彩票工作先进单位	江苏省体育局
区统计局	江苏省第二次R&D资源清查先进集体	江苏省第二次R&D资源清查领导小组办公室

续表57

获奖单位	荣誉称号	授予单位
区粮食局	全省粮食流通监督检查工作先进单位	江苏省粮食局
区供销总社	进步幅度优胜单位	江苏省供销总社
区科协	江苏省科普宣传工作先进集体	江苏省科协
锡山公安分局侦破“2010.6.2”网络赌博案专案组	全省公安机关集中整治网络赌博违法犯罪活动专项行动先进集体	江苏省公安厅
荡口派出所	集体二等功	江苏省公安厅
锡山地税局	江苏省廉政文化示范点	江苏省纪委
锡山地税局团总支	江苏省五四红旗团支部	共青团江苏省委
锡山地税局工会	江苏省模范职工之家	江苏省总工会
东亭街道	社会治安综合治理先进集体	江苏省委、省政府
东亭街道	全省关心下一代工作先进集体	江苏省关工委
东亭街道司法所	全省社区矫正工作先进集体	江苏省综治委特殊人群服务管理工作领导小组
安镇街道	江苏省老年体育工作示范街道	江苏省老年人体育协会
羊尖镇	江苏省“平安家庭”创建活动示范乡镇（街道）	江苏省维护妇女儿童合法权益联席会议暨“平安家庭”创建活动领导小组
羊尖镇计划生育服务站	“十一五”期间计划生育药具工作先进单位	江苏省人口计生委
羊尖镇农业服务中心	江苏省百强乡镇农技推广综合服务中心	江苏省农业委员会
羊尖镇团委	江苏省五四红旗团委	共青团江苏省委
羊尖镇严家桥村	江苏省和谐示范村	江苏省民政厅
羊尖镇南村村	江苏省生态村	江苏省环境保护委员会
羊尖镇廊下村	江苏省人力资源和社会保障系统2008～2010年度优质服务窗口	江苏省人社厅
羊尖中心幼儿园	江苏省巾帼示范岗	江苏省妇联、省城镇妇女“巾帼示范岗”活动领导小组
鹅湖镇	全省新型农村社会养老保险经办管理服务示范乡镇	江苏省人社厅
东北塘街道	2011年江苏省全民健身活动优秀组织奖	江苏省体育局
东北塘街道大马巷村家长学校	江苏省优秀家长学校	江苏省妇联、省教育厅、省文明办

续表57

获奖单位	荣誉称号	授予单位
锡北镇	江苏省农村劳动力充分转移就业乡镇	江苏省人社厅
锡北镇安监办	全省安全生产监督管理系统2010年度先进单位	江苏省安监局
锡北镇人口普查办	江苏省第六次全国人口普查先进集体	江苏省统计局、省第六次全国人口普查领导小组办公室
正兴幼儿园	江苏省巾帼示范岗	江苏省妇联、省城镇妇女“巾帼示范岗”活动领导小组
东港镇	全省新型农村社会养老保险经办管理服务示范乡镇	江苏省人社厅
东港镇人口计生服务站	江苏省人口和计划生育工作先进集体	江苏省人口计生委
东港镇司法所	2006～2010年全省法制宣传教育先进单位	江苏省委宣传部、省司法厅、省法制宣传教育协调指导办公室
东港镇文体服务站	江苏省乡镇体育健身示范工程	江苏省体育局
云林街道双桥村	江苏省和谐社区示范单位	江苏省民政厅
云林街道仓下中学	创建“江苏省最具影响力初中”活动先进集体	江苏省教育学会
云林街道钱家庄社区	江苏省“平安家庭”创建活动示范村（社区）	江苏省维护妇女儿童合法权益联席会议暨“平安家庭”创建活动领导小组
云林实验小学	江苏省现代刻字艺术实验学校	江苏省书法家协会刻字委员会
云林实验小学	江苏省书画特色学校	江苏省教育学会
云林实验小学	江苏省教育学会美术专业委员会科研基地	江苏省教育学会美术专业委员会
厚桥街道离退休干部党支部	江苏省先进离退休干部党支部	江苏省委组织部、省委老干部局
厚桥街道离退休干部党支部	江苏省“五好”离退休干部党支部	江苏省委组织部、省委老干部局
厚桥街道中东村	为老服务先进社区	江苏省供销总社
厚桥实验小学	江苏省青少年科技教育先进学校	江苏省教育厅、省科技厅
厚桥实验小学	江苏省绿色学校	江苏省环保厅、省教育厅
厚桥中心幼儿园	江苏省绿色学校	江苏省环保厅、省教育厅

（区档案局）

编辑：吴　霞

综　合

锡山区社会经济主要指标一览表

表58

指标	单位	2011年	2010年	2011年比2010年±%
年末总人数	人	418125	414136	—
地区生产总值	亿元	481.85	402.82	12.3（按可比价计算）
人均地区生产总值（按常住人口算）	元	70302	65681	7.0
年末耕地总资源	公顷	14760	14758	—
农林牧渔业总产值（当年价）	万元	262948	224371	—
工业总产值（现价）	万元	12392389	10162647	21.9
工业销售产值（现价）	万元	12115162	9892590	22.5
500万元以上固定资产投资完成额	万元	3920344	3119676	25.7
工业投资	万元	1855900	1598718	14.0
社会消费品零售总额	万元	1375033	1172127	17.3
到位注册外资额（商务部承认数）	万美元	35078	35053	0.1
财政收入	万元	1289216	1064887	21.1
一般预算收入	万元	457679	360758	26.9

续表58

指标	单位	2011年	2010年	2011年比2010年±%
预算内财政支出	万元	399758	346124	15.5
各项存款余额	万元	6073596	5600875	8.4
各项贷款余额	万元	4801281	4380668	9.6
在岗职工年平均工资	元	50636	43925	15.3
城镇居民年人均可支配收入	元	31745	27845.5	14.0
农民年人均纯收入	元	16399	13974	17.4

锡山区地区生产总值一览表

表59

指标	单位	2011年	2010年	2011年比2010年±%
		按当年价格计算		
地区生产总值	亿元	481.85	402.82	12.3（按可比价计算）
第一产业	亿元	16.07	13.91	4.1
第二产业	亿元	275.62	235.81	11.2
工业	亿元	245.30	211.21	11.8
建筑业	亿元	30.32	24.60	6.1
第三产业	亿元	190.16	153.10	14.6
交通运输、仓储及邮政业	亿元	6.75	5.80	13.6
批发和零售业	亿元	82.50	61.10	27.6
住宿和餐饮业	亿元	16.23	13.10	12.9
金融业	亿元	17.87	13.21	12.1
房地产业	亿元	21.47	21.80	－17.4
营利性服务业	亿元	16.43	13.01	22.4
非营利性服务业	亿元	28.91	25.08	9.3
三产所占比重	%	39.5	38.0	提高1.5个百分点
人均地区生产总值（按常住人口算）	元	70302	65681	7.0

锡山区人口基本情况一览表

表60

指标	单位	2011年	2010年
年末总户数	户	124757	124075
镇村户数	户	79004	88500
年末总人数	人	418125	414136
男	人	204977	203219
女	人	213148	210917
全年出生人数	人	3293	3111
全年死亡人数	人	2890	2993
人口自然增长率	‰	0.97	0.29
迁入人口	人	4306	3887
迁出人口	人	1026	1052
机械增长率	‰	7.9	6.9

农　业

锡山区土地及利用情况一览表

表61

指标	单位	2011年
耕地	公顷	14760
水田	公顷	9962
园地	公顷	1473
林地	公顷	242
草地	公顷	—
设施农业用地	公顷	70

锡山区农林牧渔业总产值与增加值一览表

（按当年价格计算）

表62

指标	单位	2011年	2010年
一、农林牧渔业总产值	万元	262948	224371
农业产值	万元	131380	110852
粮食	万元	27267	23985
蔬菜	万元	86492	71529
茶、桑、果	万元	17621	15338
林业产值	万元	25323	22437
牧业产值	万元	34876	28203
猪	万元	20005	12626
家禽	万元	6510	4849
渔业产值	万元	39535	34348
淡水鱼类	万元	21061	25846
农林牧渔服务业产值	万元	31834	28531
二、农林牧渔业增加值	万元	162380	139127
农业增加值	万元	85134	71943
林业增加值	万元	15700	14023
牧业增加值	万元	17717	14384
渔业增加值	万元	21546	18720
农林牧渔服务业增加值	万元	22283	20057

工业·交通

锡山区全部工业企业主要经济指标一览表

表63

指标	单位	2011年	2010年	2011年比2010年±%
工业总产值（现价）	万元	12392389	10162647	21.9
工业销售产值（现价）	万元	12115162	9892590	22.5
流动资产合计	万元	6041861	5342691	13.1
产成品	万元	584389	489247	19.4
应收账款	万元	1961245	1641012	19.5
资产总计	万元	10029094	8758363	14.5
负债总计	万元	5538001	4901589	13.0
主营业务收入	万元	11932776	9963584	19.8
主营业务成本	万元	9974468	8381098	19.0
主营业务税金及附加	万元	44257	29130	51.9
营业费用	万元	248641	206301	20.5
管理费用	万元	544826	548784	−0.7
财务费用	万元	84633	78922	7.2
利润总额	万元	1097446	663416	65.4
应交增值税	万元	196610	185145	6.2
利税总额	万元	1338313	877690	52.5
全部从业人员平均人数	人	181368	173453	4.6

锡山区公路、航道、桥梁情况一览表

表64

指标	单位	2011年	2010年	2011年比2010年±%
一、公路				
里程合计	公里	1071	1075	−0.4
干线公里里程	公里	58	61	−4.9
支线公路里程	公里	175	594	−70.5
镇道里程	公里	418	418	0.0
村道里程	公里	420	420	0.0
二、航道				
里程合计	公里	244	244	0.0
水深一米以上	公里	166	166	0.0
经常养护里程	公里	128	128	0.0
三、桥梁				
实有桥梁数	座	552	554	−0.4
实有公路桥梁数	座	46	48	−4.2
实有农村桥梁数	座	506	506	0.0
实有桥梁全长	米	19210	24964	−23.0
实有公路桥梁全长	米	1623	7377	−78.0
实有农村桥梁全长	米	17587	17587	0.0
竣工桥梁数	座	37	81	−54.3
竣工公路桥梁数	座	—	—	—
竣工农村桥梁数	座	3781	81	−54.3
竣工桥梁全长	米	2077	2715	−23.5
竣工公路桥梁全长	米	—	—	—
竣工农村桥梁全长	米	2077	2715	−23.5

锡山区运输、交通情况一览表

表65

指标	单位	2011年	2010年
一、客运企业总数	家	9	9
出租企业数	家	5	5
二、客运汽车总数	辆	1665	1672
旅游、接送班车	辆	320	375
出租客运	辆	1345	1297
三、货运企业总数	家	1841	3013
普货运输企业数	家	1835	3007
危货运输企业数	家	6	6
四、货运汽车总数	辆	5921	5871
普货运输车辆数	辆	5702	5669
危货运输车辆数	辆	219	202
五、货运总吨位	吨	32371	31113
六、水路运输企业总数	家	2	1
七、水路运输船舶数	艘	109	129
八、公交运行线路	条	58	51
九、公交站台数	个	185	169
十、公交运行车辆数	辆	600	378

固定资产投资

锡山区全社会固定资产投资完成额一览表

表66

指标	单位	2011年	2010年	2011年比2010年±%
投资项目数（计划总投资500万元以上项目）	个	458	754	－39.3

续表66

指标	单位	2011年	2010年	2011年比2010年±%
500万元以上固定资产投资完成额	万元	3920344	3119676	25.7
一、按建设性质分				
新建	万元	2852760	1803236	58.2
扩建	万元	280741	460338	－39.0
改建和技术改造	万元	673843	744279	－9.5
迁建	万元	102000	5600	1721.4
单纯购置	万元	11000	106223	－89.6
二、按城乡属性分				
城镇投资	万元	2514946	2122803	18.5
农村投资	万元	1405398	996873	41.0
三、按构成分				
建筑工程	万元	2576556	1767076	45.8
安装工程	万元	214968	87262	146.3
设备工器具购置	万元	762216	977814	－22.0
其他费用	万元	366604	287524	27.5
四、按产业分				
第一产业	万元	—	—	—
第二产业	万元	1822900	1598718	14.0
工业	万元	1822900	1598718	14.0
第三产业	万元	2097444	1520958	37.9
五、房屋建筑面积				
施工面积	万平方米	1512.49	1358.50	11.3
竣工面积	万平方米	645.69	581.52	11.0
本年竣工房屋价值	万元	1063194	944564	12.6

贸易业·开放型经济

锡山区社会消费品零售总额一览表

表67

指标	单位	2011年	2010年	2011年比2010年±%
社会消费品零售总额	万元	1375033	1172127	17.3
按规模分组				
一、限额以上	万元	293401	259188	13.2
限额以上企业	万元	269473	238979	12.8
限额以上个体	万元	23928	20209	18.4
二、限额以下	万元	1081632	912939	18.5
限额以下企业	万元	41056	38686	6.1
限额以下个体	万元	1040576	874253	19.0
按行业分组				
一、批发业	万元	10921	13302	−17.9
二、零售业	万元	1267023	1076192	17.7
三、住宿业	万元	10788	9388	14.9
四、餐饮业	万元	86301	73245	17.8

锡山区开放型经济情况一览表

表68

指标	单位	2011年	2011年比2010年±%
到位注册外资额（商务部承认数）	万美元	35078	0.1
制造业到位外资中战略性新型产业到位注册外资占比	%	25.4	—
服务业到位注册外资占比	%	44.0	—
服务外包接包合同协议金额	亿美元	4.5	18.4

续表68

指标	单位	2011年	2011年比2010年±%
服务外包执行金额	亿美元	4	30.5
外贸自营出口额	万美元	283653	17.6
外贸进出口总额	万美元	409419	14.6
外贸出口总额	万美元	283653	17.6
外贸进口总额	万美元	125766	8.1
新批自营进出口企业	家	127	－0.8
境外项目中方投资额	万美元	9161	30.4
境外投资项目	个	12	71.4

财政·金融

锡山区财政收入情况一览表

表69

指标	单位	2011年	2010年	2011年比2010年±%
财政收入	万元	1289216	1064887	21.1
中央	万元	416100	336645	23.6
地方	万元	873116	728242	19.9
一般预算收入	万元	457679	360758	26.9
增值税	万元	87101	70637	23.3
营业税	万元	80571	67549	19.3
企业所得税	万元	75775	56536	34.0
个人所得税	万元	25939	25139	3.2
城市维护建设税	万元	30175	16599	81.8

续表69

指标	单位	2011年	2010年	2011年比2010年±%
房产税	万元	13943	10770	29.5
契税	万元	39742	26239	51.5
罚没收入	万元	3251	2523	28.9
专项收入	万元	14480	8693	66.6

锡山区财政支出情况一览表

表70

指标	单位	2011年	2010年	2011年比2010年±%
预算内财政支出	万元	399758	346124	15.5
一般公共服务	万元	57748	55759	3.6
国防	万元	3329	2497	33.3
公共安全	万元	19000	17778	6.9
教育	万元	81055	69119	17.3
科学技术	万元	18408	11762	56.5
文化体育与传媒	万元	7221	6032	19.7
社会保障和就业	万元	51331	43459	18.1
医疗卫生	万元	17228	12025	43.3
环境保护	万元	22865	22054	3.7
城乡社区事务	万元	41451	38899	6.6
农林水事务	万元	23751	18463	28.6
交通运输	万元	18447	17801	3.6
资源勘探电力信息等事务	万元	8710	7611	14.4
商业服务业等事务	万元	6268	12301	−49.0

续表70

指标	单位	2011年	2010年	2011年比2010年±%
金融监管支出	万元	267	15	1680.0
国土资源气象等事务	万元	417	353	18.1
住房保障支出	万元	11754	2532	364.2
粮油物资	万元	553	756	-26.9
储备管理	万元	450	68	561.8
国债还本付息支出	万元	175	64	173.4
其他支出	万元	9330	6776	37.7

锡山区金融系统信贷收支情况一览表

表71

指标	单位	2011年	2010年	2011年比2010年±%
一、各项存款余额	万元	6073596	5600875	8.4
企业存款	万元	3210944	2948616	8.9
储蓄存款	万元	2595172	2408087	7.8
二、各项贷款余额	万元	4801281	4380668	9.6
短期贷款	万元	2044067	1982817	3.1
中长期贷款	万元	1787224	1597874	11.9
票据贴现	万元	108655	189503	-42.7
消费贷款	万元	604263	580717	4.1
三、存贷款比例	%	79.1	78.2	0.9
四、银行承兑汇票	万元	885767	762875	16.1
五、外汇存款余额	万元	66347	43874	51.2
六、外汇贷款余额	万元	41575	17325	140.0

教育·文化·卫生

2011年锡山区各级各类教育事业情况一览表

表72

指标	学校（所）	教职工数（人）	专任教师数（人）	在校学生数（人）	毕业生数（人）	招生数（人）
合计	36	4345	3886	56827	12879	14401
中等学校	19	2331	2091	25293	8081	8439
中等专业学校	1	187	176	4043	1290	1072
普通中学	18	2144	1915	21250	6791	7367
小学	16	1976	1775	31438	4781	5948
特殊教育学校（聋哑学校）	1	38	20	96	17	14
附：幼儿园	28	1491	—	14452	—	—
教师进修学校	1	98	63	475	86	79
成人技术培训学校	186	286	151	164688	192972	164688

2011年锡山区文化艺术事业情况一览表

表73

指标	单位	2011年	2010年
一、影剧院、大会堂	个	1	1
区大会堂	个	1	1
镇影剧院	个	—	—
二、文化馆	个	1	1
三、文化中心	个	9	9
四、电影事业			
电影放映队	个	4	8

续表73

指标	单位	2011年	2010年
镇办	个	3	7
电影放映场次	场次	1236	964
观众人数	万人次	36.76	21
五、图书馆			
机构数	个	1	1
区图书馆	个	1	1
镇图书馆	个	9	8
藏书数	万册	84.48	80.4
区图书馆	万册	16.49	16
镇图书馆	万册	68	64.4

2011年锡山区卫生机构、床位情况一览表

表74

指标	机构数（家）	床位数（张）	卫生技术人员数（人）	医生数（人）
合计	170	1971	2232	915
医院	9	1644	1411	508
社区卫生服务中心	9	322	494	237
综合门诊部	7	—	80	34
个体诊所、医务室	65	—	158	100
疾病预防控制中心	1	—	31	20
卫生监督所	1	—	32	—
妇幼保健所	1	5	26	16
村、社区设置的医疗点	77	—	—	—

人民生活

锡山区城镇居民人均收入、支出情况一览表

表75

指标	单位	2011年	2010年
家庭总收入	元	34527.3	29331.8
可支配收入	元	31745.0	27845.5
一、工资性收入	元	22734.0	17000.8
工资及补贴收入	元	22467.8	16704.6
其他劳动收入	元	266.2	396.2
二、经营净收入	元	1965.4	1630.4
三、财产性收入	元	1301.2	956.7
利息收入	元	23.5	55.3
股息与红利收入	元	59.7	257.3
保险收益	元	—	32.2
其他投资收入	元	20.2	—
出租房屋收入	元	1197.9	585.7
知识产权收入	元	—	—
其他财产性收入	元	—	26.3
四、转移性收入	元	8526.6	9743.8
养老金或离退休金	元	6521.1	8285.1
社会救济收入	元	35.6	121.6
辞退金	元	—	576.5
赔偿收入	元	—	38.6
保险收入	元	26.5	2.9
赡养收入	元	347.2	204.9
捐赠收入	元	917.6	214.0
提取住房公积金	元	—	—

续表75

指标	单位	2011年	2010年
记账补贴	元	115.0	109.0
其他转移性收入	元	563.7	191.2
家庭总支出	元	24259.3	20279.4
一、消费性支出	元	19182.0	14336.0
二、财产性支出	元	123.1	73.9
非生产性贷款利息支出	元	123.1	73.9
其他	元	—	—
三、转移性支出	元	3243.8	2793.5
交纳所得税	元	189.4	134.2
捐赠支出	元	2548.7	2226.4
购买彩票	元	16.6	15.1
赡养支出	元	176.1	134.2
在外就学子女费用	元	74.8	45.6
各种非储蓄性保险支出	元	308.0	132.4
车辆保险支出	元	227.0	90.9
其他转移性支出	元	5.0	151.4
四、社会保障支出	元	1710.4	1321.6
个人交纳的养老基金	元	858.9	611.6
个人交纳的住房公积金	元	541.0	456.5
个人交纳的医疗基金	元	204.7	150.2
个人交纳的失业基金	元	75.0	64.6
其他社会保障支出	元	30.9	38.6
五、购房与建房支出	元	—	1754.4

锡山区农村住户人均总收入、纯收入、总支出情况一览表

表76

指标	单位	2011年	2010年
一、全年总收入	元	17244	14558.7
工资性收入	元	12677	10735.1
家庭经营收入	元	2108	2076.3
转移性收入	元	1841	1185.9
财产性收入	元	618	561.4
二、全年纯收入	元	16399	13974.0
工资性收入	元	12677	10735.1
家庭经营纯收入	元	1797	1536.5
转移性纯收入	元	618	561.4
财产性纯收入	元	1307	1141.0
三、全年总支出	元	13482	11170.4
家庭经营费用支出	元	185	508.4
购置生产用固定资产支出	元	—	6.1
建造生产性固定资产雇工支出	元	6	3.5
税费支出	元	—	—
生活消费支出	元	11696	10259.4
转移性支出	元	1595	392.5
财产性支出	元	—	0.5

（区统计局）

（编辑：吴 霞）

区委、区政府主要文件目录

2011年中共锡山区委主要文件目录

1．中共锡山区委 锡山区人民政府关于锡山区“十二五”老龄事业发展的实施意见

锡发〔2011〕1号 2011年1月4日

2．中共锡山区委 锡山区人民政府关于印发锡山区建设战略性新兴产业人才高地实施意见的通知

锡发〔2011〕2号 2011年1月5日

3．中共锡山区委关于印发朱爱勋、陆志坚同志在区委二届八次全会上所作讲话的通知

锡发〔2011〕3号 2011年1月10日

4．中共锡山区委 锡山区人民政府关于2011年锡山区现代农业建设工作的指导意见

锡发〔2011〕4号 2011年1月13日

5．中共锡山区委 锡山区人民政府关于2011年锡山区造林绿化工作的实施意见

锡发〔2011〕5号 2011年1月13日

6．中共锡山区委常委会2011年十项重点工作

锡发〔2011〕8号 2011年1月26日

7．中共锡山区委关于表彰学习型创新型服务型党组织的决定

锡发〔2011〕9号 2011年1月30日

8．中共锡山区委关于认真做好镇党委换届工作的通知

锡发〔2011〕10号 2011年1月31日

9．中共锡山区委 锡山区人民政府关于全面推进幸福农村建设的实施意见

锡发〔2011〕13号 2011年2月23日

10．中共锡山区委 锡山区人民政府关于印发《锡山区“十二五”教育改革和发展规划》的通知

锡发〔2011〕19号 2011年3月28日

11．中共锡山区委 锡山区人民政府关于开展2011年大气污染防治（蓝天工程）的实施意见

锡发〔2011〕27号 2011年5月5日

12．中共锡山区委 锡山区人民政府关于印发锡山区“十二五”居民收入倍增行动计划的通知

锡发〔2011〕29号 2011年5月19日

13．中共锡山区委 锡山区人民政府关于加快推进残疾人事业发展的实施意见

锡发〔2011〕31号 2011年6月8日

14．中共锡山区委关于表彰2008~2010年度优秀共产党员的决定

锡发〔2011〕33号 2011年6月23日

15．中共锡山区委关于印发朱爱勋、方力同志在中共无锡市锡山区第三次代表大会上报告的通知

锡发〔2011〕34号 2011年6月30日

16．中共锡山区委议事决策规则

锡发〔2011〕35号 2011年7月18日

17. 中共锡山区委印发关于进一步加强全区党的基层纪律监督组织建设的实施意见的通知

锡发〔2011〕36号 2011年7月20日

18. 中共锡山区委 锡山区人民政府关于进一步创新社会管理深化平安锡山建设的意见

锡发〔2011〕38号 2011年9月27日

19. 中共锡山区委 锡山区人民政府转发区委宣传部区司法局关于在全区公民中开展法制宣传教育的第六个五年规划的通知

锡发〔2011〕40号 2011年10月31日

20. 中共锡山区委 锡山区人民政府关于印发锡山区率先基本实现现代化行动纲要的通知

锡发〔2011〕41号 2011年11月3日

21. 中共锡山区委 锡山区人民政府关于印发锡山区产业升级行动计划的通知

锡发〔2011〕42号 2011年11月3日

22. 中共锡山区委 锡山区人民政府关于印发锡山区城市化与城乡一体发展行动计划的通知

锡发〔2011〕43号 2011年11月3日

23. 中共锡山区委 锡山区人民政府关于印发锡山区社会行动计划的通知

锡发〔2011〕44号 2011年11月3日

24. 中共锡山区委 锡山区人民政府关于印发锡山区文化发展行动计划的通知

锡发〔2011〕45号 2011年11月3日

25. 中共锡山区委 锡山区人民政府关于印发锡山区生态文明行动计划的通知

锡发〔2011〕46号 2011年11月3日

26. 中共锡山区委关于开展争创党建工作最佳实践区活动的意见

锡发〔2011〕52号 2011年12月1日

27. 中共锡山区委 锡山区人民政府关于印发锡山区残疾人事业“十二五”发展规划的通知

锡发〔2011〕53号 2011年12月8日

28. 中共锡山区委 锡山区人民政府关于加快推进锡山区水利现代化建设的实施意见

锡发〔2011〕54号 2011年12月13日

29. 中共锡山区委 锡山区人民政府关于表彰2011年度新锡山工作创新奖的决定

锡发〔2011〕55号 2011年12月22日

（区委办）

2011年锡山区人民政府主要文件目录

1. 区政府印发关于规范和加强安置房小区物业管理工作的意见（试行）的通知

锡府发〔2011〕11号 2011年3月4日

2. 区政府关于加强控源截污规范排水行为长效管理的实施意见

锡府发〔2011〕17号 2011年4月15日

3. 区政府关于调整我区被征地农民参保补贴的通知

锡府发〔2011〕36号 2011年7月5日

4. 区政府关于调整我区居民养老保险待遇标准的通知

锡府发〔2011〕37号 2011年7月5日

5. 区政府关于调整城乡居民最低生活保障金标准的通知

锡府发〔2011〕44号 2011年9月2日

6. 区政府关于进一步推进依法行政工作的实施意见

锡府发〔2011〕45号 2011年9月7日

7. 区政府关于印发锡山区促进企业技术改造鼓励企业转型升级暂行办法的通知

锡府发〔2011〕46号 2011年9月8日

8. 区政府办公室转发区交通运输局关于进一步加强物流停车场管理的实施意见的通知

锡府办〔2011〕24号 2011年3月17日

9. 区政府办公室转发区人保局关于适度调整区级机关事业单位劳务派遣用工2011年部分岗位工资指导价并实施年工补贴的通知

锡府办〔2011〕28号 2011年3月22日

10. 区政府办公室关于印发锡山区城市综合体项目扶持政策实施办法的通知

锡府办〔2011〕26号 2011年4月11日

11. 区政府办公室转发区人力资源和社会保障局等部门关于进一步完善促进创业带动就业相关政策实施办法的通知

锡府办〔2011〕32号 2011年4月13日

12. 区政府办公室关于进一步做好政府信息公开工作的意见

锡府办〔2011〕36号 2011年4月22日

13. 区政府办公室转发区城管局关于加强锡山区企业生活垃圾收运管理工作的意见的通知

锡府办〔2011〕55号 2011年7月18日

14. 区政府办公室转发区住保房管局关于征地拆迁安置房房屋产权登记工作细则的通知

锡府办〔2011〕65号 2011年8月18日

15. 区政府办公室关于调整区计划生育公益金管理暂行办法的通知

锡府办〔2011〕71号 2011年10月11日

16. 区政府办公室关于扩大尊老金发放范围的通知

锡府办〔2011〕74号 2011年10月20日

17. 区政府办公室关于提高我区居民医疗保险待遇水平和筹资标准的通知

锡府办〔2011〕75号 2011年10月24日

18. 区政府办转发区人保局民政局关于进一步加强深度贫困家庭子女（孤儿）高校毕业生就业创业帮扶的实施意见的通知

锡府办〔2011〕90号 2011年12月7日

19. 区政府办公室关于对经济困难家庭儿童实施免费幼儿教育的意见

锡府办〔2011〕92号 2011年12月8日

20. 区政府办公室关于转发区教育局等部门锡山区在编退休教职工一次性住房货币补贴发放实施办法的通知

锡府办〔2011〕95号 2011年12月19日

21. 区政府办公室关于全区新增用地工业项目准入的指导意见的通知

锡府办〔2011〕98号 2011年12月16日

（区政府办）

指导性文件

中共锡山区委 锡山区人民政府
关于全面推进幸福农村建设的实施意见

锡发〔2011〕13号

（2011年2月23日）

自2006年以来，全区各级各部门紧紧围绕农村基本现代化建设的总体目标，认真贯彻市委、市政府《关于学习华西、争创社会主义现代化新农村建设示范镇村的意见》（锡发〔2006〕1号）精神，扎实推进新农村示范镇村创建活动。到2010年末，全区有三分之二以上的镇（涉农街道）创建为新农村示范镇，90%以上的村（涉农社区）创建为新农村建设示范村，全区农业现代化、产业园区化、居住集中化、农民组织化、保障社会化、环境生态化水平得到有效提升。当前，全区已进入城乡经济社会一体化发展的重要时期，为加快实现城乡经济社会转型发展，推进“幸福锡山”建设，促进农村与城市一体发展、同步繁荣，不断提升群众的幸福感、满意度，真正让人民群众更多地共享改革发展成果，现就贯彻市委、市政府《关于全面推进幸福农村建设的意见》（锡委发〔2011〕16号），提出如下实施意见：

一、指导思想

农村是推进城乡转型发展的重点和难点。全面推进幸福农村建设，加快新农村建设示范镇村向“幸福镇村”跨越发展，是贯彻落实“三个代表”重要思想和科学发展观的客观要求，是推动城乡“五个一体化”建设的重要抓手，也是建设和谐宜人首善城市的重要内容，对于加快推进农村基本现代化具有重大的现实意义。全区推进幸福农村建设的指导思想是：以邓小平理论、“三个代表”重要思想和科学发展观为指导，认真贯彻党的十七届四中、五中全会和省市相关会议精神，坚持以人为本、和谐共进的基本原则，围绕建设“幸福锡山”的总体目标和基本要求，以全力实施农村改革十项重点工作为抓手，以不断提升民生福祉为主线，进一步加快城乡规划、产业发展、基础设施、公共服务、就业和保障一体化进程，更大力度促进农村社会生产和谐、生活和谐、生态和谐，加快形成城乡经济社会统筹发展新格局。

二、建设标准

推进幸福农村建设，加快新农村建设“示范镇村”向“幸福镇村”跨越发展，必须按照城乡一体化发展要求，从事关农村民生福祉的现实问题和新农村建设长远目标出发，重点围绕建设“发展先进村”、“生活富裕村”、“生态优美村”、“社会和谐村”、“法治平安村”五方面内容，以提高群众生活质量和幸福指数为主旨，统筹区域经济、政治、社会、文化、生态发展，为农村居民就业更加充分、生活更加富裕、保障更加健全、身心更加健康、心情更加舒畅创造良好的环境和条件。具体标准是：

1．建设“发展先进村”。加快促进传统农业向现代农业转型升级，大力发展设施农业、生物农业、感知农业。按照全区现代农业和“一村一园”发展规划要求推进农业园区建设的村，适度规模经营面积达到90%，高效农业面积达到60%以上，农业机械化水平达到85%。积极转变村级集体经济发展方式，创新发展形态，壮大发展实力，不断增强新农村建设的物质基础和支撑能力，年人均村级可支配收入超过1500元。积极推动农民合作经济组织建设，创新合作形式和合作内容，加快提升农业生产经营的组织化程度和市场竞争能力，农民参加合作经济组织覆盖率达到90%。

2．建设“生活富裕村”。积极构建促进农民增收长效机制，不断缩小城乡居民收入差距，农民年人均纯收入达到2.4万元。加快促进农村富余劳动力向二、三产业和现代农业转移，实现城乡一体就业，鼓励农民积极创业，促进农村劳动力稳定就业和充分就业，本地农村劳动力充分就业率稳定在95%以上。进一步完善城乡一体的养老、医疗保障制度，实现基本全覆盖，不断提高社会保障水平。继续加大住房保障力度，农村居住条件得到明显改善，成套住宅比例达到95%。

3．建设“生态优美村”。全面推进农村生态环境综合治理，积极开展农村环境连片整治，大力组织实施造林绿化、污水处理、河塘治管、垃圾处理、村庄整治、农业面源污染防治等重点工作，切实加强长效管理，建设资源节约型、环境友好型现代化新农村。村域林木覆盖率达到27%，生活污水处理率达到省级生态村标准，河塘整治率、无害化卫生户厕普及率、垃圾无害化处理率均达到100%，保洁长效机制全面建立。

4．建设“社会和谐村”。积极完善各类基础设施和公共服务设施，不断改善农民生产生活条件。加快提升公共教育服务均等化水平，社区学校达到优质标准，提高学前教育优质化率，村（涉农社区）幼儿园全面建成市优质幼儿园，青壮年（18～40周岁）劳动力技能培训率达到98%。大力发展文化体育事业，完善和提升公共文化体育设施功能，达到省级一类以上体育设施标准，全面建成“15分钟群众文化体育生活圈”。切实加强新型社区建设，全面提高综合管理和服务水平，村（涉农社区）综合服务中心设施标准、功能配置全面达标，实现扁平化、立体化、网络化管理。广泛开展多种形式的文明创建活动，不断提升农村居民科技、文化、文明素质，营造文明和谐的社区环境，科普“一站一会一栏一员”建设全面达标，“五好文明家庭”、“和谐平安家庭”等家庭文明创建活动达标率达到95%以上。

5．建设“法治平安村”。进一步完善村党组织领导下的充满活力的村民自治机制，倡导和推动村民依法直接行使民主权利、管理村公共事务和公益事业。全面落实民主选举、民主决策、民主管理、民主监督和村务公开、财务公开制度，做到民主选举程序化、民主决策科学化、民主管理规范化、民主监督制度化，推动基层民主政治建设健康发展，民主管理满意率达到95%以上。加强平安法治建设，营造和谐稳定的社会环境，社会治安满意率达到98%以上。积极推进人口服务管理工作，充分发挥村（涉农社区）综合服务作用，流动人口“一证二合同三承诺”制度覆盖率达到95%以上。

“幸福农村”建设考评由无锡市幸福农村建设工作办公室负责。经考核，行政村（涉农社区）以上五个方面25项客观评价指标和10项主观评价指标综合考评分值达到90分以上，可申报“幸福村”建设先进单位；全镇（涉农街道）有三分之二以上的村（涉农社区）成为“幸福村”建设先进单位的，可申报“幸福镇”建设先进单位。

三、建设目标和实施步骤

全区各镇及涉农街道列入“幸福镇”争创范围，各村（涉农社区）列入“幸福村”争创范围。相关镇（涉农街道）和村（涉农社区）要有计划、有步骤地推进“幸福农村”建设活动。两年内农户拆迁比例预计超过50%的村（涉农社区），创建工作无法有序展开的，经区幸福农村建设工作办公室审核同意，可暂不列入争创范围，待居民安置稳定，社区体制健全以后再动态纳入争创序列。目前暂不符合条件的镇（涉农街道）和村（涉农社区）要积极创造条件，加快集体经济发展，提升富民增收步伐，强化生态环境、社会事业和民主法治等各项建设，积极参与争创活动，提升村级发展水平和群众幸福指数。

各镇（涉农街道）要在上一轮新农村建设示范镇村争创工作的基础上，对照“幸福农村”建设要求，按照“整体有序规划、分年推进实施”的总体思路，科学制定创建工作的总体方案和分年度计划目标，统筹安排“幸福农村”建设进度，通过争创工作逐步提升镇村发展水平。自2011年起，全区确保每年有一定数量的村（涉农社区）通过市级“幸福村”验收，力争至“十二五”期末，全区具备创建基础条件的村（涉农社区）中，有80%以上的村（涉农社区）创建成为“幸福村”；符合条件的镇（涉农街道）中有三分之二以上达到“幸福镇”创建标准，农村生活更加富裕、环境更加优美、就业更加充分、保障更加健全、社区更加和谐；到2020年，全区率先实现农村基本现代化。推进幸福农村建设，加快“示范镇村”向“幸福镇村”跨越发展活动在部署落实和组织推进上总体分成四个阶段：

（一）调查摸底阶段（1月底以前）

对照“幸福农村”建设指标，各镇（涉农街道）、村（涉农社区）开展一次自查自评工作，区、镇相关职能部门分层次组织召开各类座谈会，开展调查摸底、摸清争创的重点和存在差距，理清争创工作思路。各镇（涉农街道）按照各类指标的完成现状进行梳理排队，排出年度争创工作计划和中长期争创目标，报区幸福农村建设工作办公室。

（二）部署发动阶段（2月底以前）

通过工作部署和思想发动，分镇下达“幸福农村”建设目标任务。

1. 区镇两级成立“幸福农村”建设领导机构和工作机构，明确各相关部门、单位的分工职责。

2. 对于列入当年度“幸福镇”或“幸福村”争创的单位，研究制订详细的争创举措和争创方案。

3. 搞好宣传发动工作，加大宣传力度，形成“幸福农村”建设的良好氛围。

4. 结合年度农村工作会议，召开“幸福农村”建设推进会，进行工作部署，明确各镇（涉农街道）当年度和中长期争创指标要求，由区委、区政府向各镇（涉农街道）、相关部门下达目标任务书。

（三）推进落实阶段（4～11月）

各镇（涉农街道）、村（涉农社区）对照“幸福农村”建设要求，围绕发展先进、生活富裕、生态优美、社会和谐、法治平安五个方面，按照“典型引路、强化辐射，因地制宜、彰显特色，建管并举、提升品质”的要求，加快经济发展和社会事业建设。在推进“幸福农村”建设活动中，继续巩固和落实目标责任制、季度例会制、分工督查制、信息上报制、定期通报制、年末考核制等工作推进机制，强化部门之间的协调和配合，确保争创工作有序推进，取得实效。

（四）总结考核阶段（12月中旬前）

年终，由相关镇（涉农街道）、村（涉农社区）向区幸福农村建设工作办公室提出申请，其中申请争创“幸福村”的，先由各镇（涉农街道）幸福农村建设工作办公室进行创建资格审核把关，经区幸福农村建设工作办公室初审后报市幸福农村建设工作办公室进行综合考评验收。对验收未能达标的镇（涉农街道）村（涉农社区），由区幸福农村建设工作办公室反馈考核验收结果并提出整改提升意见。

四、加强领导

建设幸福农村，推进“示范镇村”建设向“幸福镇村”跨越发展，是进一步提升广大城乡居民幸福感和满意度的一项综合性工程。各级党政组织和有关部门要站在全局和战略的高度，切实把“幸福农村”建设作为落实科学发展观的实践载体，作为推进城乡转型的重要抓手，牢固树立人本观念，把争创“幸福农村”工作摆上重要位置，加强领导，精心组织实施。

（一）健全组织机构。“区社会主义现代化新农村示范镇村争创工作办公室”更名为“区幸福农村建设工作办公室”，办公室设在区委农办，具体负责区“幸福农村”建设的组织协调工作。区各有关部门要把推进“幸福农村”建设纳入部门工作规划，明确目标，突出重点，完善政策，协力推进。农办作为“幸福农村”建设的牵头部门，要突出抓好调查摸底、方案制订、组织推进、部门协调等各项工作，保障工作有序推进；建设部门要进一步落实农村生态环境建设的相关举措，提升农村生态环境品质；劳动保障部门要强化城乡就业和社会保障并轨力度，促进农民工资性、保障性收入稳定提高；民政部门要进一步深入推进农村社区建设，努力构建便捷高效的社区管理服务网络；其他相关部门也要从各自职能出发，加强指导，搞好协同推进。各镇（涉农街道）要完善相关机构，建立党政主要领导负总责、分管领导具体抓、相关部门各司其职的组织领导体系。

（二）广泛宣传发动。各级各部门要广泛开展多种形式的宣传活动，积极倡导文明健康的“幸福”理念和价值观念。要积极引导村级把促进集体经济发展作为主线，筑牢“幸福农村”建设的物质基础；把优化美化生活环境作为重点，营造幸福安居的良好氛围；把提升群众生活保障水平作为关键，不断充实幸福的内涵；把促进农村社会和谐作为根本，提升社会整体文明水平和幸福指数。要加强各种先进典型、经验的推介工作，使广大干部群众全面了解开展“幸福农村”建设的重要意义，不断激发广大群众参与“幸福农村”建设的热情和干劲，努力营造全社会关心、支持和参与农村现代化和“幸福农村”建设的良好局面。

（三）加强跟踪考核。对“幸福镇”和“幸福村”争创单位，区相关部门和各镇（涉农街道）要根据上级考评要求制定相应的考评实施细则，建立与考评工作相适应的统计监测制度，建立定期跟踪考核工作机制，坚持平时跟踪问效、年中进度检查、年末考核评估相结合，确保随时掌握争创工作动态，及时发现问题、提出对策，保障争创工作的有序开展。为进一步强化工作推进，“幸福农村”建设列入区委、区政府对党政机关干部考核的重要内容。对在“幸福农村”建设中涌现的先进单位，经市委、市政府命名后，区委、区政府将给予一定奖励。

（四）凝聚工作合力。“幸福农村”建设工作涉及面广、内涵丰富，创建要求高，幸福农村建设工作办公室各成员部门要强化大局意识、服务意识和责任意识，立足部门分工职责，开展专项调研，强化分类指导，实施主动对接，定期召开例会，掌握推进态势，协调解决好建设活动中出现的矛盾和问题，共同推进“幸福农村”建设。各成员单位要积极做好各镇（涉农街道）、各村（涉农社区）相应指标的跟踪监测工作，引导镇（涉农街道）村（涉农社区）加快争创步伐，同时搞好本条线对上协调和考核确认工作，确保争创工作顺利进行。各镇（涉农街道）也要高度重视，把“幸福农村”建设作为推进城乡一体化发展的有力抓手，明确阶段性目标任务，层层级级落实工作责任，确保“幸福农村”建设取得实实在在的成效。

附件（略）

中共锡山区委　锡山区人民政府
关于印发锡山区“十二五”居民收入倍增行动计划的通知

锡发〔2011〕29号

开发区、商务区党工委、管委会，台创园管委会，各镇（街道）党（工）委、政府（办事处），区各部委办局，区各人民团体，区直各单位，驻区各条线单位：

《锡山区“十二五”居民收入倍增行动计划》已经审核同意，现予印发，请认真贯彻执行。

中共锡山区委

锡山区人民政府

2011年5月19日

锡山区“十二五”居民收入倍增行动计划

根据无锡市《“十二五”劳动者报酬与居民收入倍增行动计划》和《锡山区国民经济和社会发展第十二个五年规划纲要》，结合我区实际，特制定本行动计划。

一、指导思想

深入贯彻落实科学发展观，全面推进“幸福锡山”建设，以加快转型发展为主线，坚持以人为本，普惠民生，推动发展由注重经济增长向更加关注民生转变，努力让发展成果更多体现在提高人民生活水平、满足人民物质文化需求上，促进社会公平正义和人的全面发展，全面提升百姓生活福利水平，建设一个矗立无锡东部的幸福新城区。

二、主要目标

到2015年，力争全区居民收入在2010年基础上实现倍增。其中：

城镇居民人均可支配收入力争年均增长14.9%左右，其中工资性收入年均增长13.9%，经营性收入年均增长30%，财产性收入年均增长15%，转移性收入年均增长11%。

农村居民人均纯收入力争年均增长15%左右，其中工资性收入年均增长14%，家庭经营纯收入年均增长12%，财产性纯收入年均增长26%，转移性纯收入年均增长20%。

三、基本原则

1．坚持富民增收与经济发展同步。更大力度提高产业层次、优化产业结构和提升全社会劳动者素质，建立与经济增长相适应的收入增长机制，着力提高城乡居民收入在国民收入中的比重、劳动报酬在初次分配中的比重，实现居民收入增长与经济增长、劳动报酬增长与劳动生产率提高同步。

2．坚持总量增长与优化结构结合。确保收入总量增长的同时，强化“提低、扩中、调高”的政策导向，着力推进收入分配制度改革，形成城乡居民收入持续增加、结构不断优化的长效机制，大幅度增加低收入群体收入，提高中等收入群体占全部人口的比重，规范调节高收入群体收入，确保发展成果更多惠及广大人民群众。

3．坚持政府引导与市场主导呼应。充分发挥政府引导作用，调整优化公共财政支出结构，大力促进公共服务均等化，健全完善社会保障体系，鼓励发展社会慈善事业，促进社会公平正义；重视发挥市场配置资源基础性作用，进一步放开创业投资领域，为城乡居民创业、置业开辟新渠道，鼓励劳动、资本、技术、管理等要素按贡献参与分配，积极调动企业增加收入分配积极性，提升全社会创业致富能力。

四、行动计划

（一）促进产业优化升级计划（牵头部门：区发改局；配合部门：区委农办，区经信局、科技局、农林局、商务局）

坚持把科技创新创业作为第一驱动力，大力发展壮大高新技术产业、高端服务业和高效规模化现代农业，全面构建现代产业体系，努力建设创新经济领军城区，为富民增收奠定坚实基础。

1．实施战略性新兴产业赶超发展。根据《战略性新兴产业培育发展六年行动计划》和产业园区总体规划布局，大力培育发展战略性新兴产业，全力打造开发区的汽车零部件、新能源汽车、电子信息、机光电、生物医药产业园，安镇街道电驱动交通产业园，羊尖镇机械（高铁）装备产业园，鹅湖镇新型金属材料产业园，锡北镇轨道交通装备产业园，东港镇电力装备产业园、新材料产业园。到2015年，新兴产业营销收入1500亿元，高新技术产业增加值占规模以上工业增加值比重达到50%。

2．实施现代服务业赶超发展。坚持服务业优先发展，结合锡山发展现有基础，把握未来产业发展趋势，加大软件和服务外包、工业设计和文化创意、研发服务、科技金融、旅游休闲、现代物流、总部经济以及城市综合体等重点服务业领域的发展力度，进一步完善制度、政策和服务，促进服务业发展提速、结构提升、比重提高、竞争力增强。到2015年，服务业增加值占地区生产总值比重达到45%以上，加快形成“三二一”产业格局。

3．实施传统产业优化赶超发展。充分发挥锡山传统产业的比较优势，提升发展以自主品牌和自主技术为主的电子信息、机械装备产业，重点发展汽车零部件、自动化装备、新型纺织机械、工程机械及特种用途装备、高端机电产品和机电基础件等产业门类，加快用高新技术、信息技术和先进适用技术改造提升传统优势产业。加快产业集聚和集群发展，培育形成一批优势制造业基地和产业集群。

4．实施现代高效规模农业赶超发展。创新农业经营方式，加速传统农业向高效化、规模化、集约化转变。以区、镇（街道）、村（社区）三级农业园区为基点，加快形成“一主（锡山现代农业产业园区，包括生物农业产业园、设施农业产业园、太湖水稻示范园、无锡现代农业博览园、精细蔬菜产业园五大板块）四副（4个镇级园区）多节点（60个村级园区）”的农业园区组团式发展新格局。着力做大做强一批农业产业化龙头企业，努力强化种苗组培、农资配供、深度加工、保鲜贮运等农业生产经营中间环节，不断完善农业服务体系，培育和壮大一批优势高效农业产业集群，提高农业产业效益。到2015年，农业增加值达到20亿元以上，生物农业产业规模达到50亿元以上。

（二）促进企业职工增薪计划（牵头部门：区人保局；配合部门：区经信局、教育局、财政局，区总

工会，锡山地税局）

在促进充分就业的基础上，进一步完善企业工资宏观调控体系，引导企业构建工资增长机制、共决机制、保障机制，形成政府监督调控、企业自主分配、职工民主参与的工资分配格局，切实提高企业一线职工收入，提高劳动报酬在初次分配中的比重，促进职工工资收入与经济发展水平相适应。

1．实施更加积极的就业政策。坚持劳动者自主择业、市场调节就业、政府促进就业的方针，进一步完善更具导向性、操作性的就业扶持政策。推动就业结构调整与产业结构调整有机结合，大力发展服务业、中小企业和民营企业，多渠道开发就业岗位。建立健全城乡统一的人力资源市场，规范各类职业中介行为，为劳动者提供优质高效的就业服务。加强职业教育、技能培训和培训基地建设，提高劳动者就业能力，着力解决好高校毕业生、失地农民就业问题，为“零就业家庭”至少一人提供适当的就业岗位。增加公益性就业岗位，有效实施各项就业援助计划，对录用就业困难人员、签订劳动合同并按规定缴纳社会保险金的企业给予一定的用工补贴。实施对农村劳动力就业技能减、免费培训计划。到2015年，实现新增城镇就业5万人以上，年城镇登记失业率控制在4%以内。

2．落实最低工资保障制度。按照省市政策要求，积极落实最低工资标准，执行工资增长基准线。建立行业性最低工资制度，引导企业合理确定工资水平，并为劳动者在工资集体协商时提供依据。

3．加强企业工资集体协商制度。加强工资集体协商制度的宣传，在企业全面推行工资集体协商制度，引入有法律事务机构参与的集体协商“第三方”，规范企业分配收入秩序。到2015年，企业工资集体协商动态建制率达到98%以上。

4．鼓励企业增加工资分配。鼓励企业建立年金制度，发挥增加收入分配和补充保险的作用；探索劳动分红办法，创造条件让劳动者参与企业盈余的红利分配。企业通过工资集体协商确定的职工工资支出，符合国家税收法律法规有关合理工资薪金规定的，可在企业所得税前据实扣除。对开展工资集体协商的企业，其职工年工资增幅超过工资指导线部分，可减免与工资总额挂钩的职工教育基金地方政府集中部分。

5．加强企业指导服务。大力推进劳动保障诚信制度建设，引导企业完善工资分配制度，促进职工工资稳定增长。组织开展工资支付专项监察，重点对企业执行最低工资标准、加班工资支付、劳动定额、工作时间、参加社会保险等情况进行执法检查，依法处理拖欠职工工资行为，切实保障劳动者及时足额获得劳动报酬，规范企业工资支付行为。

6．充分发挥工会作用。积极发挥工会作为维护职工合法权益核心组织的优势，加强工资集体协商制度实施的组织、协调和监督工作，推进用人单位执行劳动法律法规，履行社会责任，维护劳动者合法权益。

（三）促进扶持全民创业计划（牵头部门：区人保局；配合部门：区委农办，区发改局、经信局、教育局、科技局、财政局，锡山工商局、区国税局、锡山地税局）

加强创新驱动，完善政策扶持、创业培训、创业服务三位一体工作机制，实现创业政策、创业信息、创业平台、创业服务和创业成果共享，优化创业环境，促进全民创业，以创业带动就业、带动增收。

1．促进科技创业。以政府为主导，依托公共就业服务体系，加大创业基地建设力度。突出科技创业，吸引国内外科技领军型人才到锡山创业，加大“三创”载体建设力度，加快高新技术产业和高端服务业发展。强化创业孵化功能，引导投资主体创办各种类型各具特色的孵化创业基地。加快推进各类人员创业园及各类创业孵化基地建设。

2．提升创业能力。强化企业主要创业者及创业团队核心人员创业能力培训，提升高层次人才创新创业能力。加强创业培训机构建设和管理，健全培训体系，拓展培训领域，对符合条件的人员参加创业模拟实训，按规定给予创业模拟实训补贴。扩大创业培训覆盖范围，提高创业培训质量，增强培训机构能力，完善创业培训补贴与培训合格率、创业成功率挂钩的分段补贴制度。

3．落实创业政策。放宽创业门槛。在遵循法律法规情况下，允许创业者将家庭住所、租借房等作为经营场所；允许能有效划分的同一地址登记为多家企业或个体工商户的经营场所；经合法批准的公共用地可作为创业者从事个体经营的场所。实施财政奖励。对在本区优先和重点发展产业领域或行业新创业的企业，吸纳就业规模、签订劳动合同和参加社会保险符合规定条件的，3年内按企业对地方财政贡献的50%予以奖励。加大税收优惠。对持“就业失业登记证”人员，以及持“高校毕业生自主创业证”的高校毕业生从事个体经营的（除特殊行业外），3年内按规定每户每年8000元为限额依次扣减其当年实际应缴纳的营业税、城市维护建设税、教育费附加和个人所得税。实行租金减免。本区户籍人员进入创业孵化基地创业，带动就业并按规定参加社会保险人数达到一定规模的，相应提高租金补贴标准；对本区就业困难人员租用场地（不含入驻创业孵化基地）初次创业且正常运营1年以上的，可一次性按实给予一定租金补贴。补贴期限不超过3年。实行开业补贴。对本区自主创业的在领失业金人员、不在领失业金的就业困难人员、无业残疾人员、在领低保就业困难人员以及高校毕业生，可按规定分别给予数额不等的开业补贴。实行水电费补贴。对本区户籍失业人员和高校毕业生利用自有住房或未入驻创业孵化基地租用场地创业且正常运营1年以上的，3年内可按每年实际使用水电费总额的三分之一给予水电费创业运营经费补贴。

4．助推创业融资。统筹安排扶持各类人员创业资金，扩大创业投资引导资金和创业投资风险补偿资金的规模，有效拓宽资金使用范围，吸引优秀创投基金扎根。落实金融扶持政策，放宽和增加科技创业的信贷支持。扩大小额贷款担保基金规模，符合相关条件的本区户籍人员从事个体经营，可按规定申请创业小额担保贷款；扩大信用社区建设，建立信用社区、创业培训和小额担保贷款联动机制。组织金融、投资、担保机构参与科技型创业项目推荐、融资洽谈、银企对接等活动。

5．加强创业服务。健全创业服务组织，提供项目资源信息，切实发挥社会中介组织作用，健全完善项目开发、征集、论证、展示和推介的工作机制，提供自主创业各环节的全程跟踪服务。通过创业项目推介、网上信息发布等方式，畅通项目信息发布渠道，改进服务方式，形成创业项目的有效采集和定期发布制度，促进项目与创业者有效对接，提高项目成功转化率。

6．营造创业环境。结合充分就业示范社区、创业型镇（街道）等创建活动，组织开展创业成果展示活动，充分运用各类新闻媒体多渠道、多形式宣传扶持创业工作，树立创业典型，弘扬创业精神，建设创业文化，树立创业理念，积极营造崇尚创业、竞相创业、褒奖成功、宽容失败的支持劳动者自主创业的和谐创业环境和良好舆论氛围。

（四）促进社会保障全覆盖计划（牵头部门：区人保局；配合部门：区财政局、卫生局、人口计生局，锡山地税局）

坚持广覆盖、保基本、多层次、可持续方针，着力扩大保障范围，提高保障水平，全面形成覆盖城乡各类对象、与经济社会发展水平相适应、城乡衔接、管理规范，由基本保障型向福利普惠型转变的社会保障体系。

1．不断扩大社会保险覆盖面。将城乡各类符合条件的群体纳入相应的社会保障制度，重点推进农民工、非公经济组织从业人员、灵活就业人员和自由职业者参加社会保险。鼓励城乡居民参加居民养老保险、居民医疗保险。到2015年，城乡基本社会保险覆盖率达到99%以上。建立缴费年限与待遇享受相挂钩的激励机制，引导和鼓励各类人员及早参保、长期参保和连续参保，做好断保人员续保工作。

2．不断提高养老保障水平。全面落实退休人员基本养老金待遇的正常调整机制，按国家、省、市相关调整政策及时足额兑现到位。积极发展企业年金计划，有效缓解企业与事业单位退休待遇差距过大的矛盾。积极推进居民基本养老保险制度，落实居民养老保险个人、集体、政府三方共担的筹资机制，加大公共财政投入力度，逐年提高保障水平。对到达退休年龄时不足缴费年限的参保人员，通过延长缴费时间的办法，帮助其得到基本养老保障。

3．不断提高医疗、失业、工伤、生育保障水平。积极构建以城乡统筹的职工基本医疗保险、居民基本医疗保险和医疗救助制度为主体，各项医疗补助、补充医疗保险、慈善医疗救助、商业医疗保险为补充的覆盖城乡所有居民的基本医疗保障体系。全面落实失业人员失业保险待遇，充分发挥失业保险保生活、促就业、防失业的多重功能。贯彻实施新修订的《工伤保险条例》，扩大工伤保险覆盖面。创新工作机制，保障生育保险待遇落实。

（五）促进社会救助体系建设计划（牵头部门：区民政局；配合部门：区人保局、财政局、卫生局，区总工会）

进一步完善以城乡低保制度为基础，以医疗救助、重残救助、临时救助等专项救助为辅助，以社会捐助、慈善救助等为补充的城乡一体社会救助体系，确保困难对象的基本生活保障水平不断提升。

1．落实低保标准增长机制。根据市级统一部署，城乡低保标准按照上年度城区居民人均可支配收入20%的比例，逐年落实低保标准增长机制。至2015年，城乡最低生活保障水平在2010年基础上增长105%。

2．完善医疗救助结报比例。按照上级政策要求，执行对重大病患者医疗救助力度，对十二种慢性病患者、门诊特殊病种患者住院医疗费救助比例，逐步由目前的70%提高至85%。在享受医疗保险、医疗救助结报后，五年内，十二种慢性病患者年人均自负医疗费、门诊病种患者年人均自负医疗费分别下降50%。

3．提高重残人员救助标准。继续落实重残人员救助标准增长机制，对符合条件的重残人员，按照城乡低保标准100%发放生活救助金。到2015年，城乡重残人员救助标准在2010年基础上增长105%。

4．提高“两节”送温暖标准。对城乡低保对象、社会特困对象、重点优抚对象、“五保”对象、三无人员等12类困难对象，提高“两节”送温暖普惠性慰问补助标准。从2011年起，每年每人（户）递增100元，到2015年提高到800元以上。

5．落实深度贫困家庭再救助。经过调查摸底、申报、评估、公示等程序，确定深度贫困救助对象，实施再救助，平均每户救助标准不低于1万元。对深度贫困家庭学生进行学业补助，保障他们顺利完成学业。

6．大力发展慈善事业。进一步加大慈善宣传力度，培育慈善文化、营造慈善氛围，以日常捐、定向捐、专项捐、冠名认捐、基金会专向募捐等形式，广泛募集社会善款，深入打造“六个一”的救助品牌。至2015年，全区募集资金规模增加到6亿元，年支出慈善救助金提高到2200万元以上，年人均慈善救助额由目前的1000元提高到1700元以上。

（六）促进农民增收计划（牵头部门：区委农办；配合部门： 区经信局、人保局、财政局、民政局、住保房管局、农林局、卫生局、统计局，锡山国土分局）

始终把促进农民增收放在富民工作的突出位置，深入推进“幸福锡山”建设系列活动，按照“巩固工资收入、稳定经营收入、加快扩大财产收入和转移收入”的思路，确保农民收入持续稳定增长。

1．巩固稳定一产经营性收入，大力提升二产、三产经营性收入。“十二五”期间力争一产经营性收入年均增幅达到7%。一是提高农民在现代农业中的参与度，大力发展高效设施农业，面积增加666.67公顷；大力发展生物农业，提高农业适用科技孵化推广力度。二是积极发挥产业带动效应，推动农业产业化进程，使农民从产前和产后环节获得更多的收益分配。“十二五”期间力争二产、三产经营性收入年均增长15%。三是积极支持和鼓励农民自主创业，引导农民发展家庭手工业、服务业，加快形成全方位、多层次、宽领域的创业格局。

2．全力增加股份合作收入、房产租金收入、补偿性收入。一是增加股份合作收入，大力发展专业合作组织和镇村集体经济，创新体制机制，提升发展活力，到2015年社区、物业、土地三类股份合作社规模扩大到280家，股权收益达到1亿元，至2015年，人均股份合作收入年均增长20%。二是增加房产租金收入，进一步规范农村房屋出租行为，搞好余房出租中介服务，鼓励农村居民通过余房出租、开设家庭旅馆等方式发展房东经济。三是增加补偿性收入。根据经济社会发展水平和承受能力，科学调整征地拆迁补偿标准，预期农民人均补偿性收入增长达到市级水平。

3．健全城乡一体社会保障制度，显著提升农村养老、医疗、低保三大保障水平。增加养老保障收入：通过“双置换”，五年转化农民5万人左右；通过建立城乡一体的居民保障制度，“十二五”期间实现老年农民、被征地农民基础养老金翻番；通过企业职工养老保障扩面、各种自由职业人员加入“城保”，努力实现应保尽保。增加医疗保障收入：居民医保政府出资部分在现有基础上实现翻番。增加低保保障收入，实行城乡低保标准统一待遇标准。

（七）促进拆迁安置房有序流转计划（牵头部门：区住保房管局；配合部门：区委农办，区财政局、建设局，锡山国土分局）

按照依法管理、政府引导、居民自愿、规范操作的原则，鼓励居民拓展投资理财渠道，规范拆迁安置房有序流转办法，提高居民经营性收入和财产性收入。

1．创新拆迁安置房流转形式。明确条件，规范程序，创新拆迁安置房流转形式。一是协商回购，参照锡政办发〔2009〕101号文件，对拆迁安置房经拆迁当事人双方协商回购，回购的拆迁安置房必须滚动用于征收补偿。二是政府回购，由住房保障部门直接购买农村居民拥有的基本符合标准的拆迁安置房用于公共租赁住房，做好回购后的权属变更登记，确保产权明晰、安置合理、流转顺畅。三是组织包租，由住房保障部门按照市有关规定和程序，通过归集空置在农村居民手中的拆迁安置房，统一用于公共租赁住房，市场租金与公租房租金之差由政府补贴。四是搞好房权延置补偿，对自愿申请暂缓申领一套或全部安置房的被拆迁农户，在完善相关协议的基础上，每年给予定额回报。

2．确保保障性住房用地。认真落实保障性住房、农民拆迁安置房及中低价位、中小套型普通商品房供地计划不低于70%的要求。在每年土地供应计划中，单列保障性住房用地，优先保障。对于符合单独选址要求的项目、因为国家重点工程建设需要拆迁安置的项目，积极向上争取农地转用计划指标。对于列入万顷良田建设项目区的拆迁安置房，用足用好城乡建设用地增减挂钩政策，及时组织安置区土地供应，改善被拆迁安置农民的居住条件。

3．推动城乡土地市场一体化建设。按照市级统一部署规范集体土地使用权流转行为，进一步做好农村土地确权、登记、颁证工作。加快建立集体建设用地基准地价、标定地价等科学的控制指标和标准，研究探索集体建设用地市场化运作融资、交易、收益分配等具体办法。加强对集体建设用地市场化运作的监管，明确规划要求、用途管制和阳光操作等配套措施，确保城乡统一的土地市场公平、公开、公正。

（八）促进居民理财增收计划（牵头部门：区发改局；配合部门：区财政局、统计局）

积极扶持投资服务机构和理财机构发展，鼓励引导居民将各类中长期储蓄转为各类投资，增加财产性收入。

1．积极引进多样化金融机构。培育和完善农村特色金融服务，加强金融产品和金融工具创新。引进和组建多样化金融机构，要引导设立科技支行、探索组建科技小额贷款公司、加快组建村镇银行。针对海归创业、农民就业创业、大学生村官创业富民等，开发多样化的农村小额信用贷款产品，推动农村金融服务方式多样化、多元化，努力满足农村商业、服务业、流通业、小手工业和建筑业等专业化、市场化的资金需求，让更多的人群能够享受到快速、便捷的农村特色金融服务，获得创业投资收益、经营收入，实现家庭增收、居民增收的富民目标。

2．提升居民风险意识和理财水平。加强对居民投资理财的宣传教育，引导居民通过债券、股票、基金、保险、不动产投资等金融产品的投资获得股息、利息、分红，逐步从存款保值向投资生财转变。

（九）促进人口素质提升计划（牵头部门：区人口计生局；配合部门：区委组织部、农办，区发改局、经信局、教育局、科技局、人保局、财政局、民政局、住保房管局，锡山公安分局）

合理调控人口规模，优化人口结构，重点加强高素质、技能型人才的培养引进，全面提高劳动者素质，增强人口发展综合潜能，变人口压力为人力资源优势。

1．合理调控人口规模，保持人口适度增长。到2015年末，全区常住人口规模控制在65万人左右。继续贯彻落实计划生育基本国策。确保符合政策生育率保持在98%以上。构建完善人口和计划生育利益导向政策体系，落实兑现计划生育各项奖励扶助政策，逐步提高农村奖扶和特别扶助金发放标准。加强计划生育公共服务，重点加强流动人口计划生育服务管理，确保流动人口计划生育服务管理率达到95%以上。实行积极的户籍迁移调控政策。逐年制订实施户籍迁移调控计划，合理安排年度调控目标。对各类紧缺人才和大学生优先办理户籍迁入手续，并出台配套政策吸引、鼓励其到锡山就业创业。建立流动人口规模合理调控机制。积极调整优化产业结构，有效提高劳动力素质，有序引导外来劳动力流入我区。深入推进“一证二合同三承诺”机制建设，健全完善“以房管人”、“以业管人”、“以证管人”有机衔接的制度和政策措施。更大力度全面推行居住证制度，加快构建以居住证为核心的流动人口公共服务政策体系。

2．大力提升人口素质，充分开发利用人力资源。以高层次人才工程建设带动全区整体人才队伍建设，加快集聚一大批高层次人才、高科技人才和优秀青年创新人才。加快实施“锡山百人计划”、“530”计划，大力引进海外留学归国领军型创业人才和创新人才，加速科技成果产业化。制定优惠政策，加大新兴产业领域急需人才引进和培养力度。加强技能人才培养。以企业为主导，全面实施企业职工技能提升行动，提高在岗职工技能水平。以提升职业素质和专业技能为核心，以技师和高级技师为重点，努力建设一支数量充足、技艺精湛的高技能人才队伍。重点加大对新兴产业和现代服务业技能人才培育的扶持力度，以柔性等方式引进符合我区产业发展所需的高技能人才。建立大学生引育就业“技能绿卡”制度，大学生可免费参加定点培训机构或企业组织开展的技能培训，对经考核合格者发给相应的国家职业资格证书和“技能绿卡”证书。加强培训机构基础，提升技能培训能力建设。继续加大对新市民职业技能培训力度。完善落实专项培训补贴制度，提高专项培训补贴标准。创新培训载体，探索开展职业技能培训的新机制。加强农村实用人才队伍的培育。大力开展农村实用人才培训，充分发挥农村现代远程教育网络、农业广播电视学校和农业技术推广体系、各类职业学校和培训机构的主渠道作用。加大对农村实用人才的表彰激励和宣传力度，提高农村实用人才的社会地位。加强专业技术人员继续教育及评价。选好培训内容，扩大受训人群，开展专业技术人员继续教育公修课培训考核。大力推进专业技术人员职称评价和技能人才职业技能鉴定体系建设，建立以能力和业绩为导向、重在社会和业内认可的专业技术职称评价和职业技能鉴定机制。指导企业建立培训考核（评价）与使用待遇相结合的用人机制，对取得职称证书或技能资格证书的职工，可与相应薪酬待遇挂钩。

五、保障措施

（一）加强组织协调。建立区委、区政府主要领导为组长的工作领导小组，强化对居民收入倍增计划的组织领导，加强计划实施、统筹协调、调控引导和监督管理。制定详细工作方案，配套出台实施细则和办法。分解细化目标任务，建立行动计划实施情况的工作例会制度和定期报告制度，加强富民为先的工作导向，形成推动倍增计划落实的整体合力。

（二）创新工作机制。将居民收入倍增计划纳入经济社会发展总体规划和年度计划，作为各级党委政府科学发展绩效考核的重要指标，强化推进、监测、评估、考核机制。加强政策创新和效应跟踪，对各部门相关任务及其实施成效适时开展检查，加强指导监督，完善奖惩制度。加大对工资分配的政府调控力度，建立企业职工工资正常增长和支付保障机制，建立企业薪酬统计调查信息发布制度，定期发布工资指导线、人力资源市场工资指导价位、行业人工成本信息。

（三）用好财政杠杆。发挥好财政政策的导向作用和财政资金的带动作用，引导和撬动各类社会资源。通过财政奖励、融资贴息等方式减轻企业尤其是民营中小企业和民营高科技企业负担。调整财政支出结构，坚持将新增财力的较大比例用于改善民生，逐年加大社会事业、公共服务、社会保障、住房保障等财政投入力度。

（四）强化统计监测。建立健全倍增计划实施情况的监控指标体系。夯实基础，在科学的统计制度方法前提下，健全调查员队伍建设，做好城乡住户统计调查工作；加强协调，贯彻国家新劳动工资统计制度，做好劳动工资统计；提高质量，巩固数据源头，建立数据评估体系；密切跟踪，加强预警，定期做好分析研究，及时报告进展情况。

（五）营造良好氛围。重视发挥各类新闻媒体和宣传阵地的作用，坚持正面引导，强化舆论导向，健全服务体系，加强监督管理，营造政府、社会、企业、个人共同推动倍增计划实施的良好环境氛围。

附件（略）

中共锡山区委关于印发朱爱勋、方力同志在中共无锡市锡山区第三次代表大会上报告的通知

锡发〔2011〕34号

开发区、商务区党工委，各镇（街道）党（工）委，区委各部委办局，区各办局、区各人民团体、区直各单位、驻区各条线单位党委（党组、总支、支部）：

现将区第三次党代会上朱爱勋同志代表中共锡山区第二届委员会所作的题为《坚持科学发展，力促转型提升，为实现经济社会全面赶超而努力奋斗》的报告和方力同志代表中共锡山区纪律检查委员会所作的《坚持全面履职，恪守执纪为民，努力开创党风廉政建设和反腐败工作新局面》的工作报告印发给你们，

请各地、各部门认真组织学习贯彻。

今后五年，是锡山率先基本实现现代化的关键阶段，是推动经济社会赶超发展的重要时期。全区各级党组织和广大党员，要认真学习贯彻区第三次党代会精神，坚持以科学发展观为指导，紧紧围绕赶超发展和率先基本实现现代化的宏伟目标，以强烈的责任感、紧迫感、危机感和使命感，适应新形势，抢抓新机遇，推动新发展，为加快实现锡山赶超发展、全面完成第三次党代会确定的各项目标任务而共同奋斗。

中共锡山区委

2011年6月30日

（此件发至基层党组织）

坚持科学发展 力促转型提升 为实现经济社会全面赶超而努力奋斗

——在中国共产党无锡市锡山区第三次代表大会上的报告

朱爱勋

（2011年6月26日）

同志们：

在全面开启“十二五”发展新征程、共绘现代化建设新蓝图的重要时刻，中国共产党无锡市锡山区第三次代表大会正式开幕了。这是一次承前启后、继往开来，肩负重要历史使命的大会。大会的主要任务是：回顾总结区第二次党代会以来的主要工作，研究确定今后五年锡山经济、政治、社会、文化以及生态文明和党的建设的奋斗目标和主要任务，选举产生中共无锡市锡山区第三届委员会和纪律检查委员会，动员全区各级党组织、全体共产党员和广大干部群众，抢抓战略机遇期，再创黄金发展期，为实现经济社会全面赶超、率先基本实现现代化而努力奋斗！

现在，我代表中共锡山区第二届委员会向大会作报告。

一、五年回顾和主要经验

区第二次党代会以来的五年，是我们团结奋斗、开拓进取的五年，是锡山深化改革、锐意创新的五年。五年来，在中共无锡市委的正确领导下，我们以邓小平理论、“三个代表”重要思想和科学发展观为指导，团结带领全区广大党员和人民群众，解放思想、抢抓机遇，同心同德、攻坚克难，较好地完成了区第二次党代会确定的主要目标，全区经济社会发展取得了丰硕成果。

1．有效应对风险挑战，全区经济结构更趋优化。面对复杂的环境变化和错综的风险挑战，我们牢牢扭住经济建设这个中心，始终坚持加快发展第一要务，立足“保增长、促转型”的部署要求，坚决把保持经济平稳较快增长与加快推进发展方式转变结合起来，积极化解资源约束趋紧、要素价格上升、生态环境倒逼等不利影响，有效应对暴雪灾害、供水危机和金融危机等严峻挑战，保证了经济平稳较快发展。2010年，全区完成地区生产总值402.8亿元，是2005年的2.21倍；财政一般预算收入36.1亿元，是2005年的2.73倍。高起点的现代产业体系初步构建，紧紧围绕园区再造，加速打造竞争内核，推进了包括开发区各专业园区以及5个镇级专业园区在内的12个园区的形态开发和产业构建，形成了商务区和主城区两大服务业发展重点板块，构建了以江苏省现代农业产业园、国家级台湾农民创业园和“一村一园”为核心的现代农业园区区、镇、村三级联动建设发展模式，先进制造业、现代服务业和高效农业协调发展，三次产业布局更趋优化、结构更加合理、体系更为完善。全区工业经济总量跃上1000亿元层级，服务业经济总量超过840亿元，高效农业面积9800公顷。创新型的核心支撑体系基本成形，着力将打造创新型经济城区作为推动转型升级、实现持续增长、加快赶超增速的关键举措和有力抓手，全力突破“三创”载体建设，大力实施“锡山百人计划”，推进战略性新兴产业人才高地建设，建成V-park、科创园、索立得科技社区等一批重点载体，“北京科技行”、“上海直通车”等重点活动效应凸显。全面引导企业提高自身“科技造血”功能，建成省级工程技术研究中心33家、省级企业院士工作站9家、省级外商投资研发机构3家，落户各类“530”项目124个，孵化超1000万元项目比例全市领先，入选省“双创”人才19名。连续四次蝉联“全国科技进步先进区”荣誉称号。全方位的对外开放体系更趋完善，坚持把扩大开放、利用外资同优化结构、提升技术结合起来，全区五年累计到位外资16.5亿美元，进出口总额快速攀升至138.5亿美元，境外投资国别从13个扩大到29个，境外投资项目总数达到69个。引进了宜家家居、正乾生物、朗奇软件、布莱德网络等一批高端外资项目，累计完成服务外包接包合同金额7.3亿美元、执行金额6.1亿美元，西港特区成为首批境外合作区，开发区服务外包示范区建成省级国际服务外包示范区。多层次的服务企业体系全面建成，建立健全重点企业重点项目发展建设联席会议制度，深入开展“进企业为企业服务，帮企业解难”活动，着力解决融资、用地、审批等各类制约难题，全面推动广大企业迎难而上求发展、创新创业促转型。全区规模骨干企业“四个一”覆盖面达到60%以上；共有21项科技成果获国家、省、市科技进步奖；大明国际控股有限公司、百和兴业股份有限公司、希姆斯电梯（中国）有限公司3家企业成功上市。

2．加快城乡统筹步伐，城乡发展格局加速调整。五年来，全区着力以优化城乡发展规划、加快基础设施配套、纵深拓展城市框架、持续优化服务功能为重点，深入推进城乡统筹发展“五个一体化”，区域城市化和城市现代化水平不断提高。高点推进新城开发，围绕“三中心、一枢纽”的新城战略定位，高起点、高标准完成核心区城市设计、综合交通规划、水系规划、九里河景观规划、地下空间利用规划五大类29项规划，以搭建新城总体框架、完善交通体系、塑造重点区域、提升整体环境、改善市政功能为主要内容的新城规划体系全面构建完成；润锡路、新锡路、新华路、锡山大道等区间骨架道路建成投用；锡东高级中学、天一实验学校、锡山湿地公园等公建和环境工程全面启动；总部经济、科技服务、文化创意、生态旅游、高端居住等城市经济业态蓬勃兴起，新城整体架构和产业形态跃然成形。加快实施主城改造，拓展运用城市经营理念，全面加快主城区改造步伐，易买得西、太湖大道南等重点地块的形象策划和整体开发全面推进，丰汇广场、晶石国际等一批城市功能项目相继投入使用，锡沪路、锡虞路、锡太路、新锡沙线等主干道路的建设任务相继完成，“两东”地区空间载体的集聚能力和优质项目的辐射能力持续提升。扎实推进城乡一体，深入开展“百村富强”工程和示范镇村创建活动，广泛实施农村“三个集中”、“三大合作”等十项重点工程，农村综合改革持续深入，村级发展活力不断释放。全区组建各类农村富民合作组织252家，参加农户8.5万户，村级年可支配收入总额达到3.8亿元，是五年前的1.63倍。全面提升建管水平，紧密依托城市框架的拓展、配套设施的建设以及锡东新城、京沪高铁、荡口古镇、锡张高速等重大工程和重点项目，全面掀起新一轮建设热潮。坚持“建管并举、重在管理”的方针，深入实施市容环境综合整治工程，有序推进“路长制”管理工作，全面推行社区扁平化管理模式，建成省级“和谐示范社区”5个，列入首批“全国农村社区建设实验区”。

3．深入落实环保优先，生态文明建设创新突破。按照“远近结合、标本兼治、科学规划、综合治理”的目标，全面启动“水生态综合整治六大工程”，全力打好生态创建、节能减排、环境整治攻坚战，逐步形成“青山绿水”的自然风貌和“生态宜居”的城市形象，成功创建为国家级生态区。环境整治加快实施，按照“三清三整”的要求，对全区“四纵四横”骨干河道水系进行了清淤整治，区、镇、村三级河道河塘疏浚整治基本到位；有序推进排水达标区创建，建成排水达标区394个，完成4座污水处理厂的新建和全部污水处理厂的提标改造，累计铺设污水主管网约670公里，城镇生活污水集中处理率达到80%以上；按照康居村、生态村、传统村三种模式全面推进农村村庄综合整治，完成村庄整治463个；积极推行生活垃圾“四集中”处理模式，生活垃圾无害化处理率达到100%；大力开展农业面源污染整治，奶牛养殖、外荡水面养殖整治全面完成，全区城乡环境不断优化。节能减排有序推进，深入开展“五小”、“三高两低”企业专项整治和节能减排工作，累计关停（变更）小化工企业218家，整治“三高两低”企业108家，万元GDP能耗、COD、二氧化硫累计削减量均超额完成“十一五”控制目标，主要污染物排放总量持续下降。生态修复全面实施，深入开展造林绿化工程，不断完善生态绿地系统，所有乡镇创建成全国环境优美乡镇，省级生态村比例超过57%，30%以上的社区建成省级绿色社区，林木覆盖率比2005年提高了5.72个百分点；着力加强大气污染控制，空气质量良好以上天数比例提升至94%以上，环境质量综合指数达到90。环境监管不断强化，立足于源头控制、全程监管，不断加大环境监管体制机制创新力度，河道“河长制”管理责任体系有效构建，7个水质自动监测站全面建成，环境监管加快由单一依靠行政手段向法律、经济、技术和行政等综合手段转变。

4．大力发展社会事业，群众幸福感受不断增强。紧紧围绕“和谐锡山”、“幸福锡山”建设目标，致力推进以改善民生为重点的社会建设，切实抓好各项为民办实事工程，2010年全区城镇居民人均可支配收入、农民人均纯收入分别达到27846元和13974元，分别是五年前的1.74倍和1.75倍。就业体系不断完善，围绕就业富民目标，积极开展统筹城乡就业试点工作，重点人群就业专项促进活动和“共同提升行动”职业培训计划顺利实施，城乡一体的就业培训体系和管理服务体系基本建成，农村劳动力充分就业率达到93.5%。保障网络更加健全，以实现城乡社会保障高水平、全覆盖为目标，加大企业职工社会保险“五险合一”扩面征缴力度，稳步开展农村“双置换”，五年来全区共有5.4万名历次被征地劳动力纳入城保范围，城镇职工社会保险净增实际缴费人数8.9万人，累计参保人数达到22.5万人。完成社会养老保险与市级并轨、被征地农民基本养老保险与城镇养老保险体系并轨，初步构建起全覆盖、多层次、保基本的城乡一体社会综合保障体系。以养老、助残、救孤、济困为重点，着力完善社会救助政策体系、工作体系、慈善体系和帮扶机制，社会救助整体功能全面增强。公共服务均衡提升，扎实推进教育强区工程，大力深化教育改革发展，怀仁中学、东北塘中学、东湖塘中心幼儿园、东亭实验小学等一批重点工程陆续竣工，基本构建了学前教育、基础教育、职业教育、成社教育协调发展的现代教育体系，创建成为省教育现代化先进区；稳步推进医药卫生体制改革，加强社区卫生服务工作，卫生服务体系健全率达到100%；全面加强人口计生服务管理，世代服务体系实现全覆盖，高标准通过省人口发展“十一五”规划终期评估；深入开展“平安锡山”、“法治锡山”建设，“五五”普法教育全面完成，大调解机制日趋完善，全区社会和谐稳定。文化事业协调发展，文化创新力和文化影响力有效提升，荡口古镇成功跻身国家级历史文化名镇行列，中国乡镇企业博物馆建成开馆，“百村康乐工程”深入推进。同时，各级人大、政协在全区政治、经济和社会发展中发挥了重要职能作用。人武、双拥、统战、对台、民族、宗教、侨务、档案、史志、人防等工作也取得了新的成绩，工会、共青团、妇联、科协、残联、工商联等群团组织健康发展。

5．全面加强党的建设，安定和谐局面更加巩固。始终围绕提高党的执政能力和保持党的先进性，全面推进党的建设新的伟大工程。党的思想建设全面加强，在全区党员中扎实开展了保持共产党员先进性教育、“八荣八耻”主题教育、学习实践科学发展观和创先争优等活动，各级党组织和广大党员落实科学发展观的自觉性和坚定性进一步提高，服务发展、服务群众的先锋模范作用得到有效发挥。干部队伍建设有力推进，以提高素质能力、优化班子结构为重点，不断提升各级领导班子整体功能，区管干部队伍结构全面达到市规划纲要要求。精心制订并组织实施两轮“双提升”教育培训计划，各级干部推动科学发展的素质和能力不断增强。扎实推进年轻干部培养特别是“363工程”，形成了一支数量较足、素质较好、结构较优的后备干部队伍。深化干部人事制度改革，加大竞争性选拔干部力度，创新考核评价办法；大力推进干部交流，注重从基层一线培养选拔干部，不断优化干部资源配置，有效增强干部工作和干部队伍活力。制定和严格执行区级机关中层干部选拔任用暂行办法，积极开展“一报告两评议”、“三责联审”、选人用人满意度调查等工作，干部管理监督机制不断完善。基层组织建设更加健全，大力推进“强基工程”，积极开展“三型”党组织和“团结、廉洁、高效、开拓”好班子创建活动，村（社区）党组织建设水平全面提升，“两新”组织党的工作覆盖面、规模企业党组织动态组建率实现两个100%，企业党组织规范化达标率达到80%，机关、学校、医院党建工作全面加强，共创建市级基层党建工作示范点8个、区级基层党建工作示范点45个，基层党建工作活力不断增强。惩防体系基本框架初步构建，全面贯彻落实省委关于构建惩防体系基本框架“5+1”文件和市委《关于进一步加强惩治和预防腐败制度机制建设的意见》文件要求，着力从教育、监督、预防、纠风、惩治等方面建立健全工作机制，有力地促进了惩防体系基本框架的初步形成。

过去五年的成绩，是在化解矛盾和制约中取得的，是在应对挑战和考验中取得的，也是在抢抓机遇、奋勇拼搏中取得的。成绩来之不易，这是全区各级党组织团结带领广大党员和干部群众解放思想、艰苦创业的结果，也与历届区委的工作基础和老领导、老同志的关心支持密不可分。在此，我代表中共锡山区第二届委员会，向全区广大干部群众，向老领导、老同志，向各民主党派、工商联、人民团体和社会各界人士，向武警驻区部队官兵和公安干警，向所有关心支持锡山现代化建设的朋友们，表示衷心的感谢，并致以崇高的敬意！

回顾五年来的实践，我们不仅取得了可喜的成绩，而且积累了宝贵的经验，为我们赶超发展提供了诸多借鉴和有益启示：

五年实践证明，推动经济社会赶超发展，必须始终坚持科学发展的时代主题，努力探索创新发展道路。五年来，面对宏观环境的新变化、区域竞争的新格局，我们始终站在全局和战略的高度，积极利用区位条件优越、纵深腹地广阔等优势条件，适时提出坚持“高点定位、高端合作、高品质环境打造”联动，全力推进以“七区一体”、融入城区为目标的区域城市化和城市现代化建设，逐步拉开以新城建设和主城改造为重点的城市框架，全力改善以机关作风转变和服务效能提升为根本的投资发展软环境，不断以新的理念、新的创造、新的实践，强势推动工业化和城市化双轮驱动、齐头并进，促进各项事业创新发展。实践证明，只有以科学发展观为指导，坚持实事求是、因地制宜、扬长避短，才能开辟新的发展路径、彰显新的发展特色、形成新的发展优势。

五年实践证明，推动经济社会赶超发展，必须始终坚持转型发展的工作主线，全面调整优化产业结构。我们全面把握转型发展的深刻内涵，通过深入开展“项目促进年”、“服务企业年”、“转型促进年”等活动，大力推动产业优化升级，主动淘汰压减落后产能，积极构建现代产业体系，经济增长的质量和效益逐步提高。我们带领全区上下大力实施“科教兴区、人才强区、质量和知识产权立区”战略，纵深推进“五十百千万”工程，全面落实“锡山百人计划”，强化科技平台载体建设，不断塑造产业竞争内核，传统产业和战略性新兴产业出现了互促共进的良好发展局面。实践证明，只要我们坚持加快发展不动摇、围绕产业转型不松懈，锡山的发展空间就会越来越大，发展质量就会越来越高，发展道路就会越来越宽广。

五年实践证明，推动经济社会赶超发展，必须始终坚持执政为民的发展宗旨，确保群众共享发展成果。五年来，我们始终坚持以人为本理念和执政为民宗旨，把“寓强于富、普惠于民”作为赶超发展和“幸福锡山”建设的出发点和落脚点，正确处理发展经济与普惠民生的关系。我们注重制度保障民生，着力创新社会发展和管理服务的体制机制，社保、医疗、教育等方面的均衡化水平不断提高；我们注重投入惠泽民生，从民生、民盼、民需入手，大力实施为民办实事工程，不断加大对各项社会事业的投入，真正让改革发展的成果造福全体百姓、惠及广大群众；我们注重决策关注民生，在想问题、办事情、作决策时，力求体现民众意愿，广泛集中群众智慧，使一切工作建立在深厚的群众基础之上。实践证明，广大人民群众是社会不断前进的决定力量，只要我们诚心诚意为人民群众谋利益、办实事，依靠人民群众的力量，就能战胜前进道路上的各种艰难险阻，经济社会赶超发展的目标就一定能实现。

五年实践证明，推动经济社会赶超发展，必须始终坚持改革创新的发展方向，最大限度激发发展活力。我们按照市场经济的要求，坚定不移地推行各项改革，增强了发展的原动力。以推进政府职能转变为核心，区级机构改革和乡镇机构改革全面完成，绩效制度改革全面深化，在全市率先完成以“两集中、三到位”为主要内容的行政审批制度改革，创新推进覆盖镇（街道）、延展村（社区）的行政服务体系建设，政府服务能力和水平不断提高；以深化事业单位改革为重点，积极推动政事分开、事企分开和管办分离，加快职能、人员、管理的规范和完善，事业单位管理体制不断创新，主体活力逐步激发；以提升公共服务水平为根本，深化推进教育、卫生、文体管理体制改革，不断满足人民群众日益增长的多层次、多领域的公共产品和公共服务需求；以发挥市场导向作用为重点，加快资本、土地、技术、人才、劳动力等要素市场发展，深入推进资源要素市场化改革，充分发挥市场配置资源的作用，为经济发展方式转变创造了良好的外部环境。实践证明，只有持续破除制约发展的体制机制障碍，全面、广泛、深入地实施政策创新、制度创新，才能为赶超发展提供强有力的支持、营造更优越的环境。

五年实践证明，推动经济社会赶超发展，必须始终坚持加强和改进党的建设，着力夯实党的执政基础。党的领导是各项事业取得胜利的根本保证。五年来，我们紧紧围绕全区工作大局，全面加强党的思想、组织、作风和制度建设，进一步改进党的领导方式，提升执政能力，加快民主法治进程，充分调动各级各部门投身赶超发展的积极性、主动性和创造性。我们努力构建民主公开的选拔机制、实绩导向的任用机制、科学透明的考评机制、奖罚分明的激励机制，始终坚持正确的用人导向，各级干部队伍结构不断优化，统筹谋划、狠抓重点、攻坚克难、和谐发展的能力显著提升。我们充分发挥基层党组织的战斗堡垒作用和广大党员的先锋模范作用，大力推进“强基工程”，创新实施在职党员“五双”、无职党员“五有”、流动党员“五管”制度，积极探索党建服务改革开放和经济建设的新路，增强了新形势下党组织的创造力、凝聚力和战斗力。我们大力加强党风廉政建设和反腐败斗争，以机关效能建设为起始点和突破口，推动机关部门更新服务理念、改进工作作风、提升服务能力，在全区上下形成了一心一意谋发展、只争朝夕抓落实的良好氛围。实践证明，只有始终坚持加强和改进党的建设，强化党的领导，才能团结带领广大干部群众完成锡山赶超发展的历史使命。

二、面临形势和奋斗目标

前一阶段，省委根据胡锦涛总书记对江苏工作“六个注重”的明确要求，在深刻研判客观形势、准确定位战略方向的基础上，要求全省广大党员和干部群众围绕“四个牢牢把握”，凝聚“四个新共识”，把思想和行动统一到又好又快推进“两个率先”的伟大实践上来。市委结合无锡实际，从新起点确立新目标，以新思路定位新举措，要求全市上下紧紧围绕“六个开拓”，又好又快推进“第二个率先”，再创一个黄金发展期。当前，锡山正站在新世纪前二十年“重大战略机遇期”的中间节点，正处于向率先基本实现现代化迈进的重要关口。从现在起到下次党代会的五年，新型工业化、城市现代化、经济国际化和长三角一体化深入发展，加快转变经济发展方式成为经济社会领域的一场深刻变革。一系列有利于发展的重大利好，将持续推动经济社会的快速发展，也必将给我区的赶超发展和率先基本实现现代化添加强劲的动力。赶超发展最大的机遇在于创新型经济迅猛发展，中央和省市指出，当前经济社会发展已经进入“转型升级的加速期、科技创新的活跃期”，要把经济结构战略性调整作为主攻方向，把科技进步和创新作为重要支撑，加快推动经济发展方式根本转变。目前，全区科技创新平台日趋完善，特色产业园区初具规模，企业制度创新成效显现，政产学研合作氛围浓厚，加上宏观政策支撑更加有力，奠定了我们在更高平台上发展创新型经济的基础。赶超发展最大的潜力在于城市化进程加速推进，城市化在区域发展进程中起着龙头引领和基础支撑的作用，当前我区主城形象能级迅速提升，新城框架格局基本形成，城镇布局体系更趋健全，农村发展面貌焕然一新，城乡形态、交通体系、基础设施和管理水平显著优化，这些无疑为我们拓展城市经济纵深、推动城乡统筹一体发展提供了良好条件。赶超发展最大的优势在于长三角一体化纵深展开，随着锡山境内高速路网通达条件的不断优化、京沪高铁等重大基础设施的基本建成以及长三角城市群“同城效应”的日益凸显，科技、人才、资本、信息、服务等创新要素将会更加频繁、有序流动，产业结构现代化、产业层次高新化、产业布局集聚化、科技创新多元化将成为锡山发展的根本特征，全区产业布局、社会结构、城市功能、居民生活将会出现深刻变化。同时，我们也要清醒地看到，国内外发展环境的深刻变化，既给我们提供了宝贵的机遇，又使我们面临严峻的挑战。全区新经济增长点成形滞后，科技进步转化为现实生产力的途径还不畅、效率还不高；城市的产业载体、服务功能、文化品牌尚未有效构建，城乡一体、高位均衡的公共服务体系和社会管理体系尚未全面成形；不同群体利益诉求引发的矛盾和问题复杂多变，基层组织的号召力、公信力亟需加强。我们必须科学判断并准确把握发展趋势，充分利用各种有利条件，加快解决突出矛盾问题，集中力量推进经济社会赶超发展。

今后五年工作的指导思想是：高举邓小平理论和“三个代表”重要思想伟大旗帜，深入贯彻落实科学发展观，以赶超发展为主题，以加快转变经济发展方式为主线，坚持“高点定位、高端合作、高品质环境打造”联动，大力实施“创新驱动”、“城市化和城乡一体”、“普惠民生”主战略，全面提升经济发展水平、区域功能地位和百姓幸福感受，率先基本实现现代化。

今后五年的主要目标是：“十二五”期间，进一步加快锡山经济社会发展，加快建立较高层次的现代产业体系、较高水平的社会事业体系、洁净优美的生态环境体系，不断增强自主创新能力、区域竞争能力和可持续发展能力，着力提升人民群众生活水平和生活质量。

综合实力：全区主要经济指标在2010年基础上实现翻番，到“十二五”末，地区生产总值达到800亿元，人均地区生产总值（按常住人口计算）达到12.3万元；财政总收入达到200亿元，其中一般预算收入达到80亿元。三次产业结构明显优化，服务业带动性明显增强，第三产业增加值占GDP比重达到45%。

科技创新：自主创新环境不断优化，“人才高地”建设取得重要进展，科技创新能力明显提升。到“十二五”末，R&D支出占GDP比重达到3%以上，人才总量达到13万人，高新技术产业增加值占规模以上工业增加值比重达到50%，新兴产业营销收入力争达到1500亿元。

城乡统筹：全区城市化水平到“十二五”末达到70%，加快拓展城市发展框架，着力完善基础设施建设，切实提升公共服务功能，加快实现社会事业与市区无缝对接，全面形成“双核双星”共同发展、协调发展的城乡一体发展格局。

绿色增长：资源利用效率持续提高，节能减排效果明显，到“十二五”末，万元GDP能耗累计下降20%以上，主要污染物排放累计削减20%以上。生态环境明显改善，城镇和农村生活污水集中处理率分别达到95%和90%，林木覆盖率达到25%，环境质量综合指数达到92。

社会民生：城乡居民生活水平明显提高，到“十二五”末，城镇居民年人均可支配收入达到56500元，农民年人均纯收入达到27800元。社会事业加快发展，基本公共服务水平明显提高，城乡基本社会保险覆盖率达到99%以上，卫生服务体系健全率100%。

三、工作任务和主要举措

根据上述指导思想和主要目标，必须精心组织实施赶超发展的重点战略，全力以赴加快转变发展方式、创新发展模式、确立竞争优势，全面进入战略转型新阶段。

实施“创新驱动”战略：坚持把科技创新创业作为第一驱动力，充分利用我们在产业基础、交通区位、发展纵深等方面的有利条件和比较优势，以调整产业结构为核心，以优化产业形态为目标，确立高端发展的工作定位，寻求高端嫁接的合作伙伴，锻造高端竞争的能力素质，大力推动理念、科技、体制和管理等各个方面创新，加快建立具有竞争优势的区域创新体系和创新人才高地，全面推动经济结构战略性调整。

实施“城市化和城乡一体”战略：把全面提升城市现代化水平作为转型发展、赶超发展的重要着力点，紧紧抓住长三角区域一体化带来城市重构这一历史机遇，全面加速主城改造，加快推动新城成城，努力打造功能完善、自我运行的卫星城，确立“双核双星”协调发展新格局。

实施“普惠民生”战略：坚持执政为民宗旨，把“寓强于富、普惠于民”放在更加突出更加优先的位置，全面完善就业保障体系，大力发展社会事业，加快推动生态文明建设，着力提高社会福利水平，以较高的福利保障能力来阐释基本现代化的内涵，让人民群众更加充分、更加普遍地分享改革发展成果。

今后五年，我们要紧紧围绕目标任务，加快实施三大战略，抢抓机遇、拓展思路，把握关键、务实推进，确保率先基本实现现代化。

1．突出创新驱动，加速重构产业体系。以构建现代产业体系为目标，坚持先进制造业与现代服务业“双轮驱动”，新兴产业加快发展与传统产业改造提升“两手并重”，三次产业优化转型“统筹并举”，通过全面开展高端合作，加速企业转型步伐，形成产业竞争内核，全面实现创新体系与产业体系的高度融合。高点定位打造现代产业。加快培育以新兴产业为主导、服务经济为主体、先进制造业为支撑、现代农业为基础的现代产业体系。培育壮大新兴产业，大力实施《战略性新兴产业培育发展六年行动计划》，对重点产业、重点企业、重点产品实行政策优先扶持、资金优先安排、人才优先引进，着力推动新材料、新能源和新能源汽车、智能传感、生物产业等新兴产业“加快发展、三年倍增、六年跨越”，力争“十二五”末六大新兴产业营销总收入达到1500亿元；优化提升先进制造业，大力吸收高新技术、信息技术和先进适用技术，重点发展以自主品牌和自主技术为主要特征的电子信息、装备制造、金属加工等优势支柱产业，促进先进制造业向技术自主化、制造集约化、产品成套化发展；优先发展现代服务业，全力加快商务区、主城区等重点服务业集聚区建设，进一步猛攻重点项目、狠抓招商引资、优化发展环境，促进商贸物流、休闲旅游、文化创意、信息服务、总部经济五大产业跨越发展，确保“十二五”末服务业增加值占GDP比重达到45%。全面推进农业现代化工程，高标准实施园区基础设施和产业项目建设，整体推进区、镇、村三级农业园区成形，打造“一主四副多节点”的农业园区组团式发展新格局，有效提升农业规模化、产业化、标准化、集约化、信息化水平。持之以恒强化高端合作。按照“资源共享、创新同步、注重实效、互惠双赢”的原则，进一步强化企业主体地位，深入推进政产学研合作，全面打造创新高地、人才高地。要以科技供需对接为纽带，突出整合政府、企业、高等院校、研发机构、科研人员的创新资源和供需信息，更高层次、更大范围开展经验交流、成果推荐、专家咨询、项目招标等活动，着力实现优势互补、互惠互利、共同发展；要以战略联盟构建为核心，通过建立共同投入、联合开发、利益共享、风险共担的机制，联合众多企业和高等院校、科研院所共建行业性、专业性、区域性科技研发中心，到“十二五”末，重点骨干企业工程技术研究中心覆盖面达到50%以上；要以高端人才引进为根本，大力实施“人才强区”战略，创新人才工作体制机制，更大力度推进“锡山百人计划”和战略性新兴产业人才高地建设，创造有利于科技人才发展的生活环境、创业条件和创新平台，到“十二五”末，全区高层次人才占人才总量比例达到3%，高技能人才占技能人才比例达到25%，对经济社会发展的促进作用明显增强。顺势加力提升产业载体。按照“规划引领、业态提升、空间集中”的思路，加快实施园区再造工程，全面提升园区高端产业的集聚能力。开发区要以国家级一流经济技术开发区为标准，以推动产业提升为核心，以创建品牌园区为追求，按照专业分工、定向集中的要求，加快推进各个专业园区建设。S-park要重点配置高新科技孵化、文化商务休闲等功能性载体，加快形成独特的滨水城市景观、多元的科技创新基地和高端的商务休闲功能；EV新能源汽车产业园要依托区内良好的产业配套和完善的产业链条，积极开展高端合作、加力引进重点项目、突破关键核心技术，力争成为国内领先的新能源汽车产业基地；科创园要加快引入并整合风险投资、创业投资、检验检测、技术转移、信息咨询等科技服务资源，汇聚创新资本、吸引创新人才，真正建成新兴产业孵化成长的摇篮。商务区要以强势推进资源整合、加快发展城市经济为目标，突出抓好“腾笼换凤”，加速淘汰落后产能，重点发展以商务楼宇为表征的总部经济、科技和创意服务经济，实现产业、城市与人的互动发展。各镇（街道）专业园区要按照“一园一主业，园区有特色”的原则，突出主导产业，完善协作配套，强化服务支撑，围绕重点企业、领军企业，沿产业链方向整合集聚相关企业，拉长产业链条，形成龙头带动、配套协作、主业突出的产业园区发展格局。因势利导打造旗舰企业。充分把握全区开发开放日益深入、工业基础稳固扎实、企业经营持续向好的有利态势，加强规划引导，用好政策杠杆，强化要素整合，推动企业走集约化、专业化、规模化发展之路。要营造宽松环境，优化完善服务企业的长效机制，主动协调解决企业在创业兴业中遇到的各种矛盾，在生产经营中面临的各种困难，在建设发展中出现的各种制约，不断提高政府在要素保障、政策扶持和融资服务等方面的水平，倾力打造企业发展优质环境。要强化资本合作，从帮助企业建立健全科学的治理结构、规范的决策机制和高效的管理体系入手，加强上市服务工作，加快企业上市进程，到“十二五”末，力争全区上市企业累计达到20家。要坚持抱团发展，引导规模企业向产业链上、下游延伸，带动一批中小企业和配套项目，形成产业核心技术与营销网络，切实提高产品竞争力和市场占有率。要形成品牌效应，以品牌、技术、资本为纽带，引导企业通过合资、合作、参股、并购等方式优化组织结构、推动优势互补，形成一批科技创新能力强、经营管理水平高、规模经济效益好的旗舰企业。

2．突出城乡一体，着力提升城市能级。紧紧抓住长三角一体化、同城化带来城市重构这一历史机遇，按照城乡统筹、一体发展的基本要求，以锡东新城核心区建设和“两东”地区现代化改造为“双核”，以东港（锡北）、鹅湖两大卫星城为“双星”，全面拉开建设框架，整体打造城市形象，着力形成“双核双星”的新型城市布局。一是围绕新城成城，高起点提升城市品质。立足建成无锡城市副中心，加快推进“生态城、旅游与现代服务城、高科技产业城、宜居城”建设，全面提升锡东新城集聚力、辐射力和带动力，力争到“十二五”末，把锡东新城打造成为无锡创新发展新名片、锡山转型发展新平台，形成引领和支撑锡山未来发展的重要增长极。深入实施“市政支撑、环境先行、公建引领、居住启动、产业蓄力”五大行动，全面构筑绿色、便捷的立体交通网络，全面完成锡山湿地公园、九里河中央公园、翠屏山休闲生态园、体育公园等重点环境工程，全面建成市民中心、文化中心、医疗中心、体育中心、科创中心等公共服务设施，着力打造一座开放式、国际化、生态型的现代化新城。二是加快主城改造，高标准完善城市功能。强化“两东”主城区形态开发和功能建设，注重做好拆旧建新、提档升级、构筑亮点等重点工作，同步完善城市基础设施、商务配套设施、生活服务设施建设，创造项目、资金、人才落地条件和优越环境。积极探索现代城市管理新模式，健全完善城市综合管理长效机制，推动城市管理的数字化、网格化、精细化。突出城市经营的深度化和策略化，围绕城市建设水平提升和集聚功能增强，全面优化城市综合体、都市新商圈的规划建设，加快推进高端商务楼、地标性建筑和特色商贸街的功能开发，通过合理布局优质项目，着力集聚开发热点，加快建成城市气息浓厚、城市经济发达、城市环境优美的现代化城区。三是突出“双星”成形，高效能推动功能一体。更好发挥东港（锡北）、鹅湖卫星城作为核心城区拓展地和支撑区的功能作用，加快从产业、园区、城市、交通、观念、体制等多方面衔接“双核”、沟通城乡，重点优化特色功能定位、塑造核心区域形态、增强综合承载能力、强化人口吸纳能力，形成“双核”与“双星”互动融合、互为支撑的联动格局。要以卫星城为支撑和衔接，大力推动城乡统筹发展，积极开展“幸福农村”创建，全面加快城乡规划、产业发展、基础设施、公共服务、就业保障一体化进程。至“十二五”末，80%以上的村（涉农社区）创建为幸福村，三分之二以上的镇（涉农街道）达到幸福镇创建标准，加快形成城乡经济社会统筹发展新格局。

3．突出文化引领，推动文化发展繁荣。提高综合竞争力，不仅要有经济硬实力，而且要有文化软实力。我们要依托锡山深厚的文化积淀，整合文化资源，推进文化创新，进一步发展繁荣文化事业，培育壮大文化产业，努力建设文化强区。一是大力发展公益性文化事业。坚持政府主导、社会参与的原则，以新城为依托，以镇（街道）为重点，以村（社区）和农户为对象，加快推进区、镇、村三级文化设施和文化活动场所建设，形成以人为本、布局合理、功能健全的公共文化服务体系。要以锡东新城建设为契机，加快规划建设区级文化中心、体育中心、锡东新城市民广场、镇级文体中心等一批重点文化设施，打造“15分钟文体休闲娱乐圈”，加快建成覆盖城乡、服务优质的公共文化服务体系。二是加速培育经营性文化产业。加快资源整合，加强政策扶持，以更大的决心、更大的力度推动文化产业加快发展、超常发展、跨越发展，着重发展以无锡数字动漫创业服务中心为重点的文化创意产业，以荡口古镇、严家桥古村、绿羊温泉农场、无锡现代农业博览园等旅游景点为支撑的旅游休闲产业，力争到“十二五”末文化创意产业营业收入达到100亿元，旅游产业创建省级以上旅游景点3个，AAA级以上旅游景区1～2个。加快文化人才队伍建设，大力培养、引进文化艺术专业人才、文化经营管理人才和文化科技人才，以优秀文化人才促进文化艺术繁荣、推动文化产业发展。三是着力塑造地域性文化品牌。坚持民族精神与时代精神相交融、传统文化与现代文明相结合，全面加强对锡山历史文化的梳理研究和展示交流，切实做好荡口古镇等古村古街的保护性修复工作，依托中国乡镇企业博物馆加强工业遗产资源的收集整理，切实加大吴歌、锡剧等非物质文化遗产的抢救、保护和扶持力度，举办太湖翠竹茶叶节、鹅湖民俗文化节、红豆七夕相思节等民俗节庆活动，通过内涵上发掘新创意、形式上反映新创举，使锡山不可复制的历史文化资源得到有效保护、合理利用、传承发展。四是全面营造积极向上的文化氛围。坚持用社会主义核心价值体系引领多样化社会思潮，最大限度地凝聚社会共识、促进社会和谐。立足于增强思想文化凝聚力，不断丰富、拓展和提升锡山“四千四万”精神的思想内涵，形成激情奋斗、昂扬向上的社会价值导向。充分发挥文化育人功能，以文明城区创建为抓手，大力开展社会公德、职业道德、家庭美德、个人品德等公民道德体系建设，提升城市文明程度和市民文明素养，凝聚全区人民团结奋进的精神动力。

4．突出绿色发展，深化建设生态文明。坚持环保优先、节约优先，以创建国家级生态文明示范区为目标，以水生态综合整治和“蓝天工程”为抓手，以更严的标准、更高的要求、更大的力度完善生态发展体系，构筑生态文明体系，努力实现经济、社会和生态环境的协调发展。一是以综合整治为重点，切实改善环境质量。以水、气综合治理为抓手，以生态环境修复为重点，全面加强污染防治，稳步改善生态质量。要以整体改善水质为关键，坚持控源截污、河道清淤、村庄整治和建设重点水利工程多措并举，启动实施东亭污水处理厂四期工程，全面加快走马塘、双泾河等重点水利工程建设，确保到“十二五”末，城镇生活污水集中处理率达到95%，农村地区达到90%，入湖河道断面水质稳定达标，全面消除城乡河道黑臭现象。大力实施“蓝天工程”，以能源结构调整、秸秆综合利用、城市扬尘控制、油气回收改造等为重点，加快构建联防联控体系，综合治理大气污染，全面改善大气环境。要以建设“绿色锡山”为抓手，着力打造绿色通道、绿色屏障、绿色村镇、绿色家园，确保“十二五”末，建成区绿化覆盖率超45%。二是以节能减排为倒逼，优化产业发展空间。要大力建设低碳城区，组织企业实施清洁生产审核，加快启动中水回用工程，积极推广节能、节电、节水新技术、新工艺、新设备，确保到“十二五”末，万元GDP能耗累计下降20%以上。要加快淘汰落后产能，深入开展黑色金属冶炼及压延加工、化工、热电等企业（行业）整治行动，坚决淘汰落后工艺设备，腾出环境容量和发展空间。要强化环保执法监管，深入开展环保专项行动，严厉打击环境违法行为，始终将重点排污区域、排污单位置于实时监控状态，不断提高环保执法效率和水平。三是以共建共享为目标，营造和谐人居环境。大力倡导绿色消费，扎实开展生态文明宣传教育活动，树立“节约光荣、浪费可耻”的社会风尚，引导居民购买节能、节水产品和可再生利用产品，养成简约、低碳的生活方式和消费习惯。积极推广垃圾分类，逐步推行所有垃圾“大分流”，有序推进生活垃圾“小分类”，确保城乡生活垃圾无害化处理率保持100%。切实加强长效管理，充分调动村（社区）居民参与生态建设和环境保护的积极性和主动性，着力巩固综合整治成果，努力形成共建、共管、共享的工作格局，营造天更蓝、水更清、地更绿的和谐人居环境。

5．突出普惠民生，全力打造“幸福锡山”。以实现民生普惠为目标，以提高幸福指数为追求，在推动城乡就业创业、民生保障、公共服务等方面全面实现城乡一体无缝对接，不断缩小城乡、区域、群体之间的民生发展差距。一是完善就业保障体系。围绕五年实现“劳动者报酬和居民收入倍增”的目标，以建设“充分就业区”和“创业型城区”为载体，继续实施积极的就业政策，更大范围、更大力度地扶持自主创业，逐步实现城乡就业创业在政策优惠、资金保障、管理服务方面的均衡化，到“十二五”末，实现新增城镇就业5万人以上，年城镇登记失业率控制在4%以内。坚持广覆盖、保基本、多层次、可持续方针，以推进社会保险扩面为重点，全面实施城乡一体的养老保险制度和医疗保险制度，促进社会保障体系由基本保障型向福利普惠型转变。大力推进住有所居工程，加快构建具有锡山特色的覆盖全局、梯次配备、结构合理的住房保障体系。积极开展深度贫困家庭救助、孤儿福利保障援助等活动，完善城乡低保制度，提高福利供给水平，推进慈善事业发展，基本形成以最低生活保障和“五保”供养制度为基础，以养老、助残、救孤、济困为重点的全社会动员的福利救助体系。二是提升公共服务水平。坚持教育优先投入、优先发展，高位均衡提升十五年基础教育，创新构建高素质师资平台，提升素质教育实施水平，持续深化教育领域改革，率先全面实现教育现代化，基本建成学习型社会。大力发展医疗卫生事业，深化医疗卫生体制改革，促进卫生资源合理配置，完善社区卫生服务功能，建设覆盖全民的公共卫生服务体系、医疗保障体系和药品供应保障体系，率先基本建立覆盖城乡居民的基本医疗卫生制度。大力实施“惠民计生”工程，提高出生人口素质，不断提升基层人口计生工作水平。三是全面加强社会管理。因势利导、因地制宜，分类指导村级集体经济的发展和改革，进一步增强村级集体经济的综合实力。健全基层管理和服务体系，切实加强综治信访、人民调解、帮扶解困、物业服务、环卫管理等社会管理和服务职责，不断强化义务巡逻队、平安志愿者等群团社会组织和基层组织建设，积极探索安置小区和新型社区管理新机制，增强城乡社区的自治和服务功能，提高公众参与社会管理意识，培育公众参与社会管理能力，形成“多元共治”的新局面。积极促进社会管理创新与社会矛盾化解、公正廉洁执法有机对接，调节利益关系，调动各方力量，对重点、热点、难点问题进行专项排查，做到及时发现、超前预警、主动应对，真正实现社会管理有序、文明、和谐。扎实推进“法治锡山”建设，切实加强社会治安综合治理，严格落实安全生产、食品药品安全制度，健全完善突发事件应急处置机制，提高综合应急救援队伍实战能力，不断增进人民群众的生产安全感和生活安全感。积极支持人大、政府、政协履行职能，全面加强人武、双拥、统战、对台、民族、宗教、侨务、档案、史志、人防等各项工作，促进工会、共青团、妇联、科协、残联、工商联事业健康发展。

四、全面推进党的建设新的伟大工程

事业兴衰，关键在党。全区上下要坚持以执政能力建设和先进性建设为主线，全面推进党的思想、组织、作风、制度建设和反腐倡廉建设，始终保持各级党组织和党员干部的创造力、凝聚力、战斗力，为全区经济社会赶超发展提供坚强有力的组织保障。

1．切实加强思想政治建设，提升干事创业的精神境界。思想政治建设是党建工作的灵魂与核心，要坚持把理论武装工作放在首位，不断提高广大党员干部尤其是各级领导干部的理论水平和思想修养，增强加快推动经济社会赶超发展的能力水平。要进一步强化观念更新，大力推进学习型党组织、学习型领导班子建设，继续健全和落实领导班子中心组学习制度和党员学习制度，组织实施好干部“双优化一提升”教育培训三年计划，引导党员干部进一步开阔眼界、开阔思路、开阔胸襟，不断提升勤于学习新知识、乐于接受新理念、敏于接受新事物、善于解决新问题的本领。要进一步注重创新实践，认真学习、深入研究上级出台的各类政策意见，积极借鉴先进地区的成功经验，善于总结群众创造的新鲜经验，充分结合本地区本部门的发展实际，不断以全新的视角审视问题，加快探索赶超发展的新路径、新方法，奋力在创新发展上快人一步、先人一拍、抢占先机。要进一步提振精神状态，坚持把握基调、把好导向、把牢关口，加强正面宣传教育、注重典型宣传引领、办好重大纪念活动，积极抓好热点问题和突发事件的舆论引导，积极营造昂扬向上的主流舆论，着力形成聚精会神搞建设、一心一意谋发展的浓厚氛围，努力为全区经济社会赶超发展提供强有力的思想保证、舆论支持和精神动力。

2．切实加强干部队伍建设，激发干事创业的持续动力。按照科学发展、率先发展、赶超发展的要求，努力建设一支能够担当锡山未来发展重任的高素质干部队伍。要以发展的眼光培育人，坚持围绕中心、服务发展，突出德才兼备、以德为先，全面加强换届后的领导班子建设，努力把各镇（街道）党（工）委班子建设成为坚定贯彻党的理论和路线方针政策、善于领导科学发展的坚强集体。不断加强党员干部教育培训，深入实施年轻干部培养工程，努力提高各级干部科学执政的水平、狠抓落实的水平、攻坚克难的水平、创先争优的水平。要以公正的机制选用人，深化干部人事制度改革，不断改进干部考察工作，坚持和完善差额考察、延伸考察、民意考察，扩大竞争性选拔领导干部范围，完善竞争性选拔的方法程序，及时把那些实绩突出、德才兼备、群众公认的干部选拔到领导岗位上来，不断提高选人用人的公信度和人民群众的满意度。要以优良的作风引导人，要以思想教育、完善制度、集中整顿、严肃纪律为抓手，大力弘扬密切联系群众之风，求真务实、艰苦奋斗之风与批评和自我批评之风，以优良的党风保障科学发展。要进一步提高领导干部的执行力，对各级领导班子和领导干部执行重大决策部署不力的，坚决实行“一票否决”。要强化各级各部门工作责任制、目标责任制和责任追究制，进一步掀起改进作风、优化服务、提高效能的热潮。

3．切实加强基层组织建设，巩固坚如磐石的执政基础。党的基层组织是党的执政基石和战斗堡垒，要坚持拓宽领域、强化功能，切实发挥好基层党组织推动发展、服务群众、凝聚人心、促进和谐的重要作用。要加强村（社区）党组织建设，认真抓好村（社区）党组织的思想政治建设、作风建设、能力建设和制度建设，增强班子带领群众共建新农村、共建和谐社区的战斗力、凝聚力。进一步加快村（社区）党组织书记“职业化”步伐，抓好到村（社区）任职大学生的帮带培养工作，继续及时做好新建居民小区、拆迁安置小区党组织建设工作，着力优化村（社区）干部队伍结构。要抓好“两新”党组织建设，继续围绕“一手抓覆盖面扩大、一手抓作用发挥”，深入推进“两新”组织党建工作。在确保规模以上企业党组织动态组建率保持100%的基础上，不断扩大企业党组织覆盖面。建立健全“两新”组织党务干部特别是书记的择优选任机制、工作责任机制、学习培训机制、考核激励机制，确保“两新”组织党组织发挥更大作用。要增强基层党组织活力，深入推进“三方结对共建、携手创先争优”活动，不断提升统筹共建水平。继续实施基层党建创新工作项目化管理，积极培育基层党建创新工作项目品牌，努力形成基层党建持续创新、系统创新的生动局面。积极适应党内基层民主建设新要求，推进基层党务公开工作，进一步提高党员对党内事务的参与度，充分发挥党员在党内生活中的主体作用。

4. 切实加强党风廉政建设，营造风清气正的执政环境。党风正则干群和，干群和则社会稳。要坚持标本兼治、综合治理、惩防并举、注重预防的方针，全面落实中央和省市关于惩防体系建设的部署要求，不断提升反腐倡廉建设的实效水平，努力开创反腐倡廉工作的崭新局面。要健全反腐倡廉教育机制，继续完善学习、教育、培训和活动机制，推进廉政文化“六进”活动，加强反腐倡廉教育基地和廉政文化示范基地建设，努力增强党风廉政教育的影响力和渗透力。要健全权力运作监控机制，认真落实党内监督条例，全面深化镇（街道）和区级机关内控机制建设，严格执行领导干部述职述廉、诫勉谈话、函询、质询、罢免或撤换以及民主评议、信访监督等制度，充分发挥人大、政协和监察、审计、社会舆论、新闻媒体等监督主体的积极作用，不断完善行政权力网上公开透明运行机制。要健全源头防治腐败机制，认真落实领导干部廉政承诺制度、领导干部回避制度，进一步完善公共资源市场化配置机制，加快推进区域和行业社会信用体系建设。要健全纠风工作长效机制，坚持齐抓共管的纠风工作领导体制，不断完善常抓不懈的监督约束机制和反应快捷的查处纠正机制，切实把纠风工作融入各部门和单位的业务工作之中。要健全惩治腐败工作机制，进一步拓展腐败案件揭露、发现渠道，规范违纪违法案件线索管理，加强对大案要案查处的组织领导，提高突破大案要案的能力。要健全作风效能督查机制，进一步改进机关作风效能评议方式，推进行政效能投诉处理的规范化、程序化、制度化，加大查处群众关注、反映强烈的突出问题的力度。

同志们，推动赶超发展，建设“幸福锡山”，率先基本实现现代化，是历史赋予我们的神圣使命和光荣职责。新的使命和征程，需要我们更加励精图治；新的目标和重任，需要我们更加发奋图强。让我们紧密团结在以胡锦涛同志为总书记的党中央周围，高举邓小平理论和“三个代表”重要思想伟大旗帜，全面贯彻落实科学发展观，以更加昂扬的斗志、更加扎实的作风、更加振奋的精神，抢抓机遇，开拓创新，扎实工作，不断创造出无愧于党、无愧于人民、无愧于时代的辉煌业绩！

坚持全面履职　恪守执纪为民
努力开创党风廉政建设和反腐败工作新局面

——在中国共产党无锡市锡山区第三次代表大会上的纪律检查工作报告

方　力

（2011年6月26日）

同志们：

现在，我代表中国共产党无锡市锡山区纪律检查委员会，向大会报告工作，请各位代表审议。

一、过去五年工作的回顾

五年来，全区各级纪检监察组织坚持以邓小平理论和“三个代表”重要思想为指导，以科学发展观为统领，以构建惩防体系为主线，充分发挥党风廉政建设责任制的龙头带动作用，大力弘扬清风正气，着力规范从政行为，坚决惩治腐败分子，为维护和促进全区的改革、发展、稳定提供了有力的政治保证。

（一）抓宣教重引领，廉洁氛围更加浓厚。坚持结合实际、注重实效，全方位、多层次、有步骤地开展反腐倡廉教育，不断完善反腐倡廉宣传教育机制，着力营造良好的勤廉干事氛围。围绕主题活动，开展基础教育。通过组织开展“遵守党章，执政为民”、“加强党性修养，坚持廉洁从政”、“学廉政准则，做勤廉公仆”等系列主题教育活动，在党员干部中广泛开展理想信念、从政道德、案例警示和反腐倡廉形势教育，引导党员干部自觉筑牢拒腐防变思想防线。突出重点对象，加强重点教育。通过举办新上岗领导干部廉政培训班、组织新任区管领导干部集体廉政谈话、召开领导干部警示教育大会、开展领导干部“读廉文、写廉文、荐廉文”活动等，教育各级领导干部切实增强反腐倡廉意识。注重文化引领，做好普及教育。通过组织开展廉政文化进机关“五个一”系列专题活动、“廉洁家庭”评选表彰、廉政公益广告竞赛及“清风颂”文艺巡回演出等系列活动，广泛开展廉政文化“六进”活动，扎实推进廉政文化示范点建设。全区成功创建省级廉政文化建设示范点1家，市级廉政文化建设示范点14家。

（二）抓督查重实效，服务发展更加有力。坚持围绕中心、服务发展，加强党政组织执行力建设，着力推动区委、区政府重大决策部署的贯彻落实。强化重点工作督查。充分发挥纪检监察机关组织协调、高位督查和职能部门专项督查的作用，创设“6+1”环保大督查模式，切实加强对村庄综合整治、排水达标区、生活垃圾无害化处理体系、截污接管、河道综合整治、农业生态治理等工作的督查，累计开展各类水生态督查200余次，确保水生态综合整治工作扎实推进。强化重点领域督查。加强财政投资项目和工程招投标监管，突出抓好对区重点项目建设推进情况的督查；部署开展工程建设领域突出问题专项治理工作，下发整改通知书224份，问题整改率达到92%；率先在全市完成“两集中、三到位”行政审批制度改革，切实强化对重大投资项目行政审批“绿色通道”制度执行情况的监督。强化作风效能督查。抓好对全区党群综合部门及行政执法部门的民主评议，不定期组织明查暗访活动，认真办理行政效能投诉件，不断深化机关作风与效能建设。五年来，共办理各类效能投诉81件，有26人受到责任追究。

（三）抓党风重自律，干部行为更加规范。坚持以落实党风廉政建设责任制为龙头，突出重点，扎实工作，不断深化农村基层党风廉政建设，认真抓好领导干部廉洁自律工作，全区党风廉政建设取得较好成效。党风廉政建设责任制进一步落实。每年年初下发《全区党风廉政建设和反腐败工作责任分解意见》，将反腐倡廉重点工作分解落实到相关单位，年底结合区管领导干部勤廉双述等工作，对各单位党风廉政建设责任制落实情况进行检查考核、民主测评。五年来，累计对75个领导班子、787名区管领导干部进行重点抽查，有4人受到诫勉谈话处理。农村基层党风廉政建设进一步加强。全面推行基层党代表监督制度，共建立专题监督小组29个，选配监督员100余人，着力加强对镇（街道）党（工）委领导班子及其成员行使权力的监督；结合我区实际，出台《锡山区农村集体资产管理制度》、《关于进一步规范镇（街道）、村集体资金投资工程建设管理的规定》等10余项制度，有效规范农村资源、资金、资产管理；每年会同区财政、建设、审计等部门组成联合检查组，开展农村基层党风廉政建设情况综合检查，共有13名村“两委”主要负责人因违反相关规定受到党纪政纪处分。专项清理工作进一步推进。开展评比达标表彰活动清理，撤销区级自行设置评比表彰项目22项；开展党政机关所办经济实体和股权专项清理活动，督促36个经济实体、社团与行政事业单位脱钩；开展党政机关、事业单位、国有企业、社会团体“小金库”清理活动，清理违规金额210余万元，有6人受到诫勉谈话处理。廉洁自律工作进一步深化。建好领导干部廉政档案，及时掌握领导干部廉情信息，加强对领导干部廉洁情况的动态监督；强化领导干部经济责任审计跟踪督查制度，督促相关单位整改存在问题21个，并对2名违反财经纪律的干部进行免职处理；加大节日期间监督检查力度，组织明查暗访活动，促使党员干部严格执行廉洁从政各项规定。五年来，共开展明查暗访200余次，收到上交礼金礼券礼品价值250余万元，其中“581”廉政账户收到上交款160余万元。

（四）抓纠风重民生，维护民利更加扎实。坚持从解决群众最关心、社会最关注的热点、难点问题着手，集中时间、集中精力，选择专题、重点治理，较好维护了人民群众的合法权益。强化纠风治乱工作。实行以政府为主导的网上药品集中采购，督促医疗卫生单位规范有序开展采购工作，切实纠正医药购销和医疗服务中的不正之风；组织开展教育收费专项检查，督促教育系统落实义务教育“一费制”和“两免一补”的政策规定，严格执行公办高中择校生“三限”政策，严肃查处学校乱收费行为；督促交通、水利部门严格执行行政执法责任制，完善行政问责体系，切实加强公路、河道“三乱”治理工作。开展民主评议活动。重点对教育、卫生两个系统政风行风进行评议，督促和指导教育、卫生系统抓好动员部署、自查自纠、集中评议和总结整改等重要环节，收到了积极的社会效果；围绕“建勤廉队伍、让人民满意”目标，对国税、地税、交通等10个系统95个站所进行民主评议，有效促进了基层站所的廉政建设和作风效能建设。

（五）抓执纪重办案，治腐作用更加彰显。坚持把查信办案作为纪检监察组织的重要职责，坚决做到发现一起、查处一起，始终保持惩治腐败的高压态势。案件查办力度加大。五年来，全区纪检监察组织共立案查处各类违法违纪案件 213件，受党政纪处分213人，其中乡科级干部17人，挽回经济损失1200

余万元。案件质量显著提升。充分发挥基层纪检监察工作室、基层纪委及区纪委案件审理三级审核机制作用，积极推行案件协审制度和审理助辩制度，建立案件质量检查制度，五年来所办案件始终保持零申诉。信访维稳成效明显。深入开展信访目标管理活动，切实加强信息研判和疏导协调，认真解决信访突出问题，着力化解社会矛盾。五年来，全区纪检监察组织共受理来信来访和电话举报518件（次），其中区纪委直接查办195件，形成信访案件32件，信访案件结案率为100%。区纪委、监察局连续两次被评为“全省纪检监察信访举报工作先进单位”。资源重组作用充分发挥。派驻纪检监察工作室成立以来，累计办理信访件43件（次），完成案件调查73件，其中自办案件13件，对推动驻在区域勤政廉政建设和维护社会稳定发挥了积极的作用。

（六）抓预防重创新，制度体系更加完善。坚持按照构建惩防体系框架的基本要求，突出权力运行的关键环节和重要领域，积极探索，大胆实践，在深化制度建设方面取得良好成效。建立健全行政权力网上公开透明运行机制。组织各部门开展行政权力清理审核工作，细化自由裁量标准，编制职权目录和运行流程图。全区共审核确定各类行政职权2534项，32个区级部门的行政权力已全部上网公示并成功上线运行，有效防止了权力失控、行为失范。着力深化党务政务村务公开。逐步扩大基层党务公开实施范围，不断完善政府信息公开网功能配置，加快推进教育、医疗卫生、计划生育等公共企事业单位办事公开，逐步健全以财务公开为重点的村务公开管理机制，切实抓好社会普遍关注、涉及群众切身利益事项的公开。积极推进机制创新和制度改革。建立全区机关、事业单位和社团组织等使用财政性资金购买货物、工程和服务的统一采购中心和招投标中心，推动招标市场由分散管理向集中管理转变，有效消除多头管理、相互冲突、分割市场的现象；进一步完善国库集中支付制度，确立以财政直接支付为主、授权支付为辅的支付模式，并在实行集中支付单位全部推行公务卡结算制度，着力加强公务支出的监督管理；大力推行廉政风险预警管理，紧紧抓住“找、防、控”三个环节，组织查找廉政风险、建立防控措施、构建预警体系。全区各单位共查找出廉政风险点1989个，建立防控措施2076个，较好防范了廉政风险的发生。

（七）抓队伍重能力，自身建设更加深入。着眼于全面提升纪检监察工作能力和水平，坚持改革创新、与时俱进，不断加强干部队伍能力建设，着力深化纪检监察组织建设。增强党性修养和宗旨意识。通过召开学习会、专题报告会、党课、培训班等形式，组织纪检监察干部深入学习邓小平理论和党的十六大、十七大精神，深刻领会“三个代表”重要思想和科学发展观的精神实质，积极参与“严格自律、秉公执纪、争当优秀纪检监察干部”和“做党的忠诚卫士、当群众的贴心人” 等主题实践活动，不断增强纪检监察干部围绕中心、服务大局的紧迫感和责任感。强化业务学习和能力培训。深入学习党的反腐倡廉理论和党纪法规，建立完善学习调研制度，进一步提高纪检监察干部的学习力和创新力；通过开展业务培训、知识测试与竞赛、岗位技能大赛等，进一步提高纪检监察干部的业务能力和实践经验。创新组织建设和队伍管理。积极整合乡镇纪检监察资源、优化队伍配置，率先在全市成立农村纪检监察工作室，进一步加大基层党风廉政建设和反腐败工作力度；在16个设立党组的区政府部门派驻纪检监察组，实现区政府工作部门纪检监察组织全覆盖；成立纪检监察工作三室，加强对区级机关反腐倡廉建设和区级重点工程建设的监督；指导红豆集团成立全市首家民营企业纪委，积极探索非公企业开展党风廉政建设的新途径；制定《关于加强纪检监察系统内部监督工作的实施意见》，认真抓好区纪委机关权力内控机制建设，切实加强对纪检监察干部的监督和约束。

在充分肯定成绩的同时，我们必须清醒地看到，全区党风廉政建设和反腐败工作与区委和上级纪委的要求以及人民群众的期盼相比还有差距，反腐败形势依然严峻，任务依然艰巨：一些廉洁自律规定落实得还不够，领导干部违纪违法案件仍有发生；一些重要领域和关键岗位廉政防控措施有待进一步完善，腐败行为仍未得到全面遏制；一些不正之风的治理成果有待进一步巩固，侵害群众合法权益的现象仍然存在；惩防体系建设步伐有待进一步加快，制度创新的广度和力度仍需加大；纪检监察机关自身建设有待进一步加强，体制机制、政策措施和工作方法还不能完全适应新形势、新任务的要求。这些问题必须引起我们的高度重视，并采取切实有效的措施，认真加以改进和解决。

二、过去五年工作的体会

回顾五年来党风廉政建设和反腐败工作的实践，

我们有以下认识和体会。

一是必须坚持齐抓共管、凝心聚力，切实增强反腐倡廉工作的组织保障。五年来，我们始终坚持在区委的统一领导下，切实加强党风廉政建设责任制落实情况的监督检查，全面推行基层党代表监督制度，严格执行领导干部经济责任审计跟踪督查规定，各级党政领导带头抓反腐倡廉的责任感和自觉性不断增强，纪检监察机关的组织协调水平有了新提高，职能部门齐抓共管的合力进一步加大，党员和群众参与反腐倡廉的渠道不断拓宽。实践证明，坚持“党委统一领导、党政齐抓共管、纪委组织协调、部门各负其责、依靠群众的支持和参与”的反腐败领导体制和工作机制，是深入推进党风廉政建设的有力保证，是反腐败斗争取得成效的关键所在。

二是必须坚持围绕中心、服务大局，突出抓好重大决策部署的贯彻落实。五年来，我们始终坚持以服务发展为己任，建立健全“6+1”环保大督查机制，积极推进“两集中、三到位”行政审批制度改革，突出抓好重点项目建设督查，持续深化党政组织执行力建设，主动策应、自觉跟进区委、区政府的各项重大决策部署，形成了反腐倡廉建设与经济社会发展良性互动、与党委政府中心工作有机融合的良好局面。实践证明，只有紧扣中心工作，服务发展大局，才能充分发挥纪检监察组织的职能作用，切实保证反腐倡廉工作的实际成效。

三是必须坚持以人为本、执纪为民，认真解决群众普遍关心的突出问题。五年来，我们始终坚持把党的群众路线贯穿于纪检监察工作的全过程和各方面，积极开展民主评议基层站所活动，深入推进政风行风建设，坚决纠正损害群众利益不正之风，努力解决群众反映强烈的热点、难点问题，严肃查处党员干部以权谋私、违法乱纪等典型案件，较好地促进了社会的和谐稳定，维护了人民群众的合法权益。实践证明，只有始终保持同人民群众的血肉联系，牢固树立群众利益无小事的理念，才能使人民群众真切感受到党风政风和社会风气的不断好转，推动群众对反腐倡廉工作关注度、认知度和满意度的不断提升。

四是必须坚持开拓创新、与时俱进，更加注重从源头上预防和治理腐败。五年来，我们始终坚持“标本兼治、综合治理、惩防并举、注重预防”的方针，大力推行廉政风险预警管理，着力深化公共资源交易制度改革，努力健全权力运行监督制约机制，在大胆实践、系统总结的基础上，初步形成了以反腐倡廉教育机制、权力运行监控机制、预防腐败工作机制、纠风工作长效机制、惩治腐败工作机制等为主体的惩防体系基本框架。实践证明，只有不断适应反腐倡廉的新要求新任务，坚持体制机制创新，才能有效铲除腐败滋生蔓延的土壤和条件，不断提高反腐倡廉工作水平。

三、今后五年的主要任务

当前，锡山已经进入转型升级、赶超发展的关键阶段，今后五年的发展任务十分艰巨，做好反腐倡廉工作，推动建立一个政治稳定、社会和谐、干部廉洁、政府高效的发展环境，意义尤为重大。我们一定要深刻认识反腐败斗争的长期性、艰巨性、复杂性和紧迫性，开拓创新，锐意进取，采取切实有力措施，推动党风廉政建设和反腐败工作向纵深开展。今后五年，我区党风廉政建设和反腐败工作的总体思路和目标是：坚持以邓小平理论、“三个代表”重要思想和科学发展观为指导，按照中央及省市纪委统一部署，切实加强以保障重大决策部署贯彻落实为重点的执行力监督检查，以保持党同人民群众血肉联系为重点的作风建设，以完善惩治和预防腐败体系为重点的反腐倡廉建设，着力解决人民群众反映强烈的突出问题，不断提升反腐倡廉建设的实效和水平，努力开创工作新局面，为我区经济社会转型发展赶超发展提供切实有效的纪律保证。

（一）围绕中心工作，突出服务发展，充分履行保驾护航职能。坚持围绕科学发展、加快转型发展主线，更加自觉地从党委政府工作全局上谋划反腐倡廉建设，把握推进工作的着力点，积极履职，主动作为，在推进赶超发展中更好地发挥服务和保障作用。切实提高监督检查工作水平。坚持用科学发展观统领纪检监察工作，加强监督检查，严明政治纪律，确保党的路线方针政策得以贯彻落实。紧紧围绕党委政府中心工作，积极参与重大经济活动，实现在参与中加强监督、搞好服务，确保各项重大决策部署落到实处。进一步改进监督检查方式方法，建立健全定期检查、专项督查和纪律保障机制，以扎实有力的监督举措，努力促进监督检查的科学化、制度化、规范化。全面履行纪检监察两项职能。在加强党的纪律检查工作的同时，注重发挥行政监察的职能作用，着力形成党政监督的整体合力。进一步加强和改进执法监察工作，加大对行政机关遵守法律法规和执行政府的决定命令情况的检查力度，防止和纠正行政慢作为、不作为、乱作为；进一步加强和改进廉政监察工作，以强化对权力的制约和监督为重点，严肃行政纪律，坚决查处以权谋私、严重损害国家和人民利益的行为；进一步加强和改进效能监察工作，建立健全绩效评估机制，着力治理“庸、懒、散”行为，有效解决机关工作中存在的推诿扯皮、效率低下等问题。

（二）狠抓党风政风，凝聚党心民心，进一步密切党群干群关系。深入学习贯彻胡锦涛总书记关于加强党的作风建设的重要讲话精神，大力弘扬党的优良传统和作风，及时发现和纠正党员干部在思想作风、学风、工作作风、领导作风和生活作风方面存在的突出问题，以优良的党风政风凝聚党心民心，形成推进锡山经济社会又好又快发展的强大力量。进一步弘扬党的优良传统和作风。大力弘扬密切联系群众之风。认真落实中央和省、市、区委关于加强和改进群众工作的各项要求，加强对党的群众路线执行情况的监督检查，坚决纠正脱离群众的不良风气。大力弘扬求真务实、艰苦奋斗之风。认真落实中央有关厉行节约的规定，严格执行财经制度和经济工作纪律，坚决克服官僚主义、形式主义、弄虚作假、铺张浪费等问题。大力弘扬批评和自我批评之风。督促广大党员干部自觉加强党性修养，敢于揭露和纠正缺点错误，敢于同消极腐败现象和损害人民群众利益的行为作斗争。进一步深化基层党风廉政建设。深入推进基层党务政务公开。以保障群众知情权为重点，全面落实各项公开制度，认真倾听群众意见，接受群众监督，维护群众利益。认真对待群众合理诉求。在做好群众来信来访工作的同时，进一步畅通社情民意反映渠道，关注群众反映的突出问题，加强对网络舆情的收集、研判和处置，切实做好信息发布和澄清是非、释疑解惑工作。加大对损害群众利益行为的问责力度。认真落实岗位责任制、首问负责制、限时办结制等制度，坚决纠正对群众疾苦漠不关心、对群众呼声置若罔闻、对群众利益麻木不仁，甚至与民争利、以权谋私的行为。严格执行党的各项纪律。坚持把维护党的政治纪律摆在首位，教育和引导广大党员干部切实增强宗旨意识、执政意识、大局意识和责任意识，始终保持政治上的清醒和坚定。严明党的组织纪律，坚持公道正派用人，反对独断专行、软弱涣散和用人上的不正之风。严明党的经济工作纪律，维护社会主义市场经济秩序，严肃查处以权谋私、权钱交易和违反规定插手经济活动等行为。严明党的群众工作纪律，牢固树立群众利益无小事的观念，严肃查处吃拿卡要等侵害群众利益的行为。

（三）强化纠风惠民，致力保障民生，切实维护好人民群众合法权益。坚持把维护好、实现好、发展好最广大人民群众的根本利益作为纪检监察工作的出发点和落脚点，适应时代发展的新特点，顺应人民群众的新期待，抓住热点、破解难点，集中解决反腐倡廉建设中人民群众反映强烈的突出问题，让群众实实在在地感受到党委政府的工作成效。坚决纠正损害群众利益的不正之风。主动深入到矛盾和问题集中的地方去，积极为人民群众排忧解难，真正把问题解决在基层、把矛盾化解在内部、把隐患解决在萌芽状态。坚持纠建并举、疏堵结合，认真解决安全生产、食品药品安全、环境保护等群众普遍关注的问题，坚决制止违法征地、违规收费等损害群众利益行为，严肃查处玩忽职守、滥用职权、与民争利等行为。加大对强农惠农政策落实和资金使用情况的监督检查力度，切实解决在农村土地承包、补贴资金发放等环节损害农民利益的问题。深入推进专项治理工作。进一步加大对公款旅游、公务用车、公款招待等问题的治理力度，深入开展清理和规范庆典、研讨会、论坛活动，切实加强监督管理，严肃查处违规违纪行为。深化工程建设领域突出问题专项治理，严肃查处违规项目审批、规划调整以及规避招标、虚假招标、违法分包等问题。继续巩固“小金库”专项治理成果，加强整改落实，健全防治“小金库”长效机制。深入开展治理重点领域商业贿赂活动，有效遏制工程建设、房地产开发、土地出让、政府采购等领域的腐败行为。

（四）从严执纪执法，坚决惩治腐败，努力营造风清气正环境。坚持惩前毖后、治病救人的方针，始终保持查办案件的强劲势头，决不让任何腐败分子逃脱党纪国法的惩处。继续加大惩治腐败力度，严肃查办发生在领导机关和领导干部中的贪污贿赂、失职渎职案件，重点领域和关键环节中的违纪违法案件，严重违反政治纪律和组织人事纪律的案件；严肃查办发生在基层政权组织和重点岗位以权谋私、滥用职权的案件，严重侵害群众利益、重大责任事故和群体性事件涉及的失职渎职及背后的腐败案件。继续抓好信访举报工作，健全网络举报和受理机制，完善重要案件线索集中管理和分析排查制度，构建腐败案件及时揭露、查处机制。继续完善与区法院、区检察院、锡山公安分局、区审计局等机关之间的沟通协调机制，拓宽案源渠道，形成办案合力，增强突破疑难复杂案件的能力。继续加强案件管理和审理工作，健全工作制度，规范工作流程，提高依法依纪办案水平。充分发挥基层纪检监察工作室的职能作用，进一步加大对驻在区域的案件查处力度。

（五）坚持深化改革，完善惩防体系，整体推进反腐倡廉各项工作。坚持以改革统揽反腐倡廉各项工作，用发展的思路和制度的创新来解决腐败的深层次问题，立足源头防腐，着眼机制创新，狠抓制度落实，最大限度地减少机制障碍和制度漏洞，全面提升反腐倡廉建设科学化水平。加强反腐倡廉宣传教育。进一步加强对领导干部尤其是党政主要领导干部廉洁从政教育，定期开展领导干部廉洁从政专题培训，切实把反腐倡廉教育内容纳入党员干部教育培训计划。按照分类分层教育的原则，以理想信念教育和党性党风党纪教育为重点，积极运用现代科技手段，深入开展示范教育、警示教育和岗位廉政教育，切实增强反腐倡廉教育的针对性和实效性。继续推进廉政文化“六进”活动，加强反腐倡廉教育基地和廉政文化示范点建设，加大党风廉政宣传力度，完善反腐倡廉舆论引导机制，努力增强党风廉政教育的影响力和渗透力。加强对权力运行的监督制约。认真贯彻落实党内监督条例，不断完善领导干部述职述廉、诫勉谈话、函询、质询、罢免或撤换以及民主评议、信访监督等制度，健全和规范党委常委会向全委会定期报告工作并接受监督制度。进一步加强对各级领导班子开展民主生活会的监督检查，着力提高民主生活会质量。不断完善行政权力网上公开透明运行机制，探索运用信息技术建立和完善自我防控、及时纠错、持续改进的权力控制系统，着力推动权力的规范高效运行。充分发挥人大、政协、审计、社会舆论、新闻媒体等监督主体的积极作用，加强统筹协调，创新监督方式，切实提高外部监督的整体效能。加强从源头上防治腐败。坚持以领导干部为重点，以容易滋生腐败的重点领域和关键环节为抓手，积极探索从源头上防治腐败的有效途径，最大限度地减少权力“寻租”的机会。全面落实《中国共产党党员领导干部廉洁从政若干准则》、《关于领导干部报告个人有关事项的规定》等党纪法规，完善配套制度，细化工作措施，提高制度反腐的针对性、实效性。建立健全新提任领导干部廉政谈话和廉政承诺制度，并将领导干部开展廉政承诺的情况纳入落实党风廉政建设责任制的考核内容。充分发挥市场配置资源的基础性作用，加快公共资源交易制度改革，加强对招投标活动的监督管理。继续推进行业协会、中介组织与政府部门的脱钩改制工作，大力规范内部管理，着力健全事业单位、行业协会和中介组织预防腐败制度。充分运用信访监督、述职述廉述法、责任审计、个人有关事项报告、民主评议等渠道，加强预防腐败的信息采集、分析和传递，准确把握腐败现象的特点、规律和趋势，逐步建立和完善腐败预警机制。深化体制机制创新。坚持以改革的精神、创新的思路、发展的办法，不断深化干部人事、行政审批、招标采购、政府投资等重点领域体制改革，着力解决滋生腐败的深层次矛盾和问题。坚持用系统的思维、统筹的观念、科学的方法，不断深化教育、监督、预防、纠风、惩治等反腐倡廉工作机制建设，加快转变纪检监察工作方式方法，切实增强惩治和预防腐败的整体性、系统性和实效性。

（六）加强自身建设，优化队伍结构，全面提升干事创业能力。各纪检监察组织和广大纪检监察干部必须充分认识对党负责和对人民负责的一致性，以更高的标准、更严的要求切实履行党和人民赋予的职责，认真抓好反腐倡廉各项任务的落实。深入推进干部队伍能力建设，切实加强业务培训，积极拓展知识视野，着力提高服务、保障和促进科学发展的能力、维护社会稳定的能力以及有效防治腐败的能力。切实加强基层纪检监察组织建设，积极推进党的纪律监督组织向村级组织和非公有制企业、新社会组织延伸。逐步完善纪检监察干部资格准入制度，加大跨系统轮岗交流和挂职锻炼力度，努力形成良好的选人用人机制。纪检监察干部要带头遵守党纪国法，严格执行内部监督规定，自觉接受监督，坚决做到有令必行、有禁必止，确保队伍作风过硬、公正廉洁。

同志们，新的形势和任务赋予党的纪律检察机关新的历史使命。我们一定要在区委和上级纪委的领导下，以“三个代表”重要思想为指导，全面贯彻落实科学发展观，解放思想，与时俱进，扎实工作，奋力进取，不断开创纪律检查工作新局面，为实现区第三次党代会提出的各项目标任务而努力奋斗！

中共锡山区委　锡山区人民政府 关于印发锡山区率先基本实现现代化行动纲要的通知

锡发〔2011〕41号

开发区、商务区党工委、管委会，台创园管委会，各镇（街道）党（工）委、政府（办事处），区各部委办局，区各人民团体，区直各单位，驻区各条线单位：

《锡山区率先基本实现现代化行动纲要》已经区委三届二次全会审议通过，现印发给你们，请认真贯彻执行。

中共锡山区委
锡山区人民政府
2011年11月3日

锡山区率先基本实现现代化行动纲要

为深入贯彻胡锦涛总书记在庆祝建党90周年大会上的重要讲话精神，全面落实省委十一届十次全会和市委十一届十次全会决策部署，根据《无锡市率先基本实现现代化行动纲要》，进一步动员全区广大干部群众，抢抓本世纪头二十年重要战略机遇期，全面加快锡山“十二五”经济社会发展步伐，在新的起点上开创科学发展新局面，现制定本纲要。

一、发展条件和形势

争当全省“两个率先”先导区、示范区，是本世纪头二十年无锡发展的总定位，也是锡山在本世纪头二十年发展的总定位、总目标。“十一五”时期，我区在率先全面建成小康社会基础上，围绕“加快赶超发展、建设幸福锡山”的目标，全面推进经济社会平稳较快发展，圆满完成了“十一五”规划各项目标任务，为我区“十二五”期间又好又快推进“第二个率先”奠定了坚实基础、构筑了新的起点。

当前和今后一个时期，我区的发展仍处于可以大有作为的重要战略机遇期。全球经济格局深刻调整，新一轮科技和产业革命孕育新的突破，我国工业化、信息化、城镇化、市场化、国际化纵深推进，长三角地区加速一体化，江苏实施新一轮沿海开发，无锡正大踏步向“第二个率先”迈进，为我区现代化建设提供了良好的外部环境。同时，国际金融危机影响深远，世界经济增长速度减缓，各种形式的保护主义抬头，国内区域竞争更加激烈，外部环境更具复杂性和不确定性。锡山自身发展也面临产业层次偏低、资源环境约束、人口老龄化加剧、社会矛盾增多等瓶颈制约，科学发展，任重道远。

市委十一届十次全会提出，确保2015年率先基本实现现代化。作为无锡的重要板块，锡山正处于向率先基本实现现代化迈进的重要关口，必须认真贯彻市委重大决策，科学把握发展规律，主动应对环境变化，有效破解发展难题，率先探索现代化建设的新路径，努力再创一个黄金发展期。

二、指导思想和目标

以邓小平理论和“三个代表”重要思想为指导，深入贯彻胡锦涛总书记对江苏新时期发展“六个注重”的最新要求，全面落实省委实施“八项工程”和市委“六个开拓”的决策部署，牢牢把握科学发展主题，紧紧扣住加快转变经济发展方式主线，对照《无锡市基本实现现代化指标体系（试行）》，进一步丰富“第二个率先”内涵，提升“第二个率先”标准，加快实施“创新驱动”、“城市化和城乡一体”、“普惠民生”主战略，奋力开创锡山现代化建设新局面。

到2015年，率先基本实现现代化。全区人均地区生产总值年均增长11.9%，地方财政一般预算收入年均增长17.3%，全社会研发经费支出占GDP比重提高到3%以上，服务业增加值占GDP比重达到45%，城市化率达到70%左右，万元GDP能耗和二氧化碳排放分别比“十一五”期末下降20%，主要污染物排放在2010年基础上削减20%以上，劳动者报酬和居民收入实现倍增，总体上达到世界中等发达国家水平。

到2020年，率先全面实现现代化。全区发展更科学，社会更和谐，文化更繁荣，生态更文明，人民更幸福，将锡山建设成为生态城区、高端商务服务城区、高科技产业城区、宜居城区。

三、基本原则和路径

锡山探索实现现代化的基本原则是：

——坚持科学发展，转变发展方式。加快经济发展方式根本性转变，全力推动经济与社会、人与自然环境的全面协调可持续发展，努力走出一条体现时代要求、遵循客观规律、具有锡山特色、符合人民愿望的科学发展新路。

——坚持和谐发展，践行以人为本。着力保障和改善民生，切实维护人民权益，有序扩大公民政治参与，努力促进社会公平正义，普遍提升人民群众的幸福感和安全感，始终保持社会大局和谐稳定。

——坚持率先发展，奋力争先进位。坚持发展第一要务，高扬发展主旋律，抢抓战略机遇期，聚精会神搞建设，一心一意谋发展，争当加快发展的排头兵，确保锡山发展水平走在全市前列，再创一个黄金发展期。

锡山探索实现现代化的基本路径是：

——实施“创新驱动”战略。坚持把科技创新创业作为第一驱动力，充分利用锡山在产业基础、交通区位、发展纵深等方面的有利条件和比较优势，以调整产业结构为核心，以优化产业形态为目标，确立高端发展的工作定位，寻求高端嫁接的合作伙伴，锻造高端竞争的能力素质，大力推动理念、科技、体制和管理等各个方面创新，加快建立具有竞争优势的区域创新体系和创新人才高地，全面推动经济结构战略性调整。

——实施“城市化和城乡一体”战略。把全面提升城市现代化水平作为转型发展、赶超发展的重要着力点，紧紧抓住长三角区域一体化带来城市重构这一历史机遇，全面加速主城改造，加快推动新城成城，努力打造功能完善、自我运行的卫星城，确立“双核双星”协调发展新格局。

——实施“普惠民生”战略。坚持执政为民宗旨，把“寓强于富、普惠于民”放在更加突出更加优先的位置，全面完善就业保障体系，大力发展社会事业，加快推动生态文明建设，着力提高社会福利水平，以较高的福利保障能力来阐释基本现代化的内涵，让人民群众更加充分、更加普遍地分享改革发展成果。

四、工作重点和任务

在“十二五”时期，围绕率先基本实现现代化总目标，加快实施三大战略，抢抓机遇、拓展思路，把握关键、务实推进，全面加快产业升级、城市发展、社会建设、文化发展和生态文明建设，全面提升锡山经济综合实力、城乡可持续发展能力和社会现代化水平，确保“十二五”规划各项目标任务圆满完成，率先基本实现现代化。

（一）实施产业升级行动计划

紧紧抓住转变经济发展方式主线，遵循“三高原则”，坚持科技创新驱动，强化产业政策导向，优化产业发展环境，大力推进经济结构战略性调整，加快形成以新兴产业为先导、现代服务业为重点、先进制造业为支撑、现代农业为基础的现代产业体系。到2015年，人均地区生产总值达到1.74万美元。战略性新兴产业营销收入占到全区产业比重的60%。服务业增加值占GDP比重提高到45%，其中现代服务业增加值占服务业比重提高到50%。规模以上工业增加值年均增速12%，高新技术产业增加值占规模以上工业比重50%。农业现代化综合水平达到90分。R&D经费支出占GDP比重提高到3%以上。

1．实施新兴产业双倍增工程。大力发展新材料、新能源和新能源汽车、智能传感、生物产业、高端装备制造、信息服务、文化创意等战略性新兴产业，到2015年，新兴产业营销收入在2009年基础上翻两番。大力推进新兴产业集聚发展，依托工业专业园区建设，引导开发区及专业园区按照全区新兴产业基地（园区）发展规划，积极打造一批具有较大规模、较高水平的专业园区和省级以上特色产业基地。围绕战略性新兴产业重点发展领域，引进和集聚一批高水平、高技术、大体量的重大项目、龙头项目，每年排定和组织实施一批重大产业项目，增强发展后劲。充分发挥龙头企业的引领作用，每个新兴产业重点培育壮大5～10个有市场、有潜力、有核心技术的龙头企业。鼓励引导新兴产业企业围绕市场需求，加大新产品开发力度，力争每年有5～10个产品列入无锡市优秀新产品。加大新兴产业领域品牌、商标、专利、标准建设力度，培育一批国内名牌、重点扶持出口品牌等产品。

2. 实施服务业发展超越工程。举全区之力推动服务业超越发展，在扩大总体规模的同时优化服务业内部结构。全力加快商务区、主城区等重点服务业集聚区建设，进一步猛攻重点项目、狠抓招商引资、优化发展环境，促进商贸物流、休闲旅游、文化创意、信息服务、总部经济五大产业跨越发展，确保“十二五”末服务业增加值占GDP比重达到45%，使服务业经济与工业经济成为锡山经济发展同等重要的支撑。加快发展以战略性新兴产业为支撑的现代服务业，重点发展软件、服务外包等信息服务业以及动漫游戏、工业设计等文化创意产业。整合提升商务商贸业，加快发展以现代物流、商品零售、房地产等为代表的传统服务业。积极发展以社会服务、旅游休闲、公共管理等为代表的社会服务业，促进服务业高端、多元、内涵发展。推动服务业载体建设，集中力量抓好一批对地方经济拉动力强、有示范带动效应的服务业重点载体建设。重点抓好V-park信息服务和创意产业园、商务区文化创意产业园、无锡数字动漫创业服务中心等现代服务业集聚区建设，提高集聚区专业化、特色化水平。加快城市综合体建设，以宜家家居零售、宜家购物中心、商务区红豆广场等载体建设为契机，打造一批规模较大、功能完善、业态高端的城市综合体，完善城市功能，促进区域商务商贸业集聚发展，力争“十二五”期间建成城市综合体10个以上。加快推进商业特色街区建设，以商务区核心区城市1号、2号街区，荡口历史文化街区（古镇）配套商业特色街区等为重点，逐步形成多功能、多业种、多业态的商贸街（区）。积极发展生产性服务业，围绕研发、销售、采购、物流、商务等重点领域，深入推进企业主辅分离，打造完整的生产性服务业产业链。着力提高生产性服务业企业的经营水平与服务质量，培养一批竞争力强、知名度大的品牌型生产性服务业企业。力争到2015年，具备实施条件的规模以上工业企业基本实现主辅分离。

3. 实施制造业提升工程。坚持走新型工业化道路，以结构调整和创新驱动为主攻方向，大力推动制造业转型升级，实现制造业量质齐升。加强政策引导和产业招商，吸引国际国内产业巨头在锡山布局重大项目，建成一批带动能力强、技术含量高、支撑作用显著的制造业项目。围绕制造业产业链延伸、高端制造、两化融合、节能减排等重点，每年组织实施一批重点技改项目，引导企业加大投入力度，优化投资结构，打造发展新亮点，培育新增长点，“十二五”期间，工业投资年均增长12.5%。加快大企业（集团）培育，扶持培植旗舰型、基地型龙头企业，着力打造行业领军型企业，重点培育100亿元企业3家、规模以上企业800家以上。健全上市企业培育机制，新增上市公司6家，培育上市后备企业30家以上。加快工业专业园区建设，完善园区综合配套服务功能，严格刚性执行产业发展规划和项目监管评估机制，立足引大招强选优，进一步强化项目管理，提升项目和园区建设发展水平，园区产出占全区工业经济总量的比重每年增加3%。积极推进新型工业化示范基地和特色产业集聚区创建，到2015年，形成特色产业集聚区5家，省级以上特色产业集群和产业集聚示范区3家以上，机械、电子、冶金、纺织、石化五大制造业行业占规模以上工业比重达到93%左右。

4. 实施农业现代化工程。加大农业结构调整力度，加快构建现代农业体系，农业现代化综合水平达到90分以上。加快推进农业产业结构向高端化转型，进一步做大新兴产业、做强主导产业、做优基础产业、做精特色产业，力争到2015年，高效农业面积比重达到65%以上，设施农业面积比重达到20%以上，生物农业产业规模达到25亿元以上，并建立主要农产品最低保有量制度，重点建设一批“菜篮子”定点企业、基地和粮食标准化生产基地。加快推进农业空间结构向集聚化转型，同步推进区、镇、村三级农业园区建设，加快形成“一主四副多节点”的农业园区组团式发展新格局，到2015年，100亩以上的规模经营面积比重达到50%以上，农业园区化面积比重达到40%以上，农田标准化比重达到85%以上，农业机械化水平达到90%以上。加快推进农业组织结构向企业化转型，大力培育引进骨干型、成长型农业企业，提高合作组织为农服务能力和水平，到2015年，农民专业合作组织实现全覆盖。加快推进农业产品结构向生态化转型，建成“产地准出、市场准入、标志溯源、实时监控”的农产品质量安全全程监管体系，积极打造绿色、生态、品牌农产品。

5. 实施产业国际化工程。提高利用外资的质量和水平，创新利用外资方式，着力引进一批成长性好、核心技术多、管理模式新、市场前景广的利用外资项目，大力引进跨国企业综合型总部以及研发、投资、物流、营销和金融等职能型总部，到2015年，全区战略性新兴产业利用外资比重超过40%，服务业利用外资比重稳步提高。推动各类开发园区“二次创业”，引导各配套园区向专业化、特色化、集约化方向发展，提升综合功能，确保投入产出率、劳动生产率和资源利用率明显提高。推动外贸企业转型升级，提高出口产品技术含量和竞争优势，加大市场开拓力度，提高服务贸易比重，到2015年，全区高新技术产品出口比重超过25%，服务外包接包合同执行额达到9亿美元。积极引导企业加快“走出去”步伐，充分利用“两个市场”、“两种资源”，增强国际竞争力，打造以红豆集团为代表的数家有影响力的本土跨国公司，五年新批境外投资企业中方协议投资总额力争超2亿美元。

6. 实施民营经济优化工程。推动重点民营企业做大做强，到2015年，力争培育形成营业收入超20亿元民营企业10家，超50亿元民营企业5家，超100亿元民营企业集团3家，超300亿元民营企业集团1家，形成一批“全国行业排头兵”民营企业集团。每年选择100家成长型民营中小企业，支持和促进其向专精优特方向发展，成为高成长型中小企业。加快省重点微小企业培育基地建设，力争每年培育微小企业上规模15家以上。支持民营企业开展技术创新，加大研发投入，加快新产品开发，增强创新能力，力争全区45%以上的规模民营企业建有各级各类研发机构，省科技型中小企业达到20家，省创新能力建设示范企业达到3家。引导民营企业完善法人治理结构，加快建立现代企业制度。深化企业融资担保服务，拓展融资渠道，化解民营企业资金瓶颈制约。建立健全以中小企业发展服务中心为龙头、各级服务中心为基石、社会化服务机构积极参与的社会服务网络。

7. 实施科技创新驱动工程。到2015年，创新型城区基本建成，科技进步对经济发展的贡献作用明显增强。引导企业加大科技研发投入，着力增强企业技术创新主体地位，到2015年，全区企业研发投入达到2%，企业研发费用占全社会研发费用比重达到90%以上。开展科技领军型企业培育工作，到2015年，培育科技领军型企业16家以上。大力实施全区规模骨干企业科技创新三年行动计划，深入推进“四个一”工程，鼓励企业加大研发投入，建立科技创新平台。到2015年，实现亿元以上科技型企业“四个一”全覆盖；80%以上规模骨干企业建立研发机构。围绕重点培育发展的高新技术与战略性新兴产业，构建更加科学的政产学研合作网络和体系，形成从研发、技术集成、成果转化到高科技企业孵化的创新链，到2015年，全区政产学研合作项目达到800项。加快构建专业园区科技支撑体系，切实提升创新服务水平和科技成果转化能力，到2015年，各专业园区全面建成科技公共服务平台，并实施有效运作。构筑科技金融服务体系，解决从科技研发到产业成长过程中的融资需求，加快建设科技金融创新示范区，促进创业投资、风险投资加速发展，构建多元化多层次科技投入机制。

8. 实施产业人才集聚工程。完善以“锡山百人计划”、“530”计划为核心的人才政策体系，着力实施海外高层次人才引进等重点人才工程，统筹推进各类人才队伍建设，大力集聚国内外各类人才。到2015年，全区人才总量达到13万人，年均增长5%左右；中央“千人计划”人才达到5人、省“双创”计划人才达到30人；累计引进220个“530”团队及其项目、30个嫁接式项目、12名科技领军型创新人才。加大人才投入，鼓励企业和社会组织建立人才发展基金，建立多元化人才建设投入体系，到2015年，人力资本投资占GDP比重达到16%以上。启动“专业人才特区”建设，加快形成政府支持、社会参与的企业经营管理人才培养体系，培育壮大战略企业家和职业经理人群体；强化紧缺人才培养，健全企业职工培训制度，打造一支规模宏大、素质优良、结构合理的专业技术和高技能人才队伍；健全人才市场体系，发展专业性、行业性人才市场，完善人才管理体制。

（二）实施城市化与城乡一体发展行动计划

大力实施“城市化和城乡一体”发展战略，全面加速“两东”地区改造，加快推动新城成城，努力打造功能完善、自我运行的卫星城，确立“双核双星”协调发展新格局，实现全区城市功能、城市品质全面提升，农村发展水平全面提升，率先基本实现现代化。到2015年，区域城市化水平达到70%。

9. 实施锡东新城开发建设工程。锡东新城包括商务区和开发区，是锡山区的重要增长极，未来将建设成为锡山区的中心。商务区以加快10平方公里启动区建设为重点，强化2.4平方公里的核心区建设，打造成为无锡城市副中心、锡山未来政治经济文化中心、高端产业集聚中心和长三角区域性交通枢纽。开发区以西区的V-park微型CBD和东区的宛山荡核心区为主，着力打造锡东新城西部集商贸、办公为一体的入城门户区域和东部融合自然景观与科技产业的新型城市中心区。通过深入实施“市政支撑、环境先行、公建引领、居住启动、产业蓄力”五大行动，确保3年内商务区10平方公里启动区城市形态初现，开发区东区宛山荡核心区、开发区西区V-park微型CBD两大主要功能区域产业升级，5年内初步形成“生态、商务、宜居、捷运”的无锡东部集行政服务、文化休闲、商务办公、生态宜居和产业集聚的新城区。

10．实施“两东”地区改造提升工程。加快制度创新和机制创新，积极探索旧城改造更新模式，着力打造城市气息浓厚、城市经济发达、城市环境优美的现代化城区。提升城市综合功能，全面优化城市综合体、都市新商圈的规划建设，加快地标性建筑、特色商贸街的功能开发，推进高端商务、总部经济、文化创意等项目开发，加快推动无锡数字动漫创业服务中心建设。提升商贸物流功能，全面优化通江物流园区发展格局，实现从“道口经济”到“物流商务”的腾跃。提升人居环境功能，强化“两东”地区形态开发和功能建设，注重做好拆旧建新、提档升级、构筑亮点等重点工作，加快实施“城中村”和老新村改造，逐步扩大保障性住房的覆盖面，有序推进商品住宅建设，优化完善配套设施，提升城市人居品味。

11．实施卫星城及新市镇优化发展工程。牢牢抓住城市化与产业转型的重点，加快推动东港（锡北）、鹅湖“双星”及羊尖新市镇优化发展，形成“双核”与“双星”互动融合、互为支撑的联动格局。东港镇要加快专业园区的转型升级和基础设施启动建设、重点项目落地，推进核心区建设，启动和建设东港新市民中心、东港新市民绿化广场、怀仁一区二区安置房及东湖塘中心小学，全力打造产业特色鲜明、功能配套完善的生态宜居新镇。锡北镇要加快推动轨道交通产业装备园建设，集聚重点项目，加快产业升级，启动建设泉山公园及沿线锡沙线环境综合整治，加快泉山大道两侧新政中心等项目建设，全面建设功能空间明晰、产业承载突出、生态空间优越的新镇。鹅湖镇要紧紧抓住荡口古镇的全面修复和新型金属材料产业园的升级改造，全力打造新市镇中心区，积极营造生态环境优越、人文底蕴深厚、产业特色鲜明的生态宜商、宜居、宜游新市镇。羊尖镇要主动融入、积极呼应锡东新城开发建设，以盾建重工、工力重机等项目为重点，加快推进机械（高铁）装备产业园建设，提升产业发展层次；以产业综合体为发展方向，五洲国际商业综合体为突破，加快新市镇“南扩西进”；以绿羊温泉农场和严家桥古镇为品牌，大力发展生态文化旅游，打造一个经济实力强、生态环境优的幸福小镇。

12．实施城乡一体化发展工程。推进城乡规划布局一体化，按照城乡统筹、一体发展的基本要求，优化镇村布局，加快推进农村“双置换”、“三集中”进程，构建和谐共生的城乡融合发展新格局。推进城乡产业发展一体化，加快培育以新兴产业为主导、服务经济为重点、先进制造业为支撑、现代农业为基础的现代产业体系。推进城乡基础设施一体化，实施城乡网络化全覆盖交通体系建设，推动市政公用设施项目向农村覆盖，逐步推进生态环境建设一体化和城乡信息服务一体化。推进城乡公共服务一体化，大力推进公共服务改革，创新财政分配体制，加快公共财政向“三农”倾斜，到2015年，实现城乡社区基本公共服务设施全覆盖。推进城乡就业社保一体化，促进就业和社会保障政策制度向农村延伸、公共服务平台向农村覆盖、公共投入向农村倾斜，建成城乡一体的就业保障体系、养老保障体系、医疗保障体系、慈善救助体系，达到就业和社会保障城乡政策制度统一、标准待遇统一、公共服务统一。推进城乡管理体制一体化，增强乡镇机构公共服务和社会管理职能，稳步推进镇村体制向街道社区体制转变，把社区服务延伸到自然村，逐步将城市的管理理念和方法引向乡镇和农村。

13．实施基础设施现代化工程。完善京沪高铁无锡东交通枢纽，到2015年，锡东新城主次干道建成70%以上，核心区内主次路网全部建成，实现15分钟快速到达市区、新区、苏南国际机场，30分钟进入张家港、江阴、太湖新城等周边地区。全面提高交通线网服务效率，加快锡沪路城市化改造，形成“六横七纵”锡山区干道路网体系。完善城市道路建设，加强支路网和慢行交通系统建设，逐步提高绿色出行分担率。增强市政设施服务功能，构建覆盖城乡的污水处理系统，推进水资源循环利用，实现主城区重要公共区域无线网络全覆盖。全面提升城市安全水平，加强城市“五线”（绿线、蓝线、紫线、黄线和红线）管理，确保城市水系、历史文化、市政基础设施及城市危险设施安全。提升城市道路安全设施水平，完成道路监控、治安监控、社会监控和移动监控四大支撑体系，构筑“一体式、信息化、联动型”科技防控网络。加强民防和公共消防设施建设，提高城市应急救灾能力。

14．实施城市管理现代化工程。加大市容环境和公共秩序整治力度，有效解决卫生死角“脏乱差”、工程运输车辆抛洒滴漏、违章搭建等现象和行为。加强精细化管理，完善工程质量标准化体系，推进工程建设规范化。建设全覆盖网络化的城市管理体系，使城市管理延伸到城市街道、社区、背街小巷。提高城市管理的信息化水平，重点实施交通、电力、环保、水利、健康、安保等领域的感知应用示范工程建设，到2015年，基本形成信息资源统筹共享体系。健全城市管理政策体系，完善城市管理综合执法体制，坚持依法行政、公平执法、文明执法。扩大城市管理责任主体，向企业、村（社区）和社会适度分解管理职能，强调村（社区）自治，增强群众责任意识、权益意识和参与意识，形成群众主动关心、积极参与城市管理的良好局面。

（三）实施社会建设行动计划

坚持以人为本，民生优先，进一步加大以保障和改善民生为重点的社会建设力度，进一步创新社会管理各项工作，深入推进“幸福锡山”建设，形成社会结构优化、社会管理高效、社会事业发达、社会活力迸发、人民生活富裕、社会安定祥和的新格局。

15．实施居民收入倍增工程。完善公共就业服务体系。推动就业结构调整与产业结构调整有机结合，多渠道开发就业岗位。加强职业教育、技能培训和培训基地建设，提高劳动者就业能力。增加公益性就业岗位，有效实施各项就业援助计划。到“十二五”末，实现新增城镇就业5万人以上，年城镇登记失业率控制在4%以内。健全创业服务体系。完善政策扶持、创业培训、创业服务“三位一体”工作机制。优化创业环境，促进全民创业，以创业带动就业、带动增收。健全创业培训体系，扩大创业培训覆盖范围。加强创业服务，完善创业项目开发、征集、推介工作机制。落实创业政策，统筹安排扶持各类人员创业资金，实施多种措施，引导、鼓励和扶持自主创业。充分发挥创业带动就业倍增作用，力争“十二五”期间扶持自主创业5000人，带动就业4万人。促进企业职工增薪。落实最低工资保障制度，严格执行无锡市职工最低工资标准，建立行业性最低工资制度，引导企业合理确定工资水平。加强工资集体协商制度实施的组织、协调和监督工作，企业工资集体协商动态建制率达到98%以上。鼓励企业增加工资分配，建立年金制度和补充养老保险制度，积极探索劳动分红办法。切实规范企业工资支付行为，推进劳动保障诚信制度建设，促进职工工资稳定增长。深化收入分配制度改革，规范个人收入分配秩序，努力缩小城乡、区域、行业和社会成员之间收入分配差距。到2015年，力争全区居民收入在2010年基础上实现倍增。

16．实施社会保障幸福工程。完善社会保障体系。着力扩大保障范围，提高保障水平，全面形成覆盖城乡各类对象、与经济社会发展水平相适应、城乡衔接、管理规范，由基本保障型向福利普惠型转变的社会保障体系。不断扩大社会保险覆盖范围，至2015年，城乡基本社会保险覆盖率达到99%以上。不断提高养老保障水平，全面落实退休人员养老金待遇政策调整。进一步完善覆盖城乡所有居民的基本医疗保障体系，不断提高医疗、失业、工伤、生育保障水平。完善住房保障体系。加快建立以公共租赁住房、廉租住房为重点的多层次保障体系。至2015年，建设完成15万平方米以上高层次人才公寓；建设筹集25万平方米以上保障性住房。完善社会救助和社会福利体系。逐年落实低保标准增长机制，至2015年，城乡最低生活保障水平在2010年基础上增长105%。切实加大对重大病患者医疗救助力度，至2015年，十二种慢性病患者、门诊特殊病种患者年人均自负医疗费下降50%。继续落实重残人员救助标准增长机制，至2015年，城乡重残人员救助标准在2010年基础上增长105%。大力发展慈善公益事业，至2015年，全区募集资金规模增加到6亿元，年支出慈善救助金提高到2200万元以上。建设现代养老体系。加快建立以居家养老为基础、社区服务为依托、机构养老为补充，城乡一体、投资多元、管理规范、队伍专业的养老服务体系。至2015年，居家养老服务设施基本实现全覆盖，全区每百名老人拥有机构养老床位达到3张；社会办养老机构床位数占养老床位总数的30%。完善政府供养制度，建立健全高龄补贴、养老服务补贴、民办公助及政府购买服务等制度。

17．实施社会事业发展工程。加快实现教育现代化。全面启动学前教育现代化镇（街道）创建，至2015年，100%的镇（街道）建成市学前教育现代化镇（街道）。高位均衡提升义务教育，至2012年，全区公办学校100%创建成义务教育现代化学校。促进特殊教育提升发展，确保残疾儿童少年100%接受义务教育。高质量有特色发展普通高中教育，至2015年，全区普通高中均达省四星级以上办学标准。优化发展职业教育，拓展提升社区教育，深化教育国际交流与合作。加快医疗卫生事业改革发展。进一步健全和完善疾病预防控制、卫生监督、急救网络体系建设，建立专业公共卫生机构与医疗机构、社区卫生机构的分工合作机制，构筑公共卫生安全网络。加强社区卫生服务机构规范化建设，深化公立医院人事、分配、考核制度和补偿、监管机制改革，提高医疗服务质量。到2015年，全区卫生服务体系健全率达到100%，常住人口平均期望寿命达到78岁。加快推进体育基本现代化。加强体育设施规划建设，完善社区健身服务体系，推进全民健身工程。加大体教结合力度，加强体育人才培养。

18. 实施社会管理创新工程。探索完善社会管理格局。创新社会管理理念思路、体制机制和方法手段，完善参与型、自治型社会治理结构，实现向服务管理型转变，促进社会和谐稳定，到2015年社会矛盾纠纷调处成功率达到95%以上，万人刑事案件发案数低于70，亿元GDP安全生产事故死亡率降至0.08。加强党对社会管理的领导，拓展党组织和党员发挥作用的有效途径。强化政府社会管理职能，改革公共服务方式，优化公共资源配置，建立符合区情、覆盖城乡、持续发展的基本公共服务体系。健全公共决策社会公示、公众听证、专家咨询论证等制度，拓展群众参与渠道。创新完善社会管理机制。深化诉求表达机制建设，构建多层次、多样化的人民群众利益诉求表达渠道。进一步健全立体化社会治安防控体系，加大社会治安综合治理力度，严密防范和依法打击各种违法犯罪活动。加强食品药品安全监管，推进安全生产标准化建设，深化安全生产专项治理，有效遏制重特大安全事故，切实保障人民群众生命财产安全。重视加强基层基础工作，健全新型社区管理和服务机制，推进基层党组织有效覆盖、有效管理、有效提升，实现政府行政管理与基层群众自治有效衔接、良性互动。建立健全实有人口动态管理机制和流动人口流入地与流出地双向服务管理协作机制，推动流动人口基本公共服务均等化。加强新形势下的群众工作。深化群众观念教育，切实加强以保持党同人民群众血肉联系为重点的作风建设，积极畅通群众诉求渠道，为群众反映问题、提出意见、查询办理情况提供便利条件，进一步保障群众的知情权、参与权、表达权、监督权。不断健全领导干部联系基层制度，组织开展领导干部下基层“三解三促”活动，深入农村、社区和基层单位，了解民情民意、破解发展难题、化解社会矛盾，促进干群关系融洽、促进基层发展稳定、促进机关作风转变。

19. 实施民主法治推进工程。加强依法执政建设，坚持党委统揽全局、协调各方的领导核心作用，支持人大、政府、政协、司法机关等依照法律和各自章程独立负责、协调一致开展工作，发挥工会、共青团、妇联等人民团体的监督作用以及群众监督、舆论监督作用。建立健全公众参与、专家论证和政府决定相结合的行政决策机制，保证党和国家机关按照法定权限和程序行使权力，推进决策的科学化、民主化。积极推进行政权力网上公开透明运行，着力抓好促进科学发展、深化改革开放、保护资源环境、保障和改善民生、维护社会和谐稳定、加强政府建设等方面的制度建设。深化法治政府建设，严格规范行政执法行为，确保行政权力在法律框架内有效行使。积极稳妥地推进司法体制和工作机制改革，努力建设公正高效权威的社会主义司法制度，维护社会公平正义，不断增强司法工作的公信力、权威性和人民群众的满意度。深入开展全民普法和法治文化建设，加强公民意识教育，培育公民社会主义法治理念，推进社会主义法治文化建设，在全社会树立和形成学法、知法、守法、信法的意识和习惯，努力形成崇尚法治、依法办事的社会氛围，到2015年，每万人律师数达到2.14人。加强基层民主建设，健全基层群众自治机制，扩大基层群众自治范围，到2015年，基层自治组织依法自治达标率达到100%。进一步加强基层政权建设，完善政务、居务、村务公开制度，切实保障人民群众依法行使选举权、知情权、参与权、表达权、监督权等民主权利。大力加强政府自身建设，努力提高政府公信力和执行力，全力维护公民合法权益。

（四）文化发展行动计划

坚持社会主义先进文化前进方向，牢固确立宣传思想文化“主战线、主阵地、主力军”地位，着力把握文化改革发展“三加快一加强”重点任务，充分发挥文化教育人民、引导社会、推动发展的重要作用，大力实施文化发展策略，努力为全区率先基本实现现代化提供强大精神动力和文化保障。

20．实施社会主义核心价值体系建设工程。深化理论武装工作。推进学习型党组织、学习型领导班子建设。充分发挥基层宣讲员队伍作用，经常性组织开展基层理论宣讲和形势政策教育。注重对“十二五”期间锡山经济社会发展理论和实践问题的研究，推出一批在全市乃至全省产生积极影响的高质量的调研成果。弘扬锡山人文精神。弘扬“尚德、求实、创新、共融”的新锡山精神，进一步丰富新锡山精神新的内涵和特质，深入挖掘和弘扬吴文化发源地、近代民族工商业发祥地、中国乡镇企业发源地的文化底蕴。加强思想道德建设。加大主题宣传教育力度，选树宣传先进典型，加强精神文明建设，健全创建全国文明城市、无锡市文明城区工作长效机制，深化公民道德实践和社会志愿服务活动，强化各项基础性创建工作，进一步提升城区文明程度和市民文明素质。提升舆论引导能力，抓好热点问题和突发事件的舆论引导。

21．实施文化惠民工程。加强公共文化设施建设。力争“十二五”中期编制完成全区公共文化设施建设规划。到2015年，每万人实际拥有公共文化设施面积超过1200平方米，建成“十分钟文化圈”，万人公共藏书量不少于18000册。结合锡东新城的开发建设，科学规划、启动建设满足新城功能配套、辐射全区的区级文化艺术中心和市民广场，切实完善新城功能，提升品位形象。各镇（街道）要规划建设3500平方米综合文体活动中心1个；多功能文体活动广场1个。加强基层公共文化服务。建立健全公共文化服务考评体系，全区公共文化设施实行“全年无休”、免费开放服务。全区以“阿炳文化艺术节”为品牌，组织开展以“走进新锡山”、“幸福锡山”为主题的重大群众性文化活动，培育一批有地方特色的群众文化活动品牌。每年组织各类公益性演出不少于200场，送戏送电影下基层分别不少于300场。加强文艺精品创作生产。加强历史文化遗产保护。扎实推进名人故居、古民居和重要历史街区等重点物质文化遗产的保护修复工作。2012年完成荡口古镇保护性修复工程，加快推进严家桥古村、甘露古村的保护性修复。加强非物质文化遗产和工业遗产保护工作，2015年，省级文物保护单位达到8个，市级文物保护单位达到25个，文保单位完好率达到100%。

22．实施文化产业提升工程。发展区域特色的文化产业。大力发展数字动漫业和立体视像（3D）产业，以无锡数字动漫创业服务中心和商务区文化创意产业园区为龙头，以建设国家动画产业基地为目标，促进数字动漫产业特色化、国际化和集聚化，着力推进商务区立体视像（3D）产业发展。重点以新广联光储生产基地、印刷包装基地为龙头，积极发展高新技术印刷、特色印刷，推动电子音像和光盘复制业的发展。“十二五”末文化产业增加值占GDP比重达到9%。提升文化产业规模层次。加快建设无锡数字动漫创业服务中心、商务区文化创意产业园、鹅湖印刷包装产业等一批重点文化产业项目，推动形成锡山文化创意街区品牌。以锡东新城为依托，引进2～3家高端文化娱乐服务企业。重点发展江苏新广联科技股份有限公司、无锡广新影视动画技术有限公司等一批具有较强综合实力的骨干文化企业。以荡口古镇为核心，打造独具江南水乡风韵的旅居小镇。力争到2015年全区亿元以上文化企业达到8家，培育1家上市文化企业。不断加强文化市场建设。加快繁荣文化市场，加强书报刊、电子音像制品、演出娱乐等文化产品市场及各类文化要素市场建设，大力发展连锁经营、物流配送、电子商务和电影院线等现代流通组织形式，完善现代流通体系。积极引导社会力量投资兴办各类以开展文化艺术服务为主要内容的社会组织和新型企业。积极发展文化中介服务市场，加快与文化产业发展、与文化业态变化相适应的文化行业协会建设。加强文化市场管理，创造公开、公平、公正的市场竞争环境。

（五）实施生态文明行动计划

坚持环保优先、节约优先，大力推进环境保护和生态环境建设，基本确立节约资源和保护环境的产业结构、增长方式和消费模式，初步建立良好的自然生态、高效的经济生态、文明的社会生态体系，生态文明建设水平走在全市乃至全省前列，基本建成生态文明示范区。

23．实施碧水工程。加快水利现代化建设，始终把水生态综合整治作为生态文明建设的重中之重，持续推进各项水生态综合整治工程和综合治理措施，构建长效管理机制，努力实现区域水质持续改善提高。实施重点河道综合整治，开展望虞河西岸水环境深度治理和生态修复，全面消除城区河道黑臭现象。加强控源截污力度，深化排水达标区创建活动，完善污水处理厂和污水管网建设，强化农村生活污水治理，到2015年，确保“两东”地区、商务区生活污水集中处理率达到100%，其他镇区生活污水集中处理率达到

95%，农村生活污水集中处理率达到90%。深化“河长制”长效管理，实现重点监测断面、水功能区水质达标率的持续上升。

24．实施蓝天工程。以能源、交通、化工行业整治和城市扬尘、机动车排气污染防治、油气回收为重点领域，以技术改进和综合防治为主要手段，建立大气环境污染联防联控体系。重点实施污染源治理，深入推进“三高两低”企业整治，加快淘汰落后用能设备，加快实施燃煤工业窑炉清洁能源替代工程，加强挥发性有机物排放企业治理监管，提高对工业废气排放企业环境影响的监控力度。加快能源结构调整，突出抓好能源、建筑、交通、消费等领域的低碳化改造。严格控制各类建设施工扬尘，实现所有建设工地现场标准化管理目标。深入推进秸秆资源化利用，全面禁止秸秆露天焚烧，积极推进多种形式的综合利用。到2015年，建成区烟尘控制区覆盖率达到100%，城市空气质量优良率达到95%。

25．实施环境质量整体提升工程。在突出水环境、大气治理的基础上，加强对噪声污染、固体废物等环境污染的综合治理，实现环境质量明显改善，到2015年，环境质量综合指数达到92以上，力争达到95。优化声功能区区划空间布局，加强对噪声的控制和管理，确保建成区噪声达标区覆盖率达到100%。规范工业固体废物处置，进一步巩固和提高生活垃圾“四集中”体系，工业固体废物及无害化处置利用率达到100%，生活垃圾无害化处理率保持100%。积极探索对持久性有机物、二噁英、振动、光污染等新型环境污染的防控，加强区域辐射及新型环境污染监管。

26．实施绿色经济发展工程。以生态环保倒逼推动转型发展，促进生态环境的根本改善。全力发展新材料、新能源和新能源汽车、智能传感（含智能电网）、生物医药和生物农业等战略性新兴产业，加快发展现代服务业，加速传统农业向现代农业转变，实现产业转型升级。大力开发和推广资源节约、替代和循环利用技术，促进资源循环利用、企业循环生产、产业循环组合和社会循环消费，积极实施一批重点节能和循环经济示范项目，全力实施清洁生产企业示范工程。坚持绿色引领、低碳发展理念，全面推进资源节约型、环境友好型社会建设，以能源、土地、水资源等为重点，加强资源节约集约利用，促进资源高效和循环利用。

27．实施生态保护修复工程。加快“绿色锡山”建设，积极推进绿色干道、绿色河岸、绿色村镇、绿色家园建设，到2015年，力争全区林木覆盖率达到25%，建成区绿化覆盖率达到45%以上。突出湿地对保护和修复生态环境的作用，全面维护湿地生态系统的自然生态特性和基本功能，基本形成自然湿地保护网络体系。把农村环境综合整治作为改善区域环境、促进新农村建设的重要战略举措，深入推进农村环境保护，建设锡山区农业面源污染监测预警体系，有效控制农业面源污染，深入推进“生态村”创建。以重金属、持久性有机污染物、危险废物污染场地为修复重点，推行土壤修复试点，形成比较规范的土壤修复工作方法和长效机制。保护生物多样性，扩大本地动植物生存发展空间，通过增强生物多样性促进区域内生态平衡和保护修复。

28．实施生态文化推广工程。加强舆论引导和宣传发动，积极培育节约资源、环境友好的文化氛围和价值理念。加强生态文明宣传教育，大力宣传生态文明建设的新观念、新知识、新举措、新成效，引导各级组织、社会各界和广大群众积极参与，创建一批生态文明示范单位。充分发挥江南水乡生态人文优势，保护和合理开发地质遗迹、水乡古镇、森林公园等生态旅游资源，培育具有地方特色的生态文化产业。建立环境信息公开制度，畅通环境信息公开的渠道，维护公众的环境知情权、参与权和监督权。健全公众参与监督机制，推动环境资源公益诉讼，积极引导广大公众在享受资源环境权益的同时，自觉履行保护资源环境的法定义务，形成政府管制、市场调节和社会监督相结合的资源环境保护综合机制。

29．实施资源环境机制创新工程。着力在资源节约、环境保护的重点环节和关键领域的体制机制创新上实现更大突破，为生态文明建设提供有力的制度保障。完善经济社会发展与资源环境综合决策机制，科学把握锡山资源总量和环境容量。完善节能减排激励约束机制，推行绿色采购、绿色信贷、绿色消费制度，建立环保执法监督机制。创新和完善环境管理制度，落实污染物排放许可有偿使用和交易制度及区域环境资源补偿机制。

五、组织领导和保障

率先基本实现现代化是我区“十二五”时期的根本奋斗目标，是一项复杂的系统工程，对于锡山经济社会发展具有长久而深远的影响。要紧紧围绕锡山率先基本实现现代化的主要目标和工作任务，建立健全体制机制，落实细化保障举措，凝聚全区各方力量，确保我区“第二个率先”目标胜利实现。

1. 创新党建工作。开展好争创党建工作最佳实践区活动，进一步提高党的建设科学化水平，不断开创党的建设新局面。全面加强思想理论武装工作，进一步创新理论武装的形式和内容，不断提高广大党员干部的思想政治素质，在全社会凝聚推进率先基本实现现代化的共识。健全完善党内各项民主制度，有效维护党员主体地位，充分保障党员民主权利，不断激发各级党组织和广大党员投身率先基本实现现代化的积极性、主动性和创造性。继续深化干部人事制度改革，完善人才工作体制机制，不断优化干部队伍结构，提升干部队伍能力素质，为率先基本实现现代化造就一支政治上靠得住、发展上有本事、人民群众信得过的干部队伍。坚持不懈抓好党的基层基础建设，密切党同人民群众的血肉联系，进一步推动党的工作有效覆盖和有效提升，充分发挥基层党组织在率先基本实现现代化实践中的战斗堡垒作用。深入推进预防和惩治腐败“六大机制”建设，在重点领域和关键环节上加大制度创新力度，为率先基本实现现代化提供坚强的政治保证。

2. 加强组织领导。本纲要是指导锡山未来五年经济建设、政治建设、文化建设、社会建设以及生态文明建设和党的建设的纲领性文件。组织实施本纲要、五个行动计划和争创党建工作最佳实践区意见，是我区贯彻“六个注重”、实施“八项工程”、推进“六个开拓”的实际行动，是加快实施锡山“十二五”经济社会发展规划的工作抓手，是又好又快推进“第二个率先”和赶超发展的重大举措。要建立完善全区率先基本实现现代化工作协调机制和责任落实体系。区委、区政府主要领导对全区率先基本实现现代化推进工作负总责，区委常委、副区长分工负责，抓好各行动计划的落实。全区各级务必加强领导、精心组织、系统推进、务求实效，确保到2015年率先基本实现现代化目标胜利实现。

3. 分解落实责任。要以《锡山区基本实现现代化指标体系（试行）》为核心，将各级各类指标系统分解到各地区、各部门，明确工作任务，落实目标责任，制订实施方案，迅速投入行动。要制定各级各类指标分年度、分季度达标计划，对照现状，查找差距，突出重点，全力攻坚。各地区、各部门都要在全区率先基本实现现代化大局中找准自己的位置，立足自身职责和工作实际，领会新的要求，查找薄弱环节，谋划思路举措，展开工作布局。要健全和完善“地区联动、部门协同”机制，确保各地区、各部门在率先基本实现现代化大局中既分工负责，又协同配合，形成推动工作的强大合力。

4. 建立考评制度。归并整合现有各类重点工作考核测评体系，制订实施《锡山区率先基本实现现代化进程监测和目标考核实施办法》，对全区基本实现现代化工作进程进行动态监测，按季度通报各地区、各部门率先基本实现现代化重点工作推进情况；强化对全区基本实现现代化各项工作的量化考核，将考核结果作为干部年度考核、奖惩、升迁的重要依据；及时发现各地区、各部门工作推进中存在的突出问题和薄弱环节，并责成提出整改方案。建立完善开发区、商务区主要负责人及各镇（街道）党（工）委书记向区委常委会述职制度，每年向区委常委会报告本地区率先基本实现现代化指标完成情况和工作推进情况，并接受人大、政协的工作监督和民主监督。

5. 完善政策体系。要围绕未来五年率先基本实现现代化总目标，对现行相关政策文件进行全面梳理和整合、协调、对接，抓紧研究并制定推出次一级配套政策文件，加快形成以本纲要为统领、各行动计划为指导、各类配套政策文件为延伸的全领域、多层次的基本现代化政策体系，以科学严密、系统扎实的政策体系保障我区率先基本实现现代化各项工作全面展开。各地区、各部门要在本纲要和各行动计划指导下，结合本地区、本部门实际，加紧制定完善指导本地区、本部门率先基本实现现代化工作的政策体系，引导和激励本地区、本部门率先基本实现现代化各项工作的推进。

6. 营造浓厚氛围。积极鼓励各地区、各部门根据形势发展需要，结合本地区、本部门实际，创新工作思路和体制机制，努力营造鼓励改革创新、支持先行先试的良好氛围。广泛宣传锡山率先基本实现现代化的重要意义、总体目标和战略思路，以宏伟的奋斗目标激励人心，以明确的发展思路汇聚力量，努力使率先基本实现现代化成为全区上下的思想共识和自觉行动。及时总结、大力宣传率先基本实现现代化实践中涌现出的先进典型，积极借鉴先进地区的成功经验，拉高标杆，提升定位，在全区上下进一步形成比学赶超、勇争一流的浓厚氛围。

附件（略）

中共锡山区委关于开展争创党建工作最佳实践区活动的意见

锡发〔2011〕52号
（2011年12月1日）

中共锡山区第二次代表大会以来，全区各级党组织以争创党的建设模范区为抓手，牢牢把握执政能力建设和先进性建设两条主线，锐意创新、开拓进取，涌现了红豆集团等在全省、全国具有重大影响的先进典型，党的建设始终走在全市前列，为全区经济社会协调发展提供了有力支撑，也为“十二五”时期全面推进党的建设科学化奠定了坚实基础。区第三次党代会全面落实中央“六个注重”最新要求、省委“八项工程”和市委“六个开拓”的决策部署，提出了到2015年率先基本实现现代化的奋斗目标。又好又快推进“第二个率先”，在新的起点上开创科学发展新局面，关键在党。全区各级党组织要深入贯彻落实区第三次党代会精神，通过开展争创党建工作最佳实践区活动，为锡山率先基本实现现代化提供坚强有力的思想政治保证和组织保证。现就开展争创党建工作最佳实践区活动，提出如下意见。

一、指导思想和总体目标

1．指导思想。高举中国特色社会主义伟大旗帜，坚持以邓小平理论和“三个代表”重要思想为指导，深入贯彻落实科学发展观，紧紧围绕党的十七大和十七届四中、五中、六中全会关于党的建设的部署和要求，紧密结合锡山“十二五”发展规划，把党建工作纳入率先基本实现现代化的总体布局，紧紧抓住执政能力建设和先进性建设两条主线，以改革创新精神全面推进党的各项建设，努力开展好争创党建工作最佳实践区活动，进一步提高党的建设科学化水平，不断开创党的建设新局面，为率先基本实现现代化提供更加坚强有力的保证。

2．总体目标。经过5年左右的努力，全区党建工作创新实践取得更为显著的成效，党的思想、组织、作风、制度和反腐倡廉建设全面加强，党的建设科学化水平进一步提高，持续涌现一批在全市、全省及全国有较大影响的先进基层党组织和优秀共产党员；党的建设同率先基本实现现代化事业紧密相连、相互促进，各级党组织和党员干部的创造力、凝聚力、战斗力进一步激发，对全区经济社会赶超发展的保障更为有力，人民群众对党的建设创新成果和党领导科学发展、率先发展的成效充分认可。

二、重点工作和主要任务

开展争创党建工作最佳实践区活动，重在创新，贵在实践，必须突出重点，把握关键，以重点工作的创新，引领和推动创建活动的整体开展。重点抓好以下七个方面：

1．以丰富理论武装形式内容为重点，争创思想政治建设最佳实践区。自觉把理论武装摆在首要位置，突出领导干部这个重点，注重广大党员这个主体，进一步创新理论武装的形式和内容，特别要着眼推进当代马克思主义大众化，通过加强理论宣讲队伍建设和主流思想阵地建设、运用现代传媒手段、创新学习载体等，在推动马克思主义理论和中央、省市区委重大决策部署进基层、进群众、进人心方面走在全市前列。注重对“十二五”期间锡山经济社会发展理论和实践问题的研究，推出一批在全市乃至全省产生积极影响的高质量调研成果。坚持理论联系实际的马克思主义学风，善于通过理论学习来不断开辟思想解放的新空间，引导党员干部进一步开阔眼界、开阔思路、开阔胸襟，不断提升勤于学习新知识、乐于接受新理念、敏于接受新事物、善于解决新问题的本领，使锡山成为全市最具思想活力的地区之一。

2．以健全党内各项民主制度为重点，争创党内民主建设最佳实践区。进一步健全党代表大会制度，落实好党代表大会代表任期制，积极探索党代会常任制，在保证党代表有效行使各项权利方面力争走在全市前列。围绕以制度保障权利、以制度实现民主，在全区党的基层组织建设中，切实把民主集中制作为根本组织制度和领导制度，按照集体领导、民主集中、个别酝酿、会议决定的原则，进一步健全党（工）委集体领导与班子成员个人分工负责相结合的制度和办法，形成更加科学规范的议事决策、协调、监督机制。着眼扩大党内基层民主，进一步改革基层选举制度，健全基层党内生活制度，深入推进党务公开，在维护党员主体地位、保障党员民主权利方面成为全市最好的地区之一。

3. 以深化干部人事制度改革为重点，争创干部队伍建设最佳实践区。突出构建充满活力的选人用人机制，进一步规范干部选拔任用提名权，加快形成主体清晰、程序科学、责任明确的干部选拔任用提名制度。进一步加大公开选拔、竞争上岗等竞争性选拔干部力度，结合平时调整和换届调整，每年拿出一定的岗位竞争选拔领导干部，新提拔的科级委任制党政领导干部通过竞争性选拔方式产生的，到2015年不少于三分之一，区级机关中层干部除特殊岗位外，普遍推行竞争上岗，使竞争性选拔干部逐步成为机关中层职位主要选拔方式。进一步完善差额选拔干部办法，积极有序推进区管正职人选差额推荐、差额考察、差额酝酿、差额票决。进一步推动干部跨部门、跨地区交流。

4. 以完善人才工作体制机制为重点，争创人才强区建设最佳实践区。以建设人才高地、人才特区为目标，围绕政策保障、体制建设、机制运行、资金投入、环境营造等，进一步创新思路举措，加快各类人才的培养和引进。大力实施“锡山百人计划”，吸引海外高层次人才到锡山创新创业；推进市生物农业人才“130”工程、物联网人才“1113”工程和“百千万”人才工程，到2015年末，全区人才资源总量达到13万人。

5. 以推进党的工作有效覆盖为重点，争创基层党的建设最佳实践区。积极适应经济结构、产业类型、组织形式、行业分工、党员流向的发展变化，进一步创新基层党组织特别是新经济社会组织党组织的设置形式，不断扩大党组织的覆盖面。到2015年，95%以上的非公企业都有党员，非公有制经济组织、社会组织、农村经济合作组织的党组织组建率走在全市前列。以造就“双强”型基层带头人队伍、健全完善党员教育管理服务长效机制、统筹推进各类基层党组织建设为抓手，进一步推动党的工作有效覆盖和有效提升，推动党员先锋模范作用得到更好发挥，各级党组织的创造力、凝聚力、战斗力不断增强。到2015年，全区基层党组织带头人队伍全部达到“双强”要求，村、社区党组织“职业化”书记比例不少于50%，涌现一批在全市有较大影响的先进基层党组织和优秀共产党员。

6. 以做好新形势下群众工作为重点，争创作风效能建设最佳实践区。从密切党同人民群众的血肉联系出发，深入基层，深入群众，进一步促进干群关系和谐、基层发展稳定、机关作风转变。围绕理顺群众情绪、创新社会管理、化解社会矛盾，进一步创新工作思路和方法，综合运用法律、政策、经济、行政等手段和教育、协商、疏导等方法，提高群众工作的针对性和实效性。进一步完善办理群众咨询、建议、投诉、举报的工作程序，健全群众诉求快速处理机制，畅通群众诉求渠道，更好地回应群众的关切与期待。加快建立科学的行政效能评估和目标考核办法，确保机关作风效能建设走在全市前列。

7. 以构建更有效的惩防体系为重点，争创党风廉政建设最佳实践区。认真贯彻落实省委惩防体系“5+1”文件和市委《关于进一步加强惩治和预防腐败制度机制建设的意见》精神，坚持开放构建、动态构建、系统构建相结合，从锡山实际出发，深入推进反腐倡廉教育、权力运行监控、预防腐败、纠风、作风效能和惩治腐败“六大机制”建设。继续开展廉政文化进机关、社区、学校、农村、企业、家庭活动，致力打造健康向上、群众喜闻乐见、影响力说服力强的廉政文化品牌，努力成为全市廉政文化建设的特色品牌。不断深化行政管理体制、财税管理体制、国有资产管理体制、投融资体制等领域的改革创新，力争在体制机制创新上走在全市前列。围绕重点领域和关键环节，大力加强反腐倡廉制度创新，率先在全市形成内容科学、程序严密、配套完备、有效管用的反腐倡廉制度体系。

三、行动计划和工作措施

（一）思想理论武装行动计划

1. 深入开展中国特色社会主义理论体系学习。组织党员干部系统学习中国特色社会主义理论体系，用党的创新理论武装党员、教育干部。深入推进社会主义核心价值体系建设，加大主题宣传教育力度，充分发挥先进典型、道德模范和“身边好人”的示范带动作用，选树一批有影响力的重大典型。注重开展调查研究，加强“十二五”期间锡山经济社会发展重大理论和实践问题的研究，推出一批具有前瞻性、针对性、实效性的高质量调研成果，为全区经济社会赶超发展提供决策参考。

2．大力推进当代中国马克思主义大众化。深入学习贯彻党的十七届四中、五中、六中全会精神和胡锦涛总书记在庆祝中国共产党成立90周年大会上重要讲话精神，不断深化对科学发展观的理解和认识，加强对马克思主义中国化最新成果的宣传教育，进一步推动锡山新一轮的思想解放。推出一批大众化实践基地，继续打造“锡山论坛”、“村（居）民论坛”等品牌理论学习平台。充分发挥基层宣讲员队伍作用，经常性组织开展基层理论宣讲和形势政策教育，不断推动马克思主义理论和重大战略决策进基层、进群众、进人心。充分发挥区委党校主阵地作用，巩固和拓展基层党校阵地建设，推动各级各类党校加快转型升级，提升教育功能。充分利用爱国主义教育基地、基层文体中心、学习型家庭示范户、农家书屋等阵地，形成覆盖全体党员干部的日常学习服务平台。加强《新锡山》简报、锡山干部教育网、锡山政务e点通协同办公平台“理论与学习”专栏、锡山宣传网“理论园地”专栏、短信平台、QQ群等载体建设，用新技术手段扩大马克思主义大众化的覆盖面。

3．扎实推进学习型党组织建设。健全完善组织领导体系，制定学习型党组织建设考评细则，推出一批创建工作示范点，定期召开学习型党组织建设工作经验交流会，总结推广先进经验，表彰激励先进典型。深入开展学习型党组织“结对共建、互学共促”活动，推动学习型党组织建设活动向纵深发展。健全规范中心组学习制度，完善中心组年度学习计划、专题学习调研、阶段学习专题、成果交流汇报等制度，健全领导干部述学和中心组巡学旁听制度，不断提升中心组学习成效。结合各单位各部门实际，确立“学习日”制度，倡导“日读一小时，月读一本书，一季一交流，半年一通报，一年一考核，两年一评先”的学习模式，保证党组织和广大党员在学习中有章可循、有据可依。力争通过5年左右的努力，全区学习型党组织普遍建立健全一套科学完备、符合实际、行之有效的制度体系，形成一批有影响力的学习品牌。

（二）党内民主建设行动计划

4．健全全委会、常委会工作机制。进一步明确全委会职责范围、工作内容和工作方式，充分发挥全委会对重大问题的决策作用。完善常委会议事规则和决策程序，健全和规范常委会向全委会定期报告工作并接受监督制度，建立健全常委会向全委会述职述廉述法制度，落实区委委员、纪委委员对常委会进行询问、质询制度。建立和规范党委决策咨询制度，重大决策事先充分征求党员、群众、基层干部的意见和建议，发挥咨询研究机构、专家学者和社会听证在决策过程中的作用。涉及较大利益调整或可能引发矛盾纠纷的，事先进行风险评估。

5．健全和完善党代表大会制度。改善党代表大会代表结构，提高基层一线代表比例，增强代表广泛性。认真落实党代表大会代表任期制，定期向党代表通报党委工作情况，建立党代表提案制度，建立健全党代表参与重大决策、参加重要干部推荐和民主评议、列席党委有关会议的制度和规定。完善党委委员联系党代表、党代表联系党员群众制度。推行镇（街道）党代会常任制。5年内，区级建立党代表联系服务机构，各镇（街道）建立基层党代表工作站，健全完善党代表经常性工作机制，保障党代表各项权利的有效行使。

6．进一步扩大党内基层民主。改革基层选举制度，规范基层党组织领导班子直接选举试点，健全完善村（社区）党组织领导班子换届时公推直选制度，深入开展其他基层党组织领导班子公推直选试点。进一步改进候选人提名方式，建立组织提名与党员或代表联合提名制度。完善基层民主决策制度，探索建立重大决策记名制、决策失误责任追究制。完善党员定期评议基层党组织领导班子成员等制度，拓宽党内意见表达渠道，提高党员对党内事务的参与度。进一步健全基层党内生活制度，各级基层党组织每年至少召开一次民主生活会，充分发挥民主生活会开展思想交流、提高党性修养、增进班子团结的重要作用。

7．深入推进党务公开。以保障群众知情权为重点，分层次、分类型建立党务公开目录，凡属党内规定要求公开的事项，都要在适当范围以适当方式公开；对本级党组织制定的、不涉及党和国家秘密的事项，主动予以公开；对党员、群众要求公开的事项，经党组织研究认为可以公开的，在一定范围内以适当方式予以公开。完善落实党内情况通报，改进和提升党委新闻发言人工作，办好《新锡山》简报，设立党员互动网站、社区论坛，不断增强党务工作的透明度与公信力。

（三）干部人事制度改革行动计划

8．树立促进转型赶超发展的干部考核导向。强化“德才兼备、以德为先”的用人标准，深化拓展市级“如何在深入考察干部德才表现尤其是干部的德上求突破”单项改革试点工作，及时总结经验做法，完善干部德才考察标准，力争5年内形成具有较强科学性和操作性的党政领导干部德的考核评价体系和工作机制。

9．健全完善差额选拔干部制度。着眼于完善民主择优选拔干部的工作机制，进一步健全完善以差额推荐、差额考察、差额酝酿、差额票决为主要内容，以党委政府工作部门和镇（街道）党（工）委、政府（办事处）正职干部为主要适用对象的全程差额选任办法，有序推进区管正职人选差额选拔工作。

10．加大竞争性选拔干部的力度。科学运用竞争性选拔干部方式，积极探索多种形式竞争性选拔干部办法。选拔区管正职领导干部，采用全程差额等方式；选拔区管副职领导干部，采取公开选拔、公推竞岗等方式；选拔区级机关中层干部，除特殊岗位外，普遍推行竞争上岗。竞争性选拔领导干部每年进行1~2次，并逐年提高竞争性选拔比例，力争5年以后新提拔科级委任制党政领导干部中，通过竞争性选拔方式产生的，不少于三分之一。

11．健全完善干部管理监督机制。建立健全干部经常性监督管理机制，完善干部激励保障机制，建立健全干部职务与职级并行制度，实行干部职级与待遇挂钩。认真落实干部民主生活会、谈心谈话等制度，对干部苗头性问题早发现、早提醒、早纠正。强化对领导干部权力使用过程的制约和监督，对关键岗位干部实行重点管理，进一步完善党政正职用人责任审查、编制责任审核和经济责任审计“三责联审”制度，强化联审结果运用。加强干部选拔任用工作全过程的监督，实行干部选拔全程纪实制度，全面实行选人用人“一报告两评议”和“满意度调查”制度。

（四）干部队伍建设行动计划

12．突出重视基层一线的用人导向。着眼于培养一大批基层骨干和党政领导后备力量，研究做好大学生村官、公务员录用等工作的政策衔接，积极拓宽对基层一线优秀年轻干部的选拔渠道。到2015年，区级机关录用公务员，除特殊专业岗位外，原则上从具有2年以上基层工作经历的人员中考录。坚持把从村、社区党组织书记中择优选拔镇、街道领导干部，作为优化镇、街道领导班子结构的重要途径；加大面向村、社区党组织书记、主任定向考录镇、街道公务员的力度，进一步畅通基层优秀干部成长渠道。

13．实施干部能力素质转型升级工程。根据区“十二五”规划新目标新任务，以加快转型、实现赶超为主题，以优化知识结构、能力结构为重点，以全面提升干部队伍素质能力为目标，组织区管领导干部“双优化一提升”集中培训，着力打造一支适应“十二五”转型赶超发展要求的高素质干部队伍。紧扣区委“创新驱动”、“城市化和城乡一体”、“普惠民生”三大战略，举办好各类专题培训班，不断提升干部的履职能力。培养和储备一批具备国际化、专业化、前沿化素质的优秀人才，以领导干部和年轻干部为重点开展出国（境）培训，实施年轻干部外语能力提升培训三年行动计划，为锡山区主动融入国际、走向世界培养优秀人才、提供智力保障。

14．进一步提升年轻干部培养选拔工作水平。继续抓好年轻干部培养“363工程”的实施，进一步明确选拔培养和管理监督等工作举措。根据形势任务要求，做好后备干部队伍调整补充工作，及时总结年轻干部工作的经验，探索建立健全年轻干部培养工作的目标责任、吸纳储备、培养锻炼、监督管理、选拔使用五项机制。大力实施专业干部技能强化培养计划，选送有专业背景和相关工作经历的年轻干部到高校、科研院所、先进地区学习培训、挂职锻炼，努力培养一支懂战略性新兴产业、现代服务业、现代农业、社会管理创新的亟需人才队伍。坚持把基层一线作为培养锻炼干部的重要阵地，深入开展挂职锻炼，鼓励和引导年轻干部到基层工作，提高应对复杂局面和处理实际问题的能力。积极组织和引导军队转业干部等新进机关公务员到基层一线工作锻炼。

（五）人才优先发展行动计划

15．完善人才工作体制机制。坚持党管人才原则，认真落实省市中长期人才发展规划和区“十二五”人才发展规划，发挥市场配置人才资源的基础性作用和企业引才用才的主体作用，推动政府人才管理体制转变。完善“一把手”抓“第一资源”的目标责任机制，把人才发展主要指标纳入经济社会发展规划和科学发展评价考核体系。优化人才评价机制，形成人尽其才、才尽其用的人才选用体系。

16．推进落实重点人才工程。大力实施“锡山百人计划”，吸引海外高层次人才到锡山创新创业，力争到2015年末，中央“千人计划”人才达到5人、省“双创”计划人才达到30人以上、“530”人才（团队）及其项目达到220个以上、嫁接式人才及其项目达到30个以上、科技领军型创新人才达到12

人以上，对上争取资金超过5000万元。推进市生物农业人才“130”工程、物联网人才“1113”工程和“百千万”人才工程，同步编制区战略性新兴产业发展紧缺人才目录，将产业发展与人才引育有机结合，加快建立战略性新兴产业人才高地。到2015年末，全区人才资源总量达到13万人，年均增长5%左右，专业技术人才总量超过6万人，农村实用人才总量达到5000人，高技能人才总量超过8000人，获社会工作师资格的人员达到200人，引进高级经营管理人才1500人以上。实施高校毕业生就业创业工程，到2015年，引进5000名本科以上学历毕业生到锡山就业创业。

17．建立健全人才特优政策。探索建立企业股权激励政策，积极引导有条件企业以股权奖励、股权出售、股票期权等方式对高层次人才实施股权激励。新兴产业高层次人才到锡山创办企业，并由政府创投资金持股孵化的，其科技成果可按注册资本不少于30%作价入股。探索实施税收优惠政策，对于政府给予创业启动资金应收税、民营企业引进高级经营管理人才缴纳的个人所得税等给予一定的减免。完善专利、品牌、标准建设扶持政策，对“530”企业和高层次人才在我区申请专利的资助、奖励标准以区专利政策的上限执行。大力实施名牌战略，引导科技型企业重视标准化工作。完善“530”企业产业化政策，对战略性新兴产业领域内具有核心竞争力和一定规模的企业实施特殊的支持，到2015年，培育年销售过亿元“530”企业2家。

18．营造优化人才综合环境。大力建设科技“三创”载体，采用政府投资型、社会投资型和政府社会联动型等多元投资模式，重点提升“三创”载体硬件条件和软件管理水平。加快建立科技公共服务平台，探索建立上海研发公共服务平台锡山驿站，鼓励社会力量和科研院校兴办各类科技中介机构，打造科技中介联盟。积极构建人才交流互动平台，探索建立适应新兴产业发展的专业行业协会，为企业搭建资本与知本合作信息、产品推广和产业协作交流的平台。加快建设高品质人才公寓，到2015年年底形成1500套以上人才公寓规模。不断完善人才服务体系，实行高层次人才“优待证”制度，在注册落户、行政审批服务、子女入学、配偶安置、医疗保健等方面享受优惠待遇。

（六）“强基工程”行动计划

19．坚持不懈抓好创先争优活动。加强对创先争优活动的领导和指导，把创先争优活动的具体要求细化、分解到广大基层党组织和党员之中，以党组织和党员作用的有效发挥为基层社会稳定奠定坚实的组织基础。深入开展“科学发展争一流，赶超发展争贡献”活动，创新载体内容，细化目标责任，落实具体措施，加快推进全区科学发展、赶超发展。注重选树一批先进典型，充分利用《新锡山》、网络等媒体，及时总结宣传基层创先争优的先进经验和成功做法，充分发挥典型的示范引领作用。坚持党建带群建、党员带群众、党内带党外，以教育、卫生、工商、财税、司法系统等条线单位和群团组织为重点，深化窗口单位和服务行业创先争优活动，形成整体推进创先争优活动的局面。

20．切实加强基层党建工作。围绕创新社会管理，着力改善党的领导方式，积极构建党委政府与社会力量互联、互补、互动的党组织管理和公共服务体系。进一步扩大基层党组织覆盖面，及时在新建居民小区、拆迁安置小区、新经济社会组织中建立党组织。大力加强村（社区）党组织建设，努力把村（社区）党组织建设成引领科学发展、推动富民强村、服务人民群众、促进社会和谐的坚强战斗堡垒。加大新型社区党组织建设力度，完善组织网络体系，提升社区管理水平。加强党员服务中心建设，增强配套功能，丰富服务内容，提高服务水平。以加强开发区、工业园区（集中区）、专业市场党建工作为重点，着力提高我区非公企业党建工作水平。统筹推进机关、学校、医院等领域党建工作。在全区宣传推广红豆集团与市国检局、无锡海关等单位党组织统筹共建的做法和经验，深入开展区级机关、部分村（社区）和规模企业“三方结对共建、携手创先争优”活动，建立健全党组织统筹共建、互帮互助机制，不断提升统筹共建水平。多渠道、多层次构建党内关怀激励机制，整合社会资源，深化结对帮扶活动，探索困难党员创业帮扶工作，推动“幸福锡山”建设。

21．实施党员队伍建设基础工程。加强党员发展工作，认真做好在新经济社会组织中发展党员工作，大力实施“双培养”（将骨干培养成党员，把党员培养成骨干）工程，继续抓好外来务工人员、生产经营一线发展党员工作；重视在创新创业人才中发展党员，拓展市“双百”计划发展党员工作成效，力争在3年内发展一批创新创业人才党员；注重吸纳村（社区）优秀青年入党，进一步优化村（社区）党员队伍结构。继续实施好在职党员“五双”、无职党员“五有”制度，建立健全党员在居住地发挥作用的机制；实施流动党员“五管”制度，建立健全流动党员教育管理服务机制。

22．加强基层干部队伍建设。加强村（社区）干部特别是党组织书记队伍建设，探索村（社区）党组织书记职业化管理办法，不断提高村（社区）党组织书记的整体素质和管理水平；注重从创业致富能手、复员军人、大学生村官等各类人员中储备农村基层干部后备力量，使村（社区）组织及时得到优秀人才补充。加强新经济社会组织党组织书记队伍建设，探索建立新经济社会组织党组织负责人择优选任、教育培训、目标管理、考核激励等工作机制，着力建设一支高素质的党组织负责人队伍。

23．提高基层党建信息化服务水平。充分发挥现代远程教育网络作用，依托党员干部现代远程教育资源，拓展党员受教育渠道。引导基层党组织用好“无锡先锋网”等平台，发挥网络优势，进一步扩大服务基层党组织和党员群众的覆盖面。积极推广和运用新技术，广泛构建基层电子党务平台，拓宽网络党建新领域，努力使网络、手机等信息媒介成为加强基层党组织建设的有效载体。

（七）作风效能建设行动计划

24．加强和创新社会管理。坚持以人为本、执政为民，全面贯彻党的群众路线，进一步加强和改进群众工作方式，建立健全服务群众、联系群众和保障群众权益工作机制，始终保持党同人民群众的血肉联系。认真落实中央和省市区委关于加强和改进群众工作的各项要求，加强对党的群众路线执行情况的监督检查，加大对损害群众利益行为的问责力度。围绕征地拆迁、住房保障、食品药品安全、环境保护、安全生产等涉及民生的工作，认真解决人民群众反映强烈的突出问题，坚决纠正脱离群众的不良风气，切实做好群体性事件的防范和处置工作。健全并落实调查研究、基层工作联系点和民意调查制度，进一步畅通联系群众渠道，及时了解掌握社情民意，加强对网络舆情的收集、研判和处置。

25．切实解决机关作风效能建设中存在的突出问题。大力弘扬勤政为民、廉洁奉公的作风，加强对党员领导干部的教育和监督，及时纠正思想作风、学风、工作作风、领导作风和生活作风方面存在的突出问题。大力整治文风会风，要求各级机关和领导干部带头执行有关规定，少开会、开短会、讲短话、发短文。进一步完善服务承诺、首问负责、限时办结、失职追究等制度，着力治理“庸、懒、散”行为，促进各级机关改进作风、提高效能。加大对工程建设、公共资源交易、财政资金使用、政府采购及执纪执法等方面突出问题的专项治理力度，从严控制和压缩因公出国（境）、公务用车购置及运行、公务接待等经费支出，继续深入开展“小金库”专项治理。

26．健全和完善作风建设长效机制。完善群众评议、日常考核和干部年度考核相结合的机关作风评议机制，在热点部门和行业深入开展民主评议基层站所和服务窗口活动，继续开展区级机关作风效能民主评议活动。畅通群众诉求渠道，完善办理群众咨询、建议、投诉、举报的工作程序和规范，健全群众诉求快速处理机制，回应群众关切。充分发挥人大、政协、审计、社会舆论、新闻媒体等监督主体的积极作用，加强统筹协调，创新监督方式，切实提高外部监督的整体效能。积极推行党政机关绩效管理，加快制定科学的行政效能评估和目标考核办法，促进各级党政机关改进作风、提高效能，逐步建立长效管理机制。

（八）惩防体系建设行动计划

27．全面落实党风廉政建设责任制。建立健全党风廉政建设任务分解、落实和推进机制，明确并细化各级党委、政府、纪检监察组织以及职能部门的责任，不断提高党风廉政建设责任制的约束力、针对性和有效性。制定科学的目标考核和评价体系，改进和完善党风廉政建设责任制落实情况的检查工作，对领导班子的工作业绩与廉政责任实行同步检查、同步考核。健全责任追究的经常性工作机制，注重从日常检查、专项治理、案件查处等工作中及时发现领导班子和领导干部失职或不正确履职的问题，加大责任追究力度，切实维护责任制的严肃性和权威性。

28．着力提升各级党政组织执行力。紧紧围绕率先基本实现现代化的总体目标和重点任务，及时跟进、积极参与党委政府重大决策部署、重要工作、重大活动，加强促进转型发展、率先发展各项决策部署贯彻落实情况的监督检查，坚决纠正有令不行、有禁不止和“上有政策、下有对策”的行为，严肃处理各类突出问题背后隐藏的违纪违法行为，确保政令畅通。加强和改进监督检查方式，完善督查立项、协同推进、督查通报、问责追究和总结评估机制，整合各类督查力量，形成上下联动、横向配合、多方参与、齐抓共管的大督查机制，实现监督检查工作规范化、制度化。

29．扎实推进惩防体系建设。深入贯彻落实省委关于构建惩防体系基本框架的“5+1”文件和市委《关于进一步加强惩治和预防腐败制度机制建设的意见》文件精神，结合锡山实际，着力健全有效的组织领导和责任落实机制，加快推进反腐倡廉教育、权力运行监控、预防腐败、纠风、作风效能和惩治腐败“六大机制”建设，建立健全锡山特色惩防体系。牢固确立“创新＋法治”的理念，把科技手段融入制度设计和各项工作流程之中，把科技防腐网络拓展到腐败问题易发多发的重点领域和关键环节，在实践中不断丰富和发展惩防体系的内涵，不断增强惩防体系建设的规范性、系统性、协调性、科学性和实效性。

30．加强反腐倡廉教育宣传。以理想信念教育和党性党风党纪教育为重点，加强党的性质和宗旨教育、科学发展观教育以及责任意识、公仆意识和服务意识教育。坚持各级党政主要领导上党课制度，把党风廉政教育纳入党员干部教育培训计划和党委（党组）中心组学习内容。健全完善以领导干部为重点的分类分层次教育体系，创新廉政教育方式方法，深入开展示范教育、警示教育和岗位廉政教育，切实增强反腐倡廉教育的针对性和实效性。坚持把廉政文化建设纳入社会主义精神文明建设总体部署，继续推进廉政文化进机关、社区、学校、农村、企业、家庭等各个领域。完善反腐倡廉舆论引导机制，巩固和发展媒体宣传阵地，关注反腐倡廉网络舆情，正确引导网上舆论，着力培育风清气正的发展环境。

31．强化对权力运行的监督制约。围绕建立健全结构合理、配置科学、程序严密、制约有效的权力运行机制，全面开展廉政风险预警管理，整体推进内控机制全覆盖，完善行政权力网上公开透明运行机制，探索运用信息技术建立和完善自我防控、及时纠错、持续改进的权力控制系统，确保权力在内控中规范、在阳光下运行、在网络上监察。认真贯彻落实党内监督条例，不断完善领导干部述职述廉述法、诫勉谈话、函询、质询、罢免或撤换以及民主评议、信访监督等制度，建立健全新提任领导干部廉政谈话、廉政承诺、廉政考试、廉政公示等制度。探索建立纪委全委会开展监督的途径和方法，健全和规范区委常委会向全委会定期报告工作并接受监督制度。完善基层党内民主监督机制，探索群众参与监督的有效形式。

32．大力推进反腐倡廉制度创新。坚持把制度建设贯穿于管权、管事、管人的全过程，按照必要管用的原则，围绕重点领域和关键环节，大力推进反腐倡廉制度创新，建立内容科学、程序严密、配套完备、有效管用的制度体系。进一步提高制度执行力，把制度执行情况纳入党风廉政建设责任制检查考核内容，严肃查处违反制度的行为。探索在重大改革和制度创新过程中推行制度廉洁性审查、制度执行情况评估。深化行政管理体制、干部人事制度和财税管理体制、投资体制、国有资产管理体制等改革，推动社会诚信和道德体系建设，加大源头治腐力度。建立健全防止利益冲突机制，规范国家工作人员在公共资源交易、公共产品采购、公共资产管理中的公务行为，积极推行党政主要负责人不直接分管财务审批、工程建设、政府采购和干部人事工作。加强预防腐败的信息采集、分析和传递，准确把握腐败现象的特点、规律和趋势，逐步建立和完善腐败预警机制。

33．加大查办违法违纪案件力度。严肃查办发生在领导机关和领导干部中滥用职权、贪污贿赂、腐化堕落、失职渎职案件，严厉惩处利用人事权、司法权、行政执法权、行政审批权谋取非法利益的行为。严肃查办商业贿赂案件，加大对行贿行为的处罚力度。充分发挥信访主渠道作用，健全网络举报和受理机制，加强舆情监测，探索及时揭露、发现和查处违纪违法案件的新途径新办法。充分发挥区反腐败工作协调小组作用，提高科技化办案水平，增强突破疑难、复杂案件的能力。加强案件管理和监督，做到有案必查、有案查好，严格依纪依法、安全文明办案。做好查案后续工作，促进惩治成果向预防成果转化，做到查处一起重大案件、教育一批干部、完善一套制度。

四、组织领导和保障措施

1．构建齐抓共管的管党机制。健全党委统一领导，专职副书记牵头，纪委、组织、宣传、统战等党委部门和工会、团委、妇联、科协、残联等群团组织共同参与的党的建设协调机制，加强对党的建设的领导和指导。建立健全党建工作例会制度，定期研究党建工作中出现的新情况新问题。建立健全党建工作考核制度和述职制度，下级党组织主要负责人每年向上级党组织就党建工作述职。

2．构建保障有力的经费投入机制。完善财政支撑的基层党建工作专项资金制度，区财政设立100万元基层党建工作专项资金，各直属单位党委分别设立相应的基层党建工作专项资金。非公企业党组织活动经费按职工年度工资总额千分之五的比例作为企业管理费在税前列支。加大各级留存党费对基层党建工作的支持力度，用于基层党组织阵地建设、培训基层党务干部、培育党建工作先进典型等。

3．构建功能完善的阵地保障机制。建立健全区、镇（街道）、村（社区）三级党员服务（活动）中心，在开发区、工业园区内普遍建立党员服务（活动）中心，到2013年基本形成覆盖城乡的上级党组织服务下级党组织、党组织服务党员、党组织和党员服务群众的公共服务体系。深入实施以“有持续稳定的集体收入、有功能齐全的活动阵地、有先进适用的信息网络、有群众拥护的双强带头人、强化村党组织领导责任”为内容的村级“四有一责”建设行动计划，全面推进农村社区综合服务中心建设，不断增强村级组织活动阵地服务功能。整合党政组织、社会机构、党员群众等各类服务资源，完善各级党员服务（活动）中心功能，丰富服务内容，提升服务质量，让基层党组织和党员、群众享受到更多更好的公共服务。

4．构建高效便捷的信息化运作机制。以基层党建工作信息化提升党的建设科学化水平，用好基层党务管理综合服务平台，使之成为党员干部网上学习的新课堂、提升党务效能的新帮手、基层组织在线的新舞台。建立健全区、镇（街道）、村（社区）三级党建网络终端，发挥网络党建功能，逐步实现基层党务工作网络化、信息化、规范化。在全面实现农村“新三通”（行政村通光缆，自然村通宽带、通有线电视）的基础上，进一步强化农村网络化、信息化建设，到2015年基本实现村务网上公开全覆盖。

5．构建配置有序的队伍建设机制。高度重视基层干部的待遇，建立健全村（社区）干部收入稳定增长机制，逐步提高村（社区）干部的社会保障水平，解决他们的后顾之忧。加大对基层干部的表彰激励力度，重视从基层培养干部、选拔干部、重用干部，形成抓基层、重基础的鲜明导向。探索建立区“两新”组织党建工作指导员人才库，按照“双向选择”原则，为“两新”组织选派优秀党务工作人才。

区政府印发关于规范和加强安置房小区物业管理工作的意见（试行）的通知

锡府发〔2011〕11号

开发区、商务区管委会，各镇人民政府（街道办事处），区各有关部门：

《关于规范和加强安置房小区物业管理工作的意见（试行）》已经区政府常务会议讨论通过，现印发给你们，请认真贯彻执行。

二〇一一年三月四日

关于规范和加强安置房小区物业管理工作的意见（试行）

为进一步规范和加强我区安置房小区物业管理工作，维护拆迁安置居民、使用人和物业服务单位的合法权益，创造整洁、有序、安全、和谐的居住环境，根据国务院《物业管理条例》和省市有关法律法规规定，结合我区实际，现就我区安置房小区物业管理工作提出以下工作意见。

一、管理体制和职责分工

（一）管理体制

安置房小区物业管理实行属地负责制。开发区、商务区、各镇（街道）应建立安置房小区管理机构，对辖区内安置房小区实施管理。安置房小区的物业管理可根据实际选择管理模式：

1．在确保经费的前提下，以要求达到具体管理标准为基础，选聘专业物业公司，实行专业化管理；

2．暂不具备条件的安置房小区可采用政府直管方式，通过吸纳、培训失地农民及原村级干部，组建相应的管理机构实施管理。

安置房小区的管理方式由开发区、商务区、各镇

（街道）确定并报区住保房管局备案。

（二）管理职责

区住保房管局是全区物业管理行政主管部门，负责对安置房小区的物业管理活动进行指导和监督。具体负责制定本区的物业管理相关实施意见和管理服务标准，落实我区安置房小区物业管理日常工作的指导、监督和考核，组织相关物业管理人员培训，参与新建安置房小区物业管理的验收。

开发区、商务区、各镇（街道）是本辖区安置房小区管理的主体责任单位，负责本区域内的物业管理工作的领导、协调、组织实施、监督及资金保障。实行分管领导负责制，依照安置房小区的具体条件确定管理模式，组建或选聘管理机构，落实管理责任，监督开发建设单位做好安置房保修期内的维修工作，并负责指导组建业主委员会，做好小区各类创建工作。

村（居）委会应发挥社区管理的优势，建立联席会议制度并定期召开会议。参与小区交付和小区物业管理考核，全面掌握业主信息，调解群众矛盾，建设社区文化，帮助业主建立集体管理意识，宣传和引导业主履行交费等应尽义务，树立正确的物业服务消费意识。

区建设、物价、城管、民政、规划、公安等其他职能部门按各自职责，做好安置房小区物业管理相关工作。

二、物业管理服务内容和标准

（一）物业管理服务内容

物业管理区域内共用部位、共用设施设备及场所的维修养护管理；公共环境卫生保洁管理；安全护卫及公共秩序管理；车辆行驶及停泊管理；绿化养护管理；生活服务及公共部位、公共设施设备经营管理；室内装饰装修管理；小区智能化设施管理和各类档案资料管理；法律法规及合同规定的其他管理。

各物业服务单位应制定完善的物业管理方案，建立火灾、治安、公共卫生等突发事件应急预案，能妥善处置各类突发事件。

（二）物业管理标准

一个安置房管理区域只能由一家管理机构实施管理，物业管理服务标准可参照《无锡市普通住宅物业管理服务简明标准（试行）》确定，原则上不低于无锡市物业服务二级标准，已完善的小区应积极争创无锡市级以上物业管理优秀住宅小区。暂不具备条件的小区应确保以保洁、保绿、保安、保修为主要工作内容的“四保”基础管理工作到位。

开发区、商务区、各镇（街道）应与物业服务单位签订物业服务合同，明确双方权利义务、服务标准和相应的收费等级。

三、物业收费标准和经费保障

（一）物业收费标准

安置房小区物业服务收费实行政府指导价，收费标准由安置房物业服务单位提出申请，经区物价局遵循合理、公平、公开以及与物业服务管理标准、内容相适应的原则，会同小区所在地镇（街道）和区住保房管局等相关部门核定。

（二）经费保障

开发区、商务区、各镇（街道）应当建立安置房小区物业服务经费的保障机制，多渠道落实小区物业管理服务资金，其主要来源：

1. 业主交纳的服务费用；

2. 小区配套设施及公共资源经营收益；

3. 开发区、商务区、各镇（街道）用于安置房小区管理和服务的财政补贴；

4. 原村（居）委会按户（人）支付的补贴；

5. 其他合法渠道确定的资金来源。

安置房物业服务费用应实行收支两条线管理，各小区配套及公共资源的收益、物业服务收费及财政补贴经费，由开发区、商务区、各镇（街道）集中建立专户归集管理，按小区核定等级和约定的服务内容，经镇（街道）考核后达到管理标准的，按时核拨给小区的物业服务单位。

逐步推进安置房小区物业管理市场化，设立市场化运行过渡期，过渡期限由开发区、商务区、各镇（街道）确定。

安置房屋及小区配套用房用于出租经营的，应按标准足额交纳物业服务费用。

四、前期介入和交接验收

（一）物业前期介入

开发区、商务区、各镇（街道）应在安置房开工建设前确定管理模式，落实物业服务单位。

建设单位应严格按照规范设计要求建设并配置配套用房，完善各项配套设施，加强与物业服务单位的沟通协作。

物业服务单位应提前介入，从管理角度出发，及时提出合理化建议，在房屋交付使用前制定小区物业管理方案、管理规约和管理制度，编制业主手册。在业主入住时签订服务合同和业主管理规约，使业主充分了解物业管理的服务内容、服务质量、收费标准，明确小区入住应当遵循的行为规范。

（二）建立查验制度

小区完工后，建设单位应及时组织对小区进行综合验收，经验收合格取得备案证明后方可交付。

小区交付使用前，物业服务单位应对房屋、物业共用部位、共用设施设备等进行实物查验，发现问题及时反馈，由建设单位负责整改。

安置户在办理入住手续时，应由物业服务单位、建设单位、入住业主三方进行交付查验，验收合格由业主签字确认，方可完成交房手续。

（三）严格交付手续

建设单位应与供水、供电、供气、路灯、有线电视、环卫等部门落实小区相关公共服务的移交和管理职责。相关部门应当依法承担物业管理区域相关管线和设施设备维修、养护的责任并向最终用户收取有关费用，需委托物业服务企业代收的，应当签订委托合同。

建设单位应及时按规定与前期物业服务单位移交小区相关资料，并签订交接管理协议书。前期物业服务终止时，前期服务单位应根据《物业管理条例》要求，与小区业主委员会及后续物业服务单位完成以上交接手续。

五、专项维修资金的筹集和使用

（一）专项维修资金的筹集

安置房小区应筹集住宅专项维修资金，资金的筹集标准按照《无锡市住宅专项维修资金管理办法》规定执行。

专项维修资金尚未全部归集入户前，由开发区、各镇（街道）承担房屋的维修责任。

（二）专项维修资金的使用

专项维修资金的管理、使用按照《无锡市住宅专项维修资金管理办法》规定执行。

六、监督考核和扶持保障

（一）监督考核

加强安置房小区物业管理的监督考核，由区住保房管局会同区相关部门组成考核小组，定期对开发区、商务区、各镇（街道）安置房小区物业管理工作进行考评，考核结果与区政府对开发区、商务区、各镇（街道）年度目标管理考评挂钩。

开发区、商务区、各镇（街道）应建立镇（街道）和社区两级监督考核机制，制定考核方案，对所属区域内的安置房小区管理服务单位进行监督考核，对照考核结果核拨服务经费。对管理达标、服务优良、环境优美的小区物业服务单位可采用“以奖代补”的方式给予必要的经费奖励。

（二）扶持保障

新建小区可由建设单位按约定的标准拨付开办费，主要用于物业服务单位进驻小区前期准备和召开业主大会等，经费可列入建设成本。

七、业主（代表）大会和业主委员会

各镇（街道）应在条件成熟的安置房小区及时召开业主（代表）大会，选举产生业主委员会。业主（代表）大会召开和业主委员会的产生按《无锡市物业管理办法》执行。

首次业主（代表）大会会议由小区筹备组组织召开，小区筹备组由镇（街道）负责组建，成员有业主代表、建设单位代表、镇人民政府（街道办事处）代表等组成，组长由镇人民政府、街道办事处代表担任。

区政府关于加强控源截污规范排水行为长效管理的实施意见

锡府发〔2011〕17号

（2011年4月15日）

开发区、商务区管委会，台创园管委会，各镇人民政府（街道办事处），区各办局，区各直属单位，驻区各条线单位：

为巩固控源截污工作成果，保证公共排水设施正常运行，建立污水治理的长效管理机制，进一步改善水环境，根据《无锡市排水管理条例》、《锡山区城镇污水集中处理管理办法（试行）》（锡府发〔2008〕110号）、区政府《关于开展控源截污行动和排水达标区创建活动实施方案》（锡府发〔2009〕36号）和《无锡市控源截污规范排水行为长效管理实施办法》的有关规定和要求，结合本区实际情况，现就加强我区控源截污规范排水行为长效管理提出如下实施意见：

一、指导思想

坚持以科学发展观为统领，按照属地管理和分级管理相结合的原则，条块结合，以块为主，力争通过两年左右的时间，全面形成排水长效管理工作机制，切实巩固好控源截污规范排水行为工作成果。

二、目标任务

建立健全区、镇（街道）两级排水管理网络，明确长效管理职责，明确排水设施运行维护责任，建立排水设施运行维护考核制度，落实排水达标区日常监管责任，落实排水长效管理经费。

三、工作措施

（一）明确长效管理职责。

区建设局负责全区控源截污规范排水行为长效管理的指导、监督、考核等管理工作；负责明确区、镇（街道）两级排水管理的职责，督促排水达标区长效管理工作责任层层落实到位；负责开展排水行政许可和执法工作。

区发改、规划、环保、水利、房管等部门应当按照各自的职责，协同做好相关工作。

各镇（街道）为控源截污规范排水行为长效管理工作的第一责任人，按照区政府要求做好排水达标区的日常巡查和复查达标工作。各镇（街道）排水管理办公室具体负责排水达标区创建复查的资料收集、数据统计和申报工作，协助做好排水达标区的日常巡查。

各镇（街道）负责辖区内控源截污规范排水行为的长效管理工作，主要包括：层层落实长效管理责任；成立排水管理办公室，配备必要的办公场所、设备和交通工具，配备不少于3名的专职排水专管员；建立控源截污规范排水行为长效管理工作的各项工作制度，定期对辖区内排水达标区长效管理工作进行检查、考核；制定和落实长效管理措施；编制污水支管网养护和考核计划；编制排水达标区年度管理、养护计划；落实长效管理所需的经费；每月月底上报长效管理情况。

（二）明确排水设施的运行维护责任。

排水区内部的公共排水设施的运行维护由各镇（街道）自行负责。东亭污水处理厂服务范围内排水区外部主管网的运行维护由开发区负责，安镇、锡北、东港和鹅湖污水处理厂服务范围内排水区外部的主管网由锡山污水处理有限公司负责运行维护。

自用排水设施由产权单位或者使用单位负责运行维护。住宅小区内的排水设施由物业服务企业根据物业服务合同，负责运行维护；无物业服务企业的，由各镇（街道）指定的单位负责运行维护。

（三）明确排水设施养护标准。

排水设施应按照《城镇排水管渠与泵站维护技术规程》（CJJ68-2007）、《排水管道维护安全技术规程》（CJJ6）、《城市污水处理厂运行、维护及其安全技术规程》（CJJ60）等的标准要求进行日常养护和管理，禁止雨污不分、私接乱排等行为的返潮。运行维护单位对管道、窨井、泵房等排水设施应定期检查、定期维护，保持良好的水力功能和结构状况，发现堵塞、淤积、破损等情况时要及时进行清通、维修，以确保排水设施的正常运行。对巡查中发现的雨污不分、私接乱排、违章占压等不规范排水行为，及时向排水管理机构报告。

（四）建立设施养护考核制度。

区、镇（街道）排水管理机构要根据排水设施运行维护经费，通过在区级平台统一招标的方式，落实排水设施运行维护单位。要明确运行维护标准和要求，细化量化运行维护考核内容，定期对运行维护质量进行严格考核，考核结果作为支付运行维护经费的依据，考核细则由区建设局另行制定。

（五）落实达标区日常监管责任。

锡山区给排水管理处负责安镇、锡北、东港、鹅湖污水处理厂服务范围内的主管网运行维护的日常监管和检查考核；负责对开发区、各镇（街道）排水设施运行维护工作进行指导、监督和抽查；负责对已接管的重点工业排污企业和重点排水户的日常监督工作。锡山区给排水管理处应配备必要的日常巡查和行政执法车辆。

开发区负责东亭污水处理厂服务范围内主管网运行维护的日常监管和检查考核；各镇（街道）排水管理机构负责各自辖区内污水支管网运行维护的日常监管和检查考核，负责排水区内部公共排水设施的日常监管和检查考核，负责排水户的日常检查工作。

（六）落实控源截污长效管理经费保障。

安镇、锡北、东港、鹅湖污水处理厂服务范围内的主管网运行维护资金列入区级财政预算，在污水处理费中列支；东亭污水处理厂收纳污水范围内的主管网运行维护资金在区财政返回开发区的污水处理费中列支，不足部分由开发区财政自行承担。

东亭、安镇、锡北、东港和鹅湖污水处理厂服务范围内的支管网运行维护资金由各镇（街道）自行承担。

开发区、各镇（街道）排水管理机构的工作经费由开发区、各镇（街道）予以保障。

（七）落实控源截污长效管理监督考核。

排水达标区实行复查制，每年按50%的比例采取不定期抽查的方式对创建完成的排水达标区进行复查，确保排水达标区的达标不反弹。达不到排水达标区要求的将取消排水达标区称号，并需整改直至达标，整改经费由各镇（街道）财政自行承担。同时，排水达标区创建和复查考核情况将列入区"科学发展观"考核内容。

对在控源截污规范排水行为长效管理工作中表现突出、成效显著的单位和个人将给予表彰；对违反本细则的单位和个人，由区有关部门依据有关法律法规和规章予以处理。

区政府关于进一步推进依法行政工作的实施意见

锡府发〔2011〕45号

（2011年9月7日）

开发区、商务区管委会，台创园管委会，各镇人民政府（街道办事处），区各办局，区各直属单位，驻区各条线单位：

为深入贯彻落实国务院《关于加强市县政府依法行政的决定》（国发〔2008〕17号）、《关于加强法治政府建设的意见》（国发〔2010〕33号），实现建设法治政府的奋斗目标，创新事关全局的依法行政体制机制，增强领导干部依法行政的意识和能力，不断提高政府公信力和执行力，保障我区经济又好又快发展和社会和谐稳定大局，根据省市有关法治政府建设的要求，区政府就进一步推进依法行政工作提出如下实施意见：

一、充分认识推进依法行政的重要性和紧迫性

1．推进依法行政的重要性和紧迫性。依法行政是政府的生命线，也是人民群众对政府的基本要求。加快推进依法行政，建设法治政府，是发展社会主义市场经济的必然规律，是促进社会公平正义的基本保证，是政治体制改革的重要组成部分。随着经济发展进入新阶段，一些领域社会矛盾有所增加，有些突发事件可能影响全局，政府及其部门依法决策、依法处置问题能力面临严峻考验。构建"法治锡山"、"和谐锡山"，必须提高依法行政能力，提高政府依法管理经济和社会事务的水平。领导干部要善于用法律思维考虑问题，用法律手段推动工作，用法律武器化解矛盾。政府及其部门要坚持依法办事，妥善处置各类突发事件，有效预防和减少行政权力的缺失，有效预防和减少腐败现象的产生，有效预防和减少各种矛盾冲突，实现社会和谐，维护社会稳定。各级领导要有一种时不我待的紧迫感，将依法行政放在突出位置，抓紧抓好推进依法行政各项工作。

二、提高行政机关工作人员特别是领导干部依法行政的意识和能力

2．建立推进依法行政联席会议机制。探索建立区推进依法行政联席会议机制，由区政府主要领导任主任，区委政法委书记、区政府分管区长任副主任，区法院、各镇（街道）、重点行政执法部门主要负责同志为成员。联席会议每年召开1～2次，主要工作是沟通推进依法行政信息，部署推进依法行政工作任务，协调行政执法力量。根据需要，主任或副主任还可不定期召集联席会议，讨论组织联合执法活动、协调执法力量、解决执法管辖争议等事宜。联席会议办公室设在区政府法制办公室，负责联席会议有关决议、决定的督促执行。通过日常沟通，推动行政机关之间、行政机关与司法机关之间的相互理解、配合和支持，充分发挥联动优势，及时发现苗头性问题，共同预防和化解行政争议，进一步优化依法行政与公正司法的良性互动机制。

3．健全领导干部任前依法行政能力测评制度。根据国务院《关于加强法治政府建设的意见》的要

求，拟任地方人民政府及其部门领导职务的干部，任职前要考察其掌握相关法律知识和依法行政情况。区政府法制办公室要会同区委组织部对拟任政府部门及派出机关负责人（区人大任命人员除外）进行依法行政能力测评，测评结果作为任职依据。要重视提拔使用依法行政意识强，善于用法律手段解决问题、推动发展的优秀干部。

4．建立法律知识学习培训长效机制。完善行政机关领导干部学法制度，继续落实政府常务会议学法制度，积极组织开展各种形式的法制讲座，组织学习宪法、通用法律知识和专门法律知识。每年举办2期以上领导干部依法行政专题研讨会，定期组织行政执法人员参加通用法律知识培训、专门法律知识轮训和新法律法规专题培训，对从事行政执法、政府法制等工作的人员，还要组织专门的法律知识考试，并把培训情况、学习成绩作为考核内容和任职晋升的重要依据。

三、完善行政决策机制，进一步提高依法决策能力

5．探索建立行政决策风险评估和防范机制。行政机关作出重要行政决策之前或因新情况、新问题作出重大具体行政行为时，应先行咨询法院、法制办等专业部门的意见，重大决策还应按照有关要求进行风险评估，预估可能发生的情况，有效防范行政争议的产生。

6．推行重大行政决策听证制度。建立健全公众参与重大行政决策的规则和程序，增强行政决策透明度和公众参与度。制定与群众切身利益密切相关的规范性文件，应通过网站、公示栏等媒介向社会公开征求意见。凡法律、法规、规章规定应当听证以及涉及重大公共利益和群众切身利益的决策事项，必须进行听证。

7．建立重大行政决策的合法性审查制度和集体决策制度。开发区、商务区、各镇（街道）、区政府各部门做出重大行政决策前须先由本单位法制机构（法制科室或法制员）进行合法性审查，未经合法性审查或者经审查不合法的，不得提交讨论、做出决策。重大行政决策应当在深入调查研究、广泛听取意见和充分论证的基础上，由单位负责人集体讨论决定，杜绝擅权专断、滥用权力。

8．落实决策责任。对于涉及社会重大利益调整、重大项目投资的决策，要由发改、监察、审计等部门进行重大决策跟踪反馈和后评估，对错误的决策要及时纠正；对违反科学民主决策规定、出现重大决策失误或造成重大损失的，还要追究决策者的责任。

四、严格规范公正文明执法

9．严格依法履行职责。全面履行政府职能，更加重视社会管理和公共服务，着力保障和改善民生，切实解决就业、教育、医疗、社会保障、保障性住房等人民群众最关心的问题。加大行政执法力度，严厉查处危害安全生产、食品药品安全、自然资源和环境保护、社会治安等方面的违法案件，维护公共利益和经济社会秩序。认真执行行政许可法，深化行政审批制度改革，进一步规范和减少行政审批，推进政府职能转变和管理方式创新。

10．完善行政执法体制和机制。合理界定执法权限，明确执法责任，提高基层执法能力，切实解决多头执法、多层执法和不执法、乱执法问题。建立执法争议综合协调机制，确保区政府裁决执法管辖争议的权威性和有效性。改进和创新执法方式，坚持管理与服务并重、处置与疏导结合，实现法律效果与社会效果的统一。加强行政执法信息化建设，推行行政权力网上公开透明运行。

11．规范行政执法行为。加强程序制度建设，细化执法流程，明确执法环节和步骤，保障程序公正。建立行政裁量权基准制度，科学合理细化、量化行政裁量权，完善适用规则，避免执法的随意性。坚持文明执法，全面推进说理式执法，公平对待当事人，保障执法对象的人格尊严。

12．落实行政执法案卷评查制度。创新行政执法案卷评查制度，将行政执法说案环节引入案卷评查领域，全面提升行政执法人员综合素质。通过执法人员的说案和专家的现场询问，及时发现行政执法中的突出问题，牢固树立权利保护意识、程序意识、证据意识和责任意识。

五、依法化解社会矛盾纠纷

13．健全行政调解机制。建立健全由政府负总责、政府法制机构牵头、各职能部门为主体的行政调解工作体制，充分发挥行政机关在化解行政争议和民事纠纷中的作用。推动建立行政调解与人民调解、司法调解相衔接的大调解联动机制，实现各类调解主体的有效互动，形成调解工作合力。

14．加强行政复议工作。充分发挥行政复议在解决矛盾纠纷中的作用，畅通复议申请渠道，简化申请手续，方便当事人提出申请。注重运用调解、和解方

式解决纠纷，调解、和解达不成协议的，及时依法公正作出复议决定，对违法或者不当的行政行为，该撤销的撤销，该变更的变更，该确认违法的确认违法。健全行政复议机构，确保复议案件依法由2名以上人员办理。

15．做好行政应诉工作。完善行政应诉制度，积极配合人民法院的行政审判活动，支持人民法院依法独立行使审判权。全面落实行政机关负责人出庭应诉制度，行政机关负责人出庭率要达到100%。组织行政机关负责人进行庭前培训和指导，提高行政机关负责人的应诉能力和答辩技巧，扩大行政机关负责人出庭的社会效果。对于行政诉讼中的败诉案件，一律由区依法行政联席会议进行梳理解析后报区委、区政府。

六．加强组织领导和督促检查

16．强化行政首长作为推进依法行政第一责任人的责任。开发区、商务区、各镇（街道）、各部门要把全面推进依法行政、加强法治政府建设摆在更加突出的位置。行政首长要对本地区、本部门依法行政工作负总责，切实承担起领导责任，将依法行政任务与改革发展稳定任务一起部署、一起落实、一起考核。各镇（街道）、各部门每年要向区政府报告推进依法行政情况。

17．加强法制工作机构建设。要充分发挥法制机构在推进依法行政、建设法治政府方面的组织协调和督促指导作用。进一步加强法制机构建设，区政府各部门要充实法制工作科室，不设法制科室的要专门任命兼职法制员；开发区、商务区、各镇（街道）要明确一名法律知识丰富、业务能力强的中层正职干部担任法制员。法制科长或法制员列席办公会议，负责本单位行政决策、具体行政行为的合法性审查以及对外合同的审核。要加大对法制干部的培养、使用和交流力度，重视提拔政治素质高、法律素养好、工作能力强的法制干部。政府法制机构及其工作人员要努力提高新形势下做好政府法制工作的能力和水平，努力当好政府或者部门领导在依法行政方面的参谋、助手和顾问。区政府法制办公室要进一步提高全区政府法制工作队伍的综合业务素质，提升我区行政机关依法行政的水平。

区政府办公室转发区人力资源和社会保障局等部门关于进一步完善促进创业带动就业相关政策实施办法的通知

锡府办〔2011〕32号

开发区、商务区管委会，各镇人民政府（街道办事处），区各办局，区各直属单位，驻区各条线单位：

区人保局、财政局、锡山工商局制定的《关于进一步完善促进创业带动就业相关政策的实施办法》已经区政府同意，现转发给你们，请认真组织实施。

二〇一一年四月十三日

关于进一步完善促进创业带动就业相关政策的实施办法

（区人保局 区财政局 锡山工商局）

为进一步促进我区创业带动就业工作，更好地发挥政策效应，根据《市政府办公室转发市人力资源和社会保障局等部门关于进一步完善促进创业带动就业相关政策意见的通知》（锡政办发〔2010〕302号）精神及区委、区政府突出创业富民的工作要求，现就进一步完善我区促进创业带动就业政策提出如下意见：

一、进一步放宽创业门槛

为鼓励更多的劳动者实现自主创业，在符合法律、法规规定的条件、程序及合同约定的情况下，允许创业者将家庭住所、租借房、临时商业用房等作为创业经营场所；允许能有效划分的同一地址登记为多家企业和个体工商户的住所（经营场所）；经合法批准的公共用地可作为创业者从事个体经营的场所。

二、进一步加大就业困难对象创业扶持力度

对本区经认定的就业困难人员租用场地（不包括入驻孵化基地）初次创业且正常运营1年以上的，可以一次性按实给予最高不超过3000元的租金补贴；对本区就业困难人员利用自有住房初次创业且正常运营1年以上的，可在3年内，每年按照实际使用水电费总额的三分之一，最多不超过1000元的水电费等创业运营经费补贴。

三、进一步加大高校毕业生创业扶持力度

（一）本区户籍的高校毕业生（全日制大专及以上学历）除按规定可享受上述第二条政策外，本区户籍高校毕业生创业（初次）的，领取营业执照后稳定经营6个月以上，可申请3000元的一次性开业补贴。

（二）落实税费减免政策。按无锡市相关文件规定落实各项税费减免，积极有效地推进高校毕业生就业。

（三）将本区户籍高校毕业生及在锡高校毕业学年的大学生纳入小额担保贷款及贴息范围，贷款的额度一般掌握在5万元以内，规模较大的可提高到10万元。对合伙经营和组织起来就业的，贷款规模可适当扩大。对申请小额担保贷款并从事微利项目的，由财政据实全额贴息；从事非微利项目的，给予60%贴息。具体政策按锡山区《关于进一步完善小额担保贷款管理促进就业创业工作的通知》（锡人保〔2010〕39号）文件执行。

四、进一步明确扶持创业资金兑现期限

（一）对按此办法规定符合享受有关创业租金补贴、电费补贴和开业补贴符合条件时每半年申报一次；对符合享受有关创业孵化基地补贴、创业实训补贴和创业项目补贴的对象，由原来每年申报一次改为符合条件时可当季申报。

（二）鉴于投资者缴纳社会保险费基数存在提前缴满全年缴费限额的现象，对投资兴办企业并带动5名本市户籍人员就业的投资者的社保补贴，按照先缴后补的原则，由原来按季申报改为每年一次性申报，并根据企业招用人员和社保缴纳情况，确定其补贴金额和补贴月数。

五、进一步规范创业补贴申报审核程序

（一）租金补贴申报审核程序

租金补贴实行先缴后补办法。补贴申请人在领取营业执照并稳定经营一年后，向户籍所在地的区人力资源和社会保障部门提出申请，填写《无锡市锡山区就业困难人员及高校毕业生自主创业租金补贴申请表》，并提供以下材料：（1）《申领补贴诚信承诺书》；（2）营业执照副本原件及复印件；（3）企业银行账号或个体工商户业主社会保障卡号；（4）创业扶持对象与出租方签订的经营场所租房合同原件与复印件；（5）创业扶持对象支付房屋租金的税务发票；（6）创业扶持对象的户籍证明；（7）《就业失业登记证》原件和复印件；（8）高校毕业生毕业证书原件及复印件。经区促进就业工作领导小组办公室审核同意后拨付。

（二）一次性开业补贴申报审核程序

补贴申请人在领取营业执照并稳定经营6个月后，向户籍所在地的区人力资源和社会保障部门提出申请，填写《无锡市锡山区就业困难人员及高校毕业生自主创业开业补贴申请表》，并提供以下材料：（1）《申领补贴诚信承诺书》；（2）营业执照副本原件及复印件；（3）企业银行账号或个体工商户业主社会保障卡号；（4）创业扶持对象的户籍证明；（5）《就业失业登记证》原件和复印件；（6）高校毕业生毕业证书原件及复印件。经区促进就业工作领导小组办公室审核同意后拨付。

（三）水电费运营费用补贴申报审核程序

水电费补贴实行先缴后补办法。补贴申请人在领取营业执照并稳定经营一年后，向户籍所在地的区人力资源和社会保障部门提出申请，填写《无锡市锡山区就业困难人员及高校毕业生自主创业水电费补贴申请表》，并提供以下材料：（1）《申领补贴诚信承诺书》；（2）营业执照副本原件及复印件；（3）企业银行账号或个体工商户业主社会保障卡号；（4）创业扶持对象有自有住房房产证明；（5）创业扶持对象实际支付水电费的有效凭证；（6）创业扶持对象的户籍证明；（7）《就业失业登记证》原件和复印件；（8）高校毕业生毕业证书原件及复印件。经区促进就业工作领导小组办公室审核同意后拨付。

六、资金支出渠道

相关创业扶持资金由区促进就业资金列支。

附件（略）

区政府办公室关于进一步做好政府信息公开工作的意见

锡府办〔2011〕36号

（2011年4月22日）

开发区、商务区管委会，各镇人民政府（街道办事处），区各有关部门：

为进一步贯彻《中华人民共和国政府信息公开条例》（简称《条例》），根据上级有关文件精神，结合我区实际，现就进一步做好政府信息公开工作提出如下意见。

一、进一步加强工作机构建设

各地各部门要高度重视政府信息公开工作，切实把政府信息公开工作摆上重要议事日程。按照《条例》规定，区政府已明确区政府办公室作为全区政府信息公开工作主管部门，负责推进、指导、协调、监督全区政府信息公开工作。各地各部门要进一步建立健全政府信息公开工作专门机构，指定专门科室和专门人员负责组织实施，确保工作无缺位、业务不间断，并承担起对下属单位的指导、协调和监督检查工作。各单位内部科室之间要建立信息互通、协同配合机制，工作任务要细化分解，责任到人，确保政府信息公开工作真正落到实处。

二、进一步加大主动公开工作力度

各地各部门要坚持把主动公开作为政府信息公开的主渠道，切实加大政府信息主动公开工作力度。

（一）扩大主动公开范围。凡是《条例》规定应该公开、能够公开的事项，都应及时、全面、主动公开。特别是对公权力大、公益性强、公众关注度高的部门公共政策，以及与群众利益密切相关的事项，要进一步扩大公开范围，深化公开内容。行业主管部门要制定行业公共企事业单位信息公开的实施办法或细则，促进公共企事业单位信息公开不断规范化、制度化。信息公开要以点带面，逐步把信息公开推向农村、社区，为基层群众提供优质的公共服务。

（二）加强公开载体建设。要加强政府网站政府信息公开专栏建设，定人、定责、定期更新维护相应栏目，充分发挥政府信息公开专栏作为主动公开主渠道的作用。区政府在区档案馆建立查阅处（政府信息查阅中心），在区行政服务中心（办事大厅）、图书馆等公共场所建立查阅点。要进一步扩大查阅场所布局，完善软硬件配套，主动为公众获取信息提供便利。

（三）认真做好政府信息移送工作。各单位应当将本单位主动公开政府信息及时以电子文本和纸质文本两种格式移送区档案馆。其中，电子文本应在其主动公开政府信息形成或变更后的20个工作日内移送，纸质文本于每月10日前移送上月形成或变更的政府公开信息。

（四）及时澄清虚假或不完整信息。各单位发现互联网、广播、电视、报刊、手机短信等渠道发布涉及本单位的虚假或不完整信息时，应积极采取措施主动应对，按照“涉及谁、谁澄清”的责任要求，及时澄清。必要时，应主动联系公安、广电、通信以及新闻、互联网管理等单位依法采取措施控制虚假或不完整信息继续传播。

三、进一步规范依申请公开工作

依申请公开工作应坚持公正、公平、分级受理和严格依法的原则，在受理过程中要做到便民、利民、节约、高效。

（一）妥善处理各类申请。各单位收到申请后，应做好登记，认真审核，根据不同情况进行妥善处理。

1．对一些要求公开项目较多的申请，受理机关既不能如需提供，又难以一一指明哪条信息不存在，可要求申请人按照“一事一申请”原则对申请方式加以调整，进行归并处理。

2．妥善处理研究课题类申请。对于要求行政机关为其大范围提供课题研究所需资料、数据的申请，可要求申请人对其申请方式作出调整：对于已经主动公开的，可告知申请人通过政府网站等渠道自行查阅；通过主动公开渠道确实难以获取的政府信息，申请人可按照“一事一申请”的方式向相关行政机关分别提出申请。

3．对于同一申请人向同一行政机关就同一内容反复提出公开申请的，行政机关可以不重复答复。

4．各单位收到在我国境内的外国公民、法人或其他组织关于公开政府信息的申请后，应当对申请人的身份进行核实；对于拟提供的政府信息，要进行严格的保密审查；提供的政府信息一般为中文，不提供外文译本。在我国境外的外国公民、法人或其他组织提出政府信息公开申请的，行政机关不予受理。

（二）明确政府信息公开工作范畴。对于经审核符合依申请公开范围的申请，各单位应按规定及时公开相关信息。行政机关向申请人提供的政府信息，应当是正式、准确、完整的，申请人可以在生产、生活和科研中正式使用，也可以在诉讼或行政程序中作为书证使用。各地各部门要严格按照国务院办公厅和省政府办公厅有关文件要求，准确把握依申请公开工作中可以不予公开的适用范围。

1．行政机关在日常工作中制作或者获取的内部管理信息以及处于讨论、研究或者审查中的过程性信息，一般不属于《条例》所指应公开的政府信息，可以不予提供。

2．行政机关向申请人提供的政府信息，应当是现有的，一般不需要行政机关汇总、加工或重新制作（作区分处理的除外）。行政机关一般不承担为申请人汇总、加工或重新制作政府信息，以及向其他行政机关和公民、法人或者其他组织搜集信息的义务。

3．行政机关对申请人申请公开与本人生产、生活、科研等特殊需要无关的政府信息，可以不予提供。

4．对申请人申请的政府信息，如公开可能危及国家安全、公共安全、经济安全和社会稳定，按规定不予提供，可告知申请人不属于政府信息公开的范围。

（三）改进依申请公开政府信息服务。各地各部门要进一步拓宽受理渠道，完善申请的受理、审查、处理、答复程序，为申请人提供便捷的依申请公开服务。

1．对于申请事项不属于政府信息公开工作范畴或无法按申请提供政府信息的，应主动与申请人沟通，尽量取得申请人的理解。在答复申请时，要依法有据、严谨规范、慎重稳妥。

2．在受理依申请公开政府信息过程中，对于需要或者可以让社会广泛知晓的政府信息，行政机关应在答复申请人的同时，通过政府网站等渠道主动公开，尽量避免将公共性政府信息只向个别申请人公开，以减少对同一政府信息的一再申请，节约行政成本，提高工作效率。

3．对受理的政府信息公开申请涉及两个以上行政机关的，受理机关应当与所涉及的其他行政机关进行沟通、确认；不同行政机关之间对拟公开的政府信息内容存在不同意见时，应当提请政府信息公开工作主管部门协调确定；行政机关内部要加强沟通，并与上下级行政机关加强协调，保证信息公开的一致性。

4．各单位对依申请公开中出现的复杂问题应及时研究会商，第一时间掌握情况，统一口径，疏导社会矛盾。对受理事关全局稳定、涉及重要事项或敏感问题的依申请公开，要及时向上级政府信息公开工作主管部门请示，不得擅自答复。

四、进一步建立健全工作制度

各地各部门要进一步加强制度建设，保证公开程序规范，制度执行有力，使政府信息公开工作真正走上规范化、制度化轨道。

（一）完善政府信息发布保密审查制度。要按照“谁公开谁审查，谁审查谁负责，先审查后公开”的原则公开政府信息。未经保密审查，不得对外公开发布政府信息。各地各部门要将政府信息公开保密审查程序与公文运转程序、信息发布程序结合起来，防止保密审查与政府信息公开工作脱节。

（二）建立政府信息发布协调制度。行政机关发布主动公开的政府信息，应当遵循“谁制作、谁公开，谁保存、谁公开”的原则。两个以上行政机关共同生成的需要对外公布的政府信息，由组织生成该信息的单位负责向公众公开。对于两个以上行政机关联合发文产生的政府信息，公民、法人和其他组织可以向其中任何一个行政机关申请获取该政府信息。拟发布信息涉及其他行政机关工作内容，发布后可能对其工作产生影响的，拟公开政府信息的行政机关应在信息发布前向所涉及单位书面征求意见。被征求意见的行政机关应在5个工作日内予以书面回复；未在规定期限内答复的，视为同意；回复不同意的，拟发布机关认为仍需公开的，应报请区政府信息公开主管部门协调解决。

（三）进一步完善细化政府信息公开工作社会评议、考核检查、责任追究等制度，尽快形成完整的政府信息公开制度体系。

五、进一步强化宣传培训工作

（一）加强宣传引导。各地各部门要充分利用各类媒体宣传政府信息公开工作的意义、成效和典型经验，营造良好的社会舆论环境，以宣传促落实，以宣传促深入。积极引导群众关心、支持、依法有序参与政府信息公开工作，促进行政机关依法履行政府信息公开义务，保障人民群众依法获取政府信息，保护自身的合法权益。

（二）加强学习培训。要按照“全面、深入、持续、有效”的培训工作要求，结合各自的特点制订培训计划，通过培训班、现场交流会、调研、督查等多种形式，有重点、有针对性地持续开展对政府信息公开工作人员的培训和指导。从事政府信息公开工作的人员要加强法律、法规的学习，不断提高自身政治意识、大局意识和保密意识，切实增强做好信息公开工作的能力。

（三）加强调查研究。要深入研究信息公开工作中出现的新情况、新问题，及时掌握群众关注的热点、难点问题，积极收集整理依申请公开工作中的典型案例，有针对性地制订应对措施，进一步增强政府信息公开工作的预见性、主动性和实效性。

附件（略）

区政府办转发区人保局民政局关于进一步加强深度贫困家庭子女（孤儿）高校毕业生就业创业帮扶的实施意见的通知

锡府办〔2011〕90号

开发区、商务区管委会，台创园管委会，各镇人民政府（街道办事处），区各办局，区各直属单位，驻区各条线单位：

经区政府同意，现将区人保局、区民政局制订的《关于进一步加强深度贫困家庭子女（孤儿）高校毕业生就业创业帮扶的实施意见》转发给你们，请认真贯彻落实。

二〇一一年十二月七日

关于进一步加强深度贫困家庭子女（孤儿）高校毕业生就业创业帮扶的实施意见

（区人保局 区民政局）

（2011年12月2日）

为进一步做好扶贫帮困工作，以就业创业增强贫困群体的自身“造血”功能，从源头上帮扶特困人群，促进“幸福锡山”建设。现就进一步加强深度贫困家庭子女（孤儿）高校毕业生就业创业帮扶，提出如下实施意见。

一、实施范围和对象

经区民政部门认定的当年度本区户籍深度贫困家庭子女和孤儿中的高校毕业生（全日制普通高校本专科及以上毕业生，含高职），纳入本意见就业创业帮扶的范围（下称“帮扶对象”）。

二、鼓励自主择业

贯彻“劳动者自主就业，市场调节就业，政府促进就业”的方针，鼓励帮扶对象根据自身所学专业、岗位需求、求职愿望等实际，通过自身努力实现就业创业。

进一步拓展高校毕业生就业领域，开发更多适合高校毕业生的就业岗位，增加帮扶对象自主择业的机会；支持帮扶对象参加就业见习和技能培训，增强自主择业的能力；加强宣传，引导帮扶对象自觉转变观念，进一步营造全社会关心支持帮扶对象自主择业自主创业的良好氛围。

三、促进竞争优先就业

对于各级政府部门、村级自治组织面向社会公开招聘的劳动就业岗位，要在坚持"公开、平等、竞争、择优"原则的前提下，同等条件优先录用帮扶对象。发挥企业的就业主渠道作用，大力和优先推荐帮扶对象就业。

四、加强创业扶持

进一步加强对有创业愿望帮扶对象的创业扶持力度，优先提供创业场所，提高创业补贴标准，强化创业服务指导，不断提升帮扶对象的创业意识，促进其成功创业。具体按《关于进一步促进以创业带动就业工作的实施办法》、《关于进一步完善促进创业带动就业相关政策的实施办法》、《关于进一步完善小额担保贷款管理促进就业创业工作的通知》执行。

五、实行援助就业

加强对帮扶对象的就业援助力度，开展免费就业指导和职业技能培训，大力实施"大学生技能绿卡工程"，加强公益性岗位开发，鼓励企业吸纳安置，对就业援助员给予奖励，实现对帮扶对象的托底式就业安置。具体办法按《关于进一步做好就业援助工作的意见》执行。

六、健全工作机制

各级各部门要切实把深度贫困家庭和孤儿高校毕业生就业创业帮扶工作，作为扶贫帮困的首要任务来抓，强化责任意识，落实工作举措，全面开展就业创业帮扶工作。区人保、民政部门要做好牵头和统筹协调工作，开发区、商务区、各镇（街道）要进一步加强组织领导，落实帮扶措施，各有关部门要加强协调配合，形成工作合力，积极发挥职能作用，促进深度贫困家庭和孤儿高校毕业生就业创业帮扶工作全面展开并取得实效。

附件（略）

相关链接

五个一体化：实现城乡规划、产业、基础设施、生态建设、社会保障一体化。

一站一会一栏一员：农村科普服务站、农村专业技术协会、科普宣传栏、科普员。

农村"三个集中"：农业向适度规模经营和现代都市农业规划区集中，工业向开发园区和工业集中区集中，农民向城镇和农村新型社区集中居住。

三清三整：清淤泥、清垃圾、清杂草，整河底、整河坡、整河岸。

四纵四横：白屈港、望虞河、走马塘、东青河为"四纵"，锡北运河、九里河、北兴塘河—双径河、伯渎港（部分）为"四横"。

社会保险"五险合一"：对参保单位实行养老、医疗、失业、工伤、生育五个险种统一登记参保、统一缴费基数、统一下达征缴计划、统一稽核、统一分配征缴到账基金。

江苏新时期发展"六个注重"：注重加快转变经济发展方式，注重加强自主创新，注重发展现代农业，注重加强文化建设，注重加强社会建设和社会管理，注重加强干部队伍建设。

江苏发展"四个牢牢把握"、"四个新共识"：要牢牢把握江苏发展的新起点新目标，进一步凝聚继往开来、又好又快推进"两个率先"的新共识；牢牢把握"两个率先"的新内涵新标准，进一步凝聚走科学发展之路、促进全面协调可持续发展的新共识；牢牢把握发展这个第一要务，进一步凝聚抢抓战略机遇期、再创黄金发展期的新共识；牢牢把握增进人民幸福是加快"两个率先"的根本目的，进一步凝聚以人为本、创造美好生活的新共识。

两个率先：率先全面建成小康社会、率先基本实现现代化。

第二个率先：率先基本实现现代化。

四千四万：踏遍千山万水、吃尽千辛万苦、说尽千言万语、历经千难万险。

廉政文化"六进"：廉政文化进机关、社区、学校、农村、企业、家庭。

公办高中择校生"三限"：限人数、限钱数、限分数。

江苏省委"八项工程"：转型升级工程，科技创新工程，农业现代化工程，文化建设工程，民生幸福工程，社会管理创新工程，生态文明建设工程，党建工作创新工程。

无锡市委"六个开拓"：开拓经济建设新成就、

政治建设新境界、文化建设新视野、社会建设新领域、生态文明新模式、党的建设新局面。

文化改革发展“三加快一加强”：加快文化体制机制改革创新，进一步解放和发展文化生产力；加快构建公共文化服务体系，更好地保障人民群众基本文化权益；加快发展文化产业，不断提升全国文化的整体实力和竞争力；加强对文化产品创作生产的引导，更好地发挥文化引导社会、教育人民、推动发展的功能。

预防和惩治腐败“六大机制”建设：推进反腐倡廉教育、权力运行监控、预防腐败、纠风、作风效能和惩治腐败六大机制建设。

市生物农业人才“130”工程：市政府关于引进国内生物农业领军型创业人才计划，从2010年起，重点引进市优先发展的生物农业产业领军型创业人才和团队，每年计划引进30人，至2015年引进200人。

市物联网人才“1113”工程：市政府关于更大力度吸引物联网技术和产业高层次人才三年行动计划，从2010年起，用3年时间在物联网特色产业基地、企业和研发机构引进并重点支持100名以上物联网科技领军型创业人才、100名以上物联网科技领军型创新人才、100名以上物联网企业高级经营管理人才，相关引进人才可在创业启动资金、风险投资、商业担保、工作场所、住房公寓、税费减免等方面享受扶持政策。

市“百千万”人才工程：无锡市关于实施“百千万”人才工程三年行动计划，从2010年起，用3年时间，在市重点国有企业，引进100名能够突破关键技术、发展高新技术产业的海外高层次人才；在市各级各类事业单位和开发区，引进1000名硕士以上学历，能够推动事业单位服务水平提升、带动新兴学科和新兴产业发展的高层次人才；在市广大民营企业，引进10000名能够提升企业管理水平、推动企业转型升级的高级经营管理人才。

“双强”型基层带头人：基层带头人思想政治素质强、科学发展能力强。

省委惩防体系“5+1”文件：省委下发的构建反腐倡廉教育机制、权力运行监控机制、预防腐败工作机制、纠风工作长效机制、惩治腐败工作机制5个制度性文件，以及省委办公厅下发的惩防体系基本框架工作考评办法。

省“双创”计划：2007年起，江苏省财政每年拿出2亿元（2010年增至4亿元）专项资金，组织实施“江苏省高层次创新创业人才引进计划”，围绕江苏省优先发展的重点产业，每年面向海内外引进200名左右高层次创新创业人才或团队，一次性给予每人100万元的资金支持，着力打造一批竞争优势明显的高新技术产品群和企业群。

市“双百”计划：由市委组织部从全市“530”创新创业人才和外来务工人员中，各遴选100名入党积极分子，用2年左右时间，由市、市（县）区委组织部制定工作计划，明确重点对象，落实培养措施，帮助他们早日加入党组织。

双向选择：求职者自由选择用人单位，用人单位自主择优录用求职者。

在职党员“五双”制度：对在职党员在工作单位和居住地实行“双亮牌”、“双职责”、“双承诺”、“双联系”、“双考核”制度。

无职党员“五有”制度：对无职党员全面推行“设岗定责”，即党员有自愿认定的服务岗位、有做好服务工作的承诺；村（社区）党组织对认岗党员有明确的职责、有交流活动制度、有考评激励机制。

流动党员“五管”制度：建立流动党员档案跟踪管理制度、专人联系管理制度、约时培训管理制度、考察考核管理制度、激励或诫勉谈话管理制度。

（区委办 区政府办）

编辑：吴 霞

说明：（1）本索引采用主题分析法编制，也有部分选用关键词。（2）本索引设有条目索引、表格索引、随文图片索引三个分目。按标引词首字的汉语拼音音序排列，首字相同按第二字音序排列，依次类推。（3）标引词后的阿拉伯数字表示内容所在的页码，数字后面的a、b和c表示栏别，即a为左栏，b为中栏，c为右栏。在表格索引和随文图片索引中，索引主题词只标注页码。

条目索引

A

B

C

K

L

M

N

表格索引

A

C

D

E

F

G

H

J

K

N

Q

R

S

T

W

随文图片索引

X

Y

Z

（编辑：孙剑光）

锡山区农林局

△局领导班子

△无锡浙大生物农业研究中心实验室

锡山区农林局主管全区农业和农村经济发展工作，挂“锡山区农业资源开发局”、“无锡市现代农业开发试验区管理委员会”牌子。近年来，区农林局科学把握经济社会和农业农村发展新形势，坚持新型工业化、新型城市化、农业现代化同步发展，按照“高产、优质、高效、生态、安全”的要求，以农业增效、农民增收为中心，以科学发展、转型发展为主线，以现代农业园区建设为重点，不断创新理念、思路和举措，加快推进现代农业发展和现代化新农村建设，开创了农业农村经济发展新局面。2011年全区完成第一产业增加值16.1亿元，按可比价增长4.1%；农民人均纯收入16399元，比上年增长17.4%。锡山区连续三年被评为“全省高效设施农业工作先进单位”。

△无锡现代农业博览园郁金香花展

△无锡高科技农业示范园蝴蝶兰生产基地

△无锡生物农业产业园三阳MKV植物工厂

局长、党委书记：张锦标
电话：0510—88201119
传真：0510—88700973
地址：锡山区东亭团结南路3号
邮编：214101

（以上照片由区农林局提供）

锡山区人口和计划生育局

2011年，全区人口计生工作按照“高位起步、创先争优、综合改革、城乡统筹、率先发展”的总体要求，紧紧围绕区“创新驱动”、“城市化与城乡一体”、“普惠民生”三大战略，认真编制《锡山区“十二五”人口和计划生育事业发展规划》，进一步强化统筹协调、政策引导、公共服务和基层基础管理，人口计生工作水平得到有效提升。全区低生育水平持续稳定，人口自然增长率保持1‰左右，户籍人口符合政策生育率99.7%，群众满意率达98%以上；建立完善流动人口计划生育服务管理长效工作机制，流动人口管理服务率达93%以上，符合政策生育率达90%以上；国家免费孕前优生健康检查项目完成率达100%，出生缺陷发生率低于4‰；2011年，锡山区被江苏省人民政府命名为“‘十一五’全省人口协调发展先进区”。

△市领导视察区世代服务中心

△大力推进人口文化建设

△创新打造人口文化阵地

△积极实施国家免费孕前优生健康检查项目

△认真开展民主评议基层站所活动

局长：过文洁
电话：0510-88704354
地址：锡山区东亭中路8号
邮编：214101

（以上照片由区人口和计划生育局提供）

锡山经济技术开发区

2011年，锡山经济技术开发区围绕争创全国一流开发区目标，奋发进取、创新突破，建设发展取得了新的成效，实现“十二五”良好开局。全年完成工业总产值495亿元，同比增长29%；财政总收入28亿元，同比增长22.6%，其中一般预算收入12.9亿元，同比增长21%；全社会固定资产投资130亿元，同比增长16%，其中工业投入88亿元；到位外资3.04亿美元，同比增长10%；进出口总额21.4亿美元，同比增长19%，其中出口额14.7亿美元，同比增长21%。6月29日，经国务院批准，锡山经济开发区升格为国家级经济技术开发区，成为无锡市唯一的国家级经济技术开发区。

△ 市区领导出席锡东科技展示馆暨海邻水墨画展开幕式

△“530”企业聚居地——锡山科创园一角

△ 无锡日月合金材料有限公司新厂房落成启用暨公司成立五周年庆典仪式

△ 无锡万迪动力集团有限公司开业典礼

电话：0510－88701608
地址：锡山区友谊南路88号

（以上照片由锡山经济技术开发区提供）

厚桥街道

△ 新建的大诚苑安置小区

2011年，厚桥街道以“厚德崇实，创新奋进”的厚桥精神为引领，围绕“赶超发展”目标，善思敢为，务实进取，各项社会事业取得了重大进展，“幸福厚桥”建设初显成效。拆建并举力促转型，全年拆除13.67万平方米，开建安置房55万平方米，安置1510户2057套21.17万平方米；积极推动锡山经济技术开发区重大产业项目落地建设；加快推进教育、卫生、环境、交通等民生设施建设及改造，全年完成建设投入3.26亿元。强势推进生态治理，建立分级监管环境保护责任体系，坚持区、镇、村三级62条河道“河长制”长效管理，河道保洁实现全覆盖；完成19个自然村村庄整治，稳步推进生活垃圾机械化收集，实行市容环境网格化管理，谢埭荡村被评为“国家级生态村”。不断创新社会管理，推进社区扁平化建设和人口服务管理，建成全员人口数据库，成功举办首届“邻里文化节”；全面启动“幸福农村”建设，探索村级经济转型发展新路子，推进“一村一园”建设，不断提升中东桃梨园、谢埭荡水产园区建设水平。2011年，厚桥街道荣膺“全国城市社会工作示范街道”称号。

△ 生态整治后的美丽新农村

△ 谢埭荡国际垂钓中心

电话：0510－88720268

地址：锡山区厚桥街道厚嵩东路86号

（以上照片由厚桥街道提供）

△ 厚桥街道首届"邻里文化节"暨创建文明街道启动仪式

△ 厚桥街道隆达民乐队送戏下乡

△ 厚桥街道梨文化节开幕式暨中东村人口文化园开园仪式

△ 招聘会

△ 宛山荡湿地公园

锡山区烟草专卖局

△ 副区长言国强（左二）一行在锡山区烟草专卖局调研

2011年，锡山区烟草专卖局（分公司）紧紧围绕“加快赶超发展、建设幸福锡山”主题，以“为无锡烟草率先发展增光添彩”为目标，把率先在市场营销、市场监管、内部监管、基础管理、队伍建设、文化建设六个方面“上水平、创一流”的追求落实到各项工作中，积极践行“与客户共创成功”服务理念，在改建区级局（分公司）的平台上实现了新的发展。全年销售卷烟39118.6箱，销售结构达到108.8元/条。创新卷烟订货方式，推广电脑网上订货和电视机顶盒订货模式，率先在无锡地区实现网上订货100%。深入落实行政执法责任制，大力推进依法行政，坚持公正廉洁文明执法，切实维护国家利益和消费者利益。全年查处各类违法案件1222起，查获各类卷烟近1459.51万支，上缴罚没款近100.25万元，破获符合国标的假烟网络案件1起，涉案金额达170余万元。通过设置企业文化园地、组织集体活动等形式，积极宣传锡山烟草“人为本、客为先、创为力、和为贵”的企业精神，激励员工在岗位上创优争先，营造了比学赶超的浓厚氛围。2011年，顺利通过“创建优秀县级局”考核验收，获得“江苏省烟草商业系统年度宣传报道工作先进集体”、“无锡市烟草系统专卖、营销技能竞赛一等奖”等多项荣誉。

△“客我服务卡”为客户提供便利

△“3·15”宣传活动向群众讲解真假烟辨别知识

△ 客户经理为零售客户提供卷烟经营指导服务

（以上照片由区烟草专卖局提供）

局长：曹显华

地址：锡山区东亭华夏中路8-1号

电话：0510-88703508

邮编：214101

无锡通用钢绳有限公司

△ 总经理 张浩

地址：无锡市锡山区东港镇东廊路
电话：0510-88202288 88202439
网址：http://www.urope.com.cn

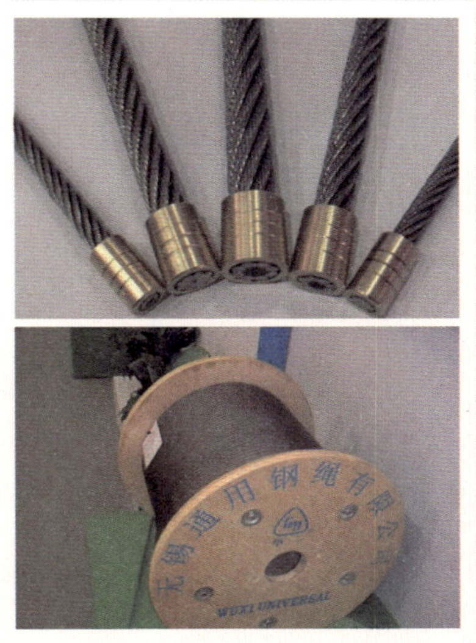

△ 产品照片

无锡通用钢绳有限公司是中央企业创建的国有控股公司，是具有30多年生产历史、享有自营进出口经营权的专业生产钢丝、钢绳的高新技术企业。产品广泛应用于电梯、汽车吊、施工升降机、航空、石油港口等领域。

△ 公司办公楼

无锡通用钢绳有限公司先后通过ISO 9001质量管理体系、ISO 14001环境管理体系及OHSAS 18001职业健康安全管理体系认证，是国内电梯绳等行业标准的起草单位之一，拥有国家多项高新技术发明专利。公司被授予“江苏省高新技术企业”、“江苏省优秀企业”、“江苏省创新型企业”、“重合同守信用企业”等一系列荣誉。公司始终以科学的管理体制，精良的工艺装备，雄厚的技术实力，以及完善的服务体系，而一直深受客户的好评，产品更是进入通力、蒂森等国际知名企业的全球采购系统。

△ 产品应用案例

△ 部分荣誉

（以上照片由无锡通用钢绳有限公司提供）